로마제국쇠망사 Ⅲ

Edward Gibbon 著
金永振 譯

大光書林

The History of the Decline and Fall
of the Roman Empire
1776 – 1788
by
Edward Gibbon

기번의 『로마제국 쇠망사』 전6권의 초판본(1776~1788)
및 제1권의 속표지

파우스타 황후

콘스탄티누스 대제

콘스탄티노플의 방벽자리

콘스탄티누스의 맏아들
크리스푸스

콘스탄티우스 2세

콘스탄티노플의 대경기장 자리

페르시아왕 사포르 2세

율리아누스 황제

콘스탄티누스의 딸 헬레나의 석관(바티칸)

세금내는 사람들(3세기 독일에서 출토된 릴리프)

예수 그리스도를 나타내는 모노그램붙이 석관(4세기 중엽)

콘스탄티누스의 딸 콘스탄티아의 영묘인 산타·콘스탄차 성당내부
(4세기 로마, 모자이크는 건립 당시의 것)

일러두기

1. 제Ⅰ·Ⅱ권과 별로 다를 바가 없지만, 콘스탄티누스 대제의 신수도(Nova Rome)인 콘스탄티노플의 창건으로 정치의 중심이 동방으로 옮아감에 따라 고유명사에서 라틴어와 그리스어 병용에 의한 표기문제가 다시 어려운 과제로 제기되었다. 여기서는 주로 라틴어 표기에 따르고, 가끔 그리스어 표기에 따르는 편의주의를 택하였다.

2. 관직명 번역에 신경을 써야만 하였는 바, 대표적인 예를 praefectus praetorio를 들 수 있다. 초대황제 아우구스투스 시대에는 이것이 환제친위대 사령관이라는 무관직이었으므로 제Ⅰ권 및 제Ⅱ권 중반까지는「근위대 장관」으로 번역했으나 2세기말에서 4세기초(셉티미우스세베루스 황제~디오클레티아누스 황제대까지. 193~305년 간)에 이르면, 무관적 권한보다 문관적 권한이 강화되어 행정상 고관직이었으므로 제Ⅱ권 후반부터는「근위도독」으로 번역했다. 그러나 콘스탄티누스 대제에 의한 관제개혁으로 친위대가 궁정부대(宮廷部隊. scholae palatinae)로 개편되고, 그것의 지휘권은 궁내부 대신에게 위임되었으므로 이미 군사상의 권한이 없고 최고 행정관직으로 되었기 때문에 제정초부터의 동일 관직명이지만 제Ⅲ권에서는 다시「민정총독」으로 번역키로 하였다.

3. 지명표기에서도 일부 편의주의를 택하였다. 제Ⅰ·Ⅱ권과 마찬가지로 원칙적으로 영어발음에 따랐지만, 고대로마시대의 옛지명과 현재지명이 혼합 사용되었을 경우는 독자의 이해를 돕기 위하여 현재지명에 따른 예가 있다.

비교적 자주 나오는 것을 열거하면 다음과 같다.

현대명칭	로마제정시명칭	우리말표기
Istanbul	Constantinople / Constantinopolis	콘스탄티노플
Milano	Mediolanum	밀라노
Paris	Lutetia Parisiorum	파리
Bonn	Bonna	본

현대명칭	로마제정시명칭	우리말표기
Lyon	Lugdunum	리옹
Köln	Colonia Agrippinensis	쾰른
Trier	Augusta Treverorum	트리에르
Strasbourg	Argentoratum	스트라스부르
Wien	Vienna	빈 / 비엔나
Sens	Agedincum 또는 Senones	상
Rheims	Remi	람스
Autun	Augustodunum	오탄
Troyes	Tricasses	트로아
Arle	Arelate	아를르
Basel	Basilia	바젤

차 례

일러두기 ··· 1

제17장 콘스탄티노플의 창건 – 콘스탄티누스 황제 및 그
        후계자들의 정치조직 – 군율 – 황궁 – 재정 ········ 15

제18장 콘스탄티누스 황제의 성격 – 고트전쟁 – 콘스탄티누스
        황제의 사망 – 세 아들에 의한 제국의 분할 – 페르시아
        전쟁 – 콘스탄티누스 2세 황제 및 콘스탄스 황제의
        비극적인 최후 – 마그넨티우스의 찬탈 – 내전 – 콘스탄
        티우스 2세 황제의 승리 ······························ 73

제19장 콘스탄티우스 황제의 독재 – 갈루스의 승진과 죽음
        – 율리아누스를 둘러싼 위기와 그의 즉위 – 사르마티
        아 및 페르시아 전쟁 – 갈리아에서의 율리아누스의
        승리 ·································· 121

제20장 콘스탄티누스 대제 개종의 동기·진전 및 효과 – 기독
        교 즉 가톨릭교회의 공인과 조직 ··················· 168

제21장 이단에 대한 박해 – 도나티우스파의 분리 – 아리우스파
        논쟁 – 아타나시우스 – 콘스탄티누스 황제와 그 아들
        황제들 치하에서의 교회와 제국의 혼란 – 이교에의 관
        용 ··· 211

제22장 율리아누스, 갈리아 군단에 추대되어 황제를 선언—
    그의 진격과 성공—콘스탄티우스 황제의 사망—율
    리아누스 황제의 민정 ………………………… 283
재위황제표 ……………………………………… 323
찾아보기 ………………………………………… 327

로마제국쇠망사 III

제17장 콘스탄티노플의 창건 – 콘스탄티누스 황제 및 그 후계자들의 정치조직 – 군율 – 황궁 – 재정
⟨324 – 334⟩

불운한 리키니우스 황제(Licinius, ? – 325. 재위 308 – 324)는 콘스탄티누스 황제(Constantinus I, 274? – 337. 재위 324 – 337)의 권세와 위력에 항거한 마지막 경쟁자이며, 그의 전승축하 개선식을 장식한 최후의 포로이기도 하였다. 이 승리자는 평화와 번영의 치세를 끝마친 뒤, 로마제국의 새 수도와 새 정책 그리고 새 종교를 일가권속에게 유산으로 남겼다. 그가 확립한 제개혁은 그 자손들의 손으로 모두 신성화되었다. 콘스탄티누스 대제와 그의 아들시대는 어떤 의미에서는 매우 다사다난한 시대였던 만큼, 시간적 순서로 연속되었던 이 중대한 국면을 어지간히 엄격하게 구별하지 않는다면, 그 막대한 수와 다채로움 등으로 말미암아 역사가들도 아마 압도당할지 모른다. 여기서 저자는 아래에 먼저 제국에 강대한 안정성을 가져오게 한 정치적 여러 제도를 기술한 다음, 이 제국의 쇠망을 재촉한 전쟁과 혁명에 관하여 기술하고자 한다.

그리고 정치문제와 종교문제를 별개로 갈라서 고찰하려고 한다. 이것은 도대체가 고대사가라면 감히 생각조차 하지 못했던 방법이라고 생각한다. 왜냐하면 기독교도들의 승리와 그들 사이에 발생한 내분과 항쟁이야말로 좋은 의미에서나 나쁜 의미에서도 매우 귀중한 교훈자료를 많이 제공해 주기 때문이다.

리키니우스 황제의 패배와 퇴위사건(323 – 324년간)이 있은 다음, 승리자인 콘스탄티누스 황제는 곧 신도시 건설사업에 착수하였다. 즉, 그때 이래 1100여년이라는 장기간에 걸쳐「동방의 여왕」으로 군림하면서, 콘스탄티누스 황제의 제국과 그의 종교가 멸망한 뒤(1453년, 이슬람교국인 오스만터키에 공략되었다)에도 오랫동안 생존하게 되는 그 수도를 건설하기 시작한 것이다. 자존심에서인지 또는 정책상의 고려에서인지는 불명확하나 일찍이 디오클레티아누스 황제(Diocletianus, 230? – 316?. 재위 284 – 305)로 하여금 옛부터의 정치적 본거지인 로마시를 포기케 한 이유와 동기는, 그후 40년 간에 걸쳐 역대 후계황제들이 보여준 똑같은 관례에 의하여 신수도 건설의 의의를 한층 더 가중시켰다. 즉, 그전에는 종속적인 여러 왕국들로부터 지고(至高)의 수도로 숭앙되던 로마시도, 언제부터인지도 모르게 지금은 이들 종속 왕국들의 수도와 동격시되고 있었다. 다뉴브강변에서 태어나, 아시아의 궁정과 군대 속에서 교육을 받았고, 다시 브리타니아의 여러 군단으로부터 자의(紫衣)를 받은 무인황제(콘스탄티누스 황제를 가르키는 것)의 눈으로 보면, 이 로마가 과거 역대 황제들의 국토라 해도 처음에는 전혀 실감이 나지 않았다. 콘스탄티누스 황제를 구국의 영주로 맞이한 이탈리아 사람들도, 가끔 황제가 로마 원로원과 시민들에게 내리는 칙령에 다만 묵묵히 순종했을 뿐 이런 새 황제를 직접 보는 영광은 거의 없었다. 그가 장년일 때는 전쟁과 평화의 어느 국면에도 긴급히 대응하면서 어떤 때는 위용을 갖추고 유연하게, 또 어떤 때는 적극적인 행동력을 발휘하여 광대한 영토의 변경지역을 전전하는 등 항상 내외의 적에 대처하여 일전불사의 준비를 게을리 하지 않았기 때문에 로마에도 나타나지 못한 것이다. 그러나 그런 일도 드디어 융성의 절정에 이르렀고, 게다가 나이도 차차 내리막길에 접어들게 되자 비로소 강대한 황제권의 본거지를 그 어딘가 항구적인 지점에 설치해야 하겠다고 마음먹었다. 이를 위하여 요해지로서 구아 양대륙의 경계선상에 위치한 이 땅을 선정한 것이다. 한편으로는 강대한 군사력으로 다뉴브강과 타나이스강(Tanais, 지금의 돈강) 사이에 사는 만족들을 제압하는 동시에, 다른 한편으로는 불만스러우면서도 굴욕적인 조약의 멍에에 굴복한 페르시아왕(샤포르 2세〈Shapur II〉, 재위 309-379)의 행동에 대하여 빈틈없는 감시의 눈초리를 돌리기 위해서였다. 이보다 앞서 디오클레티아누스 황제 역시 똑같은 생각으로 니코메디아(Nicomedia 지금의 터키국 아다파자리시?)시를 선정하여 그의 상주수도로 정한 바 있었다. 그러나 디오클레티아누스 황제의 유명은 이 기독교 보호자인 콘스탄티누스 황제에게는 반드시 바람직한 통치자가 아니었고, 또 황제로서도 이번 기회에 어떻게 해서든지 자기 자신의 빛나는 이름을 영원히 남길만한 그런 신도시를 건설하려는 야심이 없는 것도 아니었다. 때마침 그는 최근의 리키니우스 황제와의 전쟁을 통하여 무인으로서, 그리고 정치가로서 충분히 비잔티움(Byzantium)시라는 절호의 요충지를 검토할 수가 있었다. 이곳은 적의 공격을 저지시키는 점에서 실로 강력한 천연적인 요해로 수호되고 있는가 하면, 상업교역의 이점이라는 면에서 보면, 문자 그대로 사통팔달의 중심요지였다. 현실적으로 콘스탄티누스 황제보다 훨씬 이전에 이미 혜안무비(慧眼無比)의 한 고대 사학가는 오래전에 이곳의 지리적인 이점을 지적하기를, 이 요충지에 의거했기 때문이야말로 저 약체의 그리스인 식민자들까지 그들의 해상지배권을 성공적으로 확립함으로써 영예로운 독립과 번영된 국가를 수립할 수 있었다고 기술하고 있다(고대사가란 BC 2세기의 그리스인 역사가 폴류비오스〈Polybios, BC 201?－120?〉를 가리키며, 이 일절은 그의 주저 『역사〈Historiae〉』〈전 40권〉제4권에 나온다. 이 요충지의 창건은 기원전 7세기 중엽〈BC 666경〉이라고 한다).

이 비잔티움시가 콘스탄티노플(Constantinople. 라틴명으로는 Constantinopolis. 지금은 Istanbul이라고 칭한다)이라는 황제 이름이 주어진 당시의 경역(境域)을 개관한다면, 이 신수도는 대략 부등변 3각형으로 되어 있다(권말의 지도〈콘스탄티노플 약도〉참조). 동쪽, 즉 아시아 연안을 향하여 돌출한 둔각형(鈍角形) 돌출부는 트라키아－보스포러스(Thracian Bosphorus)의 바다 물결을 강하게 반발해서 튕기는 형세이고, 시의 북쪽은 항구로 구획되어 있는 한편, 남쪽 또한 프로폰티스해(Propontis 海, 또는 마르모라해〈Marmora 海〉라고도 한다)의 파도에 씻기고 있다. 3각형 저변에 해당하는 서쪽은 유럽대륙의 최종단과 경계를 이룬다. 이처럼 훌륭한 주변의 육지와 바다의 모습은 보다 상세한 설명을 첨가하지 않는 한 충분히 이해하기가 어려울 것이다.

끊임없이 급한 조류를 이루면서 흑해의 물을 지중해로 흘려보내는 사행굴곡(蛇行屈曲)의 이곳 수로는, 옛날 이야기들에서나 또 고대사에서도 모두 보스포러스(Bosphorus)라고 불리우는 저명한 이름으로 되어 있다. 녹색으로 뒤덮인 험난한 단애를 이룬 양안에는 이르는 곳마다 신전과 신들에 대한 제단이 보이는데, 그것들은 일찍이 아르고호 선원들(Argonauts)의 선례를 본받아 파고 높은 흑해의 위험과 싸운 그리스인 항해자들의 미숙성과 공포심 그리고 신앙심을 입증하는 것이다. 이 양안에는 저 추잡한 여자괴물인 하르피(Harpy. 鳥身女面의 괴물)들에 의하여 더럽혀졌다는 피네우스왕(Phineus 王. 전설의 나라 사르뮤디소스의 왕. 제우스의 신벌을 받아 음식물이 모두 이 하르피들에 의해 더럽혀져 아사직전에 놓여 있던 중 아르고호 선원인 보레아스〈Boreas〉의 아들에게 구출되었다는 이야기)의 궁전에 관한 전설, 레다(Leda. 아이토리아왕 테스티오스의 딸)의 아들 폴류데우케스(Polydeukes. Dioskouroi 와 쌍생 신이며 권법가)에게 권투시합을 걸어서 패배한 숲의 섬의 아뮤코스(Amykos/Amykus. 해신 포세이돈〈Poseidon〉의 아들, 베브류케스〈Bebrykes〉족의 전설적인 거인왕. 권투기술의 창시자. 다만 아르고호 선원의 한 사람이던 상기 폴류데우케스에게 권투시합을 걸었으나 그에게만은 유일하게 패배하였다)에 관한 전설 등이 먼 옛날부터 전해지고 있다. 보스포러스 해협의 북단에 큐아네아(Cyanea)암초가 있다. 이 암초는 시인들의 노래에 의하면, 원래 해면 위에까지 올라와 있었는데, 이곳 흑해로 들어가는 입구를 불경불신의 무리들의 시계로부터 감추기 위하여 특별히 신들의 배려로 해면 아래로 가라앉혀진 것으로 생각되었다. 이 큐아네아 암초에서 비잔티움시의 돌출부와 항구까지의 해협 길이는 구불구불 16마일이나 되고, 폭은 대체로 약 1.5마일이다. 오늘날 유럽측과 아시아측에 새로 구축된 성곽들은 모두가 유명한 두 곳의 고적, 즉 세라피스(Serapis, 헬레니즘 시대 이집트와 그리스의 종교를 융화시키기 위하여 만들어진 이교신)와 유피테르 유리유스(Upiter Urius, 순풍을 주는 유피테르〈쥬피터〉 신이라는 뜻)의 신전자리에 구축된 것이고, 일찍이 동로마제국의 황제들이 쌓은 옛성은 그 사이가 불과 50보 이하로 수로와 가장 가까운 지점에 위치하여 해협을 부감(俯瞰)하고 있다. 이들 성새는 그후 메흐멧 2세왕(Mehmet Ⅱ. 1430-81. 재위 1451-81. 오스만 터키왕. 별명은 정복자〈Fatih〉 또는 대제〈Büyük〉. 1452년부터 콘스탄티노플 공략전을 강행하여 다음해 5월, 끝내 이곳을 함락시키고 수도를 아드리아노플에서 이곳으로 옮겼고, 그후 광범한 지역을 정복. 오스만 터키의 보통법전인『카눈나메〈Kanûn Nameh〉』의 제정자로 알려졌다)이 콘스탄티노플 공략전을 고려했을 때 새로 보수 강화되었는데, 이 터키의 정복왕도 아마 그보다 이미 2천년 가까이나 되는 먼 옛날, 저 다리우스왕(Darius/Dareios Ⅰ, BC 558?-486)이 역시 같은 장소에 착안하여 선교(船橋)로써 양대륙을 연결시키려고 생각했었다는 것까지는 아마 몰랐을 것이다. 옛성새에서 조금만 가면 크류소폴리스(Chrysopolis) 또는 스쿠타리(Scutari)라고 불리우는 조그마한 거리 (크류소폴리스는 옛이름이고 우리나라에서는 노래 가사에 나오는 「우스쿠달라」라는 이름으로 더 잘 알려진 곳)가 있다. 이곳은 벌써 거의 콘스탄티노플의 아시아측 교외로 생각하는 것이 좋을 것이다. 이 보스포러스 해협은 그것이 프로폰티스해로 넓어지는 곳에서 비잔티움과 칼케돈(Chalcedon)의 두 도시 사이를 통과한다. 칼케돈은 비잔티움보다도 몇년 더 빨리 그리스인에 의하여 건설된 도시지만, 지형상 이보다 훨씬 우위에 있는 대안의 지형을 보지 못한 이 건설자들의 맹목성은 후일에 이르기까지 속담과도 같은 경멸의 낙인이 찍혀서 전해지고 있다(타키투스〈Tacitus, Cornelius, 56-115 이후, 로마의 첫째가는 사가〉의 『연대기』 제12권 36절에 의하면, 이것도 그리스인이 새 식민지 건설을 의도하여 아폴론신에게 물어보았더니 신탁이 「맹인의 거리 대안에 본거지를 구하라」고 나왔다. 여기서 비잔티움을 창설하게 되었다고 한다). 보스포러스 해협의 한쪽 팔이라고도 볼 수 있는 콘스탄티노플항은 오랜 옛날부터 금각만(Golden Horn)의 별명을 가지고 있다. 항구가 그리는 곡선이 마치 사슴의 뿔, 사슴뿔이라기 보다도 차라리 황소뿔을 닮은 형태를 하고 있기 때문이다(기원전 1세기의 지리학자 스트라보〈Strabo/Strabon. BC 64-AD21 이후〉의 지리서 『Geographia』에 의하면 당시의 금각만은 지금의 그것보다 훨씬 안쪽으로 깊숙히 들어가 있었는데, 맨 안쪽은 여러 갈래의 나무가지 형태로 갈라져 있었던 모양이다). 「금의(Golden)」라는 형용사는 동서남북 4방으로부터 불어오는 바람이 훨씬 먼 나라들로부터 금은의 재보를 넓고도 안전한 이곳 항구로 불어서 보낸다는 뜻으로 붙인 것이라고 한다. 두 줄기의 작은 내가 합쳐서 흐르는 류쿠스(Lycus) 강이 끊임없이 맑은 물을 항구에 쏟아 넣어 항상 바다밑을 깨끗하게 유지해 주기 때문에, 매년 정기적으로 많은 물고기떼가 회유해 와서는 적당한 산란처 또는 은신처를 제공받는다. 이 주변 바다에서는 조수의 간만현상을 거의 느낄 수 없기 때문에 항구안은 항상 일정한 깊이가 유지된다. 이것은 곧 거룻배 등의 도움 없이도 쉽게 화물의 양륙을 가능케 한다. 즉, 이곳은 항구내 어디서나 또 아무리 큰 선박이라 해도 고물쪽은 바다 위에 뜨게한 채 이물쪽을 창고에 직접 갖다 댈 수 있을 정도로 양항인 것이다. 류쿠스강 하구에서 콘스탄티노플항까지 이 보스포러스 해협의 한쪽 팔에 해당하는 곳의 해안선 길이는 7마일 이상이지만, 이 항구의 폭은 불과 500야드 정도에 지나지 않는다. 따라서 일단 유사시 튼튼한 쇠사슬 한 가닥으로 항구를 가로질러 대안과 매놓기만 하면, 적대 해군의 어떠한 공격으로부터도 도시와 항구를 모두 방위할 수 있었다(문자 그대로 이것이 이루어졌다는 옛기록이 있다. 곶의 돌출부끝에 가까운 아크로폴리스〈Acropolis〉언덕 성채로부터 대안의 갈라타〈Galata〉탑까지 몇군데 큰나무로 지주를 세우고 한 가닥의 쇠사슬을 건너맸다고 한다).

보스포러스와 헬레스폰트(Hellespont, 지금의 다다넬스〈Dardanelles〉) 두 해협 사이는 유럽-아시아 양쪽의 해안선이 모두 멀어져, 옛사람에게는 프로폰티스(Propontis)라는 이름으로 알려진 마르모라(Marmora)해로 형성되어 있다. 보스포러스의 출구에서 헬레스폰트 입구까지의 항로는 약 120마일이다. 마르모라(프로폰티스)해의 중심부를 빠져서 서쪽으로 항해한 사람들은 동시에 트라키아(Thracia)와 비튜니아(Bithynia) 양쪽의 고지를 바라볼 수 있으며, 또 만년설을 이고 있는 올림푸스(Olympus)산정도 끊임없이 항해자의 눈을 즐겁게 해주고 있다. 그들은 좌안에 깊이 파고들어간 만을 보면서 이곳을 통과하게 된다. 이 만의 안쪽이야말로 일찍이 디오클레티아누스 황제의 수도였던 니코메디아(Nicomedia)시가 있던 곳이다. 다시 항해를 계속하여 큐지쿠스(Cyzicus, 마르마라해 아시아쪽에 있던 작은 섬. 8세기경 고대 그리스의 식민지인 동시에 항구) 및 프로콘네수스(Proconnesus, 대리석 산지로 유명한 곳)의 섬들을 뒤로 하면 이윽고 갈리폴리(Gallipoli) 항구에 닻을 내리게 된다. 구아 대륙을 구획하는 이 바다는 여기서부터 또다시 양쪽 해안이 좁혀져 좁은 해협으로 된다.

　이곳 헬레스폰트의 형상과 넓이를 매우 정밀 정확하게 측정한 지리학자들에 의하면 유명한 이 해협도 총길이는 굴곡진 곳을 포함하여 약 60마일, 폭은 평균 약 3마일이라고 한다. 그러나 가장 좁은 부분은 세스투스(Sestus)와 아뷔두스(Abydus) 두 읍(전자는 해협 유럽측에, 후자는 아시아측에 있던 그리스인의 식민시) 사이인데, 여기서 바로 북쪽에 옛날 터키의 성채가 있었다. 저 용감한 레안드로스(Leandros, 헤로〈Hero, 아프로디테, 즉 Venus 여신의 아름다운 여사제〉의 애인)가 자기 연인을 만나기 위하여 밤바다 급류를 헤엄쳐 넘나들었다는 비극의 신화가 생겨난 곳도 바로 여기다. 또한 저 크세르크세스왕(Xerxes Ⅰ. 페르시아왕. 재위 BC 486-465)이 야만족으로 구성된 170만의 대군을 유럽에 파송하기 위하여 터무니없이 거대한 선교(船橋)구축을 명한 것도 양쪽 해안의 간격이 500보를 넘지 않는다는 조건을 가진 바로 이 지점이었다(BC 480년, 제3차 페르시아 전쟁, 헤로도토스〈Herodotos, BC 484?-425?. 그리스 최고의 사가로서 『역사의 아버지』〉의 『역사』 제 7 권 참조. 단 170만이라는 지상병력은 물론 과장된 것이다. 헤로도토스는 틀림없이 제 7 권 60절에서 이런 숫자를 들고 있지만 실수는 기껏해야 10만에서 20만 사이였다는 것이 오늘날의 정설이다). 이처럼 좁은 해로라면, 호메로스(Homēros/Homer)와 오르페우스(Orpheus, 그리스 신화의 음악의 명인)가 이 해협에 주고 있는 바 「넓직한」이라는 기묘한 형용사는 몹시 어울리지 않는 것으로 생각될지 모른다. 그러나 우리들의 이른바 광대하다는 관념은 요컨대 상대적인 것에 지나지 않는다. 굴곡진 수로를 따라 헬레스폰트를 항해하면서 사방이 이제 이런 절경도 끝인가 하고 생각하리만치 자연풍광만 보면서 여행하는 사람, 그 중에서도 시인은 자기가 바다 위에 떠있다는 것도 잊고, 그의 상상력이 이 유명한 해협을 마치 큰 강과 끝없이 이어진 삼림으로 뒤덮인 내륙풍경 속을 단숨에 급류를 내려가 마지막으로 넓직한 하구를 지나 그대로 다도해인 에게 해로 나왔다고 착각에 빠지는 것이다. 고대의 트로이(Troy)는 이다(Ida)산록에 해당하는 고지대 위에서 헬레스폰트로 들어가는 이 입구를 부감하고 있다. 다만 저 불후의 소하천들인 시모이스(Simois)와 스카만데르(Scamander, 호메로스〈호머〉의 『일리아드〈Iliad〉』에 나오기 때문에 「불후의」라고 표현한 것. 스카만데르는 이다산 부근에서 발원하여 트로이 부근을 흐르는 하천이고, 시모이스는 스카만데르강의 조그마한 지류다)로부터의 강물을 받는 일은 거의 없었다. 일찍이 트로이전쟁에서 그리스군은 시게안(Sigean) 곶으로부터 뢰테안(Rhoetean) 곶까지 12마일에 걸친 해안선을 따라 포진하고 있었는데, 그 양익은 아가멤논(Agamemnon, 그리스 원정군의 총수. 포위공격 10년 후에 트로이성을 공략시켰다) 왕의 정기 밑에서 가장 용감하게 싸운 장수들의 손으로 지켜지고 있었다. 시게안 곶에는 예의 영웅 아킬레우스(Achilleus/Achilles. 『일리아드』의 주인공)가 무적의 뮤르미돈족(Myrmidons, 『일리아드』에 가끔 등장하는 부족)을 인솔하고 포진하고 있었으며, 한편 뢰테안곶에는 호담하기 비할 바 없는 아이아스(Ajax/Aias, 『일리아드』에서 아킬레우스 다음가는 용사로 등장)가 포진하고 있었다. 이 아이아스가 훼손당한 긍지감과 그리스인의 배은망덕으로 쓰러진 다음, 그의 무덤은 이 땅— 그가 제우스(Zeus)신과 헥토르(Hector/Hektor. 트로이군의 총수이며 첫째가는 용장)의 노여움에 항거하면서 그 해군을 끝까지 수호했던 땅에 만들어졌다. 이 신흥도시인 뢰테안 시민들은 그를 신으로 모시고 그 유덕을 찬양하였다. 그런데 콘스탄티누스 황제는 수도의 후보지로서 비잔티움시를 선정하기에 앞서 실로 이 땅, 즉 로마인 전설의 발상지로 일컬어진 이 땅이야말로 제국본거지로 건설할 것을 한때 계획한 바 있었다. 즉, 고대 트로이성 아래쪽의 뢰테안곶과 아이아스 묘역에 걸쳐 펼쳐진 넓은 평원을 제국의 신수도 후보지로 선정했던 것이다. 건설공사 그 자체는 미구에 포기되었지만, 미완성 그대로 남겨진 웅대한 성벽과 높은 탑의 유적은 헬레스폰트를 향하여 항행하는 모든 사람들의 눈길을 끌었다.

수도로서 콘스탄티노플이 가지는 지리적 요충성은 오늘날 우리들이 보아도 쉽게 알 수 있다. 말하자면 천연 그 자체의 입지조건이 제국의 일대중심지, 즉 수도가 되게끔 만들어진 것으로까지 보인다. 위치는 북위 41도이고 그 일곱 언덕 위에 올라서면, (모두 로마시를 본받아 7구〈七丘〉를 선정했는데, 지금도 옛모습그대로 지적할 수 있다) 구아 양쪽지역의 해안선을 한눈에 내려다 볼 수 있다. 기후는 온난하여 건강에 좋고, 토질은 비옥하고 항구는 넓고도 안전하다. 유럽 대륙측으로부터의 공격에는 전선이 몹시 좁아서 방위가 매우 용이하다. 보스포러스와 헬레스폰트는 수도로 들어가는 2대 관문으로 간주되는 바, 이런 요로를 장악한 군주는 적의 해군이라면 곧 이곳을 봉쇄할 수 있고, 한편 상선단에게는 언제든지 개방할 수 있다. 동방 여러 속주의 확보는 어느 정도 콘스탄티누스 황제의 정책이기도 하였다. 왜냐하면 흑해연안의 민족들은 조금전 시대에도 그들의 병력을 지중해 중심에까지 진출시킨 선례가 있었는데, 이곳이 수도로 정해지면서 그들은 곧 해적행위를 그만 두었고, 이 철벽을 돌파하려는 기도를 포기한 까닭이다. 더욱이 보스포러스건 헬레스폰트건 간에, 이 두 관문은 설사 이곳을 폐쇄한다 해도 수도 그 자체는, 그가 포옹하는 광활한 포로폰티스 해역만으로도 다수 시민들의 생활 필수 물자의 조달은 물론, 사치품에 대한 요구까지 만족시킬 수 있었다. 지금은 오스만 터키의 압제하에 허덕이고 있는 트라키아와 비튜니아 연안지역이지만, 지금도 그 넓은 포도밭과 농원은 풍요로운 수확을 약속해 주고 있다. 마찬가지로 프로폰티스해는 고래로 언제나 무진장이라고 할 만큼 각종 어군의 보고로 그 이름이 알려져 있다. 계절을 어기지 않고 어로만 하면 숙련 따위도 필요없이, 거의 맨손으로 생선을 잡을 수 있다. 게다가 일단 두 해협이 개방되면 북쪽은 흑해로부터, 남쪽은 지중해로부터 천연의 부(富)와 인공의 부가 교대로 풍부히 유입된다. 게르마니아·스키티아(Scythia)의 삼림, 멀리 떨어져 있는 타나이스강(오늘날의 돈강)·보류스테네스강(오늘날의 드네프르강)들의 오지까지 이어진 대삼림지대로부터 수집되는 천연산물, 그리고 유럽과 아시아의 기술로 제조되는 여러가지 물자, 이집트산 곡물류, 멀리는 인도산 보석류와 향신료까지 모든 계절에 부는 순풍에 의하여 이 콘스탄티노플항으로 운반되어 왔다. 이리하여 그때 이후 수세기 간에 걸쳐 이 해항은 고대상업의 일대 중심지였다.

풍광의 아름다움, 안전 그리고 부에의 기대가 이 한 지점에 집약되어 있었던만치, 콘스탄티누스 황제의 선택은 실로 정확했던 것이라고 말할 수 있다. 대저 대도시의 기원에 관해서는 어느 시대에도 그렇거니와, 거기에 어울리는 권위를 첨가시키는 그 무엇인가 영험한 전설이 반드시 만들어지는 것이 관례이다(리비우스〈Livius, Titus, BC 59-AD17〉의 『로마전국사〈Ab urbe condita libri〉』의 서사). 이 신수도 건설에서도 콘스탄티누스 황제는 자기가 결심하게 된 동기를 단순히 불확실한 인간의 정책에 돌리기 보다도 영원히 오류가 없다는 신의 지혜로 돌릴 것을 원하였다. 사실 그는 한 법령에서 일부러 다음의 것을 후세 사람들에 대한 교훈으로 기술하고 있다. 즉, 황제는 신의 뜻에 따라 콘스탄티노플시의 영원한 초석을 놓았노라고 (『테오도시우스 법전〈Codex Theodosianus〉』 제13권 5장 7조). 여하히 신의의 영감이 전해졌는지에 대해서는 쓰여 있지 않지만, 이 겸양(謙讓)의 침묵으로 빠졌던 부분은 그후 사가들에 의하여 훌륭하게 메꾸어졌다. 그들이 보충한 바에 의하면, 어느날 밤 황제가 비잔티움 성안에서 잠잘 때, 갑자기 환상 형태로 꿈에 계시되었다는 것이다. 비잔티움의 수호령(守護靈)

― 그녀는 이미 노령과 노쇠라는 무거운 짐으로 짓눌려 쓰러질 정도의 늙은 할멈이었지만, 그녀가 갑자기 젊은 처녀로 변신하였는데, 황제는 손수 그녀를 모든 황제 지위의 표장을 가지고 치장시켜 주었다(일일이 이 사가의 이름을 드는 것은 생략하지만 이런 전설은 대체로 11세기경에 정착된 것 같다). 꿈에서 깨어난 황제는 이것을 길몽으로 해석하고 조금도 주저없이 신의의 계시에 곧 따랐다고 한다. 원래 로마인에게는 도시나 식민지의 탄생일을 자기들의 신앙이 명령하는 의식에 따라서 경축하는 습관이 있었다. 이때도 콘스탄티누스 황제는 너무도 이교도적인 기원을 연상케 하는 그런 의례는 삭제했는지 모르지만, 시민들의 마음속에 깊은 희망과 존숭(尊崇)하는 인상을 남기는 그런 의례는 극히 열심히 도입하였다. 황제 스스로 창을 손에 들고 도보행진하는 엄숙한 행렬 선두에 서서 머지 않아 새 수도가 될 경계선을 지시하면서 돌아다녔다. 그가 걸으면서 지시한 경계선은 갈수록 점점 더 확대될 뿐이었으므로, 여기에 동행한 군사들이 놀란 나머지 이미 대도시의 규모로 보아 필요로 하는 한도를 훨씬 넘었다고, 겨우 결단을 내려서 진언하였다. 그러나 황제는 "아니다. 짐은 아직도 더 나갈 생각이다. 짐의 앞에서 걸어가시는 눈에 보이지 않는 안내자이신 신의 뜻이 이로써 됐다고 하시며 발걸음을 멈추실 때까지는 그만두지 않을 것이니라"라고 대답하였다(저자 기번은 5세기초의 교회사가 필로스토르기우스〈Philostorgius〉의 저술에서 이것을 인용하고 있지만, 물론 그 이전에 유포되어 있던 말을 전승 기록한 것 같다). 다만 여기서 저자는 이 놀라운 안내자의 의도와 동기까지 파고 들어갈 생각은 없다. 한 가지 말해 두고 싶은 것은 이 신도시의 광대성과 그것의 한계에 대해서이다.

먼저 지금의 콘스탄티노플에 대하여 말한다면, 세라글리오(Seraglio) 궁전(오늘날의 토프카푸 살라이. 기번의 시대는 설탄〈Sultan〉궁전이라고도 했다)의 건물과 정원은 일곱 언덕(七丘) 중 제 1 구(첫번째 언덕)인 동쪽 끝의 곶을 차지하며, 그 부지 면적은 영국식으로 표현하면 약 150에이커(약 18만3,600평)이다. 이 터키식 전제경찰통치의 본거지는, 원래 그리스인이 세웠던 소국(小國) 위에 건설된 것으로서, 일찍이 비잔티움 시민들은 아마도 해항(海港)의 편리성에 매력을 느껴서 오늘날의 세라글리오(설탄)궁전보다 훨씬 더 해안선 가까이까지 그의 주거지를 넓혔던 것으로 생각된다. 고대성새로부터 약 15스타디온(stadion, 고대 그리스의 길이 단위. 1스타디온은 대체로 154미터 정도)쯤 떨어져 콘스탄티누스 황제가 건설한 새 성벽은 항구에서 프로폰티스해까지 3각형의 긴 저변을 따라서 뻗쳤고, 비잔티움시는 7언덕 중 5언덕을 그 성벽 안에 포용하고 있다. 따라서 외부에서 이 수도에

24

접근하는 사람들 눈에는 이 다섯 언덕이 점차 아름답게 포개져 있는 것처럼 보일 것이다. 콘스탄티누스 황제 사후 100년쯤이 지났을 무렵에는 새 건물들이 한쪽은 항구쪽으로, 다른쪽은 프로폰티스 바다로 연하여 발전하였고, 제 6 구의 좁은 용마루나, 제 7 구의 넓은 정상도 모두 건축물로 뒤덮였다. 이런 교외지역을 만족들의 끊임없는 침공으로부터 방위하기 위하여 젊은 테오도시우스 2세(Theodosius II, 401-450. 재위 408-450)는 수도를 둘러싼 새로운 견고하고도 영구적인 성벽을 구축할 필요성을 느꼈다(건설은 413년. 바깥 해자까지 포함하여 점차 3중 성벽으로 되었다). 동쪽 곶에서 금문(金門, golen gate)에 이르기까지 수도 최대의 연길이는 약 3로마 마일(1로마 마일은 4,860fts=1,458m)이고, 주위는 대략 10로마 마일에서 11로마 마일 사이이며, 면적은 약 2,000에이커(약 245만평)로 생각하면 될 것이다(이상의 숫자들을 기번은 테오도시우스 2세 황제에 의한 확장공사 이후의 수도 규모로 생각한 모양이지만, 본서의 최초 편집자인 베리〈Bury, John Bagnell〉에 의하면 이것은 콘스탄티누스 대제가 창건할 당시의 것이라고 하였다). 후세 여행자들 가운데는 유럽측 해안의 인접 부락과 나아가서는 아시아쪽 해안의 부락들까지를 수도역내에 포함시킨 사람도 있지만, 이것은 명백히 잘못된 과장으로서 도저히 승복할 수 없는 주장이다. 물론 페라(Pera)와 갈라타(Galata) 등 교외지역에 이르면 틀림없이 항구 건너쪽 해안에 위치하지만, 이곳들은 수도의 일부를 형성하는 것으로 간주함이 옳을 것이다. 그래서 이런 곳까지 합하면 어떤 비잔틴 역사가가 기술한 바, 주위가 16그리스 마일(로마 마일이라면 14마일)이라는 계산도 옳은 말이 된다. 이만하면 제국수도로서 부끄럽지 않을는지 모르지만, 그래도 고대의 바빌론(Babylon)이나 테베스(Thebes, 기원전 21세기경부터 소위 중〈中〉왕국기와 신왕국기에 걸쳐 무려 1,000년 이상이나 번영을 누렸던 고대 이집트 왕국의 수도. 나일강에 있었고 지금의 룩소르〈Loxor〉대안 일대가 그 중심지였다)보다는 작고, 고대의 로마나 지금의 런던 또는 파리와 비교한다 해도 일보를 양보해야 한다.

로마세계의 군주로서 그 치세의 영광을 영구히 전하는 기념 조영물의 건설을 바랐던 콘스탄티누스 황제는 신수도 건설이라는 이 큰 사업을 수행하기 위하여 유순한 100만 시민들의 모든 부와 노동력, 그리고 얼마남지 않은 재능의 모든 것을 투입할 수 있었다. 워낙 배짱 좋고 도량이 넓은 황제였던 만큼, 이 신수도 건설을 위해 황실에서 제공된 경비는 약 250만 파운드(이 숫자를 인용한 기번 자신도 신빙성을 의심하고 있다. 단, 거액이라는 것만은 사실이다)에 이르렀다는 추정도 있다. 성벽, 주랑(柱廊), 수도(水道)도 모두 건설하였다. 흑해연안을 뒤덮고 있던 울창한 숲과 프로콘네수스(Proconnesus) 섬의 유명한 백색대리석 채석장은 무진장이라고 하리만치 원재료를 생산했고, 그것을 불과 얼마 안되는 뱃길로 운반하면 간단하게 비잔티움항까지 수송할 수 있었다. 무수한 노무자와 장인들이 주야겸행으로 공사의 준공을 서둘렀지만, 워낙 공을 세우려는 마음이 급한 콘스탄티누스 황제는 모든 기술이 쇠퇴한 탓도 있었거니와 현재의 건축가들만으로는 그 수도 부족하거니와 기술도 미숙하여 이 대사업을 완성시키기에는 너무도 불충분하다는 것을 깨달았다. 황제는 곧 먼 변경지역 여러 속주의 관리들에게 명하여 학교를 지어 교수를 임명하며, 은상과 특전을 준다는 미끼까지 풍기면서 고등교육을 마친 우수한 많은 청년들에게 건축학을 연구하고 실습을 통한 재교육을 실시하였다(334년에 발포된 법령. 『테오도시우스 법전』 제13권 4장 1조). 여기서 새 수도의 모든 건조물은 당시로서는 모을 수 있는 최대한도의 공장(工匠)들을 총동원하여 완성케 하였으나, 막상 장식이라는 문제에 이르면 그런 장식품들은 모두가 페리클레스(Perikles, BC 495?-429)와 알렉산더 대왕(Alexander/Alexandros the Great. BC 356-323. 재위 336-323)시대 명장(名匠)들의 손으로 만들어진 것들뿐이었다. 즉 일찍이 페이디아스(Pheidias, BC 490⟨85⟩?-430?, 그리스의 조각가), 류십포스(Lysippos, 기원 전 4세기의 그리스 조각가)의 천재성을 재현시키기란 제아무리 로마황제의 위세라 해도 불가능했지만, 이들 명장들이 후세에 남긴 불후의 명작품들은 모두 이 전제주의 군주의 탐욕스럽기 이를 데 없는 허영심 앞에, 가엾게도 전혀 무저항 상태일 수밖에 없었다. 즉 황제의 명령으로 그리스와 아시아의 제도시는 이 귀중한 장식품들을 모조리 징발당하고 만 것이다(어떤 문헌에 의하면 로마·아테네·시칠리아 등지에서까지 강탈해 왔다고 한다). 유명한 전승 기념비, 종교적 존숭의 대상물, 신들과 영웅들 그리고 고대성현이나 시인들의 명작조상 등등도 모두 새 수도인 콘스탄티노플의 위용을 더하기 위해 운반되어 왔다. 이런 상태를 본 역사가 케드레누스(Cedrenus, 11세기경의 사가. 세계창조로부터 1057년까지를 취급한 『세계사개관⟨Synopsis historiarum⟩』이라는 저서가 있다)는 일종의 감개—여기서 결여된 것은 이처럼 훌륭한 기념물이 이것들을 표현코자 한 위대한 인물들의 가장 중요한 그 얼인 것 같다고 쓰고 있다. 만일 우리들이 호메로스(호머)나 데모스테네스(Demosthenes, BC 413 사망)의 영혼(靈魂)을 찾아보려고 한다면, 그것은 결코 콘스탄티누스 황제의 이런 신수도도 아니려니와 쇠퇴기의 로마제국도 아니다. 여기에는 이미 인심 그 자체가 정치나 신앙이라는 점에서 예속상태에 떨어져 있었기 때문이다. 비잔티움 공략전이 전개되던 동안 콘스탄티누스 황제는 제2언덕 정상에서 자기의 막사를 설치했었다. 이제 그 승리를 영원히 기념하기 위하여 이 지형 좋은 곳을 대광장(Forum) 건설지로 선정하였다(조시무스 〈Zosimus/Zosimos, 5세기 그리스의 사가〉의 『신로마사〈Historia nea〉』 제2권 30절 등). 광장은 원형, 그러나 타원형에 가까웠던 모양이다. 양쪽 출입구는 개선문형 아치로 되어 있었으나 지금은 다만「불탄기둥(burnt)」으로 불리우는 일부 단편이 남아 있을 뿐이다. 원래는 높이 20피트의 흰대리석 좌대 위에 선 10개의 반암기둥(斑岩柱)으로 되어 있었다. 각 기둥의 높이는 10피트를 넘고, 주위는 약 33피트이며, 지상에서 120피트 이상이나 하늘 높이 우뚝 서 있는 원주 꼭대기에는 거대한 아폴론 신상이 올라서 있었다. 청동상으로 아마 아테네나 프루기아(Phrygia)의 어느 거리에서 옮겨 온 것으로 페이디아스의 작품으로 알려져 있다. 오른손에는 왕홀, 왼손에는 지구, 머리에는 일광의 관을 쓰고 있는데, 작자인 페이디아스는 명백히 태양의 신을 조각한 것이지만, 뒤에는 콘스탄티누스 황제 자신을 상징하는 것으로 해석되기에 이르렀다(이 아폴론 신상은 명백히 콘스탄티누스 황제 자신을 상징하기 위하여 옮겨 세워진 것이다. 그 후 1012년의 지진으로 원주의 좌대가 느슨해졌는데, 머지않아 알렉시우스 1세〈Alexius Ⅰ. Commenus, 1048-1118. 재위 1081-1118〉 황제시대에 이르러 철거되고, 그 대신 십자가가 올려졌다고 한다). 대경기장(Hippodrome, 로마의 circus에 해당)은 길이가 약 400보, 폭이 약 100보라는 장대한 건조물(근세에 이르러 길이 320야드, 폭 79야드라는 실측숫자도 있다)로서 양쪽 발착점(metae) 사이에는 조각상과 방첨탑(方尖塔, obelisk)이 임립(林立)하여 있었는데, 오늘날도 아직 기묘한 단편조각의 하나를 볼 수 있다. 3마리의 뱀이 서로 뒤엉켜서 하나의 놋쇠기둥을 이루고 있다. 이 세 마리의 뱀 머리 위에는 일찍이 크세르크세스왕(Xerxes Ⅰ. 재위 BC 486-465)의 페르시아군을 격파한 그리스군 장병들이 델피(Delphi) 신전에 헌납했다는 황금제 세발솥이 올려져 있었다고 한다(그리스군이 전승한 후에 델피신전에 황금제 세발솥을 헌납했다는 것은 헤로도토스〈Herodotos, BC 484?-425?〉의『역사』제9권 81절에 기술되어 있으므로, 이 콘스탄티노플 대경기장의 세발솥도 황제의 명령으로 델피신전에서 빼앗아 온 것이었다고 옛날부터의 전승이 있었다. 그러나 베리 교수에 의하면 이것은 허설인 것 같다). 이런 대경기장의 아름다운 경관은 그후 이곳의 정복자 터키인의 난폭한 손에 의하여 일찌감치 훼손되었고, 이름도 아트메이다니 (At meydani. 요컨대 hippodrome라는 터키어의 직역으로 생각하면 된다. at는 말. meydan은 광장이라는 뜻. 마필의 훈련장, 마사공원〈馬事公苑〉따위를 의미한다)와 유사한 호칭으로 바뀌었는데, 오늘날도 군마의 조련장으로 쓰이고 있다. 콘스탄티누스 황제가 대경기장에서 벌어지는 경주를 보고 즐기던 옥좌로부터는 한틀의 나선형계단(이런 형태로부터 로마인은 달팽이〈Cochlea〉라고 불렀다고 한다)이 언덕 밑의 황궁으로 통해 있었는데, 그 황궁 또한 장대한 건조물로서 로마시의 황궁과도 별로 손색없는 큰 규모였다. 즉 부속된 소궁전과 정원·극장 등을 합쳐 대경기장에서 성소피아 교회까지 프로폰티스해를 연한 광대한 지역을 차지하고 있다. 대욕장 또한 장관을 이루는 건조물의 하나였다. 이것은 황제의 내탕금으로 건조된 것으로서 하늘높이 솟은 원주들, 여러가지의 대리석 조각품, 60좌가 넘는 청동상 등이 종전의 위·용을 크게 넘도록 완성되었지만, 이렇게 전면 개축된 뒤에도 이름만은 여전히 제우크십푸스(Zeuxippus, 제우스신의 욕장이라는 뜻으로서 옛 비잔티움시 시대부터 있었던 것)라는 옛이름 그대로 불리었다. 이와 같이 이번 새 수도의 건조물과 지구(地區)의 특성에 대하여 상세히 서술해 나간다면, 본사서의 자체 의도에서 벗어날 염려가 있으므로 여기서는 다만 이 대수도의 위용을 빛내는 데 어울리는 것과, 또 수많은 시민들의 편의와 행복에 이바지하는 시설은 하나도 남김없이 이 수도의 성벽안에 갖추어져 있었다는 것을 지적하는 것만으로 더이상의 설명을 대신할까 한다. 창건 후 100년 정도가 지난 다음에 쓰여진 기록에 의하면, 카피톨(capitol)로 불리운 학교가 한 곳, 경기장이 하나, 극장이 두 곳, 공중욕장이 8곳, 자가욕장이 153개소, 극장이 52개소, 곡물창고가 5동, 수도 또는 저수지가 8개소, 원로원의 회의장과 법정으로 사용된 큰 홀이 4개소, 교회가 14, 궁전이 14, 그 크기와 미관에서 평민들의 주거와 명백히 구별되는 저택이 4,388호라는 숫자가 나와 있다.

　콘스탄티누스 대제의 자랑인 이 신수도에 대해서는 역시 인구라는 것이 창건자 최대의 관심사였다. 천도에 뒤이은 암흑시대에 이 획기적인 사업이 가져다 준 직접·간접 결과들에 대해서는 그리스인의 허영심과 라틴인의 경신성(輕信性)의 기묘한 혼란성을 나타내고 있다. 일반적으로 주장되고 또 믿어진 설에 의하면 천도 후 로마의 귀족, 원로원과 기사의 신분을 가진 명문가문의 시민들은 그 수를 헤아릴 수 없다고 하리만치 그 자녀들과 함께 남김없이 황제의 뒤를 쫓아서 이곳 프로폰티스해 연안지대로 옮겨와서 살았다. 그 뒤에 시들어 버린 구수도에 남은 사람들은 얼마간 의심스러운 이방인과 평민들뿐이었다. 이러한 탓으로 벌써부터 전원화되었던 이탈리아의 국토는 순식간에 농사짓는 사람도 주민도 없게 되었다고 한다 (예컨대 몽테스키외〈Montesguieu, Charles Louis Secondat, 1689-1755〉의 『로마제국 성쇠 원인의 고찰』 17장). 이와 같은 과장은 모두 이 책에서 정정되겠지만, 원래 콘스탄티노플시의 발전 그 자체가 전반적인 인

구증가나 산업발달로 이룩되었다고 말할 수 없는 이상, 이와 같은 인위적인 식민시의 융흥이 제국내 고대도시들의 희생하에 실현되었다는 사실만은 인정하지 않을 수 없다. 로마시나 동방 여러 속주의 부유한 원로원 의원들은 아마도 콘스탄티누스 황제의 의향도 있고, 황제 자신이 그의 정주지로 선택한 바 이처럼 은혜받은 지점을 그들도 마찬가지로 자기들의 고향으로 선택하도록 권고받았을 것이라 함은 충분히 추측된다. 주군의 요청이라면 그것은 거의 명령과도 같은 것, 더욱이 황제의 천성적인 활수성을 고려한다면 조건없이 흠연히 호응했을 것으로 생각된다. 사실 황제는 수도의 여러 곳에 세운 궁전을 연이어 총신(寵臣)들에게 주었을 뿐만 아니라 그들의 체면을 유지케 하고자 토지와 연금까지 붙여서 주었고, 심지어 수도안에 거주하겠다는 간단한 조건만으로, 폰투스(Pontus. 소아시아 지방, 흑해 남안에 있던 고대의 작은 나라. 미트리다테스 6세〈Mithridates Ⅵ, Eupator Dionysos, BC 120-63〉때 전성기를 맞이하여 계속 영토를 확장해서 한때는 그리스와 로마세력까지 위협했으나 그후 폼페이우스와 율리우스 케사르 등에 의하여 패배함으로써 결국은 로마의 속주로 되었다)와 아시아의 국유영토를 포기하고 그것들을 세습재산으로 하사하기도 했다. 그러나 이와 같은 장려책과 은전이 모두 허사라는 것이 미구에 분명해지자 이것을 점차 폐지하였다 (법 그 자체는 438년에 테오도시우스 2세황제 때 궁극적으로 폐지되었다. 이유는, 어떤 지점이건간에 일단 정치의 중심 본거지가 결정되면, 국가세입의 대부분은 당연히 군주·대신·법관 그리고 황궁 봉사자들에 의하여 소비되게 마련이고, 속주민이라해도 특히 부유한 사람들은 이해와 직무관계상, 또는 쾌락욕과 호기심이라는 강력한 동기에 이끌려 자연적으로 수도에 집중하게 마련이기 때문이다. 게다가 숫자라는 점에서 보더라도, 다수의 주민층이 미구에 성형되게 마련이다. 즉, 사용인·장인·상인 등이 그런 주민층이지만, 그들의 경우는 각자의 노동, 상류 계급의 필요성이나 사치성으로 생계를 꾸려나가는 사람들인 것이다. 여기서 콘스탄티노플시는 창건 후 100년이 채 못되어 부(富)라는 점에서나 인구라는 면에서도 능히 로마시와 대등할 만한 수도로 성장하고 있었다. 건강과 편의 따위는 거의 고려함이 없이 세워져 어수선하게 늘어선 가옥들은 끊임없이 줄을 잇는 인마와 차의 왕래를 겨우 통과시키는 좁은 통로만을 남겨놓았을 뿐이었다. 지정된 거주구역도 격증하는 인구를 미처 수용하지 못하여 좌우의 바닷가로 확장되어 새로 조성된 지역만도 상당한 규모의 도시를 형성하기에 충분했을는지 모른다).

일찍이 로마시민의 경우도 그러했지만, 빈번히 행해진 포도주·기름·곡물·빵, 게다가 현금과 필수물자의 배급은 상당히 빈곤한 시민들에게는 굳이 노동할 필요성을 거의 없게 해주었을 정도로 풍족했다. 초기 황제들이 행했던 바 이런 굉장한 시여정책(施與政策)을 콘스탄티누스 황제도 어느 정도 도입채택했던 것이다. 황제의 이런 활수성은 과연 일반 백성의 환영을 받았을는지 모르나, 후세에서 보면 비판의 대상으로 되어 있다. 정복자·입법자로서의 로마시민이, 말하자면 피로써 사들인 아프리카 속주의 수확을 요구한다는 것은 어떤 의미에서는 당연했을는지 모른다. 때문에 아우구스투스 황제는 실로 교묘한 수법으로 그렇게 해냈다. 즉, 로마시민이 풍부한 부를 향수하고 있는 사이에 자유에 대한 정신을 교묘하게 잊어버리게 한 것이다(아우구스투스 황제가 공화정치 체제를 수호하는 듯이 보이면서,본질적으로는 교묘히 독재적인 제정제도의 기초를 확립한 것을 말한다. 제 I 권 1장 참조). 그런데 콘스탄티누스 황제의 낭비는 국익(國益)과 사익(私益)이라는 양면에서 볼 때, 이 모두에서 도저히 변명할 수 있는 것이 아니었다. 신수도를 위한다는 구실하에 매년 정해놓고 이집트 속주에 부과한 곡물의 대량적인 공납 등은 결국 근면정려(勤勉精勵)하는 속주농민들의 희생하에 쓸데없이 유타안일에 빠진 신수도의 시민들을 부양하는 데 지나지 않았다. 마찬가지로 황제가 발포한 기타의 제법령도 과히 비난에 해당되지 않는 대신,특별히 이렇다하게 내세울만한 것도 없는 것이다. 황제는 콘스탄티노플시를 14개구로 나누고, 시의회에 대하여 원로원 등과 같은 거창한 명칭을 부여하는 동시에 시민들에게는 이탈리아가 받는 제특권을 모두 부여하였다.

이 신수도는 고대 로마의 만딸이라는 의미로「콜로니아(Colonia)」라는 미칭(여기에는 오늘날 식민지〈colony〉라고 부르는 멸시의 뜻은 포함되어 있지 않았다. 이것은 진출 이주해 온 시민들의 제 1 급 식민지, 오늘날의 정령도시〈政令都市〉라는 뜻이다. 사실 지금의 서독에 있는 쾰른〈Köln〉시의 고대명칭은 콜로니아 아그립피멘시스〈Colonia Agrippimensis〉라는 미칭이었다)으로 불렀다. 그렇다고는 하지만 법적으로는 여전히 어머니인 구수도쪽에 그의 우위성을 공인한 데는 변함이 없다. 역사나 위신, 특히 위대성이 크게 문제시된 까닭이었다.

콘스탄티누스 황제는 건설공사의 진행을 마치 연인을 대하듯이 성급하게 독려했다. 때문에 성벽이나 주랑, 기타 주요 건조물이 불과 수 년 사이(다른 문헌에 의하면 1년 미만이라고 쓰여 있는 것도 있다)에 완성을 보았지만* 한편 이상할 정도의 이런 강행군은 반드시 감탄할 값어치는 없는 것 같다. 왜냐하면 대부분의 건조물이 너무도 준공을 서두른 나머지 결함이 많아서 다음 세대에는 벌써 붕괴의 위험성을 방지하는데 모든 주의력을 집중시켜야 할 것이 적지 않았기 때문이다. 그것은 그렇다치고 막 준공되어 싱싱하게 그 위용을 떨치고 있는 동안에 건설자인 황제는 신수도 완성을 성대하게 경축키로 하였다(사가 조나라스〈Zonaras,

Ioannes. 12세기 동로마제국의 연대기 작가)등은 황제가 성모 마리아에게 이 신수도를 바쳤다고 쓰고 있다). 이와같은 획기적인 축제의 성대한 구경거리에 금상첨화코자 한다면, 마땅히 먼저 화려한 경기류와 많은 액수의 시여가 고려된다. 그런데 이때의 제전에서 좀처럼 보아넘길 수 없는 또 한 가지의 매우 이상한 항구적인 행사가 시작되었다. 즉 해마다 신수도 탄생일이 돌아오면 칙령으로 만들어진 금박입힌 목재조각상―― 오른손에 이곳 수호신의 조그마한 조각상을 든 콘스탄티누스 황제상이 개선하는 전차 위에 장식되는 관습이 생겨난 것이다. 하얀 촛불을 받들고 최고의 화려한 예복으로 단장한 근위대 병사들이 이 장엄한 행렬에 호종(扈從)하여 엄숙히 대경기장을 행진하였다. 그러다가 옥좌 앞에까지 오면 황제는 천천히 일어나 선임황제들의 유덕에 깊은 감사를 드렸다. 그리고 이 헌도식(獻都式)에 즈음하여 황제는 칙령을 발포하여 이것을 대리석에 조각시키는 동시에 이 새로운 수도에 제 2 의 로마 또는 신로마(Second or New Rome)라는 명칭을 내렸다. 그러나 영예로운 이런 칭호에도 불구하고 일반적으로 역시 콘스탄티노플(콘스탄티노폴리스)이라는 이름쪽이 좀더 친숙하게 불리어, 그후 1400여년 간에 걸친 운명의 변천이 있은 오늘날에도 여전히 건설자의 이름이 계속 살아남고 있는 것이다.

신수도의 건설사업은 당연히 문무양면의 신체제 확립과 연계되었다. 디오클레티아누스 황제의 손으로 창시되었던 복잡한 통치체제는 콘스탄티누스 황제에 의하여 개선되고, 이어서 그의 직계 후손 황제들에 의하여 완성을 보게 되었는데, 이제 그 실체를 밝히는 것은 참으로 기묘한 이 대제국의 참모습을 보여주는 점에서 독자들의 상상을 즐겁게 할 뿐만 아니라, 그것이 급속히 붕괴하게 된 참된 내부적 제요인을 밝히는 것으로도 될 것이다. 여하한 체제든 간에 그것의 성쇠과정을 규명코자 한다면, 당연한 일이지만 자주 로마초기의 고대

---

* 가장 짧은 기간내의 완성설은 15세기 후반기의 고고학자인 코디누스(Codinus)의 저서로 알려진 한 책에 나온다. 그것에 의하면 329년 9월 26일에 기공하여 330년 5월 11일에 헌도식을 거행했다고 하니 그 사이가 불과 8개월도 못된다는 이야기가 되는데, 이것은 물론 믿을 바가 못된다. 오랫동안 정설에 가까웠던 것은 10년설, 즉 324년에 기공하여 334년에 헌도했다는 것이다. 이것은 완성 후 얼마 안되어 율리아누스 황제(Julianus, Flavius Claudius. 332~363, 재위 361~363)의 『연설』제 1 에 나오는 숫자이므로 신빙성이 있는 것으로 되어 있지만 그후의 연구로 완전일치는 되지 않고 얼마간 기간이 단축되었다. 헌도식이 330년 5월 11일에 있었다는 것은 틀림없는 사실이므로 문제는 기공한 시기이지만 이것은 대략 326년 전후로 보는 것이 타당한 것으로 알려졌다.

사나 최근시대에 대하여 언급해야 하겠지만, 다만 당면한 현재상황만을 그대로 고찰하고자 한다면, 콘스탄티누스 황제 즉위로부터『테오도시우스 법전』발포 (483년)에 이르기까지의 약 130년 간으로 한정시켜도 무방할 것 같다. 생각컨대 이 법전과 동서 두 로마제국의 문무고관록(文武高官錄. Notitia, 정확히는 Notitia Dignitatum. 동서 두 제국으로 갈라진 395년 후 얼마 안돼서부터 420년 경까지 두 나라 문무관의 인사이동표를 편집한 것. 오늘날의 직원록 집성에 해당)만 조사하면, 두 제국의 그때 그때의 상태에 관하여 가장 풍부하고도 확실한 지식을 얻을 수 있을 것이다. 그런데 이와 같은 화제에 대하여 기술한다는 것은 당분간 본래의 서술을 중단시키는 결과가 될지 모르겠지만, 만일 이 일이 부당하다고 생각한다면 다분히 법과 습속의 중요성에 무관심하고, 쓸데없이 궁정내에서의 덧없는 음모나 전쟁 등 우발적 사건에만 강한 호기심을 불태우면서 역사를 읽는 그런 독자들뿐이라고 말하고 싶다. 실체적인 권력만 있으면 족하다고 생각한 로마인의 남성적인 자부심은 단순히 허세적인 위용을 과시할 따름인 형식이나 의례 따위에는 그것이 동양인적인 허영심에 의한 것이라 하여 무관심했었다(예컨대 타키투스〈Tacitus, Cornelius, 56?-115 이후. 로마 제일의 사가〉는『연대기〈Annales〉』제15권 31절에 있는 인물에 대하여「이국풍〈異國風〉존성에 습관화 되고 ……허식을 무시하는 우리들〈로마인을 가리키는 것〉의 마음을 이해하지 못했다」고 기술하고 있다. 그러나 제정초기에 이미 질실강건〈質實剛健〉의 기풍이 사라지기 시작했다는 것은 키케로〈Cicero, Marcus Tullius. BC 106-143〉와 소 플리니우스〈Plinius, Caesilius Secundus, 61〈62〉-114 이후〉의 서한 등에도 나온다). 고대 로마인의 자유정신에서 생겨났던 제미덕이, 이제 그와 비슷한 유풍조차 잃어버린 오늘날에 이르러서는 그들의 특징이던 질박강건성도 언젠지도 모르게 아시아 궁정식의 허식과 위용을 갖추는 악풍으로 물들고 말았다. 공화정하에서는 크게 눈에 띄었던 개인적인 재능과 영향력도 제정하에서는 눈에 띄리만치 그림자가 엷어졌고, 역대황제의 전제적인 독재제도가 강화됨에 따라 이런 것도 완전히 사라져 버렸다. 그런 것에 대체되어, 위로는 옥좌의 계단밑에서 황제를 가까이 모시는 고관대작이라지만 사실상 노예와도 같은 처지로 전락된 사람들로부터, 밑으로는 전제권력의 가장 미천한 앞잡이들에 이르기까지 엄격한 상하의 위계질서가 확립되었다. 이들 무수한 예종자들은 만일 혁명이라도 일어나면 당장 모든 희망이 단절되고, 장기간에 걸쳐 충성스럽게 봉사한 보상도 단번에 날아가 버리기 때문에 그런 일을 겁내어 일심전력으로 현정권에 대한 지지에 집념하게 마련이다. 신의 뜻에 의한 이런 계급제도 (사실 흔히 그렇게 불리었다) 밑에서는 모든 위계직권이 극히 세심하고 엄밀하게 규정되었고, 각 위계의 권위를 극심한 번문욕례(繁文縟禮)로 나타내게 되었다. 사실 그런 규정과 관례를 아는 것만으로도 대단한 노력이 필요하고, 게다가 그것을 무시했을 때는 신성모독 행위로 간주되었다. 아부와 자부(自負)가 서로 교차하는 인간관계에서는 아마 키케로같은 사람은 이것을 이해하는 데 고통을 받았을 것이고, 아우구스투스 황제라면 차라리 화를 내어 물리쳤음이 틀림없을 것으로 생각되는 수많은 경어적(敬語的)인 표현이 새로 채용됨으로써 라틴어의 순수성까지도 점차 상실되어 갔다. 예를 든다면, 제국의 주요 고관들을 호칭할 때는 황제 자신의 입에서조차 Your Sincerity, Your Gravity, Your Excellency, Your Eminence, Your sublime and wonderful Magnitude, your illustrious and magnificent Highness 등등 (「테오도시우스 법전」은 그의 마지막 부분에서 앞서 나온 Notitia Dignitatum을 게재하고 있는데, 여기서 인용한 것은 그것을 영역한 것이다. 단, 본래 Notitia는 「테오도시우스 법전」의 일부가 아니다. 우연하게도 기번이 참조한 『테오도시우스 법전』의 텍스트에는 그 끄트머리에 Notitia가 수록되어 있었던 모양이다), 말하자면 허식적인 존칭으로 황제가 신하들을 부르는 형편이었다. 그리고 각기 직무의 권능을 명시한 공문서(codicils), 즉 사령장에는 그것의 권위성을 한눈에 알아볼 수 있게끔 아주 정교하게 표장류(標章類)가 그려져 있었는데, 그런 표장류로서는 예컨대 각 황제의 초상, 개선용 전차, 호화로운 융단보자기를 썩우고 4자루의 촛불로 조명된 탁상의 칙령집, 그가 지배하는 여러 속주의 상징적인 표장, 휘하에 속하는 각군단의 정기・호칭과 같은 것들이다. 이렇게 관직을 나타내는 표장류는 항상 그들의 접견실에 걸어놓을 적도 있거니와 그들이 공중앞에 모습을 나타낼 때는, 어마어마한 행렬선두에 내걸고 행진하기도 하였다. 요컨대 그런 것은 복장을 비롯하여 장신구, 행렬 등 일거일동이 지고지상(至高至上)의 황제권한 대행자로서의 그들에게 보는 사람들로 하여금 깊은 외경(畏敬)의 뜻을 가지도록 훌륭하게 고안되어 있었다. 만일 분별있는 사람이 이것을 본다면 아마도 로마제국 통치의 이런 체제, 호화로운 일장의 무대면으로 착각할는지 모른다. 모든 성격과 여러가지 역할을 가진 배우들이 등장하여 각자의 연기력을 겨룬 셈인데, 요컨대 그것도 다만 원 모델 (황제를 가리키는 것)의 옥음을 그대로 반복하고 또 그의 감정을 원숭이처럼 흉내내는 데 지나지 않았다.

로마제국 체제에서 **상당한 지위를 차지할 정도의 고관무리는 명백히 3개 그룹으로 나뉘어져 있었다.** ① 최고관(Illustres), ② 고관(Spectabiles 또는 Respectables),

③ 현관(顯官, Clarissimi)의 세 가지가 그것이다. 로마의 관제가 아직도 가장 단순했던 시대에는 이 세번째 호칭은 다만 경의를 표시하고 막연한 명칭으로 사용함에 지나지 않았지만, 드디어는 원로원 의원들과 나아가서는 그들 중에서 선발되어 속주의 총독직에 취임한 사람들에 대한 특별경칭으로까지 되었다. 그런데 이렇게 선발된 사람들은 허영심이라고나 할까, 어쨌든 다른 원로원 의원신분의 사람들보다는 무엇인가 한 단계 높은 상급호칭을 요구하게 되었는데, 상당히 세월이 흐른 후대의 일이시만, 새삼스럽게 「고관(Spectabiles)」이라는 새 칭호를 얻고 비로소 만족하게 되었다. 그러나 오직 「최고관(Illastres)」의 경칭만은, 상술한 하위급의 두 계급 사람들도 시종일관 그의 명령에 복종하고 또 존경하여 마지않는 소수의 현요한 인물에 한하였다. 따라서 그에 해당하는 것은 ① 집정관과 귀족, ② 로마 및 콘스탄티노플 양 수도를 포함한 근위도독 전원, ③ 기병대 및 보병대 총사령관, ④ 황제 신변에서 직접 제사를 관장하는 7명의 궁내관들뿐이었다. 이런 「최고관」들은 서로와 서로 사이에서는 동격취급을 하지만, 그러나 몇개의 현직(顯職)을 겸하고 있는 경우는 선임권을 능가하도록 정해져 있었다(『테오도시우스 법전』 제6권 6장). 은고와 군총을 베푸는 것을 즐기던 황제들은 명예직 사령장의 남발이라는 이 편법을 교묘히 이용하여, 권고(眷顧)를 겨루는 신하들의 야심이라고는 말할 수 없지만, 교묘하게 허영심을 만족시켜 줄 수 있었다(『테오도시우스 법전』 제6권 22장).

(1) 집정관이라는 직무가 아직은 자유국가의 최고관직이던 동안 이 권력의 원천은 국민에 의한 선거였다. 그리고 제정기에 들어온 다음에도 황제들이 요구하는 신종(臣從)은 일단 국민의사라는 형식으로 계속 위장하는 한 여전히 집정관직의 선임은 형식적이나마 원로원의 표결방법으로 이루어졌다. 그러나 디오클레티아누스 황제 이후 그와 같은 시민적 자유권은 형태도 없이 말살되고, 집정관이라는 이 1년 임기의 영예를 입었던 사람들까지도 그전에는 선거로 선출된 선배 집정관들의 비굴성을 마치 개탄하는 듯한 태도까지 표시하는 형편이었다. 틀림없이 스키피오(Scipio)일가도, 또 카토(Cato)일가의 2대도 집정관이 되기 위해서는 평민층의 표가 필요했는데, 그를 위해서는 돈도 들었거니와 매우 성가신 국민투표라는 형식을 거쳐야만 하였다. 이런 경우에 때로는 국민에 의한 거부라는 심한 굴욕을 당하는 일조차 있었다. 그런데 지금은 시운을 타고 태어나 집정관직에만 취임하면 장기간에 걸쳐 정권에 참여할 수 있을 뿐만 아니라, 공적만 있으면 인자하신 황제의 영지(英知)라 하여 가끔 은상까지

받게 되었다. 어떤 선임된 집정관 두 사람에게 보냈다는 그라티아누스(Gratianus, Flavius Augustus 359-383, 재위 375-383) 황제의 친서에 의하면, 그들의 임명은 오로지 황제 자신의 의사에 의한 것이었다고 기술되어 있었다. 그리고 그들의 성명과 초상이 금빛 상아판에 새겨져 그것이 제국내 각속주와 여러 도시, 나아가서는 장관들과 원로원, 백성에게까지 골고루 선물로 보내졌다. 장엄한 서임식이 각각 황제가 살고 있는 땅에서 거행되고, 가장 중요한 수도 로마는 실로 120년 동안이나 완전히 집정관 부재 상태로 되었다(기번의 주석에 의하면 이 120년이란 갈루스〈Gallus, 재위 251-253〉 황제로부터 호노리우스〈Honorius, Flavius, 384-423, 재위 395-423〉 황제 즉위 직전까지를 계산에 넣은 것 같다). 집정관들이 서임의 의전을 베풀어 받는 것은 1월 1일 아침으로 정해져 있었다. 이날 그들은 금실 은실로 수를 놓았고 때로는 값비싼 보석까지 박아 넣은 보랏빛의 길다란 관복으로 몸을 감싸고, 원로원 의원복장을 입은 문무고관들의 시중을 받았다. 그리고 그전에는 무시무시한 큰 도끼날을 붙인 무기였지만, 지금은 무용의 권표(權標)로 변해버린 파스케스(fasces, 桿束, 다발로 묶은 막대사이로 도끼날이 삐죽 나오게 동여맨 것. 집정관의 앞장을 서는 릭토르가 받들고 다녔다. Fascism의 어원)까지 릭토르(lictor, 警吏. fasces를 받들고 상관을 따라가 죄수를 처형하던 관리)들이 받들고 선도하곤 하였다. 이리하여 행렬은 황궁에서 중앙광장(Forum) 또는 그 도시의 중심광장으로 향하게 되는데, 목표지점에 도착하면 집정관들은 법관석에 등단하여 옛날 형태 그대로 만들어진 고관용 의자에 앉는다(등받이도, 가로대도 없는 상아제 의자였다). 그리고는 곧 재판권의 행사를 해보인다. 즉, 그 목적을 위하여 끌려나온 노예에게 신분해방의 의식을 거행한다. 생각컨대 이 의례라 함은 일찍이 자유의 확립자이며 집정관직의 창설자이기도 한 대(大) 브루투스(Brutus, Lucius Junius, 기원전 6세기말의 반전설적인 영웅, BC 509년 공화정 최초의 집정관.· 건국자로 여겨지고 있다)의 유명한 재단 —— 그가 저 타르퀴니우스(Tarquinius) 왕가의 음모를 적발한 충성스러운 증인인 빈덱스(Vindex)를 노예신분에서 해방하여 로마시민으로 인정했다는 고사를 본뜬 것이다.* 이 국가적 행사는 주요 도읍의 모든 곳을 통하여 수일 간에 걸쳐서 축하하기로 되어 있었다. 로마시야말로 고래의 관습에 입각한 행사였지만 콘스탄티노플시에서는 그것이 단순한 원숭이 흉내내기 행사에 지나지 않았고, 더욱이 카르타고시·안티오크시·알렉산드리아시 등에 이르러서는 이것이 일종의 향락적인 행사, 남아돌아가는 부의 낭비에 지나지 않았다. 두 수도에서는 극장·대경기장(circus)·원형경기장(amphitheatre) 등에서 거행하는 해마다의 행사만으로도 실로 4,000파운드에 달하는 황금(영국화폐로 환산하면 약 16만 파운드가 된다)을 물쓰듯이 낭비하였다(다만 검투사에 의한 유혈의 격투만은 폐지되었던 것 같다. 기독교도들로부터의 비난이 높아졌던 탓인지도 모른다). 이런 거액의 경비가 행정관들 자신의 재력이나 의지를 초월하기라도 하면 곧 황실의 재고(財庫)로부터 보전이 있었다. 일단 이런 관례적인 행사가 끝나면, 집정관들은 곧 제멋대로 사생활로 돌아가는 것이 허용되어, 임기의 잔여기간을 조용히 현직(顯職)의 영예를 즐기는 일만으로 나날을 보낼 수 있었다. 이미 국무회의를 주재할 필요도 없고, 화전(和戰)에 대한 중대의제에 결단을 내리는 일도 없었다. 재간이 어떻다는 일 따위(좀더 실권이 있는 직무에라도 취임한다면 별개 문제지만)는 거의 문제가 되지 않았다. 다만 그들의 이름이 일찍이 마리우스(Marius, Gaius, BC 157-86. BC 107, BC 104-101 집정관)와 키케로 등이 이 직무에 있었다는 법적 연차표에 등재되기만 하면 그것으로 만족했던 것이다. 그럼에도 불구하고 이 한직인 직명은 로마제국 말기, 즉 이미 예속상태로 전락된 다음에도 여전히 다른 실질 권력을 장악하고 있는 직책과 맞먹을 정도,아니 오히려 그 이상의 영직(榮職)으로 느꼈고 또 다른 사람들도 그렇게 인정하고 있었다. 다시 말하면, 집정관이라는 칭호는 여전히 야심의 가장 빛나는 대상으로서, 덕망과 충성에 대한 최고최대의 보수였다. 공화정의 잔재라면 그것의 편린까지 혐오하던 황제들조차 해마다 이 집정관 취임의 의례를 반복할 때면,마치 이에 의하여 황제의 위엄까지 새삼스럽게 높기나 한 것처럼 생각했던 것이다.

  어느 시대, 어느 나라를 취해 보더라도 대저 귀족과 평민과의 차별이 절대적으로 확연하게, 그리고 긍지감을 가지고 확립되었던 것은 아마도 공화정 로마의 초기에 볼 수 있었던 귀족(Patrician)과 평민(Plebeian)의 제도를 능가하는 것은 없을 것이다. 부와 명예, 국가의 직무, 종교상의 제사 등은 거의 전부가

---

* 고대 로마왕정은 제 7 대왕 수페르부스(Superbus, Lucius Tarquinius. 재위 BC 534-510. 오만한 왕이라는 뜻)에 이르러 실정이 많았으므로 귀족들에게 추방됨으로써 공화정이 시작되었다(BC 510). 추방된 수페르부스는 비밀리에 공모자들과 왕정복귀의 밀의를 거듭했지만, 이때 빈덱스라는 노예가 이런 음모내용을 엿듣고 기회를 보아 정부에 밀고했기 때문에 타르퀴누스 일파는 거사 전에 실패하고 결정적으로 몰락하게 되었다. 이 공로에 의하여 빈덱스는 해방되어 자유를 얻게 되었는 바, 이래 이것을 기념하여, 노예를 해방할 때는 가는 막대를 그의 몸에 대주는 것이 관례적인 의식이 되었는데, 이 막대의 이름까지 빈덱스를 본떠 빈딕타(vindicta)라고 부르게 되었다. 이 관습은 아주 유명하여 여러 책에 나오지만, 이 기원에 대해서는 리비우스의『로마건국사』제 2 권 3-4절에 상세히 기술되어 있다.

귀족의 독점으로서, 그들은 이른바 피의 순결성을 거만에 가까운 경계심으로 계속 수호하는 반면에 그들의 보호하에 있는 평민들은 신체 건장한 노예상태에서 억압되고 있었다(귀족과 평민과의 결혼은 기원 전 5세기 중반까지 법으로 금지되어 있었다. 이것이 평민의 불만을 대변한 호민관 카눌레이우스〈Canuleius〉의 분투로 합법화 되었다. BC 445 ? 년경이었다. 상세한 내용은 리비우스의 『로마건국사』 제4권 1-6절에 있다). 도대체가 자유민의 정신과는 양립되지 않는 이런 차별은 장기간에 걸친 호민관들의 집요한 투쟁으로 점차 폐지되었다. 평민 중에서도 특히 적극적인 일부 사람들은 부를 쌓자 이번에는 영예를 바랐고, 그런 성공에 어울리게끔 강력히 단결을 굳힘으로써 몇 세대가 지난 뒤에는 이들도 고대귀족에 못지 않는 긍지감을 가지게 되었다. 이에 반하여 귀족계급쪽은 공화정 말기까지 어느 누구도 가문의 숫자를 늘림이 없이 당연한 추세로 몰락해 갔거나, 그렇지 않으면 반복되는 내전이나 외전으로 단절되거나 또는 가산의 소탕과 자질 저하로 언젠지도 모르게 슬그머니 평민대중 속에 매몰되어 갔다. 로마시의 초창기나 공화정 창시 때부터 계산한다면 순수한 혈통을 자랑할 수 있는 가계(家系)는 거의 전무한 상태였다. 여기서 율리우스 케사르(Caesar, BC 100-44)와 아우구스투스(Augustus, 전의 이름은 Gaius Octavius, BC 63-AD 14), 클라우디우스(Claudius, BC 10-AD 54), 베스파시아누스(Vespasianus, AD 9-79) 등 여러 황제들은 그 당시는 아직도 명예롭고 성스러운 계급으로 생각되던 귀족계급의 영속을 위하여 원로원 의원층 가운데서 상당수의 신귀족을 창설한 바 있다(타키투스, 『연대기』 제11권 25절, 디오-카시우스〈Dio Cassius / Dion Cassios, 150 ? -235 ? 〉의 『로마사〈Romaika historia〉』 제1권 52절). 이와 같은 인위적인 보급(여기에는 당연히 지배계층 가문은 언제나 모두 포함되었다)도 연이은 참주(僭主)들의 배출, 거듭되는 혁명, 습속의 변화, 그리고 만이(蠻夷) 제민족의 혼입으로 미구에 절멸되고 말았다. 콘스탄티누스 황제가 즉위할 때 (324년)는 이미 지난 날의 귀족들이야말로 로마시민의 최고계급이었다는 매우 막연한 전승 이외에는 아무것도 남아 있지 않았다. 게다가 귀족집단이 형성되어 이것이 독재적 통치자의 권위를 안정시키는 동시에 또한 억제세력으로도 되는 그런 체제를 만든다는 것은 아마도 콘스탄티누스 황제의 성격이나 정책상으로 보더라도 도저히 허용될 수 없었다. 가사 황제가 진심으로 그런 체제를 만들고자 의도했다 하여도, 그것은 마땅히 시대와 여론의 승인을 받아야 하는 이상, 단순히 일편의 자의적인 칙령으로 이것을 비준재가 하는 일은 명백히 권한을 초월하는 행위가 되었을는지 모른다. 물론 황제가 「귀족」이라는 칭호를 부활시킨 것은 틀림없는 사실이다. 그러나 그것은 다만 한 개인의 당대만의 영예로서 부활시켰을 뿐 세습적인 것이 아니었다. 그들의 경우 집정관들의 단기적인 권력에 복종할 의무를 지녔을 뿐 기타의 모든 국가직무에는 우월권을 가졌고, 또 황제신변에 가장 친근감을 가지고 접근할 수도 있었다. 이런 영예로운 지위가 종신특권으로 주어졌는데, 이의 대다수는 오랫동안 궁정에서 군주의 총애를 받아온 늙은 현관들뿐이었으므로, 귀족이라는 어휘의 원뜻까지도 무지와 아부에 의하여 완전히 왜곡되고 말았다. 즉 콘스탄티누스 황제시대의 귀족들이란 황제와 국가의 의붓아버지들(adopted Fathers)이라는 의미만으로 존경을 받는 데 불과했다(이 견해에는 의문도 있지만 상세한 내용은 생략한다).

(2) 근위도독(praefectus praetorio/praetorian praefect)이라고 불리운 사람들의 운명은 집정관과 귀족들의 그것과는 근본적으로 달랐다. 집정관·귀족이라 함은 단지 허명일 뿐, 그전의 권위는 완전히 소멸되고 말았지만, 한편 근위도독쪽은 처음에는 매우 미천한 신분이던 사람이 점차 권위를 더하여, 드디어는 로마세계의 민정·군사의 전권을 위임받게 되었다. 세베루스 황제(Severus, 재위 193-211)의 치세로부터 디오클레티아누스 황제(재위 284-305)의 치세에 이르는 110여 년 사이에 근위대와 황궁, 법률과 재정, 군대와 속주 등 이 모두가 그의 감독하에 놓이게 되었다. 그것은 마치 동방제국의 태수(Vizir) 직책과도 비슷한 것으로서, 한 손으로는 옥새(玉璽)를, 다른 손으로는 군기(軍旗)를 장악하게 되었다. 이 도독들의 야심은 항상 그가 모시는 주군을 위협하고, 때로는 생사문제까지 손아귀에 거머쥔 일도 있었다. 그런데 그의 뒷받침이 된 것은 오로지 근위대가 보유하는 실력이었다. 그러나 이 거만한 군대의 실력도 먼저 디오클레티아누스 황제에 의하여 약체화 되었고, 끝으로는 콘스탄티누스 황제에 의하여 끝내 탄압되기에 이르렀다. 다행히도 이때에 몰락을 모면하게 된 도독들은 단순히 쓸모있거나 유순한 고관이라는 그런 자리로 격하되는 것에 불평없이 주저앉았다. 황제신변의 경호라는 권한이 박탈되자, 지금까지 황궁내 각부서에게 요구했고 또 사실상 행사하고 있던 지배권한도 모두 빼앗기게 되었다. 콘스탄티누스 황제 때에 이르러서는 그들의 군사적 지휘권까지 모두 박탈되고 말았다. 그들의 직접 명령하에 로마군의 정화(精華)라고도 볼 수 있던 근위부대를 통솔하여 출진하는 사태가 없게 되자마자, 황제는 곧 이것을 실행한 것이다. 이런 일대 개혁으로 이제 그들은 단순한 속주의 민정장관이라는 권한만으로 격하되고 말았다*(이에 따라 이하에서는 본서도 「민정총독」으로 표현키로 한다). 원래

디오클레티아누스 황제에 의하여 시작된 통치안에 의하면, 4명의 황제들은 각각 1명씩의 근위도독(민정총독)을 두기로 되어 있었다. 이 점은 콘스탄티누스 황제가 제국을 재통일시킨 후에도 변함이 없었다. 즉, 황제는 4명의 민정총독을 임명하여, 각각 종래의 관할 여러 속주를 그대로 지배케 하였다. ① 동방 총독은 나일강 중류의 급단(急湍)지방(오늘날의 아스완댐 부근으로부터의 상류지역. 통상 제1에서 제6까지 헤아릴 수 있는 수단의 여울목 지대)에서 파시스(Phasis)강안 일대(흑해 동남쪽 귀퉁이로 유입되는 강의 옛이름)까지와 또 트라키아 속주의 산악지대에서 페르시아의 변경에 이르기까지 로마인의 지배하에 있던 세계의 실로 4분의 3의 광대한 지역을 그의 관할권하에 두었다. ② 판노니아(Pannonia)·다키아(Dacia)·마케도니아 및 그리스 등 이런 요충 속주는 모두 일리리쿰(Illyricum)총독의 관할권을 승인하고 있었다. ③ 이탈리아 총독의 관할권은 본래 칭호가 나타내는 지역에 한정되지 않았다. 멀리 다뉴브강 연안에 이르는 레티아(Rhaetia)지방, 지중해의 속령들인 여러 섬들, 그리고 동쪽은 키레네(Cyrene) 변경에서 팅기타니아(Tingitania)변경에 이르는 사이의 아프리카 대륙의 일부까지도 그의 권력하에 들어 있었다. ④ 갈리아 총독은 그의 복수형 호칭(Gauls 라고 하는 것)으로도 알 수 있듯이 브리타니아·스페인 등 동족계 여러 속주를 합쳐서 관할하였으며, 따라서 그 권한은 북쪽은 안토니누스 황제방벽으로부터 남쪽은 아틀라스 산록에까지 미치고 있었다(조시무스, 『신로마사』 제2권 33절).

이런 민정총독들은 군사지휘권은 박탈(디오클레티아누스 황제에 의하여 대부분 박탈되었고, 콘스탄티누스 황제에 의하여 결정적으로 박탈되었다)되었지만, 그런 뒤라 해도 이런 형태로 주어진 다수의 예속국들에 대한 행정권은 최고현관(最高顯官)들의 야심과 재능을 만족시키기에 충분하였다. 최고사법권과 최고재정권도 모두가 이들의 예지에 위임되어 있었던 만큼, 평시의 이 양대권력은 군주와 국민모두에게 부과된 거의 모든 책무를 포함하고 있었다. 즉 최고사법권에 대하여 말한다면, 그것은 법에 복종하는 시민들을 보호할 의무이고, 최고재정권은 국가경비가 요구하는 재산의 일부를 공공을 위하여 제공케하는 책무였다(즉, 조세징수의

---

* 로마제국 관제의 특징으로 들 수 있는 것의 한가지는, 명칭은 비록 옛 그대로 남겨지면서도 직권내용이 중대한 변화를 가져온 일인데, 이 Praefectus praetorio는 그런 것의 전형적인 예다. 따라서 본 번역판에서는 제 I 권의 「근위대 장관」으로부터 제 II 권 후반이하의 「근위도독」, 다시 이 제III권의 「민정총독」이라는 식으로 그 내용을 고려하여 번역하지 않으면 안되었다.

전권을 장악하고 있었다. 이외에 군대에의 물자보급 책임자이기도 했다). 통화·국도·체송(遞送)·곡물창고·공장 등 무릇 국가번영과 관계되는 문제 일체는 모두가 총독권한으로 실시 되었다. 대개 총괄적인 형식으로 발포되는 칙령에 대하여, 총독들은 황제의 직접적인 대리인으로서 여기에 어느 정도로 자유재량권을 가미한 포고문으로 해서 공표했는데, 이에 대한 해설임무를 수행한다든지 또 강제실시의 성과를 올리며, 때로는 일부수정할 수 있는 권한까지도 부여되어 있었다. 또한 각속주 지사들의 행동을 감시하여, 태만한 무리들을 파면하고, 독직하는 도배는 처벌하는 일도 그들의 직무였다. 그리고 민사·형사사건을 불문하고 중요문제에 대한 상소가 하급법원으로부터 올라오면, 그것들은 당연히 총독이 주관하는 법정에서 심리되었다. 그리고 그의 판결은 최종적이며 절대적이었다. 즉 황제로서도 절대 신뢰심을 가지고 임명한 민정총독인만큼, 그의 판단 내지 공정성에 대하여 어떠한 불복신립이 제출된다 해도 거기에는 황제 자신도 일체 귀를 기울이지 않았다(「유스티니아누스 법전」제7권 62장 19조. 처음에 콘스탄티누스 황제가 제정한 법률). 그렇기 때문에 그들이 받는 급여는 그런 현직에 충분히 어울리는 것이었다. 만일 그가 탐욕스러운 자들이었다면, 이에 더하여 거액의「사례금·뇌물·떡고물」류를 모을 기회도 자주 맞닥뜨리고 있었다. 따라서 황제로서는 이 총독들의 야심 따위를 이미 겁내지 않게 되었고, 또 그의 재직기간을 매우 단기 또는 불확실한 기간으로 함으로써 어떻게 해서든지 그의 강대한 권력을 견제하는 방책을 취했던 것이다.

다만, 로마와 콘스탄티노플의 두 수도만은 그의 중요성과 위엄에 비추어 총독직 권한에서 제외시키고 있었다. 도시 규모의 방대성이라는 한 가지만 해도 법의 시행을 몹시 지연시키는 일이 많았고, 또 비능률로 빠진다는 쓰라린 경험이 있었으므로, 일찍이 아우구스투스 황제시대부터 로마시만은 별도로 수도 장관을 두는 그럴듯한 구실을 정책상으로 발견하고 있었다. 즉 비굴한 주제에 소요을 일으키기 좋아하는 수도시민들이라 해도, 이 인물이라면 충분히 강력하고 전제적인 권력을 가지고 제압할 수 있을 새 장관의 임명을 생각했던 것이다(타키투스,「연대기」제5권 11절, 디오-카시우스,「로마사」제52권 21절). 여기서 초대 장관으로 임명된 사람이 발레리우스 멧살라라는 인물이다. 그가 가진 명성이라면 이 인기없는 편법방책도 지지를 얻을 수 있지 않을까 하는 생각에서였다. 그러나 이 고결한 인물인 멧살라(Messalla, Marcus Valerius Corvinus, BC 64 – AD 8. 끝까지 공화주의 견지자였고, 키케로·브루투스 등과 친교를 맺고 있었다. 아우구스투스가 승리한 후 그의 신임을 얻었으나 자기 주장만은 마지막까지 굽히지 않았다. 문예분야의 보호자이기도 했으며, 호라티우스〈Horatius Flaccus, Quintus, BC 65-BC 8, 로마시인〉와도 친한 사이였고, 젊은 오비디우스〈Ovidius Naso, Publius, BC 43-AD 17? 로마시인〉의 지지자이기도 했다)는 임명된 후 불과 며칠 안되어 사임하고 말았다. 과연 저 고결한 인사인 브루투스의 친구다운 기개를 가지고 이처럼 시민적인 자유와 적대되는 그런 권력의 행사자로 머물러 있을 수가 없다는 것이 이유였다. 그러나 사회는 자유의 관념이 점차 쇠퇴함에 따라 질서유지가 보다 우선되어야 하는 사태로 발전하였다. 여기서 원래는 노예와 부랑자 등을 위협할 의도로 만들었던 이 수도장관직도, 미구에 기사신분과 귀족들의 민사・형사 사건들까지 취급하도록 권한 확대가 인정되기에 이르렀다. 이리하여 통상 황제로부터 절대신임을 받고 있는 상설의 강력한 장관이 상대이고 보면, 아무리 법적공정성을 표방하는 재정자(裁定者)로 선임되었다곤 하지만 불과 1년임기의 법무관들로서는 도저히 오랫동안 중앙광장(Forum)의 주도권을 다투는 것이 불가능하였다. 그들에 의한 법정은 점차 쇠퇴하여 처음에는 12명에서 18명 사이를 오르내리던 그것의 정원수도 점차 2명 내지 3명으로 삭감되고 말았다(『유스티니아누스 법전』 제1권 39장 2조). 그리고 그들의 주된 직무도, 다만 시민들을 즐겁게 해주기 위하여 여러 가지 값비싸게 먹히는 경기류를 개최해 보이는 그런 업무로 한정되었다. 이리하여 로마시 집정관들의 직권이 가끔 수도에서 볼 수 있는 한 장면의 어릿광대짓에 지나지 않는 사태로까지 격하되자, 이번에는 수도장관들이 그대신 원로원의 공석을 메꾸게 되었고, 머지 않아 이 유서깊은 원로집단의 정식 의장으로까지 승인받게 되었다. 그리고 멀리 주변 100마일 권내의 상소 사건까지 수리하게 됨으로써 수도관할의 권능은 모두 그들에게서만 나온다는 것이 법적인 원칙으로 인정되기에 이르렀다. 이런 번잡한 임무수행을 위하여 수도장관에게는 15명의 보좌관이 붙여졌는데, 그들 가운데는 종전의 동료와 때로는 상사였던 사람까지도 있었다. 주된 부서는 화재・도적・야간소요 등에 대비하여 설치된 다수경비대의 지휘와 곡물・식료품 등 공휼(公恤)물자의 관리 및 배급, 항만・상수도・하수구・티베리스강 항행권 및 하상(河床) 이용의 관리, 시장・극장 기타 공사(公私) 건조물류의 감사 등등의 행정을 담당하는 부국(部局)이었다. 원래라면 경찰당국이 담당해야 할 3대 임무, 즉 치안・청소・시민생활의 윤택이라는 분야까지 그들이 대신해서 감시의 눈을 밝혔다. 그리고 수도의 미관유지를 위해 정부가 그 얼마나 열심인가를 보여주는 증거로서 특히 기념상(記念像)류에 대한 감찰관이라는 것이 임명되었다. 한 고대작가가 행한 바 얼마간 엉뚱한 계산에 의하면, 당시 로마시에 존재하던 기념상류의 수는 거의 그 주민수 만큼이나 많았다고 하였는데, 이런 죽은 물체의 조각상 따위를 보호하기 위하여 이처럼 일부러 특별감시인까지 두었던 것이다. 새 수도인 콘스탄티노플이 창건된 후에도 약 30년 정도가 지나자 마찬가지의 전문직제가 설치되었다. 그의 임무와 권한도 로마의 감찰관과 똑같았다. 이들 2명의 수도장관과 4명의 민정총독들은 모두가 그들의 권한에서는 완전히 대등하였다(로마 및 콘스탄티노플 두 수도장관들에게 부여되었던 경찰권에 대해서는 『테오도시우스 법전』 제14권에 상세히 나와 있다).

로마제국 계급제도에서 특히 스펙타빌레스(spectabiles, 고관급)라고 불리우는 계층이 있었는데, 그들의 지위는 일루스트레스(illustres, 최고 관급)급 총독과 클라릿시미(clarissimi, 현관급)급 속주 민정관과의 중간에 위치한다.* 이 계층 가운데서는 아시아·아카이아(Achaia)·아프리카 속주의 총독들이 특히 상석(上席)으로 여겨졌는데, 이것은 일찍이 이 직무가 향수하고 있던 위신으로 주어진 우위에서 나온 것이다. 이들의 법정이 내리는 판결에는 다시 상급자인 총독이나 수도장관의 이 법정에 대한 상소권이 인정되어 있었는데, 말하자면 이것만이 그들 양자의 상하관계를 구별하는 유일한 점이었다(다만 다음에 나오는 아프리카 속주총독의 경우는 그런 조건도 없을 정도의 독립권한을 가지고 있었다는 설도 있다). 한편 제국 전영토의 민정은 13개의 대관구(大 dioceses)로 분할되어 있었는데, 각 관구는 사실상 강력한 왕국과도 같은 권한을 가지고 있었다. 이런 대관구 중에서 최대의 것은 동방독군(東方督軍) 관하에 있던 그것이다. 이것의 직속부하로 무려 600명의 하급관료(apparitor)—지금으로 말하면 비서관·서기·정리(usher)·연락원과 같은 직책—집단을 포옹하고 있었다고 말하면, 그 권한의 중대성과 다양성을 대략 짐작할 수 있을 것이다. 이집트 직할속주 지사(Augustal praefect of Eqypt)의 경우는 그 명칭만은 아직도 그대로 남아 있지만 벌써 로마시 출신 기사신분을 가진 사람이 이 지위를 차지하는 일은 절대로 없게 되었다. 더욱이 이 속주의 위치와 주민의 기상으로 보아 절대 필요한 것으로 되어 있던 그의 예외적인 권한은 그대로 지사에게로 인계되었다. 나머지 11개 대관구는 아시아나(Asiana. 아시아와는 별개로서 동방관구내 한 군〈郡〉의 명칭)·폰티카(Pontica)·트라키아·마케도니아·다키아·판노니아(별명은 서 일리리쿰), 그리고 이탈리아·아프리카·갈리아·스페인(히스파니아)·브리타니아인데, 이런 속주들은 모두 12명의 비카리우스(vicarius), 즉 대행관에 의하여 통치되고 있었다. 이들의 직권이 속료적(屬僚

的)성격이라 함은 이것의 직무명칭으로 보아도 명백하다. 겸하여 말한다면, 뒤에도 기술하겠지만 로마군의 부장군(副將軍), 즉 유니폼 그룹의 독군(count)과 감군(duke)들도 스펙타빌레스(고관급)의 지위칭호가 허용되었다.

역대황제들의 측근회의 내부에서는 자연적으로 질투심과 자기과시욕의 암투가 격렬하기 때문에 황제들도 빈틈없이 칭호를 매우 많이 증가시켜 실질적인 권력을 점차 분할시켜 나가도록 하였다. 일단은 정복자 황제들에 의하여 전국이 한결같이 단일적인 행정조직에 통합됐던 광대한 제국의 판도도, 미구에 작은 단편조각으로 갈라져 붕괴의 길을 달리게 됨으로써 끝내는 116이라는 작은 속주들로 분단되었다. 이것들은 겉보기에는 훌륭하지만 퍽 돈이 드는 행정조직을 유지하게 된 것이다. 이런 속주 가운데서 3개 주는 속주총독(屬州總督, proconsul)이, 37개 주는 집정관대리(執政官代理, conslaris)가, 5개 주는 현령(縣令, corrector)이, 그리고 나머지 71개 주는 통감(統監, praesidens)이 각각 통치하였다. 이리하여 같은 지방장관이면서도 그의 관직명만은 각이하다는 현상이 나타났다. 다만 그의 신분상의 지위에는 서열적인 단계가 있었고, 또 그의 권한을 나타내는 표장(標章)에도 각각 공들인 구별이 있었다. 그리고 그 입장은 여러가지의 우연한 사정에 의하여 얼마간의 상쾌와 불쾌, 유리와 불리라는 상황차이가 있었지만 계층적인 신분으로 말하면, 비록 총독이나 그 대행관들의 하급관료라고는 하지만, 각기 관할지방에서의 사법·재정에 관한 전권이 위임되어 있었다. 이른바 법전집(Code)과 법령집(Pandect)이라고 불리운 것은 놀랄 정도로 방대한 서책에 이르는 바, 어쨌든 그것들은 6세기 간에 걸쳐 로마정치가와 법률가들의 중지(衆智)에 의하여 끊임없이 개정되어 온 것인 만큼 적어도 속주행정제도의 상세한 내용연구를 지향하는 사람에게는 풍부하기 이를 데 없는 자료를 제공해 주는 것이었다. 그러나 당면한 역사가에게는 그것이 얼마나 권력의 남용을 억제하기에 마음을 썩혔는지를 말하는 뚜렷한 선정적인 규정 2

---

* 이하는 대체로 콘스탄티누스 황제가 로마제국을 재통일한 이후에 개혁한 관료제도 관계 기사지만, 동양지역 일반독자에게는 상당히 번잡하여 이해하기 어려운 점이 많다. 그리고 관료제의 계급성을 확립시킨 관직명·영예칭호 등도 도저히 엄밀하고 적합한 우리말 번역이 곤란하므로 일부러 원어 그대로 쓰기로 한다. 이런 계급제 확립은 콘스탄티누스 황제에서 시작되고, 수십 년 뒤의 발렌티니아누스(Valentinianus Ⅰ. 재위 364-375) 황제와 발렌스(Valens, Flavius. 재위 364-378. 발렌티니아누스 1세황제의 동생) 황제시대에 완성된 것 같다. 굳이 대비한다면 구한말 대한제국의 칙임-주임-판임관 등의 직관제(職官制)와 비교할 수 있을까 한다.

개조를 드는 것만으로 충분할 것이다. ① 평화와 질서유지를 위하여 속주지사들은 사법권이라는 무기를 가지고 있었다. 체형을 부과하기도 했고, 특히 중죄일 경우는 생살권까지 행사하였다. 그런 경우에도 유죄의 피고에게 차라리 자살하는 선택권을 인정한다든가, 또는 명예로운 유형이라는 관대한 판결을 내릴 권한만은 부여되어 있지 않았다. 이런 특권은 모두가 총독이나 수도장관의 것이고, 황금 50파운드라는 무거운 벌금형을 명령할 수 있는 사람은 총독뿐이었다. 이것이 만일 대행관(代行官, vicarius)에 이르면 불과 수 온스의 가벼운 과료를 부과할 수 있었을 뿐이다. 언뜻 보기에 커다란 권한은 허용하면서도 작은 권한은 그것을 허용하지 않는다는 이 규정도 사실은 매우 합리적인 동기에 입각해서 만들어진 것이었다. 즉 사소한 권한이야말로 오히려 끝없이 남용될 우려가 있었던 것이다. 대저 속주의 관료란 그의 성정(性情)으로 보더라도 국민의 자유권이라든가 재산권 등 그런 것만의 문제라면, 자칫 압정행위(壓政行爲)로 나가려고 하는 주제에, 막상 무고한 백성의 피를 흘려야 하는 그런 범죄에 이르면 매우 신중하다고나 할까, 아니면 인정이라고나 할까, 어쨌든 겁을 먹고 쉽게 시행하지 않기 때문이다. 이것은 또한 이렇게 생각할 수도 있을는지 모른다. 즉 유형이나 중과료, 또는 안락사의 선택(고대 로마에서는 직접처형 대신에 자살하라는 어명을 내리는 관습이 있었다. 네로 황제치하의 철학자 세네카〈Seneca, Lucius, Annaeus, BC 5(4)-AD65〉일족과, 작가인 페트로니우스〈Petronius, Gaius, 별명 Petronius, Arbiter〉가 자살을 명령받은 것은 이의 예다)과 같은 문제는 어떤 의미에서는 특히 부자와 귀족들에게 한정된 것이었고, 한편 지방관리들의 욕심과 사원(私怨)의 대상이 되기 가장 쉬운 하층민중쪽은 이런 규정 덕택으로 오히려 그들의 음습한 박해로부터 모면되어 민정총독이 주관하는 보다 공정한 상급법원에서 재정을 받을 수 있었다. ② 당연히 걱정된 일이지만, 만일 재판관의 개인적인 이해문제가 고려 된다거나 사사로운 감정이 개입된다면, 그의 공정성이 왜곡될는지도 모른다는 우려로부터 아주 엄중한 규제가 설정되었는 바, 좀처럼 황제로부터 직접 그리고 특별한 조치가 없는 한, 어떠한 사람이라도 그가 태어난 고향의 속주에서 행정관직에 취임하는 것이 금지되어 있었고, 또 속주총독이나 그의 아들이 당해 속주의 토착적인 주민과 혼인관계를 맺는 것도 엄격히 금지되어 있었다 (『유스티니아누스 법전』* 제23권 2장). 그리고 그의 관할구역내에서 노예·토

---

* 일명 『로마법 대전(Copusiuris)』, 법학자 트리보니아누스〈Tribonianus, 546 사망〉가 편수. 勅法·會典·要綱으로 구성. 529-533년간 완성.

지·가옥 등의 구입도 엄금되어 있었다(『테오도시우스 법전』 제8권 15장 1조). 이와 같은 엄격한 예방조치가 강구되어 있었음에도 불구하고 콘스탄티누스 황제는 그의 치세 25년을 넘긴 뒤에 조차도 여전히 사법행정(司法行政)에서의 금전수수로 인한 부정재판의 존재를 통탄하고 있다. 즉, 재판관에 의한 청문이나 소송처리법, 나아가서는 심리의 연장, 마지막 판결을 둘러싸고 판사 자신이나 그의 하급동료들에 의한 공공연한 매수행위가 이루어진 것을 격심한 분노로 규탄하고 있다(『테오도시우스 법전』 제1권 7장 1조). 이와 같은 불법행위가 여전히 계속되면서, 이것이 모두 법망을 빠져나갔다는 것은, 완전히 무력한 법력과 완전히 효과없는 금령류가 몇번씩 반복되어 발표되었다는 사실로도 실증되고 있다.

　모든 민정관들은 원래 법조계에서 채용하기로 되어 있었다. 유명한 유스티니아누스(Justinianus I. 483-565, 재위 527-565) 황제의 『법학제요(法學提要)』(533년 11월 공포. 전4권. 유스티니아누스 황제의 법체계에 대한 통론과 같은 것)는 로마법제를 전공하는 제국내 청년학도들에게 주는 것인데, 그속에서 황제는 만일 그들이 자기의 재능을 발휘한다면 후일 반드시 국가의 정무를 담당하는 지위로 보상되리라는 것을 확약하면서 그들의 정려를 고무하였다 (상기『제요』의 서언). 이와 같이 이른바 돈이 되는 학문의 초보가 동서 로마제국의 상당한 도시라면 그 어디에서도 반드시 교육되었는데, 그중에서 가장 유명했던 곳은 페니키아의 해안도시인 베류투스(Berytus)에 설치된 법학교였다. 일찍이 알렉산데르-세베루스(Alexander Severus, 재위 222-235) 황제가 자기가 태어난 고향을 위하여 창설한 것인데, 창설 이래 3세기 이상이나 번영하였다. 먼저 5년 간의 정규과정을 끝마치면 학생들은 양명출세의 길을 찾아서 여러 속주로 흩어져 갔다. 무수한 법률, 온갖 술책, 막대한 악덕으로 타락되어 있던 이 대제국은 무진장하다고 말할 수 있을 정도로 법률업무에 쫓기고 있었다. 동방총독의 법정에서만도 150명의 변호사를 새로 채용하여야만 했다. 그중 64명은 각각 모종의 특권을 부여하여 중용하였고, 2명은 속주재정에 관한 변호를 담당한다 해서 금화 60파운드라는 거액의 연봉으로 해마다 선임하기로 되어 있었다. 일반적으로 이들은 필요에 따라 장관들에게 배석하여 일하는 것으로 임명장을 받았는데, 이에 의하여 재판관으로서의 재능이 테스트되었다. 그런 다음에 그의 변호활동을 전개했던 법정 재판장에 의하여 가끔 발탁되었다. 미구에는 속주장관의 지위를 획득하고, 그의 업적·명성 나아가서는 특별한 보살핌이라도 있으면 점차 승진계단을 밟아 일루스트레스(최고관급) 신분으로까지 출세할 수 있었다. 이와 같은 법정업무에서 그들은 물론 일단 조리(條理)를 논쟁무기로 존중해 오기는 했지만, 사실상의 법해석은 주로 사익(私益)의 지시에 따라서 행하는 것이 일반적이었다. 이처럼 좋지 못한 관습은 그가 국무에 관여하게 된 연후에도 여전히 뒤따라 다녔다. 자유직업의 명예란 이런 중요직위를 완전한 성실성과 최고의 지혜로써 수행해 온 고금의 명변호사들이 한결같이 역설한 일이지만, 로마법제의 운영도 이와 같이 이미 쇠퇴기에 접어들면 법률가들의 입신영달에는 대개 이런 종류의 부정과 오직이 뒤얽히게 마련이었다. 그전에는 귀족계급의 신성한 유산으로 계승되어 왔던 고귀한 법률기술이, 이제 통틀어 해방노예와 평민들의 손에 맡겨졌다. 그들은 기술 그 자체의 숙련보다도 오히려 교지(狡智)로서 부정유해한 처세거래에 전념하였다. 개중에는 남의 집·가정 안에까지 침투하여 분쟁을 선동해서 소송을 걸게 하여 그것으로 그들 자신이나 또는 동업자들의 이득을 도모하려는 자까지 나타났다. 그런가 하면 그 자신은 전적으로 사무실 안에 틀어박혀서 법률가의 문호만을 활짝 열어 놓았다가, 가끔 금만가로부터의 의뢰라도 있으면 진실까지 왜곡하는 교묘한 궤변을 전수한다든가, 또는 부당하기 이를 데 없는 주장조차 이것을 솜씨있게 분식하는 엉터리 변호의 궤변을 가르쳐 주기도 했다. 즉 과장된 수사학적 요설로써 중앙광장(포룸)을 쩡쩡 울리는 변호사들만이 속된 인기를 얻는 법조계의 일파를 형성하게 되었다. 그들의 대부분은 오직 탐욕일 뿐 법률고문으로서는 형편없이 무식했다고 쓰여 있는데 (본문 앞뒤에서 보는 악덕 변호사들의 행장에 대하여, 기번은 암미아누스-마르켈리누스〈Ammianus Marcellinus, 330?-400?『98년부터 378년까지의 31권사』를 저술. 로마제정말기의 역사가〉의 『역사』 제30권 4절에 의거하고 있지만, 이 기술에는 다른 법률가에 의한 방증도 많다고 한다), 이런 변호사에 걸리면 여론이나 정의감에는 일체 구애받지 않는 그들의 태도로 말미암아 의뢰인들은 오직 막대한 실비(失費)와 소송지연, 끝으로 실망이라는, 말하자면 미궁 속을 이리저리 끌려다닐 따름으로 된다. 그리하여 결국은 의뢰인측에서 오히려 진절머리가 날만치 다년 간에 걸쳐 끌려다닌 끝에 재산도 거의 소진되었을 무렵에야 겨우 수렁에서 해방되는 형편이었다.

아우구스투스 황제가 창설했던 통치기구에 의하면, 지방장관들, 그중에서 적어도 황제 직할속주의 지사들에게는 황제 자신이 가진 모든 권한이 위임되어 있었다. 화전(和戰)에 관한 권한, 상벌의 집행은 모두 그들의 의사에 위임되었고, 평시에는 민정관의 제복을 착용하고 법정에 나가서 재판하며, 전시라면 완전무장하고 로마군단의 선두에 나섰다. 조세세입의 결정, 법적권위의 상징, 군의 지휘권 등 이 세가지가 통합되어 그들의 권력을 지상절대(至上絶對)의 것으로 하였다. 따라서 설사 그들이 반란을 기도한다 해도 이 반란에 휩쓸리는 충성스런 속주 자체에는 그런 정치사태 변화를 거의 감지하지 못하는 것이 통례였다. 코모두스(Commodus, 재위 180-192) 황제시대부터 콘스탄티누스 황제치하에 이르기까지(약 150년 가까이 된다) 거사의 성패는 어쨌든간에 반기를 들었던 속주의 장관수는 100명 가까이나 되었다. 잔인하기 이를 데 없는 황제의 시의심으로 원죄(冤罪)가 씌워져 살해된 장관도 적지 않았지만, 동시에 이로 말미암아 반도들의 기도를 미연에 방지할 수도 있었다. 따라서 콘스탄티누스 황제는 이처럼 두려워할 부하들로부터 자기 자신의 제위(帝位)와 국가의 안전을 수호하기 위하여 군사와 민정의 양자를 명확히 분리하여 종전에는 다만 일시적인 편법으로만 행하던 선례를 직무별로 분화시켜 항구적으로 확립하기로 결심하였다. 다시 말하면 지금까지는 근위대 장관이 군에 대하여 행사하던 최고권한을 새로 황제 자신이 임명하는 2명의 사령장관들 —— 한 사람은 기병대의 또 한 사람은 보병대의 —— 의 손에 옮기고 말았다. 이들 최고관급(일루스트레스) 신분의 사령장관들은 당연히 각자의 지휘하에 있는 부대 훈련에 특히 책임을 졌다는 것은 물론이지만, 일단 보병·기병 두 병종의 연합군이 전쟁터에 나갔을 경우는 그런 구별에도 불구하고 한결같이 지휘권을 행사할 수 있도록 하였다. 그러므로 사령장관들의 수는 동서관구로 분리되어 있는 조건도 있고 해서 곧 배가 되었다. 즉 라인관구·상다뉴브관구·하다뉴브관구 및 유프라테스관구라는 4개의 중요 변경지대에는 각각 계급과 칭호도 같은 사령장관이 임명됨으로서 결국 제국의 방위는 보·기병단을 합하여 8명의 상장군(上將軍)에게 위임되었다. 이들의 군령하에 35명의 사령관이 전체속주에 배치되었다. 즉 브리타니아에 3명, 갈리아에 6명, 스페인(히스파니아)에 1명, 이탈리아에 1명, 상다뉴브에 5명, 하다뉴브에 4명, 소아시아에 8명, 이집트에 3명, 아프리카에 4명이 배치되었다. 정확히는 독군(督軍, comes/count) 또는 감군(監軍, dux/duke)의 이름으로 불리운 속주내 사령관들의 이 칭호는 근세의 여러 언어로서는 아주 다른 의미로 되어 버렸으므로 이제 그런 것을 사용한다면 얼마간 의외의 감을 줄는지 모른다(즉, comes는 count〈백작〉로, dux는 duke〈공작〉로 각각 변화하여 완전히 군사적 의미가 없어지게 되었다). 여기서 겸하여 말한다면, 특히 후자인 dux(duke)라는 칭호는 요컨대 라틴어 dux의 전와(轉訛)인데, 원래는 모두 군사령

제17장 324－334년 *47*

관에게 한결같이 주어졌던 명칭이다. 따라서 속주군의 사령관들은 모두가 dux였는데, 다만 그중 10명만이 특히 comes라는 명예칭호라고나 할까, 어쨌든 황제의 총애를 나타내는 존칭으로 새로 콘스탄티누스 황제의 궁정제도에서 창설된 것이다 (comes ⟨복수라면 comites⟩란, 원래 황제의 속주 순행시에 호종한 수행자라는 의미에 지나지 않았다). 코메스(comes)나 두크스(dux)에 임명된 사람에게는 표장(標章)으로 황금띠(gold belt)의 패용이 허용되고, 정규적인 봉급외에 190명의 가신을 고용하고, 말 158필을 사육할 만큼의 막대한 가봉이 붙었다. 재판권이나 재정권 행사에 개입하는 일만은 엄금되었지만, 한편 각자의 관구내 군대에 대한 명령권은 완전히 행정장관의 권한에서 독립되어 있었다. 즉 콘스탄티누스 황제는 기독교 성직자단에 대하여 법적 승인을 준 것과 거의 때를 같이하여 제국내 문무 양관의 권한에도 실로 미묘한 밸런스 관계를 만들어낸 것이다. 이리하여 명백히 상호 대립하는 이해관계에 있으며, 습속 관습면에서도 도저히 양립될 수 없는 두 가지 직무 사이에 생기는 경쟁심, 때로는 불화가 말하자면 공죄양면의 결과를 초래케 하였다. 예를 들어 어떤 속주의 군사령관과 민정장관이 동시에 서로 공모하여 국내요란을 기도한다는 사태는 거의 생각할 수 없는 대신에, 마찬가지로 양자가 협력하여 공무에 정려한다는 것도 거의 기대할 수 없었다. 예컨대 구제활동 한가지를 들어보아도, 민정장관은 군의 원조를 요청하는 일을 반가워하지 않았고, 한편 군사령관 측에서는 설사 요청을 받았다 해도 쉽게 원조에 동원되지 않게라도 되면, 그 사이에 군대는 아무런 명령도 받지 않지만, 또한 물자보급도 받지 못하는 상태가 가끔 제기되었는데, 이런 틈바구니에서 희생되는 것은 국가의 안전이었다. 즉 적나라하게 벌거벗은 무방비의 주민들만이 공연히 오랑캐의 흉포 앞에 방치되게 마련이었다. 이리하여 콘스탄티누스 황제가 확립한 정무와 군무의 분리라는 통치방식은 군주의 안태는 보장되었지만, 국가의 활력을 완전히 이완시키고 말았다.

콘스탄티누스 황제의 유명은 이제 또 하나의 개혁에 의해서도 당연히 비난받을 가치가 있다고 생각한다. 즉 군기의 이완과 퇴폐를 가져왔는데, 이것은 결국 머지않아 제국 그 자체의 멸망을 준비시킨 것으로 되었다. 콘스탄티누스 황제가 리키니우스 황제에 대하여 결정적인 승리를 얻을 때까지의 19년 간은 한마디로 말하여 방자함과 내전의 한 시기였다. 제국의 영유를 다투었던 경쟁자들은 모두가 그 군대의 대부분을 변경방비에서 철수시켰던 것이다. 덕분으로 각각 소할관구의 경계선을 이루었던 여러 주요 도시는 서로가 그 동포를 지목하여 마치 불구대천의 적대자로 생각하는 병사들로 충만되기에 이르렀다. 그러자 내전이 끝나고, 따라서 내전에 대비한 수비대가 소용없게 되자, 승리자인 콘스탄티누스 황제는 일찍이 디오클레티아누스 황제가 군에 부과했던 것과 꼭 같은 엄격한 군기를 부활시킴으로써, 장기간에 걸쳐 군대내에서 습성화되어 거의 고질화되어 있던 바, 무서우리만치 방자한 기풍을 현명하고도 단호하게 숙정할 것을 생각하였다. 이리하여 콘스탄티누스 황제시대부터는 통칭상으로나 또 법적으로도 궁정군(宮廷軍, Palatini / Palatines)과 변경군(邊境軍, Limitanei / Borderers)——명칭은 별로 합당하지 않을지 모르지만, 요컨대 군을 궁정부대와 변경부대로 양분한 것이다*. 봉급이나 특권이라는 점에서도 한단계 우위에 있던 전자는 퍽 긴급한 전시라면 또 모르되, 통상적인 때는 각 속주의 중심도시에서 평온하게 주둔하는 것이 허용되었다. 때문에 매우 번영을 누린 허다한 도시에서조차 그들의 병사설영비(兵舍設營費)를 부담하는 데는 퍽 고통을 받았던 모양이다. 한편 이와는 대조적으로 병사들쪽에서는 무인으로서의 미덕용기는 미구에 잊어버리고, 오로지 시민생활의 악덕에 감염되어 갔을 뿐이다. 그들은 장인적인 장사에만 열심인 나머지 타락되든가, 아니면 욕장·극장 등 전적으로 사치풍조에만 물들면서 완전히 약졸화되었다. 군사훈련 등은 완전히 잊어버리고 음식물과 복장에만 신경을 쓰는 형편이었다. 시민들에게는 바로 공포의 대상이었지만 오랑캐의 침구에는 곧 부들부들 떨었다(암미아누스-마르켈리누스, 『역사』 제22권 4절. 여기에는 오리털 매트리스 침대와 대리석으로 지은 집을 즐겼고, 「검보다도 무거운 술잔」을 소중히 여기는 등과 같은 구체적인 기사도 있다). 디오클레티아누스 황제와 그의 동료 황제들이 여러 큰 강 기슭을 따라 연이어서 축조한 성채군 따위에서도 이미 축조 당시와 같은 방위자세, 엄중한 경계태세는 전혀 볼 수 없게 되었다. 여전히 변경군의 이름으로 불리우던 군인들인 만큼 통상적인 방위 정도라면 확실히 그것으로 충분했을는지 모르지만, 이들의 사기는 몹시 저하되어 있었다. 끊임없이 전투의 고난과 위험에 노출되어 있는 그들이지만 이들의 봉급과

---

* 이 군제개혁문제를 고찰하기 시작하면 끝이 없으므로 생략하지만, 변경군과 궁정군과의 구별은 디오클레티아누스 황제시대에 시작되어 콘스탄티누스 황제에 의하여 결정적인 형태로 된 것 같다. 엄밀하게 말하면 궁정군은 콘스탄티누스 황제에 의하여 다시 양분되어 그 하나가 Palatini에 지나지 않았는데, 저자인 기번은 잘못 생각하여 또 하나의 Comitatenses까지 합쳐서 Palatini라고 불렀다. 독일사가 몸젠(Mommsen, Theodor, 1817-1903)의 논문인 「디오클레티아누스 황제 이후의 로마제국 군제」에 의거한 베리교수의 보충주석을 참조할 것.

수당은 궁정군에 의하여 낭비되고 있는 그것에 비하여 기껏해서 약 3분의 2밖에 되지 않았다. 이래서야 그들이 심한 굴욕감을 느끼는 것은 당연한 일이었다. 또한 이들 약체 궁정군과 거의 같은 급여수준으로 징모된 현지부대라 해도 그들에게 허용된 명예칭호 등은 어떤 의미에서는 오히려 굴욕적이었을지도 모른다. 콘스탄티누스 황제는 몇번이고 엄벌령을 내려, 만일 적전도망이나 오랑캐 침구의 묵과, 또는 그들과 함께 약탈행위에 가담한 변경군 병사에게는 무서운 불과 창검의 처벌로써 임한다는 위협의 조치를 강구하기는 했지만, 결국 이것의 효과는 전무하였다(『테오도시우스 법전』 제7권 1장 1조, 동 12장 1조). 잘못된 판단에서 생겨난 악폐는 시먹은 혹형(酷刑) 등으로 교정될 리가 없었다. 그래서 변경군의 병사 수와 그 전력을 회복시키려는 노력은 그후에도 역대 황제에 의하여 끊임없이 계속되었지만, 결국 제국은 그 붕괴의 마지막 순간까지 이렇게도 경솔하게 또 이다지도 무기력하게 콘스탄티누스 황제에 의하여 가해진 중상(重傷)하에 내내 고민하고 또 고생하게 된 것이다.

　통일된 것을 모두 분할하고, 검출한 것은 일체 약체화하며, 적극적인 권력은 모두 이것을 겁내고, 역으로 가장 약한 것이야말로 가장 유순한 것으로만 오신(誤信)했던 이 소심겁약(小心怯弱)한 정책이 수대에 걸친 로마 황제들, 그중에서도 특히 콘스탄티누스 황제 치하의 모든 제도를 관통한 것으로 보인다. 승리의 병영을 여러 번 반역의 무대로 일변시킨 여러 군단의 증상만(增上慢)이란, 요컨대 그들이 과거에 세운 무훈의 전통과 그 실력에 대한 자신과 자각으로 배양된 것이었다. 사실 6,000명이라는 옛날부터의 군단편제가 계속 유지되는 한, 예컨대 디오클레티아누스 황제시대에도 각 군단은 각각 단독으로도 능히 로마제국의 전사(戰史)를 장식함에 충분할만한 눈부신 실력을 갖추고 있었다. 그런데 그로부터 불과 몇 년 후에 이들 거대한 군단편제는 단번에 몹시 소규모적인 편제로 변환되었는 바, 예컨대 페르시아군의 침공을 받은 아미다시(Amida市, 티그리스강 상류, 메소포타미아 북부에 있는 도시)를 방위했을 때, 그 방위병력은 공칭 7개 군단 외에도 얼마간의 보조부대, 나아가서는 남녀 주민과 또 황무지로 된 고향을 도망쳐 나온 농민들까지 합해도 겨우 2만도 되지 못했다고 한다(암미아누스-마르켈리누스, 전게서, 제19권 2절. 다시 동 5절에 의하면 갈리아병 2개 군단이 결사적으로 출격했지만, 그것은 마치 대홍수 속의 한 바가지의 물로 밖에 보이지 않았다고 한다). 이와 같은 사실과 또 똑같은 다른 사례로 보더라도 그들의 무용과 군기의 원천 중 일부를 형성하고 있던 군단편제가 콘스탄티누스 황제에 의하여 완전히 해체되었다고 생각해도 무방하다. 보병부대도 마찬가지였다. 명칭이나 명예는 비록 옛날 그대로 남아서 변화가 없었지만, 가장 중요한 병력수는 불과 1,000명 내지 1,500명으로 되었다 (이 기술은 전면적으로는 반드시 정확하지가 않은 모양이다. 베리 교수는 상세한 보충주석을 달고 있지만 너무도 전문적이어서 번잡하므로 생략한다). 이와 같은 약체성은 그들 자신이 먼저 통감하고 있던 만큼 이들 부대에 의한 공동음모 따위는 사전에 충분히 방지할 수가 있었다. 사실 콘스탄티누스 황제 이후의 황제들은 일단 유사시면 그 수만도 무려 312개나 되는 군적상의 각 군단에 출동명령을 내림으로써 적어도 그 위용을 과시할 수 있었을 것이다. 그리고 나머지 부대는 수백이라는 보병대대와 기병대대로 편성되어 있었다. 그 무기와 부대명, 표장 등은 모두가 적에 대해서는 공포감을 주고, 또 제국군의 군기 밑에 그 얼마나 많은 이민족이 진군하고 있는가를 과시하도록 고안되어 있었지만, 그러나 이런 것은 그 옛날의 자유와 승리시대라면 한번 보아 곧 로마군의 전열, 즉 아시아의 왕(페르시아왕 샤포르 2세를 말하는 것) 휘하의 오합지졸하고는 명확히 구별할 수 있었던 저 간소하면서도 엄격했던 군기(軍紀)모습은 이미 찾아볼 수 없었다. 「문무현관록(文武顯官錄, Notitia)」에서 도출할 수 있는 보다 구체적인 숫자는 과연 호고가(好古家) 여러 사람의 조사노력을 나타내는 것으로 될지는 모르지만, 그러나 역사가로서는 역시 그당시 변경지대에 배치됐던 상비주둔지나 수비대의 수가 583이고, 다시 콘스탄티누스 황제 이후 그 후계 황제들의 시대에 이르면 그의 총병력수가 64만 5천이라는 숫자를 드는 것만으로 만족할 것이다. 이런 방대한 군비란 좀더 이른 시기였다면 훨씬 필요성을 넘었을 것이었고, 또 후세에 대하여 말한다면 아마도 국력을 넘는 것이었음이 틀림없다.

사회정세에도 따르지만, 원래 군대란 다기다양한 동기에서 모이는 법이다. 야만족의 경우는 전쟁을 좋아한다는 것만으로 응모되는 자가 있지만, 자유국가의 시민이란 대개 의무관념에서 응모될 것이다. 게다가 군주제 국가의 백성들, 특히 귀족들은 명백히 명예심을 위해서라고 생각된다. 이에 반하여 이미 쇠망기에 접어든 제국의 그것, 즉 사치에 습관화된 겁약한 백성들에 이르면 이익을 미끼로 권유하든가 처벌에 대한 공포로써 강제적으로 군무에 봉사케 하는 수밖에 없다. 사실 로마제국의 국고는 급여의 증가와 임시상여금(donatium)의 무원칙한 지급, 나아가서는 신규수당과 신규특권면제의 창설 등으로 완전히 바닥나 있었다 (이 신규수당과 신규특권면제는 당시 속주 장정들측에서 볼 때, 군대생활의 고난과 위험에 십분 수지가 맞는 것으로 설정된 새 은전이었다). 그런 까닭에 체력은 저하되고, 또 노예라는 것을 알았다 해도 묶인 형태에서 무차별적으로 징모했지만, 그럼에도 불구하고 지원병만으로 필요한 병력을 충당시키는 것이 불가능했다. 여기서 황제들로서는 좀더 유효한 강제수단을 채용하는 수밖에 없었다. 즉, 무용의 보상으로 노병들에게 주어지는 무세특전의 토지가 이때 이래 점차 봉건적인 토지소유제의 원래기초를 생각케 하는 형식으로 증여되기에 이른 것이다. 즉, 이런 토지를 상속하는 자식들은 성년에 도달함과 동시에 싫어도 군대에서 복무해야 한다. 만일 비겁하게 이것을 거부하는 자는 벌로서 명예도 재산도, 때로는 생명까지도 빼앗길지 모른다는 것이 그 조건이었다(「테오도시우스 법전」제 7 권 22 및 24장 참조. 각각 노병 및 노병 자식에 관한 법규정이 있다). 그러나 해마다 노병의 자식들이 성년에 이르는 것만으로는 군의 요구에서 보면 어림도 없이 부족하였다. 여기서 하는 수 없이 속주로부터의 징집이 자주 필요했고, 토지소유자는 모두가 무기를 잡고 군무에 종사하든가, 아니면 대타자를 내든가 그것도 못하면 무거운 과료를 지불하고 병역면장을 구입하는 방법밖에 없었다. 금화로 24 매라는 이 벌금은 (이것도 기실 할인가격이지만) 지원병의 가치가 얼마나 터무니없이 비쌌는가, 또 정부가 얼마나 이런 면제편법의 적용을 꺼려했는가를 입증하는 것이다. 쇠퇴기의 로마인에게 있어 병역에 대한 공포감은 대단한 것이었다. 때문에 당시 이탈리아와 여러 속주 청년들이 자해행위로 오른손 손가락을 끊어버림으로써 강제적인 군대복무를 모면한 예도 적지 않았다. 그리고 이 기괴한 수단은 너무도 자주 사용했기 때문에 미구에 법률로 엄벌하게 되었는데, 이 특수용어(murcus)를 라틴어는 새롭게 자기 어휘에 첨가했을 정도이다.*

당연한 결과로 오랑캐들 중에서까지 로마군에 입대시킬 사람을 채용하는 일이 날로 일반화되고 또 필요하게 되었는데, 이것은 결국 멸망의 원인으로 되었다. 스키타이인(Scythians), 고트인, 게르만인 출신의 용감한 사람들은 전

---

* Murcus(복수형은 murci)라고 한다. 병역기피를 위하여 「엄지손가락을 잘라낸 사나이」라는 의미로서 지금은 일반적인 라틴어 사전에도 나온다. 의미상 연관성있는 말로 생각되는 murcidus는 게으름뱅이, 겁장이라는 뜻으로서 플라우투스(Plautus, Titus, Maccius, BC 254 ? -184. 로마의 희극작가)와 페스투스(Festus, Sextus Pompeius, 2세기경의 로마문법가) 등의 고대희극이나 저서에도 나오지만, murcus는 이 시대에 만들어진 신조어이다. 어원에 대하여는 여신 무르키아(Murcia. Venus여신의 별칭)의 사랑을 받는다는 뜻에서 왔다는 설도 있지만 진실의 여하는 불명확하다.

쟁을 좋아한데다가 섣불리 속주를 괴롭히는 것보다 차라리 그것의 방위에 임하는 쪽이 훨씬 돈벌기가 좋다는 것을 알게 되자, 각각 동포들로 편성되는 보조부대에 입대하는 것이 아니라 정규군단이나 또는 궁정군 중에서도 가장 빛나는 부대에까지 입대하게 되었다. 그렇게 되자 제국신민들과의 교류도 아주 자유로워지면서 점차 그들의 습속을 경멸하면서도 그들이 가진 여러 가지 기술을 자진하여 모방하고 습득하며 또 숙달되기에 이르렀다. 처음에는 무지때문에 로마의 자부심이 요구하는 경의도 자연스럽게 표명하였지만, 이젠 그것도 내동댕이치고 말았다. 그리고 오직 그것에 의해서만 쇠퇴해가는 로마의 위대성을 간신히 지탱하고 있던 뛰어난 지능적 우위성도 남김없이 다 배워 버렸다. 조금이라도 군사적인 재능을 발휘한 만족출신 병사들은 예외없이 중요한 지휘권을 장악하는 지위로까지 승진하였다. 고급무관(tribunus)·독군(comes)·감군(dux)·사령장관(magister militum)과 같은 사람들의 이름까지 만족출신임을 표시한 경우가 있었는데, 그런 사람들도 이미 이것을 감추려고 하지 않았다. 그들은 가끔 자기동포들을 적대하여 전쟁지도를 일임받는 일도 있었는데, 그런 경우에 그들의 대다수는 피의 기반(羈絆)보다도 오히려 로마에의 충성에 대한 인연쪽을 선택한 것은 당연하다지만, 그래도 때로는 대치상태에 있는 적과의 사이에서 배신적인 정보를 제공한다든지, 적의 침공을 유인하거나 또는 그들의 퇴각을 눈감아 주는 것과 같은, 범죄라고까지는 말할 수 없다 하더라도 적어도 용의에 해당하는 그런 행동으로 나가는 일은 드물지 않았다. 콘스탄티누스 황제의 차남 황제(콘스탄티누스 2세〈Constantinus II, Flavius Claudius, 317-340, 재위 337-340〉) 시대에 이르면 군대나 궁정도 강력한 프랑크족벌에 의하여 완전히 주름잡혔는데, 그들은 서로 긴밀한 횡적 연계를 유지함과 동시에 옛조국과도 마찬가지로 유대관계를 맺고 있었다. 만일 누군가가 개인적인 모욕이라도 당하면 그것은 곧 민족에 대한 모욕이라 하여 격분하였다. 일찍이 폭군이던 칼리굴라 (Caligula, 재위 37-41. 원래 이름은 Gaius, Julius Caesar Germanius) 황제가 어떤 터무니없는 생물을 집정관으로 임명하지 않을까 하는 의심이 제기되었을 때, 설사 그것이 말(馬)따위가 아니라 가령 게르만족이나 브리타니아족 명문출신 족장이 그의 후보였다 해도, 이런 신성모독의 의도가 야기시켰을 놀라움은 아마도 이것과 충분히 맞먹었을 것이었다.* 이처럼 3세기 동안에 일어난 심정의 큰 변화는 로마인의 전통적인 관념까지도 아주 일변시키고 있었다. 콘스탄티누스 황제가 그의 후계황제들에게 수많은 훈공으로 보아 충분히 제1급 로마시민들과 어울려 조금도 부끄럽지 않다고 본 만족출신을 집정관이라는 현직(顯職)에 승진시키는 선례를 만들었을 때도 여론은 흔쾌히 이것을 시인하였다(암미아누스 -마르켈리누스,『역사』제20권 10절, 에우세비오스〈Eusebios, Caesarea, 263 ? -339, 교회사의 아버지〉의『콘스탄티누스 황제전』제 4 권 7 절 등. 단, 본서의 편집자 베리교수에 의하면 콘스탄티누스 대제시대의 집정관표에 만족 출신자는 1명도 기록되어 있지 않다고 하였다. 어쩌면 단순한 명예만의 직무명에 그쳤던 것인지도 모른다). 하여튼 법에 대해서는 전혀 무지하든가 아니면 경멸감으로 교육받아 온 이들은 무골(武骨)의 노군인들인 만큼 문관적인 직능을 수행하는 일은 결국 무리였다. 때문에 모처럼의 정신적 능력도 그의 재능의 질과 보직된 직무와의 사이의 어쩔 수 없는 이질성으로 말미암아 심히 제약을 받는 결과로 끝났다. 옛날부터 그리스나 로마의 교양높은 시민이란 법률가이건, 원로원 의원이건, 또는 군인이나 교사라 해도 훌륭하게 적응할 수 있는 교양을 지니고 있었으므로, 무엇을 글로 쓰거나 이야기하거나 또는 행동에서도 아주 동일한 정신과 동일한 성격으로 행할 수 있는 능력을 지니고 있었던 것이다.

(4) 궁정에서 멀리 떨어져 속주나 군대에 대하여 위임된 권한을 마음대로 행사하고 있던 속주의 장관이나 군사령관들 외에, 콘스탄티누스 황제는 또한 자기신변의 안전을 맡기고, 정치적인 건의권・재정관리권까지 위임하고 있는 충실한 측근자 7명에게도 일루스트레스(최고관)의 영예로운 지위를 부여하였다. ① 황궁내의 안살림을 관장하고 있던 것은 황제가 총애하는 환관, 당시의 용어로 말하면 프레포시투스(praepositus), 즉 시종장(侍從長)이었다(정확히 말하면 Praepositus sacri cubiculi다. 이것은 성침전〈聖寢殿〉이라는 뜻). 그의 직무는 국무수행 때나 유락(遊樂)할 때, 항상 황제옆 가까이에서 온갖 잡역을 수행하는 것이었다. 따라서 그의 세위원천은 전적으로 황제에 의한 영향력이었다. 만일 군주된 자격을 갖춘 황제밑에서라면 이런 궁내대신(이렇게 바꿔불러도 좋을지 모르겠지만)은 매우 유용한 근시(近侍)였는지 모른다. 그러나 그런 자가 일단 권모술

---

* 이 기묘한 에피소드는 리오-카시우스의『로마사』제59권 14절에 있는 것이다. 칼리굴라 황제는 몹시 말을 사랑하여, 그 많은 말들 중에서 특히 인키타투스(Incitatus)라고 이름지은 말을 식사테이블에까지 참여시켜 함께 술잔을 들어 건강을 축복하기도 하였다. 그런 광태끝에「언젠가는 반드시 너를 집정관으로 임명하겠다고 약속하였다」고 한다. 원문을 좀더 인용하면「만일 그가 좀더 오랫동안 살았더라면 아마도 자기 언명을 실행했을 것이다」라고 쓰여 있다. 거짓말같지만 극단적인 동물편애버릇이 왕왕 상식적인 궤도를 벗어난 우행으로 나타나는 예도 결코 드물지 않은 것이다.

수의 능수이며, 더욱이 황제의 절대신임을 이용하여 온갖 기회에 자기세력을
뻗치려고나 한다면, 이것은 쓰게 달인 양약(良藥)이나 단순히 강직한 직언만으
로는 도저히 미칠 수 없는 중대한 영향력을 점차 혼군(昏君)의 마음속에 침투
시키게 된다. 현실적으로 테오도시우스(Theodosius Ⅰ. 재위 379-395)의 암우한 손
자(동서로마제국으로의 분열로 동로마의 초대황제가 된 아르카디우스〈Arcadius, 377-408. 재위 395
-408〉와, 마찬가지로 서로마제국의 초대황제가 된 호노리우스〈Honorius, Flavius, 384-423. 재위
395-423〉를 가리키는 것. 모두가 테오도시우스 1 세 황제의 아들로서 전자가 장남, 후자가 차남인데,
둘 다 395년에 제위에 올랐지만, 다같이 제정역사상 가장 어리석은 황제로 평가되고 있다. 부황인
테오도시우스도 원래가 독군〈comes〉출신으로서, 스페인의 대지주였으므로「테오도시우스의 손자들」
이라고 썼는지 모른다) 같은 사람들은, 절대로 신하들 앞에 모습을 나타냄이 없었고,
심지어 적으로부터도 경멸의 눈으로 보였었는데, 이들은 모두가 궁내대신(시종
장)을 황궁내 모든 고관들의 윗자리에 놓았다. 뿐만 아니라 필경은 수많은 수종
(隨從) 노예무리의 최고 우두머리에 불과한 이 인간이, 일단 황제의 대행자로
행세할 때는 그리스와 아시아 속주들의 총독, 즉 스펙타빌레스(고관급)를 능가
하는 신분으로 간주되었다. 그리고 이런「궁내대신」이 내리는 재단은 궁정기
구의 2대영역, 즉 호화의 극을 달리는 상의사(尙衣司, 服飾部)와 이 또한 온갖
미식을 다하기에 힘쓰는 전선사(典膳司)를 감독하는 독군(comes)들에 의하여
모두 실행되기로 되어 있었다 (궁내관계 기술에 독군〈코메스〉등 군사용어가 나오는 것을
이상하게 생각할지 모르겠지만, 제정초기에는 순수하게 군사용어였던 것이 콘스탄티누스 황제 이
후의 전제적인 통치제도에서는 문관의 직무권한에도 그대로 사용하게 되었다. 이것이 그런 것의 한
예지만, 시종직을 숙영독군〈宿營督軍, comes castrensis〉등 기묘한 호칭을 붙인 것도 똑같은 예에
속한다). ② 주된 국무처리는 전적으로 관방장관(magister officiorum)의 수완과 열성
에 위임되어 있었다 (관방장관이란 궁내부 여러 부서를 합한 최고장관이라는 뜻. 이하에서 콘
스탄티누스 황제 전제제도하의 통치기구에 대하여 기술하게 되겠지만, 사전에 한마디 말해두려는 것은
구한말에 우리나라가 대한제국으로 개조되면서 구분되었듯이, 근세에 들어와서야 황실과 행정부가 분
리되어 양자사이에 확연한 구별이 생겼지만, 그전에는 구별이 없이 통합 일체화되어 있었다. 따라서
중앙정부란 곧 궁내부 〈officia palatina〉였다. 궁내부 대신은 동시에 총리대신이었다). 궁성안에서
는 그가 최고장관인데, 그는 문무관료단의 훈련감독에 임하는 동시에 제국전
체에서 모여오는 상소사건을 수리하는 것도 그의 임무였다. 다만 여기에는 조
건이 있었다. 즉, 그가 접수하는 상소안건은 궁정관리로서 본인 자신과 그의
가족단이 통상 재판관의 권한 등을 거부할 수 있는 특권이 주어진 수많은 특

제17장 324-334년 55

권인종과 관련되는 그런 상소사건만으로 한정되어 있었다. 황제와 신하들 사이에 주고받는 문서처리에는 이 최고장관 휘하에 있는 4개 부서(scrinia)가 담당하였다. 첫째는 기록서류를 관리하는 곳(Scrinium dispositiorum), 둘째는 친서류를 취급하는 곳(Scrinium epistolarum), 셋째는 상소청원을 심리하는 곳(Scrinium libellorum), 마지막 넷째는 잡문서와 지령류를 처리하는 곳(Scrinium memoriae)이다. 이 네 개의 부서장에는 모두 차관급의 스펙타빌레스(spectabiles)가 임명되었고, 이 모든 사무의 처리에는 148명의 서기가 보직되어 있었는데, 그 대부분은 법률전문가들 속에서 선발되었다. 아무래도 여러 방면에 걸친 직능을 수행하려면 실로 각양각종의 보고서와 참고문헌류의 적요를 작성할 필요성이 자주 제기되었기 때문이었다. 옛날부터 로마황제로서는 정말 수치스러운 조치였겠지만, 특히 그리스어 전문의 서기라는 사람도 보직되었다. 그리고 만족들로부터의 사절을 맞이하기 위하여 통역관도 임명되었다. 그러면서도 근세정치라면 당연히 최중요사항이어야 할 외교정무에 대해서는 이 최고장관에게는 거의 관심밖이었다. 그의 좀더 절실한 관심은 제국내의 역참제도와 병기고에 관한 전반적인 지도감독이었다. 방어용 무기, 공격용 무기와 화기류 등 제조에 정상적으로 전념하는 장인군(匠人群)을 포용하고 있던 도시가 동방에 15개소, 서방에 19개소해서 모두 34개소가 있었는데, 그런 무기류는 일단 무기고에 보관되어 필요에 따라 각 부대에 인도하기로 되어 있었다. ③ 재무관(quaestor)의 직무는 약 9세기 동안에 심한 변화를 받아왔다. 요람기의 로마에서는 해마다 비교적 직급이 낮은 하급관리 2명이 국민투표로 선임되어 집정관의 보좌관으로서 국고관리라는 복잡한 업무를 보좌하였다(요람시대란 애매한 표현이지만 기실 재무관의 기원에 대해서는 이설이 있다. 타키투스는 『연대기』 제11권 23절에서 공화정이 된 지 63년째 되던 해, 즉 BC 447년이라고 명기하고 있지만, 그것은 선거로 선출하게끔 되었고, 재무관이라는 직제 그 자체는 왕정시대부터 있었으며, 집정관의 임명제였다. 몸젠〈Mommsen, Theodor, 1817-1903. 주저 『로마사』는 불후의 명저로 평가받고 있다. 노벨문학상 수상〉도 같은 견해로서 재무관제가 집정관과 동시에 설치 운영되었다고 주장했다). 또한 속주의 군대를 통솔하는 집정관급 내지 국무장관급 총독들에게도 역시 똑같은 보좌관이 배속되어 있었다. 그러나 판도의 확대가 진행됨에 따라 2명이던 재무관은 점차 4명, 8명, 20명으로 증원되었고 한때는 단기간이기는 하지만 40명으로까지 증원된 일도 있었다(타키투스는 BC 81년부터 정원 20명이었다고 쓰고 있다. 『연대기』 제1권 22절. 40명이라고 쓴 것은 디오-카시우스의 『로마사』 제43권 47절이다. BC 45년에 율리우스·케사르가 모종의 필요로 이런 증원을 했던 것이라고

하였다). 어쨌든 원로원에 들어갈 수도 있고, 이윽고는 여러 가지의 국가적 영예도 받을 수 있는 전망이 밝은 직무였던 만큼, 최고의 귀족시민들도 열심히 이 직무에 취임할 것을 요망하였다. 원래 아우구스투스 황제는 한편으로는 어디까지나 자유선거라는 형태를 유지하는 것처럼 꾸미면서도, 한편에서는 그 자신이 몇 명을 후보로 추천——추천이라기 보다도 차라리 지명채용하는 특권을 자진해서 받아들였다. 그리하여 이들 중 명문세가의 청년 1명을 선정하여 자기의 연설이나 서한을 원로원 의사당에서 대독시키는 것을 상례로 하였다(수에토니우스〈Suetonius Tranquillus, Gaius, 69-140 ?〉의『황제전〈De vita caesarum〉』「아우구스투스전」의 65절). 이 방식은 그후의 황제들도 계속해서 본받은 바, 최초에는 임시적인 직권이던 것이 결국은 상설적인 직무로 확립되었다. 특히 황제의 총애를 받은 재무관만이 좀더 중요한 새로운 성격을 띄게 되었는 바, 그는 무능하거나 늙은 동료들이 압박배제된 후에도 여전히 살아남을 수가 있었다. 예컨대 황제명의로 기초한 연설류가 그대로 절대적인 칙령으로서의 효력을 가지게 되었고, 마지막에는 명확히 그런 형식까지 취하게 되자, 이런 것의 기초자는 자기 자신이 마치 입법권의 대표자, 국무회의의 탁선(託宣), 그리고 일체 민정법리의 원천이나 되는 듯이 생각하기에 이르렀다. 때로는 초청되어 민정총독(Praefectus praetorio / Praetorian praefect)들이나 시종장(Praepositus)들과 함께 추밀원의 최고법정에 나가 앉을 때도 있었고, 가끔 하급재판관들로부터 의문에 대한 해결방책을 요구받기도 하였다. 그러나 번잡한 잡무에 쫓기는 일이 전혀 없기 때문에 그런 여가와 재능은 전적으로 격조 높은 웅변술 수련에 바쳐졌다. 품격과 언어도 이미 타락되어 있던 시대이긴 하지만, 아직도 웅변술만은 여전히 로마법의 위엄을 계속 지켰던 것이다. 황실 재무관이라는 이 직무는 여러 가지 점에서 근세국가의 대법관을 생각케 하지만, 차마 황제의 공식행위에 대한 증명으로서 옥새를 사용하는 일(문맹자들인 만족들은 이것을 사용하고 있었던 모양이지만)만은 끝내 채용하지 않았다. ④ 국고세출입의 관리관인 재무장관에는 성사여독군(聖賜與督軍, comes sacrarum largitionum/count of the sacred largesses. 국고금의 지출은 마치 황제의 신성한 사여〈賜與, largitio〉로 간주되었다)이라는 대단한 직함이 주어지고 있었다. 아마도 모든 지출은 황제자신의 발의에 의하여 시여(施與)에 입각하는 것임을 주입시키려는 배려에서 이런 명칭이 붙여졌을 것이다. 광대한 제국 전역에 걸쳐서 지출되는 매년 또는 매일의 민정비용은 아마 상상력을 초월하는 어기찬 숫자에 이르렀을 것이다. 이것의 정밀확실한 액수를 사정하기 위하여

11개 부서로 분화된 곳에서 수백 명이라는 사람이 일하였는데, 이들 부서는 각각 담당부문의 경비를 심사조정하기 위하여 실로 교묘한 창의고안이 이루어지고 있었다. 때문에 이런 담당관의 수는 당연히 증대될 뿐이었다. 문제가 재정과 관련되므로 사복(私腹)을 채울 수도 있는 직무였던 만큼, 건전한 직업까지 버리고 필사적인 취직운동을 행하는 자가 끊기지 않았으므로, 나중에는 쓸데없는 인원이 넘칠 정도였다. 이리하여 그런 사람들을 일괄 면직시켜 고향에 송환한 일도 한두 번만 있은 것이 아니다(「테오도시우스 법전」 제6권 30장, 「유스티니아누스 법전」 제12권 24장). 29명이던 속주의 사세관(司稅官) 중 무려 18명까지가 독군(comes)의 칭호를 받고 있었는데, 이들은 끊임없이 중앙정부의 재무장관과 서로 연락을 취하였다. 그리고 재무장관은 각종 귀금속류를 생산하는 광산과, 그것으로 통화를 주조하는 각지의 조폐창, 그리고 이런 통화를 국가를 위하여 저장해 놓는 여러 대도시의 수장고(收藏庫)에까지 법적지배권을 뻗치고 있었다. 제국의 대외무역을 통할하는 것도 이 재무장관의 직무였다. 린네르·양모 등의 직물공장은 모두 그의 관리하에 있었다. 방사-직포-염색 등 일련의 공정에서 일하는 것은 거의 전부가 여자노예였고, 이런 제품은 전적으로 궁정용과 군용에 충당되었다. 서방에만도 26개의 이런 공장이 있었고, 한편 제기술이 비교적 새로 도입된 선진공업지대였던 동방속주에는 이보다 좀더 많은 공장이 있었다고 생각해도 될 것이다. ⑤ 절대적 전제자인 군주의 경우, 국고수입 등은 얼마든지 멋대로 징수 또는 소비할 수 있었지만, 이외에도 역대 로마황제들은 부유한 시민으로서 다시 막대한 사유재산을 소유하고 있었다. 그리고 그것의 관리를 전담한 것은 사유재산 관리장관이었다. 이런 재산의 일부는 확실히 고대 왕정시대나 공화정시대부터 내려오는 이른 바 황실용지였을지도 모르고, 또 어떤 일부는 연이어 황제를 배출시킨 여러 명문가로부터의 기진도 있었겠지만, 요컨대 대부분은 재산몰수 및 과징금이라는 부정수단에 의하여 팽대시킨 것이었다. 따라서 이런 황실재산은 마우리타니아(Mauritania, 지금의 모로코 지방)에서 브리타니아(Britania, 지금의 영국)까지 제국 각 속주에 분산되어 있었는데, 그중에서도 특히 최고의 소유영지로서 군주의 욕심을 자극한 곳은 캅파도키아(Cappadocia, 지금의 터키국 카이세리·시번스·말리티아 제도시와 투즈호를 중심으로 한 고원지대)의 옥토였다(「테오도시우스 법전」 제6권 30장 2조). 콘스탄티누스 황제였던가, 또는 그의 후계 여러 황제였던지는 명확치 않으나, 어쨌든 그들은 교묘하게도 그 욕심을 종교적 신앙이라는 보자기로 감쌈으로써 어떻게든 이것을 정당화시킬 기회를 노리고 있었다. 그들은 먼저 유복한 코마나(Comana)신전*에 탄압을 가했다. 원래 이곳은 여군신(女軍神)을 모시는 신전인데 이곳의 대제사(大祭司)는 거의 군주와 맞먹는 권위를 가지고 있었다. 역대 황제들은 같은 씨족신을 모시는 노예들과 제사(祭司)를 합하여 주민 6,000명을 포용하고 있었다는 이 신전령(神殿領)을 통째로 황실용으로 만들었다. 여기서는 주민 자체는 별로 문제가 없었다. 보다 중요한 것은 아르게우스(Argaeus)산록으로부터 사루스(Sarus)강 방축에 걸쳐 광활하게 펼쳐진 이 넓은 평원에서 당당한 체구와 무류의 준족에 의하여 고대세계에서는 유일무비의 정평을 가진 명마들이 생산되었다는 점이다. 이 성스러운 말떼는 그후에 모두가 황실용 마필 또는 황실용 경기마라 하여 법적보호를 받았고 일반백성의 소유가 엄금되었다(『테오도시우스 법전』 제10권 6장). 그런 이유로 해서 이 캅파도키아 황실용지의 감독에는 특히 독군급(督軍級)인물을 보직하리만치 중요시되었다(때로는 환관출신의 총신(寵臣)인 시종장 지배하에 놓인 일도 있었다). 이외에 전국도처에 널려 있는 황실용지에도 관직은 비록 낮았지만, 각각 관리가 주재했다. 요컨대 국고 재무장관과 황실령 재무장관이 각각 대행관을 파견하여 각자가 독립권한을 행사하는 동시에 속주장관들의 권한을 극력 견제하라는 내의(內意)도 받고 있었다(『테오도시우스 법전』 제6권 30장 4조 등). ⑥, ⑦. 특히 황제의 신변경호를 위하여 선발된 기병대와 보병대는 친위대 독군(親衛隊督軍, comes domesticorum)이라고 불리우는 지휘관 2명의 직할휘하에 있었다. 총병력 3,500명인데 이것은 500명씩 7개 부대(〈영〉 school)로 조직되어 있었다. 동방에서 이 명예로운 부대는 거의 전원이 아르메니아인들로 구성되어 있었다. 국가적인 행사 때에 황궁안뜰이나 주랑(柱廊)에 정렬하면 그의 훌륭한 체구, 침묵의 대열, 금빛 은빛으로 빛나는 찬연한 무기 등등은 과연 로마군에 어울리는 위용이었다. 이 7개 부대 중에서 특히 보병·기병 두 병종의 2개 중대, 즉 측근 친위대(prolectores)로 불리우는 것이 간발(簡拔)되는데, 그들의 특권적인 신분은 노련한 정병들의 염원이며 승진 목표였다. 이들의 임무는 황궁안을 경비하는 것이지만, 때로는 황제의 명령을 신속하고도 유효하

---

* 코마나(Comana)란 지중해로 흘러드는 세루스강(지금의 이름은 세이한) 상류에 있던 캅파도키아 속주의 신전이 있는 도시다. 옛날 칼리굴라 황제의 치세무렵부터 로마제국의 식민지였다고 한다. 스트라본(Strabon/Strabo, BC 64-21 이후. 그리스의 지리학자·역사가)의 『지지(Geographia)』 제12권에 소개되어 있다. 단, 여군신을 모셨다는 것은 잘못이고 사실은 생식생성의 여신으로서 베누스(Venus)신에 해당하는 벨티스(Beltis)여신이 제신이었다고 한다.

게 시행하기 위하여 지방속주에 파견되는 일도 있었다. 즉, 친위대 독군이란 종전의 근위대 장관(praefectus praetorio)의 직무를 계승한 것으로서, 그런 장관과 마찬가지로 이들도 황궁안 근무로부터 장차는 군사령관에로 승진을 목표로 하고 있었다.

궁정과 속주간의 정상적인 연락은 국도건설과 역참제도의 정비로 말미암아 매우 용이하였는데, 이와 같은 편리한 시설이 때로는 역으로 매우 좋지 않은 면에서 악용되는 경우도 있었다. 즉, 매년 선임되는 집정관의 이름, 각 황제의 칙령 또는 그의 전승을 보고하기 위하여 관방장관(magister officiorum)들은 항상 2, 3백명이나 되는 파발꾼을 고용하고 있었는데, 이들은 미구에 속주행정관이나 일반시민들의 몸가짐에 대하여 보고 들은 것을 남김없이 보고하는 소위 밀정과도 같은 임무를 띠게 되었다. 그들은 머지않아 이른바 황제의 눈인 동시에 백성들에게는 고통의 채찍으로 생각되기에 이르렀다. 더욱이 황제권의 약체화에 따라 더욱더 후한 대우와 보호를 받게 되면서 그 수도 1만이라는 거짓말같은 인원으로 팽대하였다. 가끔 내려지는 미온적인 금령 따위는 아랑곳하지 않고 이 역참제를 능란하게 이용함으로써 이들은 그 나름대로 강욕무도한 압박과 수탈까지 강행하였다. 말하자면 정부공인의 스파이라는 지위를 기화로 끊임없이 궁정과 연락을 취하면서 군주의 총애와 은상이라는 이중의 미끼에 사주되어, 작은 것은 조그마한 불평불만에 관한 징조로부터 크게는 확연한 반역을 위한 준비행동까지 온갖 반항음모의 진행을 생명을 걸다시피하면서 경계의 눈초리를 돌렸던 것이다. 고의적인 왜곡인지 아니면 부주의에서 그랬는지는 모르나, 이들이 저지른 바 범죄적이라고도 볼 수 있는 진실과 공정에 대한 모독까지도 직무에의 과잉충성이라는 훌륭한 명분하에 관대히 용서받곤 하였다. 그것이 참된 범죄건, 무고에 의한 것이건 간에 일단 그들의 사사로운 원한을 사거나, 또 입씻김돈의 요구를 거절이라도 한 사람은 안전하고도 확실하게 그 자들의 독시(毒矢)에 쓰러지게 마련이었다. 예를 들어 시리아나 브리타니아의 선량한 백성이 일단 이런 특권적인 밀정들의 고발을 받았을 경우, 그 생명과 재산을 지키려면 멀리 밀라노나 콘스탄티노플의 법정에까지 쇠사슬에 묶여서 연행되는 도리밖에 없는 위험에 처하거나 적어도 그럴 우려가 있었다. 달리 말하여 통상적인 행정조치는 이런 방법, 즉 어지간히 특별한 필요가 없는 한 참작할 여지가 없다는 그런 방식으로 행해졌으며, 만일 증거가 불충분할 때는 고문에 의하여 착실하게 보완되었던 것이다.

이와 같은 위험과 기만에 가득찬 강제사문(quaestio, 특히 이렇게 불리웠다)의 시도는, 로마법에 의한 공인이라고는 말할 수 없지만 묵인형태로 허용되고 있었다. 따라서 유혈사태까지 부른 이처럼 잔인한 심문방법의 적용은 주로 노예들의 육체에 한정되어 있었다. 즉, 자부심 강한 로마인의 눈으로 보면 그들의 고통 따위는 정의와 인도주의의 천칭 위에 올려놓고 달아 볼 필요도 없었던 것이다. 그러나 어엿한 로마시민의 성스러운 육체에 대해서만은 어지간히 명백한 증거가 없는 한 폭력의 적용은 단호히 승인되지 않았다. 티베리우스(Tiberius, 재위 14-37) 황제 치세에서 도미티아누스(Domitianus, 재위 81-96) 황제 치세에 이르기까지의 폭정기록을 보아도, 그 얼마나 엄청나게 많은 무고한 시민이 처형되었는가를 실로 상세하게 기술한 것이 있지만, 그래도 시민적인 자유와 명예를 중히 여기는 정신의 영향이 얼마간이라도 살아있는 한, 로마시민의 죽음이 고문과 같은 저주할 위험에 노출된 일은 절대로 없었다 (타키투스『연대기』제 15권 57절 참조. 이것은 네로 황제치하에서 유명한 피소〈Piso〉일파의 음모사건을 기술한 대목인데, 에피카리스〈Epicharis〉라는 해방노예가 일체의 고문에 굴복하지 않고 용의 내용을 끝까지 부정한 이야기가 나온다. 이것은 로마시민으로서 고문당한 희유〈稀有〉의 사례인 듯하다). 그러나 일단 속주의 행정관쯤 되면, 그의 행동은 로마시의 관행이나 로마시민들의 엄격한 원칙에 속박되는 일이 거의 없었다. 이들이 본 것은 고문기구의 사용이 단지 동방 전제하의 노예들 사이에서 뿐만 아니라 제한왕정하에 있던 마케도니아인, 상업무역의 자유화로 번영해 온 로도스(Rhodos)섬 사람들, 인간의 존엄성을 주장했고 또 그것을 자랑으로 하던 현명한 아테네 사람들 사이에서조차 훌륭하게 관행화되어 있었다는 사실이다. 속주민 자신이 이것을 묵인하고 있었다는 사실은 장관들에게 커다란 힘을 주었다. 먼저 부랑자나 평민 용의자들로부터 죄상자백을 강요하기 위하여 고문대 사용이라는 전단권을 획득——획득이라기보다도 차라리 농단했다고 표현하는 것이 옳을는지 모르겠지만——하였는데, 결국에 가서는 신분계층 따위도 완전히 잊어버렸고, 로마시민의 특권까지도 그것을 무시해 버리는 결과를 자아내고 말았다. 시민들은 이것을 깊이 우려하여 여러 가지로 제외조건의 설정을 요구하였고, 또 황제로서도 자기와의 이해관계를 고려하여 그런 요구를 수용하겠다는 공약까지 했지만, 그러나 제외조건을 인정한다는 그 자체가 암묵리에 고문의 전반적인 사용을 허용할 뿐만 아니라 오히려 정당화시킨 공약이었다고까지 말하게 된다. 그것들은 틀림없이 일투스트레스(최고관급)신분의 시민, 사교(episcopus)와 그들의 사제(preshyter), 학예분야의 교사들, 군인과 그 가족, 자유시의 관리들, 그리고 그런 사람들의 3 대손까지와, 또 미성년자는 모두 이 제외조건에 의하여 보호받게 되었지만, 기실 이 새로운 법체제에 의하여 정말 두려워해야 할 방침이 도입되는 결과로 나타난 것만은 사실이다. 즉, 일단 문제가 반역용의(그것은 대상이 황제전 국가 그 자체전간에 이런 것에 대한 반의〈叛意〉에서 나온 것과 법률가들의 교묘한 논리가 주장할 수 있는 것 이라면 모든 죄를 포함시킨다는 이야기가 되지만)로 되면, 그들의 특권은 모두 정지되고 지위와 신분상의 모든 격차도 무시되어 똑같은 굴욕적인 취급을 받게 되었다. 황제 일신의 안전 앞에는 정의의 관념도 인도정신도 일체 무시되기 때문에 현귀(顯貴)하고 중요한 나이많은 시민이건, 가냘픈 어린아이들도 가릴 것 없이 한결같이 잔인하기 이를 데 없는 고문을 받게 되었다. 덕분으로 언제 어떤 때에 가공적인 죄목의 연류자, 아마도 현장증인으로까지 지명될지도 모를 악의찬 밀고에 대한 공포심이 끊임없이 로마세계 요인들의 마음을 짓눌렀던 것이다 (『테오도시우스 법전』제 9 권 35장. 암미아누스-마르켈리누스, 『역사』제19권 12절에도 적지않게 피고의 이런 사례가 쓰여 있다).

   이와 같은 불행은 틀림없이 무서운 것으로 생각될는지 모르지만 그러나 이런 사건에 연루되어 희생되는 사람은 비교적 소수의 상층시민들에 한정되어 있었다. 더욱이 그들의 경우는 문벌이나 재산이라는 점에서도 군주의 질투심을 살 만한 우위조건에 놓여있던 만큼, 이 위험하기 이를 데 없는 입장도 한편 생각하면 어느 정도의 대상(代償)을 받고 있었던 것이다. 이에 반하여 기백 만에 이르는 대로마제국의 이름없는 서민들은 그와 같은 잔인성에 대한 공포보다는 차라리 군주들의 욕심에 전전긍긍하여야만 했다. 그들의 보잘 것 없는 행복을 위협하는 것은 전적으로 과중한 세금인 바, 그런 혹세는 부자들에게도 어느 정도는 중압이었음이 분명했지만, 좀더 커다란 부하(負荷)로 짓누른 대상은 역시 빈곤한 하층계급 사람이었다는 것이 통상적인 예였다. 사실 현명한 한 철학자는 국세의 부담률은 마땅히 자유와 예종 정도를 보편적인 척도로 삼아야 하며, 따라서 그것은 자연부동의 법칙을 적용한다 해도 자유시민에게는 항상 무겁게 매기고, 역으로 예속민에게는 그만큼 경감해 주어야 한다고 감히 주장한 바 있다(몽테스키외의『법의 정신』제12권 13장 참조). 이런 생각, 즉 이렇게만 한다면 전제정치에서 오는 불행은 당연히 완화될는지 모르지만, 적어도 로마제국사를 보는 한 현실은 바로 정반대였다. 즉, 한편에서는 원로원의 권한을 박탈한 군주들이 다른 한편에서는 또 속주의 부를 태연스럽게 수탈하고 있었다.

현실적으로 콘스탄티누스 황제와 그의 후계황제들의 수법은 일단 구매자에 의한 선택이라는 형태에서, 부지불식간에 지불되어 온 각종 관세 등 무엇 한가지도 폐지하지 않았거니와 전제정치에게는 좀더 편리하고 간단한 직접세쪽을 점점 더 우선시켰던 것이다.

중세기의 연대기류(年代記類)를 작성함에 있어 크게 도움이 되는 자료 중 하나에 15년기포고집(十五年期布告集, indictiones /〈영〉 indictions)이라는 것이 있는데, 이 명칭이나 관행도 모두 로마제국의 정기적인 조세에 유래되는 것이다. 황제 자신이 진홍빛 잉크로 엄숙하게 칙령에 서명한다(이것이 인딕티오〈indictio〉이다). 이것이 9월 1일보다 2개월 앞서서 각 사교가 관리하는 모든 교구의 수도에 붙여진다. 그렇게 되면 아주 단순한 관념결합으로 이「인딕티오」라는 말 자체(원래의 어의는 다만 공표라든가 공보라는 뜻일 뿐이다)가 세액결정의 통고인 동시에 이것의 납입을 위해 허용된 기한인 것으로 전의(轉意)되기에 이르렀다. 이 신세법으로 기대되는 총세수는 당연히 국가의 실제 필요경비 내지는 가정상의 경비에 따라서 결정되겠지만, 사실은 지출경비가 수입을 상회할 때마다, 또는 세수가 계획대로 걷히지 않을 때마다 다시 새로운 수페르인딕티오(superindictio)라고 불리우는 추가세가 국민에게 부과된다. 더욱이 민정총독(Praefectus praetorio)들에게는 특히 황제권의 대행관이라는 최고 권한까지 위임되어 있기 때문에, 국무수행상 생각치 못했던 긴급지출의 필요성이 생겼을 경우 등에는, 자유로이 과세하거나 조달하는 일까지 허용되어 있었다. 이런 세법(실로 너무 복잡하기 때문에 이제 그것의 상세한 내용을 기술한다는 것은 독자들에게 오히려 지루한 감을 줄 것이므로 생략하겠지만)의 시행은 명백히 두 가지 왕복조작(操作)으로 구성되어 있었다. 첫째는 과세총액을 그것의 각 구성요소, 즉 각 속주·각 도시·각 개인으로 분할하여 그 각각에 하향부과하는 세액사정이고, 둘째는 이들 개인·도시·속주라는 분류로 사정된 세금을 징수하여 그 전액을 황실재산금고에 올려 보내는 일이다. 그런데 이런 군신간의 대차관계는 당좌계산이라고나 할까, 하여튼 전기(前期)의 납세의무가 아직 완결되지 못한 사이에 또다시 이번 기의 새로운 세금이 부과되는 그런 형편이었다. 그런 까닭에 말하자면 재정이라는 무거운 수레를 1년 주기의 회전으로 작동시켰던 것은 끊임없이 동일인물들이었다는 이야기가 된다. 재무행정에서의 중요 권한은 모두 속주의 총독 내지 그 대행관들의 재치에 위임되어 있던 만큼, 가외수입이 많은 이 지위를 노리는 하급관리들의 보직운동이 매우 치열했었다. 그들 가운데는 재무장관 직속의 사람도 있었고, 또 속주총독의 부하라는 사람도 있었는데, 그런 만치 이 복잡하기 이를 데 없는 세법하에서 모순이나 충돌이 생긴다는 것은 불가피하였는 바, 이리하여 납세자로부터의 사냥감을 서로 차지하고자 싸우는 일도 드물지 않았다. 그런 까닭에 쓸데없이 질투와 비난, 그리고 위험과 출비만을 가져올 뿐이라는 이 귀찮은 임무는, 전적으로 도시참사회원(Decuriones, 원래의 어의는 「기병 10인 대장」이라는 뜻)이라고 불리우는 사람들에게 책임지우고 말았다. 즉, 도시를 단위로 그들에 의한 시행기관을 설치하고, 그 시민사회에 부과된 무거운 세부담을 완수하도록 엄격한 칙령으로 규정한 것이다. 제국의 부동산은 군주자신의 세습적인 그것까지 포함하여 모든 것을 통상 과세대상으로 간주하였고, 신규 구입한 취득자는 모두 전소유자의 의무를 그대로 승계하기로 되어 있었다. 각자 시민이 나라를 위해 바치는 세금의 공평을 기하고자 한다면 정확한 호구조사(census)만이 유일한 방법이었다. 여기서 예의 「15년기포고」가 발표되기 시작하였을 무렵부터이지만, 어쩐지 이 곤란하고도 비용이 많이 드는 호구조사를 매15년마다 실시하기로 된 것 같다. 다수의 측량사들이 각 속주에 파견되어 토지를 남김없이 실측하였다. 경작지냐 목장이냐 또는 포도밭이냐 산림이냐 하는 그 모든 필지의 성격이 상세하게 보고되었다. 그리하여 5년간의 평균생산고를 기초로 그것의 공정가격이 결정되었다. 노예의 수, 가축의 종류와 그 수 등도 물론 보고의 중요항목들이었다. 토지소유자측도 선서(宣誓)로서 이런 소유지의 실정을 신고하여야만 하였다. 만일 입법관의 목적을 얼버무리게 하거나 회피하려는 기색이라도 보이면, 곧 엄중한 감사를 받고서 반역과 신성모독이라는 2중의 죄를 포함한 극형을 받는 일도 있었다(「테오도시우스 법전」 제13권 11장 1조). 세금의 대부분은 금납이지만 법적으로 인정된 것은 금화뿐이었다. 만일 세금의 미불잔액이라도 있으면 이것은 예의 15년기포고에서 정해진 연부방식으로 한단계 더 높은 고압적이고도 직접적인 방법으로 징수당하였다. 원래 토지로부터의 생산물이란 포도주, 기름, 밀, 보리 나아가서는 목재라든가 철 등 각각 토지의 성질에 따라서 다르지만, 요컨대 그것들은 속주 백성의 노력 또는 경비로 황실창고까지 운반 납입된 다음 필요에 따라 궁정용과 군용 또는 두 수도인 로마와 콘스탄티노플에 배급되었다. 한편 재무관리들은 실로 여러 번 막대한 물자를 구입하여야 했지만, 그때 그들은 현물 형태로 징발되는 물자에 대하여 그 어떤 대상(代償)을 인정하거나 금납형태에서 인수하는 것은 엄금되어 있었다. 이와 같은 방법은 만일 그것이 원시적인 소박한 좁은 사회에서의 일이고 또 거의 자발적이라고도 볼 수 있는 백성들의 공물(貢物)을 수집하는 것이라면 매우 적절했을지도 모른다. 그러나 그렇게 실시해 본 결과는 극단적인 자유 재량과 극도의 학정을 동시에 낳기 쉽게 하였고, 특히 극도로 부패된 절대군주제도하에서는 권력에 의한 압정과 교묘한 속임수의 탈세 사이에서 끊임없이 격렬한 투쟁을 벌이게 하였다. 이리하여 각 속주의 농업은 언젠지도 모르게 황폐일로를 달렸는 바, 한편으로 전제독재제도가 진행됨에 따라, 어떤 의미에서는 자업자득이라고 말할 수 있을지 모르지만, 이미 역대 황제로서도 용단을 내려 아주 덕정(德政)으로 나가든가, 그러지 못하겠다면 어차피 백성들로서는 지불할 수 없음을 알고 있는 공납 등을 차라리 면제해 줌으로써 어떻게든 단락을 짓는 수밖에 없었다. 예를 들어 새로 정해진 이탈리아 반도의 행정구획에 의하면, 옛날에는 허다하게 빛나는 전승의 무대였고 지금은 로마시민들에게 쾌적한 은서지로 되어 있는 캄파니아(Compania)지방은 북쪽은 티베르 강(Tiber 江)으로부터 남쪽은 실라루스강 (Silarus 江, 오늘날의 셀레강. 캄파니아는 로마를 둘러싸고 종전의 라티움지방 동남으로 이어지며, 나폴리시를 중심으로 살레루노만 연안에 이르는 고대의 지방명칭이다)까지, 바다와 아펜닌(Apennine)산맥 사이에 끼어 있는 비옥하고도 경치좋은 지역 일대를 포함하지만, 그곳이 어떻게 된 셈인지 콘스탄티누스 황제가 죽은 지 60년도 채 지나지 않는 사이에, 영국의 면적단위로 말하여 실로 33만 에이커라는 넓은 땅이 실측 결과 사막 내지 불모의 땅으로 판정되어 과세면제조치를 받았다. 이것은 주전체의 면적으로 볼 때는 무려 8분의 1에 해당한다. 오랑캐족의 발자국이 아직 이탈리아에까지 뻗치지 않았던 만큼 법적 기록문서에 기재되어 있는 이 놀랄만한 토지황폐의 원인은 전적으로 황제들의 실정에 있었다고 밖에는 생각할 수 없다 (『테오도시우스 법전』 제11권 28장 2조, 395년 3월 24일, 호노리우스 황제 〈Honorius, Flavius, 재위 395-423. 서로마제국 최초의 황제〉치하에 발포된 법률에 의한다. 원법률에 기록되어 있는 이 면적은 528.042 로마유게라〈Roman jugera〉인데, 이것을 영국단위로 환산하면 33만 에이커라고 한다).

　당초의 의도였던지, 또는 우연의 결과인지 거기까지는 명확치 않지만 어쨌든 과세사정방식은 지조(地租)라는 실체와 인두세라는 형식을 절충한 것으로 생각된다. 각 속주, 각 지방에 관하여 제출된 보고서류에 의하면 거기에는 납세자수와 과세총액이 명확히 기재되어 있다. 여기서 이 총액이 납세자수로 나뉘어져 각각 할당하게 되는데, 예를 들어 어떤 속주에는 이만한 납세자인구(capita)가 있으니 따라서 각자의 세액은 얼마가 된다는 사정이 단순히 민간의 계산뿐만 아니라 법정계산에 의하여 전반적으로 널리 승인되어 있었다. 물론 우연한 사정, 적어도 유동하는 각종 상황으로 납세자 각 개인의 세액에도 여러가지로 변화가 있었던 바, 오늘날에 와서 그것을 보니 매우 기묘한 사실을 발견하게 된다. 더욱이 이 사실은 로마제국에서도 가장 부유했던 속주였고, 현재도 유럽 여러 나라 중에서 여전히 가장 번영하고 있는 지방에 관계된 것인 만큼 더욱 중요하다고 하겠다. 즉, 콘스탄티우스 황제(콘스탄티우스 2세〈재위 337-361〉를 가리키는 것. 콘스탄티누스 대제와 그의 후처인 파우스타 사이에서 태어난 둘째 아들)측근의 탐욕스럽기 짝이없던 고관들은 매 인당 연간 금화 25매라는 무거운 세금을 부과함으로써 갈리아지방의 부를 완전히 수탈하고 있었다. 물론 이 인두세는 다음에 즉위한 율리아누스 황제의 인정(仁政, 361년의 일)으로 금화 7매로 경감되었지만(암미아누스-마르켈리누스, 『역사』 제16권 5장), 이와 같은 비정상적인 착취와 비록 일시적이라곤 하지만 그래도 시행된 인정이라는 이 두 극단의 중간을 취하면 대략 금화 16매(영국화폐로 해서 약 9파운드가 되는데)가 아마도 갈리아 속주에 대한 과세의 평균수준으로 생각해도 되지 않을까. 그런데 이 계산이랄까——차라리 그로부터 도출되는 사실이라고 말하는 것이 좋을는지 모르겠지만, 어쨌든 이것은 다소라도 사물을 생각하는 사람의 눈으로 보면 명확히 두 가지 곤란성을 예상할 것이다. 즉, 먼저 놀라는 것은 한쪽에서는 이 인두세의 평등성이라는 것과 다른 쪽에서는 비정상적일만치 과중하다는 점이다. 이제 이런 점을 해명한다면 아마도 쇠퇴기 제국의 재정문제라는 매우 흥미진진한 테마에 대하여 어느 정도의 빛을 던져줄 것으로 것으로 생각된다.

(1) 인간의 본성은 불변인 바, 이로부터 극심한 사유재산의 불평등이 생겨나며, 또 그런 사실을 긍정하고 계속 유지하는 이상, 평등한 과세사정이 군주의 재정을 윤택케 하는 효과를 가져온다는 것은 췌언이 필요없지만, 한편 이것은 사회의 최대다수자로부터 그들의 생활비까지 수탈하는 것이 된다. 로마제국의 인두세는 이론적으로는 바로 이와 같은 원리에 입각한 것이지만 실제 시행에서는 문자 그대로 개인할당으로 이루어진 것이 아니라 오히려 현실에 적응한 과세법으로 행해졌으므로, 이런 불공정한 악평 등은 반드시 실감을 주는 것이 아니었다. 즉 빈곤층 시민들은 몇명씩을 일괄하여 하나로 묶어서 조세부담을 하나의 인두로 간주하는 한편, 부유한 속주민은 그의 자산에 따라 한 사람이 몇명분의 가공인두를 부담토록 한 것이다. 갈리아를 통치한 마지막 명군의 한 사람이라고 말할 수 있는 서로마 황제(서로마 황제 마요리아누스〈Majorianus, Julius, 재위

457-461〉를 말하는 것)에게 보낸 청원시(請願詩) 속에서 작가인 시도니우스-아폴리나리스(Sidonius Apollinaris, Gaius Sollius Modestus. 갈리아의 로마시인. 430?-479? 명문출신으로서 헬리오가발루스〈Heliogabalus, 전의 이름 Varius Avitus Bassianus, 별명 Elagabalus, 204-222, 재위 218-222〉와 상기 마요리아누스 두 황제를 섬겼고, 그들을 찬양하는 시집『카르미나〈Carmina〉』와 친구들에게 보낸『서간〈Epistulae〉』을 남겼다. 만년에는 사교직에도 있었다. 이하는 황제를 찬양한 한 편의 시의 대의다)는 그가 납부하는 공납을 그리스 신화에 나오는 게룡(Geryon, 머리가 셋에 꼬리도 셋인 괴물. 영웅 헤라클레스〈Herakles〉에게 살해되었다고 한다. 이른바 12 공업의 하나)의 모습으로 의인화(擬人化)하여 어떻게 해서든지 이 3두 3미괴물을 퇴치함으로써 모쪼록 생명만이라도 구해주기를 바라는 내용을 이제 헤라클레스(마요리아누스 황제를 가리키는 것)를 향하여 읍소하였다(『카르미나』제13가). 시도니우스-아폴리나리스의 자산은 세상의 일반시인들의 그것보다는 엄청나게 많았다. 그러나 만일 그가 이 비유를 좀더 전개시켰다면 아마도 저 무서운 괴물인 히드라(Hydra, 물속에 사는 9두의 독사로서 머리 하나를 자르면 곧 2개가 생긴다는 괴물. 역시 헤라클레스에 의해 퇴치되었다)가 머리 아홉개가 아니라 100두를 쳐들고 갈리아 전역을 휘감고는 몇 백이라는 많은 귀족들의 부를 탐욕스럽게 먹고 있는 광경을 묘사했음이 틀림없다.

(2) 도대체가 연간 약 9파운드라는 인두세의 징수가 갈리아 속주에서의 평균액이라고 가정한다면, 그것이 그 얼마나 과중한 것인가 하는 것은 오늘날 절대전제군주의 통치하에 있으며, 근면하고도 부유하며 또 지극히 사랑스런 국민으로 구성된 똑같은 이 나라의 현재 실정과 비교해 볼 때 더한층 명백해진다(이 나라란 프랑스를 가리키는 것. 이 책이 저술될 당시의 통치자는 루이 15세〈Louis XV, 재위 1715-74〉의 만년이다. 단, 루이 14세의 영광도 아마 염두에 두었던 것 같다). 오늘날 프랑스의 세수 최고한도는 공포심을 이용하거나 아부심을 돋군다 해도 도저히 연간 1,800만 파운드를 넘기란 불가능할 것이다. 이것을 2,400만 국민이 부담하게 되는데, 그것도 사실은 그중의 700만 명만이 아버지로서, 형제로서 또는 남편으로서 나머지 대다수 부녀자들의 몫까지 부담해야 한다(이 숫자에 대하여 저자 기번은 1770-74년에 걸친 프랑스의 공적조사로부터의 추산임을 길게 주기하고 있는데 상세한 내용은 생략한다). 그럼에도 불구하고 오늘날 납세자 각 개인의 평균세액은 영국화폐로 환산하여 50실링을 넘는 일이 아마 없을 것이다. 그런데 그들의 조상인 갈리아인들에게 매년 부과된 세액이 이것의 거의 4배에 이르렀다는 이야기가 된다. 이 커다란 차이가 생기는 이유는 금 은 생산량의 상대적인 다과에 의한다기보다도 오히려

고대 갈리아와 현대 프랑스와의 사회상태의 차이에 원인이 있는 것이다. 개인의 자유야말로 백성들의 특권으로 되어 있는 나라에서는 재산에의 과세이건, 소비에 대한 과세건간에 그 과세총액을 상당히 공평한 형태로 전국민에게 분담시킬 수가 있다. 그런데 고대 갈리아에서는 다른 여러 속주도 마찬가지지만 거의 대부분의 토지가 노예나 얼마간 자유라곤 하지만 거의 노예와 다름없는 소농민들의 노동에 의하여 경작되고 있었다(『테오도시우스 법전』 제5권 9, 10, 11의 각 장, 『유스티니아누스 법전』 제11권 63장. 아우구스티누스〈Augustinus, Aurelius, 354-430. 교부, 성총박사〉의 『신의 나라〈De civitate Dei〉』 제10권 1장도 참조할 것). 이런 사회에서는 가난한 사람들의 생활은 당연한 일이지만 노동의 성과만을 향수하는 주민들의 손으로 지탱되는 수밖에 없었다. 따라서 납세자명부는 전혀 부끄럽지 않은, 적어도 상당한 생계수단을 확보하고 있는 시민들의 이름만으로 채워져 있었다. 그래서 그런 사람들의 수가 비교적 적었던 것도 당연하며, 인두세가 고율이었다는 것도 이것으로 쉽게 설명되는 것이다. 이 설명이 진실이라는 것은 다음의 실례를 보아도 알 수 있다. 예를 들어 갈리아 속주에서 가장 강력하고도 개화되어 있던 부족——부족이라기 보다도 도시연합(기번의 원문에는 다만 city라고 되어 있으나 이것은 명백히 civitas faederata이다)의 하나에 에두이족(Aedui 또는 Haedui 族)*이 있었다. 오늘날 오탄(Autan)과 너베르(Nevers) 두 교구에 걸친 지역을 차지했고 지금으로서는 그 인구가 50만 이상이나 된다. 그 부근의 샬롱(Châlons. 고대의 이름은 Cabillonum)과 마콩(Macon. 고대이름은 Matisco)의 두 교구까지 합하면 그 인구는 아마도 80만에 이를 것이다. 그런데도 콘스탄티누스 황제시대의 에두이족의 영토는 인두세 인구로서 겨우 2만 5천을 등록시키고 있는데 불과하고, 더욱이 그중의 7천 명은 부담하기 어려울 것이라는 이유로 면세조치를 받고 있었다(이런 숫자의 출처는 오탄 태생의 수사학자 에우메니우스〈Eumenius, 3-4세기의 생존〉의 황제찬가인 것 같은데, 명백히 기번이 잘못 계산한 것으로 생각된다. 정확히는 인두세 해당자 32,000명 중 7,000명이 면세

---

* 오늘날 프랑스의 부르고뉴 지방을 본거로 하고 있던 갈리아인의 한 부족으로서 오탄(Autan, 고대이름은 Augustodunum)을 중심도시로 삼았다. 로마와는 율리우스 케사르의 갈리아 전쟁 당시부터 접촉하였고, 제정기에 들어와서는 동맹시의 하나로 되었지만 향배가 반드시 일정치가 않았다. 본문에서 문제로 제기한 3-4세기경은 로마의 내전과 게르만 민족의 침구영향으로 막심한 피해를 입고 있었을 때다. 관련지역으로 나오는 너베르(Nevers, 고대이름은 Noviodunum)는 오탄 서쪽, 모르방 고지대 너머에 있는 르와르강에 연한 거리이고 샬롱과 마콩은 모두 오탄 남쪽의 소느강변에 있는 거리다.

조치를 받고 있으므로, 25,000명이 이것을 분담하고 있었던 것으로 된다). 여기서 명찰(明察)하는 한 사가는 훌륭하게 납세의무를 수행하고 있던 자유시민수가 아마도 50만은 넘었을 것이라고 했는데, 올바른 유추에서 생각하면 아무래도 이 견해를 지지하지 않을 수 없는 것으로 생각된다(이 사가란 프랑스의 듀보스(Dubos / Du Bos, Jean Baptiste, 1670-1742. 비평가·역사가·외교관)로서 그의 만년의 저서『비판적 프랑스 왕국사』제1권에 나오는 내용). 만일 정상적인 상태하의 행정으로 세금징수가 이루어졌다면 매년의 세수액은 영국화폐로 약 450만 파운드로 추산된다. 그렇다면 각자의 세금부담액은 현재의 그것에 4배나 되는 무거운 세금이었는지 모르나 결국 황제 직할의 갈리아 속주에서 징수되는 총세수액은 오늘날의 프랑스 세수액의 불과 4분지 1밖에 되지 않았을 것이다(여기서도 기번은 다른 세수를 일체 고려에 넣지 않았다고 편집자 베리는 비판하고 있다). 그러므로 콘스탄티누스 황제에 의한 주구액(誅求額)은 대략 700만 파운드라고 추산되지만, 이것은 미구에 등극한 율리아누스 황제의 인정(仁政)이랄까 성려(聖慮)에 의하여 200만 파운드로까지 경감되었다.

이와 같이 토지소유자들에 대한 과세, 즉 인두세는 한편에서는 부유한 수많은 자유시민들을 교묘히 빠져나가게 했을 것이다. 여기서 황제들은 기술과 노동으로 획득한 부, 따라서 현금과 상품형태로 존재하는 부도 받아들이려는 뜻에서 상인층에도 특수한 조세를 부과하였다(『테오도시우스 법전』제13권 1장 및 4장). 물론 자기 자신의 소유지로부터 생산되는 작물을 매각하는 부분에 대해서는 매우 엄격한 시기와 장소라는 조건부이긴 하지만 모종의 면제를 인정하였고, 또 널리 학예를 업으로 하는 사람에게도 모종의 은전이 주어져 있었다. 그러나 상업활동에 종사하는 사람은 모두가 준엄한 세법하에 놓여 있었다. 예를 들어 인도에서 보석과 향신료류를 수입하여 그것을 서방세계에 전매하던 알렉산드리아시의 호상과, 금리에 의하여 불로소득을 암암리에 얻고 있던 고리대금업자, 창의발명의 제조업자, 근면정려하는 장인(匠人), 심지어 산간벽촌에서 조그맣게 장사해 오던 이름없는 소매상인들까지도 그 이익의 일부를 징세리들의 호주머니에 납부하지 않을 수 없었다. 또한 로마제국 황제는 드디어 공창의 존재를 일종의 직업으로 인정하고 꺼려야 할 창녀들의 수입의 일부까지도 빼앗은 것이다(이것은 콘스탄티누스 황제가 재정난에 빠졌던 나머지 처음으로 창부들에게 과세했던 것이다). 이와 같은 근로생업자에 대한 전반적인 과세는 매 4년마다 징수하는 규정이었는데, 이것은 통상「4년기 기부금(四年期寄附金, collatio lustralis / Lustrum Contribution)」이라는 이름으로 불리웠다.* 역사가 조시무스(Zosimus / Zosimos, 5세기 그리스 역사가)는 이런 세제를 통탄하고 있다 (『신로마사〈Historia nea〉』제2권 38절). 즉, 무서운 이 납세기가 다가오면 시민들의 눈물과 공포에 질린 안색만 보아도 그것을 알 수 있었다. 박두한 재액을 앞에 두고 그들은 그들의 빈약한 자산이 받은 사정액만이라도 구면코자 가끔 부자연스런 방법에까지 호소하지 않을 수 없었다고 하였다. 물론 조시무스의 이 증언에는 일부 감정적인 편견이 섞여 있음을 부정할 수 없다. 이 공납금의 성질로 보아 그것의 사정방법이 완전히 자의적이고, 또 징수방법이 극단적인 주구(誅求)였다는 결론만은 옳은 것으로 생각된다. 비밀성이 짙은 상업에 의한 치부라든가, 기술이나 근로에 의한 불안정한 수입에는 어느 정도 자의적인 사정을 행하는 수밖에 없을는지 모르지만 그렇기 때문에 국가에 불리한 결과를 가져오게 하는 일은 좀처럼 없었다. 문제는 그것을 징수하는 방법에 있었다. 예컨대 지조(地租)라면 그 부동산을 차압하면 되지만 그것이 상인이라면 눈에 보이는 형태의 항구적인 담보물건으로 되는 것이 없는 이상 대신되는 것은 다만 그자신의 신병뿐인 즉, 따라서 강제징수라 해도 그것은 체형을 가하는 방법밖에 없게 된다. 지불불능의 체납자들이 그 얼마나 잔인한 처우를 받았는가 하는 데 대해서는 자애심에 넘친 콘스탄티누스 황제의 칙령이 가장 명료하게 증명하는 동시에 또 그로 말미암아 학정이 완화된 것도 사실인 것 같다. 즉, 이 칙령이란 고문대와 채찍의 사용을 금지하며, 설사 구금시킨다 해도 통풍이 잘 되는 넓은 감방을 배정하라고 명령하고 있다(『테오도시우스 법전』제11권 7장 3조).

---

* 전술한 바 매춘부에 대한 과세도 포함하여 콘스탄티누스 황제가 제정한 신세제의 하나다. 원어에서 collatio는 환불금이라든가 기부금이라는 뜻이다. 즉 세금을 가리켜 황제로부터의 은혜와 혜택에 대한 환불금·기부금이라는 식으로 이름지은 것이고, lustralis는「5년마다」라는 뜻이다. 원래 Lustrum이란 고대로마시대부터 행해지던 바, 간단히 말하여 목욕재계하고 속죄하는 제사였는데, 이것이 5년마다의 국세조사(census)시에 행해지는 관습으로 되어 있었으므로 전(轉)하여 lustralis가 단순히「5년마다의」라는 형용사로 되었다. 따라서 여기서는「5년마다 징수되는 기부금」, 즉 세금이라는 것이다. 단, 기번이「4년마다」라고 말한 것은 잘못이 아니고 케사르에 의한 율리우스 달력에로의 개력(改曆)으로 이렇게 되는 것이다. 즉, 이 달력은 종전의 역년(歷年) 305일이라는 부정확하기 이를데 없던 것에 약 60일 남짓한 것을 더하여 역년을 365일로 하고 매 4년마다 윤하루를 두기로 고쳤다. 이것이 BC 45년부터 채용된 율리우스달력이다. 따라서 종래의 lustralis는 사실상「4년마다」가 되는 셈이다. 기번은 이런 계산을 고려하여 그렇게 쓴 것으로 생각된다. 그런데 이 흑세는 테오도시우스 대제(재위 379-395)에 의하여 겨우 폐지되었다고 한다.

위에서 말한 조세를 전반적으로 부과하고 징수한 것은 전적으로 황제가 보유하는 절대권이었다. 이외에도 아직 「왕관금(王冠金, aurum coronarium / coronary gold)」이라고 불리우는 헌금의 관습이 있었는데, 이것의 명칭도 마치 민의의 결과인 것처럼 여전히 외관을 분식시켰다 (왕관금의 의미는 아래의 기술에 상세하다. 요컨대 처음에는 문자 그대로 황금의 관이던 것이 후에는 현물금화를 헌납하게 되었다. 그러나 명칭만은 그대로 남았다고 한다). 원래 고대로부터 내려온 이것은 하나의 관례였는데, 예컨대 로마군의 승리로 자기들이 안전 내지 구출되었다고 믿는 여러 맹방이나, 또는 전승장군의 위덕을 찬양하는 이탈리아 여러 도시가 그의 개선식에 광채를 더하기 위한 의미로 황금의 관을 자발적으로 헌상했던 것이다. 개선식이 끝난 뒤에는 그 영광을 후세에까지 전하기 위하여 이것들은 모두 유피테르(쥬피터) 신전에 보관시키기로 되어 있었다. 그런데 시대의 흐름과 더불어 열의랄까 또는 아부가 가열하면서 이윽고 민중의 헌상이라는 이런 황금관의 숫자도 증가했고, 형태도 점점 더 커져만 갔다. 예컨대 율리우스 케사르의 개선식 때는 무려 2,822개라는 막대한 황금관이 헌상되었는데, 그것들의 총중량이 황금으로 2만 414 파운드(약 9.260kg, 약 2,470관)에 이르렀다고 한다 (이 개선식은 BC 46년에 있었다. 3일 간이나 거행되었고 또 전대미문의 호화판이었다. 단, 이 금관에 관한 숫자의 출처는 불분명하다). 이런 재보는 빈틈없는 독재황제(아우구스투스 황제를 가리키는 것)에 의하여 곧 녹여졌다. 신들을 위해서라기보다도 병사들에게 훨씬 더 많은 이익이 돌아갈 것이라는 이유였는데, 그는 이것으로 대만족이었다. 후계황제들도 당연히 이 전례를 본받았다. 더 나아가 그것은 화려한 장식물 따위보다도 오히려 좀더 편리하고 귀중한 유통금화로 헌납하는 새 관습으로 바뀌었다. 결국은 자발적인 헌금이라지만 실질적으로는 의무적인 채무로 강요되었던 것이다. 그것도 개선식이 있을 때에 한정되지 않고, 새 황제의 즉위, 집정관의 취임, 황자의 탄생, 부황제(Caesar)의 임명, 만족에 대한 전승 기타 그의 통치사를 장식할 만한 사건이라면 진실과 허위를 뒤섞어서 공포했는데, 그런 고지가 있을 때마다 제국내 각지의 몇몇 도시와 속주들로부터 그것이 당연하게 헌납되는 것으로 기대하게 되었다. 이외에 로마 원로원으로부터의 특별 자유기부라는 것이 또 있었는데, 이것 역시 황금으로 1,600파운드 (영국화폐로 환산하여 6,400파운드)라는 거액에 이르는 것이지만, 언젠지도 모르게 이것 역시 관례로 정해지고 말았다. 더욱이 압정하에 허덕이던 백성들은 비록 얼마 안되지만 충성심과 감사를 증명하는 이런 자발적인 헌금을 「황공하옵게도 황제께서 가납하신다」하여 아

제17장 324-334년   *71*

주 행복에 젖어 감격하곤 했다(『테오도시우스 법전』 제12권 13장. 원로원 의원에게는 이 헌금이 면제되어 있었지만 같은 성격의 다른 헌금이 의무화되어 있었다고 한다. 단, 이것이 auri oblatio라는 별명으로 불리웠는데 이것도 헌금이라는 뜻이다).

  쓸데없이 자부심만 높은 국민, 게다가 불평불만에 침식당한 국민이란 자칫하면 자기의 현실상황을 올바르게 평가하는 능력을 잃게 되는 모양이다. 콘스탄티누스 황제시대의 로마국민 역시 그들의 옛조상들에 비하여 그의 위신을 몹시 떨어뜨리고 있던 정신력이나 남성적인 미덕의 타락에 대하여 이것을 인식하는 능력이 거의 없었다. 그러면서도 폭정의 횡행과 기강해이, 게다가 점점 더 가중되는 조세의 중압에 대해서는 이것을 실감하고 슬퍼할 수는 있었다. 만일 그들의 불만의 정당성을 인정해 줄 공평한 역사가라면, 동시에 그들의 불행을 머지않아서 경감시켜 주는 모종의 밝은 상황도 알아차릴 수 있었을 것이다. 로마제국의 위대성을 눈깜짝할 사이에 뒤엎은 저 무서운 오랑캐족들의 폭풍우도 어떻게 해서든지 아직은 변경지방에서 반격하는데 성공──어쨌든 일단은 저지시킬 수 있었다. 지구상의 광대한 부분을 차지한 지역의 백성(로마제국 판도의 광대성을 말한 것)은 사치와 학예의 기술을 연이어 개발하여 그 우아한 사회적 일락을 흠뻑 향수하고 있었다. 문치주의라는 형태와 그것의 화려성 그리고 그것의 출비가 간신히 군부의 자의적인 횡포를 억제하는 점에서 유효했던 바, 설사 실력에 의한 법의 유린, 간지에 의한 왜곡이 있기는 했지만 그래도 현명한 로마법제의 제원칙은 동방 전제국가들에서는 볼 수 없는 질서와 공정성을 내내 유지해 왔다. 인권문제는 종교나 철학으로부터 어느 정도의 보호를 도출하였고, 또 자유문제도 아우구스투스 황제이후의 황제들에게는 이미 위협의 씨앗이 아니었다. 오히려 그들의 통치하에 있는 국민이란 노예들과 만족들뿐이 아니라는 것을 때로는 그들에게 가르쳤을 정도였다.

제18장 콘스탄티누스 황제의 성격-고트전쟁-콘스탄티누스 황제의 사망-세 아들에 의한 제국의 분할-페르시아 전쟁-콘스탄티누스 2세 황제 및 콘스탄스 황제의 비극적인 최후-마그넨티우스의 찬탈-내전-콘스탄티우스 2세 황제의 승리

〈323～353〉

　천도(遷都)의 단행, 민정 및 신교제도 등의 중대개혁을 수행한 콘스탄티누스 황제의 성격 문제는 널리 사람들의 관심을 모았으며, 거기에 대한 견해도 실로 각양각색이다. 감은(感恩)의 일념에 가득찬 기독교도들로부터는 교회의 구제자·영웅·성자로까지 극구 찬양하는 말이 나왔다. 그러나 패자측에서는 악덕과 암우성으로 자의(紫衣)의 권위를 더럽힌 역대폭제 중에서도 최대의 극악한 폭군이라고 그들의 불만을 늘어놓고 있다. 이 양자의 감정은 어느 정도 후대에까지 계승되어 그의 인간상은 오늘날도 여전히 극심한 훼예포폄(毀譽褒貶)의 대상으로 되어 있다. 요컨대 결론은 가장 열렬한 찬미자들조차도 인정하지 않을 수 없는 결점과, 한편 불구대천의 원수라 해도 이것만은 인정하고 있는 미덕의 양쪽을 공평하게 종합한 면에 아마도 이 초범적(超凡的)인물에 대한 정당한·인간상이 있을 것인 바, 공평진실을 기하는 역사서로서 안심하고 채용할 수 있는 것도 역시 이것이 아닐까 생각한다. 곧 알게 되겠지만, 이처럼 불협화적인 색채를 혼합하고, 이처럼 서로 모순된 자질 사이에 조화를 찾으려는 시도는 결국 인간이라기 보다도 어쩌면 하나의 괴물상을 그려내는 결과로 끝날는지 모른다. 만일 이것을 올바르고도 명확하게 묘사하고자 한다면 그의 치세의 각 시기를 주의깊게 엄격히 구별하여 고찰하는 수밖에 없을 것이다.

　콘스탄티누스 황제는 태어나면서부터 심신공히 아주 우수한 자질을 가졌었다. 장대한 체구, 위용을 갖춘 풍모, 우아한 행동거지가 그것이다. 이 훌륭한 체력과 준민성(俊敏性)은 모든 남성적인 경기에서 발휘되었다. 어려서부터 만년에 이르기까지 시종일관하여 절제·순결의 미덕을 지킴으로써 강인한 체질을 내내 유지하였다. 편한 마음으로 사교적인 환담을 나누는 것을 그는 퍽 즐겨했고, 때로는 근엄해야 할 황제의 위신으로서는 좀 어떨까 하고 생각케 하는 농담·야유조차 흥겨워 했지만, 그러나 그의 예의바른 태도와 대범성은 그에게 접근하는 모든 사람들의 마음을 매료하였다. 우정의 성실성에 대해서는 얼마간의 의심스런 점도 없지 않지만, 때로는 끝까지 그의 따뜻한 애정을 일관시킨 실례도 있다. 그 자신이 무학·무교육이라는 약점이 있었지만 학문과 문예의 가치를 정확히 평가할 만큼의 아량은 가지고 있었다. 사실 당시의 학문과 예술은 그의 극진한 비호장려로 퍽 많은 도움을 받았다. 정무처리에서의 정려성에 이르러서는 정말 놀랄만한 면이 있었다. 피로를 모르는 그의 정신력은 거의 끝없이 독서·집필·사색 나아가서는 외국사절들의 접견, 백성들로부터의 진정서 심사 등등의 정무에 바쳐졌다. 그가 취한 정책 그 자체의 적부에 대해서는 그것을 비난하는 사람들이라 해도 계속해서 극히 곤란한 계획을 입안해 내는 정신력의 광대성, 또 그런 계획을 끝까지 해내는 인내력에는 싫어도 그것을 인정하지 않을 수 없었다. 더욱이 교육에서 오는 편견과 대중의 외침 등으로 좌지우지되는 일은 전혀 없었다. 일단 전쟁터에 나서면 불요불굴의 그의 정신은 곧 모든 군대의 내부에까지 침투하여 거의 흠잡을 데가 없는 장수(將帥)의 지와 덕으로 군을 통솔하였다. 내외의 적에게 그가 획득한 눈부신 많은 승리는 행운이었다기 보다도 명확히 탁월한 재능의 결과였다고 말할 수 있다. 그 또한 그의 공업에 대한 보상은 물론 또한 동인(動因)으로서도 깊이 영예를 사랑하였다. 요크(York, 고대 로마 이름은 에브라쿰)에서 자의(紫衣)를 받은 이래, 그의 마음을 끊임없이 지배해 온 것은 끝없는 야망이었을 것이라 함은 의심할 바 없다. 당시 그가 놓였던 위험하기 이를 데 없는 입장, 수많은 경쟁자들의 성격, 자기 자신의 탁월한 재능에 대한 자각, 그리고 자기가 승리만 한다면 이 괴란(壞亂)의 제국에 평화와 질서를 회복시킬 수 있으리라는 장래에 대한 전망 등과 같은 이런 제조건을 고려에 넣는다면 그의 야망도 충분히 정당화될 것으로 생각한다. 막센티우스(Maxentius, 재위 306-312)와 리키니우스(Licinius, 재위 308-324)하고 싸운 내전에서도 그는 명백히 민심동향을 자기편으로 하고 있었다. 즉, 너무도 노골적이던 두 폭군의 악덕과, 한편 콘스탄티누스 황제의 집정(執政)을 관통시키는 것으로 보이던 지혜와 정의의 정신을 사람들은 마음속으로 비교했던 것이다(콘스탄티누스 황제의 미덕을 찬양한 사가는 에우트로피우스〈Eutropius, 4세기의 로마 역사가〉와 젊은 빅토르〈Victor〉이다. 그의 용기와 군사적 재능에 대해서는 그에게 반감을 가지고 있던 사가 조시무스〈Zosimus / Zosimos, 5세기 그리스 역사가〉나 율리아누스〈Julianus, 재위 361-363〉황제조차 명백히 이것을 높이 평가하고 있다).

만일 그가 티베리스(Tiberis) 강변이나 또는 하드리아노플(Hadrianople)평원에서 전사라도 했더라면, 후세에까지 이야기로 전해졌을 그의 성격은 극히 얼마 안 되는 예를 제외하고 그 모두가 위에서 말한 것과 같은 것이었음이 틀림없다. 그러나 일단 그의 치세가 끝나자마자(온당하고 부드럽다고 할 정도로 너그러운 당대의 사학가들의 붓으로도) 그가 얻고 있던 역대 황제 중 최고의 명군이라는 평가는 단번에 실추당하고 말았다. 우리는 초대 황제인 저 아우구스투스의 생애에서, 처음에는 공화국의 참주(僭主)로부터 거의 눈에 띄지 않을 정도의 변화를 거쳐 미구에는 우리의 국부(國父), 그리고 인류의 아버지라고 할 인물로 되어 있는 예를 본다. 이와 반대로 콘스탄티누스 황제의 경우는 장기간에 걸쳐 국민에게는 친애감을 갖게 했고, 적들에게는 공포감으로 떨게 했던 영웅이 그 만년에는 영달로 말미암아 타락하였고, 수많은 정복으로 이제는 위장할 필요가 없을 만큼 최고의 높은 곳에 올라간 결과는, 일전하여 냉혹방종한 군주로 떨어져 버린 인물의 모습을 보게 된다. 치세 마지막 14년 간에 그가 유지할 수 있었던 전면적인 평화는 참된 번영이라기 보다는 어느 쪽인가 하면 외견상만의 영광에 지나지 않았다. 그의 만년은 탐욕과 낭비라는 대척적(對蹠的)인데도, 또한 양립도 가능하다는 2대 악덕에 의하여 더럽혀졌다. 막센티우스 및 리키니우스 두 황제의 궁전에 축적되었던 막대한 재보를 물쓰듯이 함부로 탕진했고, 또 이 승리자에 의하여 창시된 여러 가지 개혁사업은 모두가 제경비의 증액을 수반하였다. 예컨대 많은 궁전과 건조물, 갖가지의 축제행사는 곧 막대한 지출을 요구한 바, 결국 군주의 위용을 지탱하는 유일한 재원은 국민에 대한 중과세외에 또 없었다(율리아누스 황제의 『연설』 제 1과, 풍자산문인 『황제향연』, 조시무스의 『신로마사』 제 2 권 38절 등도 참조할 것). 끝없는 주군의 은혜로 치부한 부덕의 총신들은 말하자면 천하공인 형태에서 수탈과 독직특권을 멋대로 자행하였다(암미아누스-마르켈리누스, 『역사』 제16권 8장 12절. 공평한 암미아누스지만 이런 악폐의 사단을 연 것은 바로 콘스탄티누스 황제라고 하였다. 황제예찬의 전기를 쓴 에우세비오스도 이런 결점만은 인정하고 있다. 그의 『콘스탄티누스 황제전』 제4권 29, 54절 등 참조). 비록 표면화되지는 않았지만 퇴폐의 그림자는 국정의 구석구석에서까지 느껴졌다. 황제 자신은 아직도 국민의 신종(信從)을 확보하고 있었지만, 신망평가는 점차 잃어가기 시작하였다. 노쇠현상이 진행됨에 따라 점점 더 위용과 위세를 뽐내는 데 힘썼지만 그것도 결국 국민의 성가(聲價)를 떨어뜨리는 데 도움이 되었을 따름이다. 처음에는 디오클레티아누스 황제의 허영심에서 도입된 아시아적 성의위용(盛儀威容)풍조였지만, 그것이 콘스탄티누스 황제의 경우는 묘하게도 유미유약(柔媚懦弱)의 취향까지 첨가시켰다. 그의 초상화는 당시 일류 미용사들의 손으로 정성껏 만들어진 혼색(混色)의 가발, 지극히 값진 신형 제관(帝冠), 막대한 보석·진주류를 박아넣은 목걸이와 팔찌, 눈부신 오채의 명주장옷, 그것도 정교하게 금실로 꽃무늬를 수놓은 것 등등을 몸에 걸친 모습으로 그려져 있었다. 도대체가 이런 옷차림은 저 철없고 바보황제였던 엘라가발루스(Elagabalus〈Heliogabalus〉, 재위 218-222)가 했다 해도 거의 변명할 여지가 없다고 생각되는데, 황차 늙은 황제이며 백전연마의 로마군 장군이 이런 것을 사랑했다는데 대하여서는 그의 지혜와 사려, 그리고 꾸밈없는 진지성이 어디에 가버렸는지 우리로서는 이해하기에 고민하지 않을 수 없다 (이것을 비웃은 것은 콘스탄티누스 대제의 조카인 율리아누스 황제이다. 그의 풍자산문인 『황제향연』의 말미 참조. 에우세비우스는 역시 이것을 변호하고 있지만 논거는 박약하다). 이와 같이 번영과 방자로 해이해진 정신으로서는, 이미 의심하기 시작하면 모든 것이 의심스럽고 무서워진다는 말을 비웃어 버리거나 용기로써 상대방을 용서하는 그런 넓은 도량을 가진다는 것이 불가능해진다. 막시미아누스와 리키니우스 두 황제의 처형은 원래 두 황제가 모두 폭군폭제의 길을 걸었기 때문에 그런 의미에서 훌륭하게 응분의 보복을 받은 것이므로 정치도의의 원칙에 비추어 어쩌면 정당화될는지 모르지만, 황제 만년의 오점으로 된 갖가지의 처형, 처형이라기 보다도 차라리 살인행위에 이르러서는 아무리 공평하게 생각한다 해도 무서운 폭군──자기자신의 격정이나 이익이 명령하는 앞에서는 정의의 법도 인정의 자연도 아무렇지도 않게 희생시킬 수 있다는 그런 종류의 제왕상으로 밖에는 떠오르지 않는다.

그의 정기(旌旗) 밑에 항상 따라다녔던 행운의 여신은 그의 가정생활에서도 역시 희망과 위락을 보장해 주었던 것 같다. 역대 황제들 중에서 가장 오랫동안 번영의 치세를 구가했던 몇몇 황제들, 예컨대 아우구스투스·트라야누스·디오클레티아누스와 같은 황제들도 그의 자손이라는 점에서는 실망으로 끝났다. 빈발한 혁명소동이 자의(용포) 밑에서의 일가의 음성번영을 누릴 만한 시간적 여유를 허용하지 않았던 것이다. 맨 처음에 고트인인 클라우디우스-고티쿠스(Claudius Gothicus, 재위 268-270) 황제에 의하여 일어난 플라비우스가(Flavius 家)의 황제 혈통만은 그후 몇대에 걸쳐 제위(帝位)를 계승할 수 있었다. 콘스탄티누스 황제 역시 이 가계(家系) 출신으로서 부황(콘스탄티우스 1세를 가리키는 것)에게 받은 상전(相傳)의 영예를 그대로 아이들에게 남길 수 있었다. 그는 두 번 결혼하였다. 출신성분은 미천하지만 청춘시절의 사랑의 대상으로서의 정실부인인 미네르비나(Minervina)는 그를 위해 아들 하나를 남기고 죽었다. 크리스푸스(Crispus, 326년 사망)가 그이다. 그러나 뒤이어 막시미아누스(Maximianus, 재위 286-305 및 306-308) 황제의 딸이던 파우스타(Fausta)와 결혼하여 3남 3녀를 얻을 수 있었다. 세 아들이란 비슷한 이름을 가진 콘스탄티누스(Constantinus II. Flavius Claudius, 317-340, 재위 337-340)·콘스탄티우스(constantius II. Flavius Julius, 317-361, 재위 337-361) 및 콘스탄스(Constans. Flavius Julius, 323?-350, 재위 337-350)의 3형제이다. 한편 콘스탄티누스 대제의 이복동생들, 즉 율리우스 콘스탄티우스(Constantius, Julius)·달마티우스(Dalmatius) 및 한니발리아누스(Hannibalianus 또는 Constantinus)의 3형제는 모두 야심이 없어서 일반평민으로서 바랄 수 있는 한의 최고의 사회적 지위와 많은 재산을 향유하는 것이 허용되었다. 이들 3형제 중의 막내동생(한니발리아누스)은 명성을 나타냄이 없었거니와 자손도 남기지 않고 그의 생애를 끝마쳤지만, 그의 형 두 사람은 각각 부유한 원로원 의원의 딸들과 결혼하여 황제계통의 새로운 분가를 일으키게 되었다. 그중에서도 특히 갈루스(Gallus Caesar)와 율리아누스(Jullianus) 두 사람은 귀족(Patricius)인 율리우스 콘스탄티우스(Constantius, Julius)*의 유아(遺兒)로서 머지않아 가장 고명한 인물로 성장한다. 한편 달마티우스의 두 아들은 마찬가지로 달마티우스 및 한니발리아누스라고 이름지어졌는데, 결국은 단지 감찰관(Censor)의 명예직위가 주어졌을 따름이다. 콘스탄티누스 대제의 두 이복 누이동생인 아나스타시아(Anastasia)와 에우트로피아(Eutropia)는 모두 명문가 출신의 원로원 의원이며 집정관(Consul)신분이기도 했던 옵타투스(Optatus) 및 네포티아누스(Nepotianus)라는 사람들에게 출가하였다. 다만 막내 이복 누이동생인 콘스탄티아(constantia, 막내 누이동생이라고 한 것은 의문이다)만은 한때의 영광과 최후가 비참했다는 점에서 특기할 가치가 있

---

* 기번이 쓴 말은 Patrician, 즉 Patricius(귀족)이지만 콘스탄티누스 황제가 창설하고 그 이후도 동로마제국의 여러 황제가 임명한 이 명칭은 신귀족신분인 동시에 일종의 관직명이기도 했다. 즉, 비잔티움에 있는 황제대리로서 이탈리아·아프리카 등을 통치하기 위하여 임명된 관직명으로 되었다.

다. 그녀는 폐위처형된 리키니우스 황제의 미망인으로서 생애를 끝마쳤는데, 이 결혼으로 태어난 외아들이며 무고한 소년 리키니우스가 설사 일시적이기는 하지만 일신상의 안전과 부황제(Caesar)의 칭호, 그리고 덧없는 황제계승의 꿈을 가질 수 있었던 것은 그녀의 간절한 애원에 의해서였다. 플라비우스가(家)의 여계(女系) 내지 인척들은 별도로 하고, 남계(男系)만도 10명 내지 12명이 근세의 궁정용어로 표현하면, 당연히 직계황족으로 불리워야 할 사람들인데 그의 출생순서에 따라 부황인 콘스탄티누스 대제의 뒤를 잇든가, 그렇지 않으면 당연히 그의 보필역을 담당할 것으로 생각되었다. 그런데 이게 어찌된 일인지 불과 30년도 못되는 세월뒤에 이 번창하던 일가에서 살아남은 것은 단 2명, 즉 콘스탄티우스와 율리아누스 뿐이었다. 좀더 구체적으로 말하면 이 두 사람만이 연이은 비명과 비명횡사, 즉 비극시인들이 희랍신화에 나오는 바, 저 펠롭스(Pelops, 프리기아〈Phrygia〉의 왕)와 카드모스(Cadmos / Cadmus, 튜로스〈Phuericia의 Tyros〉왕인 아게노르〈Agenōr〉의 아들)의 운명을 노래한 시편들에서 탄식하고 있는 바로 그것과도 비슷한 화난(禍難)에서 겨우 빠져나와 살아 남은 것이다.

   콘스탄티누스 황제의 장남이며, 따라서 보통이라면 당연히 제국의 계승자였을 크리스푸스는 교양도 풍부한 매우 사랑스러운 청년이었다고 한다. 교육, 적어도 면학에 관한 문제는 모든 것을 석학의 기독교도인 락탄티우스(Lactantius, 3-4세기의 호교론자)에게 일임되어 있었다. 우수한 이 제자의 취미성을 함양하고 그의 덕성을 키우는데서 락탄티우스야말로 바로 자격만점의 사부였다 (에우세비오스와 히에로뉘무스〈Hieronymus, 340?-419. 기독교 교부·교회박사·성인〉의 「연대기」에 의한다. 그는 가톨릭교회가 공인한 불가테 성서(Vulgate, 4세기에 완성된 라틴어역 성서〉의 개정번역판의 완성자로서도 유명하다). 약관 17세의 어린 나이의 크리스푸스는 부황제(Caesar)의 칭호와 갈리아 속주의 통치권을 받았다(317년 3월). 갈리아라면 게르만족의 침구가 격렬했던 지역이지만 이에 의하여 그는 일찍부터 군사적 재능을 나타내는 기회를 얻었다. 그후 얼마 안가서 일어난 내전 때도 이들 부자는 그 병력을 두개로 나누어서 싸웠다. 특히 크리스푸스가 우세한 리키니우스 황제의 함대가 사수하던 헬레스폰트 해협을 강제통과하면서 적을 대파했을 때 보여준 그의 행동과 무용에 대해서는 이 책에서 이미 칭찬한 바와 같다. 결국 이 해전에서의 승리가 내전의 승패를 결정하게 되었고 또 콘스탄티누스와 크리스푸스라는 두 이름을 동방 여러 국민의 환호리에 불가분의 일체의 것으로 만들었던 것이다. 사실 이 부자는 이제 세계가 모든 재덕을 겸비한 영명한 군주와 다시, 신의 총아(寵兒)에 더하여 부황 그대로의 명황태자라는 두 사람에 의하여 제압되고 또 통제되고 있다고까지 공언될 정도였다. 더욱이 노령자로부터는 자칫하면 떠나기 쉬운 세상의 인기까지 이 젊은 크리스푸스의 신상에서 점차 빛나기 시작하였다. 사실 그는 그와 같은 평가를 받을 만한 충분한 가치가 있었고 궁정의 인기나 군대·국민의 친애감도 모두 그에게 집중되는 형편이었다. 지금의 통치황제의 노련성도 점차 그다지 평가되지 않게 되었고 오히려 때로는 일부에서 불만의 소리로 부정되기조차 하였다. 이에 반하여 이제 막 꽃이 피는 것으로 보인 황태자 크리스푸스의 재덕에 대해서는 어리석게도 공사(公私) 양면에 걸쳐 한없이 대망의 꿈을 걸었다 (에우세비오스, 『교회사』 제10권 9절. 이외에 에우트로피우스, 율리아누스 등도 그를 격찬하고 있다).

이 위험한 인기는 곧 콘스탄티누스 황제의 주목을 끌었다. 아버지로서, 또 황제로서 대등한 자의 존재를 그는 허용하지 않았다. 신뢰와 감사라는 아량있는 유대로 친자식의 충성심을 확실하게 붙들어 매놓는 대신, 오히려 충족되지 않는 야심에서 생겨날는지도 모르는 화난과 피해를 미연에 저지시키려는 결심을 다진 것이다. 그러니 크리스푸스에게도 당연한 일이지만, 불만의 씨가 생겨났다. 즉, 아직 어린애에 불과한 동생 콘스탄티우스가 부황제(Caesar)의 칭호를 띠고 그의 관할지인 갈리아 속주의 통치자로 파견되어 온 것이다(324년의 일). 한편 이미 성년에 도달하였고, 최근에도 여러 번 눈부신 무훈을 세운 바 있는 크리스푸스는 정제(Augustus)에 지명되기는 커녕 거의 죄수나 되는 듯 부황의 궁정 안에 연금된 몸이 되었고, 적대자들이 퍼뜨리는 악의찬 일체의 비방에 대해서도 전혀 무방비·무력상태에 놓이게 되었다. 이와 같은 곤경에 빠져서는 아무리 황태자 크리스푸스라 해도 자기의 언행을 조심하며 속에 품은 불평불만을 억제하고만 있을 수는 없었던 것으로 생각된다. 더욱이 확실한 것은 그의 주위에는 퍽 경솔하고 또 흑심을 품은 아첨꾼의 한 무리도 있었는데, 이런 자들이 부주의하게도 크리스푸스의 격정을 집요하게 선동하였고, 한편 아마도 이런 정보를 수집·보고토록 지시받고 있던 자들도 끼어 있었던 모양이다. 이 무렵(325년 10월)에 내려진 콘스탄티누스 황제의 한 칙령은 본심인지 구실인지는 차치하고, 황제신변과 그 정부에 대하여 비밀음모가 기도되고 있다는 용의사실을 밝히고 있다. 그 칙령은 온갖 명예와 은상을 미끼로 고관·각료·벗·총신을 막론하고 모든 사람이 예외없이 고발하도록 상하 모든 계층으로부터의 밀고자를 유혹하고 있다. 이런 밀고에 대해서는 황제 자신이 국문에 임하여 반드시 그의 불법행위에 보복하겠다는 것을 엄숙히 선언하고 있다. 명백히 위험에 대한 모종의 근심을 품고 있었는지, 이 칙령은 끝에 신의 섭리가 금후에도 변함없이 황제 및 제국의 안전을 수호해 주십사 하고 기원하는 문구로 끝을 맺고 있다 (「테오도시우스 법전」 제9권 4장. 그러나 이렇게까지 깊은 속셈있는 칙령이었는지는 의문이라고 생각하는 사람도 있다. 본서 편집자인 베리 교수도 그런 사람 중의 하나이다).

이와 같이 과분한 미끼에 낚인 밀고자들은 모두가 궁정에서의 술책에는 이미 도통한 자들뿐이었으므로 곧 크리스푸스의 친구와 지지자들을 범죄인으로 골라내었다. 맹세코 충분한 보복과 처벌을 내리겠다고 공언한 황제의 진의에도 물론 의문의 여지가 없었다. 그러나 콘스탄티누스 황제로서도 이미 양립할 수 없는 원수라고 생각하기 시작하던 크리스푸스라곤 하지만 정책상 자기 친아들에 대하여 표면상으로는 변함없는 경의와 신뢰의 탈을 계속 쓰고 있었다. 예컨대 젊은 이 부황제의 통치가 장구하고 번영하도록 기원하는 관례적인 서사(誓詞)를 새겨넣은 메달까지 주조시켰다. 황궁내의 비밀 따위는 일체 알 리가 없는 국민은 여전히 그의 덕성을 사랑했고 그의 지위에 깊은 경의를 표명하고 있었다. 그래서 자기자신의 유형사면을 청원한 한 시인은 부황의 존엄과 함께 크리스푸스의 그것도 아울러 열렬하게 찬양했던 것이다 (이 시인이란 포르피리우스 옵타티아누스〈Optatianus, Porphyrius〉라는 사람이다. 이 송시가 만들어진 것은 325년? 인데 이설도 있다). 이윽고 콘스탄티누스 황제의 치세 20년을 경축하는 성대한 의식의 날이 다가왔다. 때문에 황제는 궁정을 니코메디아(Nicomedia) 시로부터 로마시에로 이동시켰다. 로마시에서는 황제를 환영하기 위하여 성대한 준비가 마련되었다. 모든 눈과 혀가 한결같이 전국민의 행복감을 표시하고 있는 것처럼 보였다. 그리고 얼마 동안은 위장된 성전(盛典)이 가장 뱃속 검은 복수와 살해라는 의도를 베일 밑에 내내 감추고 있었다 (조시무스, 「신로마사」 제2권 29절). 과연 축전이 한창 진행될 때 불행한 크리스푸스는 황제 명령으로 체포되었다. 아버지로서의 애정은 어디에 내동댕이쳤는지 황제는 재판자로서의 공정성조차 무시해 버렸다. 심문이 눈깜짝할 사이에 비밀리에 행해졌다 (「재판없이로」하고 쓰여있는 옛 사료도 있다). 젊은 황태자의 비명을 로마시민의 눈에서 감추는 것이 현명하다고 생각했음인지 신병은 엄중한 경호하에 이스트리아(Istria) 반도의 폴라(Pola, Istria반도는 아드리아해 안쪽, 유고슬라비아의 북서쪽 귀퉁이에 있는 반도. Pola〈지금의 이름은 Pula〉는 그 남단에 있는 해안도시)에 압송되어 미구에 사형집행인에 의해서인지 아니면 얼마간 동정하여 독살에 의해서인지 어쨌든 처형되고 말았다 (326년 7월의 일). 한편 사랑스러운 청년인 소(小)리키니우스 부황제(앞서 나온 바 처형된 리키니우스 황제의 아들. 리키니우스 황제의 미망인으로서 콘스탄티누스 대제가 가장 사랑하던 이복누이동생인 콘스탄티아의 아들이기도 하다)도 이때 연루자로서 함께 체포되었다. 구명을 애원한 그의 어머니인 콘스탄티아의 눈물도 황제의 고정관념화된 시의심을 움직일 수 없었다. 그의 경우 부황제라는 신분만이 원수였다. 그가 처형된 후 그의 어머니도 머지 않아 세상을 떴다. 이들 불행한 황자들의 이야기는 기실 그 죄과의 성질이나 증거, 그리고 재판의 형식 그 자체와, 나아가서는 그의 죽은 상태의 모두가 비밀의 어둠 속에 묻혀 버렸는데, 예를 들어 예의 대제의 미덕과 독신(篤信)을 찬양하는 노작을 남긴 궁정 사교 에우세비오스조차 이 비극의 주인공들에 대해서만은 현명하게도 침묵을 지키고 있다 (특히 그의 「콘스탄티누스 황제전」 제 2 권 19-20절). 이처럼 자고자대에서 온 여론의 멸시는 틀림없이 이 황제의 유명에 씻을 수 없는 오점을 남긴 것이 틀림없지만* 그 점에서는 성질이야 크게 다르다지만 현대의 모 대국의 군주에게서 볼 수 있는 행동을 연상케 한다. 즉 완전한 전제군주인 러시아 황제 표트르 1세(Czar Pyotr I, Alekseevich Velikii, 1672-1725, 재위 1682-1725, 페테르부르그, 지금의 레닌그라드의 건설자)도 그의 반역용의자이며 방탕한 아들인 알렉세이(Aleksei, Petrovich, 1690-1718) 처형에 관하여 부득불 서명하지 않을 수 없었던 이유에 대하여 이것을 러시아 및 전유럽, 나아가서는 후세의 비판에 일임하는 수밖에 없었던 것이다 (1710년의 일. 알렉세이는 표트르 1세와 그의 선처인 에브도키야 〈Evdokiya, Fyodorovna Lopukhina, 1670-1731. 표트르 1세의 황후 《1689-99》였으나 수도원에 유폐된 후 이혼당했다〉와의 사이에서 태어난 맏아들. 방탕한데다 보수적이어서 부황의 개혁에 반대하였으므로 교회와 일부 귀족 등 보수파의 지지를 받기 시작하였다. 일시 신변의 위험을 느끼고 1716년, 빈으로 망명했으나 1718년 기만당하여 귀국하자 체포되어 고문과 사형선고를 받고 옥사하였다).

---

* 콘스탄티누스 황제전을 둘러싼 최대의 수수께끼이며 흑점이며, 전문적인 역사가들 사이에서조차 이론백출한 문제인만치 비전문가인 역자로서는 더욱이 알 수 없는 일이지만, 문제의 중핵은 어쩐지 계모인 파우스타(크리스푸스는 이혼당한 선처인 미네르비나의 소생)가 황제에게 참소하여 죽이게 했다는 것, 그후 파우스타 또한 간음을 의심받아 죽음을 당했다는 것, 크리스푸스의 죽음은 독살당했다는 설이 진실인 것 같고, 또 파우스타의 죽음은 증기목욕탕의 증기로 질식사되었다는 등이 대체로 맞는 이야기인 것 같다. 이런 일의 후회가 동기로 황제가 기독교를 신봉하게 되었다는 견해는 어쨌든간에, 황제가 후년에 이것을 심히 후회한 것은 사실인 듯하다. 교회측은 황제의 기독교로의 개종시기를 통설보다 빠른 312년경이라고 하는 주장도 있다.

크리스푸스의 원죄에 의한 죽음은 지금으로서는 널리 일반에게도 승인된 만큼, 아무리 희랍정교의 창시자인 대제의 유명을 찬양하는 오늘날의 희랍인들이라 해도, 인간자연의 공통감정으로서 도저히 용납될 수 없는 살부(殺父)라는 대죄의 용의점을 이 크리스푸스에게 씌우는 일만은 삼가하지 않을 수 없게 되어 있다. 그대신 그들은 이렇게 말한다. 즉, 아버지 콘스탄티누스 황제는 너무도 경신(輕信)한 나머지 자기가 범한 치명적인 과오가 무고에 의한 고발임을 깨닫자마자 오뇌한 끝에 그의 후회와 개준을 만천하를 향하여 공표했을 뿐만 아니라 40일 간 거상을 입은 바, 그 사이에는 온탕목욕을 포함하여 모든 일상생활의 환락을 멀리했다. 그리고 후세에까지 그의 교훈을 전하기 위하여 황금의 크리스푸스상을 건립하고 「잘못으로 처단한 나의 사랑하는 아들을 위하여 (TO MY SON, WHOM I UNJUSTLY CONDEMNED)」라는 유명한 비문까지 새겨넣지 않았느냐고(이 상은 오늘날에는 물론 존재하지 않는다. 이 이야기 자체가 15세기 후반이라는 훨씬 후대에 이르러 게오르기오스 코디노스라는 비잔틴 사가의 저서로 알려진 한 책에 나오는 이야기이므로 신빙성을 의심하는 사람이 많다). 매우 흥미롭고 훌륭한 에피소드이긴 하지만, 그렇다고 해서 그대로 이것을 믿기에는 좀더 문제가 적은 자료근거가 필요할 것이다. 보다 오래되고 또 좀더 신뢰성 높은 필자들의 기록에 의하면 (이하의 해석을 최초로 내린 사람은 조시무스인 것 같다. 『신로마사』 제2권 29절 참조), 콘스탄티누스 황제의 이 회오(悔悟)란 오히려 유혈사태에 의한 보복행위의 형태로만 표현되었다고 한다. 바꾸어 말하면, 무고한 친자식 살해라는 이 비도(非道)를 황제는 오히려 황후를 그런 범인으로 처형(아마도 처형이었을 것이다)하는 방법으로 보상한 것이다. 즉, 크리스푸스의 비명횡사는 계모인 파우스타의 책모가 원인이며, 뿌리깊고 집요한 그녀의 증오심인지, 또는 거부된 사련(邪戀)에의 원한인지, 말하자면 저 고대 비극인 히폴류토스(Hippolytos / Hippolytus)와 파이드라(Phaidra / Phaedra)와의 그것을(에우리피데스〈Euripides, BC 485 ? -406 ? 그리스 3대 비극시인의 마지막 시인〉의 작품. 작품명은 『히폴류토스〈Hippolytos〉』〈BC 428〉라는 것이다. 주인공인 히폴류토스는 젊은 공자이고, 파이드라는 그의 계모이다. 남편인 테세우스〈Theseus〉 부재중에 선처의 아들 히폴류토스를 유혹하려다 거절당하자 파이드라는 히폴류토스를 참소하는 유서를 남기고 자살한다. 이것을 읽은 테세우스가 분개하여 바다의 신 포세이돈〈Poseidon〉에게 히폴류토스의 죽음을 탄원했으므로 포세이돈이 그를 죽였다는 내용), 새삼스럽게 콘스탄티누스 황제의 황궁 안에서 재현시킨데 지나지 않는다. 막시미아누스 황제의 딸인 파우스타는 마치 저 미노스왕(Minos E. 그리스 신화에 나오는 크레타의 왕)의 딸과 마찬가지로 의붓아들인 크리스푸스가 계모인 그녀에게 근친상간 행위로 나왔다고 참소하여 교묘하게 남편인 콘스탄티누스 황제의 의심을 선동한 바, 그녀로서는 당연히 그녀가 낳은 자식들과의 최대의 경쟁자로 생각하고 있던 이 젊은 황태자에게, 곧 남편인 콘스탄티누스 황제로부터 사형선고의 언질을 받아내고 말았던 것이다. 그러나 콘스탄티누스 황제의 노모인 헬레나(Helena)는 사랑하는 손자 크리스푸스가 비명에 죽은 것을 몹시 슬퍼했고, 또 훌륭하게 복수하였다. 즉, 그후 얼마 안되어 이번에는 진실인지 거짓인지는 모르나 파우스타 자신이 황실의 마구간 노예인 어떤 자와 불의의 밀통을 했다는 폭로가 있었다. 이런 결과로 그녀는 곧 유죄사형이 선고되었는데, 이를 위해 일부러 이상고온으로 비등시킨 욕조의 증기로 쪄서 죽음을 당한 것이라고 한다(5세기 전반에 『교회사』를 쓴 필로스토르기우스 〈Philostorgius〉의 잔존하는 단편에서 이것을 볼 수 있다고 한다. 물론 조시무스의 『신로마사』 제 2 권 29 및 39절에도 이것이 언급되어 있지만, 다만 그는 이것을 원죄화난(冤罪禍難)으로 기술하고 있다. 사건이 일어난 시기에 대해서는 326년, 327년 또는 329년의 여러 설이 있고, 또 죽는 모습에 대해서도 이설이 있다). 설사 사실이 그렇더라도 20년 간에 걸친 결혼 생활, 그리고 그들 사이에서 태어난 자녀들, 더욱이 그들이야말로 당연한 운명으로서 제위 계승자인 자기 자식들을 생각한다면 아무리 비정의 황제인 콘스탄티누스라 해도 얼마간은 측은한 마음이 들었을 것이고, 또 제아무리 불의부정행위를 저지른 용의가 있다 해도 최소한 독방 속에서 자기 혼자 죄장(罪障, 불교용어. 성불의 장애가 되는 죄상)소멸의 죽음을 맞이하게 하는 정도의 아량은 보여줄 수 있지 않았을까 하고 생각하는 사람도 있을 것이다. 그러나 여기서 그것의 적부를 논한다는 것은 얼마간의 의문점도 남아 있는 만큼, 이 기괴한 사건의 진상이 밝혀지지 않는 한 헛수고일 것으로 생각된다. 황제를 공격하는 논자나 그를 변호하는 논자도 다함께 후계황제인 콘스탄티누스 2세시대에 행해진 바, 두 연설에서 보게되는 매우 중요한 단락 두 가지를 잊고 있기 때문이다. 즉, 전자가 정제(막시미아누스황제를 가리키는 것)의 딸로 태어나 이윽고 정제(콘스탄티누스를 말하는 것)의 황후가 되었으며, 또 여러 황제의 자매이기도 하거니와 어머니이기도 한 파우스타의 부덕·미모·행운에 대하여 찬양하고 있는 데 반하여, 후자는 또한 아버지인 콘스탄티누스 대제가 죽은 뒤 불과 3년 만에 살해된 후계황제인 콘스탄티누스 2세가 죽은 후에도, 어머니인 그녀는 아직 살아남아서 여생을 자기 아들의 비명에 대한 한탄의 나날로 보낸 사실을 틀림없이 말하고 있다.* 이들 기독교도측이나, 또 이교도측 필자들로부터도 그녀가 처형되었다는 명확한 증언자가 몇 명씩이나 나왔음에도 불구하고, 파우스타는 여전히 시의심에 눈이 어두워진 남편 황제의 잔인성을 교묘히 모면하여 살아남았다는, 적어도 그렇게 의심할 수 있는 근거는 남는 것 같다. 그렇기로서니 친자식의 죽음(콘스탄티누스 2세의 사망. 340년의 일)과 생질의 죽음(이복누이동생인 콘스탄티아의 아들로서 처형된 전 리키니우스 황제의 아들인지?), 그리고 그들의 죽음과 연루되어 처형된 적지않은 명문 출신들이며, 더욱이 틀림없이 원죄(冤罪)였을 친구들의 비명을 생각할 때, 로마국민들의 불만감도 충분히 이해할 수 있고, 또 콘스탄티누스 황제와 네로 황제를 나란히 놓고 둘 다 융성하는 치세이긴 하지만 동시에 몹시 피비린내 나는 치세이기도 했던 것을 풍자한 낙서로 된 시**가 하필이면 황궁 성문에 붙여졌다는 것은 저간의 소식을 알아 보는 데 충분하다고 할 수 있다.

크리스푸스의 죽음으로 제위는 당연히 파우스타와의 소생인 세 아들에게 승계되는 것으로 생각되었다. 이 아들들이란 전술한 것처럼 콘스탄티누스, 콘스탄티우스 및 콘스탄스의 3형제다. 사실 이 젊은 황제들은 연이어 부황제(Caesar) 칭호가 주어졌는데 그의 등극연도는 대체로 부황인 콘스탄티누스 대제의 치세 10년째, 20년째, 30년째였다고 생각해도 좋을 것이다(좀더 정확한 연차는, 콘스탄티누스는 태어난 317년 바로 그 해에, 콘스탄티우스는 323년인 6세〈또는 7세〉때에, 마찬가지로 콘스탄스는 333년인 13세?에 등극한 것이 된다). 이런 방식은 장차 로마세계의 군주 수만 늘리는 결과로 되었지만, 이것 또한 아들에 대한 아버지로서의 익애(溺愛)를 생각하면 일단은 변명이 될는지 모른다. 그러나 다음조치에 이르러서는 아무래도 부황의 참뜻을 이해함에 고민하게 된다. 즉, 황제는 다시 2명의 조카들인 달마티우스(Dalmatius)와 한니발리아누스(Hannibalianus)까지 필요없이 부황제로 임명함으로써 그 일가 뿐만 아니라 국민의 안전까지도 위태롭게 하는 그런 일을

---

* 여기에는 명백히 저자 기번의 잘못이 있는 것 같으므로 간단히 보충주석을 달기로 한다. 여기서「후자」의 연설로 되어 있는 것은 17세기 말기에 가까운 때, Monodia (애도의 노래라는 뜻)라는 제목의 그리스어 옛사료가 출판되었는데 바로 그 문헌을 가리킨다. 이것이 당시는 콘스탄티누스 황제의 죽음을 슬퍼한 애도연설로 생각되었다. 여기서 기번도 이것을 그대로 믿고 거기서 나오는 파우스타의 생존설을 소개한 것이다. 그러나 오늘날에는 이 사료해석이 부정되어 콘스탄티누스 2세 황제의 죽음 등과는 전혀 무연하다는 것이 정설이다. 따라서 이 일절은 무시해도 좋다. 상세한 것은 베리교수가 편집한『로마제국 쇠망사』제 2권 부록 주 1 에 나와 있다.
** 이 낙서의 시가는「사투르니의 저 황금시대를 그리워하여 구하는 자 누구인고? 그것은 이미 보석의 시대, 차라리 네로적 시대가 되는데(Saturni aurea saecula quis requirat ? / Sunt haec gemmea, sed Neroniana)」라는 2행이었다고 한다.

**콘스탄티누스가족의 가계보를 체계화하면 아래와 같다.

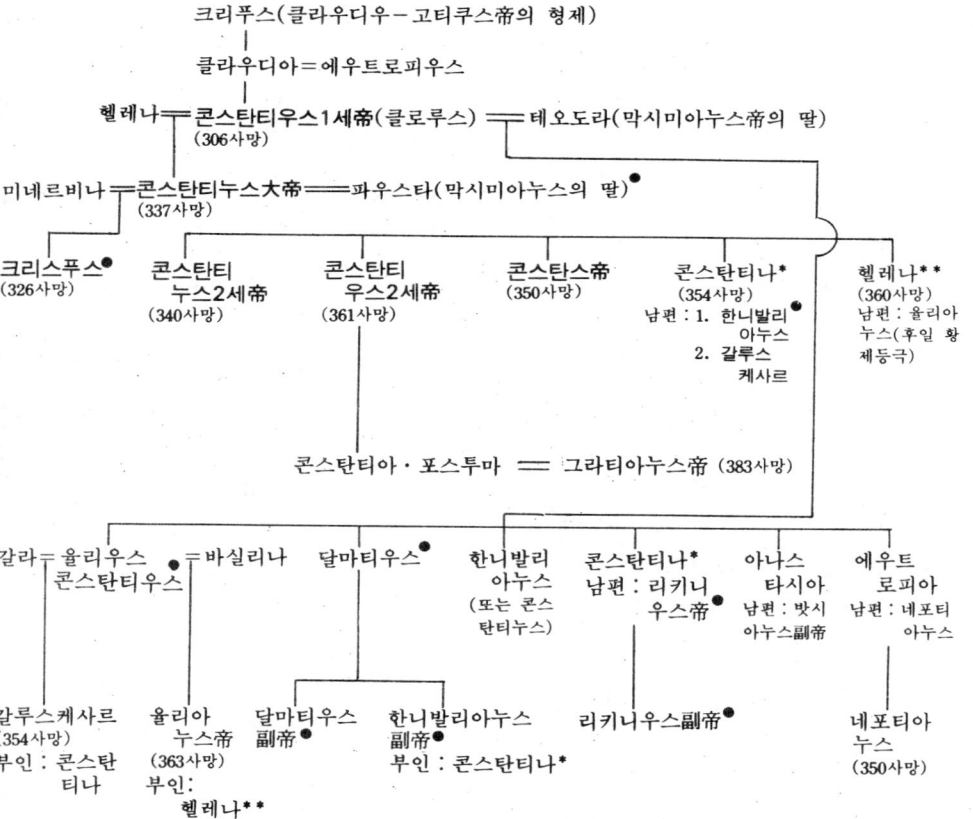

1. 고딕체는 남자.
2. *, **는 동일인물임을 나타내는 것.
3. ●는 대제와 대제사망 직후의 음모로 죽음을 당한 혈족들.

저지른 것이다. 달마티우스(소 달마티우스를 가리키는 것. 앞서 나온 계보 참조)도 부황제로 임명되었으므로 다른 4촌 형제들과 동격이 되었고, 다시 한니발리아누스를 위해서는 일부러 노빌리시무스(Nobilissimus. 조시무스, 『신로마사』 제 2권 39절. 이 칭호는 이전부터도 있었지만 정식으로 황족에 대한 법적칭호로 한 것은 콘스탄티누스 황제가 처음이다. 후년에 발렌티니아누스〈valentinianus Ⅰ, 재위 364-375〉와 발렌스〈Valens, Flavius, 재위 364-378〉 황제시대가 되면, 황족 일반의 칭호로 되었다)라는 기묘한 새 칭호를 지어 주었다. 그리고 비위를 맞추기 위해서였는지는 모르나 금실로 수놓은 자의(紫衣)라는 특별처우까지 아울러서 해주었다. 또한 로마제국 전역사를 통하여 「왕(King)」이라는 칭호로 불리운 것은 앞에도 또 뒤에도 오직 한니발리아누스 한 사람뿐이었다(이 칭호로서 그는 폰투스와 아르메니아 지방을 통치하였다. 한 고사료에는 「왕중왕〈rex regum〉」이라고 불리웠다는 기사도 있지만 의문이다. 암미아누스-마르켈리누스의 『역사』 제14권 1장 2절). 왕이라는 이 칭호는 티베리우스 황제(Tiberius, 제 2대 황제, 재위 AD14-37) 치하의 국민이라면, 아마도 자의적(恣意的)인 전제(專制)를 의미하는 불경비도(不敬非道)의 모욕으로서 타기했을 것이고, 설사 콘스탄티누스 황제시대의 그런 칭호라 해도 퍽 기묘하고 인연없는 칭호라고 말하지 않을 수 없다. 아무리 황제의 초상이 든 메달이나 당시의 사가들에 의한 권위적인 증거가 존재한다 해도 이것은 거의 허용되지 못할 최악의 조치였음이 틀림없다.

콘스탄티누스 황제의 공인 후계자인 청년공자 5명의 교육에 대해서는 제국 전체가 깊은 관심을 가지고 있었다. 먼저 전쟁터에서의 피로와 격심한 국무에 견뎌내기 위하여 특별한 육체적 훈련이 부과되었다. 콘스탄티우스 공자의 교육과 재능에 대하여 이따금 언급한 필자들은, 그가 뛰거나 달리는 체육기에서는 단연 다른 사람들보다 우수하고, 또 사수(射手)·기사(騎士)로서도 매우 뛰어났으며, 다시 기병이나 보병이 사용하는 각종 무기에 관해서도 달인(達人)의 영역에 이르고 있었음을 인정하고 있다 (율리아누스 황제의 『연설』 제 1의 12절, 『연설』 제 2의 67절. 암미아누스-마르켈리누스도 그의 『역사』 제21권 16장에서 이것을 인정하고 있다). 마찬가지로 다른 공자와 조카들의 수양에 대해서도 열의있는 교육이 실시되었다(에우세비오스, 『콘스탄티누스 황제전』 제 4권 51절. 율리아누스 황제와 리바니오스〈Libanios / Libanius, 314-393? 그리스의 수사학자〉 등의 연설에도 같은 취지의 것이 있다. 다만, 콘스탄티우스와 마찬가지의 성과가 올랐는지에 대해서는 다대한 의문이 있다). 기독교·그리스 철학·로마법 등등의 최고 석학들이 콘스탄티누스 황제의 아낌없는 보수로써 영입되었는데, 다만 제왕학과 인간의 지식 등 가장 중요한 교육에는 황제 자신이 직접 담당하여 출현하였다. 원래 콘스탄티누스 황제 자신의 정신은 말하자면 모든 역경과 체험으로 단련된 것이었다. 예를 들면 사생활에서 자유로운 인간교제나 갈레리우스 황제(Galerius, 재위 305-311) 궁정에서 일어났던 허다한 위험 속에서 스스로 자기감정의 억제와 동료들의 그것에의 대항, 그리고 현재의 안전, 장래에의 대성을 기함에 있어 믿을 수 있는 것은 오직 자기 행동의 현명성·의연성일 뿐임을 터득하고 있었다. 그런데 그의 후계황제들인 공자들은 불행하게도 자의(紫衣)의 몸으로 태어나 그속에서 교육받았다. 끊임없이 아첨아부자 무리에 둘러싸여 그 청소년기를 전적으로 영화로운 향락, 제위에의 기대 속에서 세월을 보냈다. 공자라는 신분의 고귀성은 거기서 평민으로 내려앉는 것이 그들에게는 허용되지 않았다. 더욱이 그 고귀한 입장에서 내려다 보면, 각각 성격을 달리할 인간성이 한결같이 평온무사한 얼굴로만 보였던 것이다. 더욱이 그들을 익애하던 콘스탄티누스 황제는 아주 나이 어릴 때부터 그들을 국정의 일부에 참여시켰다 (가장 심한 예가 콘스탄티누스 2세의 경우다. 그는 317년 생후 1개월도 안되었을 때 벌써 부황제로 임명되었다). 말하자면 그들은 자기들의 통할하에 놓인 백성들의 희생으로 제왕학을 배운 것이다. 예를 들어 소 콘스탄티누스는 갈리아 부황제로 임명되었고, 그 동생인 콘스탄티우스는 고래로 아버지의 세습령이던 갈리아 대신에 좀더 부유하지만 심히 유약한 동방의 여러 속주를 위임받았다. 한편 이탈리아, 서부 일리리쿰 및 아프리카는 콘스탄티누스 대제의 대리로서 일찍부터 셋째 황자인 콘스탄스를 받들어야만 하였다. 또한 이복동생인 달마티우스의 아들(즉 조카)인 소 달마티우스에게는 고트족 변경지방을 주는 동시에 트라키아·마케도니아·그리스 등지도 통치케 하였다. 역시 그의 둘째 아들이며 조카되는 한니발리아누스는 케사레아시(Caesarea市)를 그의 거주지로 주어지면서 폰투스·갑파도키아·소 아르메니아 등이 그의 새 왕국판도로 정해졌다(왕국에 대해서 앞면을 참조할 것). 그리고 이 부황제들에게는 각각 그에 적합한 정부조직이 주어졌다. 즉, 영토의 방위, 군주로서의 위엄을 갖추기 위하여 상당수의 친위대·로마군단·보조군단이 각각 배속되고, 또 측근으로 붙여진 고관과 장군들은 이 젊은 군주의 위임통치권을 행사함에 있어 보좌관이라기 보다도 때로는 감시역을 수행하도록 부황 콘스탄티누스의 전폭적인 신뢰를 받은 사람들뿐이었다. 모두가 경험을 쌓은 고령의 인물들이었으므로 부지불식간에 그들의 권한이 확대되었지만, 다만 정제(Augustus)칭호만은 끝까지 콘스탄티누스 황제자신의 독점물이었다. 군대와 여러 속주에 이처럼 몇몇 부황제를 파송

했지만 제국 전체의 구석구석까지 최고 통치권자로서 군림한 것은 어디까지나 대제 한 사람뿐이었다. 그런 까닭에 치세 만년의 14년 동안은 대략 태평의 연속이었던 바, 만일 있었다면 키프로스섬의 한 낙타몰이들이 차마 반란이라고까지는 거창하게 표현하지도 못한 조그마한 봉기를 일으킨 사건(칼로케루스〈Calocerus〉라는 사나이가 봉기의 주모자였으나, 곧 체포되어 타르수스〈Tarsus〉 시장안에서 화형에 처해졌다), 고트족과 사르마티아족과의 싸움에서 정책상 황제 자신이 적극적으로 출진한 일, 그저 그것뿐이었다.

수많은 이민족 속에서 사르마티아족은 매우 이색적인 특징을 가지고 있었다. 아시아계 민족의 습속을 유지하였지만 그 자태와 얼굴모습은 고대 유럽주민의 그것을 아울러 갖추고 있었다. 여러 번에 걸친 전쟁과 화해, 동맹 또는 정복이라는 변천한 자국에서 볼 때, 어떤 때는 타나이스(Tanais, 지금의 돈강) 강변에 압박당하여 몰려 있던 시기도 있었고, 동시에 비스툴라(Vistula)와 볼가(Volga)의 두 강 사이에 전개된 광대한 평원지대에까지 그 세력을 확대시켰던 시기도 있었던 것 같다. 막대한 수의 가축군의 사육, 들짐승 사냥, 전쟁이라기 보다도 차라리 약탈행동이 그들의 방랑적인 이동을 촉구하였다. 부족단은 처자들을 살게 하는 이동식 막사라고나 할까, 또는 이동시(移動市)랄까 다만 소가 끄는 천막으로 덮인 대형 마차군만으로 편성되어 있었다. 군의 주력은 모두 기병이고, 각기 전사들은 각각 1필 내지 2필의 예비말을 이끌고 다니며, 그의 진퇴는 극히 민첩한 바 바로 이런 장비 때문에 퍽이나 멀리 떨어져 있는 적을 갑자기 급습하는가 하면, 이와 반대로 추격을 받으면 곧 달아나 버리는 전술을 썼다(암미아누스-마르켈리누스, 「역사」 제17권 12장. 말은 거세말을 사용하고 있었다). 철재가 부족했던 탓인지 원시적인 조공업(粗工業)으로 일종의 독특한 흉갑(胸甲)을 발명하여 이로써 창검류로부터 자기몸을 방어하고 있었다. 흉갑이라곤 하지만 그것은 다만 말발굽을 조그마한 박편(薄片)으로 잘라서 닦은 다음 그것들을 조마제(粗麻製) 상의표면에 마치 물고기의 비늘이나 새털처럼 포개어 단단히 꿰맸을 따름이었다. 그러나 방어에는 실로 유효하였다 (파우사니아스〈Pausanias, 2세기 그리스의 역사가·여행가. 류디아인〉의 「그리스 견문기〈Periegesis tes Hellados〉」 제1권 21절. 아테네 신전에서 현물을 보고 이상과 같이 기술했다고 한다). 한편 공격용 무기는 단검과 긴 창, 게다가 화살통 달린 무거운 활뿐이었다. 활촉이나 창끝이라야 그것도 물고기의 뼈를 쓰는 수밖에 없었던 모양이지만, 다만 그런 것에 독극물을 발라서 사용하는 것이 일반적이었다. 이런 것에서 받은 상처로부터는 반드시 온몸에

독이 퍼져 죽게 되는데, 이것만으로도 과연 야만스럽기 이를 데 없는 습속이라고 할 수 있다. 만일 인도적인 관념이 어느 정도 발달된 인간들이라면 이런 잔인한 전법은 물론 타기했을 것이고, 또 좀더 전투기술에 습숙(習熟)된 민족이라면, 역시 이런 무력무능한 수단 따위는 아마도 부끄러워서 물리치고 쓰지 않았음이 틀림없을 것이다 (기번은 이렇게 말하지만 독시독창(毒矢毒槍)은 동서를 막론하고 거의 전세계에서 유사 이래 사용되고 있다. 오늘날도 이런 것들은 아직 미개민족 사이에서 사용되고 있다. 독극물에는 식물성의 것과 동물성의 것이 있다). 일단 이 사르마티아족이 사냥감을 찾아 황야에서 도시로 진출해 온 날이면 그 무서워 보이는 수염난 얼굴, 빗질 한번 하지 않은 흐트러진 머리, 온몸을 짐승가죽으로 덮은 옷, 마음 그 자체의 잔인성을 나타내는 것으로 보이는 험상궂게 생긴 형상 등을 어설프게 문명화된 로마 속주의 사람들이 한 번 보기만 해도 그들은 무서워서 벌벌 떠는 형편이었다.

예를 들어 사랑을 노래한 시인 오비디우스(Ovidius Naso, Publius, BC 43-AD 17?, 유명한 『사랑의 기술〈Heroides〉』, 『변신보〈Metamorphoses〉』 등의 시인. 아우구스투스 황제의 노여움을 사서 AD 8년 흑해 연안의 토미〈Tomi, 지금의 루마니아령 콘스탄차〉에 추방되어 거기서 사망. 다뉴브강 하구에 가까운 곳이지만 강변도 아니었다. 이 다뉴브강을 넘으면 그곳이 바로 사르마티아족의 고향이었다)는 일찍부터 시인으로서 명성을 얻었고 사치와 호화생활을 마음껏 누리면서 청년기를 보낸 다음, 뜻하지 않게도 다뉴브강변의 한냉동결의 땅으로 유배되는 신세가 되었다. 그리고 거기서는 거의 무방비상태에서 가끔 황야에 사는 이들 괴물(사르마티아족을 가르키는 것)의 겁략을 받았던 것이다. 그들의 흉포성 앞에 심약한 그의 혼은 그대로 미쳐버린게 아닌가 하고 겁냈을 정도였다고 한다. 비통하기 이를 데 없지만, 그런 환경 속에서도 때로는 연약해 보이기까지 한 한탄의 시편을 통하여 그는 오로지 파괴를 목표로 협력 연합하는 게테(Getae)족과 사르마티아족의 풍모와 습속으로부터 나아가서는 그들의 무기와 침략모습에 이르기까지 실로 생동감 넘치는 필치로 묘사하고 있다(유배지에서 쓴 서한체 시편은 『애가〈Tristi〉』와 『흑해로부터의 편지〈Epistulae ex Ponto〉』 등이다. 본문의 기사는 이런 것에 의한다). 몇몇 사서에 남아 있는 기사에 의하면 혹시 이 사르마티아족이 같은 계통의 민족 사이에도 가장 다수를 차지하며, 특히 호전적이던 부족의 하나인 야지게(Jazygae)족이 아니었나 하는 생각도 들지만 그것은 그렇다치고 기름지고 풍요한 땅을 찾아다니려는 유혹이 그들로 하여금 로마제국 변경지대에 항구적인 정착지를 찾게 하였다. 아우구스투스 황제시대가 끝난 지 얼마 안된 시기였지만, 그들은 별명이 티비스쿠스강(Tibiscus 江. 오늘날의 티사강. 헝가리 분지를 남쪽으로 흐르는 다뉴브강의 지류 중 하나)인 테이스강(Theiss 江) 강변에서 고기잡이로 생계를 이루던 다키아족(Dacian)을 구축하여 산악지대로의 후퇴를 불가피하게 만들면서 그 대신 승리한 그들 자신이 남쪽은 다뉴브강, 북쪽은 반원형으로 이어진 카르파티아(Carpathia)산맥에 둘러싸인 상부 헝가리의 옥야를 차지하게 되었다(AD 79년에 나온 플리니우스〈Plinius, Gaius Secundus, 23(24)-79〉의 『박물지〈Naturalis historia〉』 제 4 권 25절에는 본문처럼 이미 티비스쿠스강변에 정주하고 있었다고 쓰여 있으니, 그보다 60-70년 전인 오비디우스의 유배시대에는 아직도 흑해 가까이에 있었던 것 같다. 즉, 그 사이에 이만한 부족이동이 이루어진 것이다). 지형이 유리한 이 땅에 의거하게 된 그들은 침해의 도발을 받으면 공격으로 나갔고, 매수의 증여라도 있으면 침구행위를 자제하는 등 끊임없이 침략기회만 노리고 있었다. 그리하여 겨우 보다 위험한 병기의 사용법도 습득하게 되자, 역사기록에는 이렇다 할 커다란 무명(武名)을 남기지 못했지만 가끔 가공할 그의 기병대가 동서의 이웃인 고트족과 게르만족을 지원했던 것이다. 처음에는 족장들에 의한 변칙적인 전제하에서 생활하고 있었지만, 그후 고트족의 무력에 쫓긴 반달(Vandal)족을 받아들이게 된 다음부터는 오히려 이 반달족이나 그전에는 북해 연안지방에 있던 고명한 아스팅기(Astingi)족 가운데서 왕을 선출하게 된 것 같다(이 기술에는 상세한 내용을 생략하지만 적지 않은 난점이 있는 것 같다. 단순하게는 믿을 수 없다).

　이와 같은 두 민족 사이의 반목과 적대감은 당연히 각기 부족에게 맹렬한 항쟁심을 선동했다. 그리하여 이들은 호전적이고도 독립불기의 각 부족이 서로 경계선을 맞댄 지역에서 끊임없이 격렬하게 싸웠다. 반달민족의 족장들은 끊임없이 보복과 공포로서 투쟁심을 불태웠고, 한편 고트민족계의 왕들은 흑해 지방으로부터 게르마니아 변경지역에로 자주 영토확장의 기회를 엿보고 있었다. 테이스강으로 흘러드는 마로스(Maros)라는 작은 지류의 물은 이렇게 서로 항쟁하는 만족들의 피로 자주 물들어졌다. 이윽고 적인 고트족이 자기들보다 우세함과 강력함을 알아차린 사르마티아족은 일전하여 로마황제의 보호를 요청하였다(331년의 일). 콘스탄티누스 황제의 입장에서는 만족들의 이런 항쟁을 오히려 만족감을 가지고 보고 있었는데, 그렇다고 해서 이제 고트족의 전력증강을 알게 되었으니 당연한 이야기지만 위협감을 크게 느끼지 않을 수 없었다. 황제는 재빨리 약자편이 되겠다는 취지의 선언을 하자, 전승으로 우쭐해진 고트족의 왕 아라릭(Araric, 대략 80년 후인 410년에 로마시를 점령하고 약탈한 알라릭〈Alaric〉하고는 물론 별개 인물이지만 이 양자의 관계가 어떤 것인지는 불분명하다)은 앉아서 헛되게 로마군의 진격을 기다리는 대신 지체없이 일어나 곧 다뉴브강을 건너 역으로 메시아(Maesia) 속주 전역에 대해 약탈을 강행함으로써 이 지역 주민들을 공포에 떨게 하였다. 이 가공할 침구에 대처하여 노황제 스스로 진두에 나섰지만(331년의 일), 그때까지 허다한 내전과 외전에서 효명(驍名)을 떨쳐 온 황제도 이때만은 전쟁운수가 좋지 않았던지 지휘상의 과오로 지난날의 영광에 완전히 먹칠하는 결과로 끝났다. 불과 얼마 안되는 소수의 적 지대(枝隊) 앞에서 로마군의 패주라는 고배를 마신 것이다. 게다가 적의 추격까지 받아 본영의 보루 바로 앞에까지 추격당했을 뿐만 아니라 급기야는 불명예스럽기 이를 데 없는 퇴각을 재빨리 강행함으로써 겨우 신변의 안전을 도모했을 정도였다(이 패전에 대해서는 사실의 증거가 없다. 오늘날에는 기번의 기묘한 착오라는 것이 정설이다). 다만 여기서 행한 두번째 회전이 승리로 돌아왔기 때문에 겨우 로마군의 명예도 회복되었는데, 집요한 격투가 있은 다음이지만 역시 전술의 묘와 군기가 비정규군적인 만족의 용맹성을 제압했던 것이다. 괴멸상태에 빠진 고트군은 전쟁터였던 황폐화된 국토를 뒤로 다뉴브강 도섭장(渡渉場)도 포기한 채 패주했던 것이다(332년 4월 20일). 뒤에 남은 황제의 둘째 아들인 작은 콘스탄티누스를 부황을 대신하여 지휘하게 하고 황제는 도성으로 돌아갔다. 이 전승은 전제국을 환희의 소용돌이 속으로 몰아 넣었지만 이번 공적도 결국은 모든 것이 부황의 현명한 군사전략에 의한 것으로 귀결되고 말았다.

황제는 이번 전과를 이용하여 자유독립정신이 강하고 매우 호전적인 케르소네수스(Chersonesus)의 만족들과 거래하는 길을 터놓는 데 성공하였다. 그들의 수도는 타우릭(Tauric. 또는 크림)반도 서안에 위치하며 당시는 아직도 그리스인 식민지의 흔적이 남아 있었고, 특히「시 장로단」이라는 거창한 이름을 가진 원로들의 보좌를 받는 종신제 장관이 이곳을 통치하고 있었다. 이 케르소네수스시의 시민이란 전세기 이래 적은 병력으로 우세한 고트족과 끊임없이 싸움을 계속해 왔다는 그런 기억도 있고 해서 그들에 대해서는 크게 적대의식을 불태우고 있었다. 그러나 로마인과는 서로 상거래의 이익으로 굳게 맺어져 있었다. 즉, 곡물이나 가공품류를 아시아 여러 속주로부터 수입하는 대신, 그 대가로 유일한 산물인 소금·밀랍·모피류를 수출하고 있었다. 따라서 콘스탄티누스 황제로부터의 원군 요청을 흔쾌히 받아 들여 디오게네스(Diogenes)라는 장관 지휘하에 상당한 규모의 원군을 준비하였다. 주전력은 노궁대(弩弓隊)의 전차대였다. 이들의 빠른 진격과 맹렬한 공격은 고트군의 집중력을 견제함으로써 로마군 장수들의 작전에 크게 기여하였다. 결국 고트군은 각방면에서 패주하여 산악지대로 도망쳤는데, 거기서도 격렬한 전투가 벌어져 아마도 10만 이상이 추위와 굶주림으로 쓰러진 것으로 추정되었다. 마지막에는 그들의 애원도 있고해서 화의가 성립되었는데, 이때 아라릭왕의 장남은 값비싼 볼모로서 인도되었다. 여기서도 콘스탄티누스 황제는 은상과 영예를 풍부하게 남발하여 로마인의 우호심을 얻는 편이, 적의를 사는 것보다 그 얼마나 유리하고 현명한가를 어떻게 해서든지 적의 족장들에게 납득시키려고 줄곧 노력하였다. 한편 충성심을 과시해 보인 케르소네수스 시민들에게는 감사의 표상으로 그 이상가는 활수성을 보여주었다. 장관인 디오게네스와 그 후계자들에게는 거의 왕위에 가까운 훈장류를 수여함으로써 교묘하게 그들의 민족적인 자존심을 만족시켜 주었다. 그리고 흑해의 여러 항구를 찾아드는 그들의 상선에는 영구적으로 관세면제라는 특혜 약정까지 체결해 주었다. 또한 철·곡물 기타 화전(和戰)양용에 유용한 물자수입에 대해서도 정기적인 보조금 지급을 공약하였다. 한편 사르마티아족에 대해서는 위험했던 멸망으로부터 용서받았으니 이것으로도 이미 충분한 보상을 받은 것으로 간주하고, 황제는 해마다 이 호전적인 만족에게 주어오던 하사금에서 전쟁비용의 일부를 차감 지급키로 했는데 이것은 극단적으로 다잡겠다는 의미였던 것 같다 (이것도 기번의 오해라고 한다. 이와 같은 공제지급 사실이 없었다고 편집자인 베리는 말하고 있다. 한편 스미튼(Smeton)은 벌로서 오히려 전액의 지급정지조치를 취했다고 하였다).

여기서 사르마티아족은 과연 만족다운 무모라고나 할까, 명확히 이런 모욕과 무시하는 처우에 화를 내면서 지금까지 받아온 은의도, 그리고 결코 끝났다고는 말할 수 없는 안전에 대한 위험도 곧 잊어버렸다. 그리하여 제국 영내로 다시 침범해 들어갔는데, 이것이 콘스탄티누스 황제를 크게 화나게 하자 황제는 후일의 모든 운명은 하늘에 맡기고 당장은 침입자를 몰살시켜 버렸다. 다만 새로 고트왕으로 추대된 고명한 전사 게베릭(Geberic)의 야망에 대해 황제는 그의 기도 일체를 저지시키기 위한 행동으로 나가는 일만은 그만두었다. 이리하여 반달족의 왕 비수마르(Wisumar)는 고립무원상태에서 불굴의 용기를 가지고 영토 방위에 전력했으나 결국은 결정적인 전투에서 패배하여 살해되자, 사르마티아족의 꽃이라고 할 수 있는 젊은이들도 가엾게도 섬멸당하는 비운을 겪어야만 하였다. 남은 사르마티아족은 사냥꾼과 목부 등 신체 건장한 자들을 비롯하여 노예들에게까지 무기를 들게 하여 필사적인 수단으로 나가면서 저돌적인 용전분투의 덕택으로 패전의 보복을 이루었을 뿐만 아니라 끝내는 침구자들을 경외까지 되쫓아 버렸다. 그러나 머지않아 알게 된 것은 이것이 단지 외적 대신에 좀더 위험하고도 더욱 강경한 내적을 키운 것에 불과하다는 사실이었다. 즉, 그전부터 학대에 대한 깊은 불만을 품어 오던 리미간테스(Limigantes)라고 불리운 노예집단이 이번의 승리로 아주 의기충천하여 이번에는 역으로 방금 구출해 준 그 국토의 영유를 주장하여 끝내 찬탈해 버리고 만 것이다. 상대방은 뭐니뭐니해도 무검속(無檢束)의 폭력집단인 만큼 그들의 맹위 앞에는 주인들도 속수무책이어서 노예들의 전제(專制)에 복종하기 보다야 차라리 망명의 고난을 택하였다(334년의 일). 이리하여 고국을 버린 사르마티아족의 일부는 굴욕당하는 데는 변함이 없다지만 그래도 아직은 좀 나은 옛날의 원수인 고트족 정기 밑으로 귀속되기를 간청하였다. 이외에 보다 많은 사르마티아족의 집단은 카르파티아(Carpathia)산맥을 넘어 맹우관계에 있던 게르만 민족의 하나인 콰디(Quadi)족 속으로 들어갔는데 이들은 간단하게 미개간 황무지의 일부에서 정착하는 것을 허용받았다. 그렇지만 사르마티아족 난민의 절대 다수가 눈을 돌린 곳은 풍옥부유(豊沃富裕)한 로마의 속주들이었다. 먼저 황제의 사면과 비호를 청원하는 동시에, 만일 인자한 성은으로 입국이 허용되기만 하면 평시에는 양민으로서, 전시에는 병사로서 제국을 위하여 절대 충성할 것을 엄숙하게 서약하였다. 여기서 프로부스 황제(Probus, 재위 276-282)이래 역대 황제의 정책도 있고 해서 이들 만족 집단의 청원을 쾌히 받아들였다. 여기서 30만이라는 사르마티아족에게 판노니아·트라키아·마케도니아·이탈리아 등 여러 속주에서 상당한 면적의 토지가 생활본거지로서 주어졌다(이 고트족과 사르마티아족과의 싸움에 관하여 기번은 15점에 가까운 로마측과 고트족측 사료를 제시하고 있지만 그것의 거의 전부가 단편적이며 불완전하여 기번 자신도 올바른 객관적 서술이 불가능에 가까웠다는 내용을 말하면서 겸허하게 비판해 주기를 바라고 있다).

  이와 같이 콘스탄티누스 황제는 한편으로 고트족의 교만성을 응징하면서도 다른 한편에서는 또 애원적인 태도로 나온 만족의 충성스런 귀순을 가납함으로써 훌륭하게 제국의 국위를 선양하였다. 이디오피아·페르시아, 더 멀리는 인도 여러 나라들에까지 각각 사절단을 보내어 제국의 평화와 번영을 과시하였다(에우세비오스, 『콘스탄티누스 황제전』 제4권 50절). 만일 황제가 그의 맏아들인 크리스푸스와 생질(작은 리키니우스를 가리키는 것), 나아가서는 자기 아내인 파우스타의 죽음까지를 행운의 하나로 생각하고 있었다면, 30년 간이라는 그의 치세는 시종일관 공사 양면에서 행복을 누려온 것이 된다. 확실히 치세 30년 축전은 아우구스투스 황제 이래 그 누구도 경험한 사람이 없었던 것이다. 그리고 황제는 이 축전이 있은 지 약 10개월 후에 사소한 병환이 원인이 되어 64세라는 보기 드물게 장수한 생애를 니코메디아시 교외에 있는 아퀴리온(Aquyrion)궁전에서 마감하였다 (337년 5월 22일의 일. 페르시아왕 사포르와의 개전의 날이 박두하여 친정도중이었다). 신선한 대기를 찾았고 또 극도로 쇠약해진 체력을 온천의 입욕으로 회복코자 이 땅에 머물러 있었던 것이다. 그가 죽은 뒤의 국민적인 비탄, 적어도 애도의 여러 가지 행사는 문자 그대로 전대미문의 것이었다. 로마시민과 원로원의 요구에도 불구하고 황제의 유체는 마지막 유언에 의하여 창건자의 유명과 기억을 오래도록 전할 것이 틀림없는 새 수도인 콘스탄티노플시로 옮겨졌다. 그리고 자의와 제관 등 그의 위대성을 상징하는 것들로 장식됐을 뿐만 아니라 특히 장례용으로 정리되고 휘황현란하게 꾸며진 황궁내의 한 홀 안에 역시 금색찬연한 침상 위에 뉘여졌다. 궁정의 관례도 모든 것이 살아 생전에 행해지던 그대로였다. 매일 일정한 시각이 되면 국무·군부·궁내관계 여러 고관들은 각각 얌전한 얼굴을 하고 무릎으로 기어서 유체에 접근한 다음 마치 살아있는 사람을 대하듯이 성실 근엄한 태도로 예배를 드리는 것이었다. 정책상의 이유도 있었겠지만, 연극같은 이런 관습은 그뒤에도 얼마 동안 계속되었다. 그리고 아첨아부분자들은 이 죽은 황제에 한하여 신의 특별한 은총으로 사후에도 여전히 계속 통치하고 있다고, 재빨리 소문을 퍼뜨리는 것을 잊지 않았다 (죽음에서 장의를 치르기까지의 기술은 에우세비오스의 『콘스탄티누스 황제전』에 아주 상세하다. 제4권 60절. 사후에도 통치했다는 것은 문자 그대로이다. 그 증거로 친자인 부황제들이 정제가 된 것은 9월 9일, 따라서 그 사이의 4개월 가까운 공백 기간은 명목상이나마 죽은 황제가 아직 통치한 것이었다. 겸하여 말한다면 황제는 자기가 묻힐 능까지「성사도 교회」에 미리 마련해 두었다고 한다).

   이 사후통치라는 것도 결국은 공허한 허식에 불과하였다. 미구에 알려진 것은 아무리 무서운 절대전제군주의 유언이라 해도 이미 군주의 총애에서 기대할 수 있는 것이란 아무 것도 없으며, 또 황제의 역린(逆鱗)을 겁낼 필요도 없으니 우선 복종하는 자가 거의 없다는 것이 현실이었다. 한낱 물체에 지나지 않게 된 죽은 황제의 유해 앞에서 그처럼 공손하게 배례하는 바로 그 고관과 장군들은 벌써 2명의 황제 조카들, 즉 선제의 유명으로 제국의 통치를 분담키로 되어 있던 달마티우스 및 한니발리아누스를 어떻게 하면 계승권에서 배제시킬 수 있을까 하는 그 방책을 남몰래 숙의하고 있었기 때문이다. 콘스탄티누스 황제 궁정의 내부사정에 대해서는 이것을 알 수 있는 자료가 너무도 빈약하기 때문에 이런 모사들을 움직이게 한 참된 동기가 무엇이었는지는 도저히 판단을 내리기가 불가능하다. 다만 추측할 수 있는 한도내에서 말한다면, 아마도 도독인 아블라비우스(Ablavius)에 대한 질투와 복수가 주된 원인이 아니었을까 생각된다. 아블라비우스는 죽은 황제의 첫째가는 총신이었고, 오랫동안 황제의 생각을 움직여왔을 뿐만 아니라 황제의 신임을 악용도 해왔던 인물이다. 물론 음모자들이 군부와 국민의 동의를 얻으려고 한 논거 그 자체는 좀더 알기 쉬운 구실이었다. 즉, 서열로서는 죽은 황제의 친자들이 우위라는 것, 함부로 주권자 수를 늘리는 것의 위험성, 그리고 반드시 형제애가 깊지 않은 다수의 경합적인 군주들 간에서 생기는 불화가 자칫 잘못하면 국가에 재앙을 가져올지도 모른다는 등 과연 그럴듯하게(사실 또 그러했지만) 얼마든지 주장할 수 있었다. 어쨌든 이러한 음모가 비밀리에 착착 진행되어 끝내는 군부까지도 공공연히 선언하고 나오게끔 하였다. 즉, 붕어한 황제의 친자 이외의 인물이 로마제국에 군림하는 일은 절대로 허용하지 않는다는 것이었다(에우세비오스, 『콘스탄티누스 황제전』 제4권 6절). 먼저 작은 달마티우스인데, 그는 황제의 이복형제의 아들이니 방계의 조카밖에 되지 않았지만 흥미와 관심이라는 점에서는 죽은 황제와 깊은 관계로 맺어졌고, 또 재능이라는 점에서도 다분히 콘스탄티누스 대제의 그것을 닮은 것으로 보였다. 그러나 이와 같은 국면에 처하여 이 달마티우스와 그의 동생인 한니발리아누스는 모두 백부황제의 유지로 생겨난 정제의 황위계승권을 무력에 호소해서까지 주장하려는 계획에는 전혀 관여치 않았던 것 같다. 오히려 시민대중의 격앙에 놀랄 뿐, 이들 형제는 도망칠 수도 없고, 그렇다고 해서 저항할만한 힘도 없이 다만 망연자실상태에서 적의 손아귀에 몸을 내맡겼던 것으로 보인다. 결국 운명이 결정된 것은 머지않아 고인이 된 대제의 가장 사랑하던 친자인 콘스탄티우스 2세가 도착했을 때이다.

원래 콘스탄티누스 황제는 임종할 때 장의문제는 모든 것을 신앙심깊은 콘스탄티우스 2세에게 일임한다는 유언을 남겼던 것이다. 그의 임지는 가까운 동방이었으므로 보다 먼 곳인 이탈리아 또는 갈리아 통치에 임하고 있던 다른 형제들보다 먼저 달려올 수 있었다. 그리고 콘스탄티노플 황궁을 장악하자마자 맨 먼저 취한 조치는 육친들의 안전을 반드시 보장한다는 취지의 서약을 행함

으로써 우선 그들의 위구심을 일소시키는 일이었다. 그러나 다음의 술수란 이
처럼 경솔하게 행한 서약의 구속으로부터 어떻게 하면 양심의 해방을 얻을 수
있을까, 그럴듯한 구실은 없는가를 발견하는 일이었다. 비정한 이 계획을 수
행하기 위하여 극히 교묘한 사기술이 먼저 채용되었다. 명명백백한 위조문서가
가장 성스러운 인물에 의하여 인증된 것이다. 즉, 콘스탄티우스는 니코메디아
의 사교(에우세비오스. 단, 『교회사』나 『콘스탄티누스 황제전』의 저자인 에우세비오스와는 별개인
물이다. 후자는 케사리아의 사교였다)로부터 명백히 죽은 부황의 진필유언장이라는 확
인보증 붙은 한 권의 두루마리를 건네 받았다. 이로써 운명은 결정되었다. 그
것에 의하면 부황인 대제는 자기가 친동생의 손으로 독살된 것 같다는 의심을
명확히 기술하고 있을 뿐만 아니라 자식들에게도 반드시 이에 대해 복수할 것
이며, 또 범인을 처벌함으로써 자신들의 안전도 아울러 도모하도록 권고하고
있었다. (기번은 이 에피소드가 5세기 초엽의 아리우스〈Arius, 250 ? -336. 그리스 신학자〉파 신도
로서 『교회사』를 쓴 필로스토르기우스〈Philostorgius〉에 의거한 것이라고 주기하고 있다. 다만 이 『교
회사』 원전은 없고 요약과 단편만이 전해지고 있는 모양이다. 본서 편집자인 배리 교수는 터무니없는
거짓말이라고 일축하고 있다). 도대체가 믿기지 않는 이 무고와, 또 이에 대하여 불
운한 황제(皇弟)들이 생명과 명예를 지키기 위하여 온갖 변명을 다했겠지만
모든 것이 군부의 격앙된 목소리 앞에서 침묵당하고 말았다. 그리하여 군은
즉각적으로 자기들이 이런 적대자들에 대한 심판과 그리고 사형 집행인임을
선언하였다. 법적 수속 따위는 그 정신과 형식을 모두 무시하고 무차별 학살
방법으로 완전히 유린되고 말았다. 학살당한 것은 대제의 동생들이며 콘스탄
티우스의 숙부들 2명(율리우스 콘스탄티우스와 대 달마티우스), 4촌 형제들 7명(그중
최대의 인물은 대 달마티우스의 아들들이며 부황제들인 소 달마티우스와 한니
발리아누스), 대제의 매제였던 귀족 옵타투스(Optatus), 그리고 금력과 실력면
에서도 확실히 어느정도 제위(帝位)에 희망을 걸 수 있었던 도독 아블라비우스
등이다. 이 이상으로 이 학살의 공포성을 강조할 필요가 있다고 한다면 겸하여
다음의 한 가지 일을 더 첨가하여도 무방하다. 즉, 콘스탄티우스 2세 자신은
상술한 율리우스 숙부의 딸(즉 4촌 누이동생)을 자기 아내로 삼고 있었을 뿐만 아
니라 자기의 친누이동생인 콘스탄티아는 역시 4촌간이며 이번에 처형된 한니
발리아누스의 아내라는 복잡한 관계이다. 이와 같은 혼인관계는 기실 죽은 콘
스탄티누스 대제가 일반사회로부터의 모든 비판을 무시하고 전적으로 정략적
인 견지에서 성립시킨 것, 다시 말하면 일가의 결속을 굳히기 위하여 취했던

방책이지만, 결국 이것이 천하에 증명해 보인 것이란, 이들 황족들에게 있어 권력을 위해서라면 부부애 따위는 참말로 차가운 것, 또 골육간의 유대니, 철 없는 무고한 소년들의 애원 따위에는 완전히 불감증에 걸린다는 사실에 지나지 않았다. 이리하여 이 대가족 중에서 겨우 암살자의 마수에서 모면된 것은 불과 2명──율리우스 콘스탄티우스의 막내아들인 갓난아이 갈루스(Gallus)와 율리아누스(Julianus)뿐이었다. 어지간한 음모자들도 이로써 살륙에는 이제 포만감을 느꼈던지 더는 피를 보지 않음으로써 폭풍우는 어느 정도 가라앉았다. 그런데 이 학살행위의 장본인인 콘스탄티우스 2세는 이렇게 학살참극이 벌어지던 그 날밤에, 다른 형제들은 아직 빈소에 도착하지 않았기 때문에 결국 최대의 죄악과 비난을 받는 악역을 혼자만이 떠맡게 되었던 것이다. 그런 가책 때문인지 그 후 그는 어떤 기회에 일시적이며 또 살짝 스치는 정도이긴 했지만, 회한의 심정을 암시한 일이 있다고 한다. 이 잔인한 행위도 결국은 미숙성과 젊음의 혈기로 저지른 일로서, 음흉한 측근 고관들이 꾸민 참언과 맹렬한 군부의 흉포성에 꼭두각시가 되어 하는 수 없이 저지른 범행이었다는 것이다 (율리아누스 황제·아타나시우스·암미아누스-마르켈리누스·조시무스 등은 모두 콘스탄티우스 2세의 범행을 준엄하게 비난하고 있다. 그러나 에우트로피우스·빅토르 등은 학살을 명령했다기 보다도 차라리 강요당하여 범행했던 것이라고 얼마간 변호해 주고 있다).

　플라비우스가(家) 일족의 학살사건이 있은 뒤에 제국 영토의 새로운 3분이 이루어졌는데, 이것은 세 형제의 회담에서 확인되었다 (337-338년의 일). 부황제 중의 최연장자인 콘스탄티누스 2세는, 서열상으로 보더라도 얼마간 상위에 있다하여 그 자신과 고 부황의 이름을 붙인 신수도 콘스탄티노플을 계승하게 되었다. 다음으로 이번 학살사건의 주역이던 콘스탄티우스는 트라키아와 동방 여러 속주를 세습령으로 받았고, 마찬가지로 콘스탄스도 이탈리아·아프리카·서 일리리쿰 등의 정식주권자로 승인되었다. 군대도 각각 그들의 세습계승권에 복종하였는데, 얼마간 후일의 일이지만 이 세 사람은 모두 로마 원로원에서 보내진 바 정제(Augustus)를 칭하게 되었다. 이들이 처음으로 통치권을 장악했을 때의 연령은 최연장자인 콘스탄티누스 2세가 21세, 콘스탄티우스 2세가 20세, 그리고 콘스탄스에 이르러서는 겨우 17세였다.

　이리하여 유럽의 호전적인 여러 민족들도 모두 이들 3형제 황제휘하에 들어가게 되었지만, 다만 동방황제인 콘스탄티우스만은 혼자서 아시아의 약체 병단을 이끌고 대 페르시아 전쟁이라는 무거운 짐을 걸머지지 않으면 안되었다.

콘스탄티누스 대제가 죽을 당시 동방 페르시아의 왕위에 있던 것은 호르무즈 (Hormouz, 또는 호르미스다스〈Hormisdas〉)왕의 아들이며 나르세스(Narses) 왕의 손자에 해당하는 사포르(Sapor II)였다. 갈레리우스 황제(Galerius, 재위 305-311)에게 패한 후 하는 수 없이 그도 로마제국의 우위성을 인정하고 있었다. 그런데 이 사포르 왕은 그 당시 이미 치세 30년이라는 장기정권을 유지해 왔음에도 불구하고 체력은 여전히 강건하여 청년이었다. 즉, 그는 나이가 아직 30세였던 것이다. 참말로 이상한 숙명이라고나 할까, 그는 태어나기 이전부터 벌써 왕위에 올라 있었다. 즉, 부왕인 호르무즈가 사망했을 때 마침 왕비는 회임중이었는데, 이렇게 회임한 사실 그 자체도, 또 태어날 아기의 성별도 모르는 이상, 사산(Sassan) 왕가의 공자들로서는 당연히 그 모두가 왕위에 대한 야망을 불태우고 있었다. 그러나 다행스럽게도 내전의 염려만은 제거되었다. 왜냐하면 마기승이 왕비가 왕자를 회임했고, 그가 순산되리라는 것을 예언하였기 때문이다. 미신의 목소리에 허약한 페르시아인들은 즉시 대관식 준비에 착수하였다. 정장한 왕비가 비스듬히 옆으로 누운 왕 전용침대가 왕궁의 중앙홀로 운반되었고, 미래의 국왕인 아르탁세르크세스(Artaxerxes, 또는 아르다시르〈Ardashir〉라고도 한다) 왕의 후예가 들어있는 위치로 보이는 곳에 왕관이 놓여지자, 태수(Satrap)들은 일제히 그 앞에 꿇어 엎디어 눈에 보이지 않으며 아무런 반응도 없는 국왕에게 공손하게 배례를 드렸다. 이 놀랄만한 이야기(6세기의 학자 아가티아스〈Agathias〉의 『역사』에 나오는 이야기라고 한다. 단, 자료는 페르시아측 왕실연대기에 의거한 것이라 해서 자주 인용된다)를 만일 믿는다면(페르시아 국민의 습속으로 보거나 또 이례적이라고도 할 수 있는 그의 장기치세로 보아 어쩐지 긍정할 수 있는 이야기로 생각된다), 사포르 왕이라는 이 인물의 행운과 재능에 대해서도 역시 경탄하지 않을 수 없다. 즉, 페르시아의 깊고 온유한 환경하의 궁전 안에서 전적으로 개인교수를 받으며 성장했음에도 불구하고 이 나이 어린 신국왕은 신심단련의 중요성을 자각하고 있었을 뿐만 아니라 절대권력의 책무와 유혹 등을 일체 모르는 사이에 앉혀진 왕좌의 책무를 뛰어난 재능을 발휘하여 훌륭히 수행한 것이다. 그는 소년시대를 거의 불가피했다고 할 수 있는 몇 가지 내분에 의한 재액에 크게 고생하는 것으로 보내야만 하였다. 예멘(Yemen), 즉 아랍의 강력한 패왕인 타이르(Thair) 때문에 그의 수도가 급습받고 약탈당한 일도 있었고, 선왕인 호르무즈의 누이동생(즉 고모)이 포로로 잡혀감으로써 왕가의 위엄이 땅에 떨어진 일도 있었다. 그러나 성년에 이르자마자, 이 청년왕의 제1격은 곧 교만해진 타이르 왕을 비롯하여 그의 국민과 국토를 자기 발밑에 꿇어 엎드리게 한 것이다. 더욱이 이 전승을 그는 관용과 엄격함의 양면을 적절히 혼합적용함으로써 현명한 성과를 거두는 데로 전용한 결과, 적대적인 아랍민족들로부터도 외포(畏怖)와 감사의 표시로서 호민왕(護民王)이라는 뜻의 둘라크나프(Dhoulacnaf, 기번은 에르블로 드 몰랑빌〈Herbelot de Molainville, Barthelemy d', 1625-95. 프랑스의 동양학자〉의 『동방사문서』에 의하여 Dhoulacnaf로 표음화하고 있지만, 베리(Bury, J.B.) 교수는 Dhû-l-Iknâf로, 또 스미튼〈Smeton〉은 Zoolaktaf로 각각 정정하고 있다. 후자에 의하면 이것은 뜻도 Lord of Shoulders, 즉 포로들의 견갑골에 구멍을 뚫어서 노끈으로 꿰었다는, 감사의 표명이 아니라 오히려 공포의 별명이었다고 주기하고 있다. 진위는 과연 어떤지?) 라는 칭호까지 바쳤을 정도였다.

적대자들로부터도 칭찬과 외포의 대상이 된 무장이며, 정치가의 자질을 겸비한 이 페르시아왕은 다시 부조들이 받은 치욕도 아울러 설욕하며, 가능하다면 티그리스강 피안의 5개주를 로마인들로부터 탈환하려는 야심을 불태우기 시작하였다. 다만 콘스탄티누스 대제의 재세중만은 그의 무명(武名)을 꺼렸고 또 진실인지 의태(擬態)인지는 차치하고, 콘스탄티노플 정부의 실력에 겁을 먹고 스스로 공격으로 나가는 일만은 삼가고 있었다. 물론 그의 적대행동이 로마궁정의 분노를 산 적은 있었다. 그러나 그런 경우에도 교묘하기 이를 데 없는 그의 교섭절충은 솜씨있게 상대방의 인내심을 이용하여 위기를 넘기곤 하였다. 그러던 중에 콘스탄티누스 대제의 죽음은 말하자면 개전의 신호였다(이 해석에는 여러 가지 이설도 있지만, 아무래도 페르시아의 사포르왕측으로부터의 제의로 양국사이에 화해의 교섭이 있었는데, 타결이냐 결렬이냐 하는 아슬아슬한 고비에 이르렀을 바로 그런 때에, 콘스탄티누스 대제가 죽었던 것 같다. 당시 황제는 이미 결렬을 예측하고 공격준비를 갖추고 있었다고도 한다). 사실 시리아·아르메니아 변경지대에서의 사태는 아주 간단한 정복과 풍부한 노획물로서 페르시아군을 유혹하는 것처럼 보였다. 황궁 안에서 일어난 학살사건은 동방군 사이에서도 방자함과 반항정신을 충만시켰는 바, 이미 백전연마의 사령관 밑이라 해도 복종의 습관을 지키는 자가 없었다. 판노니아 지방에서 두 형제 황제와 회담을 끝낸 콘스탄티우스 황제는 곧 유프라테스 강변으로 급행하였는데, 그러자 현명한 그의 통솔하에 군대도 점차 종래의 의무의식과 군기관념을 회복하고 있었다. 한편 무정부 상태의 한 시기를 알고 있던 사포르왕은 재빨리 니시비스(Nisibis)시를 포위했고, 몇몇 메소포타미아의 가장 중요한 방새를 점령하였다(율리아누스 황제의 『연설』 제1). 이때 아르메니아에서는 고명한 티리다테스(Tiridates)왕이 자기의 용맹성과 로마제국에 대한 충성심으로 장기간에 걸쳐 국내의 평화와 번영을 확보하고 있었다. 콘스탄티누스 대제와 맺은 굳은 맹방 관계가 성속(聖俗) 양면에서 이익을 가져왔기 때문이다. 즉, 그는 먼저 자신의 기독교로의 개종으로 영웅이라는 명성에 더하여 성자(聖者)라는 명성이 또 붙게 되었다. 이리하여 기독교는 유프라테스강으로부터 멀리 카스피해 연안에 이르기까지 공공연하게 선포되어 국교로서 정착하였다. 다시 말하면, 아르메니아는 정치와 종교라는 2중의 유대감으로 로마제국과 맺어져 있었다. 물론 다수의 아르메니아 귀족들은 아직도 다신교의 신앙과 일부다처주의의 포기를 거부하고 있었으므로, 국내평화는 가끔 이런 불평분자들에 의하여 교란되곤 하였다. 그들은 이미 노령기에 접어든 왕을 무시하고 하루라도 빨리 그가 죽는 것을 고대하고 있었다. 마침내 그가 56년 간이라는 긴 치세 끝에 병사하자, 아르메니아 왕국의 운명도 티리다테스왕의 죽음과 함께 끝났다. 당연한 후계자인 적자(嫡子)는 국외 추방되고, 기독교 사제들은 살해되거나 교회에서 추방되었다. 한편 알바니아(Albania)의 만족들이 산악지대에서 영입되었는데, 그중 가장 강력한 태수 2명이 왕가의 표장과 권력을 빼앗고는 사포르왕의 원조를 요청하여 모든 성문을 열어 페르시아군 수비대의 입성을 맞이하였다. 한편 기독교도측은 계시자인 성 그레고리(St. Gregory)의 직계후계자이던 대사교 아르탁사타(Artaxata)를 지도자로 받들고 같은 신도인 콘스탄티우스 황제에게 구원해 주기를 간청하였다. 이리하여 약 3년 간이나 분쟁이 계속된 끝에 마지막으로 황제측 고관의 한 사람인 안티오쿠스(Antiochus)가 황제로부터 위임받은 명령을 달성하는 데 성공하였다. 즉 티리다테스왕의 적자인 코스로에스(Chosroes)를 또다시 부조로부터 내려오는 왕위에 복귀시켰고, 아르사케스가(Arsaces 家)의 충신들에게는 각각 은상과 명예를 주었으며, 대사령을 발포하기도 했다. 여기에는 반항했던 태수들의 대다수도 기꺼이 응하였다. 한편 혁명내란으로부터 로마인이 단순한 이익 이상의 명예를 얻었다라고 하는 것은, 이 코스로에스라는 인물은 체구가 왜소하고 기상도 몹시 소심한 겁장이로서, 도저히 전쟁이라는 노고에 견뎌낼 수 없을 뿐만 아니라 심히 사람 만나기를 싫어하는 성격이었기 때문에, 일찌감치 수도를 떠나 엘레우테루스(Eleutherus) 강변의 깊은 숲속에 짓게 한 별궁에 철수해 버렸기 때문이다. 그리고는 밤낮으로 사냥과 매사냥과 같은 전원적(田園的)인 유기에만 몰두하는 것이었다. 더욱이 이와 같은 수치스러운 안온한 생활을 확보하기 위해서라는 구실하에 드디어 사포르왕에게 화평하기 청하였고, 그의 강화조건을 군말없이 받아들였다. 그런데 이 강화조건이란 해마다 정기적으로 조공을 바칠 것, 일찍이 티리다테스왕의 용맹성과 갈레리우스 황제의 전승으로 말미암아 아르메니아령으로 할양됐던 아트로파테네(Atropatene)주의 옥토를 새삼스럽게 반환하라는 것이었다 (율리아누스 황제의 『연설』 제1. 티리다테스왕 이후의 아르메니아 역사에 대해서는, 편집자인 베리 교수가 본서 제Ⅱ권에 상세한 문헌적인 보충주기를 달고 있지만, 너무도 번잡하므로 일체를 생략한다. 요컨대 구체적인 사실에서는 기번의 기술의 모두가 반드시 정확하다고는 말할 수 없다는 것이 베리의 생각이다).

30년 가까운 콘스탄티우스 황제의 장기통치(337-361)하의 동방 여러 속주는 페르시아 전쟁의 재화(災禍) 때문에 계속 시달려왔다. 페르시아 경기병대에 의한 게릴라적인 침구가 티그리스・유프라테스 두 강의 피안과 크테시폰(Ctesiphon)시의 성문으로부터 안티오크(Antioch)시 성문에 이르기까지의 지역이 교대로 공포와 약탈의 대상으로 되어 왔다. 이런 행위에서 적극적으로 주역을 담당연출한 것은 사막지대의 아랍인들인데, 이 아랍인 사이에도 이해와 감정관계로 몇몇 그룹으로 분열되어 있었다. 즉, 각 독립 부족장들 중에서 어떤 자는 사포르왕편에 가담하는가 하면, 또 어떤 사람은 이와 반대로, 본심이야 어떻든간에 형식상으로는 로마황제에게 충성을 다하는 그런 상태였다 (암미아누스-마르켈리누스, 『역사』 제14권 4장. 그것에 의하면 아랍인의 약탈 행각은 멀리 앗시리아에서 나일강 급류지대에까지 미치고 있었던 것 같다). 보다 중요하고 본격적인 전투쪽은 쌍방이 서로 양보없는 사투형태로 행해졌다. 로마-페르시아 양군에 의한 혈전은 모두 9회에 걸쳐 전개되었는데, 그중 2회는 콘스탄티우스 황제 자신이 진두지휘를 하였다. 대체적인 전황은 로마군에게 불리했지만, 싱가라(Singara) 전투에서의 단 한 번만은 그들의 저돌적인 용맹성이 이제 한 발자국이면 결정적인 승리로 끝나리라는 상황에까지 이른 적도 있었다 (싱가라는 오늘날 티그리스 강변에 있는 모술(Mosul), 즉 옛날 니네베의 유적지로부터 얼마 안되는 서쪽지역의 옛이름이다. 이하에도 계속되는 이 페르시아 전쟁에 대해서는 에우트로비우스의 『로마사략』 제10권 10장에 상세한 바, 그것은 대체로 정확한 것 같다. 율리아누스 황제와 리바니오스의 연설집에도 나오지만, 평가에는 감정이 치우친 면이 많다고 한다). 싱가라 방위에 임하던 로마군은 사포르왕군의 접근을 알게 되자 곧 후퇴하였는데, 한편 사포르왕은 로마군을 추격하여 3곳에 놓인 교량을 통하여 티그리스강을 건너 힐레(Hilleh)라는 부락 가까운 곳으로서 지형이 아주 유리한 곳에 막영을 설치하였다. 그리고 많은 공병대의 노력으로 단 하루만에 이 주위를 깊은 참호와 높은 보루로 둘러싸 버렸다. 이 무서운 대병단이 일단 전투대형으로 산개되자 티그리스 강안은 물론 부근 고지로부터 양군을 갈라놓는 평원에 이르기까지 실로 연연 12마일의 광야를 뒤덮었다고 한다. 양군이 모두 의기충천하여 서두르는 기세를 보였다. 그러나 뜻밖에도 페르시아군은 다만 가벼운 저항을 보였을 뿐 곧 뿔뿔이 흩어져 도망쳐 버렸다. 중장비의 로마군단에 대하여 저항이 불가능하다고 보았는지, 아니면 그들을 피로에 몰아넣도록 전술적인 후퇴였는지 거기까지는 잘 모르겠지만, 확실히 로마군도 더위와 갈증으로 허덕였다. 그러나 로마군은 곧 평원을 횡단하는 추격전으로 전환하여 후퇴를 원호하기 위해 막영 앞에 배치되었던 완전무장한 페르시아 기병대의 전열까지 단번에 유린해 버렸다. 자기자신도 급한 추격전에 가담하고 있던 콘스탄티우스 황제는 이윽고 야음의 위험성이 다가오기도 했거니와 또 날이 밝으면 완전승리는 틀림없다고 보았던지, 그런 취지를 전하면서 맹렬한 추격전을 억제하려고 했지만, 그러나 전황은 이미 제지할 수 있는 형편이 아니었다. 지휘관의 경험과 재능보다도 훨씬 더 자기의 용맹성을 맹신하고 있던 그들인 만치, 소극적인 정지명령 따위는 곧 규환(叫喚)의 소음 속에 압도되고, 미친 사람과도 같은 돌격전으로 옮아가자 순식간에 참호를 메꾸고 보루를 파괴하면서 모든 막사로 눈사태처럼 밀고 들어가 사력을 다하여 산더미로 쌓인 약탈품을 빼앗기에 정신이 없었다. 한편 현명한 사포르왕은 남몰래 승리의 기회를 노리고 있었다. 즉 그의 수하 친위병들, 더욱이 그 병력의 대부분은 완전히 안전한 고지로 물러나 숨어서, 말하자면 전투의 방관자적 태도를 취하고 있었다. 그것이 이제 어둠이 깃듦과 동시에 하무(병사들이 떠드는 것을 막기 위해 입에 물리던 가는 막대기)를 물고 조용히 진격하기 시작하였다. 막영으로부터 새나오는 불빛은 안성마춤의 공격목표가 되었다. 이미 군장을 풀고 나른하여 너부러져 있던 로마군을 향하여 페르시아 궁사대는 일제히 화살을 우박으로 쏘아댔다. 한 공평한 사가(암미아누스-마르켈리누스를 말하는 것, 그의 『역사』 제18권 5장 7절 참조)에 의하면, 로마군은 대단한 사상자를 내고 패배하였고, 패잔병들도 이루 다 말할 수 없는 비참한 고통을 겪었다고 기술하고 있다. 오로지 황제를 송덕 찬양하기에만 힘쓰는 사람들조차 이 패배의 원인이 병사들의 명령불복종에 있었으며, 이번 일이 황제의 명예를 심히 손상시켰음을 인정하면서도, 이 처참한 패퇴에 대해서는 그래도 장막 깊은 곳에 감추려고 모진 배려를 보여주고 있다. 이와 같은 어용 변론가들 중에서도 오직 한 사람만은 황제의 명성에 대하여 깊이 질투심을 느끼는 점이라도 있었던지, 후세사람들의 눈으로 보면 아주 중대한 오점을 황제의 명예에 새겨넣는, 거의 믿기 어려울 정도의 잔학 행위를 놀랄

만한 냉정성을 가지고 기술하고 있다. 즉, 사포르왕의 후사였던 한 왕자가 앞서 전투에서 포로로 잡혀 로마군 막영에 있었다. 아무리 야만 미개한 민족의 적이지만 어쩌면 오히려 연민의 정까지 가지게 될 이 불행한 어린 왕자를, 귀축과도 같은 로마병사들이 매질하고 고문했으며 끝내는 여러 사람이 보는 가운데서 살해했다고 하였다(리바니오스,『연설』제3, 율리아누스 황제,『연설』제1에서도 가볍게 언급하고 있다).

  전쟁터에서 사포르 왕군이 아무리 유리한 조건하에 있었다 해도, 또 9회에 걸친 그의 전승이 단번에 그의 용명을 여러 나라에 알렸다 해도, 아직도 메소포타미아 내의 몇 개 요새 도시들, 그중에서도 특히 강력한 옛도성인 니시비스가 여전히 로마군의 수중에 남아 있는 한 그의 본래 의도는 아직 달성되었다고 말할 수 없었다. 멀리 루쿨루스(Lucullus, Lucius Licinius, BC 117-56, 케사르나 폼페이우스 등과 같은 시대의 무장·정치가. 가끔 동방에서 미트리다테스왕(Mithridates Ⅵ, BC 132?-63, 폰토스왕)과 싸워서 그를 격파하였다) 시대 이래 로마제국 동방의 방벽으로서 유명한 이 니시비스는 사실 12년 간에 세 번이나(338, 346? 및 350년의 3회) 사포르군의 강렬한 포위공격을 견뎌내었다. 각각 60일, 80일, 100일이상에 걸친 공격을 사포르왕은 반복시도했지만 그때마다 불명예스런 손해만 입고 격퇴되었다(율리아누스 황제,『연설』제1 및 제2에 상세하다). 인구조밀한 이 대도시는 티그리스강으로부터는 약 2일 간의 행정이며, 마시우스산(Mt. Masius) 밑에 전개된 옥야의 중심에 위치하고 있다. 3중의 벽돌 성벽이 다시 깊은 해자로서 방어되며(기원전 1세기경부터 나타난 변경 도시로서 가끔 파르티아·페르시아 등과의 쟁탈전의 대상이 되었다. 그전에는 플루타르코스(Plutarchos / Plutachus, 46?-120 경),『영웅전』의「루쿨루스전」과 사학가 살루스티우스(Sallustius Crispus, Gaius, BC 86-34?)의 단편 등에도 나와 있다), 독군(Comes)인 루킬리아누스(Lucilianus)와 그의 수비대에 의한 불굴의 저항은, 시민들의 결사적인 용기에 의하여 지원되고 있었다. 시민들은 사교의 격려로 고무된 데다가(큐로스(Kyrrhos)의 기독교 신학자 테오도레투스(Theodoretus, 393?-457이후)는 그의 저서『교회사』에서 이번의 전승을 에뎃사(Edessa)의 사교인 성 야콥(St. James)의 기적으로 적고 있다. 단, 너무도 황당무계한 이야기라고 한다), 위기국면을 앞에 두고 군사훈련에서 그 기술을 익혔을 뿐만 아니라 만일 패배하는 날이면, 사포르왕은 필시 이 땅을 페르시아인 식민지로 건설하면서 시민들을 만족의 포로로 해서 멀리 오랑캐땅에 보낼 것이 틀림없다고 정신무장을 단단히 했기 때문이었다. 두 번에 걸친 외적격파의 경험은 그들의 자신감을 크게 높였다. 한편 이것은「대왕」의 자존심을 매우 손상시켰던 것이다. 그렇기 때문에 이번 세번째는 사포르왕이 페르시아-인도의 연합군을 몸소 이끌고 대거 포위공격전을 벌리고자 습격하였다. 그러나 성벽을 파괴하거나 지하로 땅굴을 파고 진격하려는 통상적인 공성구류는 좀더 발전된 로마군 전투기술 앞에 완전히 실패로 돌아가고 말았다. 이리하여 헛되게 날짜만 지나가게 되자 사포르왕은 과연 동방의 군주다운 착상이라고나 할까 모종의 아이디어를 생각해냈다. 즉, 자기 힘 앞에는 천지와 자연도 반드시 습복(慴伏)할 것이 틀림없다는 생각이었다. 그런데 아르메니아 산간지대에 눈녹는 시절이 되면, 니시비스시와 평원지대를 구획하는 미그도니우스(Mygdonius) 강물은 마치 저 나일강과 마찬가지로 주변 일대의 땅을 홍수처럼 뒤덮곤 하였다. 여기서 페르시아군은 총력을 경주하여 먼저 니시비스시 아래쪽을 흐르는 강을 억지로 막고 사방을 견고한 제방으로 막아버렸다. 이 인공호에 병력과 노포(弩砲, 500 파운드〈약 227kg〉짜리 큰 돌도 발사할 수 있다고 한다)를 만재한 군선단을 띠우고 그대로 전열을 짜고 진격하여 성벽을 지키는 적병과 거의 등고 위치에서 공격을 가한 것이다(나일강 운운한 것은 율리아누스 황제의 『연설』제 1 에 나오는 표현인데, 이것은 물론 과장된 것이다. 미그도니우스강〈근세의 이름은 야구야가강〉은 티그리스강의 조그마한 지류에 불과하다). 강력한 수압은 적아 쌍방에게 있어 극히 위험했는데, 드디어 먼저 붕괴한 곳이 성벽의 한 귀퉁이였다. 증대되는 수압에 견더내지 못하여 단번에 붕괴되자, 폭 150 피트라는 넓은 돌파구가 열린 것이다. 페르시아군이 곧 총공격으로 전환하자 니시비스시는 이미 풍전등화의 운명에 놓인 것으로 보였다. 그런데 깊은 종진(縱陣) 선두에서 진격하던 중장비의 기병대가 곧 수렁에 빠지더니 본류의 수면 밑에 파놓아 수면에서는 보이지 않던 깊은 구덩이에 떨어져 수많은 병사들이 익사하게 되었다. 그리고 상처를 입고 날뛰기 시작한 코끼리군이 이런 혼란을 배가시켜 몇 천 명이나 되는 궁사병을 짓밟아 죽였다 한다. 높은 곳의 옥좌에서 이런 비운을 보고있던 「대왕」은 절치액완하여 분노했지만, 어쩔 수 없이 후퇴하라는 신호를 보내어 몇 시간에 걸친 공격을 중단시키지 않으면 안되었다. 그러나 빈틈없는 시민들은 야밤중의 어둠을 이용하여 공사한 끝에 다음날 아침에 보니 무너졌던 돌파구에는 벌써 높이 6 피트나 되는 새 성벽이 착착 쌓아올려지고 있었다. 기대했던 공략이 좌절되었고, 2만 명 이상의 병력손실을 보았음에도 불구하고 그래도 왕은 불굴의 의지로서 니시비스시 공략을 강행하려고 하였다. 만일 그때, 저 무서운 맛사게테(Massagetae)족의 침구가 있어서(350년의 일), 그로서도 급거 동방 여러 주에 대한 긴급 방위에 달려가야 할 필요성이 생기지 않았더라면, 아마도 이 공격은 여전히 계속되었음이 틀림없었을 것이다. 사포르왕은 이런 급보를 받자 곧 니시비스시의 포위망을 풀고, 티그리스강안에서 옥수스(Oxus) 강안 (아랄해로 흘러드는 내륙하천)에로 급히 전진(轉進)을 기도하였다. 그로부터 얼마 안되어서지만, 이 스키타이 전쟁(Scythian war)의 곤란성과 위험성에 직면한 사포르왕은 이윽고 로마황제와의 사이에 휴전협정을 맺었는데, 아무래도 그 협정을 준수하지 않을 수 없었다. 결국 이 휴전은 쌍방 모두가 기뻐했는데, 왜냐하면 페르시아측은 상술한 까닭이 있는 반면에 콘스탄티우스 황제로서도 두 형제 황제들의 죽음에 이은 서방 속주의 혁명 내전에 말려들어 그것을 진압하는 데 전병력을 규합 대처해야 할 필요성이 생겼을 뿐만 아니라 그런 병력만으로도 아직 부족한 것으로 보였기 때문이다(조나라스,『세계사요』제2권 3절에 상세하다. 암미아누스-마르켈리누스,『역사』제22권 38절에도 나온다. 맛사게테족은 스키타이인의 한 부족이다).

제국에 대한 3분 통치 이래 아직 3년도 채 되지 않았는데, 벌써 콘스탄티누스 대제의 아들들은 자기들에게 분여된 영주(領州)만으로는 불만족하다는 의향을 자주 외부를 향해서까지 선전했던 모양이다. 소할 영토조차 제대로 통치해 나가지 못하는 주제에 말이다. 먼저 큰아들인 콘스탄티누스 2세황제가 앞서 살해된 근친들로부터 몰수한 영토를 분배함에 있어 자기의 정당한 취득분까지 기만당하여 탈취당했다고 불평하기 시작하였다. 그리하여 음모공작을 꾸미는 데서는 확실히 한수 위인 콘스탄티우스 동생황제에 대해서는 감히 대들지 못하고 공을 양보했는지 모르지만, 막내동생인 콘스탄스 황제에게는 곧 아프리카 여러 속주의 할양을 요구한 것이다. 즉, 숙부인 대 달마티아의 죽음으로 콘스탄스 황제가 차지하고 있던 부유한 속주, 예컨대 마케도니아와 그리스에 대체되는 보상으로서 아프리카 속주를 내놓아야 한다는 것이 그의 구실이었다. 교섭이 질질 시일만 끌면서 진행되었지만 결국 성립되지 못한 채 끝나자, 콘스탄티누스 2세는 이것을 가지고 동생에게 성의가 없었기 때문이라고 신경질적인 불평 끝에 크게 화를 내었다. 그리고는 전적으로 간사스러운 신하들의 진언에만 귀를 기울이게 되었다. 그들은 말하기를, 이 요구를 관철시키느냐 못시키느냐의 여부는 단순히 이해 문제만이 아니라 황제의 체면과도 관련되는 것이라고 부추겼다. 드디어 황제는 정복이라기 보다도 차라리 약탈 목적의 폭력적인 병단이라고 표현함이 어울리는 군대를 이끌고, 단숨에 율리안 알프스(Julian Alps, 알프스산계의 일부. 그전에는 Alpes Julia라고 일컬었다. 유고슬라비아령 가장 서쪽에 있으며,

이탈리아와의 국경가까이를 아드리아해 방향으로 연이어 있는 산들)를 넘어 콘스탄스 황제의 영내로 난입하였다. 맨 처음에 희생된 곳이 아퀼레이아(Aquileia) 지방이다. 당시 다키아(Dacia)속주에 있던 콘스탄스 황제는 훨씬 더 현명하고도 적절한 대항책으로 나왔다. 즉, 큰형인 콘스탄티누스 2세황제가 진공해 왔다는 보고를 받자, 먼저 일리리쿰 군단 가운데서도 특히 정예부대를 골라 급파하고 자기 자신은 나머지 부대를 이끌고 곧 그의 뒤를 쫓을 것이라는 취지를 명백히 말하였다. 그러나 휘하 대장(代將)들의 작전행동은 곧 이런 골육상잔의 항쟁에 종지부를 찍고 말았다. 먼저 그들은 패주하는 것처럼 교묘하게 위장하고 달아나자, 콘스탄티누스 2세황제는 이를 추격함으로써 완전히 상대방의 함정에 빠졌다. 즉, 이때 숲 속에 숨어 있던 복병의 손아귀에 들게 된 것이다. 경거망동에 무분별한 이 청년황제는 불과 몇 명의 시신들과 함께 있었는데, 콘스탄스의 복병들은 이들을 포위하고 남김없이 참살해 버린 것이다 (340년 3월의 일). 그의 유체는 이윽고 알사(Alsa) 강이라고 부르는 작은 강 속에서 발견되었는데, 역시 황제로서의 매장 의례만은 주어졌다. 그리고 그의 소할령이던 속주들은 모두가 전승자인 콘스탄스 황제에게 충성 순종할 것을 맹세하였다. 한편 콘스탄스 황제는 이렇게 해서 새로 획득한 영토를 비록 한치의 땅이라 해도 둘째형인 콘스탄티우스 황제에게 나누어 주는 것을 거부하고, 결국 제국의 3분의 2 이상을 공공연히 영유하게 되었다 (이 내전에 대해서는 조시무스·조나라스·빅토르 등이 쓴 각종 사료에도 나와 있어서, 기번도 당연히 그것들에 의거하고 있다. 다만 기번 자신도 내전의 원인에 대해서는 다분히 진상불명이라고 주를 달고 있다).

이 콘스탄스 황제의 운명도 그후 불과 10년의 연명만이 더 주어진 데 지나지 않았다. 더욱이 이번 친형 살해에 대한 복수는 한층 더 불명예스러운 내부반역자의 손에 맡겨졌다. 콘스탄티누스 대제가 창설한 신통치기구의 마이너스면은 그 자식들의 통치능력 부족으로 말미암아 완전히 폭로되었다. 즉, 그의 세 아들 모두가 부덕과 역량부족으로 곧 민심을 잃어버리고 말았다. 예를 들어 콘스탄스 황제는 참말로 요행스러운 승리로 말미암아 득의의 결정에 이르렀지만, 그 자랑은 그의 재능부족과 노력부족으로 오히려 경멸의 대상이 되었다. 그중에서도 특히 몇 명의 게르만인 포로들을, 다만 그들의 젊음이라는 매력만으로 익애(溺愛)했다는 것은 곧 국민들 사이에서 추문으로 되었다 (빅토르, 『케사르열전』 41절). 거기에 만족출신인 마그넨티우스(Magnentius)라는 야심적인 군인이 있었다. 이 사람이 국민의 불만에 편승하여 로마인 된 영예를 주장하고 나선 것이다. 황제 직속부대 중에서도 가장 중요하고 성망(聲望)이 최고의 위치를 차지하는 정예부대——요비우스(Jovius)대와 헤르쿨리우스(Herculius)대 (모두 콘스탄티누스 대제의 신편제에 의하여 조직된 황제 직속군의 부대 명칭. 요비우스는 유피테르〈쥬피터〉대신, 헤르쿨리우스는 영웅 헤라클레스라는 라틴어 형용사에서 각각 취한 이름이다. 앞서 디오클레티아누스 황제와 막시미아누스 황제가 각각 이런 미칭〈美稱〉을 사용했다는 것은 본서 제Ⅱ권에서 쓴 바와 같다)가 이 마그넨티우스를 지도자로 추앙하여 군사 쿠데타를 일으킬 것을 기도하였다. 또한 재무장관(comes sacrarum larqitionum)* 직책에 있는 마르켈리누스(Marcellinus)까지가 우정탓도 있었지만, 풍부하게 거사자금을 제공해 주었다. 게다가 매우 그럴듯한 설득도 있고 해서 이제 병사들은 다음과 같이 굳게 확신하게 되었다. 즉, 지금 우리는 국가로부터 이런 요청을 받고 있다. 오랫동안의 예속된 기반(羈絆)을 단번에 청산하고, 그 누군가 적극적이며 행동적인 새 군주를 우리가 선출함으로써, 예전에 지금의 부덕한 군주인 콘스탄스 황제의 부조들을 일개 평민으로부터 제왕으로까지 육성시킨 바 그 선배들이 발휘했던 그런 용기를 새삼스럽게 본받도록 우리들은 강력히 요청받고 있다고. 마르켈리우스는 음모를 결행할 기회가 무르익은 것으로 판단하자, 아들의 생일축하파티를 개최한다는 구실하에 당시 오탄(Autan)시에 있던 갈리아 궁정의 최고관급(illustres)과 고급관(spectabiles)의 귀현들을 초청하여 일대향연을 베풀었다. 이 엄청난 호화판 연회를 그는 밤이 깊을 때까지 교묘히 이끌고 나가면서 시간을 끌었다. 아무것도 모르는 손님들은 자기들도 모르게 위험하기 이를 데 없는 방담으로 기분을 풀고 있었다. 바로 그때였다. 갑자기 출입구가 활짝 열리는가 했더니 불과 몇 분 동안 자리를 비웠던 마그넨티우스가 어마어마하게 제관자의(帝冠紫衣)차림으로 홀에 모습을 나타냈다. 그러자 음모자들은 곧 아우구스투스(정제) 그리고 황제라는 칭호로써 그를 맞이하였다. 나머지 손님들은 다만 놀라움과 공포심으로 한순간 멍하니 서서 어찌할 바를 모르고 있었다. 그러자 술기운도 있고 또 야심이 없는 것이 아니었으므로 서로가 무엇이 무엇인지 알지 못하면서도 곧 음모자들의 환호에 화합하고 말았다. 경비병들도 남

---

* 재무장관으로 번역한 것은 적절한 용어를 찾지 못하여 임시적으로 번역한 것이다. 기번의 원문 표현은 count of the sacred largesses이다 sacra largitio(sacred largesses)란 「신성한 (황제로부터의) 사여 (賜與)」라는 뜻인데 국고(國庫)를 의미한다. comes(count)는 그것의 장관이라는 뜻. 이 직무는 콘스탄티누스 대제가 그의 전제체제를 확립할 때 창설한 것으로서 최고각료급의 하나이다.

에게 뒤질세라 다투어서 충성을 맹세했는데 그러자 성시의 문이 일제히 닫혔다. 이리하여 날이 밝아올 무렵에 마그넨티우스는 이미 군대도, 황궁의 금고도, 또 오탄시 그 자체도 완전히 장악하고 있었다. 다시 은밀한 행동을 계속하여 콘스탄스 황제 자신까지 급습할 계획을 세웠다. 즉, 때마침 황제는 부근 숲에서 예의 수렵——아마도 좀더 사악한 비밀의 쾌락에 열중해 있었을 것이었다. 그러나 쿠데타가 일어났다는 정보는 즉각 그의 귀에도 전달되었기 때문에 그는 겨우 몸을 피하여 도망칠 수 있었다. 단, 이미 병사들과 가신들로부터도 버림을 받고 있었으므로 저항할 방법이 전혀 없었다. 우선 부랴부랴 서둘러서 스페인의 한 항구까지 도망쳐 거기서 배를 타고 탈출할 생각이었지만, 그럴 여유도 없었으므로 피레네(Pyrenee) 산록에 위치한 헬레나(Helena, 피레네 산맥 프랑스측에 있던 거리. 원래 일리베리스(Illiberis)라고 불리우던 것을 콘스탄티누스 대제가 특히 즐겨서 생모인 헬레나의 이름을 붙여서 이렇게 부르게 된 것) 가까이에서 경기병대의 추격을 받고 체포되었는데, 더욱이 이 대장이라는 사람이 신전의 불가침 따위는 일체 무시하고 명령받은 대로 콘스탄티누스 대제의 한 아들을 처형해 버린 것이다 (조시무스,『신로마사』제 2 권 42절. 조나라스,『세계사요』제 2 권 13장 6절 등).

　콘스탄스 황제의 횡사가 이 어이없는(그러나 중대한) 혁명을 결정적인 것으로 만들자마자 서방의 각 속주는 일제히 이 오탄시 궁정의 예를 따랐다. 이리하여 마그넨티우스의 권위는 갈리아・이탈리아라는 2대 행정구 전역에 의하여 승인되었고, 한편 이 찬탈자는 온갖 고압수단으로 막대한 임시상여금(donatium)과 내전비용의 조달을 위하여 재화를 긁어 모으기 시작하였다. 한편 다뉴브 지방에서 그리스의 끝까지 호전적인 일리리쿰의 여러 속주들은 지금까지 오랜 세월에 걸쳐 베트라니오(Vetranio)라는 노장군의 통치에 복종하고 있었다. 노장군은 그의 수수하고도 솔직하고 말재주가 없는 인품에 의하여 백성들의 존경과 사랑을 받고 있었을 뿐만 아니라 수많은 군공으로 모종의 명성까지 얻고 있었다(에우트로피우스에 의하면, 그는 가난한 집에서 태어나 무학문맹이지만 군공에 의하여 누진하였다고 한다). 콘스탄티누스 대제 일가에 대해서는 그전부터 관례・의리 그리고 감은지념도 있어서 깊은 애착을 느끼고 있었으므로, 지금은 죽은 대제의 유일한 유고(遺孤)가 된 콘스탄티우스 황제를 위하여 즉각 일어나 가장 강력한 성명을 발표하여 마그넨티우스를 반대하고 그를 지지하였다. 갈리아 속주의 대역죄인들에 대하여 당연한 보복을 위하여 자기 한 몸과 또 그 군대를 모두 이 의로운 전쟁에 바쳐서 희생된다 해도 조금도 후회하지 않는다고도 말하였다. 그런데 가장 중요한 그 군대라는 것이, 갈리아 반란의 실제를 목도하고도 그것을 비난하기는 커녕 오히려 그에 의하여 동조하는 마음이 움직였다는 상태였다. 사태가 이렇게 되자 베트라니오도 의연한 절조의 결여라고나 할까, 여하튼 성실성의 부족을 금세 폭로시키고 말았다. 그의 이 야망에는 황녀인 콘스탄티아(원문에는 소 한니발리아누스 부황제의 부인인 Constantina로 되어 있지만 근년에는 전 황제 리키니우스의 황후인 Constantia가 옳다는 것이 정설이므로 여기서는 원문을 무시하고 근년의 정설에 따랐다. 이하도 리키니우스 황제의 황후로 해서 본문을 일부 수정 번역한다)의 승인까지 받았다고 그럴듯한 구실까지 유포시켰다. 아버지인 콘스탄티우스 1세 황제로부터 정제비(正帝妃, Augusta) 칭호까지 받고 있던 그녀지만 이런 냉혹하고도 야망에 넘친 늙은 여인은 손수 자기손으로 이 일리리쿰의 노장군 머리 위에 황제관을 씌워 주었다. 그리고 이 반란의 승리로, 남편이었던 리키니우스의 패전과 처형으로 좌절됐던 그녀의 끝없는 야망의 달성을 또다시 남몰래 노리고 있었던 모양이다. 물론 이 새로운 참제인 베트라니오가 불과 며칠 전까지만 해도 그녀의 친자식인 소 리키니우스의 피로 그의 용포(자의)를 더럽혔던 콘스탄티누스 대제의 아들이며, 서방령의 찬탈자인 콘스탄티우스 2세황제와의 사이에서, 아무리 필요하다고는 하지만 수치스러운 동맹관계까지 빼앗았다는 것만은 아마도 콘스탄티아에게 알리지 않았고, 따라서 동의없이 해버렸을 것이다(베트라니오의 이런 동요성에 대해서는 율리아누스 황제의 『연설』 제 1 에 상세하다).

황제 일가의 명예와 안전과도 깊이 관련된 이런 중대사태에 관한 보고를 받자 콘스탄티우스 2세 황제는 패전만 거듭하는 페르시아 전쟁에서 전군을 철수시켰다. 그리고 동방의 방어는 모두 대장(代將)들, 뒤에는 그 자신이 포로의 신분에서 부제위(副帝位)에까지 끌어 준 사촌동생 갈루스(Gallus)에게 위임하고 자기 자신은 곧장 유럽에로 진격하였다. 희망과 공포・슬픔과 분노로 그의 가슴은 메어질 듯했다. 먼저 트라키아 속주의 헤라클레아(Heraclea)시에 도달하여, 여기서 마그넨티우스와 베트라니오로부터 온 사절단들을 각각 접견하였다. 도대체가 이번 음모의 주모자이며, 또 이 새 황제에게 자의를 입게 했던 것도 어떤 의미에서는 재무장관 마르켈리누스인데, 바로 그 장본인이 대담하게도 위험하기 이를 데 없는 이 사절단장역을 스스로 맡고 나타난 것이다. 그를 수행한 3명도 국가 및 군에서 특히 중요한 직책을 맡고 있는 인물들이었다. 그런데 이 사절단이 받고 있는 사명이란 어떻게 해서든지 콘스탄티우스 황제의 노여움을 풀게 하면서도 공포심을 자극시키려는 것이었다. 즉, 이들은 서방

황제들간의 우호연합안을 제안하는 동시에, 가능하다면 2중의 혼인관계, 달리 말하면 콘스탄티우스 황제와 마그넨티우스의 딸과의 결혼, 그리고 마그넨티우스 자신과 야망의 황녀이며 전 한니발리아누스 부황제의 미망인인 콘스탄티아와의 결혼으로 새삼스럽게 양자간의 결속을 공고화시킬 것과, 각 황제간의 우위관계에 대해서는 아마도 당연히 동방 황제인 콘스탄티우스가 요구하리라고 생각되는 최우선권을 그것도 협정이라는 명문화로서 인정해도 좋다는 그와 같은 전권까지 위임받고 있었다. 만일 콘스탄티우스 황제의 교만성과 잘못된 신앙이, 이런 공정한 조건들까지 거부한다면, 그와 같은 경거망동이 초래할 불가피적인 몰락을 경고하는 것, 환언하면 서방 황제의 노여움을 사게 되어 그 우세한 병력을 발동케 한다면, 일찍이 콘스탄티누스 대제 일가를 위하여 허다한 빛나는 승리를 가져다 주었던 저 용맹성과 재능, 나아가서는 그의 제군단들까지 적으로 돌리게 될 것인 바, 그렇게 되면 이미 패배는 명약관화하다는 내용을 간곡하게 설득하도록 명령받고 있다. 콘스탄티우스 2세황제의 입장에서 보면 이것은 중대한 제안이요, 그리고 논리이기도 했다. 그는 우선 회답을 다음날까지로 미루었다. 만일 내전이라도 벌어지게 되면, 어떻게 해서든지 그것의 정당성을 국민에게 납득시킬 필요가 있었던 것이다. 이것을 고려한 그는 중신회의를 소집하고 이렇게 호소하였다.「어젯밤, 침소로 물러난 다음이지만 꿈속에서 콘스탄티누스 대제의 영혼이 살해된 과인의 동생(콘스탄스 황제) 유해를 안고 머리맡에 나타나셨소. 그리고 저 오매에도 잊지 못할 옥음이 과인에게 복수할 것을 서약케 하시면서, 단연코 고국에게 절망해서는 아니되느니라, 우리의 정의의 군대에게 승리와 불멸의 영광이 빛나리라는 것은 의심할 바 없나니라라고 말씀하셨소이다.」

이 말을 일동은 과연 본심으로 믿었는지 아니면 표면상으로만 그랬는지, 거기까지는 명확치 않지만, 어쨌든 이런 꿈에서 본 권위, 꿈이야기 보다도 오히려 그것을 강조한 콘스탄티우스 황제의 권위가 일체의 의심을 침묵시킴으로써 절충은 모두 파괴되고 말았다. 굴욕적인 화의조건 따위는 염두에서 일축되고 만 것이다. 사절단의 한 사람은 오만한 황제의 회답을 받고 쫓겨갔으며 나머지 사절들은 국제간의 법리의 특권에 위배되지만 그대로 철사에 묶이어 억류되었다. 이리하여 상대하는 양군은 곧 결전준비에 착수하였다.

이상이 횡사한 콘스탄스 황제의 형으로서 이들 갈리아의 패씸한 찬탈자들에게 콘스탄티우스 황제가 취한 행동인데, 아마도 이것은 당연한 의무였을 것이다. 한편 베트라니오에 대한 대책은 상대방의 입장과 성격이라는 점도 있고 해서 보다 온건한 수법으로 나갔다. 이 동방황제(콘스탄티우스 2세황제)의 방책은 먼저 적의 세력을 분단시켜 일리리쿰군의 병력을 반란의 전열에서 이탈시키는 데 있었다. 상대는 워낙 단순소박한 베트라니오인 만큼 속여넘기기가 용이했다. 그렇지 않아도 명예냐, 이해냐의 갈림길에서 고민하고 있던 그는, 곧 간에 붙었다 쓸개에 붙었다 하는 이중성격성을 스스로 폭로하여, 부지불식간에 교묘한 절충의 술수에 빠져들고 말았다. 콘스탄티우스 황제의 회답은, 만일 그가 마그넨티우스와의 수치스러운 동맹관계를 끊고, 쌍방의 경계지대의 어딘가에서 회견할 장소를 지정한다면 대등한 공치제(共治帝)로 인정해도 좋다. 그런 회담석상에서 상호간의 우호성을 맹세하고 금후의 작전행동도 양자간의 동의로서 결정하자고 했던 것이다. 베트라니오는 어이없이 그의 수에 넘어가, 언약에 의하여 기병대 2만 명과 다시 이보다 더 많은 보병부대를 이끌고 사르디카(Sardica, 조나라스의 『세계사요』 제2권, 13권 7장. 사르디카는 지금의 불가리아 수도 소피아다)까지 진출해왔다. 이것은 콘스탄티우스 황제군을 훨씬 능가하는 대병력으로서, 이대로라면 황제의 생명과 운명도 일리리쿰 참제의 손아귀에 쥐어 있는 것처럼 보였다. 한편 콘스탄티우스 황제는 전적으로 뒷공작을 통하여 사전에 이미 적군을 유혹하여 매수하는 데 성공하고 있었으므로, 베트라니오의 제위는 벌써 그 기초를 발취당하고 있었던 것이다. 마음이 이미 콘스탄티우스군과 통하고 있던 대장들은 이제 공공연히 전군 병사의 감정을 격발시키는 시위행동까지 계획하고 있었다(율리아누스 황제, 『연설』 제1 및 제2. 조시무스, 『신로마사』 제2권 44절. 다른 사서들도 이것을 뒷받침하고 있다). 양군은 모두 합류하여 시교외에 있는 광장에 집결하라는 명령을 받았다. 그리고 집결된 군대의 중앙에는 옛부터의 군율에 따라 군사법정(군법회의라기 보다도 사실은 단두대였다)이 설치되어 있었다. 중대사태가 발생했을 때는 여기서 황제들이 군대를 향하여 열변을 토하는 관습으로 되어 있었다. 이리하여 검을 뽑아 높이 추켜 들거나 또는 창을 세운 로마군과 만족군은 각각 특징적인 무기와 정기류를 내세운 기병중대와 보병대 대군이 정연하게 대오를 짜고 법정석을 둘러싸면서 거대한 원진을 형성하고 있었다. 충분한 준비를 갖추고 기다리는 침묵 속에서, 마치 갑자기 생각이나 난 것처럼 때때로 규환과 환성이 폭발하곤 하였다. 무서운 이 집단들 앞에서 두 황제는 사태를 설명하도록 요구받고 있었던 것이다. 맨 처음에 먼저 황실태생이라는 점도 있고 해서 콘스탄티우스 황제에게 해명의 우선순위가 인정되었다. 변론술이 그다지 능한 편이 아니던 콘스탄티우스 황제지만, 이런 곤란한 정세에 처하자 이럭저럭 의연한 태도와 교묘한 변설로써 어떻게든 잘 꾸며 나갔다. 연설의 모든 부분은 전적으로 갈리아참제(마그넨티우스를 지칭하는 것)에 대한 공격으로 시종한 모양이다. 그러면서 그 사이에 동생인 콘스탄스 황제가 비명에 죽은 것을 깊이 슬퍼하는 한편으로 그의 정당한 후계권을 요구할 수 있는 것은 친형인 자기 자신을 제쳐놓고는 누구 한 사람도 없음을 은근히 비쳤다. 또한 그의 일가가 달성한 수많은 영광에 대해서는 오히려 만족감을 가지고 강조하는 동시에 아버지인 콘스탄티누스 대제가 보여준 용기·전승·은혜 등에 관해서도 새삼스럽게 군대의 기억을 새롭게 하였다. 그리고 현실적으로 너희들도 이 대제의 친자인 나에게 한 번은 충성을 맹서하지 않았던가, 그처럼 군주의 은총을 가장 많이 받은 신하들의 배은망덕도 유분수지, 이제 군대라고 함을 믿고 그 은혜를 잊으려 한다고 외쳤다. 연단 주위를 굳히고 이 이상사태에 처하여 그들이 수행해야 할 역할까지 교육받고 있던 장교들은 당장 콘스탄티우스 황제야말로 정당한 군주라는 취지의 함성을 지름으로써 이에 호응한 바, 그 기세는 도리상으로나 또 웅변의 효과로부터도 이미 불가항력으로 보였다. 충성심과 회한의 생각이 전기충격을 받은 것처럼 전군으로 확산되어 드디어는 사르디카 전평원이「벼락출세한 찬탈자를 무찌르자! 대제의 유자인 콘스탄티우스 황제 만세! 그의 정기하에서만 우리들은 싸우고 또 승리할 것이다!」라는 외침이 울려 퍼졌다. 수천 명의 병사들의 외침과 위협과도 같은 이 제스처, 그리고 격렬한 검극(劍戟)의 울림소리에 어안이 벙벙해진 베트라니오는 완전히 용기를 잃고, 연이어 그를 배반하고 이탈해가는 수하장병들의 한복판에 서서 다만 앞으로 벌어질 일이 염려스럽다는 듯이 멍하니 서 있을 따름이었다. 이젠 절망적인 항변으로 나갈 기력도 없이 그저 운명에 복종하여 스스로 제관을 벗고 양쪽 군사들이 지켜보는 가운데서 승리자의 발밑에 꿇어 엎드렸다. 이에 대하여 승리자인 콘스탄티우스 황제의 태도 또한 현명하고 관대하였다. 먼저 애원하는 노인을 붙들어 일으키자「아버지(Father)」라는 위로의 호칭까지 써가면서 자신이 그의 손을 잡고 옥좌에서 내려 주었다. 그리고 폐위된 황제의 유배지라고나 할까, 은서지로서 프루사시(Prusa 市. 지금의 부르사〈Bursa〉. 터키령 소아시아의 서북 귀퉁이에 위치하며, 마르마라해안 가까운 평야지대에 있다)를 지정하였다. 그때 **이래 6년 간, 이 노 베트라니오는 평화롭고 풍족한 생활을 이곳에서 보냈다고 한다.** 콘스탄티우스 황제의 이런 인자성에 대하여, 그는 자주 깊은 감사의 말을 드렸을 뿐만 아니라 원래가 온화하고 말이 서투른 사랑스런 인물인 만큼, 이 은인 황제에 대해서까지, 당신도 이제 세계의 왕자라는 허위(虛位)를 사임하고 일개 무명의 사인으로 돌아와 평화 속에서 마음의 만족을 얻도록 함이 (이것은 유배지에서만 얻어지는 것이므로) 어떠냐고 오히려 권고까지 했다고 한다(이 베트라니오에 관한 문제는 조시무스의 『신로마사』 제2권 43-44절에도 간단히 나오지만, 『교회사』를 쓴 소크라테스〈Sokratēs, Scholastikos, 380 ? -450 경. 케사레아〈Caesarea〉의 에우세비오스〈Eusebios, 283-371〉는 『교회사』〈기원에서 324년에 이르는 기독교회사〉를 306-439년까지 보충저술〉는 이 유배생활을 「즐거운 한거〈閑居〉」라고 기술했고, 사가 빅토르는 그의 인물평을 「거의 우직에 가까운 단순성」이라고 쓰고 있다).

   이처럼 특기할 가치가 있는 위험한 국면에 처하여 콘스탄티우스 황제가 취한 조치는, 얼른 보기에 확실히 공정했기 때문에 크게 칭찬되었다. 특히 정신(廷臣)들은 군대의 다수가 선임옹립한 자기들의 황제를 끝내 이반퇴위로까지 몰아넣은 콘스탄티우스 황제의 설득적인 웅변의 승리를 그 옛날 페리클레스(Periklēs, BC 495 ? -429)와 데모스테네스(Dēmosthenēs, BC 384-322)가 아테네 시민들에게 호소했던 명연설에도 비유되는 것이라고 생각하였다. 한편 앞으로 있을 마그넨티우스와의 싸움은 훨씬 더 피비린내 나는 중대한 결전이었다. 참제인 마크넨티우스는 이미 갈리아·스페인 나아가서는 프랑크와 삭손(Saxon) 등등의 만족들로 편성된 대군을 이끌고 콘스탄티우스 황제와의 일대회전을 기하여 급히 진격해 오고 있었다. 이들은 로마군단에서도 최강의 전력으로 공인되어 있던 속주민과 또 제국에게 가장 두려운 적대자로서 외포의 대상으로 되어 있던 만족들로 구성된 대병력이었다. 드라베(Drave)와 사베(Save) 두 강과 다뉴브강에 둘러싸인 저(低)판노니아 속주의 옥야(드라베는 지금의 드라바강, 사베는 지금의 사바강이다. 다뉴브강이 동쪽을 남북으로 흐르고, 북을 드라베강, 남쪽을 사베강이 동쪽으로 흐르면서 마치 세 강에 둘러싸인 형태의 지역이다. 지금은 유고슬라비아령으로서 베오그라드의 북서에 위치하며, 보이보지나로 불리우며 지금도 넓은 평야지대로 되어 있다)는 실로 광활한 전쟁터를 제공하고 있었다. 그러나 현실적인 내전은 쌍방 당사자의 전략이 이유였든지, 아니면 겁나(怯懦) 때문이었든지 하여튼 여름 동안은 그대로 보냈다. 그런데 콘스탄티우스 황제쪽은 일찍부터 키발리스(Cibalis, 상기 평야의 북서쪽, 다뉴브강 바로 남쪽에 있었다. 지금은 빈코브찌라고 한다) 평야를 결정장으로 할 의향이라고 공언하고 있었다. 왜냐하면 이곳은 일찍이 아버지인 콘스탄티누스 황제가 행운으로 전승했던 고전장인데, 아마도 이 이름에 대한 기억이 군대의 사기를 고무하는 데 크게 도움이 될 것으로 생각했음이 틀림없었다. 황제는 다만 난공불락의 방어진지만을 무수히 구축하여 그것들을 굳힘으로써 일대결전을 기하려고 하기보다는 오히려 그것을 회피하는 것처럼 보이기까지 하였다. 한편 마그넨티우스쪽은 어떻게 해서든지 이 우세한 진지를 버리도록 유인해서 끌어내든가, 아니면 압력을 가하려는 것이 그의 목적이었다. 이와 같은 작전구상으로부터, 백전연마의 장수라면 당연히 누구나가 생각이 미치리라는 전술이지만, 자주 출격하거나 양동작전을 벌리면서 기동작전으로 나왔다. 요충지인 시스키아시(Siscia 市. 사베강 연안의 시르미움에서 상당히 서쪽에 위치하며, 군사·상업상의 요충지였다. 지금의 명칭은 시사크)를 급습하여 이곳을 함락시키는가 하면 곧 전전(轉戰)하여 황제군의 배후인 시르미움시(Sirmium 市. 이 평야의 대략 중심부에 위치하며 지금의 슬렘스카 미트로비짜시. 베오그라드 서쪽, 사베강 가까이에 있다)에 공격을 가했다. 그런가 하면 또 갑자기 사베강을 강행 도하하여 일리리쿰 동부의 여러 속주 깊숙히까지 진공을 시도하여 황제군의 분견부대를 아다르네(Adarne)의 좁은 길로 유인하여 이것을 완전히 궤멸혼란에 빠지게 하는 전과도 올렸다. 이렇게 해서 여름철의 대부분은 마그넨티우스군의 독무대였다. 콘스탄티우스 황제군은 완전히 사기만 저상되어 쓸데없이 애만 태웠으니, 황제 자신의 평판도 뚝 떨어지게 되자, 어지간한 황제도 자존심을 버리고 화해하기를 제안하였다. 무엇하면 알프스 산맥이서의 모든 속주를 자기 동생을 죽인 적대자 마그넨티우스에게 위양해도 좋다고까지 양보하려 하였다. 이런 제의를 강조한 것은 사절로 파견된 필립스(Philips)의 웅변이었는데, 여기에는 마그넨티우스군도, 또 중신회의도 거의 수락하려는 방향으로 기울었다. 그러나 의기 교만해진 참제는 이에 불응하여 측근들의 간지(諫止)도 무시하고 사절인 필립스를 포로라고나 할까, 적어도 볼모로 억류해 두라고 명령하였다. 그리고 나서 그는 장교 한 사람을 파견하여 콘스탄티우스 황제의 통치능력의 약체성을 공격했을 뿐만 아니라, 만일 이제 곧장 퇴위한다면 목숨만은 가상히 여겨서 살려 주겠다는 심히 모욕적인 말까지 전하게 하였다. 이에 대하여 「과인은 과인 자신의 정의와 복수신의 비호를 신뢰할 따름」이라는 것이 콘스탄티우스 황제가 겨우 자기의 면목을 유지하여 발언한 유일한 회답이었다. 이렇게 말은 했지만 사태의 곤란성을 충분히 알고 있던 만큼 이미 그 특사로부터 가해진 모욕에 대하여 감히 복수할 기력은 없었다. 그러나 필립스가 행한 교섭도 반드시 보람없는 일만은 아니었다. 왜냐하면 예컨대 프랑크족의 실바누스(Sylvanus) 같은 사람은 일찍부터 그의 무용으로 이름난 장군이었는데, 다음에 말하는 무르사(Mursa) 회전을 앞두고 그 며칠전에 일찌감치 기병의 대부대를 이끌고 마그넨티우스를 배반하고 귀순키로 결심하고 있었기 때문이다(351년의 일).

무르사 또는 에세크(Essek)시 (지금은 오히려 오시에크로 알려져 있다. 드라바강과 다뉴브강의 합류점 가까이에 있다)는 근년에 드라베(Drave)에 놓은 바 연장이 무려 5마일이나 되는 선교(船橋. 이 거대한 다리는 1566년 오스만 터키의 솔리만(Soliman) 대제가 완성시켰는데, 그것은 헝가리로 자기군대를 진격시키기 위해서였다)와 부근 일대가 소택지로 유명하지만, 고래로 헝가리에서의 모든 전쟁에서는 여기가 항상 요충지로 여겨지고 있었다. 그 무르사시에로 군대를 진격시킨 마그넨티우스는 성문에 불을 지르고 강습으로 거의 성벽 위로 기어 오르려고 할 때였다. 이 성벽을 방위하던 수비대도 빈틈 없이 그 불을 꺼갈 무렵에 마침 콘스탄티우스군이 도착하였으므로, 마그넨티우스군도 이미 포위공격전 등을 계속할 여유가 없어졌다. 더욱이 황제가 원형투기장을 점거하고 있던 적부대를 제압함으로써 이제 작전행동을 방해하는 것은 모조리 제거되었다. 무르사시를 중심으로 한 전쟁터는 일망무제의 평탄한 광야이다. 콘스탄티우스 황제군은 드라베강을 오른쪽으로 끼고 여기에 전선을 정비하였고, 그 좌익은 그들 득의의 전법인지, 아니면 기병대의 우세를 믿고서 그랬는지는 모르나, 마그넨티우스군 우익의 측면과 배면 깊숙히까지 그의 전선을 뻗치고 있었다(이 선회운동에 대해서는 율리아누스 황제의 『연설』제1에 상세하다). 그날은 정오 가까이까지 양군 모두가 전투준비에 만전을 기하고 오로지 전기(戰機)가 익은 것만을 엿보고 있었다. 콘스탄티우스 황제는 먼저 일장 연설을 행하여 장병의 사기를 고무한 다음, 자기 자신은 전쟁터에서 얼마간 떨어진 교회당안에 틀어박히고, 이번 대결전의 지휘와 지도는 일체를 장수들에게 일임하였다(4세기 기독교 사가인 술피키우스〈Severus, Sulpicius〉에 의하면, 이날 황제는 무르사의 사교인 발렌스〈Valens〉와 함께 종일토록 전승을 빌면서 기도드렸다고 한다). 장군들 또한 훌륭하게 자기의 용기와 군사적 수완을 유감없이 발휘하여 황제의 신임에 보답하였다. 먼저 현명한 작전으로서 좌익으로부터 행동을 일으켰다. 즉, 좌익의 전기병대를 비스듬히 진출시킨 다음 갑자기 적의 오른쪽 측면으로 선회시켰던 것이다. 여기서 완전히 허를 찔린 적은 급습에 대해 아무런 저항을 할 여유를 가지지 못했다. 그러나 서방의 로마군 또한 단련된 정예군인 만치 곧 전열을 재정비하였고, 게르만의 만족군 또한 이름높은 만족적 용감성을 훌륭하게 입중해 보이면서 잘 싸웠다. 이윽고 전투는 전전선으로 확대되었으나 쌍방간의 승패는 반반이었다. 이윽고 어둠이 찾아들면서 전투도 겨우 멈추었다. 콘스탄티우스 황제가 획득한 눈부신 승리는 오로지 기병전력의 우수성에 있었다고 할 수 있었다. 황제가 통솔하는 흉갑기병대(胸甲騎兵隊)는 그 한기 한기가 거대한 강철상(鋼鐵像)처럼 보였다고 기록되어 있는데, 사실 문자 그대로 인갑(鱗甲)의 갑옷을 찬연히 번쩍이면서 곤봉처럼 생긴 긴 창을 비켜 들고 갈리아군의 견고한 진지를 분쇄해 버렸다. 더욱이 적의 전열이 무너지기 시작했다고 보여지자, 보다 경쾌하게 무장한 제2진의 경기병부대가 즉각적으로 검을 휘두르면서 그 틈새로 돌입하여 완전히 적을 궤멸시키고 전진을 혼란에 빠뜨렸던 것이다. 그 사이에 게르만족의 대부대도 교묘하게 싸우는 동방군의 궁사대 앞에 마찬가지로 거의 발가벗은거나 다름없는 좋은 목표가 되었다. 이리하여 만족군의 전부대는 고뇌와 절망 끝에 도도히 흐르는 드라베강의 급류 속으로 뛰어들어야만 하는 완패를 맛보았다(율리아누스 황제, 『연설』제1 및 제2. 기타 조나라스와 조시무스 등의 저서에도 같은 기사가 있다). 이날의 양쪽군의 전사자 수는 무려 5만 4천 명이었다. 단, 승자측의 전사자 수가 패자측의 그것보다 더 많았다고 한다(이 것은 조나라스의 기술에 의한다. 그것에 의하면, 마그넨티우스측은 총병력수 3만 6천 중 2만 4천 명을 잃은데 반하여 콘스탄티우스 황제쪽은 총병력수 8만 중 3만을 잃었다고 한다. 다만 기번도 이 숫자에는 의문을 품었던 바, 마그넨티우스군은 총병력이 적어도 10만은 되었으리라고 추정하였다). 이것으로서도 과연 그 얼마나 이번 전투가 치열했던가를 알 수 있는데, 한 고대 사가는 이 회전을 평하여 황제는 이 무르사 회전에서의 사투로 변방의 방위를 굳건히 하기 위하여, 그리고 로마제국의 영광에 새로운 전승을 가져다 주기 위하여 보유하던 정예부대를 단번에 잃어 버렸다. 이 때문에 제국의 위력은 완전히 소진되고 말았다라고까지 기술하고 있는데, 이것도 잘못이라곤 말할 수 없을 것 같다(이 사가는 에우트로피우스〈Eutropius, 4세기 로마의 역사가〉. 그의 『로마사략』제10권 13절). 물론 마그넨티우스의 행동에 대하여 잡음을 넣은, 차라리 비굴한 웅변가*라고 말하는 사람도 있었던 바, 그는 쓰기를 마그넨티우스는 이번 회전이 벌어지자마자 자기자신의 정기를 버리고 도망쳤다고 했다. 그러나 이런 일은 도저히 생각할 수도 없는 것이다. 그는 시종일관 훌륭한 군인이며 또 장수(將帥)로서의 면목을 보여주었고, 다만 마지막 단계에 이르러 이미 승리하기란 불가능하리만치 패세에 놓이게 되면서 그의 본영까지 황제군의 손아귀에 떨어지게되자 비로소 일신의 안전을 생각했던 것은 사실이다. 즉, 황제를 상징하는 일체의 표장류를 내동댕이치고 겨우 경기병대의 추격에서 도망칠 수 있었다. 그러나 추격부대의 추구 또한 극히 빨라서 드라베강안 지대로부터 끝내는 율리안 알프스 산록까지 쫓기는 신세가 되었다.

콘스탄티우스 황제 또한 꾸물거리고 게으른 성격의 사람으로서 겨울이 되는 것도 머지 않았다고 생각하자 이 전쟁을 마무리짓는 일은 다음해 봄까지 연기시키고 말았다. 그 사이에 마그넨티우스는 아퀼레이아시에 새로운 본영을 설치하고, 베네티아 속주의 경계선을 이루는 천연의 요새, 즉 산악과 소택지대를 방벽으로 삼아 적의 침입을 저지시키려는 항전결의를 과시해 보였다. 한편 황제군은 은밀하게 진출을 기도하여 알프스산 속의 한 성을 급습하여 그곳을 빼앗았지만, 그래도 마그넨티우스로서는 아직 이탈리아의 영유를 포기하려고 생각하지 않았던 것 같다. 다만 여기에는 한 가지 조건이 있었던 바, 그것은 민중의 의향이 어디까지나 자기를 계속해서 지지해 준다면 포기하지 않겠다는 것이었다. 그런데 사실은 네포티아누스(Nepotianus)의 반란을 진압한 후 그의 부하가 행한 처형의 잔인성이 너무도 로마시민들의 마음속에 깊은 공포감과 분노심을 심어 놓았던 것이다. 황녀인 에우트로피아(Eutropia, 콘스탄티누스 대제의 이복 막내누이동생)의 아들, 따라서 콘스탄티누스 대제의 생질인 이 혈기왕성한 청년 네포티아누스는 일시적이나마 서방령의 황제자리에, 그것도 배신한 만족이 앉은 데 대하여 도저히 묵과할 수 없었던 것이다. 노예·검투사들로 편성된 결사대를 모집한 다음 시의 치안을 담당하던 약체의 수비대를 곧 제압하고, 원로원의 신종례(臣從禮)를 받아 정제(아우구스투스)를 칭하고, 어쨌든 28일 간이나 줄타기와 같은 모험적인 지배권을 장악하였다 (350년 7월의 일). 그러나 이런 야망도 이윽고 정규군이 도착하자 곧 눈이나 거품처럼 사라지고, 반란 그 자체도 네포티아누스와 그의 모친 에우트로피아 및 그 일당의 처형으로 결말이

---

* 차라리 비굴한 웅변가 운운한 것은 원저자인 기번 이하 그후의 어떠한 간행본에도 주석이 없어서 알 수 없지만, 이것은 어쩌면 율리아누스(Julianus) 황제를 뜻하는 것이 아닐까 생각된다. 앞서 말한 바 콘스탄티우스 황제의 대량의 혈족 살륙 당시(337년) 하도 나이가 어린 탓으로 겨우 죽음을 모면했던 율리아누스는 그때 이래 차라리 불우한 청춘시대를 보내고 있었는데, 그러한 율리아누스를 355년에 서방에 불러내어 부황제로까지 시킨 것은 바로 콘스탄티우스 2세황제였다. 그런 은의 때문이었는지, 얼마 안가서 그는 열렬한 긴 콘스탄티우스 예찬론 2편을 쓴 바 있다. 이것이 이른바 『연설』 제1과 제2로 불리우는 것이다. 본문에 보이는 바, 전투가 일어나자마자 마그넨티우스가 군대를 버리고 재빨리 도망쳤다는 기사가 그의 제1연설인 『콘스탄티우스 예찬』에 거의 그대로 나와있기 때문이다.

나고 말았다. 그리고 뒤이어 내려진 추방령의 포고는 무릇 콘스탄티누스라는 가명(家名)이나 가족과 관계되는 사람이라면 누구를 막론하고 그 전원을 대상으로 하였다. 그러나 무르사시에서의 공방전이 있은 후, 콘스탄티우스 황제가 달마티아 연안(지금의 유고슬라비아령 서남부, 아드리아해에 면한 지역)의 주인이 되자마자 아드리아해의 한 항구에 함대를 집결시키고 있던 일단의 추방된 귀족들은 곧 승리자의 진영에 달려와 보호와 보복을 요청하였다. 그들은 은밀하게 고향의 동포들과도 연락을 유지하고 있었으므로 로마시와 이탈리아내 여러 도시는 일제히 콘스탄티우스 황제의 정기를 성벽 위에 내거는 것을 수락하였다. 그리고 일찍이 콘스탄티누스 대제가 재물을 아끼지 않았던 관대정책으로 재산을 모았던 퇴역병들도 그분의 친자식인 콘스탄티우스 황제에게 당연히 감은(感恩)의 충성을 맹세하였다. 게다가 이탈리아의 기병대·정규군단 및 보조군단들 까지도 새삼스럽게 황제에의 충성을 선서하였다. 이리하여 이제 총이반에 직면한 마그넨티우스는 나머지 심복부대만을 이끌고 알프스 서쪽의 갈리아 속주로 철수해 가는 도리밖에 없었다. 이때에 그의 패주대열을 급히 추적하거나 저지시키도록 명령을 받고 있던 분견대들이 활동했으나 작전을 잘못 수행하여 파비아(Pavia)평원에서 오히려 반격의 기회를 마그넨티우스에게 허용함으로써, 비록 승리는 얻었지만 결국 쓸데없는 대량유혈이라는 손해를 입으면서 그의 절망적인 마지막 발악에 일종의 만족감을 주는 것으로 되고 말았다 (352년 9월의 일? 조시무스의 『신로마사』 제 2 권 52절. 빅토르, 『케사르 열전』에도 이에 대한 언급이 있다. 단 이 패전에 관한 것은 콘스탄티우스 황제파의 사료에서는 모두 말살되어 있다). 어지간히 오만불손하던 마그넨티우스도 거듭되는 패전으로 드디어 화의를 요청했지만 결과는 헛수고로 끝났다. 즉, 그는 먼저 신뢰하는 한 원로원 의원을, 그 다음에는 역시 믿을만한 몇 명의 사교들을 사절로 보냈다. 특히 성직자라면 그의 신분으로 보더라도 얼마간 긍정적인 회답을 받을 수 있지 않을까 하는 생각도 가져보았던 것이다. 그가 제시한 화해조건이란 그 자신은 퇴위하여 여생을 전적으로 황제를 위하여 충성을 바치겠다는 것이었다. 그러나 콘스탄티우스 황제는 반군측에서 귀순해 온 사람들에게 대해서만은 모두 특사화해라는 공정한 조치를 **취했지만** (조나라스, 『세계사요』 제 2 권 13장, 특히 율리아누스 황제는 앞서 말한 2편의 『연설』의 여러 곳에서 콘스탄티우스의 관인성을 찬양하고 있다), 친동생을 시해한 죄(콘스탄스 황제를 살해한 일)에 대해서만은 당연히 그 책임을 물을 생각이라는 단호한 결심을 전달케 하는 동시에, 이런 승세를 타고 응징의 대군을 사방팔방으로 보낼 준비에 곧 착수하였다. 먼저 그의 함대로 하여금 간단히 아프리카와 스페인(히스파니아)를 공략케 함으로써 그때까지 어떤 태도를 취할 것인지 자기 거취문제에 고민하고 있던 마우리족(Moorish nation)의 여러 나라도 태도를 분명히 하였으므로, 뒤이어 대군을 상륙시켜 그대로 피레네 산맥을 넘어 적의 마지막 거점인 리용(Lyon)시까지 단번에 진격시켰다(조시무스, 『신로마사』 제1권 2절. 율리아누스 황제의 『연설』 제1 및 제2에도 나온다). 인자함을 전혀 모르는 참제 마그넨티우스는 이제 이런 궁지에 몰리게 되자, 이미 수단방법을 가리지 않는 폭압적 수단으로 갈리아 제 도시로부터 대량으로 군사비를 긁어 모았다. 여기에는 그들도 드디어 인내심의 한계를 느끼고 울화통을 터뜨려 총독부 소재인 트레브(Treves. 로마명은 아우구스타 트레베로룸, 지금은 트리르)시가 맨먼저 반란의 횃불을 높이 올렸다. 즉, 마그넨티우스가 그의 부황제 또는 정제(正帝)로 기용하고 있던 동생인 데켄티우스(Decentius)에 대해 일체의 성시문을 폐쇄해 버렸다. 하는 수 없이 데켄티우스는 상시(Sens 市, 로마이름은 세노네스, 파리로부터 동남방향 온느강변에 있는 도시)까지 물러났지만 여기서도 곧 게르만족 군대에게 포위되었다. 간지(奸智)에 능한 콘스탄티우스 황제의 술책이 교묘하게 그들을 로마제국 내전의 소용돌이로 끌어들인 것이다. 한편 황제군은 알페스 · 코티아에(지금의 코티안 알프스, 〈Cottian Alps〉, 이탈리아와 프랑스 국경을 형성하는 알프스 산맥의 지맥 중 하나)의 험로를 넘어 셀레우쿠스산(Mt. Seleucus. 상기코티안 알프스 서쪽에 있는 프랑스측 산으로 추측되나 위치와 현재 이름은 불상)에서의 혈전으로 완전히 마그넨티우스 일파에게 반역자의 낙인을 찍고 말았다(조시무스, 『신로마사』 제2권 52절. 리바니오스〈Libanius/Libanios, 314-393 경, 그리스의 수사학자〉의 『연설』 제10). 사세가 이 지경에 이르러서는 마그넨티우스도 이미 신병력을 보내는 것이 불가능했고, 그의 친위대 사기도 뚝 떨어지고 말았다. 그 자신이 독전을 위하여 모습을 나타냈을 때도 그를 맞이한 전군의 일제규환은「콘스탄티우스 만세!」라는 환호였다. 이제 그들의 본의가 비도(非道)의 이 찬탈자를 희생시킴으로써 자기들의 사면과 은상을 노리고 있음이 그에게도 알려지게 되었다. 그러나 그도 군사들의 의표를 찔러 자신의 칼로 자해하여 죽었다(353년 8월의 일, 율리아누스 황제, 『연설』 제1, 조시무스의 『신로마사』 제2권 53절 등. 조나라스에 의하면 자진하기에 앞서 먼저 그의 어머니와 나이어린 동생을 죽이고 나서야 죽었다고 하였다). 정의의 전쟁을 소리 높이 외쳤고, 또 형제간의 우애라는 미명하에 복수를 지향하는 적대자의 손에 살해되기 보다도 훨씬 간단하고 또 무인의 신분에 어울리는 마지막이었다고 말할 수 있다. 한편 그의 동생인 데켄티우스도 형의 자해를 본받아 그의 부음을 듣자마자 스스로 목매어 죽었다. 그리고 이번 음모의 최초 입안자인 마르켈리누스도 예의 무르사 회전 당시 재빨리 모습을 감추었고(그의 최후관계는 알려지지 않았다. 율리아누스 황제의 『연설』 제1 에서도 그는 자진했는지, 드라베강에 투신자살했는지, 아니면 악마에게 묶여가서 지옥에 떨어졌는지 알 수 없다고 쓰고 있다), 나머지 지도자들도 모두 실패로 돌아간 반역도당으로서 처형되었는데, 이로써 제국의 질서는 비로소 재확립되었다. 물론 그후에도 엄중한 심문이 계속되어 일시적이나마 모반에 가담한 것으로 보이는 자는 자발적이거나 강제적 동기 여하를 불문코 모두 사문에 붙여졌다. 특히 탄압재판에 능수능란하여 쇠사슬(Catena)이라는 별명까지 받고 있던 파울(Paul)이라는 사람은 멀리 브리타니아 속주에까지 파견되어 숨어있는 잔당 역도들을 찾아내어 처단하는 임무를 맡았다. 이에 대하여 마르티누스(Martinus)라고 부르는 브리타니아의 부지사는 노골적으로 자기의 분노를 표명했기 때문에 이것이 그대로 그 자신의 죄상증거가 되어, 격분한 나머지 이 황제의 특사를 죽이고자 준비했던 그 검으로 오히려 자기 자신이 할복자살을 강요당하였다. 이외에 무고한 서방측 시민들로서 유형·재산몰수 나아가서는 고문과 사형이라는 괴로움을 당한 사람들도 적지 않았다. 겁장이에 한해서 더 잔인하다는 상례에서 벗어나지 않고 콘스탄티우스 황제 또한 자비에는 일체 불감증의 인물이었다(암미아누스-마르켈리누스, 『역사』 제15권 5장. 동 제21권 16장).

제19장 콘스탄티우스 황제의 독재 – 갈루스의 승진과 죽음 – 율리아누스를 둘러싼 위기와 그의 즉위 – 사르마티아 및 페르시아 전쟁 – 갈리아에서의 율리아누스의 승리

⟨353 – 359⟩

 3분 됐던 로마제국의 여러 속주도 콘스탄티우스 황제의 승리로 또다시 통일을 보았다. 그러나 원래 화전(和戰) 어느 쪽에도 재능이 빈약하고, 더욱이 부하 장군들을 두려워하는 동시에 각료 문관들에게도 신뢰감을 가지지 않은 용렬한 군주인 만치, 그 무력에 의한 승리도 다만 로마세계에 환관(宦官, eunuch) 정치 제도를 수립하는 것으로 끝나고 말았다. 환관이라는 이 불행한 존재는 원래 고대 동양의 독재 전제와 그의 질투에서 생겨난 것이지만 그리스·로마가 아시아적인 사치풍조에 물들게 되면서 이들 서방세계에도 이 제도가 도입되기에 이르렀다.* 다만 이것의 전파속도가 대단히 빨라서 아우구스투스 황제시대에는 이미 이집트 여왕이 이끄는 기괴한 호종(扈從)들이라 하여 혐오되고 있었다(호라티우스⟨Horatius. Flaccus Quintus. BC 65 – 8. 로마의 시인⟩의 『에포도스 시집』제 5 권, 제9, 클레오파트라⟨Cleopatra, BC 69 – 30⟩에 봉사하는 「거세남자⟨Spado⟩」라고 불리웠다). 그럼에도 불구하고 사실은 점차 명류가의 귀부인이나 원로원 의원, 또는 황제 자신의 가정에까지 침투해 들어갔다(기번은 제4대 황제 클라우디우스⟨Claudius. 재위 41 – 54⟩에 봉사한 환관 포시데스⟨Posides⟩를 지목한 것 같다. 스에토니우스, 『황제전』의 「클라우디우스 황제전」28절). 도미티아누스 황제(Domitianus. 재위 81 – 96)와 뒤이은 네르바 황제(Nerva. 재위 96 – 98)는 모두 칙령을 발포하여 엄격히 제한했지만(스에토니우스, 『황제전』의 「도미티아누스 황제전」7절, 디온 – 카시오스⟨Dion – Cassios / Dio Cassius. 150? – 235? 로마의 역사가⟩의 『로마사』 제67권 2절에도 남자의 거세를 금지했다고 쓰여 있다. 네르바 황제도 마찬가지의 금지령을 내렸다는 것이 상기 『로마사』 제68권 2절에 나와 있다), 이와 반대로 디오클레티아누스 황제(Diocletianus. 재위 284 – 305)는 오히려 위용으로서 이것을 총애하였다. 과연 콘스탄티누스 대제는 현명하게도 그들에 대하여 품격을 격하시키는 조치를 강구했는데 (『황제전』의 「알렉산데르-세베루스 황제전」 66절 및 67절. 전자에서는 세베루스 황제가 환관을 국정의 추기〈樞機〉에 참여시키지 않았음을 칭찬하였고, 후자에서는 직접 콘스탄티누스 대제에게 바치는 말로써, 황제가 환관에게 군부 요직에 앉히는 악습을 폐지하고 전적으로 본래 임무인 안살림 심부름꾼의 직무만을 수행케 하는 데 그친 현명성을 들고 있다), 뒤이은 불초 후계황제들(콘스탄티누스 2세, 콘스탄티우스 2세, 콘스탄스의 3형제 황제를 가리키는 것)의 대에 이르자, 황궁내 그들의 수가 갑자기 증가하였고, 언젠지도 모르게 콘스탄티우스 2세황제의 기밀회의 소식에도 통할 뿐만 아니라 끝내는 그런 회의를 좌우하리만치 세력을 장악하게 되었다. 일종의 불구자인 그들은 예외없이 일반인들로부터 혐오와 모멸을 받았는데, 이런 일 자체가 그들의 품성을 타락시켰다고나 할까, 하여튼 인간으로서의 고상한 심정을 가진다든지, 공명정대한 행동으로 나가게 하는 일을 거의 불가능하게 한 것 같다. 한편 아부와 음모를 장기 중의 장기로 하게 만들었다. 콘스탄티우스 2세황제의 경우, 그들은 황제의 공포심·나태벽·허영심 등등을 번갈아 이용하면서 교묘하게 그를 조종하였다(암미아누스-마르켈리누스, 『역사』 제21권 16장 및 동 제22권 4장. 그는 자기의 처첩들과 내관들, 「그리고 가냘픈 목소리의 환관들」에 의하여 완전히 지배되고 있었다고 쓰고 있다). 말하자면 속임수 거울이 비춰 주는 국가번영이라는 허상(虛像)에 황제가 자만하고 있는 사이에, 그의 무위무기력함을 기화로 이 환관들은 학정에 고통받고 있는 각 속주의 원성을 일체 황제의 귀에 들어가지 못하게 한다든가, 또는 재판의 공정성과 영예를 팔아서 막대한 재산을 긁어 모아 사복을 불리는 일, 심지어는 그들을 통하여 부정하게

＊ 환관이 아시아(페르시아)와 이집트에 기원을 가지며 이것이 그리스·로마에도 도입되었다는 견해는 오늘날에도 대략 타당한 것 같다. 헤로도토스〈Herodotos, BC 484?-425? 그리스의 역사가·여행가. 「역사의 아버지」〉의 『역사』에는 이미 페르시아인의 습속으로서 거세된 남자에 대하여 언급한 것이 있는데, 아마도 그리스에의 도입은 알렉산더 대왕의 동방원정 결과일지 모른다(페르시아 점령은 BC 330-323년간이다). 그리스어 Eunoûkhos의 어원은 「침실의 파수꾼」이라는 뜻이지만, 이것은 euphemism(완곡어법, 완곡어구)으로서 호라티우스같은 사람은 좀더 노골적으로 spado(거세남자)라는 표현을 쓰고 있다. 기번이 이의 전거로서 언급한 암미아누스-마르켈리누스에 의하면, 기원전 9세기의 고대 앗시리아 여왕 세미라미스(Semiramis/Sammuramat)가 거세환관을 최초로 사용한 창시자인 양 쓰고 있지만 (『역사』 제14권 6장 17절), 물론 믿을 만한 가치는 없다. 이보다도 『구약전서』의 「신명기」 제23장 1절에 나오는 바 「신낭이 상한 자나 신을 베인 자는 여호와의 총회에 들어오지 못하리라」와 『신약전서』 「마태복음」 제19장 12절에 나오는 바 「어미의 태로부터 된 고자도 있고, 사람이 만든 고자도 있고, 천국을 위하여 스스로 된 고자도 있도다」 등이 이 수술의 역사가 그 얼마나 오래되었는가를 시사한다.

제19장 353-359년 *123*

돈으로 권력을 산 간신배들을 승진까지 시켜서 국가요직의 권위를 실추시키며 나아가서는 이런 좀도둑무리에 의한 비호 따위를 단호하게 거부한 소수의 비범한 인재에게는 곧 비열한 수단으로 보복하여 사사로운 원한을 푼다든가, 하여튼 온갖 악폐를 조장시켜 왔다(빅토르,『케사르 열전』 42절). 이를 환관 무리 중에서 가장 악명높았던 자는 시종장인 에우세비우스(Eusebius)였다(에우세비우스에 대해서는 암미아누스-마르켈리누스의『역사』제18권 4장에 상세히 쓰여 있다). 황제와 궁정을 지배하던 그의 권세는 절대적이어서, 어떤 공평한 사가가 풍자한 말(물론 암미아누스-마르켈리누스를 말하는 것)에 의하면, 황제의 지위 자체가 차라리 이 존대성으로 자고 자대하는 총신의 신임여하에 달려있는 형편이었다고 했다. 불운한 부황제 갈루스에 대한 단죄장에 황제가 서명한 것도 전적으로 교묘한 그의 진언에 의한 것이었다. 이리하여 황제는 콘스탄티누스가의 명예를 더럽히는 수다한 골육살해의 기록에 이제 새로운 범죄를 첨가하는 결과가 되었다.

  콘스탄티누스 대제의 조카인 갈루스와 율리아누스의 양인(이 두 사람은 이복형제다. 아버지는 같은 율리우스 콘스탄티우스지만, 갈루스의 어머니는 갈라(Galla)이고 율리아누스의 어머니는 바실리나(Basilina)였다)이 겨우 병사들의 마수에서 벗어났을 때, 전자는 대략 12살이고 후자는 겨우 6세 정도였다(337년의 일). 특히 형인 갈루스는 태어날 때부터 병약해 보인 점도 있고, 콘스탄티우스 2세 황제의 위장된 자비에 의하여, 두 사람 모두 타인의지의 위태로운 삶이기는 했지만, 뜻밖에도 간단하게 죽음만을 모면하였다. 즉, 이처럼 티없는 어린 고아들까지 처형해서야 세상 사람들도 이것을 너무 극악무도한 의식적인 잔학행위로 볼 것임을 황제도 잘 알고 있었기 때문이다. 여기서 4촌인 이 이복형제의 유형지 겸 교육장소로서 각각 이오니아(Ionia)지방과 비튜니아(Bithynia) 지방에 1개씩 시가 지정되었다. 그러나 이들이 성장하는 사이에 황제의 의심은 갑자기 높아졌다. 그리하여 이 불행한 소년들을 차라리 케사레아(Caesarea)시에 가까운 마켈룸(Macellum)성에 감금하는 편이 보다 현명한 방책이라고 생각하게 되었다(344년의 일?). 6년간에 걸친 감금 생활 중에 이들이 받은 처우는, 한 절반은 엄격한 후견인의 감시하에 대략 예상할 수 있는 것이었고, 다른 한편에서는 시의심 많은 포악한 황제의 눈초리가 번쩍거리는 한, 당연히 두려운 불안감이 수반되었을 것이다. 그들이 연금되었던 장소는 일찍이 캅파도키아(Cappadocia) 왕들이 살았던 구왕궁으로서, 환경은 쾌적하고 건물은 크고 넓었으며, 궁원(宮苑)은 매우 광대했다. 두 사람은 매우 우수한 교사들 밑에서 학문에 정진하고 또 체련에 힘썼다. 콘스탄티누스 대제의 조카

라고 해서 시신·시녀들이 배속되어 있었는데, 이들은 차라리 감시역을 담당한
가신단이었지만, 모두가 고귀한 그들의 출신신분에 걸맞게 훌륭한 사람들 뿐
이었다. 그렇지만 이 소년들의 입장에서 보면 역시 자기들의 운명과 자유, 심
지어 신변의 안전까지도 빼앗기고 있음을 의식하지 않을 수 없었다. 신뢰할 수
있는 인간, 존경할 수 있는 사람들과는 일체 접촉이 차단되어 있었다. 일상적
으로 접촉하는 인간이라야 모두가 노예들인데, 이 노예들이야말로 이미 화해
따위는 도저히 생각할 수조차 없으리만큼 그들에게 극심한 고통을 준 그런 포
악한 황제의 명령에 절대 충성할 것을 강제 서약당한 노예들뿐으로서, 이 두
형제는 이들에게 둘러싸여 우수에 찬 나날을 보내는 도리밖에 없었다. 그러자
갈루스가 21세 된 해였다. 국가적 위기는 싫든 좋든간에 콘스탄티우스 황제,
황제 자신이라기 보다도 차라리 그의 환관들로 하여금, 이 청년공자에게 부황
제(Caesar) 칭호를 부여할 뿐만 아니라(351년 3월의 일. 부황제 이름은 플라비우스 클라우디
우스 콘스탄티우스〈Constantius. Flavius Claudius〉였다), 황녀인 콘스탄티아(Constantia, 이때
그녀는 이미 처형된 소 한니발리아누스〈Hannibalianus〉와 사별한 과부였다)와 결혼시킴으로써
한층 더 그의 정치적 관계를 강화시키는 도리밖에 없는 정세에 있었다. 이리
하여 양자의 공식회견이 있었는 바, 여기서 금후에는 두번다시 서로가 서로를
함몰시키는 행동을 취하지 않는다는 취지의 서약을 교환한 다음, 곧 각자의
임지로 급행하였다. 즉, 콘스탄티우스 황제는 서쪽에로의 진격을 계속했고,
한편 갈루스 부황제는 안티오크시에 자기의 거처를 두었다. 그는 여기서 대리
위임권이라는 형태로 동방영토의 5대관구를 통치하게 된 것이다. 이와 같이
운명이 호전됨에 있어 신부황제 갈루스는 결코 동생을 잊지 않았다. 갈루스
덕분으로 율리아누스도 그의 신분에 상응된 영예가 주어져, 일단은 자유라는
것과 또 막대한 세습재산의 반환을 인정받았던 것이다.

　갈루스 부황제의 통치능력에 대해서는 그의 사후 유명(遺名)에 아주 좋은
평가를 주고 싶어하는 여러 사학자들, 심지어 그의 동생인 율리아누스조차―
―그의 경우 형의 약점에 관해서는 많은 것을 은폐해 주고 싶어 했지만――완
전히 그런 능력이 결여되어 있었음을 인정하지 않을 수 없었다. 감옥같은 생
활에서 일약 제위(帝位)에 오르게 된 이런 변신에서, 그에게는 자기의 식견과
경험부족을 메꿀 만한 자질과 적응력 또는 유연성같은 것을 가지고 있지 못했
다. 선천적인 음성적 성격과 신경질이 오랜 기간의 역경과 고독으로 말미암아
교정되기는 커녕 한층 더 심해졌던 것이다. 참아온 비운역경에 관한 기억이

동정심과 헤아림의 심성을 키우기 보다는 오로지 복수심으로 응고되어 있었다. 억제력 전무라는 분노가 한번 폭발하면 신변의 인간과 권력하에 있는 신하들 이야말로 수난자였는데, 그런 사람들은 가끔 생명을 빼앗기기도 했다. 게다가 황후인 콘스탄티아는 여자라기 보다도 그녀 또한 끊임없이 인간의 피로 굶주린 복수마녀군(復讐魔女群, furies)의 한 사람으로 기록되어 있을 정도의 여성(이 대목은 암미아누스-마르켈리누스, 『역사』 제14권 1장 2절을 거의 그대로 인용한 것이다. 거기에는 「인간형 태를 한 메게라〈Megaera, 메게라는 복수마녀군의 한 사람〉 그대로, 남편과 마찬가지로 끊임없이 인간의 피에 굶주려 있던 갈루스의 흉포성을 더욱 부추겼다」라고 쓰여 있다)이었다. 깊은 사려와 인자한 마음으로 가득찬 말로써 남편의 마음을 부드럽게 해 주기는 고사하고, 이와는 반대로 오히려 남편의 복수심과 역정을 북돋는 편이었다. 여성으로서의 상냥함을 모두 내동댕이친 주제에 허영심만은 몹시 강했으므로, 덕망있고 무고한 귀족 한 사람쯤 살해하는 따위는 진주목걸이 하나 정도의 값어치로 밖에는 생각하지 않았던 것 같다(전거는 상기 암미아우스-마르켈리누스의 『역사』 제14권 1장 3절이다. 희생된 이 귀족의 이름은 알렉산드리아 출신 클레마티우스〈Clematius〉였다. 장모로부터 불의〈不義〉의 정교를 요구받고 이것을 거절하자, 질투심에 불타게 된 이 장모가 황후인 콘스탄티아에게 값진 진주목걸이를 선사하고, 사위에 대한 처형장을 얻어내서 죽였다고 한다). 갈루스 부황제의 잔인성은 자주있은 백성들에 대한 처형과 군대내에서의 처형에서 가장 노골적으로 발휘되었고, 때로는 법의 남용과 일단 형식만은 재판이라는 과정을 거쳐서 교묘히 얼버무리는 방식으로 노출되기도 하였다. 때문에 안티오크시의 일반 민가와 공공집회장소 등은 끊임없이 스파이와 밀고자무리로 둘러싸였고, 때로는 부황제 자신이 평민복으로 갈아입고 미행하여 이런 타기하여 마지않는 역할을 수행하는 일도 드물지 않았다. 황궁내의 방이라는 방에는 어디에나 사형과 고문의 형틀로 장식되었는데, 그러니 시리아의 수도(안티오크시)는 도시 전체가 공포의 그림자로 떨고 있었던 것이다. 이 동방군주는 과연 자기에게 그 얼마나 적이 많고, 또 자기에게 통치능력이 없는가를 자각하고 있었던 모양인데, 결국 이런 데서 온 불만의 배출구를 언제나 있지도 않는 가공적인 반역죄로 고발된 일반 속주민이거나 그렇지 않으면 측근의 정신들 속에서 찾았다. 그중에서도 특히 후자는 당연한 이야기지만 한층 더 의혹의 대상이 되었다. 그들은 자기들끼리 비밀리에 공모함으로써, 그렇지 않아도 소심하고 시의심 많은 콘스탄티우스 황제를 화나게 했던 것이다. 그러나 이 갈루스 부황제 자신도 이와 같은 유일한 자기편으로 볼 수 있는 민심과 스스로 이반되고 있음을 깨닫지 못하고, 오히려 적들의 원한에는 그것이 진실이라는 무기를 제공하였고, 또 콘스탄티우스 황제에게는 그의 자의(용포)뿐만 아니라 생명까지 박탈토록 하는 매우 안성맞춤의 구실을 주는 결과가 되었다 (갈루스의 잔인한 행위에 대해서는 율리아누스, 조시무스의 제문헌에도 나오지만, 좀더 구체적이며 상세한 기사는 암미아누스-마르켈리누스의 『역사』 제14권 1장 및 7장에 있다).

콘스탄티우스 황제로서도 내전 소동이 로마세계의 운명을 불안에 빠뜨리고 있는 동안은, 그 자신이 선정하여 통치를 위탁한 만큼 동방사태에 대하여 그것이 아무리 약체이고 폭정이라 해도 당분간은 보고도 못본 체하면서 정관(靜觀)의 태도를 취하는 도리밖에 없었다. 사실 그 무렵에 갈리아의 참제(마그넨티우스를 가리키는 것)가 비밀리에 안티오크시에 침투시킨 자객단의 일당이 적발된 일이 있었다(조나라스, 『세계사요』 제13권 8절. 그들은 병사들을 포섭하고 있었는데, 숙사의 노파가 이들의 모의를 엿듣고 밀고함으로써 발각되었다고 한다). 그때도 황제는 오히려 이것을 이용하여 정제나 부황제의 이해관계는 일체를 이루는 것으로서 그자들이 우리들의 생명을 노리는 점에서는 공통의 적이라는 취지를 교묘하게 사람들에게 납득시켰을 정도이다. 그러나 내전에서의 승리가 일단 황제측에 돌아가자 이미 부황제 따위는 쓸모없는 존재이며 또 겁낼 필요도 없어졌다. 그의 행동은 사소한 일까지도 엄중한 검토가 가해져, 차제에 자의를 박탈하든가, 적어도 아시아에서의 사치스럽고 안일한 생활에서 떼어내다 게르만전쟁의 고난과 위험에 내세우기로 은밀히 결심하였다. 그런데 이보다 앞서 시리아 속주의 총독인 테오필루스(Theophilus)가 식량위기 속에서 안티오크 시민들에게 학살되는 사건이 일어났지만, 이것이 갈루스 부황제의 묵인, 묵인이라기 보다도 오히려 사주에 의하여 저질러진 범행이라는 소문이 나돌았다. 이렇게 되면, 이것은 단순한 일시적인 우발사고로 인한 잔학행위로는 볼 수 없고, 명백히 콘스탄티우스 황제의 지상대권(至上大權)에 대한 위험하기 이를 데 없는 도전이라 하여 황제의 노여움을 사게 되었다. 즉각적으로 최고관급(Illustres)인 동방속주 민정 총독인 도미티아누스(Domitianus)와 황실재무장관 몬티우스(Montius)의 두 사람*이 동방통치의 개혁이라는 특명전권의 임무를 띠고 현지에 파견되었다. 그런데 이들이 받은 훈령은 갈루스 부황제에게는 오히려 은근정중하게 대할 것이며, 가능하다면 차분한 설득으로 종형제간이며 공치제이기도 한 황제의 환문에 순순히 응하도록 확약을 받으라는 것이었다. 그런데 성급한 도미티아누스는 신중을 기해야 할 이런 절차를 거치는 데 완전히 실패함으로써 갈루스 부황제뿐만 아니라 그 자신의 죽음까지 재촉하고 말았다. 즉, 그는 안티오크시에 도착하자 오만불손하게도 황궁 앞을 그냥 지나친 다음, 숙소에 들어서는 몸이 불편하다는 구실하에 며칠동안 틀어박혀 있으면서, 격렬한 각서를 작성하여 황궁에 송달시켰다. 결국 부황제의 간청을 받아들여 그도 일단 각의에 출석하기는 했지만, 이 자리에서 갑작스레 취한 조치는 지극히 고압적인 태도로서 한장의 명령서를 통달했던 것이다. 즉, 부황제는 즉각적으로 로마로 갈 것, 만일 지체하거나 주저하면 그 처벌로서 도미티아누스 자신에게 부여된 권한을 행사하여 부황제 일가에 대한 경비지출을 정지시킨다는 취지를 언명함으로써 위협수법으로 나온 것이다. 콘스탄티누스 대제의 조카와 친딸로서는 이런 일개 신하된 자의 무례성을 도저히 참을 수가 없었다. 부황제는 분노한 나머지 곧 도미티아누스를 체포하여 친위대손에 넘겼다. 여기까지는 그래도 아직 화해할 수 있는 여지가 남아 있었지만, 때마침 몬티우스의 경거망동이 단번에 이것을 불가능한 일로 만들어 버렸다. 원래 몬티우스라는 위인은 어떻든 경험도 있고 지략도 있는 정치가인데, 다만 그 경박스러운 천성때문에(이런 성격으로 규정한 근거는 암미아누스-마르켈리누스의 『역사』 제14권 7장이다. 여기에는 원사본을 어떻게 읽느냐 하는 게 문제가 있어서 정정설도 있지만, 우선 기번의 해석에 따르기로 한다), 큰 일을 그르치는 일이 드물지 않았다. 즉, 이 황실재무장관은 느닷없이 덮어 놓고 부황제를 마구 나무랬다. 도시사정관(都市司政官)에 대한 파면권조차 거의 가지지 못한 부황제의 직권으로, 적어도 민정총독으로 있는 사람을 감히 투옥하는 일이란 있을 수 없다고 대든 것이다. 그리고 그 자리에서 문무백관을 소집하자, 제관은 마땅히 정제(正帝)를 대표하는 특명전권대사의 일신의 안전과 그의 위엄을 옹호해야 한다고 정제의 이름으로 강경하게 요청하였다. 성급하기 이를 데 없는 이 선전포고는 곧 갈루스의 간벽(癇癖)을 자극하여 소위 배수의 진을 친 대항책을 생각케 한 것이다. 갈루스는 우선 친위대에게 무기를 잡도록 명령하는 동시에

---

* 파견사절이 2명이라는 설에 대하여 본서 편집자인 베리(Bury, J.B.)는 자기의 견해로 수정하고 있다. 즉, 파견된 것은 도미티아누스 한 사람뿐이고, 몬티우스는 갈루스 부황제 자신의 황실재무관(quaestor palatii)이었으므로 파견됐을 리가 없다는 것이다. 판단은 역자의 능력 범위 밖이지만, 사실 저자 기번이 명백히 이 일절의 전거로 하고 있는 암미아누스-마르켈리누스의 『역사』 제14권 7장 9절을 보아도, 파견사절로서 이름이 나와있는 것은 도미티아누스 1명뿐이다. 어떠한 이유로 몬티우스가 황제의 사절로서 기번 등의 로마사서에 그 이름이 오르게 되었는지는 물론 알 수 없다. 다만 그가 갈루스의 측근으로 있으면서도 갈루스의 배신을 콘스탄티우스 황제에게 밀고했기 때문에 살해되었다는 옛사서는 몇 가지 있다.

한편으로는 안티오크 시민들을 소집하여 자기 일신상의 안전과 복수를 위하여 분기할 것을 호소하였다. 이 명령은 너무도 충실하게 집행되었다. 그들은 난폭하게도 민정총독과 황실재무장관을 끌고 나가자 두다리를 밧줄로 묶어서 거리거리를 끌고다닌 끝에 이 가엾고 불운한 희생대상자들에게 갖은 모욕과 상해를 가한 다음 마지막에는 토막낸 사체를 오론테스강(Orontes 江, 안티오크 부근을 지나 지중해로 흘러드는 강으로서 시리아에서는 큰 강 중의 하나)에 던져 버렸다(이 대목의 서술도 상게『역사』제14권 7~9장에 상세하다)

사세가 여기에 이르자 갈루스 부황제의 원래의 의도가 무엇이었던간에 이미 그의 설원(雪冤)이라는 주장을 성공시킬 수 있는 길이란 오직 전쟁터에서의 승부뿐이었다. 그러나 그의 마음의 구조는 흉포와 겁나(怯懦)가 반반씩 뒤섞인 혼합물이었다. 정제(正帝)를 선언하고 나서는 것도 아니거니와 동방의 무력과 재력을 자위를 위하여 사용하는 것도 아니었다. 꼼짝않고 정관(靜觀)하고 있는 콘스탄티우스 정제의 위장전략에 그대로 기만당한 것이다. 즉, 콘스탄티우스 황제는 갈루스가 쓸데없이 궁정의 장식에만 허송세월하는 사이에 은밀하게 모든 정예병단을 아시아 여러 속주로부터 철수시켰다. 그렇게 하고도 황제는 갈루스를 그의 수도에서 체포하는 일이 위험하다고 본 모양이다. 미적지근한 방법일지 모르지만 보다 안전한 기만수단을 착실하게 써 나갔다. 예를 들어 이 시기에 콘스탄티우스 황제가 써보낸 수많은 서한을 보더라도, 그것들은 모두가 신뢰와 친근감을 표명한 말들로 가득차 있었다. 말하자면, 갈루스에게 부디 부황제로서의 책무를 다해 줄 것이며, 앞으로는 내가 보고 있는 국무의 일부도 분담해 달라는 따위가 그것이다. 그러면서 우선 갈루스 자신이 내가 있는 서방에 와서 나에 대한 조언이나 병력으로 나의 통치를 도와달라고까지 요청하였다. 지금까지 경험해 온 수삼 차에 걸친 상호불화를 생각한다면, 갈루스로서는 당연히 불안감과 의심을 품어야 마땅했을 것이다. 그럼에도 불구하고 그는 도망칠 기회도, 또 저항할 기회도 모두 놓쳐 버렸다. 스쿠딜로(Scudilo)라는 군단사령관(Tribunus)의 감언이설에 넘어가 완전히 안심하였다. 그런데 이 스쿠딜로는 겉보기에는 무골호인처럼 생긴 무인이지만, 기실 상관의 환심을 사기 위한 교묘하기 이를 데 없는 화술에 능한 사람이었다. 게다가 갈루스는 황후인 콘스탄티아를 전적으로 믿고 있었는데, 뜻하지 않게 그녀의 죽음에 맞닥뜨리자, 줄곧 그녀의 분방한 격정에 휩쓸려 왔던 그의 운명 또한 완전히 파국을 맞이하게 되었다(서방으로의 여행 도중 비튜니아 속주의 쾨눔 갈리카눔〈Coenum Gallicanum〉이라는 마을에서 열병으로 급사했다고 한다).

　갈루스 부황제는 오랫동안 망설인 끝에 내키지 않는 마음에 채찍질 하면서 겨우 밀라노 궁전을 향하여 길을 떠났다. 안티오크시에서 하드리아노플(Hadrianople)까지는 당당하게 노부(鹵簿)를 갖추고 광대한 그의 영내를 여행하며 지나갔다. 그리고 콘스탄티노플에서는 내심의 불안감을 사람들의 눈——아마도 자기 자신에 대해서였겠지만——에서 감추기 위하여 대경기장에서 경기류 따위를 공개해 보이는 등, 애써 시민들을 즐겁게 하였다. 그러나 여정이 진행됨에 따라 이윽고 신변에 다가오는 위험성을 조금씩 느끼는 것 같았다. 대도시에서 마다 의례 고관들의 마중을 받았지만 그들의 모두가 또한 콘스탄티우스 황제의 심복들이었는데, 그들은 연이어 통치의 제권능을 박탈하는 한편 부황제의 행동을 끊임없이 감시함으로써 절망적인 나머지 그가 자포자기식으로 반격으로 나오는 것을 미연에 방지하라는 황제의 내명을 받고 있었던 것이다. 또한 갈루스가 지나온 여러 속주는 모두 접수하도록 각각 행정관이 파견되어 있었는데, 이들은 모두 갈루스 앞을, 싸늘한 인사말을 건네거나 아니면 모멸하는 일별(一瞥)을 던지고는 지나쳐 갔다. 그리고 국도연선에 배치되어 있던 군대는 그의 일행이 접근해 오면 반드시 어디론가 이동되곤 하였다. 만일 그들이 내전에 가담하려는 생각이라도 가지게 되어서는 곤란했기 때문이다 (사실 이때 하드리아노플에 주둔하던 군단은 남몰래 갈루스에게 사자를 보내어 그에게 편들겠다는 뜻을 제의했다고 한다. 암미아누스-마르켈리누스, 『역사』 제14권 11장). 하드리아노플시에서는 수일 간의 휴양이 허용되었다. 그런 직후에 그는 한 통의 훈령서를 받았다. 그것은 어마어마한 노부행렬은 이제 이 도시에서 끝마치고 그뒤는 다만 역마차 10대분의 수행인원만을 데리고 단신 밀라노 황궁까지 급히 오라는 엄명이었는데, 이것은 절대권병(絶待權柄)의 엄숙한 말들로 쓰여 있었다. 막상 이렇게 바삐 서두르는 여행길에 나서고 보니 콘스탄티우스 황제의 종제(從弟)이며 공치황제로서 그에게 표해오던 당연한 경의는 언제지도 모르게 심히 버릇없는 태도로 일변되어 있었다. 뒤따르는 종자들의 얼굴표정까지 벌써 감시자의 그것으로 바뀌어 있었을 뿐만 아니라, 잘못하다가는 언제 사형집행인이 될지도 모른다는 그들의 태도를 눈치 챈 갈루스는, 자기의 치명적인 경거망동을 비로소 후회하는 동시에 스스로 자초했다고도 할 수 있는 자기의 행동을 반성하고 새삼스럽게 공포와 후회의 울상을 짓기 시작한 것이다. 판노니아 속주의 페토비오(Petovio, 여기서는 기번의 원문에 따랐지만 적현한 것으로 보이는 암미아누스-마르켈리누스의

『역사』제14권 11장에는 「노리쿰의 페토비오」라고 되어 있다. 이곳은 지금의 유고슬라비아령 프투이로서, 오스트리아와의 국경에 가깝고 드라베강에 연해 있는 작은 거리다. 판노니아 속주와 노리쿰 속주와의 경계상에 위치해 있기 때문에 일으킨 오해인 것 같다)에까지 당도하니, 안내자들은 지금까지 취해 오던 가면적인 태도도 벗어던지는 것이었다. 시 교외에 있는 행궁으로 연행되자, 거기에는 독군(Comes)인 바르바티오(Barbatio. 원래는 갈루스 부황제의 궁정에서 봉사하는 친위대 사령관이지만 부황제를 배반한 자였다)가 특별히 선발한 일단의 병사들을 이끌고 희생물의 도착을 대기하고 있었다. 이 병사들이란 측은한 마음도 없거니와 은상으로 매수하려 해도 절대로 움직이지 않는 그런 자들뿐이었다. 해질 무렵에 마침내 그는 그대로 체포되어 부황제의 표장류를 모두 무참하게 박탈당한 다음 이스트리아(Istria)의 폴라시(Pola 市, 지금의 이름은 풀라 〈Pula〉로서 아드리아해 안쪽에 있는 이스트리아 반도 끝에 있다)로 연행되었다. 얼마 전에도 황제가문의 선혈로 더럽혀져 있는 바로 그 격리감옥이었다(앞서 나온 콘스탄티누스 대제의 맏아들인 크리스푸스도 326년 여기서 살해되었다). 여기서 갈루스의 공포심은 이윽고 등장한 가공할 원수이며 환관의 우두머리인 시종장 에우세비우스(Eusebius)에 의하여 한층 더 높아졌다. 에우세비우스는 이때 공증인(notarius)과 친위대장을 동반하고 나타났는데, 갈루스의 동반통치에 대하여 심문을 시작한 것이다. 부황제의 마음은 굴욕감과 죄의식의 자각으로 짓눌려서 고발된 범죄행위와 반항음모에 관한 것을 요구하는 그대로 시인하고 말았다. 더욱이 이 모든 것을 황후인 콘스탄티아의 사주에 의한 것으로 변명한 것이 콘스탄티우스 황제의 노여움을 한층 더 북돋았다. 황제는 처음부터 편견을 가지고 심문조서를 읽었는데, 여기서 황제 자신의 안전과 이 4촌동생의 생존과는 도저히 양립될 수 없음을 간단히 확신하게 되었다. 그는 그 자리에서 사형판결문에 서명하고 이것을 현지에 보내어 곧 사형을 집행케 하였다. 가엾게도 콘스탄티누스 대제의 조카는 양손을 뒤로 묶이어 마치 흉악범과 똑같은 취급을 받아 감옥안에서 목이 잘리었다 (354년 12월의 일. 이 전후의 상황은 암미아누스-마르켈리누스의 『역사』 제14권 11장에 상세히 기술되어 있다). 황제는 곧 가엾게 생각하여 사형선고만은 철회하려고 했지만, 공교롭게도 특사명령서를 주어서 떠나게 했던 제2의 사자가 환관들의 농간으로 저지되었다. 그들로서는 갈루스의 끈질진 복수심이 두려웠고, 또 이 기회에 부유한 동방의 여러 속주를 단번에 제국에 통합시킬 것을 바라서 그렇게 했다는데 과연 진실은 무엇이었을까.

그렇게도 다산(多産)으로 번영을 자랑하던 콘스탄티우스-클로루스 황제(Constantius Chlorus, Flavius Valerius, 250?-306. 재위 293-306. 콘스탄티누스 대제의 아버지인 콘스탄티우스 1세황제. 클로루스는 별명이다)의 남자계 후예도 이제 살아서 남아 있는 사람은 지금의 정제인 콘스탄티우스 2세를 제외하면, 나머지는 율리아누스 1명밖에 없었다. 선불리 황족의 신분으로 태어난 불운의 율리아누스까지 위에서 말한 갈루스 몰락의 소용돌이 속에 휘몰아 넣었다. 이오니아(Ionia, 아테네시를 말한다)에서의 행복한 은서 생활로부터 그는 엄중한 경호하에 밀라노 궁정에로 연행되어 왔다(354년 말의 일인 것 같다). 그리하여 7개월 이상이나 그에게도 그 언제 또다시 갈루스와 같은 비참한 죽음이 닥쳐올는지 몰라 밤낮으로 전전긍긍하면서 우민(憂悶)의 나날을 보내왔다. 사실 그런 죽음의 그림자는 매일처럼, 그것도 거의 그가 보는 눈앞에서 그의 일족이 사귀던 친구와 지지자들의 머리위에 용서없이 찾아왔던 것이다. 그 자신으로서도 표정 하나, 동작 하나 심지어 침묵을 지키는 행위조차 악의찬 호기심의 눈초리로 관찰당하였으며, 또한 적대자로서의 기억이 전혀 없는 자들로부터, 심지어 그로서는 아무것도 모르는 모략공작으로 끊임없이 공격해 오는 것이었다(암미아누스-마르켈리누스, 『역사』제14권 1, 3, 8의 각장. 이 사이의 소식은 율리아누스 자신이 쓴「아테네 시민 및 아테네 원로원에게 기탁한다」는 유명한 서한에 상세히 기술되어 있다. 다만 여기에는 얼마간 감정적인 과장도 있다). 물론 이 역경이라는 수련도장에서 부지불식간에 그가 강의하고 깊은 사려라는 덕성을 배웠다는 메리트는 있었다. 어떻게 해서든지 진심을 실토시켜 이로써 그를 함정에 빠뜨리려는 환관들의 간지(奸智)에 대하여, 그는 명예뿐만 아니라 자기의 생명까지 방위하지 않으면 안되었다. 슬픔과 분노는 주의깊게 억제하고 있었지만, 다만 형의 죽음의 정당성을 시인하는 그런 미태(媚態)를 보임으로써 포악한 황제에게 아부하는 일만은 의연한 태도로 거부하였다. 그리고 기적적으로 죽음을 모면한 일에 대하여 이것은 오로지 신들의 가호에 의한 것으로 감사드렸다. 즉, 불신독신(不信瀆神)의 콘스탄티누스 대제 일가에 대하여 신들의 재판이 내려진 멸망의 선고로부터 무고한 자기 혼자만이 겨우 면죄되고 있었던 것이다(율리아누스, 『연설』제7의「견유파 헤라클레이오스를 반박한다」의 말미 부분 참조). 이와 같이 섭리에 도달하도록 매개한 가장 유력한 사람이 바로 재색겸비한 황후인 에우세비아(Eusebia. 마케도니아 텟살로니카(Thessalonica)의 명문가 규수이며, 집정관의 누이동생으로 출생하여 352년에 콘스탄티우스 황제와 결혼하였다. 360년에 사망. 그녀는 그녀의 덕성으로 말미암아 거의 모든 사가들로부터 절찬을 받고 있다)였는데, 그녀의 이와 같은 시종일관 변함없는 고귀한 애정에 대하여 율리아누스는 깊은 감사를 표명하고 있다. 생각컨대, 그녀는 황제에 대하여 심대한 영향력을 가졌던 바, 이로써 환관들이 권하는 강력한 음모도 어느 정도 억제시킬 수 있었다. 그녀의 중재도 있고 해서 황제는 비로소 그의 알현을 허용하였다. 여기서 그는 상당히 자유롭게 자기 자신의 입장을 해명 및 호소할 수 있었다. 또 황제도 쾌히 그것을 들어주었던 것이다. 환관들은 한결같이 강조하기를 섣불리 갈루스의 피에 대하여 복수할 가능성있는 자를 살려주는 일의 위험성을 역설했지만, 결국 에우세비아의 온정론이 각의를 제압하였다. 그러나 다음번의 제 2 차 알현은 환관들의 공포심을 더욱 심화시켰다. 율리아누스 자신도 우선 당분간은 밀라노시 교외에 물러가 있음이 좋겠다는 충고에 따르고 있었는데, 그후 콘스탄티우스 2세황제는 드디어 명예로운 유배지로서 그를 아테네시로 돌려보내는 것이 현명하다고 생각하기에 이르렀다. 원래 이 율리아누스 소년은 일찍부터 그리스인의 언어·습속·학문·종교 등에 대하여 강한 취미──차라리 열애(熱愛)라고 말할 수 있는 그런 동정심을 가지고 있었던 만큼, 바라지도 않던 최상의 유배명령을 그는 기꺼이 받아들였다. 군부의 소요나 궁정내의 음모로부터 멀리 떨어져 전적으로 아카데미아의 삼림학원에서 반 년쯤을 보내면서 일편단심 당대의 유명한 철학자들과의 자유로운 교제로 나날을 보냈다(그가 그리스로 보내진 것은 355년 5월이다. 아테네에서의 체재는 같은 해 7월부터 10월까지였다). 이 철학자들 또한 스승으로서 귀공자의 선천적인 우수한 자질을 개발하고, 긍지를 높이며, 나아가서는 그의 신앙을 심화시키는 데 힘썼다. 과연 이런 노력은 헛된 일이 아니었다. 청년 율리아누스는 이곳에서의 지난날의 일을, 만일 자유정신을 가진 사람이라면 반드시 느낄 것이 틀림없는 그런 깊은 경애의 일념을,죽을 때까지 포지하게 된 것이다. 이곳에서야말로 자유정신은 훌륭하게 꽃을 피웠고, 그는 위대한 신장력을 발휘하고 있었던 것이다. 그의 천성이나 입장에서 말하더라도 그가 보인 온후하고 유화한 인품은 무릇 그와 대화를 나눈 사람이라면, 그것이 시민이건 또는 이방인이건간에 부지불식간에 깊은 친애감을 갖게 하였다. 물론 동문수학자들 중에는 편견과 혐오의 눈으로 그의 행동을 관찰하던 사람도 있었겠지만, 적어도 아테네의 각 학원에서는 이처럼 재덕이 겸비된 그에게 일반적으로 호감을 가졌던 바, 이런 소문은 곧 로마세계 전역에 퍼져나갔다(그에 대한 예찬자의 대표는 율리아누스가 죽은 뒤에 그에 대한 「애도사」를 기초한 안티오크의 수사학자 리바니우스〈Libanius/Libanios, 314-393?〉이다. 이와 반대로 통렬하게 비난하는 글을 남긴 사람은 아테네시절의 학우 중 한 사람인 신학자 나찌안쩬(Nazianzen〉의 그레고리우스〈Gregorius, 329? -

389. 동방교회 교회박사·성인)였다. 그레고리우스의 「연설」 제4 참조).

이와 같이 그의 나날이 학구 생활의 그늘에 가려져 있는 사이에도 황후인 에우세비아는 자신이 지향하고 있던 인자한 선의 달성에 집념하여, 어떻게 해서든지 그의 장래를 열어주는 문제에 대하여 언제나 잊지 않고 있었다. 갈루스 부황제의 죽음으로 말미암아 이제 콘스탄티우스 황제는 제국 전체에 대한 독재권을 한손에 거머쥐게 되었지만, 동시에 이의 과중한 책무가 커다란 짐이 되어, 황제의 마음을 덮어 누르고 있었다. 내란에서 입은 상처가 아직 아물기도 전에 벌써 갈리아의 여러 속주들은 연이은 만족들의 침구로 야단법석이었다. 예컨대 사르마티아족은 이미 다뉴브강의 경계선 따위는 아주 무시하고 있었다. 안하무인격으로 약탈을 자행하는 이사우리아족(Isaurians, 터키령 소아시아쪽 지중해 연안에 살던 이사우리아 속주의 원주민들)의 침구는 날로 그의 대담성을 더해갔고, 또 그 수도 증가일로에 있었다. 우뚝 치솟은 산악지대의 험난한 길을 내려오는 이 강도단은 먼저 부근의 옥야지대를 약탈하는 것을 시작으로, 물론 실패로 끝나기는 했지만, 로마 정규군 3개군단이 방위하는 중요한 도시인 셀레우키아 (Seleucia. 지금의 셀레후키에. 아사우리아 속주와 키리키아 속주의 경계선 가까이에 있던 해안도시) 에까지 감히 포위공격전을 전개하는 형편이었다. 특히 승리에 오만해진 페르시아왕은 또다시 아시아 속주의 평화를 위협하기 시작하였다. 이러한 사정도 있고 해서, 이제 동방과 서방 양쪽에 황제가 있어야 한다는 것이 절대적인 요청사였다. 여기에 이르러 콘스탄티우스 황제도 비로소 이 광대한 영토의 통치가 혼자의 힘으로는 도저히 불가능하다는 것을 충심으로 깨달은 것이다(암미아누스-마르켈리누스, 「역사」 제15권 8장 2절). 폐하와 같은 만능의 영재이신데다가 천운까지 폐하편인 이상, 어떠한 장애가 있어도 승리하는 것은 따놓은 당상이라는 아부분자들의 말에도 불구하고, 황제는 기꺼이 에우세비아 황후의 충언에 귀를 기울였다. 그것은 시의심 많은 그의 자존심을 헐뜯음이 없이 게다가 교묘하게 그의 나태심을 만족시키는 것이었다. 갈루스 부황제를 죽인 기억이 아직도 황제의 마음속 깊이 남아 있는 것을 알게 된 그녀는 교묘하게 두 형제의 성격차라는 것을 설득하였다. 이것은 이 두 형제가 어렸을 때부터 이미 저 도미티아누스와 티투스 두 형제의 그것을 생각케 했다는 것을 비교하여 설명한 것이다(암미아누스-마르켈리누스의 「역사」 제14권 11장 28절에서 거의 그대로 인용한 것. 티투스와 도미티아누스는 모두 베스파시아누스 황제〈Vespasianus, 재위 69-79〉의 친자인데 먼저, 형인 티투스〈Titus, 재위 79-81. 인정을 베풀어서 「인류의 총아」라고 칭송되었다〉가 제10대 황제, 동생인 도미티아누스Domitianus, 재위 81-96)가 11대 황제로 등극했으나 공포의 학정을 시행했고 기독교를 탄압했다). 그리고 그녀는 언젠지도 모르게 남편 마음속에 율리아누스는 털끝만치도 야심을 품지 않는 온후한 공자임을 전적으로 믿게 하였다. 황제자리에 앉히면 아마도 오로지 감사하는 마음으로 충절을 맹세할 따름일 것이고, 부황제로서는 훌륭하게 자기 책무를 수행할 능력을 충분히 갖추고 있으며, 어떠한 일이 있더라도 제국의 대원수이며 또 은인이기도 한 폐하의 명령에 반항하거나 또는 그 영광에 손상 입히는 그런 야망은 절대로 없으리라는 것이었다. 물론 측근의 환관들은 극비리이긴 하지만 집요하게 반대하였다. 그러나 황제는 마지막에는 에우세비아 황후의 의향에 동의하여 우선 황제의 여동생인 헬레나(Helena)와의 결혼식을 올리게 한 다음 율리아누스를 부황제(Caesar)로 임명하여 알프스 이북지역에 대한 통치권을 부여하기로 결심하였다.

   밀라노 궁정에로의 소환명령에 대해서는 마땅히 앞으로의 중용을 시사하는 내의(內意)정도는 있었으리라고 생각되지만, 그래도 율리아누스는 아테네 시민들에게 부득이하게 사랑하는 이 한거생활(閑居生活)로부터 떠나가게 되는 자기의 슬픈 심정을 눈물을 흘리면서 숨김 없이 토로하였다(암미아누스-마르켈리누스, 『역사』 제15권 8장. 조시무스, 『신로마사』 제3권 2절). 생명의 안전을 생각하고, 명성의 위험성을 생각했으며, 또 그의 덕망을 생각해서까지도 그는 불안감에 떨었다. 겨우 한가닥 믿은 것은, 그의 모든 행동을 시종일관하여 고무 격려해 주는 미네르바(Minerva, 지혜·기예·전쟁을 관장하는 여신)여신이었는데, 이를 위하여 여신은 일부러 일신(Helios/Sun)과 월신(Serene/Moon)으로부터 눈에 보이지 않는 천사들을 빌려다가 끊임없이 자기의 신변을 지켜주고 있다는 확신으로부터 오는 안도감뿐이었다. 그는 공포심으로 떨면서 밀라노 황궁에로 다가갔다. 그러나 현실적으로 그의 일가를 암살했던 자객들이, 이번에도 비굴하기 이를 데 없는 위장된 적의를 보이면서 말을 걸어 왔을 때만은, 어지간히 순진한 이 청년도 무의식 중에 그만 노기찬 얼굴표정을 짓지 않을 수 없었다. 선의의 계획이 성공한 것을 크게 기뻐한 황후 에우세비아는 마치 누님과도 같은 상냥한 태도로 그를 끌어안고, 온갖 위로하는 말과 사랑에 가득찬 어루만짐으로 그의 공포감을 불식시킴으로써 어떻게 해서든지 이번의 새로운 운명에 대하여 아무런 구애도 받지 말고 복종시키고자 무진 애를 썼다. 우선 턱수염을 깎게 한 다음, 이어서 그리스 철학자들의 길다란 옷대신 처음으로 군복으로 갈아 입었을 때의 시골무지렁이 같은 그의 행동거지는 그후 며칠동안은 경박한 정신(廷臣)들의 웃음거리로 되었다(이때의 모습도 율리아누스의 앞서 든 서한에 상세히 나와 있다).

　콘스탄티누스 대제시대의 황제들이란 자기의 공치황제를 선정함에 있어 원로원과 상의하는 일은 벌써 문제로 삼지 않고 있었다. 그러나 그의 지명이 군대의 동의에 의한 승인을 받는 일만은 몹시 신경을 썼다. 따라서 이 부황제의 엄숙한 즉위식을 거행할 때도 친위대는 물론이거니와 밀라노 근교에 주둔하는 각 부대는 모두 무장하고 참가하였다. 먼저 콘스탄티우스 황제가 마침 이날 제25회 생일을 맞이한 4촌동생 율리아누스의 손을 잡고 높은 연단 위에 올라섰다. 그리고 미리 준비한 당당한 연설을 했는데, 그는 여기서 먼저 국가의 번영을 위협하고 있는 여러 가지 위기를 설명한 다음 서방통치를 위해서는 부황제의 임명이 필요한 이유를 누누이 설명하였다. 그러면서 만일 군대가 동의하기만 한다면 콘스탄티누스 대제의 조카로서 장래유위(將來有爲)의 이 청년에게 이제 이 자리에서 자의(紫衣)를 입는 영예를 주고 싶다는 취지의 자기 의향을 표명하였다. 병사들의 동의는 입증되었다. 그리고는 씩씩하게 생긴 율리아누스의 얼굴을 일제히 올려다 보았다. 더욱이 그의 눈동자에서 빛나는 정열의 불길은 이제 처음으로 이런 대중앞에 세워진 탓인지 일말의 겸양자제하는 부끄러움까지 나타내는 것으로 보였다. 병사들은 호감을 가지고 그것을 지켜 보았다. 이렇게 해서 서임식이 끝나자 콘스탄티우스는 연장자이기도 하거니와 정제라는 우위성도 있어서, 엄숙한 어조로 율리아누스에게 말을 걸었다. 새로 부황제에 오른 사람은 마땅히 훌륭하게 공적을 세움으로써 신성불멸한 그 지위를 부끄럽게 하지 말 것을 강력히 요망하는 동시에, 두 사람의 우정은 앞으로 시간의 흐름으로 결코 손상됨이 없으며, 또 서로가 아무리 멀리 떨어져 있다 해도 그것으로 깨뜨려지는 일은 절대로 없을 것이라는 내용을 매우 엄숙하게 확약하였다. 이 말이 끝나자 군대는 동의하고 또 축복한다는 표시로서 일제히 각자의 방패를 두 무릎으로 두드렸다. 한편 연단을 둘러싸고 있던 장교들도 얼마간 조심스럽기는 했지만 황제의 대리인인 새 부황제의 영명성을 한결같이 칭송하였다(355년 11월 6일의 일. 암미아누스-마르켈리누스의 『역사』 제15권 8장 15-17절).

　여기서 정부 두 황제는 한 전차에 나란히 같이 타고 황궁으로 귀환했는데 유유히 달리는 그 도중에 율리아누스는 애송하는 호머(호메로스)의 시를 반복해서 흥얼거렸다(암미아누스-마크켈리누스, 『역사』 제15권 8장 17절. 그가 흥얼거렸다는 호머의 시는 『일리아드』 제5장 83행에 있는 바 에우류퓨로스가 휴푸세놀을 단칼에 베어 죽이는데, 그것은 「주홍〈朱紅〉의 죽음과 지강〈至强〉의 운명이 〈그의 두 눈을〉 붙들었다」라고 표현되어 있다. 이 주홍은 죽음을 형용하는 동시에, 미구에 다가올지도 모를 자신의 운명의 형용으로서 연상한 것인지도 모른다). 아마도 이것으로 자신의 행운을 생각하는 동시에 앞으로의 불안감도 예감하였는지 모른다(상게 『역사』 제16권 5장 3절. 그것에 의하면, 자유가 극도로 제한되었지만 식탁에는 산해진미가 나왔던 것 같다. 그러나 그는 이것을 사양하고 어디까지나 조의조식(粗衣組食)으로 만족했다고 쓰여 있다). 취임식이 끝난 후에 그가 밀라노에서 보낸 24일과 또 갈리아 통치의 최초 수 개월 간은 화려한 영진(榮進)이라고는 하지만 극히 엄중한 감시하의 포로생활과도 같은 것이었다. 주어진 영예도 자유의 상실을 보상하기에는 매우 부족하였다. 일거수 일투족이 감시하에 있었고, 왕래하는 서신은 모두 검열을 받았다. 깊은 배려라곤 하지만 친구의 내방조차 거절해야만 하였다. 그전부터 부리던 가신이라 해도 그대로 두고 봉사하도록 허용된 것은 겨우 2명의 사동과 시의(侍醫) 그리고 사서관 1명 등 모두 4명뿐이었다. 그중에서 사서관은 황후인 에우세비아가 사랑하는 율리아누스의 관심과 기호를 잘 알고서 기증한 귀중한 수집문헌류를 전적으로 관리하기 위하여 두어진 사람이었다. 이러한 충직한 가신들 대신에 부황제의 위엄에 어울리는 가신단이 일단 새로 구성된 것은 사실이다. 그러나 이들은 모두 새 군주에 대한 친애감 따위는 털끝만치도 가지고 있지 않았는 바, 사실 그런 심정 따위는 도저히 품을 수도 없는 노예들뿐이었다. 율리아누스로서는 이의 대부분을 보지도 못했던 사람들, 차라리 수상쩍어 보이기조차하는 인물들 뿐이었다. 그의 정치경험의 부족으로 보면, 당연히 현명한 고문회의의 조언이 필요하였지만, 식사의 배식으로부터 일정시간의 배분까지 사소한 일마저 훈령에 따라서 정해져 있었으므로 그것은 중요정국의 지휘권이 위임된 군주라는 입장보다도 차라리 아직 사부들의 감독하에 교육중에 있는 청년에게 적당한 것이었다. 신하들의 신뢰를 얻고자 하면 그것은 모두가 콘스탄티우스 황제의 시의심을 불러일으킬 우려가 있다 하여 억제되었다. 결혼했으니 이제 자녀를 얻으려고 하면, 이 또한 뜻하지 않게 황후인 에우세비아의 질투심에 입각한 모략을 받아 저지되었다. 즉, 이점만은 그녀도 여성적인 상냥성을 잊었고, 천성적인 아량도 모든 것을 어디엔가에 내동댕이친 것처럼 행동한 것이다.* 게다가 부모형제들의 운명을 생각하면 아무래도 일신의 위험을 생각하지 않을 수 없었고, 여기에 더하여 최근에 일어난 실바누스(Sylvanus)의 비참한 죽음도 그의 불안감을 더욱 증대시켰다. 그 자신의 부황제 취임이 있기 2개월 전의 여름이었다. 장군인 실바누스는 만족의 침구와 약탈로부터 갈리아를 수호하도록 선정되었는데, 머지않아 깨닫게 된 것은 가장 위험한 적은 앞에 있는 것이 아니라 바로 얼마 전에 뒤로하고 나온 궁정 안에 있다는 사실이었다. 몇몇 중신들의 비호를 받고 있는 밀고자가 실바누스로부터의 추천장이라는 것을 교묘한 방법으로 입수하였다. 그리하여 이 밀고자는 그의 서명부분만을 남기고 나머지 본문 전체를 깨끗이 지운 다음 여기서 생긴 공백란에 무서운 대역음모를 꾸미는 내용을 써 넣은 것이다. 다행히도 이 위조문서는 그의 친구들의 용기있는 해명덕분으로 황제 친림하에 열린 문무고관들의 대회의 석상에서 실바누스의 원죄(冤罪)가 훌륭하게 입증된 것이다. 그러나 이미 때는 늦었다. 그는 비방되어 재산까지 몰수되었다는 소식을 받았을 때, 상투 끝까지 화가 치밀어 오르게 되자, 장군으로서 천부당 만부당하게 고발된 바로 그 모반죄를 실제로 저지르는 반항에 궐기한 것이다. 먼저 콜로그네(Cologne)의 총사령부에서 황제를 참칭하고 나섰으며, 강대한 병력을 동원하여 이탈리아에 침공한 다음, 다시 밀리노를 향하여 공략의 군사를 진격시키려고 하였다. 그러나 이런 위기에 처하여 동료 장군인 우르시키누스(Ursicinus)가 갑자기 배신행위로 나옴으로써 일찍이 동방군의 요직에 있을 때 잃어버렸던 황제의 총애를 단번에 회복코자 했던 것이다. 즉, 그 자신도 일찍이 똑같은 혐의를 받은 원한이 있다는 구실(여기까지는 사실이지만)하에 즉각 소수의 직속부하들을 이끌고 실바누스군 산하에 들어왔지만, 그 뒤 곧 너무도 경솔하게 그를 믿었던 친구인 실바누스의 신뢰를 다시 배신한 것이다. 불과 28일 간의 천하를 호령하던 실바누스는 암살당하고 말았다(355년 9월의 일). 한편 실바누스 휘하 장병들은 어차피 처음부터 반역 의사 따위가 없이 다만 맹목적으로 사령관의 명령에 따랐을 뿐이었으므로 이들은 곧 종전과 같이 콘스탄티우스 황제에의 충성을 다시 맹세하였다. 어쨌든 전투가 단 한 번도 없이 완전히 내전이 종식되었으므로 아부자들은 한결같이 콘스탄티우스 황제의 명철한 지혜와 행운을 찬양하였다(실바누스와 우르시키누스에 관한 것은 암마아누스-마르켈리누스의

---

* 헬레나를 개재시킨 율리아누스와 에우세비아와의 관계는 영원한 수수께끼라고도 할 수 있는 불가해한 문제를 간직하고 있다. 에우세비아는 일생동안 한번도 아이를 낳지 않았다. 그래서 그런지 율리아누스가 헬레나로 하여금 아이를 낳게 한 데 대하여 극도로 질투심을 불태웠던 모양이다. 사실 헬레나는 한번 아이를 낳았지만 거의 사산하다시피된 형태로 잃고 있다. 이것은 에우세비아가 산파를 매수하여 죽였고, 또 그뒤에는 헬레나에게 모종의 약을 먹여서 두번 다시 임신하지 못하도록 했다는 등 많은 소문이 떠돌았던 것 같다. 심한 소문으로서는 율리아누스와 에우세비아와의 불륜의 관계가 있었다고 말하는 것까지 있었다. 그러나 본서 편집자 베리 교수가 강력히 부정하듯이 이것들은 모두가 낭설인 것 같다.

『역사』 제15권 5장에 상세하다. 이들에 대해서는 이것이 유일한 기록인 것 같다. 그것도 그럴 것이 암미아누스-마르켈리누스는 우르시키누스의 부하로서 처음에서부터 끝까지 이때에 행동을 같이 했었기 때문이다).

한편 콘스탄티우스 황제는 레티아(Rhaetia)변경지대의 방위와 가톨릭교 신도에 대한 박해문제도 있어서 율리아누스 부황제가 출발한 뒤에도 아직 1년 반 이상이나 이탈리아에 머물러 있었다. 그리고 동방으로 돌아가기에 앞서 부랴부랴 고도인 로마시를 방문하여 자기의 허영심과 호기심을 크게 만족시켰다(암미아누스-마르켈리누스,『역사』제16권 10장에 상세히 기술되어 있다). 밀라노시를 출발하여 에밀리아(Aemilia), 플라미니아(Flaminia)의 두 가도를 통하여 로마시에 도착했지만, 고도까지 이제 40마일 못미치는 지점에서 행렬을 갑자기 개선노부(凱旋鹵簿)형식으로 바꾸었다. 일찍이 단 한 번도 외적과 싸워서 이긴 사실이 없는 황제가 말이다. 호화로운 황제의 의장행렬은 전원이 모두 사치를 자랑하는 고관대작들뿐이었는데도, 어찌된 일인지 이처럼 천하태평 시기에 막대한 수의 친위대와 흉갑기병대의 찬연한 무장으로 경호되어 있었다. 명주천에 금실의 도룡수로 용을 수놓은 수많은 정기(旌旗)가 황제를 둘러 싸고 흔들리고 있었다. 황제 자신은 황금과 보석 등 휘황찬란하게 꾸민 한 단 높은 전차에 혼자만이 타고 있었는데, 다만 로마시의 성문을 지나갈 때만 가볍게 머리 숙여 인사한 이외는 처음부터 끝까지 부동자세라고나 할까, 돌부처를 생각케 할 정도로 내내 엄숙한 위용을 지켰다. 청소년에 대한 페르시아식의 엄격한 훈련제도가 환관들에 의하여 로마궁정에까지 도입되어 있었다. 그들이 훈련시킨 참고 견디는 인내의 습성은 놀라운 것으로서, 그 혹서 속의 느린 행진 중에도 황제는 한 번도 손을 올려 흐르는 땀을 닦지 않았고, 시선을 좌우로 돌리는 일도 일체 없었다. 고관과 원로원 의원들에 의하여 영접되자, 황제는 그날부터 새삼스럽게 영예로운 공공영조물과 명문귀족출신 집정관의 상들을 친히 돌보며 돌아갔다. 가로 양측은 군중들로 차고 넘쳤다. 연속적으로 울려퍼지는 그들의 환호는 32년 간이나 보지 못했던 신성한 군주의 당당한 모습을 우러러보는 기쁨을 그대로 표현한 환호였다. 황제 자신도 어쩐지 만족하다는 기분으로, 이처럼 많은 사람을 갑자기 한 장소에 모이게 한 데 대하여 사뭇 놀란 듯한 태도를 보였다. 콘스탄티누스 대제의 친자인 콘스탄티우스 황제는 일찍이 아우구스투스 황제의 거처였던 옛황궁을 숙소로 정한 다음, 원로원에 출현하여 전체회의를 사회보면서 키케로도 여러 번 등단한 적이 있는 그 연단 위에서 시민들을 향하여 일대웅변을 토해 보였다. 다시 키르쿠스(Circus, 대경기장)에서 개최된 경기에도 파격적인 윤허라고 하면서 친림하여 여러 주요 도시 대표들이 준비해 온 황금의 관과 송사류(頌辭類)를 흠쾌히 받아 들였다. 불과 30일 간이라는 짧은 체재였지만, 그것은 주로 예의 로마 7구(七丘)와 부근 골짜기에 산재하는 수많은 전승기념비와 예술조각상 등을 돌아보는 것으로 소일되었다. 카피톨리누스 언덕 위에 있는 신전의 위용, 카라칼라황제와 디오클레티아누스 황제 등이 만든 광대한 각 욕장, 간소하면서도 위엄 있는 판테온(Pantheon, 万神殿), 티투스 황제가 만든 거대한 원형투기장(Amphitheatre), 폼페이우스 극장과 평화신전의 우아한 건축 등을 새삼스럽게 찬탄의 눈으로 보았다. 그중에서도 특히 황제의 눈을 놀라게 한 것은 트라야누스 황제의 포룸(Forun, 대광장)과 그 원주들의 당당한 위용이었다. 대저 세상에서 이른 바 명성이 높은 것은 자칫하면 날조 또는 과장되기 쉬운 것이지만, 로마세계의 수도에서만은 예외여서, 아직도 그 명성이 실제보다 훨씬 적게 알려져 있음을 새삼스럽게 확인하였다. 사실 오늘날 그 폐허만을 보고 지나치는 여행자 등에게는 고대로마인들이 완전무결하다고 말했던 이들 미(美)의 위용을 머리를 들어 올려다 보았을 때, 과연 어떤 감격에 무젖고 감격의 눈물을 흘렸을까 하는 것을 도저히 그대로 실감하는 것이 불가능했을 것이다.

　이번 순수(巡狩)로 아주 만족을 느낀 콘스탄티우스 황제는 로마시민들에게 자기 자신도 그 어떤 감사와 은혜의 기념물을 선사함으로써 그도 역시 선제들이 남긴 문화유적 대열에 끼이고 싶다는 경쟁심을 가지게 되었다. 트라야누스 황제가 세운 포룸(대광장)을 보았을 때 맨 처음에 생각난 것이 저 거대한 기마상을 모방하는 것이었으나, 그 실행의 곤란성을 다시 생각한 결과, 여기서 차라리 이집트의 오벨리스크(Obelisk, 方尖塔)를 1기 기증함으로써 옛 수도의 미관을 한층 더하는 방법을 택하였다. 알파벳의 발명도 아직 되지 않았던 아득한 옛날이지만 문명만은 이미 크게 개화되었던 당시에 테베(Thebes, 오늘날도 테베유적으로 남아있는 나일강 상류지대의 고대도시. 「백문(百門)의 테베(Hecatompylos)」라고도 불리운다)와 헬리오폴리스(Heliopolis, 나일강 하류, 오늘날의 카이로 바로 북쪽에 있던 고대도시. 「태양의 도시」라는 뜻) 등 여러 도시에는 이르는 곳마다에 고대 이집트 왕들이 세운 이런 종류의 오벨리스크가 줄지어 있었다. 형태의 간소성, 재질의 견고성이라는 면에서 볼때도 이것이라면 아무리 세월이 흘러도, 또 제아무리 극렬한 폭력이라 해도 그런 손상에 충분히 견뎌낼 것이라는 조건이, 그의 의향과 완전히 합치되었던 것이다(그의 뜻은 탑의 4면에 예의 상형문자로 자기의 공적을 조각해 넣으려는 것이다. 이 전후의 경위에 대해서는 암미아누스-마르켈리누스의 『역사』제16권 10장 및 제17권 4장에 상세하다. 다만 여기에는 기술에 착오가 있으니 읽을 때 주의할 것. 상세한 내용은 생략한다). 물론 그런 오벨리스크의 몇 개는 이미 아우구스투스 황제와 그 후계황제들에 의하여 그들의 세위와 전승을 영원히 전하는 기념물로서 로마시에 옮겨다 복원되고 있었지만(플리니우스〈Plinius, Gaius P. Secundus, 23?-79〉의 『박물지〈Naturalishistoria〉』제36권 14-15절), 다만 그 중 1기만은 그것의 거대성 때문인지 아니면 신성불가침성을 두려워해서인지 어쨌든 오랫동안 정복자의 허영적인 욕심에서 모면되어 아직까지 현지에 남아 있었다. 일찍이 콘스탄티누스 대제도 이것을 옮겨다 새 수도를 장식코자 생각한 일이 있어서, 대제의 명령으로 헬리오폴리스 태양신전 앞에 있던 대좌에서 떼내어 멀리 알렉산드리아시까지 나일강의 선박편을 이용하여 운송되고 있었으나, 마침 대제의 사망으로 그대로 중단되고 있었던 것이다. 그것을 이제 그의 아들인 콘스탄티우스 황제가 이번에는 옛수도에 이전 복원키로 마음먹은 것이다. 특별히 튼튼한 거대선박이 건조되어, 이것으로 그 거대한 화강암덩어리의 오벨리스크──적어도 길이가 150피트나 되었다──를 나일강가에서 멀리 티베리스강 안까지 운반하였다. 그것은 로마시에서 약 3마일 지점에 양륙된 다음 그뒤는 인력과 기술로써 로마시내로 운반되어 키르쿠스(대경기장)에 세워졌다(지금은 성 요아네스 라테란 광장〈St. Joannes Lateran 廣場〉에 이전 재축되었다. 현존하는 오벨리스크로서는 세계 최대이다).

  콘스탄티우스 황제의 로마시 출발은 일리리쿰 내 여러 속주가 위기상황이라는 급보를 받고 일정이 앞당겨진 것이다. 내란에 의한 혼란에 더하여 무르사(Mursa)전투로 입은 로마군단의 치명적인 대손실이 이들 여러 속주를 만족 경기병대의 말발굽 아래 거의 무방비상태로 노출시키는 결과로 되었다. 특히 심했던 것은 흉포하고도 강력하기로 이름났던 콰디(Quadi)족의 침구였다. 그들은 종전의 게르만식 군사제도를 지양하고, 맹방인 사르마티아족 군대의 무기와 군사기술을 채용한 듯 변경수비대의 힘으로서는 도저히 저지시키는 것이 불가능했다. 평소에는 일을 소홀히 처리하고 또 나태한 황제지만 여기서는 하는 수 없이 판도 내의 가장 먼 벽지로부터 팔라티니(Palatini)병단의 정예부대까지 소환(팔라티니 병단이란「황궁부대」라는 뜻이다. 콘스탄누스 대제 이후 현저하게 증강된 기병 및 보병 병단을 말하는 것. 다만 여기서는 이와 비슷한 병단이지만, 코미타텐세스〈Comitatenses〉라고 하는 것이 옳을 것이라고 베리 교수는 보충주석을 달고 있다)하였고, 또 황제 자신도 진두에 나서서 전해 가을부터 다음해 봄까지 전병력을 동원하여 일대결전으로 나가는 방법밖에 없었다(357-359년에 걸친 이 콰디-사르마티아 전쟁에 대해서는 암미아누스-마르켈리누스의 『역사』제16권 10장, 제17권 12-13장 및 제19권 11장에 각각 상세한 기술이 있다). 황제는 먼저 다뉴브강에 놓은 선교(船橋)로 도하한 다음 도중에 진격을 저지시키려는 적의 부대들을 분쇄하면서 콰디족 영내 깊숙한 곳에 있는 그들의 심장부에 진입하여 로마의 속주가 받은 참화에 대하여 철저한 보복을 가하였다. 당황한 만족은 즉각 화해할 것을 간청하여 나섰다. 맨 처음에 자비를 베풀도록 간청한 족장에게 황제가 제시한 관대한 처우는 곧 다른 보다 비겁하거나 완매한 부족들까지도 모두 이 모범을 따르게 하였다. 때문에 훨씬 먼 곳에 있는 여러 부족들, 예컨대 소(小)폴란드의 평원지대를 차지하며, 카르파티아(Carpathia)산맥계의 고산지대 저쪽에 자리잡음으로써 확실하게 안전을 확보하고 있다고 생각해도 무방할 그런 만족들까지도 앞다투어서 투항해 왔다. 덕분으로 황제군의 막사는 이런 만족의 족장들이나 그의 사절단들로 북적거렸다. 여기서 콘스탄티우스 황제는 다뉴브강 피안지역에 사는 여러 만족들까지도 로마법 규제 하에 편입시키는 한편, 노예의 반란에 부딪쳐 고국을 떠나, 하는 수 없이 콰디족 세력에 복종하고 있던 사르마티아족 망명자군에 대해서도 특히 그럴듯한 이유를 붙여서 특별한 인정을 베풀어 용서하였다. 즉, 권모술수를 뒤섞은 회유정책이라고나 할까, 하여튼 그들을 그의 굴욕적인 예종으로부터 해방하여 새삼스럽게 별개의 협약을 맺고, 로마제국의 우호맹방으로서 끝까지 남아 있는 한, 신왕제 밑에 결집하여 하나의 국가로서의 면목을 회복시켜 주었다. 황제는 어디까지나 그들의 대의명분을 지지하면서 옛날 노예였던 시절의 악덕을 아직도 그대로 남기고 있는 리미간테스(Limigantes)족은 이것을 철저히 섬멸하든가 (리미간테스족이란 사르마티아족의 일부로 생각해도 좋을는지? 다만 그들은 본래 노예로서 사르마티아족 주인에게 소유되어 있었다. 그러나 학대에 못이겨 끊임없이 반란에 궐기하였고 또 다수를 차지하고 있었기 때문에, 역으로 주인인 사르마티아족을 국외로 추방하고 말았다. 이것이 앞에 말한 사르마티아족 망명자군이다. 아래에 이 두 부족에 관한 이야기가 계속된다), 적어도 추방함으로써 속주의 평화를 반드시 확보해 보이겠다는 취지의 결의까지 천명하였다. 그러나 이 계획 실행에는 곤란만 많고 이에 수반되는 영예도 매우 적었다. 리미간테스족의 영토는 한쪽은 다뉴브강에 의하여 로마군의 침공으로부터 방위되었고, 다른 한쪽은 적성만족들에 의한 침공에서 테이스(Theiss)강이 천연의 방벽역할을 해 주고 있었다. 더욱이 이 두 강 사이에 전개된 소택지대는 잦은 범람으로 물바닥이 되어 있었으므로, 비밀통로나 난공불락의 방새를 잘 알고 있는 현지 주민이 아닌 이상 도저히 통과를 허용하지 않을 정도로 매우 착잡한 황무지였다. 콘스탄티우스 황제의 공략전을 알게 된 리미간테스족은 혹은 애원도 하고 혹은 기만술을 쓰거나 무력으로 저항도 시도해 보았다. 그러나 황제는 그들의 탄원을 완강히 거부하고 엉성한 그들의 군사전략을 연이어 격파하였고, 게릴라전에 의한 용감한 분전도 교묘한 대응전술로써 단호히 물리쳤다. 다만 테이스-다뉴브 두 강의 합류지점에 있는 작은 섬에 의거하고 있던 가장 용감한 한 부족만이 위장 귀순하여 강을 건너오는 데 응한 바 있다. 우호적인 회담을 열자고 해서 전혀 마음을 놓고 있는 황제의 방심을 틈타 그를 급습하여 거꾸러 뜨리려는 책략이었다. 그러나 그들도 스스로 기도한 배신행위의 희생물이 되어 곧 멸망하고 말았다. 즉 사방을 로마군 기병대에 포위되어 말발굽에 유린된 끝에 전원이 로마군단의 창검에 찔려서 죽음을 당했지만 마지막까지 단 한 명도 끝내 항복해 온 자가 없었다. 불굴의 투지를 가진 그들은 죽음의 고통 속에서조차 끝까지 무기를 손에 쥔 채 죽어갔다고 한다. 이 승리가 있은 뒤에 로마군 대부대는 일제히 다뉴브강을 도하하였고, 한편 로마군에 가담하고 있던 고트인의 한 부족인 타이팔레(Taifalae)족도 테이스강쪽으로부터 리미간테스족의 영내로 침공하기 시작하였다. 뒤이어 그 전의 주인이던 자유 사르마티아족 또한 앞으로의 희망과 복수심을 불태우면서 구릉지대를 돌파하여 구영토 안 깊숙한 곳까지 침입하는데 성공하였다. 활활 타오르는 불길이 황야 깊숙한 곳에 점점이 널려 있던 만족의 가옥들을 뚜렷이 비춰 주었다. 도섭하는 데 위험하던 소택지도 이제 병사들은 안심하고 싸울 수가 있었다. 이와 같은 궁지에 몰려 있으면서도 용감한 리미간테스족은 투항하기 보다는 차라리 죽음을 택하려는 결심을 굳히고 있었는데, 이때 연장자들로부터 명령이라도 내렸는지 겨우 타협적인 의견이 우세한 듯 처자를 동반한 투항자 무리가 연이어 로마군 진영을 찾아들기 시작하였다. 자기들의 운명을 승리자들의 입으로부터 직접 듣고 싶다는 것이었다. 거듭된 반항죄를 저지르기는 했지만, 황제는 그것을 용서하고 생존자들은 모두 생명을 보존케 하려는 심경으로 기울어져 있었으므로, 여기서 훌륭하게 관용성을 보였을 뿐만 아니라 그들의 유형지로서 원격한 변방지대이긴 하지만, 그래도 능히 명예로운 여생을 안전하게 보낼 수 있는 그런 토지까지 지정해 주었다. 불만은 있었지만 그들은 이 명령에 복종하였다. 그들은 이렇게 지정된 유형지에 정착하기는 커녕, 현지에 도착할까 말까 한 곳에서 벌써 다뉴브강 연안으로 되돌아왔다. 그리고는 지정지에서의 곤란성을 과대하게 강조하는 동시에 거듭하여 충성을 맹세하면서 어떻게 해서든지 제국 영내의 안전한 거주지를 하사해 주도록 황제에게 줄곧 탄원하는 것이었다. 구제하기 힘든 그들의 배신 버릇에 몇 번씩이나 손을 덴 바 있었지만, 그럼에도 불구하고 황제는 그것을 잊고 아부자들의 감언에 귀를 기울였다. 그들은 이렇게 말하였다. 지금 제국국민으로부터 군사비를 징수하는 일은 차라리 쉽지만, 이에 반하여 실제 군사적 임무에 종사할 병사들을 모집하기란 매우 곤란하다는 사정을 고려한다면, 차제에 둔전병적인 식민지로서 이들을 허용한다면 명예롭게 생각하기도 하려니와 이익도 있으리라는 것이었다. 이리하여 이 리미간테스족은 다뉴브강 이쪽 연안지역에로의 이주가 허락되었다. 황제는 지금의 부다(Buda, 지금의 부다페스트시)시 가까운 평원에서 그들과 회견하였다. 연단을 둘러싼 그들은 조용하지만 위엄에 가득찬 황제의 연설을 아주 공손하게 듣고 있는 것처럼 보였다. 바로 그때였다. 만족의 한 사람이 「마라! 마라!」(Marha! Marha!)하고 큰소리로 외쳤다. 이것은 말하자면 도전의 외침, 즉각 봉기하라는 신호로 받아들여졌다. 그들은 맹렬한 기세로 황제신변으로 달려들자 왕관도 금빛의 옥좌도 순식간에 그들에게 탈취당했다. 다행하게도 충직한 친위병들의 방위가 있었고, 목숨 바쳐 황제의 신변을 경호했기 때문에 그만은 겨우 준마에 올라 앉아 위기를 모면할 수 있었다. 이 배신적인 기습으로 스스로 초래한 오욕은 당연히 곧 우세한 로마군 정예부대에 의하여 철저한 보복을 받았다. 전투결과는 명실공히 리미간테스족의 섬멸이라는 형태에서 결말이 났다. 한편 자유 사르마티아족은 또다시 그의 옛고향땅을 수복하였지만, 황제로서는 그들의 경거망동성에 대하여 깊은 불신감을 불식할 수 없었고, 다만 장차 어쩌면 감은(感恩)의 일념에서 자기들의 행동을 고치리라는 한 가닥 희망만을 겨우 걸었을 뿐이다. 황제는 여러 족장들 가운데서 체구가 한층 더 장대하고 태도 또한 온순해 보이는 찌짜이스(Zizais)라는 명문출신자에게 일찍부터 주목하고 있었다. 여기서 먼저 그에게 왕의 칭호를 주기로 했는데, 사실 그는 그 후 마지막까지 은인인 콘스탄티우스 황제에게 충심으로 성실성을 다하였고, 충분히 왕자다운 훌륭한 통치자임을 실증하였다. 콘스탄티우스 황제는 이번의 눈부신 승리에 의하여 전승군이 일제히 환호성을 올리는 가운데서 사르마티쿠스(Sarmaticus)라는 별명까지 받게 되었다(아우렐리우스-빅토르의 「케사르 열전」 42절).

이리하여 로마황제와 페르시아왕은 멀리 3,000마일이나 서로 떨어진 곳에서 전자는 다뉴브강 연안에서, 후자는 옥수스(Oxus)강변(알렉산더 대왕이 원정할 때 발견한 큰 강이라고 하지만, 먼 옛날부터 문헌에 그 이름이 나오는 강이다. 다만 정체에 대해서는 여러 가지 설이 있어서 분명치가 않다. 오늘날 아랄해에 흘러드는 암강으로 추정하는 설도 있지만 과연 어떨는지, 다만 중앙아시아에 있는 강인 것만은 확실하다)에서 각각 만족에 대항하여 그 변경지대를 방위하고 있었는데, 한편 그 중간에 뻗쳐 있는 변경선에서는 생기를 잃고 질질 끌기만 하는 전투와 괴이쩍은 휴전에 의한 엇갈리는 승패가 계속되고 있었다. 한번은 콘스탄티우스 황제측의 동방령 고관 2명──그 중의 한사람은 재능은 뛰어났지만 성실성과 청렴성에서 결함이 있는 민정총독(Praetorian praefect) 무소니아누스(Musonianus)이고, 또 한 사람은 노련한 무장으로서 완고하기 이를 데 없는 메소포타미아 방면의 독군(Cassian duke)이다──이 페르시아측 태수 탐사포르(Tamsapor)와 비밀 평화교섭을 벌인 일이 있다(358년의 일. 암미아누스-마르켈리누스, 『역사』제16권 9장). 그런데 이때 로마측 제안 내용이, 비굴하기 이를 데 없는 아시아식의 아부적인 용어들로 번역되어 그대로 「대왕」에게 보고되었던 것이다. 이들 로마측 제안의 애원적인 조건들을 일독한 대왕은 그것을 용인할 생각으로 곧 특사를 보내어 만족의 뜻을 전달케 하였다. 전권을 위임받은 특사 나르세스(Narses)는 도중에 안티오크시나 수도인 콘스탄티노플에서도 각각 후한 환영과 대접을 받았고, 긴 여행 끝에 시르미움(Sirmium)시에 도착하여 드디어 제1차 알현이 허용되었다. 이때 그는 공손하게 비단보자기를 풀고는 오만불손한 문구로 가득찬 대왕의 친서를 바쳤다. 왕 중의 왕이요, 해와 달의 형제인 나 사포르(Sapur/Sapor)는 (이것은 동양식 자부심을 과시하는 어마어마한 칭호지만) 동포인 콘스탄티우스 케사르도 드디어 궁지에 몰린 나머지 용케도 예지를 배운 데 대하여 진실로 만족하게 생각하노라. 다리우스 휴스타스페스(Darius Hystaspes, 그리스 원정에서는 비록 패배했지만 아카이메네스 왕조〈Achaimenes, BC 700-675 재위가 창건〉의 페르시아 최전성기를 이루었던 다레이오스 1세〈Dareios Ⅰ. 재위 BC 558?-486〉의 아버지다. 사포르는 물론 사산〈Sasan〉왕조의 왕이지만 어디까지나 아카이메네스 왕조의 후예로 자처하고 있었다)의 정통파 후계자인 사포르로서의 짐은 마케도니아의 스트류몬(Strymon)강이야말로 고대 페르시아 제국의 참된 경계로 확신하는 바이지만, 다만 이번 기회는 호양의 정신의 증거로서 일찍이 부조들이 사기술에 걸려서 강탈당한 아르메니아와 메소포타미아 제주의 반환만으로 만족하려고 한다. 사실 이런 계쟁영토의 반환 없이는 도저히 튼튼하고 항구적인 화의의 체결문제는 생각할 수 없다는 것이었다. 그러면서 거만하게도 만일 특사가 빈 손으로 귀국이라도 하게 된다면, 반드시 내년 봄을 기하여 또다시 전쟁터에 나서 불패 상승군을 가지고 나의 명분의 정당성을 관철시켜 보이겠다는 위협적인 언사까지 늘어 놓고 있었다. 온후하고 예의바른 나르세스 특사는 자기의 사명의무에서 벗어나지 않는 범위내에서 친서내용의 가열성을 극력 완화시키기에 노력해 보였다(암미아누스-마르켈리누스, 『역사』 제17권 5장에는 이 사포르의 친서가 라틴어로 번역 기재되어 있다). 이 친서의 문체와 내용이 황제의 각의에서 신중히 검토되었지만, 결국 다음과 같은 답서를 들려서 쫓아 버리기로 로마측은 결정하였다. 「짐 콘스탄티우스는 칙령을 기다림이 없이 짐의 중신들이 행한 월권행위에 대하여 당연히 이것을 거부하는 권한을 보유하는 바이요. 만일 명예로운 대등한 조약이라면 그것까지 반드시 거부할 의사는 추호도 없소이다. 그러나 이제 전체 로마세계의 유일한 연전연승 황제인 짐에 대하여, 짐의 권력이 아직 협소한 동방영토에만 한정되어 있던 시기에조차 단연코 이것을 거부했던 그때와 똑같은 조건을 이제 또다시 제시해 오는 따위는 부조리하기 이를 데 없거니와, 오히려 지극히 무례한 태도라고 평해야 할 것이외다. 물론 승패의 수(數)는 예측하기 어려운 일, 그러나 사포르 왕이여, 다음의 한 가지 일만은 잊지 말기를 바라오. 즉, 나의 로마군은 설사 때로는 전투에서 지는 일이 있겠지만, 전쟁의 종국에 이르러서는 거의 언제나 승리해 왔다는 사실 말이오」(이것도 상기 『역사』의 같은 장절에 수록되어 있다). 나르세스 특사가 돌아간 지 며칠 뒤의 일이지만, 황제는 새삼스럽게 3명의 사절을 스키티아 원정으로부터 수도 크테시폰(Ctesiphon)의 상주왕궁에로 귀환해 있던 사포르왕 궁정으로 파견하였다. 이 중대사명을 위하여 선발된 사람은 독군(Comes/Count)과 공증인(Notary) 및 수사학자(Sophist) 한 사람씩이었다. 즉, 콘스탄티우스 황제로서도 화의를 맺기를 내심 원하고 있던 만큼 독군의 위신과 공증인의 외교수완 그리고 수사학자의 웅변술이 조화를 이루어 어떻게든 교묘하게 페르시아왕을 설득하여 그의 엄한 요구조건을 완화시키고자 모종의 기대를 걸었던 것이다. 그러나 그들에 의한 교섭의 진척은 뜻하지 않게도 시리아에 살던 로마시인인 안토니누스(Antoninus)라는 사람의 반대로 좌절되었다. 원래 이 안토니누스라는 사람은 압정에 견디다 못하여 도망쳐서 페르시아에 망명한 다음 사포르왕의 각의, 심지어 그의 식탁에까지 같이 앉아서 식사할 정도로 전적인 신임을 받았던 것이다(페르시아의 습관에 의하면 가장 중요한 정무조차 때때로 이런 식탁에서 토의되었다고 한다). 여기서 이 노회한 망명시인은 교묘한 술책으로 자기의 복수심을 만족시키는 동시에 자기의 이익을 착실하게 계산하고 있었다. 따라서 이제 로마군의 최정예부대인 팔라티네(Palatine) 병단이 황제와 함께 멀리 다뉴브강 연안지방에서 전투에 종사하고 있다는 정보를 듣자 절대로 이런 좋은 기회를 놓치지 말도록 밤낮 할 것 없이 새로운 주군의 야심을 부채질했던 것이다. 때마침 페르시아군은 표한하기 비할 바 없는 만족과도 제휴하여 맹방관계를 성립시키고 있었으므로, 한층 더 그의 전력강화가 있었다. 이런 절호의 기회에 그의 우수한 병력을 투입해서 피로하고도 무방비 상태에 있는 동방 여러 속주에 대하여 진공을 개시해야 한다고 줄곧 사포르왕을 부추킨 것이다. 이런 까닭으로 로마사절단은 빈손으로 돌아갔고, 다시 뒤이어 파견한 고위급 인물로 구성된 제2차 사절단에 이르러서는 그대로 억류되어 엄중한 구금상태에 놓여, 이제 사형이냐 아니면 유형이냐라는 공포에 떨게 되었다. 당시 티그리스강의 선교(船橋)공사를 준비중이던 페르시아군의 상태를 친히 시찰하도록 파견되었던 한 군사가가 (암미아누스-마르켈리누스를 말하는 것. 그의『역사』제18권 6장 참조)의 보고에 의하면, 한 언덕 위에 올라서서 전망했더니 멀리 지평선 끝까지 앗시리아 평야는 인마와 병기로 뒤덮여 있었다. 최전선에는 붉은 옷도 선명한 사포르왕의 모습을 볼 수 있었다. 그의 왼쪽(동방의 습관으로는 왕의 다음가는 영예로운 위치다)에는 키오니테스족(Chionites族, 정체 불상. 훈족, 즉 흉노라는 설도 있는 것 같다)의 왕인 그룸바테스(Grumbates)가 늙은 무인이라곤 하지만 용맹 높은 그의 의연한 모습을 보이고 있었다. 그리고 사포르왕 오른쪽에도 멀리 카스피해 연안에서 독립 제부족을 이끌고 달려 온 알바니아(Albania)왕이 똑같은 명예로운 자리를 차지하고 있었다. 태수(satrap)와 장군들 또한 각자의 품계에 따라서 서열대로 늘어서 있었다. 이처럼 동양적인 호사성을 다하여 자랑스럽게 모인 수많은 장수군(將帥群)은 별도로 하더라도 그의 전병력은 능히 10만을 넘었다. 모두가 곤고피로(困苦疲勞)에 익숙된 정예군, 특히 용감무쌍한 아시아 여러 민족에서 엄선되어 온 강력한 전사들뿐이었다. 이미 어느 정도까지 군의(軍議)에 참획하여 그것을 지도해 온 예의 망명 로마인인 안토니누스는 여기서 매우 현명한 진언을 내놓고 있었다. 즉, 곤란하고도 장기간을 요하는 공성전(攻城戰)으로 여름철을 헛되게 보내기 보다는 차라리 이 참에 단번에 유프라테스강변으로 진출하여 시기를 놓치지 말고 약체화되었지만 부유한 시리아 수도(안티오크)를 공략하는 것이 상책이라는 것이었다. 그러나 막상 메소포타미아 평원에 진출해서 보니 당장에 알게 된 것은, 로마군 또한 온갖 방어조치를 강구하여, 자기들의 진격을 저지시킬 뿐만 아니라 잘못하면 계획 그 자체까지도 분쇄당할는지도 모를 그런 상황에 있었다. 주민도 가축도 모든 것은 이미 안전하고도 강력한 방색 안에 수용 완료했고, 사료가 되는 청초류도 이르는 곳 마다에서 모두 불태워져 있었을 뿐만 아니라 도섭지점(渡涉地點)이란 도섭지점에는 끝을 뾰족히 날카롭게 깎은 말뚝을 수없이 박아 놓고 있었다. 대안에는 노궁렬(弩弓列)이 쭉 배치되어 있었고, 게다가 마침 계절적인 증수는 평소에 도하지점으로 되어 있는 탑사쿠스(Thapsacus)다리의 통행마저 완전히 저지시키고 있었다. 이런 상황을 알게 된 안토니누스는 곧 계획을 변경하였다. 그는 전군의 선두에 서서 얼마 간 우회하기는 하지만 옥야(沃野)를 가로질러 유프라테스강 원류지역으로 전진(轉進)한 것이다. 여기는 아직 강폭도 좁고 또 얕아서 쉽게 도하할 수 있었다. 그러나 여기서도 현명한 페르시아왕은 신중성을 기하여 튼튼히 구축된 니시비스(Nisibis)시의 방어진을 곁눈으로 쳐다만 보면서 그대로 지나쳐 이윽고 아미다(Amida)시의 성 밑에 이르렀는데 이때 문득 한 가지 아이디어를 머리에 떠올렸다. 즉, 왕의 친정(親征)임을 알면 어쩌면 수비대도 겁을 집어먹고 즉각적으로 항복해 올 것이 아니겠는가 하는 것이었다. 그래서 그는 한 번 시도해 보기로 한 것이다. 그러나 마침 그때 그가 쓴 왕관을 스치고 지나간 화살의 무례성은 그의 잘못을 일깨워주기에 충분하였다. 머리 끝까지 화가 치밀어 오른 왕은 대망을 앞두고 잘고 용렬한 분노 따위는 마땅히 참아야 한다는 측근 막료들의 진언에도 불구하고 그런 말을 들을 만한 귀를 이미 가질 아량이 없었다. 다음날 그룸바테스는 1대의 정병을 이끌고 아미다시 성문에 다가가자 전일의 무례한 경거망동에 대한 유일한 보상은 즉각적으로 성문을 열고 항복하는 길뿐이라는 요구조건을 제시하였다. 그러나 이에 대한 회답은 일제 총반격이었다. 여기서 용감하고 미청년이던 그의 외아들은 성류의 투창기 중 하나에서 발사된 투창에 심장이 꿰뚫려서 죽었다. 키오니테스족 왕자의 장례식은 조국의 의례에 의하여 거행되었지만, 늙은 아버지의 비탄은 사포르왕의 엄숙한 서약, 즉 자기가 사랑하는 그분 아들의 죽음에 대하여 조금이라도 보상하고, 그 기억을 영원히 전하기 위하여 맹세코 이 원수의 아미다시를 화장용 장작더미로 하지 않고서는 절대로 그대로 놓아두지 않겠다는 말을 듣고서야 겨우 기분을 좀 푸는 그런 정도로 큰 것이었다.

아미다 또는 아미드(Amid)라는 이름의 이 고대도시는 때로는 디아르베키르(Diarbekir)라고 불리운 적도 있지만, 티그리스강의 자연수로와 운하의 물이 관개하는 옥야의 요충지에 위치하는데, 티그리스강의 조그마한 지류가 시의 동쪽을 반달형으로 둘러싸면서 흐르고 있다. 더욱이 이 도시에 대하여 콘스탄티우스 황제가 영예롭게도 자기 이름을 부여하여 좀더 견고한 성벽과 높은 감시탑을 기증한 것은 불과 얼마 전인 최근의 일이다. 무기창고가 설치되어 있을 뿐만 아니라 사포르군의 포위가 시작되자 평시의 수비대로서 7개 군단까지 증강되어 있었다. 처음에 사포르왕은 아주 낙관하여 총공격만 가한다면 의심할 바 없이 곧 함락되리라고 생각하였다. 휘하에 거느리는 각국 군대에게 각각 공격부서를 지정해 주었다. 남쪽으로부터는 베르테(Vertae)족의 군대, 북쪽으로부터는 알바니아군, 동쪽으로부터는 비탄과 분노로 불타고 있는 키오니테스족의 군대, 그리고 서쪽으로부터는 보기에도 무시무시한 인도 코끼리부대를 선두로 하며 정한용맹(精悍勇猛)하기로 이름 높은 세게스테(Segestae)만족군이 배치되어 공격키로 되어 있었다. 페르시아군 자체는 4면으로부터 공략군의 원호에 임하는 동시에 그들의 사기를 고무하는 임무를 담당하였다. 사포르왕 자신은 자기의 신분과 안전까지 잊고 진두에 나서 이번 공략전의 처음에서 끝까지 용장의 모습을 유감없이 발휘해 보였다. 격렬한 전투를 전개했으나 공격하던 만족군은 격퇴당했다. 그 이후에도 간단없이 돌격을 반복하였으나, 계속하여 막대한 손해를 입고 격퇴되었을 뿐만 아니라, 반역의 죄를 쓰고 동방으로 이송되려던 갈리아병 2개 사단까지도, 돌연히 페르시아군의 중심부를 향하여 저돌적인 야습을 가해왔다. 이와 같은 반복되는 격전와중속에 아미다시는 뜻하지 않았던 탈주병의 배신을 당하게 되었다. 이 탈주병은 티그리스강에 면한 벼랑 암반에 낸 비밀계단의 존재를 만족군에게 가르쳐 준 것이다. 사포르왕의 친위대에서 선발된 궁사수 70명이 은밀히 이 계단을 통하여 성내로 침투하여 벼랑을 내려다 보는 고루 3층에 올라가자 페르시아군기를 하늘 높이 휘둘렀다. 이 것을 신호로 공격군측에서는 과연 해냈다 하여 사기충천해서 공격전에 나섰지만, 방어군측에서는 낭패하여 혼란에 빠지는 계기로 되었다. 만일 이 결사대로 하여금 이제 몇 분만 더 이 거점을 확보케 하였더라면, 그들의 죽음의 댓가로 아미다시의 낙성은 필연적이었을 것이다. 그러나 사포르왕은 여전히 쓸데없는 강습작전을 반복한 끝에 겨우 완만하기는 하지만 확실한 정공법(正攻法)으로 전술을 바꾸었다. 그런데 이와 같은 공성기술을 사포르왕에게 가르쳐 준 것도 역시 로마군에서 탈주한 도망병들이었다. 먼저 적당한 거리에 참호를 파고 공략전에 나선 병사들은 튼튼한 나무의 잔가지로 엮은 휴대용 원호방패에 숨어서 전진하되, 성 밑의 해자를 메꾼 다음 성벽의 기반을 파서 그것을 무너뜨리는 작업에 달라붙었다. 이와 함께 높은 망루를 나무로 많이 만들어 이것을 차바퀴 위에 올려 놓고 성벽 가까이에 접근시킴으로써 온갖 나르는 도구를 갖춘 이 망루 위의 병사들이 성벽을 방비하는 로마군 수비병들과 거의 같은 높이의 위치에서 싸우게 하였다. 한편 방어군측에서도 생각해 낼 수 있는 한도 내의 모든 전법과 마지막 용기를 다하여 저항하였다. 여기서 페르시아군측의 망루가 로마군의 화전(火箭)으로 불타버린 것이 한두 대가 아니었다. 결국 아미다시의 방어군측 저항력에는 한계가 있는 반면, 페르시아군의 손해에는 얼마든지 보강이 가능하였으므로 공격은 여전히 강행되었다. 이윽고 파성추(破城槌)에 의한 넓은 돌파구가 열렸고, 창검과 역병(疫病)으로 기진맥진해졌던 수비대는 페르시아군의 맹렬한 강습 앞에 드디어 괴멸되었다. 뒤쪽 성문으로부터 탈출할 도피구조차 봉쇄당했던 성내 사람들은 병사나 시민 할 것 없이 처자식들을 포함하여 한 사람 남김 없이 전원이 무차별 학살당하여 이슬로 사라졌다.

그러나 이 아미다시의 낙성은 로마제국의 여러 속주들에게는 불행 중 다행으로 구원의 여신이 되었다. 전승한 직후의 미친 듯이 기뻐했던 그 열기가 가라앉음에 따라 사포르왕도 겨우 반성해 볼 여유를 가지게 되었다. 즉, 저항으로 나온 겨우 1개시를 징벌하기 위하여 자기군대의 정화(精華)라고도 할 수 있는 여러 부대를 잃었을 뿐만 아니라 원정하기에 가장 좋은 계절까지 헛되게 놓치고 만 것이다. 73일 간이나 계속된 공성전으로 3만이라는 노련한 정예부대 장병이 아미다시의 성벽 밑에서 고혼이 된 것이다. 예상과는 달리 사포르왕은 표면상으로는 승리를 과시하면서도 내심으로는 깊은 후회의 회한을 안고 수도 크테시폰으로 되돌아갔다. 그의 회군을 추측컨대, 거취가 무상한 맹방의 만족군인지라 막상 싸워 보니 뜻하지 않았던 곤란성에 부딪히자 곧 전쟁 따위를 더 할 생각이 없어진 것이 하나이고, 또 한 가지는 예의 키오니테스족의 늙은 왕이 일단 복수심이 충족되자 자기 일가와 나라의 희망(전사한 자기 아들)까지 빼앗아간 이곳 전쟁터에 대하여 오히려 두려운 공포심같은 것을 품고 일찌감치 물러났기 때문일 것이다. 따라서 다음해 봄 또다시 전쟁터에 나왔을 때의 페르시아군은 이미 전력이나 사기할 것 없이 만족할 줄 모르는 왕의 야망을 달성시켜 줄 그런 군대는 아니었다. 로마의 동방영토를 정복하려는 대망은 커녕 메소포타미아의 요새도시들인 싱가라(Singara)와 베잡데(Bezabde)를 공략하는 것만으로 만족하는 수밖에 없었다. 이 양시 가운데서 전자는 사막 한가운데 있는 도시이고, 후자는 주위가 거의 티그리스강의 깊고 급한 흐름으로 둘러싸인 마치 조그만 반도와도 같은 형태의 도시이다. 이번 원정에서 그는 실로 로마군의 무려 5개 군단(콘스탄티누스 대제의 군사제도 개혁으로 확실히 군단 규모의 축소는 있었지만)을 포로로 붙들어 멀리 페르시아 동쪽 변경지대로 압송시키기까지 하였다. 그러나 사포르왕은 결국 싱가라시 성벽을 파괴했을 뿐 그 뒤는 이런 멀리 벽지에 떨어져 있는 고립무원의 도시 따위는 포기하고 철수하고 말았다. 다만 베잡데시쪽은 정성껏 요새를 수리 복구하여 군사적 요충지로서 수비대라 할까, 정병들로 구성된 둔전병적 식민을 상주시켰다. 그리고 모든 종류의 방어무기를 이들에게 충분히 공급하였고, 아울러 명예와 충절의 높은 뜻을 강조하여 크게 사기를 고무하였다(이 공략전은 360년에 있었다). 그러나 이 사포르왕군도 이번 전쟁의 마지막 국면 가까운 비르타(Virtha. 테크릿〈Tecrit〉이라고도 한다) 공략전에서 뜻하지 않은 실수를 저질러 실패하였다. 이 도시는 그 뒤 오랫동안 실로 티무르(Timur. 帖木兒. 1336-1405. 서양에서는 타메를란〈Tamerlan / Tamerlane〉이라고 부른다. 티무르왕조의 시조) 대제시대에 이르기까지 독립 아랍민족이 의거하던 난공불락의 요새도시로 유명하였다.＊

사포르왕군의 공격에 대하여 동방의 로마제국령을 방위하려면 특히 재능이 뛰어난 장수가 꼭 필요했고, 또 사실 이곳 실정은 그런 재능의 발휘를 절실히 요구하고 있었다. 그런 의미에서 이 땅이 용장인 우르시키누스(Ursicinus)의 임지였다는 것은 국가적 입장에서 볼 때 매우 행운으로 생각되었다. 생각컨대 그 사람이야말로 군부와 국민의 신뢰를 받을 만한 유일한 인물이었기 때문이다. 그런데 이런 위기에 처하여 바로 그 사람이 환관들의 음모로 말미암아 갑자기 해임되고, 그 동방군 총사령관으로 임명된 것이 이 또한 환관들의 책모 결과로 노장군인 사비니아누스(Sabinianus)라는 사람이다. 사비니아누스 장군은 돈도 있는 노련한 지장(智將)이긴 하지만 연공(年功)에 비해서는 실전 경험이 없을 뿐만 아니라 벌써부터 노망끼에서 오는 결점만은 일찌감치 나타내고 있었다. 더욱 불행한 일은 역시 똑같은 질투심에서 일어난 바, 무정견하기 이를 데 없는 측근회의의 결정으로 우르시키누스 장군을 메소포타미아 변경지대로 파견한다는 별도명령이다. 우르시키누스로서는 전쟁의 노고는 혼자서 겪게 되지만, 이에 반하여 영예는 모두 무능한 노장군에게 돌아가는 기묘한 입장에 놓

＊ 비르타시가 티무르 대제군의 공략에서 잘 버티어 냈다는 것은 페르시아측 사료가 강조하는 것인데, 기실 가장 중요한 비르타시의 소재 위치조차 그 문헌들에는 정확하게 쓰여 있지 않다고 베리 교수는 말하고 있다.

이게 된 것이다. 사비니아누스는 다만 에뎃사(Edessa)시 성벽 밑에 편안히 앉아서 쓸모도 없는 연병상태를 보고 즐기거나 피리소리에 맞추어서 춤추는 전무(戰舞, Pyrrhic dance)나 즐길 뿐 가장 중요한 국토방위 임무는 모두 전임 동방군사령관인 우르시키누스의 용무와 분투에 내맡기고 있었다. 그러면서도 우르시키누스가 그 어떤 적극적인 공세 작전, 예컨대 경무장 쾌속의 유격대를 인솔하여 산록지대를 우회해서 적의 보급부대를 습격한다든지 또는 길게 뻗은 적의 전선을 교린함으로써 아미다시의 위급한 상태를 구원한다든가 하는 작전수행을 헌책하기라도 하면 곧 시의심 깊은 이 퇴영적인 노사령관은 어떠한 일이 있더라도 군의 안전을 위태롭게 하는 그런 작전 따위는 결단코 수행하지 말라는 엄명을 특히 받고 있다고 주장하는 것이었다. 결국 아미다시는 공략되고 겨우 만족의 흉악한 손아귀에서 벗어나 탈출해 온 용감무쌍한 수비병들도 자기군 진영내에서 오히려 덧없이 처형됐던 것이다. 그리고 우르시키누스 자신은 사비니아누스의 작전실패 책임까지 문책당하는 부당한 사문의 굴욕을 겪고 군에서의 모든 관직을 박탈당하고 말았다. 그러나 이윽고 그 콘스탄티우스 황제도 이런 불법처분을 받은 우르시키누스가 화가 난 나머지 솔직하게 내뱉은 예언, 즉 이와 같은 환관통치가 활개치며 횡행하는 한 동방영토를 외적의 침구로부터 방위한다는 것은 지난지사 중의 지난지사라는 것을 아마도 황제자신이 머지않아 느낄 것이 틀림없으리라던 그 한 마디의 진실성을 싫어도 체험으로 곧 알게 되었다. 다시 말하면, 황제는 다뉴브강 연안의 만족을 제압했다고나 할까 아니면 유화시켰다고나 할까, 어쨌든 그 일에 종결을 짓고 난 다음 천천히 동방에로의 진격을 개시했던 것이다. 그리하여 아직도 여신(余燼)이 남아 있는 폐허화된 아미다시에 들러서 눈물지어 슬픔을 달랜 다음 곧 대대적인 병력으로 베잡데시를 공략하기 시작하였다. 초특대급 파성추를 집결시켜 반복공격을 가한 결과 그토록 견고하던 성벽도 무너지면서 시 자체의 운명도 이제 풍전등화격으로 보였다. 그러나 견인불굴의 페르시아 수비병은 끝까지 용감하게 분전하면서 사수하던 중 이윽고 우기가 닥쳐왔다. 여기서 황제도 하는 수 없이 포위공격진을 풀고 동계막영지인 안티오크시에로 굴욕적인 철퇴를 하지 않을 수 없었다(암미아누스-마르켈리누스, 『역사』 제20권 11장. 360-361년의 일). 콘스탄티우스 황제의 자부심도, 그리고 창작(創作)을 장기로 하는 정신들도 과연 이 페르시아 전쟁에 대해서만은 황제에 대한 송찬문(頌讚文) 자료수집에 무척 고심한 모양이다. 더욱이 바로 이 무렵에 황제가 갈리아 여러 속주의 군사권을 위임했던 4촌동생 율리아누스 부황제의 혁혁한 무훈이 있었고 이와 같은 그의 공업을 알리는 정보가 간단명료한 보고형식으로 전로마세계에 전파되었으니 황제의 체면이 말이 아니었다.

이보다 앞서 마그넨티우스 참제에 의한 내전의 폭풍우가 휘몰아치던 무렵에 콘스탄티우스 황제는 당시까지 아직 경적(競敵) 관계에 있는 콘스탄스 황제의 제권(帝權)을 승인하고 있던 갈리아 여러 속주를, 게르만 만족에 의한 약탈에 거의 내맡기다시피 하고 있었다. 여기서 막대한 수의 프랑크족과 알레만니(Alemanni)족의 대집단이, 증여하겠다는 황제의 공약과 약탈에 대한 기대, 게다가 자력에 의한 영토확장분에 대해서는 그들의 영구영토로 인정한다는 좋은 미끼에 이끌려 연속적으로 라인강을 도하해 왔던 것이다(이에 관한 것은 암미아누스-마르켈리누스, 『역사』제15권 8장 및 11장과, 이외에 율리아누스 황제의 『연설』과 서한, 그리고 조시무스의 『신로마사』 및 리바니오스〈Libanios, 314-393?, 그리스의 수사학자〉의 연설 등 거의 모든 사서에 나오므로 상세한 내용은 생략한다). 설사 일시적인 편법이라고는 하지만 이렇게 해서 부주의하게도 만족들에게 만족할 줄 모르는 영토욕을 부추긴 결과는 일단 로마령에 옥토가 많음을 알게 된 이 두려운 존재로서의 만족을 이제 다시 퇴거시키는 일이 그 얼마나 어려운 일인가를 콘스탄티우스 황제도 곧 알아차리고 매우 걱정하게 되었다. 그들은 충절과 반항의 구별을 일체 알지 못하는 실로 무법천지의 강도단인 것이다. 이들은 자기가 가지려는 그 재산의 소유자라면 그 사람이 설사 로마제국의 시민이건 무엇이건간에 모두를 불구대천의 원수로 간주한 것이다. 이리하여 통그레스(Tongres)・콜로그네(Cologne/Köln)・트레베(Treves)・보름스(Worms)・슈파이어(Spires)・스트라스부르(Strasburg) 등등* 실로 45개의 번영하는 도시가 약탈당하여 그 대부분이 회신으로 돌아갔다. 이외에 읍이나 마을에 이르러서는 거의 무수라고 해도 좋을 정도로 수없이 약탈당했

---

* 대체로 북에서 남쪽에 이르는 순서로 모두가 라인강 서안에 이어진 옛도시들이다. 이 부근 도시이름의 한글 표기는 시대와 영유자에 따라서 변화가 있기 때문에 아주 어렵지만, 그런대로 대략 오늘날의 지도이름으로 표기해 놓았다. 참고삼아 말하면 Tongres는 벨기에령 리에지(Liege)시 바로 북쪽에 있는 지금의 Tongeren이다. cologne는 Köln이고, Traves는 Trier이며, Worms와 Strasburg는 오늘날도 옛이름 그대로이다. Spires시는 만하임(Mannheim)시의 약간 남쪽에 위치하며 오늘날에는 통상 스페이어(Speyer)라고 일컫는 서독의 도시다. 덧붙여 말한다면, 로마제국시대에는 좀더 옛스러운 호칭이 붙어 있었던 바 예컨대 Trier(Traves)는 Augusta Treverorum (어우구스타 트레베로룸), 그리고 Strasburg가 Argentoratrum(아르겐토라툼) 등 어마어마한 라틴어 이름이었다.

다. 게르만 만족은 당시까지만 해도 아직 조상 전래의 생활신조에 충실하여 성벽 안에 틀어박혀 있는 것을 극도로 싫어하여 심지어 이런 곳들을 감옥・묘지라고까지 일컬었다. 라인강・모젤(Moselle)강・뮤즈(Meuse)강 등 강변에 주거로서 독립 가옥들을 세웠고, 적의 불의 습격이라는 위험에 대해서도 다만 큰 나무를 잘라 넘어뜨려서 도로를 가로막는 간단한 응급방책만으로 안전에 대비할 뿐이었다. 알레만니족은 오늘날의 알사스ー로레인(Alsace & Lorraine) 지방에 정주하였고, 프랑크족 또한 바타위족(Batavians, 게르만족의 한 부족. 오늘날 아룸헨에서 약간 서쪽에 치우친 지역 일대는 일찍이 라인강 하류의 소택지로서 3각주의 섬이 많았다. 그들이 거주하던 이곳도 그런 섬의 하나로서 중세기에는 베투웨라고 불리웠다)이 의거하고 있는 섬을 중심으로 널리 브라반트(Brabant) 지방(당시는 톡산드리아〈Toxandria〉라는 이름으로 알려져 있었다. 지금은 벨기에령에 속한다. 중세기에는 여기에 브라반트 공국〈公國〉이 있었다. 톡산드리아란 바알〈Vahal〉강과 구 라인강의 합류점 가까이에 있던 통그레스〈Tongres〉읍에서 유래된 이름이다. 플리니우스〈Plinius, Gaius Secundus, 23 ? -79〉가 살았던 시대부터 이 이름이 알려졌다)까지 합병하여 점거하고 있었다. 따라서 이곳은 갈리아 왕국의 발상지로 생각해도 무방할 것이다. 라인강의 발원지로부터 강 어구에 걸쳐 게르만 민족은 그 서쪽 40마일 이상에 걸친 지역 일대를 공략하고 자기들의 부족이름을 붙인 식민지를 도처에 건설해 나갔다. 약탈만을 자행했던 지역에 이르러서는 정복지의 거의 3배나 되었다. 뿐만 아니라 보다 원격한 곳이라 해도 무릇 그곳이 무방비 상태의 읍이라면 모두가 약탈되어 황폐화했다. 그리고 이 지역에서 자력방위에 의지하고 있던 요새도시의 주민들이라 해도 농촌이 그들에게 점거되었을 경우는 겨우 성 안의 공한지에서 수확되는 얼마 안되는 곡물만으로 생명을 이어나가는 수밖에 없었다. 군대의 병사수도 줄었는데, 더하여 급여도 식량보급도 없고 게다가 병기와 훈련도 전무에 가까운 로마군단으로서는 만족의 접근ーー심지어 그의 이름만 들어도 공포심에 떨었던 것이다.

이와 같은 불행한 환경 속에서 이제 전혀 경험도 없는 백면의 청년(율리아누스를 가리키는 것)이 이들 갈리아내 속주를 구출하고 통치 ── 그 자신의 말을 빌린다면, 다만 제국의 위신을 과시하려는 목적만으로 부황제의 임무를 수락했던 것이다. 무기보다는 책을, 살아있는 인간보다는 차라리 죽은 사람들과 좀 더 깊이 사귀어 온 이 율리아누스의 은둔자적・학구적 교육에서, 말한다면 전쟁이니 통치니 하는 실제기술에는 전혀 무지였다고 해도 과언이 아니다. 이제 배우지 않으면 안되게 된 것이 군사훈련이었는데 보기만 해도 어색한 동작을 계속 반복하면서 불현듯 그는 이렇게 외쳤다고 한다.「오― 플라톤, 플라톤이여, 이 얼마나 어려운 일인지 모르겠소이다. 철학자에게는 말입니다!」실무자들은 경멸할는지 모르지만 그가 쌓아 온 철학적 사색은 그의 마음에 가장 숭고한 교훈과 가장 빛나는 실례를 가르쳐 주었을 뿐만 아니라, 용기에 대한 사랑, 명성에의 욕망 그리고 죽음에 대한 멸시관념으로써 그의 영혼을 고무격려하고 있었다. 또한 학원생활의 가르침에서 받은 절제적 습관은 엄격한 군대기율에서 불가결한 미덕으로 되었다. 그리고 침식에 관해서도 천성의 과욕이 이런 절도를 결코 잊지 않게 하였다. 식사에서는 미미가효(美味佳肴)를 모두 물리치고 말단 병졸에게 제공되는 나쁜 식사로 충분히 만족하였다. 갈리아 지방의 엄동설한 속에서도 결코 침실에 불을 지피는 것을 허용하지 않았다. 얼마 안되는 짧은 시간의 선잠이라도 자고 나면 그 뒤는 깊은 밤중이라 해도 모포를 박차고 일어나 긴급한 요무를 처리한다거나 막사들을 순시하는가 하면, 짧은 시간도 아껴서 좋아하는 사색에 잠기는 일이 드물지 않았다 (율리아누스의 사생활상에 대해서는 암미아누스―마르켈리누스의『역사』제16권 5장 1―8절에 상세히 기술되어 있다). 지금까지는 다만 가공적인 주제만을 내걸고 수련을 쌓아왔던 웅변술이 이제는 무장한 대군의 감정을 고무하거나 위무함에 있어 한층 더 유용하게 쓰여지게 되었다. 어릴 때부터의 회화와 독서습관에서 그리스어의 아름다움에 깊은 친밀감을 가졌던 그였지만, 또한 라틴어 수련에서도 결코 빠지는 점이 없었다 (다만 그 자신은 라틴어가 아무래도 그리스어보다는 뒤떨어진다고 생각했던 모양이다). 원래가 입법자나 재판관의 자질을 가진 사람이 아니었던 만큼 아마도 로마법제에는 거의 무관심했던 모양이다. 그러나 여기에는 철학을 연찬한 일도 있는 만큼 인자성을 잊지 않는 정의, 법의 형평이나 증거법의 제원칙에 대한 지식, 심의대상으로 제출된 복잡하고도 까다로운 모든 안건을 강한 인내심으로 심의하는 능력 등에 대해서는 부동의 존경을 받고 있었다. 옛부터 정책이라든가 군사전략이라는 것은 어쩔 수 없이 우연한 상황이나 인물에 따라서 좌우되지 않을 수 없는 경우가 많다. 그러므로 현실에 어두운 학구적인 사람으로서는 이론이 완전함에도 불구하고 그의 응용에 맞닥뜨리면 흔히 고생하는 일이 많은 법이다. 그런데 그와 같은 중요한 지식을 습득함에 있어 율리아누스라는 인물은 워낙 뛰어난 자질에 의한 진보도 그렇거니와 또한 측근에 있는 고위보좌관인 살루스티우스(Sallustius)의 지모와 경험에 크게 도움을 받았다. 살루스티우스는 이 뛰어난 젊은 부황제에게 이윽고 벗으로서 충심으로 우정을 품게 되었는데, 그는 워낙 비할 바 없이 결백하고도 정직한 성격에 더하여 아무리 엄숙한 고언(苦言)이라 해도 주군의 마음을 상하게 하지 않고 교묘하게 귀를 기울이게 하는 특수재능까지 아울러 터득하고 있었다.*

부황제의 인수(印綬)를 밀라노시에서 받은 율리아누스는 곧 갈리아로 파견되었다(356년의 일). 부황제 행차로서는 호종하는 병사가 불과 360명밖에 안되는 지극히 초라해 보이는 대열이었다. 그의 행동에 관해서는 콘스탄티우스 황제로부터 특명을 받은 고관들이 전적으로 지도한 바, 결국은 그들의 감시하에 놓여 고통에 가득찬 불안한 겨울을 비엔나(Vienna. 갈리아 나르보넨시스의 로느강 연안에 있던 소도시로서 리용시 바로 남쪽에 있었다. 오늘날의 프랑스의 비엔느로서 물론 오스트리아 수도 빈이 아니다)에서 보냈다. 여기서 그는 오탄(Autan)시의 공략과 그것을 구출했다는 보고를 받았다. 무너져 내린 성벽, 의기소침해진 수비대에 의하여 겨우 지탱되었다는 이 고대의 대도시도 이처럼 적은 병력이긴 하지만 조국방위를 위하여 또다시 무기를 들고 일어선 노련한 병사들의 단호한 결의에 의하여 훌륭하게 구출된 것이다(356년 6월 24일의 일). 다시 오탄시로부터 갈리아 중심의 여러 속주를 지나면서 진격을 계속하는 사이에 율리아누스 부황제는 새삼스럽게 한 결심을 굳혔다. 즉 그 자신이 용무(勇武)를 발휘할 수 있는 첫번째 좋은 기회를 포착했다고 생각한 것이다. 먼저 궁사병과 중장비한 기병으로 편성된 소부대를 인솔하고 두 갈래 가도 중에서 위험성은 얼마간 더 많지만 그러나 보다 질러가는 길쪽을 택했다. 이미 전쟁터를 지배하고 있던 만족군의 공격을 때로는 회피하거나 저항하면서 어쨌든 무사히 람스(Rheims. 로마의 이름은 레미)시 가까이에 있는 로마군 진영에 도착하였다. 이곳은 사전에 로마군의 집결지로 지정되었던 기지이다. 젊은 부황제의 용자를 쳐다보자 지금까지 저상되어 있던 로마군의 사기도 갑자기 진작되었다. 그리하여 그전 같으면 이런 일이 거의 치명적이었다고도 할 수 있는 패전과 연결되었지만, 어쨌든 선봉대가 또다시 지나친 자신감으로 람스(레미)시를 출발하여 적을 찾아 진격하여 나갔다. 그런데 적은 이 방면의 지리 등에 정통한 알레만니족이었던 만큼 은밀하게 산재해 있

---

* 이 살루스티우스라는 인물의 정체는 잘 알려지지 않았지만 대체로 신 플라톤파 철학자이며 『신과 세계에 대하여』라는 저술도 있는 사투르니누스 살루스티우스(Sallustius, Saturninus)라는 것이 정설인 것 같다. 만일 그 사람이라면 율리아누스가 쓴 책에서 친구로서의 그 사람, 또는 그를 잃은 것을 슬퍼하는 기사로서 가끔 이름이 나온다. 그리고 율리아누스와 갈리아까지 동행하여 속주 총독으로 임명되었던 것도 확실한 것 같다. 율리아누스에 대한 진언은 전적으로 문치상의 문제였던 것으로 생각된다.

던 병력을 집결시켜 비오는 날 밤을 이용하여 눈 깜짝할 사이에 로마군 후위부대를 급습하여 이에 맹공격을 가해 왔다. 당연히 대혼란이 일어났고, 대열을 재정비할 사이도 없이 곧 2개 군단이 궤멸적인 타격을 받았다. 여기서 율리아누스는 전법에서는 신중성과 경계야말로 중요하다는 최대의 교훈을 첫번째 토벌작전의 체험으로 배웠다. 확실히 다음번 회전에서는 이런 교훈을 기초로 승리를 얻어 그의 무명(武名)을 회복하고 또 확립한 셈이다. 이때는 다만 만족군의 행동이 하도 민첩했기 때문에 뒤이은 추격전이 허용되지 않았으므로, 이번 승리에서 유혈의 참상은 없었지만 그렇다고 결정적인 승리도 아니었다. 그러나 뒤이어 그는 라인강변까지 진출하여 콜로그네(쾰른)시의 폐허화된 것을 시찰함으로써 전쟁의 참혹성을 절실히 알게 되었다. 마침 겨울이 다가왔으므로 부랴부랴 군대를 수습하여 철수했지만, 부황제로서는 궁정이나 군대에 대해서 뿐만 아니라 자기 자신의 승리에 대해서도 매우 불만이었다(암미아누스-마르켈리누스는 『역사』제16권 2장 3절에서 이것을 높이 평가하고 있지만, 율리아누스 자신은 매우 불만이었던 모양이다). 그가 자기군대를 분산배치하고 총사령부를 갈리아의 중심지인 상(Sens. 로마이름은 아게딘쿰)시에 설치하자마자, 여전히 건재하던 만족군은 여기에 대하여 대거 포위공격을 가해 왔다. 극도로 곤경에 처하게 된 율리아누스 부황제는 이제 모든 방책이 없는 것으로 보였지만, 지형상의 약점이나 수비병력의 부족을 현명하게도 불굴의 용기로 훌륭히 커버하면서 30일 간이나 버티어 냈다. 여기서 만족군은 드디어 깊은 좌절감을 가지고 포위망을 푼 다음 후퇴하는 도리밖에 없었다.

　이처럼 아슬아슬한 위기로부터의 훌륭한 탈출과 승리의 원인은 오로지 부황제 자신의 지혜와 용맹성에 있었는데, 그랬던 만큼 그의 자부심은 심히 상처를 입었다. 왜냐하면 군대의 체면으로 보거나 충절심으로 보더라도 당연히 급히 달려와 그를 원조해야 할 장병들이 오히려 그를 배신하고, 그를 고립에 빠뜨려 마치 그의 죽음을 기다리고나 있는 듯한 행동을 취했기 때문이다. 갈리아 기병대 사령관 마르켈루스(Marcellus)까지가 시의심 많은 밀라노 궁정으로부터의 명령을 너무도 융통성없는 획일성으로 받아들였던 탓인지, 율리아누스가 궁지에 빠져 있는 것을 뻔히 알면서도 다만 한가로이 수수방관만 하고 있었을 뿐, 휘하의 부대가 상시를 구원하고자 가려는 것을 그는 오히려 중지시키는 명령을 내렸던 것이다. 이와 같은 노골적인 모욕을 적어도 부황제된 사람이 그대로 묵과한다면 아마도 그의 인물과 권위는 한결같이 세상사람들의 경멸의 눈초리에 노출되었을 것이며, 그리고 이러한 범죄적 행위가 그대로 무사하게 지나친다면, 지금까지도 이미 플라비우스가(Flavius 家) 귀공자에 대한 지난날의 확대로 명백히 뒷받침되었던 바 콘스탄티우스 황제에 관한 세상사람들의 의심이 한층 더 확증적으로 되었을지 모른다. 여기서 부황제는 과연 마르켈루스를 소환하여 조용히 그를 직무에서 해임시켰다(암미아누스-마르켈리누스,『역사』제16권 7장 1절). 그리고 그의 후임으로 세베루스(Severus)를 기병대 사령관으로 임명하였다. 그는 자기의 용기와 충성심을 모두 훌륭하게 입증해 보인 노련한 무장이었다(상게『역사』제16권 11장 1절. 또한 조시무스,『신로마사』제3권 2절). 그는 깊은 경의로써 진언도 하거니와 실천에서 열의를 보였다. 그 무렵에 율리아누스 자신은 비호자인 에우세비아 황후의 호의적인 추천도 있어서, 드디어 갈리아 방면군 최고사령관직에 취임하고 있었는데, 그와 같은 부황제의 명령에 세베루스는 마음속으로부터 신복(信服) 하였다. 여기서 다가오는 다음 번 결전을 위하여 주도면밀한 작전계획이 수립되었다. 부황제 자신은 잔존하는 노련한 병단과 새로 징모가 허용된 새 군단을 통솔하여 대담하게도 게르만 만족군의 본거지 깊숙히 진출하여 사베르네(Saverne)요새(로마이름은 토레스 타베르네. 서독 국경 가까운 알사스 지방에 있던 작은 읍)의 재구축 공사를 신중히 추진시켰다. 이곳은 요충지대로서 적의 침구를 저지시키는 일이나 그리고 그들의 퇴로를 차단하는 일도 뜻대로 할 수 있는 곳이었기 때문이다. 마침 그 무렵에 보병단 사령관인 바르바티오(Barbatio)도 3만의 보병(정확히는 2만 5천 명)을 이끌고 밀라노를 출발하여 알프스를 넘어 바젤(Basil, 로마명칭은 바실리아)시 부근에서 라인강에 다리를 놓을 준비를 하고 있었다. 이리하여 복배(腹背)로부터 압력을 가하면, 알레만니족으로서도 불가불 갈리아에서 철퇴하여 고국방위를 서두를 수밖에 없을 것임을 당연히 기대할 수 있었다. 그런데 이에 대한 기대는 바르바티오 자신의 무능탓인지 또는 질투 때문이었는지, 아니면 밀라노 당국으로부터 어떤 비밀지령이라도 있었던 까닭인지는 모르나 보기좋게 배반당했다. 이때에 보여준 바르바티오의 행동은 마치 그가 부황제의 적이라고나 할까, 꼭 만족군의 비밀우군(祕密友軍)과도 같은 인상을 주는 것이었다. 하여튼 적의 약탈부대가 그의 진영 바로 앞을 마치 자기들의 진영인 양 자유로이 내왕하는 것을 멍하니 바라보기만 있었는데 이런 태만이야말로 그의 무능성 때문이라고 생각해도 좋을 것이다. 게다가 한 발작 더 나아가 갈리아군에게 절대 필요한 전비(戰備)인 많은 선박과 잉여 군량미까지 몽땅 불태워 버렸다는 것은 명백히 범죄적인 이적 내지 통적(通敵)의도의 증거였다. 공격력도 없거니와 그런 의사조차 없는 것으로 보이는 이 로마군에 대하여 게르만 만족군은 깊은 경멸감을 품게 되었다. 수치스러운 이 바르바티오의 퇴각은 부황제인 율리아누스를 고립무원의 궁지상태에 빠뜨렸는데 이러한 위기로부터 탈출하려면 역시 자기 힘만을 믿는 외 별도리가 없었다. 현지에 그대로 남아 있는 것도 위험하거니와 명예로운 퇴각 또한 불가능이라는 절대절명의 위험한 국면에 이른 것이다(암미아누스-마르켈리누스, 『역사』 제16권 11장, 리바니오스, 『연설』 제10).

침략의 불안으로부터 해방된 알레만니족은 이번에는 오히려 부황제에 대한 응징전을 준비하기 시작하였다. 그들로서는 정복이라는 기정사실이 있었고, 또 조약상의 권리로부터도 어디까지나 자국영토로 지목되는 국토에 대하여 이제 이 청년황제가 감히 자기들과 영유권을 다투려고 한 까닭이다. 그들은 3일 3야에 걸쳐 자기네 병력을 라인강 서안으로 파송하였다. 난폭한 무장인 크노도마르왕(Chnodomar E. 암미아누스-마르켈리누스는 Chonodomarius 〈코노도마리우스〉라고 표기하고 있다)을 앞서 마그넨티우스(Magnentius) 참제의 친동생을 격파한 유서 깊은 무거운 창을 휘두르면서 만족군의 맨 선두에 나섰지만, 여기서 경험의 덕택인지 여하튼 솔선수범을 선동하는 저돌적인 용기를 교묘히 억제하면서 전진해 왔다(이 일전을 생동하게 묘사한 것은 암미아누스-마르켈리누스의 『역사』 제16권 12장이다. 부분적으로 문제도 있는 모양이지만 그것은 생략한다). 뒤따르는 자로서는 왕이 6명, 왕족출신 공자가 10명, 의기 헌거로운 귀족들도 다수에다 다시 게르만족에서도 가장 용맹함으로 이름 높은 정예부대 3만 5천 명이었다. 더욱이 한 로마군 도망병으로부터 얻은 정보로서 적인 부황제가 겨우 1만 3천이라는 적은 병력을 이끌고, 그들의 본영인 스트라스부르(로마명칭은 아르겐토라툼)에서 불과 21마일 떨어진 지점에 포진하고 있음을 알게 되자, 자기군대의 병력만을 생각해도 자신감은 백배나 높아지는 것이었다. 그러나 율리아누스 부황제 또한 열세라고는 하지만 어디까지나 적의 대군을 맞이하여 일대 결전으로 승부를 가리리라고 각오하고 있었다. 분산상태에 있는 알레만니족의 군대를 각개 격파하는 것의 귀찮음과 더욱이 불확실한 작전으로 나가기 보다는 차라리 단번에 총결전으로 매듭지을 기회를 택하게 된 것이다. 우익에는 기병대, 좌익에는 보병이라는 2대 종진(縱陣)으로 포진한 로마군은 굳게 한덩어리가 되어서 전진했다. 이윽고 적군을 바라볼 수 있게 되었을 때는 해도 이미 서산으로 넘어갈 무렵이었다. 여기서 율리아누스는 차라리 결전을 다음날 아침으로 미루고 그 사이에 병사들에게는 필요한 수면과 식사를 취하게 하여 피로해진 전력을 회복시키고 싶었다. 그러나 결국은 흥분한 병사들의 외침, 나아가서는 막료회의의 의향도 있고 해서 마음에는 썩 내키지 않았지만 그들에게 양보하기로 하였다. 그러면서 장병들에게는 만일 이번 전투에서 지기라도 한다면 우리들의 행동은 만천하에 경거망동이라는 오명을 낙인찍히게 될 것이 틀림없다. 그러니 이번에는 반드시 용감성과 무위를 크게 발휘하여 좀 서둘러 개전하게 된 일의 정당성을 입증해 보여줄 것을 특히 강하게 요청하였다. 이윽고 진군나팔이 높이 울려퍼지고 함성이 온 전쟁터에서 일어나자, 적아 양군은 서로 뒤지지 않는 격렬한 투지를 발휘하여 일제히 돌격전으로 나아갔다. 스스로 우익군을 지휘한 율리아누스는 오로지 승리를 자기 궁사대의 솜씨와 흉갑기병의 중장비에 걸고 있었다. 그러나 그의 전열은 적 경기병과 경보병의 혼합군에 의하여 곧 격파되어 용감하기로 가장 이름 높았던 흉갑기병대 600명이 순식간에 패주라는 굴욕을 맛보아야만 하였다 (조시무스,『신로마사』제3권 3절. 이 전쟁이 끝난 뒤에 율리아누스는 이 패주병들에게 여자옷을 입게 함으로써 이번 치욕을 계기로 다시 분기시켰다고 한다). 그러나 이 패주병들도 율리아누스의 의연한 모습을 보자 겨우 발길을 돌려 전세를 바로 잡았다. 즉 부황제는 자신의 안위 따위는 돌보지 않고 패주하는 병사들의 앞을 가로막아서서 오로지 명예와 치욕이라는 감정에 호소하는 독전으로 승리로 날뛰는 적을 향하여 다시 반격에 나서게 한 것이다. 양쪽 보병들의 격투는 실로 집요하고도 처절하였다. 체력과 체격면에서는 만군쪽이 우월하나 군기와 사기면에서는 로마군이 우세하였다. 다만 다행했던 것은 로마군 휘하에 있는 만족출신 병사들이 이 양자의 장점을 다함께 갖추고 있던 덕분으로 결국은 유능한 사령관에 통솔된 이들의 분전이 이 날의 승리를 가져오게 한 것이라고 말할 수 있다(이 스트라스부르 회전에 대해서는 율리아누스 자신이『아테네 시민에게 보내는 서한』에서 기술하고 있다. 조시무스는 이 승리를 과대평가하여 마치 알렉산더 대왕이 다리우스왕〈Darius/Dareios Ⅲ. Kodomannos, 페르시아 제국 최후의 왕. 재위 BC 336-330. 잇소스의 험로와 아르벨라 및 가우가멜라 사이의 전투에서 각각 BC 333년과 BC 331년에 알렉산더 대왕에게 패배〉을 패배시킨 무훈에 비견시키고 있다). 유명한 이 스트라스부르 결전(357년 8월에 있었다)에서 로마군의 손해는 군단 사령관 4명, 사병 243명이라는 적지 않은 수에 이르렀다. 그러나 이것은 부황제로서는 가장 빛나는 전승이요, 또 계속 고난에 처해 있던 갈리아내 각 속주에게는 매우 기쁜 낭보였다. 알레만니족군의 손해는 라인강에 빠져 죽거나 패퇴하여 도하할 때 사살된 희생자를 별도로 하고 전쟁터에서만도 6천의 전사자를 내었다 (암미아누스-마르켈리누스,『역사』제16권 12장에 의거한다. 단 이 숫자에 대하여 어떤 문헌에는 많은 것이 6만까지 있어서 자료에 따라 대단한 차이를 나타내고 있다). 크노도마르(코노도마리우스)왕 자신도 포위를 받고, 3명의 용감한 동료 장수들과 함께 포로가 되었다. 생각컨대 그들은 생사고락은 물론 족장과 운명을 같이 하기로 헌신 (獻身)의 서약을 나누었던 것이다. 그러나 율리아누스는 당당한 군의 위용을 보이면서 포로로 잡힌 크노도마르를 막료회의 석상에서 맞아들여 내심으로는 그가 굴욕적인 포로로 잡힌 것을 비웃으면서도 표면상으로는 어제와는 딴판으로 그의 비운에 대하여 관대성과 동정심으로 가득찬 연민의 말을 건네었다. 그리고 이 알레만니족의 패망한 왕을 갈리아 제도시에 돌려서 구경거리로 만드는 대신, 이번 전승의 빛나는 기념품으로서 후히 대접하여 콘스탄티우스 정제에게 보냈다. 이리하여 그는 명예있는 처우를 받았지만 워낙 성질이 급하고 반골인 만족의 왕으로서는 패전·구금·유형이라는 계속된 굴욕에 견디지 못했는지 머지않아 죽고 말았다(암미아누스-마르켈리누스,『역사』제16권 12장 리바니우스,『연설』제10).

상(上)라인 지방에서 알레만니족을 구축한 율리아누스는 창끝을 돌려 이번에는 프랑크족 토벌에 나섰다. 프랑크족이란 갈리아와 게르마니아와의 경계선 지대, 그리고 좀더 북해쪽 가까이에 정주하고 있는 게르만계 종족이지만 수라는 점에서나 또 표한무비의 용맹성이라는 점에서도 가장 두려운 강적으로 되어 있었다. 약탈의 묘미에 강한 유혹을 받았던 것도 사실이지만 동시에 천성적으로 전쟁을 좋아하여, 전쟁이야말로 인간성 최고의 영예이며 행복이라고 공언할 정도였다. 부단한 활동으로 신심공히 단련되어 있어서 어떤 사가의 말에 의하면 그들에게는 엄동기의 눈조차 봄의 꽃과 마찬가지로 기분 좋은 것으로 여긴다고 한다(사가란 리바니오스〈Libanios. 314-393?〉를 말한 것 같다. 그의『연설』제10 참조). 스트라스부르 회전이 있은 직후의 12월에 율리아누스는 뮤즈(Meuse)강 연안의 2개 성새에 틀어박혀 있는 프랑크족 600명에게 공격을 가했다. 혹한 속에서 그들은 불요불굴의 용기로 54일 간이나 포위공격전을 버티어 냈지만 마지막에는 끝내 식량이 떨어졌을 뿐만 아니라 로마군이 강의 얼음을 분쇄해 버렸기 때문에 벌써 탈출할 희망도 없다고 보자, 옛부터의 그들의 군율——승리가 아니면 죽음이라는 규정을 깨고 항복하였다. 이때도 부황제는 곧 포로들을 콘스탄티우스 황제의 궁정으로 보냈더니 황제 또한 이 귀중한 선물을 크게 기뻐하여 기꺼이 친위군 정강부대에 그들을 편입시켰다(율리아누스,『아테네 시민에게 보내는 서한」. 리바니오스, 『연설』 제10). 불과 한줌밖에 안되는 그들이었지만 그러나 그들이 보여준 완강한 항전모습은 이윽고 새봄이 되면 프랑크족 전체를 상대로 토벌전에 나서려던 율리아누스로 하여금 그 일의 지난성을 통감케 하는데 충분하였다. 물론 지극히 민속한 그의 행동은 표한무비한 이 만족들조차 경탄케 하였다. 즉, 병사들은 불과 20일분의 건빵을 휴대했을 뿐으로 갑자기 통그레스(통게렌)시 근교에 포진한 것이다. 프랑크족군으로서는 적이 아직 파리에 있는 동계막영에 있으면서 한가로이 아퀴타니아(Aquitania)로부터 원군의 도착을 기다리고 있을 것으로만 생각하였기 때문이다. 이리하여 프랑크족군이 병력을 집결시킬 겨를도, 작전을 생각할 짬도 없는 사이에 율리아누스 부황제쪽은 쾰른(콜로그네)으로부터 북해에 이르기까지 그의 병력을 멋지게 전개시켰던 것이다. 이 군사적 성공과 게다가 이 병력에 겁을 집어먹은 만족들은 곧 승리자 앞에 꿇어 엎디어 자비를 베풀 것을 간청하면서 기꺼이 그의 명령에 따를 것을 제의하였다. 이리하여 카마비족(Chamavians)은 얌전하게 라인강 저쪽의 옛영토로 철퇴했지만 한편 살리족(Salians)만은 로마제국의 신민, 또는 그의 보조군단(Auxilia)으로서 톡산드리아(Toxandria)에 새로 정주하는 것이 허용되었다(오늘날의 벨기에령, 대략 안트베르페(앙베르)시 주변). 협정은 엄숙한 서약으로서 비준되었고, 그것의 각 조항이 엄격히 실행되게끔 특히 감독권을 띤 감찰관들이 프랑크족 사이에 상주하게 되었다. 이 전승에는 한 가지 에피소드가 전해지고 있다. 이야기 자체도 흥미진진하지만 동시에 또한 이 연극의 시나리오를 교묘하게 구상하고, 그 결말까지 만들어 낸 율리아누스라는 인물의 성격을 생각케 하는 점에서도 결코 나쁘지 않은 이야기이다. 즉 카마비족이 화해하기를 간청하고 나왔을 때 율리아누스는 신용할 수 있는 꼭 한 명의 인질을 요구했는데 그것은 그들의 왕자였다. 카마비족의 진영은 슬픔으로 말미암아 물이나 뿌린 듯이 침묵으로 조용했고, 신음에 가까운 훌쩍이는 울음소리조차 일어났다. 명백히 만족들의 비탄에 잠긴 당혹상을 말해주는 것이었다. 그리고 슬픔에 잠긴 노왕은 이미 일가의 불행이 전부족의 비운을 한층 더 배가시킨다는 취지를 비창하기 이를 데 없는 말로 구구절절히 하소연하였다. 이리하여 전부족이 부황제 옥좌 앞에 꿇어 엎드린 그 순간이었다. 죽었을 것으로만 생각하고 있던 바로 그 왕자가 갑자기 그들 앞에 나타난 것이다. 환희의 목소리가 울려 퍼진 다음 이들의 눈이 한결같이 부황제를 주시하는 태도로 일변하자 그는 조용하게 다음과 같이 말하였다. 「그대들이 비탄한 마음에 잠겨 있던 왕자의 모습을 똑바로 보시오.

그대들은 자신들의 잘못으로 그를 잃고 있었던 것이외다. 그러나 신과 로마인은 이제 그 왕자를 그대들을 위하여 돌려주기로 했소이다. 앞으로도 이 왕자는 그대들의 성실성의 보증이라기보다도 과인 자신의 선근(善根)의 기념으로서 과인이 바로 내 밑에 남겨두고서 교육시킬 것이외다. 이제 그대들이 맹세한 신의를 만에 한 번이라도 파기하는 일이 있으면 반드시 제국의 무력은 그런 불신행위에 대하여 보복을 무고한 인간들에게 대해서가 아니라 죄있는 모든 사람에게 보복할 것임을 명심하기 바라오』 이런 조치에 대하여 만족들은 깊은 감사와 찬탄하는 마음으로 그의 앞을 물러났다(조시무스, 뒤이어 에우세피우스〈Eusepius〉라는 그리스 태생 철학자가 이 말을 전하고 있지만, 율리아누스 황제 자신을 포함하여 당대의 다른 사람들의 사료에도 이것은 보이지 않는다. 기번도 그의 주석에서 이것의 진실성을 의심하고 있다).

　율리아누스는 갈리아의 제속주를 게르만 만족의 손에서 구출한 것만으로는 만족하지 않았다. 그는 나아가 로마의 역대 통치자들 중에서 가장 빛나는 제1인자인 율리우스 케사르(Caesar, Gaius Julis, BC 102〈전승으로는 BC 100〉-44)의 영광과 어깨를 나란히 할 것을 바라고 있었다. 그리하여 율리우스의 선례를 본받아 자기 자신의 갈리아 전기(戰記)를 썼다 (그가 「갈리아 전기」를 실제로 썼는지의 여부는 오늘날 현물이 전해지지 않기 때문에 엄밀히 말하여 불명확하다. 다만 스승이자 벗이기도 한 수사학자 리바니오스는 그의 연설 중 하나〈연설〉제4)에서 「썼다」고 말하고 있으며, 율리아누스 자신도 『아테네 시민에게 보내는 서한』 기타에서 재삼 갈리아전쟁의 경험을 이야기하고 있다. 만일 이것을 썼다면 그의 초기저작물 중의 하나가 된다). 율리우스 케사르는 재차 라인강을 도하했던 사적(事績)을 확실히 자랑스런 마음으로 이야기하고 있지만 율리아누스 또한 정제(Augustus) 칭호를 받기 이전에 이미 세 번이나 승리의 원정으로 로마군의 독수리 문장 군기를 라인강 저쪽에 휘날리는 영광을 자랑할 수 있었다(357년, 358년 및 359년의 세 번이다). 먼저 스트라스부르 회전이 있은 직후지만 공포에 떨고 있는 게르만인을 본 그는 승리의 기세를 타고 제1차 원정을 강행하였다. 처음에는 군대도 쉽게 움직이지 않았지만, 일상생활은 물론 여하한 노고와 위험도 모두 일개병사와 행동을 함께하는 사령관의 설득력있는 웅변에 감동되어 곧 이에 따른 것이다. 마인강(Main 江. 로마의 이름으로는 모에누스) 양안의 부락들은 모두가 곡물과 가축의 말하자면 보고(寶庫)였지만, 현지에 와 보니 거의가 만족 침공군의 약탈을 받고 있었다. 로마식 건축의 우아성을 모방한 주된 가옥들은 모두가 병화로 불타 버렸다. 부황제는 대담하게도 다시 10마일 정도 전진을 감행하였지만, 여기서 진격은 갑자기 저지되었다. 더이상의 진입을 허용하지 않는 울창한 대삼림이 전개되었을 뿐만 아니라, 이르는 곳마다에 지하도와 연결된 함정이 있었고 또 복병도 잠복하는 등 한 발자국마다 진입자의 발을 위협하였다. 대지에는 이미 눈이 쌓이기 시작하였다. 하는 수 없이 율리아누스 부황제는 일찍이 트라야누스 황제(Trajanus. 재위 98-117)가 세운 옛성(로마이름은 우포누움, 오늘날에는 라덴부르크라고 불리우는 곳. 이설도 있다)을 수복한 다음, 일단 저자세를 보인 만족과 10개월 간의 휴전을 약속하였다. 그러나 10개월 간의 기간이 끝나자 그는 또다시 라인강을 도하하여 제 2 차 원정을 행하였다. 저 스트라스부르 회전에도 출진했던 알레만니족의 왕들인 수르마르(Surmar)와 호르타이레 (Hortaire)의 교만성을 꺾으려는 것이 목적이었다. 이 두 사람은 우선 로마인 포로 중 생존자들을 송환시킬 것을 제의해 왔다. 그러나 갈리아의 제도시와 부락들에서 실종된 주민수를 정확히 조사해 놓았던 율리아누스는 자기를 속여 넘기려는 만족들의 간계를 즉석에서, 그것도 정확하게 기만임을 지적하였다. 이로써 만족들도 가히 초능력이라고 할 만한 그의 지식에 거의 외경(畏敬)에 가까운 생각을 가지게 되었다. 제 3 차 원정은 지난 두 차례의 그것보다 더 중요하고도 혁혁한 전과를 올린 것이었다. 게르만군은 병력을 규합하여 라인강의 대안을 이동하면서 교량을 파괴하여 로마군의 도하작전을 저지시키려고 했다. 만족의 현명한 이 방위작전도 교묘한 그의 양동작전으로 곧 의표를 찔리우고 말았다. 즉 경무장하고 민첩한 병사 300명을 선발하여 40척의 소형선박에 태워서 은밀히 강을 내려가 적의 전초선에서 얼마간 떨어진 지점에 감쪽같이 상륙시킨 것이다. 병사들은 정말 민첩하고도 대담하게 이 작전명령을 수행하였다. 바로 이때 만족군 족장들은 주연석상에서 안심하고 마신 나머지 거나하게 취하여 자기 진지로 돌아가는 도중이었는데, 로마의 기습부대는 만족군에게 야간기습을 가한 형태가 되었다. 예에 의하여 타기해야 할 참살과 약탈과정은 생략하기로 하고, 다만 다음 사실만을 기술하면 전과정도는 충분히 알 수 있을 것으로 생각된다. 즉, 율리아누스는 오만불손하기로 이름 높았던 알레만니족의 왕 6명에게 명령과도 같은 화평조약을 수락하지 않을 수 없게 하였을 뿐만 아니라 그들 중 3명에게는 로마군의 엄격한 군율, 당당한 위용의 견학까지 허용하였다. 이리하여 그는 만족의 쇠사슬에서 구출된 로마인 포로 2만 명을 데리고 일찍이 포에니전쟁(유명한 카르타고와의 전쟁. BC 241년, BC 218-202년 및 BC 149-146년 등 3회나 있었던 전쟁의 총칭)이나 킴브리전(Cimbric War. 킴브리는 게르만인의 한 부족.

이 부족은 원래는 오늘날의 덴마크령인 유틀란트반도에 있었으나 BC 2세기경부터 급격히 이동하기 시작하여 갈리아·스페인으로부터 뒤에는 이탈리아의 포강 계곡지방까지 진출해 왔다. 이에 대하여 BC 101년 마리우스〈Marius, Gaius, BC 157-86〉가 베르켈레〈Vercellae〉 평야에서 이들에게 섬멸적인 타격을 가하였다. 본문은 이 전투를 가리킨 것)의 승리와도 비교될 만한 영광을 얻고 라인강을 되건너 왔다.

　이와 같은 용감한 행동으로 얼마 간의 평화를 확립할 수 있었던 율리아누스는 다음에는 곧 인자한 마음의 깊고도 철학자적인 그의 본래 성정과 좀더 잘 어울리는 일에 몰두하였다. 먼저 만족의 침구를 받아 황폐화된 갈리아 제도시의 부흥을 서둘렀다. 그리고 멘쯔(Mentz, 로마 명칭은 군티아쿰)에서 라인강 하구에 이르기까지의 중요 전초기지 7개소를 그의 명령으로 재건 및 요새화한 것은 특서대필할 가치가 있을 것 같다(암미아누스-마르켈리누스, 『역사』 제18권 2장. 리바니오스, 『연설』 제10. 7개소란 빈젠〈Bingen〉·안데르나흐〈Andernach〉·본〈Bonn, 지금의 서독 수도〉·누이스〈Nuyss〉·트리케시메〈Tricesimae〉·쿼드리부르기움〈Quadriburgium〉·카스트라 헤르쿨리스〈Castra Herculis〉 등이다). 패배한 게르만 만족은 이런 곳의 부흥에 필요한 자재 조달과 그것의 운반 등 당연할지는 모르지만 몹시 굴욕적인 천한 부역에 말없이 동원되었다. 적극성에 넘친 율리아누스의 정열은 이런 사업을 추진함에 있어서도 훌륭하게 발휘되었다. 전군의 사기를 높여 온 그의 정신력은 대단하여 원래 노역 따위는 면제되어 있는 만족 보조군 부대까지가 자기들의 특권을 포기하고 로마병사들과 함께 어떠한 천한 노역에서도 그들의 정려성(精勵性)을 앞다투어 발휘하였다. 율리아누스로서는 주민과 수비대의 안전뿐만 아니라 식량 보급까지 확보해 줄 책임이 있었다. 대저 주민의 도망, 군의 배반이란 거의 전부가 굶주림에서 오는 필연적이고도 치명적인 결과였기 때문이다. 갈리아지역 각 속주의 경작은 전화로 말미암아 거의 중단되어 있었지만 과연 그의 가부장적인 배려라고나 할까, 어쨌든 대륙에서의 식량부족은 그것이 풍부한 인접된 섬나라(브리타니아를 가리키는 것)로부터의 보급으로 훌륭하게 메워 나갔다. 아르덴느(Ardennes) 삼림에서 건조된 600척의 대형선박이 여러 번 브리타니아섬 해안을 왕복하여 곡류를 가득 싣고 라인강을 거슬러 올라가 강안에 있는 여러 거리와 요새에 그들의 태짐을 배급하며 돌아갔다(율리아누스, 『아테네 시민에게 보내는 서한』 말미 가까이에서 이것이 나온다). 그 전에는 콘스탄티우스 2세 황제가 자기의 위신을 희생으로 은 2,000파운드라는 공납금적인 증여까지 하면서 구입했던 라인강의 자유항행권을 이제 율리아누스는 자기의 무력으로 탈환한 것이다.

그런데 본 당자인 콘스탄티우스 정제는 만족에 대해서는 그들의 위력에 겁을 집어먹고 상술한 대금(大金)을 지불했었는데, 이제 이돈을 자기와의 공치제 군대 병사들에게 막상 지급하게 되자 몹시 인색해져서, 그것의 지출을 거부한 것이다. 정규급여나 특별상여금(donatium)을 받는 일도 없이 이미 2번씩이나 원정에 출동시켜 불평불만을 품고 있던 그런 군대를 세번째로 이끌고 출진했을 때에는 사실 어지간한 율리아누스 부황제의 지략의 오묘함이나 의연한 그의 용기도, 말하자면 일대 시련에 노출되어 있었다고 해도 과언이 아니었다(제2차 토벌전에 나서기 직전이지만, 군대의 반란까지 있었다. 암미아누스-마르켈리누스, 『역사』 제17권 9장).

원래 율리아누스 부황제의 시정 방침(적어도 그렇게 보였다)은 오로지 백성들의 평화와 행복을 바라는 그 한마음뿐이었다(상게『역사』제16권 5장 및 제18권 1장 등). 겨울동안에 본영에 있는 한가한 시간에는 전적으로 민정내치에 전념함으로써 장수라기보다도 사정관(司政官)으로서 좀더 많은 기쁨을 느끼고 있는 것으로 보였다. 출진에 앞서 그는 그의 법정에 제소되어 있는 공사간의 계쟁문제의 대부분을 각각 속주의 총독들에게 위임하고 떠났지만, 돌아오기만 하면 곧 그들의 재정에 재검토를 가하여 법의 지나친 가혹성을 완화시켰을 뿐만 아니라 때로는 담당 재판관 자신에게 재심을 명령한 일조차 있었다. 대저 고덕염직(高德廉直)한 지도자에게는 왕왕 정의를 세우려는 의욕에서 곧장 지나친 정열을 불태우는 결점이 있는 법이지만 그는 이런 후자의 유혹에도 넘어가지 않고 잘 극복하여 어떤 대변인(Advocate)의 논고를 조용히, 그리고 위엄을 가지고 억제시킨 일도 있었다. 즉 이 대변인인 델피디우스(Delphidius)가 갈리아의 나르본네스(Narbonnese) 속주의 전 총독을 가렴주구의 죄목으로 소추하고 있었는데, 이 열혈한(熱血漢)은 드디어 이렇게 외쳤다.「부인하는 것만으로 무죄라면 유죄가 되는 사람이 있겠는가」하고 (이 에피소드는 암미아누스-마르켈리누스의『역사』제18권 1장에 나오는 것이다. 나르본네스는 현재 프랑스 동남부 프로방스 지방으로서 지금의 나르봉느시와는 별개 지명이다). 그러나 율리아누스 부황제는「긍정하는 것만으로 충분하다면 무죄가 되는 인간이란 어디에 있겠는가?」하고 대답하였다. 평시와 전시를 불문코 군주의 이해(利害)는 국민의 그것과 하나가 되는 것이 통례이다. 그러니 콘스탄티우스 황제로서는 그의 압정으로 아주 피폐해 버린 국토로부터 주구(誅求)한 공납금의 일부가 다만 얼마간이나마 율리아누스의 인정(仁政)으로 야취당했다고 생각하자 아마도 깊은 피해감을 품었음이 틀림없는 것 같다. ○

제 부황제의 인수를 띤 율리아누스는, 어떤 때는 오만한 하급자의 강욕을 처벌함으로써 그의 부정한 징세를 폭로하고, 그 대신 공평하고도 완만한 징수방법을 도입하는 문제를 자기가 시행하려면 사실 할 수도 있었을 것이다. 그런데 좀더 안전성을 의도해서였든지 재정상의 모든 관리는 갈리아 속주의 총독인 플로렌티우스(Florentius)에게 일임하고 있었다. 그런데 이 사람이 또한 인정사정이란 일체 알지 못하는 음침한 압정자였던 바, 이 교만한 악덕 관리는 제아무리 정당하고도 온건한 진언이라 해도 자기 의견에 대한 반대론이라면 덮어놓고 그것을 헐뜯고 깎아 내렸는데, 그러면 율리아누스쪽은 오히려 자기에게 힘이 없음을 자탄할 뿐이었다 라고 하는 것은 이보다 앞서 그 언젠가 플로렌티우스가 서명을 요청해 온 임시부가세에 관한 명령서에 율리아누스가 분연히 각하시킨 일이 있었는데, 이런 각하의 정당성을 설명하기 위하여 쓴 충실한 민정보고서가 콘스탄티우스 황제의 궁정을 아주 화나게 했었기 때문이다. 이때 율리아누스의 심정은 그가 자기친구 중 한 사람에게 써 보낸 서한 속에 그대로 표현되어 있으므로 오늘날도 그것을 읽을 수가 있다. 「적어도 플라톤과 아리스토텔레스의 제자로 자처하고 있는 사람이 어찌하여 그것 이외의 조치를 취할 수 있겠소? 어떠한 일이 있더라도 나의 보호하에 위임된 불행한 백성들을 어떻게 버릴 수 있겠소? 인정(人情)을 모르는 노상강도들이 범하는 재삼의 불법행위—— 그런 자들로부터 백성을 지켜주는 것이야말로 나의 책무가 아니겠소? 자기 위치를 버린 사령관은 죽음으로 처벌되어 매장의 영예조차 박탈되는 법이지요. 이보다 더욱 신성중대한 책무를 맡고 있는 내가 만일 위급사태를 앞에 두고 그의 대책을 태만한다면, 어떠한 공정한 얼굴 모습을 하고 그에게 이에 관한 판결을 언도할 수 있으리오? 신께서 나를 이런 높은 자리에 앉게 하셨소이다. 그러니 신의 섭리가 반드시 나를 지켜 주고 또 지지해 주실 것입니다. 만일 이것으로 내가 처벌된다면 나는 오히려 순수공정한 양심을 증명해 보인 것으로 알고 거기서 위안을 발견할 것이외다. 아ㅡ, 저 살루스티우스(Sallustius)와 같은 고문관이 지금도 살아 주었으면 하고 생각합니다! 만일 나를 경질시키는 것이 가하다고 생각한다면 나는 기꺼이 거기에 복종할 겁니다. 이런 악한 일이 오랫동안 처벌을 모면한 채로 세월이 지나간다면 짧은 기간이라도 좋으니 나는 이제 이 기회를 이용하여 착한 일을 하고 싶소이다」(이 일절은 율리아누스의 『올라바시우스에게 보내는 서한』에서 인용한 것이다. 단, 대의를 의역한 것이다. 올라바시우스는 의사로서 율리아누스의 친구이다. 이 서한은 358-359년간 베니스에 있던 그에게 쓴 것이다. 그리고 이 에피소드는 암미아누스·마르켈리누스, 『역사』 제17권 3장에도 쓰여 있다). 불안정한 부황제라는 지위에 있었던 것이 오히려 그의 장점을 나타내는 동시에, 한편으로는 그의 단점을 감추어 주었다. 갈리아에서 정제(正帝)의 권위를 지탱해 주는 인간에 불과했던 이 젊은 영웅에게, 정제의 비정(秕政)을 고쳐주는 권능 따위는 전혀 허용되지 않았다. 그러나 백성들의 어려운 처지를 완화시켜 주고 또 그들을 불쌍히 여길 만큼의 용기는 있었다. 옛 로마인의 상무정신을 부활시키든가 또는 근로·문화의 기술을 그들 오랑캐 민족 사이에 보급시키지 않는 한 게르마니아와의 화평이나 또는 정복에 의해서도 도저히 국가적 평화를 확립할 가망성이 없었다. 그래도 율리아누스에 의한 거듭된 전승은 일시적이나마 어쨌든 만족의 침구를 저지시켜 서방제국의 멸망을 지연시키는 데 도움이 되었다.

그가 시행한 인정(仁政)은 오랜 동안에 걸친 내란, 만족과의 전쟁, 내정적인 폭압 등등의 제악(諸惡)으로 오랫동안 황폐한 그대로 내맡겨 두었던 갈리아 제도시의 부흥을 성공시켰고, 또 즐거운 기대와 함께 근로정신도 다시 살아나게 하였다. 법의 보호하에 농업·제조업·상업이 다시 번영하게 되었을 뿐만 아니라 각 자치체의 참사회(curiae) 등에도 다시 유능하고 덕망있는 인재가 모여들게 되었다. 청년들은 이미 결혼을 겁내지 않게 되었으며, 기혼자 또한 아들·손자에게 위구심을 가질 필요가 없게 되었다. 공사간의 축제도 옛날과 마찬가지로 성대하게 거행하게 되었고, 각 속주간의 빈번하고도 안전한 교류는 명확히 국가적 번영의 모습을 보여 주는 것이었다. 율리아누스와 같은 심정을 가진 사람으로서는 자기들 스스로가 만들어 낸 이 국민적 행복을 보고 아마도 그 기쁨이 매우 컸음이 틀림없었을 것인 바, 그 중에서도 특히 커다란 만족감으로 바라다 본 것은 겨울동안 주둔한 곳이고 편애에 가까우리만치 깊은 애착심을 가진 파리(Paris, 뒤에 나오는 것처럼 당시의 명칭은 루테티아〈Lutetia〉이다)의 광경이다 (율리아누스의 풍자적인 산문인 『미소포곤〈Misopogon〉』 p.428이하 참조. 미소포곤이란 「수염을 미위하는 사람」이라는 뜻의 그리스어이다). 지금이야말로 센(Seine)강 양안에 걸친 광대한 지역을 차지하는 웅장하고 화려한 수도지만, 처음에는 센강 속의 하나의 작은 섬 —— 다만 이 강으로부터 깨끗하고 양질의 물을 얻을 수 있다는 조건만으로 주민들이 살기 시작한 작은 거리에 불과했었다. 물흐름이 성벽 밑을 씻어 갔고 거리로 통하는 다리로서는 2개의 목교가 놓여 있을 따름이었다. 북안은 멀리까지 삼림으로 뒤덮여 있었지만, 남안은 오늘날 대학의 이름으로 되어 있는 지대 일대에 점차 민가가 즐비하게 들어섰고, 궁전과 원형투기장, 욕장과 수도, 나아가서는 로마군을 훈련시킬 마르스(Mars) 연병장 등이 건설되고 있었다. 대양과도 가깝기 때문에 가열한 기후도 이로서 완화되며, 경험을 통하여 배우게 된 성과지만 얼마간의 예방조치만 강구하면 포도나 무화과 등도 훌륭하게 성장 및 결실하였다. 다만 심한 혹한의 습격을 받으면 센강에는 두껍게 얼음이 얼어 붙었다. 만일 이 강이 해빙할 때에 아시아 사람들이 보면 여기를 흘러내리는 거대한 얼음덩어리들이 마치 프류기아(Phrygia, 옛날 소아시아에 있던 프류게스인의 나라) 채석장에서 까낸 하얀 대리석 덩어리처럼 보일는지 모른다(이 일절은 거의 그대로 상게 『미소포곤』에서 환골탈태〈換骨奪胎〉한 것이다). 안티오크시에서의 방종과 부패상을 처음으로 보았던 율리아누스(그는 361년에 페르시아 원정을 위하여 처음으로 안티이크에 들어섰다. 그러나 동시 시민들의 사치와 안일성, 그리고 기독교의 지배는 그의 성미에 맞지 않아서 반 년 가까운 체제는 불쾌의 연속이었다. 자책감을 포함하여 자기의 여분〈余憤〉을 엮은 것이 상게『미소포곤』이다)는 당연히 루테티아(Lutetia, 파리의 옛이름. 정확히는 Lutetia Parisiorum이다. 갈리아인 파리시〈Parisi〉족의 루테티아라는 뜻이다)의 간소하고도 엄숙한 풍속을 상기하였다. 거기서는 극장에서의 오락 따위는 누구도 알지 못하며, 또 알고 있다 해도 경멸하고 있었다. 질박성실하고 게다가 용감한 이 갈리아인들과 비교할 때, 유미온유(柔媚溫柔)한 시리아인의 모습을 그는 분노로써 묘사했을 뿐만 아니라, 이에 비하면 켈트인 유일의 결점이라고도 할 수 있는 폭주(暴酒)하는 버릇조차 거의 용서할 수 있다고까지 기술하고 있다(전게『미소포곤』에 의한다). 그와 같은 율리아누스가 만일 오늘날까지 살아서 이곳 프랑스의 수도 파리를 다시 방문해 본다면 과연 어떠할까. 아마도 그는 그리스인의 제자라고도 할 수 있는 그를 충분히 이해하고 또 가르칠 수조차 있는 허다한 재학겸비(才學兼備)의 인사들과도 교환(交歡)할 수 있을 것이며, 또 향락사치생활에 있어서도 상무정신만은 아직도 여전히 쇠퇴할 줄 모르는 이 국민의 발랄하고 우아한 어리석은 행동정도는 기꺼이 그것을 용서하는 것이 아닐까. 그리고 사회생활의 교류를 부드럽고도 세련화시켜 훌륭하고도 아름답고, 완벽에 가까운 귀중한 생활기술로 발전시킨 것을 보고는 아마도 찬탄의 목소리를 높였을 것이 틀림없을 것으로 생각된다.

제20장 콘스탄티누스 대제 개종의 동기·진전 및 효과 – 기독교 즉 가톨릭교회의 공인 과 조직

〈312-438〉

　기독교를 공인했다는 사실은 가장 왕성한 흥미를 자아내며 또 가장 귀중한 교훈을 주는 황제의 내정개혁에서도 최대 중요지사 중의 하나로 생각해도 좋을 것이다. 콘스탄티누스 황제가 거둔 갖가지 전승이나 그의 내치정책이 이미 오늘날의 유럽정세를 무엇하나 좌우할 수 있었던 것으론 생각되지 않는다. 그러나 이 황제의 개종이 준 각인(刻印)은 오늘날까지도 여전히 세계 대부분에 그 혼적을 남기고 있으며, 황제 치세하에서 시작된 교회체제는 끊을 수 없는 한 가락 쇠사슬로서, 현대인의 사상·감정·이해관계와도 강하게 연결되어 있다.
　이제 이 문제를 다룸에 있어 공평한 검토는 가능하다지만, 막상 객관적·중립적 견해를 취하는 것은 도저히 불가능하여 곧 뜻하지 않던 곤란에 부딪히게 된다. 예컨대 대제의 참된 개종이 엄밀히 말하여 과연 언제였던가 하는 것도 이런 곤란성의 하나다. 콘스탄티누스 황제 궁정 중추부에 있던 웅변가인 락탄티우스(Lactantius, Lucius Caecillius Firminus, 3-4세기 기독교 호교가)는 갈리아 황제(콘스탄티누스를 말하는 것. 그는 306년 영국의 요크시에서 황제로서 군에 의하여 추대를 받았다)의 이 빛나는 수범을 세계에 과시하는 데 전념한 사람인데, 황제는 이미 그의 치세 초기부터 참된 유일신의 위대성을 인정했고 또 존신(尊信)하고 있었다고 했다(락탄티우스, 『신성교리』 제1권 1절, 제7권 27절). 석학인 에우세비오스(Eusebius/Eusebios, Caesarea, 283?-399. 교회사의 시조)는 대제의 신앙동기를, 그가 이탈리아 원정을 준비하면서 마침 하늘의 일각을 쳐다보았을 때 기적의 십자가상을 발견함으로써 비롯되었다고 하였다(『콘스탄티누스 황제전』 제1권 27-32절. 이것은 312년의 일이다). 그러나 사가인 조시무스(Zosimus/Zosimos, 5세기 그리스의 역사가)는 아주 짓궂게도 그가 로마전래의 신들을 공공연하게 버린 것은 퍽 늦어져 그의 손으로 맞아들인 크리스푸스(Crispus)를 살해한 그 이후 시기라고 주장한다(크리스푸스를 죽인 것은 326년의 일이다. 조시무스, 『신로마사』 제2권 29절). 이처럼 서로 반대되는 출처에서 생기는 곤혹성은 기실 콘스탄티누스 황제 자신의 행동에 그 원인이 있다. 만일 엄밀한 교회용어로 말한다면, 최초의 기독교 황제라는 호칭은 그의 임종시까지는 결코 타당하지가 않다. 왜냐하면 한 구도자로서의 황제가 안수례(按手禮)를 받고 이어서 다시 세례를 받아 정식으로 신도명부에 등재된 것은 겨우 임종의 병상에 있을 때였기 때문이다(337년의 일). 물론 콘스탄티누스 황제의 개종은 좀더 막연한 특수한 의미로 해석하여야 한다. 따라서 콘스탄티누스 황제가 교회의 보호자, 그리고 끝내는 개종자임을 선언할 때까지 완만하다고나 할까, 거의 눈에 띄지 않을 정도의 변화과정을 우리가 추적하려면 지극히 엄밀하고도, 정확한 검토가 필요할 것이다. 황제가 받았던 그 교육에서 온 편견과 습성을 타파하고 기독교의 신성(神性)을 인정하고서, 그의 계시가 다신(多神) 숭배와는 도저히 양립할 수 없음을 깨달을 때까지에는 퍽 어려운 일들이 수반됐을 것이다. 아마 황제 자신이 경험한 많은 장애가 국가종교의 변경이라는 이 획기적인 사업에 대해서도 신중한 배려를 가르친 것으로 생각된다. 안전하고도 효과적으로 그것을 실행할 수 있는 범위내에서 점차 은밀하게 신종교관을 밝혀 나갔던 것이다. 기독교세는 황제의 전치세기간을 통하여 틀림없이 조용하기는 했지만 착실하게 발전의 흐름을 보여주었고, 그러면서도 그의 모든 흐름세는 당시의 여러 가지 우발적인 사정이나 황제 자신의 심려, 어쩌면 그의 변덕으로 때로는 저지된 적도 있거니와 굴곡하면서 전진한 일도 있었다. 예를 들어 그의 각료들은 주군의 의도를 고시함에 있어 제각각의 방침에 따라 가장 적절한 용어를 사용하는 것이 허용되어 있었기 때문에, 하부 기관에서는 시행상 혼란을 일으킨 일이 있었다. 황제 또한 국민의 희망과 불안감을 어느 한쪽에 치우침이 없이 교묘하게 조종해 나갔다. 예컨대 2가지 칙령이 같은 해(321년이었다)에 나온 일이 있는데, 첫번째 칙령이 일요일의 안식일을 엄수하라고 명령했는가 하면 (다만, 황제는 「태양의 날〈dies solis〉」이라고 불렀고 「주일〈Lord's day〉」이라고는 부르지 않았다. 자극을 피하기 위해서였던 것으로 생각된다), 두번째의 그것은 이교(異敎)의 장복사(腸卜師, Aruspice. 당초에는 에토루리아의 습속에서 유래된 점복술과 또 그 점장이를 말한다. 희생시킨 짐승의 내장이나 천체로써 점쳤다. 이 점장이들은 일종의 결사를 이루었고, 이런 점복술은 그후도 상당히 오랜 기간동안 계속된 것 같다)들에 의하여 정기적으로 신의를 물어볼 것을 명령한 것이었다. 이와 같이 중대한 혁명도 말하자면 미결 무결단인 채 남겨졌던 만큼, 그 사이에 기독교도나 이교도들도 각각 똑같은 불안감을 가지고 황제의 향방을 지켜보고 있었다. 다만 그 기본 방향은 양쪽이 완전히 정반대였다. 즉,

기독교도측은 조금이라도 기독교에 대한 황제의 호의나 신앙의 증명같은 것이 보이기만 하면, 자부하는 심정도 있어서 흔히 온갖 정열을 다하여 과장해서 말하였지만, 이와는 반대로 이교도측에서는 짐작했던 근심걱정이 끝내 절망과 분노로 변해버린 연후에야 어찌됐던 간에, 그렇게 되기 전까지는 자기들의 황제를 이미 로마의 여러 신들의 신도로 보기에는 도저히 어렵다는 따위로 가급적 세계와 또 그들 자신에게조차 애써 감추고 싶었던 것이다. 이와 같은 감정과 선입견이 각각 그 당시의 당파적인 사가들을 움직여, 한쪽에서는 황제의 기독교로의 개종에 관한 공개선언을 그의 치세 중에서도 가장 빛나는 해에 행한 것으로 기록케 하는데 반하여, 한편에서는 가장 수치스러운 오욕의 해에 개종한 것으로 보는 것이다.

콘스탄티누스 황제 자신의 언동 중 과연 그 어떤 점에서 그가 기독교를 신앙한 징후를 찾아볼 수 있는가 하는 문제는 얼마간 뒤로 미루고, 어쨌든 40세 가까이까지 황제가 훌륭한 전통종교의 신자였다는 것은 명확하다. 니코메디아 시 궁정에서 보여준 행동도 아마 그런 개념에서 나온 것, 다시 말하여 서방 갈리아 황제로서의 의향과 정책에서 나온 데 불과한 것으로 볼 수 있다. 즉, 그는 아낌 없이 경비를 지출하여 열심히 신들의 신전을 보수했던 것이다. 또한 그 당시 황실 조폐창에서 주조한 상패에는 모두 유피테르신과 아폴론신, 그리고 마르스신과 영웅인 헤라클레스 등의 상이나 그런 상징류가 새겨져 있었고, 또 콘스탄티우스 1세황제에 대한 효심의 표현인지는 모르나 그를 신격화시켜 올림퍼스 신들의 대열에까지 넣고 있다. 그러나 황제의 이런 존경과 숭배는 엄밀히 말하여 어느 쪽인가 하면 태양신, 즉 그리스와 로마신화에 나오는 아폴론신의 정신(精神)에 대하여 바친 것으로서, 사실 황제 자신이 이런 빛과 시(詩)의 신의 표장류를 지닌 모습으로 표현되는 것을 몹시 기뻐했던 것이다. 아폴론신의 투창의 묘기, 아름다운 눈에서 빛나는 광휘, 월계수로 만든 관을 쓴 모습, 불멸의 미모와 우아한 재예 등이 이 젊은 영웅 황제로 하여금 자기의 수호신으로 특히 아폴론신을 선정케 한 이유였던 것 같다. 아폴론신의 제단에는 황제로부터 보내진 공물이 항상 놓여 있었다. 그리고 기만당하기 쉬운 것이 대중인 만큼, 그들은 이런 신전을 참배함으로써 황제야말로 자기들 수호신의 당당한 모습을 육안으로 가까이에서 보는 것을 허용한 군주로서 어떤 때는 현실적으로, 또 어떤 때는 환상에 의하여 장기간에 걸친 그의 승리적인 치세를 예견케 하는 상서로운 여러 가지 징조를 계시받는 신성한 황제임을 전적으로 주입당했던 것이다. 그런 까닭에 태양이야말로 콘스탄티누스 황제의 상승의 향도자요 또 수호신으로서 전면적으로 숭경(崇敬)되었던 바, 사실이 그러했던 만치 이교도측에서는 심지어 모욕까지 받은 아폴론신이 이 배은망덕하여 불신 불경한 태도로 돌아선 그에게 반드시 가차 없이 복수하여 크게 벌줄 것으로 기대한 것도 당연하다.

콘스탄티누스 황제의 통치권이 아직 갈리아내 제속주만으로 한정되어 있을 무렵에, 동지역에 살던 기독교들은 아주 현명하다고나 할까, 어쨌든 신들의 영광입증은 신들 자신에게 맡겨놓으면 된다는 그런 군주에 의한 법적 권위 밑에서 보호받았던 것이다. 만일 황제 자신의 말을 그대로 믿는다면, 그는 벌써부터 신앙문제라는 죄인(罪囚)만으로 시민들을 박해한 로마병사들의 잔학행위를 깊은 분노로써 바라보고 있었다(콘스탄티누스 황제의 연설인『성도집회에 주노라』25절. 단, 이것은 만년의 회상심경일 뿐, 사실 디오클레티아누스 황제의 대대적인 박해상을 직접 목격했던 젊은 시절의 심정은 과연 어떠했는지 모르겠다고 기번도 각주에서 의심하고 있다). 사실 동방과 서방의 두 제국 실정을 알고 있는 그로서는 엄혹과 관용이 각각 초래시키는 정반대되는 결과를 자기 눈으로 명확히 보았을 것이다. 그러므로 전자에 대하여 말한다면, 그에게 있어 불구대천의 원수였던 갈레리우스 황제가 취한 실례 하나만을 보고도 더욱더 혐오감을 깊게한 데 반하여, 후자인 관용문제는 임종의 침상에 누운 부황 콘스탄티우스로부터 엄격한 유교(遺敎)로 권고받은 바에 따라 그대로 본받도록 노력했던 것이다. 자식된 콘스탄티누스 황제는 곧 박해령의 실시를 정지시키거나 법령 자체의 폐지를 단행하였고, 이미 교회의 신도임을 표명하고 있던 기독교도들에게는 자유로이 그들의 종교의례를 행하는 것을 허용하였다. 뿐만 아니라 그들은 머지않아 황제의 공정과 비호를 전폭적으로 신뢰해도 될 것이라는 설득을 받았다. 생각컨대 그 자신이 이미 그리스도의 거룩한 이름과 기독교 신에 대하여 마음 속으로부터 존신(尊神)의 신념을 품고 있었기 때문이다(에우세비오스,『교회사』제8권 13절 및 제9권 9절. 또한 그의『콘스탄티누스 황제전』제1권 16-17절).

이탈리아 토벌전이 종결된 지 약 5개월 뒤에 황제는 유명한 밀라노 칙령을 내림으로써 자기의 견해를 엄숙하게 선언하였다(313년 2-3월의 일). 이로써 가톨릭 교회의 평화는 회복되었다. 서방의 콘스탄티누스와 리키니우스 두 황제의 회견석상에서 콘스탄티누스 황제는 그의 탁월한 자질과 실력을 훌륭하게 발휘하여 곧 동료황제인 리키니우스의 동의를 얻어냈다. 이리하여 두 사람의 이름과 그 권한이 하나로 된 이상, 제아무리 흉포한 막시미누스 황제라 해도 승복하지 않을 수 없었다. 그리하여 동방의 포악한 이 황제가 죽은 뒤는 밀라노 칙령이야말로 전로마세계를 통하여 기본법으로 인정되기에 이르렀다(원문은 물론 라틴어이고, 이의 전문은 락탄티우스의 『박해자들의 죽음』에 실려 있지만, 비교적 간단하게는 에우세비오스의 『교회사』 제10권 5절에 그리스어역이 있다. 그런데 이 밀라노 칙령 그 자체의 존재성을 부정하는 사가들도 있는 모양이다).

　동서방 두 황제가 보인 현명한 이 조치는 그때까지 부당하게 박탈되었던 기독교도의 시민적 및 신교적 권리의 모든 것을 회복시키는 결과로 되었다. 몰수되었던 예배소와 그 소재지도 곧 무조건·무상으로 교회에 반환하도록 정해졌고, 게다가 만일 그런 것을 그 당시 적절하게 공정한 대가를 지불하고 구입하여 소유하고 있는 사람일 경우라면, 국고로부터 보상금을 내어 그것을 되사들여야 한다는 고마운 공약까지 황제는 내놓고 있었다. 신도들의 장래성까지 보장하려는 이 고마운 규정은 신교의 자유를 넓고 평등하게 적용하려는 원칙에 입각하여 법제화시킨 것이다. 이와 같은 평등정신의 발로는 근세교파의 입장에서 보더라도 매우 유리한 특별대우로 해석되었음이 틀림없는 것 같다. 이제 콘스탄티누스·리키니우스 두 황제는 단순히 기독교도뿐만 아니라 모든 종교의 신도들에게 절대적으로 신앙의 자유를 허용한다는 취지를 만천하에 성명하였다. 즉, 모든 개인은 각자가 좋다고 생각하는 신앙을 스스로 선택하여, 말하자면 마음속으로부터 귀의할 것을 원하는 종교, 그리고 자기요구에 가장 적합하다고 생각되는 종교를 신봉할 권리를 인정받은 것이다. 이 칙령은 애매한 용어에는 정성껏 설명을 가하였고 일체의 제외사례를 인정하지 않았는데, 이에 더하여 신앙자유의 요구에 대하여 하등의 제약도 가함이 없는, 말하자면 무조건적으로 그런 자유를 확립할 것을 기대하여 발포하는 것이니 각 속주의 총독들은 황제의 참뜻을 솔직하게 받아들이고 또 명심하여 반드시 이에 복종하라고 엄한 명령까지 부가하고 있었다. 그러면서 어째서 이렇게 전면적으로 관용을 인정하기에 이르렀는가에 대해 일부러 두 가지의 중대한 이유가 여기에 기술되어 있었다. 그 하나는 국민의 평화와 행복을 먼저 생각한다는 인도주의적 동기이고, 또 한 가지는 이와 같은 관용의 실시로서 하늘에 계신 신격(神格. 라틴어로는 summa divinitas다. 따라서 이교도측에서는 이교의 최고신으로 해석할 수 있고, 기독교도측에서는 여호와신〈야훼신. Jahweh/Jehovah 神〉으로도 해석할 수 있는 애매한 표현이다. 어쩌면 콘스탄티누스 황제의 현실주의적인 종교정책의 한 예인지도 모른다)의 마음을 유화시키는 경건한 신앙 때문이라는 것이었다. 사실 두 황제가 받은 갖가지의 현저한 신총(神寵)의 증거에 대하여 밀라노칙령은 깊은 감사로서 이것을 인정한 다음 앞으로도 똑같은 그 신이 황제와 백성의 번영을 영구히 수호하실 것으로 기대하고 있었다. 모두가 추상적이고도 막연한 신앙심의 표현이지만, 이런 말들로부터 각각 상이하기는 하지만 그렇다고 해서 서로 모순된다고 까지는 말할 수 없는 세 가지의 추정을 도출할 수 있다고 생각된다. 즉, 콘스탄티누스 황제의 마음은 아직도 이교신앙과 기독교 신앙사이에서 동요하고 있던 것 같다는 것. 원래 애매하고도 융통무애(融通無碍)라고 할 수 있는 다신교 특유의 신관(神觀)에 따르면, 황제는 기독교의 신까지도 다신교 체제를 구성하는 다신교의 여러 신들 중 하나로 생각하고 있었을 따름이었는지도 모른다. 아니면 호칭·제식·사고방식은 다를지언정 인류의 모든 교파와 민족은 결국 하나의 공통된 부신(父神)이며 우주의 창조자를 예배하는 뜻에서 하나라고 하는 참말로 편리한 철학적 신관으로 만족하고 있었는지도 모른다(기번의 주석에 의하면 밀라노 칙령이 내려진지 1년도 못되어서 쓰여진 『황제송사』〈작자는 무명시인인 것 같다〉속에서 이미 이와 같은 해석이 나와 있다고 하였다).

물론 군주들의 생각을 좀더 자주 좌우하는 것은 이와 같은 추상 사변적인 진리보다도 오히려 현세적인 이해관념에 있는 법이다. 기독교에 대한 콘스탄티누스 황제의 일방적인 호의를 심화시킨 것은 신도들의 도덕성에서 받은 황제의 감명에 있었던 것, 따라서 복음서의 보급(普及)이 반드시 공사간에 덕행이 교육될 것이 틀림없다는 확신에서 출발한 것임은 당연한 일이다. 원래 전제군주란 자기의 행동이 제아무리 방자하다 해도, 그리고 자기의 정념(情念)에는 지극히 관대하면서도 백성들만은 사회의 모든 자연적 및 시민적 의무를 존중해야 한다는 것이, 그들의 의심할 바 없는 중대관심사인 것이다. 그런데 아무리 현명한 법의 운용을 가지고도 다음의 일만은 불완전하여 도저히 믿지 못한다. 즉 법이 덕성을 권장하는 일은 거의 없고, 악을 제한하는 일조차 법만으로는 불가능하다는 사실이다. 비(非)로 할 악덕을 금지·억압할 수 있는 힘조차 법에는 없고, 또 위반행위를 처벌하는 일조차 반드시 가능한 것이 아니다. 그렇기 때문에 고대의 입법가들은 교육과 여론이라는 힘을 빌렸던 것이다. 그런데 로마나 스파르타의 활력과 청렴결백성을 지탱하고 있던 절의(節義) 자체가 이제 퇴폐한 전제주의 제국에서는 이미 옛날에 멸망해 버린 것이다. 철학은 아직까지는 어느 정도 인심을 제어하는 데 도움을 주고 있지만 이교의 미신에서 도덕성을 도출한다는 것은 대체로 불가능해졌다. 이와 같은 비관적인 상황에서 만일 현명한 위정자라면 사실 사람들 사이에 널리 순결박애(純潔博愛)의 윤리체계를 침투시키고 있을 뿐만 아니라, 인생의 어떠한 경애(境涯)와 의무수행에도 적응하는 동시에, 지고신(至高神)의 의지 및 이성이라는 형태로 추진되며, 또한 영원한 포상(襃賞)이냐 겁벌(劫罰)이냐 하는 제재로써 실천여행을 요구하는 신종교의 발전을 목격하고서는 아마도 기꺼이 그것에 주목했음이 틀림없다. 사실 그리스 역사나 로마 역사가 가르치는 경험에 비추어 보더라도, 다만 신의 계시만으로 세상 사람들을 납득시켜서 국민적 습속을 개혁하거나 개선한다는 것은 기대할 수 없는 일이었다. 그런 까닭에 콘스탄티누스 황제는 설사 아부한다 할지라도 락탄티우스가 말하는 도리있는 설득에 신뢰감을 가지고 경청하지 않을 수 없었던 것이 아닐까. 이 비길 데 없는 웅변가이며 호교론자(락탄티우스를 가리키는 것)는 다음과 같은 것을 확실한 일로 기대했을 뿐만 아니라 거의 공약에 가까운 발언까지 행한 모양이다. 즉, 기독교가 국교로 확립되기만 하면, 원시시대의 무구(無垢)와 행복의 회복은 가히 기대해 볼만한 일이다. 참된 신만 예배하게 된다면 서로가 하나의 공통된 아버지의 아들로 생각하게 되므로 그런 인간들 사이에서는 전쟁이나 불화 따위가 일체 없어질 것이다. 불순한 욕망, 노여움과 이기적 감정은 복음을 알게 됨으로써 모두 억제될 것이며, 모든 인간이 진리와 경건, 공정과 관용, 조화와 박애 등등의 감정으로 움직이는 사회에서는 위정자들도 파사(破邪)의 검을 칼집에 집어넣을 수가 있다고 강조한 것이다(락탄티우스,「신성교리」제5권 8절). 기독교가 권위는 물론이거니와 포악한 압제의 멍에에 대해서까지 소극적이며 무저항적 인종(忍從)을 가르치는 일이라면, 아마도 절대전제주의적 군주의 눈에는 더없이 고마운, 주목할 만한 복음의 덕행으로 보였음이 틀림없다. 초대 기독교도들은 시민통치제도란 모두가 신의 지령에 유래되는 것이고 결코 백성들의 동의에 기초를 두는 것이 아니라고 간주하였다. 그러므로 설사 모반・시역으로 강탈한 권력이라 할지라도 일단 통치권을 장악한 황제는 그때부터 그대로 신의 대리자로서 신성한 성격을 띠는 것으로 생각되었다. 어떤 권력을 남용했을 때 그가 책임질 대상은 오직 신에 대해서 뿐이며, 한편 백성쪽은 제아무리 인륜 내지 사회규범을 벗어나는 일을 저지르는 폭군이라 해도, 어디까지나 충성하기로 맹세했던 만치 그에게 절대적으로 얽매어야 한다. 비천한 기독교도들이 이 세상에 보내진 것은 마치 승냥이 무리 속에 내맡겨진 양과 마찬가지다. 자기의 신앙을 지키기 위해서라지만 폭력의 행사는 절대로 허용되지 않았으므로 이 일시적인 세상에서 공허한 특권이나 부정한 재물을 가지고 싸움으로써 서로가 동포의 피를 흘리는 등의 생각이라도 일으킨다면 그것은 더한층 깊은 죄를 짓는 것으로 생각되었다. 저 포악한 군주였던 네로 황제 시대에도 오로지 무조건 복종만을 설교했던 사도의 교의를 그대로 충실하게 지켜 온 이래, 약 3세기 동안에 기독교도들은 비밀의 음모나 공공연한 반역과 같은 일에는 일체 인연을 맺지 않고 어디까지나 양심의 청정(淸淨)과 결백으로 일관해 왔다. 가혹하기 이를 데 없는 박해를 받으면서도 결코 폭군에게 화살을 쏘거나 분노한 나머지 어딘가 먼 곳으로 피신하여 은둔생활을 보낸 일은 단 한 건도 없었다(테르툴리아누스〈Tertullianus. Quintus Septimius Florens 160?-222 이후 교회저술가〉의 『호교론』 32-36절. 같은 사람의 『스카풀라에게 주노라〈Ad Scapulam〉』 2절). 그와 같은 일도 있었고, 후세에 불굴의 용기를 가지고 시민적 자유와 신교의 자유를 주장한 독일·프랑스·영국의 프로테스탄트 등 종교개혁 운동가들의 행동이 바로 이런 초기 기독교도의 그것과 비교되는 바, 사실 이들도 부당하기 이를 데 없는 비난을 받았던 것이다 (비난자의 대표로서 기번이 거명한 것은 17세기 프랑스의 가톨릭 신학자이며 사교이던 보슈에〈Bossuet. Jacques Bénigne. 1627-1704. 루이14세 태자의 사부. 「모〈Meaux〉의 독수리」라는 별명을 받음〉이다). 종교라 해도 인간성 본연의 빼앗을 수 없는 권리까지 말살해 버리는 것은 불가능하다는 확신을 가지고 싸워 온 우리 조상들의 훌륭한 신념과 기백에는 비난하기 보다는 칭찬해 주는 것이 당연하다. 다만 초기 기독교 교회가 취한 인종적인 태도는 용기도 그렇거니와 그것의 허약성에 또 한가지 원인이 있었던 것이 아닐까. 싸움을 싫어하는 평화적인 서민교단에는 무기도 없거니와 지도자도 없었다. 방위책도 물론 없는 상태에서 만일 성급하게 로마군단의 통솔자를 상대로 선불리 저항이라도 시도한다면 곧 괴멸당했음이 틀림없다. 그러므로 그들이 오로지 디오클레티아누스 황제의 노여움을 완화시키게끔 애원하고 또 콘스탄티누스 황제의 비호를 요청한 것도 어디까지나 소극적인 복종원칙을 관철시킨 것인데, 3세기 동안의 그들의 행동의 모두가 이 원칙에 따른 것이라 함은 아마도 진실(眞實)과 자신(自信)을 가지고 주장할 수 있었을 것이다. 이에 첨가하여 말한다면 만일 기독교 교리를 신봉하는 모든 신하들이 수난중에서도 옳게 신종(信從)의 덕을 체득하게만 된다면 황제권의 자리도 아마 영원히 안태할 것이라고 그들은 주장할 수 있었을 것이다.

　신의 섭리하에 있는 세계질서라는 관점에서 보면 성군도 폭군도 모두가 이

지상의 여러 국민을 통치하고 또 벌주기 위하여 신으로부터 파견된 대리자인 셈이다. 그러나 성서에 나타난 이야기에 의하면 선민(選民)의 통치에 관하여 훨씬 직접적인 신의 개입사례가 얼마든지 발견된다. 모세(Moses)·요수아(Joshua)·기데온(Gideon)·다비데(David) 및 마카비스(Maccabees) 일족의 손에 신의 왕홀과 검이 맡겨지자, 이것들이 이들 영웅의 덕망과 신의 은총의 동기 또는 결과가 되었고, 그 무력에 의한 성공이 교회의 구출과 그 승리를 필연적으로 도출하게 된 것이다. 이스라엘의 저 사사(士師·Judge. 고대 유태에서 거의 400년 간 계속하여 문무대권을 장악하고 그 백성을 통치한 수장)들이야말로 때마침 사태의 요청에 따라서 나타난 일시적인 사정관에 지나지 않았는지는 모르나, 유태인의 대대로 내려온 제왕(諸王)에 이르러서는 명백히 위대한 그의 조상(「구약성서」「사무엘 상」 에 나오는 사울왕을 가르키는 것인지? 동서 제10장에 예언자 사무엘로부터 주님의 성유를 받고 이 스라엘의 초대왕이 되는 기사가 나온다)의 성유성사(聖油聖事)에 유래되는 박탈할 수 없는 세습왕권인 바, 그것은 그들 자신의 부덕행위에 의해서도 빼앗기지 않고, 또 백성들의 변덕 여하로 박탈되는 것도 아니었다. 더욱이 그것과 같은 특별한 섭리는 이미 유태인만에 한정된 것이 아니고, 콘스탄티누스 황제와 그 일족을 기독교 세계의 보호자로 선정하는 일도 가능했던 것이다. 사실 독실한 신자인 락탄티우스는 앞으로 장기간에 걸쳐 대제의 영광된 세계통치가 있으리라고 예언자 비슷한 말투로 선언하고 있다(락탄티우스,「신성교리」제1권 1절. 또한 에우세비오스도 거의 전저작을 통하여 콘스탄티누스 대제의 제권신수론(帝權神授論)을 전개하고 있다). 이렇게 되면 갈레리우스·막시미누스·막센티우스·리키니우스 등은 신의 총아인 콘스탄티누스 대제와 제국의 속주들을 나누어 통치한 경적(競敵)으로 된다. 따라서 머지않아 갈레리우스와 막시미누스 두 황제의 비극적인 말로는 기독교도들의 분노의 한을 풀어주면서 밝은 기대를 만족시켜 준 것이었다. 그리고 막센티우스 및 리키니우스에 대한 콘스탄티누스 황제의 승리는, 제2 다비데 왕 (즉, 콘스탄티누스 대제를 가리키는 것)의 승리에 끊임없이 적대행위를 감행해 온 두려운 경적 2명을 단번에 타도한 것이 된다. 확실히 황제의 명분이야말로 섭리개입의 가치가 있는 것으로 생각된 것이다. 제위와 인간성의 존엄성을 더럽힌 것은 로마폭제(暴帝)의 성격에서 온 것이었다. 기독교도가 한때나마 그의 위태로운 은총을 받았다 해도 결국은 다른 신하들과 함께 변덕이 심한 그의 잔학행위의 희생물이 되는 것은 명백하였다. 예를 리키니우스 황제에게서 찾는다면 틀림없이 그는 현명하게도 인도적인 밀라노 칙령의 제조항에 일단 동의한 바 있다. 그러나 그것에 불복 불만이었다는 것은 곧 그의 배신적인 행동이 보여주었다. 즉, 그는 자기 통치령내에서 속주 종교회의의 소집을 금지하였고, 또 휘하 기독교도 장교들에게 지독한 모욕을 준 다음에 파면시켰다. 전면적 박해라는 죄과와, 거기서 오는 위험만은 피하여 용케도 범하지 않았지만, 일부에서 보여준 그의 탄압은 자기 자신이 맹세했던 확약을 파기한 점에서 한층 더 추악하고 비루한 행동으로 나타났다(일반적으로 말하여 잔인한 인물이긴 했지만, 특히 기독교를 박해했던 지는 의문이다. 즉, 이 사실은 에우세비오스의 저작에만 나오기 때문이다). 생생한 에우세비오스의 글을 빌리면, 동방의 여러 속주가 완전히 지옥의 어둠에 휩싸인데 반하여, 서방의 여러 속주에는 하늘로부터의 경사스러운 햇빛이 찬연히 내려쬐였다고 한다. 콘스탄티누스 황제의 경우, 그 신앙이라는 한 가지 일만으로 그가 수행하는 전쟁은 모두가 정의의 군대의 행동이라고 하는 절대불류(絕對不謬)의 증거로 되었고, 또 그의 연전연승은 그야말로 만군(萬軍)의 주인 여호와(야훼, Jahweh)의 고무와 인도를 받고 있는 영웅이라는 확신을 기독교도들에게 한층 더 굳게 심어주었다. 이탈리아 정복은 전면적인 신교자유에 관한 칙령을 발포케 하였고, 또 리키니우스 황제의 패배로 전로마세계의 단독통치권을 장악하자마자 그는 재빨리 회서(回書, circular letter)를 발송하여 전체국민이 곧 주권자인 군주를 본받아 기독교의 진리를 신봉하도록 요청하였다(324년의 일. 에우세비오스의 『콘스탄티누스 황제전』 제 2 권 22-24절, 48-60절 참조).

콘스탄티누스 황제의 영달이 신의 섭리와 깊이 연관된다는 확신은 기독교도들의 마음에 두 가지 생각을 정착시켰다. 즉, 그것들은 수단방법은 비록 다르지만 결과적으로 예언의 성취를 명확히 도왔다. 먼저 열렬하고 왕성한 충성심은 황제를 위해서라면 전능력을 끝까지 기울여서 바치겠다는 결심을 다지게 하였다. 더욱이 이와 같은 그들의 노력은 반드시 신의 기적적인 원조로 지지될 것이라고 충심으로 확신하고 있었다. 한편 그의 적들의 생각은 달랐는 바, 언제부터인지도 모르게 황제가 가톨릭교회와 결탁한 연휴관계를 오로지 이해관념에 입각한 것으로 보고, 이것이 명백히 황제의 야망 달성을 돕는 데 지나지 않았다고 본 것이다. 4세기 초엽의 기독교 신도수를 제국 총인구 비례에서 보면, 아직 보잘 것 없는 수에 지나지 않았다. 그러나 주인이야 누구로 바뀌든 간에 그런 문제에는 일체 오불관언(吾不關焉)한 노예적인 심정을 가진 퇴폐국민 속에서 신앙집단이 가진 결속정신은 민중지도자에게 있어 충분히 큰 힘으로 될 수 있는 것이다. 뭐니 뭐니 해도 그들은 양심이라는 원리 원칙에 서서 자기들의 지도자를 위해서라면 재산은 물론 생명까지도 아낌없이 바쳐 온 그들인 까닭이다. 기독교도의 좋은 점을 평가하고 또 거기에 보답하는 데는 부황인 콘스탄티우스의 선례도 있고 해서, 콘스탄티누스 황제도 그 교훈을 깊이 배우고 있었다. 공직을 배분하는 한 가지 문제에서도 황제는 그들의 충성심을 절대적이고 무조건적으로 신뢰할 수 있는 장관과 장군을 임명함으로써 통치력 강화를 도모할 수 있었다. 이리하여 이런 요직에 취임한 성직자·고관들의 세력으로 궁정이나 군대에서도 개종자의 수가 현저하게 많아진 것은 의심할 바 없다. 특히 정규군 군단의 하급병정으로 있는 게르만 만족 출신들은 이런 점에서 참말로 무시근하다고나 할까, 지휘관이 신봉하는 신앙이라면 아무런 저항없이 그것을 받아 들였다. 이리하여 일단 알프스산맥을 북쪽으로 넘으면 대다수의 이들 병사들은 이미 그의 검을 그리스도와 콘스탄티누스 황제를 위하여 바칠 각오였다고 생각해도 좋았던 것이다(콘스탄티누스의 군단이 대부분 게르만인 징모병으로 구성되어 있었다는 것은 조시무스의 『신로마사』 제2권 15절을 참조할 것. 또한 에우세비오스의 『콘스탄티누스 황제전』 제1권에 의하면, 그의 아버지인 콘스탄티우스 1세 시대에 이미 그의 궁정에는 기독교도들이 많이 있었다고 한다). 인간생활의 습관과 신앙에 대한 관심은 기독교도들의 전쟁과 유혈에 대한 그렇게도 깊었던 공포감을 점차 불식하게 하였다. 그리고 황제의 따뜻한 비호하에 소집된 종교회의에서는 교묘하게 사교들의 권위가 이용되어 군사적인 선서 의무를 새삼스럽게 승인했을 뿐만 아니라, 평시라 해도 그의 무기를 포기한 병사들에게는 파문이라는 형벌을 부과하기로 결정하였다(314년 아렐라토(Arelat)에서 열린 공회의에서 결정되었다). 이리하여 콘스탄티누스 황제는 그가 직접 통치하는 영내에서는 충실한 지지자들의 수와 열렬 정도를 계속 증대시키는 한편, 아직도 경쟁적인 적대자들의 불법점령하에 있는 속주에서도 유력한 당파에 의한 지지를 기대할 수 있었다. 사실 막센티우스와 리키니우스 두 황제치하에 있던 기독교도 사이에는 은밀하게 불만이 솟아 오른 것이다. 이에 대한 분노를 리키니우스 황제는 감추려고도 하지 않았는데, 이것이 오히려 그들을 그의 정적인 콘스탄티누스 황제편에 더욱 깊게 기울어지게 하는 결과로 되었다. 훨씬 멀리 떨어져 있는 속주의 사교들 사이에서조차 일정하게 교류가 이루어진 바, 이로써 그들은 자유로이 소원과 의도를 서로 교환할 수 있었고, 또 콘스탄티누스 황제를 위해 도움이 되는 유용한 정보와 교회에의 헌금을 아무런 위험없이 보낼 수 있었다. 사실 콘스탄티누스 황제는 자기가 교회구출을 위하여 무기를 잡고 일어선 것이라고 공공연하게 선언하고 있었던 것이다(에우세비오스 등은 콘스탄티누스 황제와 리키니우스의 이 싸움을 일종의 성전으로 간주하고 있다).

군대, 뿐만 아니라 아마도 황제 자신까지도 분기시켰을 이 정열은 그들의 양심을 만족시키는 동시에 그의 전력까지도 현저히 증가시켰다. 일찍이 이스라엘인을 위해서는 요르단강의 물을 터서 통로를 만드신 신, 또한 요수아(Joshua)의 나팔소리에 호응하여 에리코(Jericho) 성벽을 무너뜨리신 신, 바로 그 신이 이제 또다시 콘스탄티누스 황제의 승리를 위하여 반드시 그의 큰 힘을 나타내 보일 것이 틀림없다는 확신하에 그들은 전쟁터로 나갔다. 그리고 그들의 이 기대가 놀랄만한 기적에 의하여 뒷받침된 증거가 교회사에 나와 있다. 콘스탄티누스가 최초의 기독교 황제로 개종하게 된 것도 그것이 직접 원인이었다는 것은 거의 이론(異論)없이 인정되고 있는 사실이지만, 진위(眞僞)는 어쨌든간에 이만한 중대사건의 동기가 그것이라면 후세 사람들도 역시 주목하지 않을 수 없다. 따라서 아래에서 저자도 대제가 보았다는 유명한 환상에 대하여 새삼스럽게 여기서 올바른 평가를 내려보고자 한다. 첫째로는 군기(軍旗)와 꿈과 하늘의 이상(異象)을 명확히 구별할 것이며, 그리고 여기서는 이 기적담을 둘러싼 역사적 요소와 자연적 요소, 그리고 기적적 요소를 확실하게 갈라놓고서 생각해 보자는 것이다. 왜냐하면 이들 세 가지 요소가 세상에서 행해지는 그럴 듯한 논의에서는 과연 훌륭할는지 모르지만 참말로 취약한 일체로서 억지로 인위적으로 조작되었기 때문이다.

(1) 노예와 이방인에게만 가해지는 고문기구는 로마시민의 눈으로 보면 공포의 대상이었다. 따라서 십자가라고 하면 당연하지만 죄·고통·굴욕 등 일련의 관념과 깊이 연류되어 있었다(키케로, 『라비리우스 변호론』 5절). 여기서 콘스탄티누스 황제는 자비라기 보다도 어느 쪽인가 하면 자기의 신앙심에서 그의 통치령 내에서의 책형법(磔刑法)을 일찌감치 폐지하였다. 왜냐하면 일찍이 인류의 구세주인 예수 자신이 다름아닌 바로 이 책형을 받으셨기 때문이다. 동시에 황제는 자신이 받은 교육의 잘못과 국민의 편견에 대해서도 그것이 경멸의 대상이 된다는 것을 일찍부터 배운 모양이다. 그렇기 때문에 로마시 중앙에 건립한 황제 자신의 동상(에우세비오스, 『콘스탄티누스 황제전』 제1권 40절. 이 동상의 건립은 312년, 그가 로마에 입성했을 때가 아니다. 적어도 324년, 전제국을 제패한 이후였다)은 오른손에 십자가를 받쳐들었고, 또 그 명문에는 황제의 전승도, 로마시의 해방도 그 모두가 이처럼 고마운 표장, 즉 힘과 용기의 참된 상징인 십자가의 영험에 의한 것이

라는 취지를 명기할 수 있었다. 이 표장은 또한 황제의 군사력을 신성한 것으로 만들었다. 그들의 투구는 십자의 표장으로 빛났는데, 그것은 방패에도 새겨졌으며, 정기에도 뚜렷이 수놓아졌다. 황제 자신의 신변을 장식하고 있던 십자 표장류도 모두가 마찬가지였는 바, 다만 재료의 질이 좀더 좋았고 세공법이 더욱 정교하다는 차이뿐이었다. 십자가의 승리를 과시한 대군기는 특히 Labarum(라바룸, 또는 Laborum)이라고 불리었는데, 이 호칭은 유명하지만 어원이 무엇인지는 알려지지 않았다. 이에 대하여 세계의 거의 모든 언어로부터의 유래를 탐구해 왔지만 지금까지도 헛수고로 되어 있다. 문헌을 보는 한에서는 (에우세비오스, 『콘스탄티누스 황제전』 제1권 31-32절) 길다란 쌍날창에 횡목을 대어 십자로 만든 형태였다고 한다. 그리고 이 횡목에서 드리워진 비단천에는 황제와 그의 황자들의 초상이 정교하게 수놓아져 있었다. 그리고 쌍날창 끝에는 황금의 관이 놓여졌는데, 여기에는 십자가와 그리스도 이름의 두 문자를 나타내는 신비스런 글자(monogram)가 새겨져 있었다(이 신비의 글자란 예컨대 ⳨ ☧ 와 같은 것이었다). 이 대군기의 호위는 용기와 충성심이 이미 완전하게 증명된 친위병 50명에게 위임되어 있었는 바, 때문에 이런 중대한 임무에는 특별한 명예와 수당이 주어져 있었다. 더욱이 그후 몇 가지의 행운이 겹친 일도 있고 해서 이 신성한 대군기(Labarum)의 친위병으로 복무하고 있는 한, 적의 화살이나 창검에도 절대 안전하고 또 불사신이라는 신앙까지 널리 유포되기에 이르렀다. 제2차 내전 때의 일이지만 리키니우스 황제는 이 성기(聖旗)의 위력을 몹시 겁냈고, 반대로 콘스탄티누스 황제군은 어떠한 고전의 와중에서도 일단 이 군기만 보면 용기 백배하여 불패의 투지를 발휘해서 적군단을 공포와 낭패로 들뜨게 했다고 한다(에우세비오스, 『콘스탄티누스 황제전』 제2권 7-9절. 단, 처음에는 이것을 진두에 내걸은 것이 아니었다. 이렇게 된 것은 교회의 해방을 반대한 리키니우스와 싸우게 되면서부터였다고 한다). 그후의 기독교 황제들도 콘스탄티누스 황제의 이 선례를 본받아 회전이 있을 때마다 십자가 깃발을 펄럭이게 되었지만, 그러나 테오도시우스 이후의 말류적(末流的) 후계황제들이 이미 자기 스스로 진두에 나서서 싸우지 않게 되면서 이 대군기는 존숭은 되었지만 결국은 무용물로서 공연히 콘스탄티노플 궁전 안에 보존될 따름이었다(『테오도시우스 법전』 제6권 25조. 사실 콘스탄티누스 황제가 죽은 지 100년 이내에 벌써 이렇게 되었다고 한 교회사의 기록도 있다). 그러나 이 영예는 오늘날도 플라비우스가문의 상패형태로 여전히 남아있다. 감사에 넘친 그들의 신앙심은 예수 그리스도를 상징하는 예의 신비로운 문자를 로마국기 중앙에 배치케 하였다. 국가의 안전, 군대의 영광, 그리고 사회적 복지회복을 의미하는 장중한 문구가 종교적 기념물이나 군사적 기념물에도 한결같이 새겨지게 되었다. 콘스탄티누스 황제의 기념패가 오늘날도 남아 있는데, 거기에는 이 대군기에 첨가하여 「너는 이 표장으로 승리를 얻을지어다」라는 주목할 만한 문구가 항상 새겨져 있었다.

(2) 재난이나 곤경에 빠지면 초대 기독교도들은 반드시 이 십자표장을 가지고 신심(身心)을 지켰다. 즉, 모든 종교적 제식에서와, 또 일상적인 모든 일에서 그들은 이 표장을 일체의 영적 또는 지상악에 대한 절대적인 부적으로 사용한 것이다. 여기서 콘스탄티누스 황제는 예에 의하여 점진이라는 현명한 방책을 취하여 결국은 기독교의 진리를 인정하고 그 표장을 채용했던 것인데, 이 황제의 신앙에 충분한 정당성을 부여한 것은 아마도 교회의 권위라는 한 가지 뿐이었을 것이다. 당대의 한 사가의 증언(그런데 이 저자는 초기의 한 논문에서는 종교문제를 신랄하게 공격했지만)은 황제의 신앙에 대하여 거의 숭고에 가까우리만치 높은 평가를 주고 있다. 즉, 그는 절대확신을 가지고 증언하기를 황제는 막센티우스와의 최종적인 결전을 벌이는 전날밤 꿈속에서, 병사들의 방패에 하늘에 계신 신의 상징, 즉 예수 그리스도의 이름을 나타내는 신성한 모노그램(monogram, 조합글자)을 새겨넣도록 신으로부터 명령을 받았다. 그리하여 황제는 명령대로 실행하였다. 황제의 용감한 전략과 용병술은 밀비우스교(Milvian Bridge)에서 결정적인 승리라는 형태로 즉각적인 보상을 받았다는 것이다.*
(이상의 기사는 통상 락탄티우스의 저작으로 알려진『박해자들의 죽음』속에 나와 있는 것이다. 다만 이 저자에 대해서는 이설도 있으므로 얼마간 상세하게 본단원 말에 주석을 따로 달았으니 참조할 것).

만일 다소나마 사물을 생각하는 회의적인 독자라면, 아마도 이 수사학자의 판단 내지 진실성에 관하여 일말의 의심을 품게되는 것이 당연할지 모른다. 즉, 그의 이 기사는 신앙때문에서인지 또는 이해적(利害的)인 배려에서였는지

---

* 일반적으로 락탄티우스의 저서로 일컬어지는 것은 『박해자들의 죽음』이지만 원서 각주에서 기번이 이 책의 저자명을 케킬리우스(Caecilius)로 하고 있으므로 다시 간단하게 설명하고자 한다. 기실 『박해자들의 죽음』의 저자에 관해서는 오늘날까지도 아직 의문이 해소된 것이 아니기 때문에 기번도 아마 어떤 초고에 따라서 Caecilius로 한 것 같다. 여러 가지로 논쟁은 있었지만 오늘날에는 이 양자가 다른 사람들이 아니라 역시 란탄티우스 바로 그 사람이라는 것이 정설인 것 같다. 더욱이 락탄티우스의 별명이 어쩐지 Lucius Caecilius Firminanus Lactantius 였던 것 같으므로, 이야기는 한층 더 까다로워진다. 따라서 이 책의 저자를 락탄티우스로 해 두는 것이 좀더 무난할 것 같다.

는 고하간 하고, 당시 주류였던 한 당파를 위하여 쓰여진 문헌이기 때문이다. 문제의 로마군 전승으로부터 약 3년이나 지난 다음에 이 수사학자는 박해자들의 죽음에 대하여 쓴 한 서적을 니코메디아시에서 공간한 모양이다. 그러나 현지하고는 무려 1천 마일이라는 거리가 있고 또 3년이라는 세월의 경과를 고려할 때, 그 사이에 탄핵자인 웅변가들에 의한 허구(fiction), 당파적 경신성, 게다가 황제 자신에 의한 암묵적인 시인 등등 무문곡필(舞文曲筆)의 여지는 충분히 있었을 것이다. 황제의 명성을 높이며, 황제의 계획을 추진시키는 그런 내용이라면 아무리 놀랄 만한 기적담이라 해도 황제로서는 별로 화내는 일 없이 귀를 기울였으리라 함은 충분히 생각되는 일이다. 하기야 똑같은 필자인 이 저자는 당시 아직도 기독교에 대하여 적의를 감추고 있던 리키니우스 황제를 위해서도 역시 마찬가지의 꿈, 즉 그것은 기원(祈願)이라는 형태로 천사로부터 전해진 것으로서, 폭군인 막시미누스 황제군을 상대로 개전하기 직전에 전군이 일제히 제창했다는 그 기원에 관한 것을 기술하고 있다. 이런 기적담도 너무 많이 반복하면 그것이 인간 이성까지를 승복시키는 것이 아닌 이상 오히려 반발을 초래하는 것으로 끝나는 것이 상례인데(『박해자들의 죽음』 46절), 다만 이번의 콘스탄티누스 황제의 꿈이라는 것도 그것만을 따로 떼어놓고 생각하면 어쩌면 황제 자신에 의한 책략이거나 아니면 진실 열렬한 신앙에 의한 결과였다 해도 자연스럽게 설명이 될는지 모른다. 사실 제국의 명운을 판가름할 결전의 날을 앞두고 황제의 불안은 잠시 잠깐 동안이라고는 하지만 이런 밤잠으로 일시 정지되었다. 그때 그리스도의 존엄한 모습과 또 그 신앙의 상징이라고 할 주지의 조합문자가 일찍부터 기독교도의 신의 이름을 존숭하였고, 내심으로는 아마도 그의 가호까지 기원했을 황제의 민감한 상상력에 강력하게 작용했을 가능성이 있을 수 있다. 일찍이 필립포스(Philippos II. BC 382-336, 재위 BC 359-336. 알렉산더 대왕의 아버지)나 세르토리우스(Sertorius, Quintus, BC 122-72. 공화제 말기의 로마 장군. BC 83, 스페인 총독이었으나 술라〈Sulla, Lucius Cornelius BC 138-78〉에게 추방되어 아프리카에 도피했다가 루시타니아인에게 초청되어 스페인에 귀환, 거기서 독자적인 원로원을 만들고 로마에 대항했으나 BC 72, 폼페이우스에게 패하여 사망. 상세한 내용은 플루타르코스〈Plutarchos/Plutarch〉의 『영웅전〈vitae parallerae〉』 중 「세르토리우스」장을 참조할 것) 등이 교묘하게 사용했던 군사전략의 하나, 즉 신앙을 이용한 사술(詐術)의 하나지만, 만일 노련한 정치가라면 기꺼이 이런 것을 이용할 것이 틀림없다(상기 필립포스와 세르토리우스 이외에도 기번은 똑같은 사례를 몇 가지 더 주석란에서 들고 있다). 그것은 그렇다치고, 이와 같은 꿈에 본 초자연적인 원점(原點)에 대해서는 고대 제국민의 모두가 널리 인정하고 있는 바, 갈리아군의 대부분도 이 무렵에는 이미 기독교적인 서조(瑞兆)에 대하여 전폭적인 신뢰를 둘 만큼 마음가짐을 충분히 가지고 있었다. 남이 모르는 콘스탄티누스 황제의 꿈을 부정할 수 있는 것은 다만 현실의 결과뿐이었다. 더욱이 알프스, 나아가서는 아펜니노(Appennino/Apennine) 두 산맥을 넘어온 이 불굴의 영웅은 로마시 성벽 밑에서 일어날 패전의 결과 따위는 전혀 돌보거나 생각하려고도 하지 않고, 절망적인 용기를 가지고 관망했을 것으로 생각된다. 사실 가증스럽던 폭군으로부터 해방되어 기뻐서 어쩔 줄 모르는 원로원이나 시민들은 콘스탄티누스 황제의 승리야말로 사람의 능력을 초월한 것으로 인정했지만, 그렇다고 해서 그것이 신들의 가호로 얻어진 것으로 단언할 용기는 좀처럼 없었다. 전승한 지 약 3년 후에 건립된 개선문에는 지극히 애매한 문구지만, 황제는 그 정신의 위대성과 신격(神格)의 자극이라고나 할까 어쨌든 그의 고무에 의하여(이것이 애매한 표현이라는 것인데 원어를 그대로 인용하면 instinctu Divinitatis, mentis magnitudine이다), 나라를 구하고 로마제국이 받고 있던 굴욕에 대하여 복수하였다고 뚜렷이 새겨져 있다. 그리고 지금까지도 전광석화처럼 승리한 황제의 덕행을 찬양해 왔던 이교도의 웅변가는 이제 황제만이 지고신(至高神)과의 비밀교류를 가진 인물인 바, 이 지고신이 인간에 대한 보호를 종속된 신들로 하여금 행하게 했을 뿐이며, 따라서 황제의 백성이라 해도 이것을 가지고 군주의 새 신앙 따위로 생각해서는 안된다는, 과연 그럴 듯한 이유를 붙이고 있다(『황제송사』제9의 2절. 이 이교도 웅변가란 앞서 나온 무명시인을 말한다).

(3) 일반적인 세계사든 또는 교회사든 간에 거기에 나타나는 꿈이나 전조(前兆), 기적과 이상(異象)의 종류를 만일 냉정하고 회의적인 눈으로 검토하는 철학자라면, 아마도 다음과 같은 결론을 내릴 것이다. 즉, 현실적으로 목격자조차 가끔 사술(詐術)로써 기만당하는 이상, 단순한 독자의 이해력이 허구에 의하여 속아 넘어가는 케이스는 훨씬 더 많다는 것이다. 자연통상적인 이법(理法)으로부터 일탈된 것처럼 보이는 사건·현상·우연의 모두가 아주 간단하게 신의 직접개입이라는 한마디로 끝내지만, 사실은 아주 순간적으로 빛나고 사라져 버린 유성(流星)에 지나지 않는 현상임에도 불구하고 놀란 대중의 상상력은 흔히 여기에 형태와 색깔 나아가서는 언어와 의도와 같은 의미까지도 부여하는 일이 있다. 예를 들어 나자리우스(Nazarius, 4세기 전반의 수사학자. 이 송사의 작가로 일컬어지고 있으나 이설도 있다)와 에우세비오스같은 사람들은 일부러 황제송사

(皇帝頌詞)를 고생해서 만들어 콘스탄티누스 황제의 영광을 찬양한 당대 최고의 2대 웅변가들이지만, 그중에서도 나자리우스는 이 로마군이 승리한 지 9년 뒤에 그것은 마치 신군(神軍), 즉 하늘에서 내려온 군대처럼 보였다고 그때의 정경을 다음과 같이 묘사하고 있다(『황제송사』 제10, 14-15절). 그들의 아름다움, 그들의 씩씩한 모습, 올려다 볼 만큼 당당한 체구, 그 갑옷·투구에서 발산하는 빛의 흐름, 그리고 그것은 인간의 눈에는 여러 가지로 보였으며 그 목소리는 사람들의 귀에도 확실하게 들려왔는데, 그들이야말로 황제를 돕기 위하여 신으로부터 파견되어 하늘을 날아서 온 사람들이라는 취지로 말한 것처럼 상세히 서술하고 있다(이『황제송사』는 311년의 황제치세 15주년 축제를 위하여 쓰여진 것이다). 이 이교도출신 웅변가는 이때 그의 송사에 귀를 기울이고 있는 갈리아의 모든 속주민을 향하여 이상(異象)의 진실성을 호소한 것인데, 이처럼 대중의 눈앞에서 공공연하게 일어난 일임을 생각한다면, 먼 옛날에 보였다는 이상현상 따위*도 충분히 믿을 수 있지 않겠는가 하는 것을 말하고 싶었던 것 같다. 한편 에우세비오스가 전하는 기독교 설화는 황제가 꿈에서 본 지 26년쯤 지난 다음에 만들어진 것이지만, 이것은 좀더 정확하고도 아취있는 형태로 엮어져 있다. 즉, 어느날 진격도중에 황제는 찬란하게 빛나는 빛의 십자표장을 대낮에 태양 바로 위에서 올려다 보았을 뿐만 아니라 거기에는 「이것으로 이겨라(BY THIS CONQUER)」라는 글자까지 나타났다. 이 놀라운 하늘의 이상(異象)은 신앙의 선택에서 아직도 결심을 내리지 못하고 있던 황제 자신뿐만 아니라 전군을 놀라게 하였다. 황제의 이 놀라움은 다시 그날밤에 본 환상에 의하여 신앙으로 바뀌었다. 그리스도 자신이 눈앞에 나타나, 형태도 똑같은 십자가의 표장을 제시하는 동시에, 이것을 그대로 그려서 군기(軍旗)로 만들어 승리에 대한 확신을

---

* 「먼 옛날에 보였다는 이상」이란 그리스 신화에 나오는 쌍둥이 신들인 디오스쿠로이(Dioskouroi, 카스토르〈Kastōr/Castor〉라고도 한다)와 폴류데우케스(Polydeukēs. 라틴어로는 폴룩스〈Pollux〉)전설과 관계된다. 상세내용은 생략하지만, 양신이 모두 제우스신의 화신인 백조와 레다(Lēda)와의 사이에서 태어난 쌍둥이인데, 이들을 둘러싸고 여러 가지 이야기가 있지만 그 중의 한 가지로서, 이 쌍둥이 신은 가끔 전투와중에 여러 번 갑자기 신장(神將)으로 출현하여 전투를 승리로 이끌어 준다는 신앙이 있었다. 이런 신앙이 로마에도 전해졌는데, 그의 가장 유명한 전설은 BC 496년, 로마인이 라텐인과 레기르스 호반에서 싸웠을 때, 역시 이 두 신이 로마군 진두에 갑자기 출현하여 그들을 승리로 이끌었다고 한다. 즉, 이 일절의 취지는 만일 콘스탄티누스 황제가 경험한 기독교의 기적을 믿는다면, 상기 레기르스 호반에서의 이교 기적 역시 믿어야 하지 않겠느냐 하는 것이 이교도 수사학자인 나자리우스의 주장이 었다고 한다.

가지고 진격하라. 그리고 막센티우스와 모든 적과 맞서 싸우라는 탁선이 있었다는 것이다(「콘스탄티누스 황제전」 제1권 28-30절). 그런데 케사리아(Caesarea)의 석학사교(에우세비오스를 말하는 것)가 이제 새삼스럽게 이런 기적담 따위를 쓴다는 것은 오히려 좀더 독실한 독자신자들 사이에 모종의 놀라움과 불신감을 자아낼지도 모른다는 근심까지 품었던 모양이다. 그러나 결국은 이 이상현상이 일어난 엄밀한 시간이나 장소도 정확히 밝힘이 없이(이것을 황제가 알프스 산맥을 넘어 이탈리아로 들어가기 직전이라고 쓴 사가도 있다. 그것만 했더라면 허위의 발견도 진실성의 뒷받침도 할 수 있었겠지만), 또 이 놀라운 기적을 목격했음이 틀림없는 사람들이 얼마든지 있었을 것이고, 뿐만 아니라 그런 살아있는 증인들로부터의 증언도 여러 사람들로부터 충분히 얻을 수 있었을 것인데 불구하고, 그런 것의 수집과 기록은 일체 하지 않고, 다만 고인이 된 황제 자신의 이상한 증언만을 근거로 삼은 데 만족하고 있는 것이다. 황제의 증언이란 문제의 기적이 일어난 지 이미 20여년이 지난 뒤에 황제와 한가로이 한담을 나눌 때, 우연히 생애의 일대사건이던 이 이상에 관한 이야기가 나오자, 황제가 엄숙한 서언(誓言)을 가지고 그의 진실성을 증언했다는 다만 그런 말에 지나지 않는 것이다. 이 석학사교는 현명한 사려와 감은의 일념에서 무훈으로 빛나는 이 주군의 성실성에 대하여 의념을 품는다는 따위는 전혀 생각지도 않았던 것이다. 그와 같은 순진한 그도 이것이 만일 좀더 신분이 낮은 사람의 입에서 나왔다면, 사항이 사항이니만치 오히려 의심하고 들었을 것이 당연했을 것이라고 이 점만은 명확히 밝히고 있다. 하기야 그런 신용동기 문제도 플라비우스가의 실권(失權)과 함께 완전히 소멸되고 말았다. 즉, 무신이단(無神異端)의 무리라면 아마도 일소에 붙일 이런 천상이상(天上異象) 등은 콘스탄티누스 황제의 개종이 있은 직후시대에 있어서조차 벌써 기독교도 자신에 의하여 묵살되었지만, 다만 동서의 가톨릭교회만이 십자가에 대한 대중적 존숭을 촉진하는 데 도움이 되는(또는 다만 그렇게 생각되는) 이상(異象)으로서 오늘날도 여전히 인정하고 있다. 이리하여 콘스탄티누스 황제의 이 환상은 미신적인 전설로서 오랫동안 높은 평가가 주어졌는데, 이 첫번째 기독교 황제의 전승에 트집을 잡는다든지 또 그 진실성까지 의심하게 된 것은 대담하고도 예리한 비판정신이 일어나게 됨으로써 부터이다.

아마도 오늘날의 개신교도 독자나 사상가들은 콘스탄티누스 황제 자신의 이 개종담을 읽고 이것이 허위증언에 불과하고, 다만 여기에 엄숙한 위서(僞誓)로서 짐짓 홍감부리는 것이라고 믿고 싶을 것이다. 즉, 신앙선택에 있어 황제는 다만 이해만을 고려하여 결심한 데 불과하다.(예를들어 천벌을 받아 마땅한 시인의 말을 빌린다면), 황제는 다만 제위를 향한 편의적인 발판으로서 교회 제단을 이용한 데 지나지 않았다고까지 주저없이 공언할는지 모른다(여기서 기번은 주석으로서 프랑스어로 된 장편서사시에서 인용한 듯한 12행을 소개하고 있는데, 그 시인의 이름과 작품명을 드는 것만은 삼가한다고 양해를 구한다. 따라서 작자가 누구인지는 모르나 그 내용만은 대체로 이하의 본문과 같다). 그러나 결론이 여기까지 난폭하고도 절대적인 단정에 이르면, 다소나마 인간성과 콘스탄티누스 황제 자신, 또 기독교를 알고 있는 우리로서는 도저히 승복하기가 무리인 것이다. 종교열의 고양시대에는 술책에 능란한 정치가일수록 교묘하게 그의 광열(狂熱)을 선동하는 법인데, 그때는 동시에 그 자신도 역시 그런 광열의 일부에 감염되는 경우가 많다. 그런가 하면 또 가장 정통파 성자까지도 사술(詐術)과 허위라는 무기를 사용하여 오히려 진리의 옹호라는 위험한 특권을 행사하는 예도 있다. 일신상의 이해관계가 흔히 우리들의 실천뿐만 아니라 신앙의 기준으로 되는 일도 드물지 않다. 아마도 콘스탄티누스 황제의 경우도 역시 그러한 현세적 이익이라는 고려가 그의 공인으로서의 언동에 모종의 영향을 주었으리라는 것은 충분히 고려된다. 즉, 그의 명성과 운세(運勢)에 있어 유리유용한 종교라고 보기만 하면, 부지불식간에 그것을 믿고 싶은 심정에 이르는 것은 당연하다. 사실 그 자신이야말로 세계를 통치하도록 신에 의하여 선정된 인간이라는 확신은 황제의 자부심을 부추기는 데 충분했을 것이다. 더욱이 갖가지의 전승은 신성한 제위로의 그의 욕구를 정당화시켜 주었고, 또 그 제위획득은 명백히 기독교 계시의 진실성 위에 구축된 것이다. 인간이 분수에 맞지 않는 칭찬을 받게 되면 때로는 진실의 미덕을 촉구하는 법인데, 콘스탄티누스 황제의 신앙도 처음에는 단순히 다른 사람에게 보이기 위한 데 불과했을는지 모르나, 여기서 칭찬과 습관 게다가 현실적으로 실례를 목격함으로써 점차 본심으로부터의 신앙, 열렬한 헌신에로 성장해 갔을 가능성도 생각된다. 그의 복장과 습속 등으로 미루어 보아, 지금까지는 궁정 안에 거주케 함이 부적절한 것으로 생각되었던 신종교의 사교와 교사들이 지금은 황제 식탁에의 배석이 허용되기에 이른 것이다. 그리고 이들은 여러 번 원정에도 동행하였다. 이집트인인가 스페인인가 한 사람은 훌륭하게 황제의 마음을 파악하고 출세한 일이 있는데, 그의 경우 이런 영달은 마법에 의한 결과라고 이교도들로부터 평가되고 있다(에우세비오스, 『콘스탄티누스 황제전』의 몇 군데에 이것이 나온다. 기번의 난외주기에 의하면, 이 총신은 아마도 코르도바〈Cordova〉의 사교인 위대한 오시우스〈Osius〉일 것이라고 했다. 그리고 마법 운운한 것은 조시무스의 『신로마사』 제2권 29절에 나온다). 키케로와도 비견되는 웅변술로 복음의 가르침을 설교한 락탄티우스, 그리고 그리스인의 학문과 철학을 전적으로 기독교 선교를 위하여 바쳐온 에우세비오스와 같은 사람들은 모두가 황제의 벗으로서 우대를 받았다. 이 탁월한 논쟁술을 가진 사람들은 매우 인내심 깊게 설득할 좋은 기회만을 노리고 있었을 뿐만 아니라 황제의 성격이나 지성에 가장 적합된 논법을 교묘히 구사할 수 있었다. 콘스탄티누스 황제의 신발의(불교용어. 출가해서 얼마 안되는 사람을 일컫는 말)를 얻음으로써 과연 어떤 이익이 있었느냐는 별개문제로 하고라도, 어쨌든 황제의 개종이라는 사실은 같은 교의를 단순히 신하 몇 천 명이 일찍부터 신봉하고 있었다는 것과는 스스로 그 격(格)이 다른 바, 그의 예지와 덕행에서 다른 신자들보다 탁월하다기 보다도, 어느쪽인가 하면 황제가 빛나는 자의(紫衣)를 입은 신분이라는 점에 오히려 더 큰 의미가 있었다. 또한 후세의 계몽시대에도 그로티우스(Grotius, Hugo, 1583-1645. 네덜란드 법학자·정치가)·파스칼 (Pascal, Balise, 1623-62. 프랑스의 과학자·철학자)·록(Locke, John, 1632-1704. 영국의 철학자·사상가)과 같은 사람들의 이성까지 만족시키고 또 승복시킨 그런 증적(證跡)을 앞에 놓고, 무학(無學)인 일개 무인황제의 마음을 곧 포로로 잡은 것은 결코 이상한 일이 아니다. 사실 황제라는 대임에 수반되는 부단한 격무 속에서 이 무인황제는 매일 밤 그 몇 시간을 할애하여 열심히 성서의 연구와 신학적 제 논문을 쓰는 데 노력——적어도 노력하고 있는 것으로 보였다. 그리고 이런 논문들은 그후 수많은 청중을 앞에 놓고 황제 자신이 낭독함으로써 많은 갈채를 받은 것이었다. 그중에서도 특히 길다란 한 편의 논문은 오늘날까지도 남아 있는데, 그것에 의하면 이 황제 설교자는 여러 가지 신앙의 증적을 열거하면서 순순히 설교하고 있다. (전게한 황제의 연설 『성도집회에 기탁하노라』라는 것). 그런데 이 황제가 특히 득의양양해서 언급한 것은 시불라(Sibylla, 무녀)*에 의한 「신탁집」

---

* 시불라(Sibylla)란 신내린 사람의 상태가 되어서 예언한 무녀를 말한다. 처음에는 그런 특정 무녀의 고유명사였던 모양이지만, 후에는 똑같은 무녀가 각지에 생겨나면서 결국 보통명사화한 것 같다. 에류트레(Erythrae, 소아시아 서안인 이오니아에 있던 거리)의 무녀도 그런 류의 한 사람이다. 그런데 이 에류트레의 무녀가 행한 것으로 되어 있는 예언이 34행의 시 형태로 전해졌고, 키케로가 이것을 라틴어로 번역하고 있다. 이것을 콘스탄티누스 황제가 읽은 것인데, 그 각행의 첫째 글자를 모아서 연결하면 이것이 이른 바 acrostic으로 되어 이것의 의미가 「예수 그리스도, 신의 아들, 세계의 구세주(JESUS CHRIST, SON OF GOD, SAVIOUR OF THE WORLD)」라고 읽을 수 있다는 데서 황제가 이것을 원용한 것이다.

이고, 또 베르길리우스(Vergilius/Virgil, Maro Publius, BC 70-BC 19. 로마 제 1 의 시인)의 『제 4 목가』였다. 예수 그리스도가 이 세상에 나타나 전도하기 40년 전, 만투바 (Mantuva)태생의 이 시인은 마치 이사야(Esaias/Isaiah, BC 8세기 유태국에 속한 예언자. 『구약전서』「이사야」는 그의 예언을 모은 것)의 시신(詩神)으로부터 영감을 받았는지 처음부터 끝까지 온통 현란한 동양적인 은유(隱喩)를 사용하면서 성모(聖母)의 재림(물론 원시에 나오는 처녀신 Virgo란 유피테르〈Jupiter=Zeus〉 신의 딸인 아스트라이아〈Astraia/Astraea〉를 일컫는 것으로서, 기독교의 성모 마리아가 아니다), 뱀의 타락, 또 장차 신과도 같은 어린이의 탄생을 찬양하고 있다. 더욱이 이 어린이는 유피테르 대신의 아들로서 인류의 죄를 속죄하고 아버지 신의 위덕으로 평화로운 이·세계를 통치하게 된다는 것, 또한 하늘의 백성이라고도 할 수 있는 원초의 백성이 전세계에 강림하여 점차 황금시대의 무구(無垢)와 행복이 또다시 회복될 것이라는 내용을 노래하고 있다.* 이런 숭고한 예언에 감추어진 깊은 비밀의 의미 따위는 아마 이 시인 자신도 전혀 몰랐는지 모른다. 즉, 원래는 모 집정관 또는 3두 정치가의 아들인 그런 어린이를 위하여 쓴 매우 과찬하는 송가에 지나지 않았지만, 그것이 이처럼 훌륭하게, 심지어 과연 그렇구나 하고 생각할 정도로 새로운 해석이 주어지면서 뜻하지 않게도 최초의 기독교 황제의 개종에 기여했다면 참말로 베르길리우스야말로 복음선교자로서 최대의 공로자 중 한 사람이라고 말할 수 있을는지 모른다.

원래 기독교 신앙과 예배와의 성사(聖事)는 이방인의 눈에는 물론이거니와 구도자들에게까지 일부러 거드름을 피우는 비밀성으로 감추어져 있었는데, 이것이 또한 그들의 경이적인 상념과 호기심을 자아내게 하였다(미사 한 가지만 해도 구도자도 참가할 수 있는 Missa catechumenorum과 세례받은 신도들만으로 한정된 Missa fidelium이 있었다. 후자가 특히 신비의 장막으로 갇혀 있었다. 이 앞뒤의 서술을 이해하려면 이런 것을 염두에 둘 필요가 있다). 이처럼 사교들의 깊은 배려로 정해졌던 엄숙한 제종규도 새로

---

* 『제 4 목가』는 63행의 단시다. 내용은 본문과 같지만 기독교가 공인된 후, 그리스도의 영광을 찬양한 것으로 해석되기에 이르렀고, 이 때문에 유명해졌다. 그러나 사실은 베르길리우스가 재산몰수의 위기에 놓였을 때, 이것을 구제해 준 폴리오(Pollio, Gaius Asinius, BC 76-AD5. 로마의 군인·정치가·저술가) 일가의 장래 성운을 예언 축복한 것에 불과하다. 사실 시구 속에 폴리오와 그 자식들의 이름이 명기되어 있는 것이다. 폴리오는 율리우스 케사르와 안토니우스 등과도 전우관계로서 후에 집정관으로 선임되었지만 안토니우스와 싸우고 난 뒤 정치에서 은퇴하여 문학에 몰두했고, 또 최초로 공공도서관을 세운 사람이다. 다만, 이 『제 4 목가』의 해석에 대해서는 상세내용을 생략하겠지만 여러 가지 복잡한 이설도 있다.

신자가 된 황제의 의향을 영입하기 위하여 이것도 똑같이 현명한 배려에서 부터지만, 갑자기 완화시키지 않을 수 없었다. 생각컨대 어떠한 양보를 해서라도 이 참에 우선 황제를 교회 테두리 안으로 끌어넣는 것이 최대 관심사였기 때문이다. 그런 까닭에 콘스탄티누스 황제는 기독교도로서의 구속의무 따위는 아직 아무것도 받기 전에 적어도 묵인조치라는 형태에서 그 특권의 거의 모든 것을 향수하는 것을 허용받았다. 부제(deaconus)의 목소리로 일반 비신도 대중을 물러가게 한 뒤지만, 황제만은 그 집회에서 모습을 감추기는 커녕 세례받은 신도들과 함께 기도드렸고, 사제들과 토론하며 가장 복잡하고 심원한 신학상의 제문제에 대하여 설교하며, 또 부활제 전야의 철야기도를 성스러운 의례로서 축하하거나 나아가서는 기독교 성사의 단순한 일원일 뿐 아니라 어느 정도는 그의 사제자・교도사(hierophant)임을 공공연하게 말하였다(에우세비오스, 『콘스탄티누스 황제전』 제 4 권 15-32절. 또한 황제의 설교 자체도 이것을 뒷받침하고 있다). 아마도 황제의 자부심은 모종의 특별대우를 요구했을 것이고, 또 그의 봉사는 당연히 그런 요구의 가치가 있었다고 말할 수 있었다. 만일 여기서 종규의 엄격성같은 것을 섣불리 강요라도 한다면 황제를 개종시키려는 미성숙된 성과를 단번에 위축시킬 우려도 있었기 때문이다. 모처럼 다신교 제단을 떠나온 황제에게 만일 교회가 여전히 그의 문을 굳게 닫아둔다면 대로마제국의 국가원수는 종교적 예배형식을 모두 잃게 했을는지 모른다. 마지막으로 로마시를 방문했을 때, 황제는 기사신분으로 구성된 그의 군대행진을 카피톨리누스 언덕의 유피테르 신전에로 인도하여 그 앞에서 공식선서하는 것을 거부하였다. 이로써 부조들의 미신적인 종교를 명확히 부정하고 모욕까지 준 것이다(조시무스, 『신로마사』 제 2 권 29절 이하). 세례, 그리고 그 직후에 죽음에 이르기에 앞선 10여 년 이전부터 이미 우상교 신전 안에 황제가 들어가는 것은 물론이거니와 그런 신상(神像)의 안치조차 허용하지 않는다는 내용의 공공연한 성명을 천하에 선언하고 있다. 한편, 기독교도로서 신전에 꿇어 엎딘 자신의 상을 새겨넣은 각종 메달류와 화상(畵像)의 반포를 모든 속주에서 행하게 하였다.

    신발의(新發意) 취급을 끝까지 거부한 황제의 자부거만성에 대해서는 그의 심정을 그리 간단하게는 알 수 없고, 또 변호의 여지도 거의 없지만, 다만 세례가 몹시 늦어진 사실에 대하여 초대교회의 방침과 관행을 생각한다면 차라리 당연하다고 말할 수 있을 것이다. 원래 세례의 성사는 통상 부활절에서 성령강림제에 이르는 50일 간에 사교 자신의 주재하에 보조성직자들의 도움을 받아

각 교구의 대교회에서 집전되는 것이 관례였다. 그리하여 이 성기간내에 다수의 성인이나 유아가 교회에 영입되었다. 여기에는 양친의 배려도 있고 해서 유아세례의 경우 등은 그들이 이로써 지게 되는 의무를 충분히 이해할 수 있게 될 때까지 오히려 연기시키는 일도 자주 있었다. 특히 초대교회의 사교들은 새로운 개종자들에게는 매우 엄하여 통상 2년 내지 3년 간이라는 수련기간을 요구하였다. 동시에 새 구도자측에서도 그 동기가 세속적 또는 영적인 면 등등 각각 상이하여 특히 서둘러서 완전한 새 신도가 되는 것을 요구하는 사람도 드물었던 것 같다. 세례라는 성사는 절대완전한 죄장(罪障)의 소멸, 즉 그것으로 영혼은 곧 원초의 청정무구(淸淨無垢)로 돌아가며, 따라서 당연히 영원한 구원을 약속받는 것으로 생각되었다. 그러므로 두번 다시는 행할 수 없는 고마운 성사를 서두른 나머지 회복할 수 없는 절대귀중한 특권을 잃어버리는 일을 더없이 어리석은 짓으로 생각한 것도 새 개종자 가운데는 적지 않았다. 세례연기로 구도자들은 얼마 동안 현세적인 향락을 마음대로 즐기면서, 한편으로는 간단한 면죄의 길을 확실하게 터놓고 있었던 것이다. 콘스탄티누스 황제 자신도 고원하기 이를 데 없는 복음교리에는 지성(知性)상으로는 깊은 감명을 받고 있었지만, 심정(心情)으로는 반드시 그렇지도 않았다. 황제는 야심이라는 큰 목적을 위해 오로지 전쟁과 모략이라는 어두운 유혈의 길만을 추구해 왔었다. 그리고 일단 승리한 다음에는 또한 억제를 모르는 행운의 남용을 계속하였다. 결점이 있었다고는 하지만, 저 트라야누스 황제와 두 안토니누스 황제들의 영웅적인 정신과 세속철학을 능가하는 참된 탁월성을 발휘하기는 커녕, 성년기 이후의 콘스탄티누스 황제는 그의 청년기에 획득했던 좋은 평판을 완전히 잃고 있었다. 진리에 대한 인식이 점차 깊어가는 반면에 덕행의 실천은 오히려 퇴보를 보이고 있었던 것이다. 예의 니케아 공회의(Concilium Nicaenum, 니케아는 소아시아 서북부에 있던 고대 비튜니아의 시로서 오늘날에는 이즈니크라고 한다)를 소집한 같은 해 (325년)지만, 바로 그 해는 맏아들 크리스푸스 부황제를 처형——처형이라기보다도 차라리 암살했다고 표현하는 것이 타당한 그런 사건으로 말미암아 일대 오점을 찍은 해이기도 하다. 이 한 해의 일을 드는 것만으로도 무지곡학(無知曲學)의 사가 조시무스의 주장을 논박하는 것이 충분하다(조시무스, 『신로마사』 제2권 29절). 즉, 조시무스는 말하기를 크리스푸스가 죽은 뒤, 자기 잘못을 크게 뉘우친 부황 콘스탄티누스는, 이교 신관들로부터는 도저히 얻을 수 없었던 죄장소멸을 기독교 성직자들로부터 얻었다고 한 것이다. 그런데 크리스푸스를 처형할 당시 콘스탄티누스 황제에게는 이미 신교 선택에 대하여 망설임 따위가 있을 수 없었다. 세례의 실행만은 죽을 때가 이미 가까워져 이젠 후퇴에 대한 유혹이나 위험도 없어진 마지막까지 연기해 왔지만, 사실 그는 기독교 이외에 절대확실한 죄업소멸의 길이 없다는 것을 충분히 알고 있었다. 마지막 가는 병상에 누워서 황제가 니코메디아 별궁으로 맞아들인 사교들은 열심히 황제가 세례의 성사를 받을 것을 요구하였고, 그리하여 황제가 이것을 받음으로써 여생을 전적으로 그리스도의 제자로서 거기에 어울리는 생활로 관철시킨다는 엄숙한 서언, 또한 새 개종자로서 백의(白衣)를 몸에 걸친 이상 이미 자의(紫衣)의 착용을 끝까지 거부했다는 겸손한 태도에 그의 후계자들은 새삼스럽게 배운 것이 있었던 모양이다. 달리 말하면, 황제의 수범과 그의 명성은 세례를 연기시킨 일조차 어느 정도 시인케 한 것이다(에우세비오스,『콘스탄티누스 황제전』제 4 권 61-63절). 사실 그후의 폭제들은 대단히 마음을 든든하게 가질 수 있었다. 즉, 그들은 자기의 오랜 통치기간내에 어쩌면 무고한 사람들의 피를 흘리게 할 우려성이 대단히 많지만, 그런 죄악도 재생의 물, 즉 세례에 의하여 곧 씻어지는 것으로 믿을 수 있게 되었기 때문이다. 이리하여 신교의 남용이 도덕 기반까지 무너뜨리는 매우 위험한 사태를 낳게 한 것이다.

  기독교를 로마세계의 왕좌에 올려놓은 우악(優渥)한 이 비호자에 대한 교회의 감은은 황제의 미덕을 극구 선양했을 뿐만 아니라 그의 결점까지도 모든 것을 관대하게 보아 넘겼다. 이 성자와도 같은 황제의 축제일을 경축한 그리스의 신자들은, 황제의 이름을 들 때마다 반드시라고 할 만치 준사도(準使徒)라는 칭호를 곁들여 부르는 것을 잊지 않았다. 만일 이것이 신성한 신의 선교자라는 의미라면 이와 같은 비교는 도대체가 터무니없이 불경스러운 아부라고 하지 않을 수 없다. 만일 이것이 단순히 여러 가지의 복음승리와 교세신장을 의미하는 것뿐이라면, 콘스탄티누스 황제의 성공은 틀림없이 저 사도들의 그것과 능히 맞먹을는지도 모른다. 신교관용의 여러 칙령으로 이제까지 기독교의 홍파(弘播)를 지연시키고 있던 현세적인 제장애요소를 제거해 주었기 때문이다. 이로써 다수의 열렬한 선교자들은 인간의 이성, 나아가서는 신앙심을 움직이는데 충분한 온갖 논법을 사용하여, 계시의 진리를 설교하는 포교의 자유와 커다란 격려를 얻게 된 것이다. 그러나 이교와 기독교와의 균형이 엄밀하게 유지된 것은 불과 한때뿐이었다. 욕심 많은 야심가들의 날카로운 눈빛은 **기독교를 공언(公言)하는 편이 현세뿐만 아니라 내세에서도 유리할 것 같다는 것을**

곧 파악하였다(상게 『콘스탄티누스 황제전』 제3권, 제4권). 부귀와 영예에 대한 기대, 황제가 보인 수범과 그의 장려, 무어라 말할 수 없는 미소 등등이 황궁내 각 부처에 넘쳐 있는 아부비굴한 정신들에게 깊은 안도감을 주었다. 한편, 자진하여 옛 신전을 파괴함으로써, 말하자면 선물(先物)의 신앙열의를 발휘해 보인 도시들은 사실 그것만으로 각종 자치체의 특권이 부여되었고, 시민들에게는 각각 은상금(donatium)이 하사되었다. 그리고 동방의 신수도인 콘스탄티노플은 일찍이 우상숭배로 더럽혀진 일이 없다는 기묘한 이유에서, 그의 영광을 크게 자랑하였다(이 기묘한 논거를 특히 강조한 것은 17세기 프랑스의 교회사가인 티유몽〈Tillemont', Sébastien Le Nain de. 1637-98〉의 『황제사』 제4권이라고 한다). 더욱이 사회 하층에 속하는 사람들은 대개 먼저 사람의 흉내를 내게 마련인데, 일단 문벌·권력·부 등에서 상류층에 속하는 사람들이 개종을 끝마치면 그들에게 의존하는 대중은 곧 이를 본받는 형편이었다. 로마시같은 곳에서는 1년 간에 세례받은 사람이 1만 2천 명이라는 숫자까지 있는데(여기에 비례되는 아녀자들의 숫자는 별도로 한다), 더욱이 그들에게는 황제로부터 1인당 금화 20매와 백의의 하사가 있다고 공약되어 있었다고 한다(기번은 몇 가지 교회측 문헌에 의거하여 이것을 기술하고 있지만, 그 자신도 이에 대해 얼마간 의문을 느꼈던 모양이다. 이것이 다음 글에서 나온다). 만일 이것이 사실이라면 서민의 구제는 매우 값싸게, 또 얼마든지 사들일 수 있었던 것으로 된다. 콘스탄티누스 황제의 강대한 영향력은 단지 그의 재세중이거나 또는 그의 통치영내라는 좁은 범위만으로 그친 것이 아니었다. 이것은 그의 아들이나 조카들에게 행한 교육성과로서 제국을 위하여 기독교 황족을 많이 육성한 것을 증거로 들게 된다. 더욱이 그들은 어릴 때부터 기독교 정신, 적어도 그것의 교의를 주입받았던 만큼 신앙심은 황제 이상으로 훨씬 적극적이고도 철저했다. 이에 더하여 전쟁과 무역은 복음지식을 제국 판도 밖에까지 널리 전파시켰다. 그리고 지금까지는 법의 보호 밖에 있으며 금지억압하였던 민간의 작은 교파라하여 처음부터 무시했던 만족들도 이제 그것이 세계 최강의 나라 군주와 세계에서 가장 개화된 국민에 의하여 새로 신봉되는 종교로 되었음을 알게 되자 곧 깊은 존숭심을 품게 되었다. 예를 들어 로마군 휘하에 참군중인 고트인과 게르만인들도 정규군단 선두에 펄럭이는 십자가 깃발을 우러러 보게 되자 자연적으로 존숭하는 마음이 솟아오르고, 동시에 용맹일변도였던 그들도 비로소 신앙·인간애라는 것을 알게 되었다. 이베리아·아르메니아 등지의 제왕(諸王)도 비호자인 황제가 존숭하는 신(神)임을 알게 되자 마찬가지로 예배를 드렸고, 일관하여 기독교도임을 칭하던 그들의 신하와 백성들은 곧 로마제국내의 교우들과 신성하고 부단한 우호관계를 맺게 되었다. 또한 페르시아 영내의 기독교도들은 만일 로마제국과 전쟁이라도 하게 되면 자기들이 신앙을 위해 혹시 국가를 팔게 되는 것이 아닐까 하는 의심을 받고 있었는데, 이것도 양국간에 평화가 계속되는 한, 콘스탄티누스 황제 자신의 개입도 있고 해서 마기승들로부터의 박해감정도 유효하게 억제할 수 있었다(에우세비오스, 『콘스탄티누스 황제전』 제4권 9절에 의하면, 황제는 간절한 친서를 페르시아왕에게 보내어 영내의 기독교도들을 보호해 줄 것을 요청한 바 있었다). 또한 복음의 빛은 인도양 연안지역에도 미쳤다. 다만 아라비아·이디오피아의 오지 깊숙한 곳까지 진출했던 유태인 식민시만은 기독교 발전에 끝까지 저항한 바, 이 때문에 선교사들의 노고가 대단했지만, 그것도 그들에게는 사전에 모세 계시에 관한 예비지식이 있었기 때문에 어느 정도는 포교상의 도움이 되었다. 그중에서도 특히 이디오피아에 대해서는(기번은 위에서는 Aethiopia라고 표기했고 여기서는 Abyssinia라고 쓰고 있다. Abyssinia는 Aethiopia의 별명일 것이므로, 역자의 재량으로 영어표기인 Aethiopia로 통일하였다), 프루멘티우스(Frumentius, 383년 사망. 이디오피아의 사도·성인 「우리들의 아버지〈Abuna〉」, 「평안의 아버지〈Abba Salama〉」라고 불리운다)의 유명(遺名)이 지금도 존숭하는 마음으로 전해지고 있다. 프루멘티우스는 콘스탄티누스 황제시대에 이 변경 오지에서 기독교 전도에 일생을 바친 인물이었다.* 또한 대제의 아들인 콘스탄티우스 2세황제 시대가 되면서 원래는 인도인이던 테오필루스(Theophilus)는 대사 겸 사교의 2중직책을 부여받고 황제로부터 사베아(Sabaea, 또는 호메리테〈Homerite〉)** 국왕에 대한 선물로 순 캅파도키아(Cappadocia)산 준마 200두를 배에 싣고 홍해로 출항하였다. 이외에도 그는 만족들을 놀라게 하는 동시에 그들의 환심을 사기 위하여 선물할 막대한 양의 실용품과 진기한 갖가지 물건도 부탁받았다고 한다. 사실 그는 그후 이 열대지방에서 수년 간을 교회순방에 바침으로써 훌륭한 선교실적을 남겼다고 한다.***

―――――――――

* 이디오피아에 기독교가 전도된 것은 4세기경이라고 한다. 이의 최초 공로자는 이 프루멘티우스인데, 이런 공로에 의하여 대사교인 아타나시우스(Athanasius, Magnus, 296?-373. 알렉산드리아 사교·교회박사·성인)로부터 328년 경에 사교로 임명되었다. 전승에 의하면, 그는 이디오피아에 향하는 도중 홍해에서 난파하자 해적에게 붙들려서 형제인 에데시우스(Aedesius)와 함께 악숨(Axum) 왕의 궁정노예가 되었으나, 왕의 총애를 받게 되어 왕을 2명씩이나 세례주었고, 또 이디오피아 국내에 기독교를 전도할 수 있는 허가를 얻어 포교활동을 전개하였다.

로마 제국의 역대 황제가 쥐고 있던 절대적 권력은 국가종교의 변혁이라는 이 중대하고도 위험한 사업수행에서 실로 훌륭하게 발휘되었다. 첫째로 가공할 만한 그의 군사력이 이교도들의 고립무원하고 덧없는 불만 따위는 즉각적으로 침묵시켰다. 기독교의 성직자뿐 아니라 일반신도까지도 기꺼이 복종한 것은 아마도 양심과 감사에 의한 결과로 생각해도 잘못이 없을 것이다. 시민이라면 그의 소속계층 여하를 불문코 모두 복종함이 당연하고, 신교의 관리는 행정관의 의무일 뿐만 아니라 권한이기도 하다는 것이 오랫동안 확립되어 온 로마체제의 기본원리였다. 콘스탄티누스 황제와 그의 후계황제들은 그의 개종으로 말미암아 황제로서의 특권을 잠시라도 포기했다든가, 또 그 황제들이 보호를 주고 또 자기 자신도 신봉하는 종교에의 법적규제를 불가능케 했다고는 전혀 생각하지 않았다. 황제들은 여전히 교회에 대한 지상입법권을 행사하였는데, 사실 『테오도시우스 법전(Codex Theodosianus/Theodosian Code)』 제16권은 다수조항을 개설하여 가톨릭 교회행정에 대한 황제권한을 규정하고 있다.

한편 그리스나 로마의 자유정신에서는 한번도 볼 수 없었던 그런 영적세계에서의 권력과 세속세계에서의 권력과의 엄격한 구별이 기독교계의 법체제 정비에 의하여 처음으로 도입되고 또 확립되었다. 누마왕(Numa Pompilius, 재위 BC

** 원문은 Sabaeans or Homerites다. 사베는 Sabu 또는 Sheba로 표기되는 일도 있는데, 고대에는 오늘날의 아라비아와 예멘 공화국이 있는 곳에 나라를 세우고 있던 부족. 셈족의 한 부족으로서 이미 기원전 10세기경에 아프리카로부터 식민자로서 이동해 온 것으로 되어 있는바, 어쨌든 인도와 아프리카를 연결하는 동서교역로의 요충지로서 번영해 왔다. 이외에 『구약전서』「열왕기 상」에서 기원 전 1000년경에 솔로몬왕을 찾아간 시바(Saba/Shebâ, 본명은 Bilqis)와 관련시키는 전승도 있지만 이것은 황당무계한 설이라하여 대체로 물리치고 있다. 이외에도 전승에 싸여있는 부분이 많지만, 이 이상의 설명은 역자의 능력한계를 벗어나는 것이므로 생략한다.

*** 테오필루스에 관해서는 사실 잘 알려지지 않았다. 에우세비오스와 락탄티우스의 저작들에 그의 이름이 나오는 것은 사실이지만 경력 등은 알려지지 않았다. 기번 자신은 주석란에서 인도양 상에 있는 작은 섬인 디바(Diva)에서 태어나 어린시절에 인질로 로마에 보내져 로마인으로부터 교육을 받고 기독교도가 되었다고 쓰고 있지만, 그후의 구체적인 인도 선교여행 기사와 함께 그 원거(原據)는 밝히지 않고 있다. 인도에 대한 기독교 포교는 12사도의 한 사람인 두마(또는 디두모, Didymos-요한복음 20:24. 영어로는 토머스〈Thomas〉라고 한다)가 이미 시도했고, 그가 인도에서 순교했다는 전설이 있지만 가톨릭관계 교회사에서도 이 테오필루스 비슷한 사람은 발견되지 않는다. 다만 상기 리바섬이란 오늘날의 맬다이브제도나 래카다이브제도 중의 어느 작은 섬이 아니었을까 생각된다. 물론 이것도 당시의 동양지리에 관한 지식으로는 전승에 지나지 않지만.

715-673. 로마 제2대 왕)의 고대로부터 아우구스투스 황제시대(Augustus, 재위 BC 27
-AD 14, 초대황제)에 이르기까지 최고대신관(pontifex maximus)의 직능은 원로원 의
원 중에서도 최고장로 중 한 사람에 의하여 수행되는 것이 항례였지만, 이것도
끝내는 황제의 권위에 통합되기에 이르렀다. 국가 최고 행정관으로서의 황제는
미신때문이었는지 또는 정책상 견지에서 였는지 그 동기는 고하간하고 일단
그렇게 할 마음만 먹으면 언제라도 신관의 직능까지 자기 손으로 집행할 수
있었을 뿐만 아니라 로마시에서도, 또 속주에서도, 사람들 속에서 그 성직자적
성격을 강조하고 또 신들과의 보다 깊은 교류를 주장할 수 있는 신직단(神職
團)이라는 것을 일체 두지 않았다. 그런데 기독교회에서는 제단에서의 예배는
모두가 종신계승의 성직자들의 손에 위임되어 있는 이상, 군주라 해도 그의
영적서열에서는 최하급인 부제보다도 더 하위인 셈이므로, 그의 자리는 당연히
지성소(至聖所) 난간 밖으로 내려져 다른 일반신도들과 같은 자리에 놓이게끔
되었다(콘스탄티노플에서는 한때 이런 처우가 이완되었으나 4세기말 발렌티니아누스 2세황제〈Vale-
ntinianus Ⅱ, 재위 375-392〉시대에 사교 암브로시우스〈Ambrosius〉의 강경한 주장으로 원상복귀되
었다고 한다). 백성들에게는 아버지로서 추앙되었는지 모르나 교회의 교부들에
대해서는 어디까지나 아들로서의 존숭의무를 져야 한다는 것이었다. 그리고
교만해진 성직자단은 콘스탄티누스 황제가 성도와 고해사교들에게 드리던 존
숭의 예를 그대로 후계황제들에게도 강요하게끔 되었다. 행정권한과 교회권한
과의 암묵의 상극은 여러 번 제국정부의 두통의 씨앗으로 된 바, 독신의 황
제 등은 어설프게 행동했다가는 이른 바「세속적인 손으로 신성한 계약서를
넣은 궤(모세의 10계명을 새긴 2개의 납작돌을 넣어둔 궤짝)에 손을 대는」죄와 위험을
극도로 겁내어 전전긍긍했다고 한다(계약서를 넣은 궤란『구약전서』의「출애굽기」제25장
16-22절에 나오는 바, 모세가 신으로부터 받은 계약의 계율〈납작돌, 증거판〉을 넣은 궤짝. 여기서는
신성한 교회권력의 상징으로 사용되는 성구〈成句〉). 인간을 성직자와 속인과의 두 그룹으
로 나누는 관습은 대부분의 고대 국민간에는 결코 드문 일이 아니었다. 인도·
페르시아·앗시리아·유태·이디오피아·이집트 그리고 갈리아의 신관 등도
모두가 그들이 보유하는 현세적인 권력과 재산은 원래 신의 뜻에 유래되는 것
으로 생각되었다. 물론 이와 같은 옛 제도도 시간의 흐름과 함께 점차 각국의
국정과 정치정세에 따라 동화과정을 더듬어 온 것만은 사실이다(이집트의 이시스신
〈Isis神, 농사와 수태를 관장하는 여신〉과 오시리스〈Osiris, 유명계에서 사령〈死靈〉을 재판하여 죽은
자를 부활시키는 신〉에 관한 것을 기술한 플루타르코스〈플루타크〉의 저작에 의하면, 이집트 왕은 사실

신관은 아니었지만 그래도 왕위에 오르면 신관신분이 주어졌다고 한다). 다만 세속권력을 적 대시하고 경멸하는 그 사고방식은 일찍이 초대교회의 기율을 강화시키는 점에 서는 유용하였다. 원래 기독교도들은 그들 자신의 이른 바 행정관을 자기들이 직접 선출하고, 그들만의 특별세를 징수하여 배분했으며, 그들만으로 구성되 는 공화제적 국가의 내부정책을 규제하기 위하여 일정한 법체계를 제정했는가 하면, 이것을 모든 신도의 동의와 또 300년에 걸친 실적성과에 비추어서 승인 을 받아야 하는 것으로 되어 있었다. 따라서 콘스탄티누스 황제가 기독교를 믿게 되었을 때, 어떤 의미에서 그것은 명확히 독립된 특정사회하고 항구적인 계약을 맺는 것과 마찬가지였고, 황제 자신과 그의 후계황제들에 의하여 주어 졌고, 또 확인된 모든 특권 등은 내일을 알 수 없는 불안정한 군주의 총애하 고는 이질적인 것으로서 어디까지나 교단이 가진 고유천부의 정당한 권리로서 수용된데 지나지 않았다.

가톨릭교회란 사교 1,800명에 의한 영적인 법제(法制)에 따라서 운영되는 거대한 조직체다. 이 1,800명 중 1,000명은 그리스 제속주에, 그리고 800명은 라틴계 제속주에 그들의 임지를 가지고 있으며, 각 감독교구의 범위와 경계는 초기 선교자들의 열성과 그 성과 또는 국민의 희망이나 복음전파도 여하에 의 하여 각각 우연하게 결정되었다고나 할까, 특히 일정한 기준같은 것은 없었다. 이들 사교제 모든 교회가 나일강 연안지대에서 아프리카 해안지대, 아시아 속 주의 총감독교구, 나아가서는 이탈리아 남부의 전행정구에까지 연이어 창건되 었다. 갈리아·스페인·트라키아·폰투스 등의 사교는 너무도 광대한 지역을 통할하게 되므로 부득이 지방에는 다시 사교보좌를 파견하여 하부의 목계(牧 界)실무를 그들에게 맡겨야만 하였다. 그런 까닭에 감독교구는 널리 전체 속 주를 포괄하는 것도 있거니와 불과 1개 촌락이라는 작은 것도 있었다. 그러나 사교라는 자격 권한에서는 교구의 대소를 가리지 않고 모두가 엄중하게 평등 이었다. 즉, 전원이 똑같은 권능과 특권을 사도·민중 및 법(法)의 3자에 입 각하여 수임하는 것으로 생각되었다. 문관과 무관과의 구별은 콘스탄티누스 황제의 정책에 의하여 명확하게 정해졌지만, 한편 성직자라는 항구적인 신분 직분이 정교일치라는 형태로 새로 확립되어 항상 존숭을 받는 동시에, 때로는 또 위험한 존재로 되는 일도 있었다. 그들의 이런 지위·특성을 고찰하려면 먼저 아래와 같이 항목별로 보아가는 것이 적당할지 모른다. ① 전 신도에 의한 선거, ② 성직자 서품, ③ 재산, ④ 민치(民治)입법권, ⑤ 신앙에 관한 감찰,

⑥ 공개설교, ⑦ 입법집회의 권한.

(1) 자유선거라는 관행은 기독교가 합법화된 후에도 여전히 오랫동안 계속되었다. 로마제국의 신민인 이상 그가 복종해야 할 행정관을 스스로 선출한다는 특권은 세속국가의 측면에서는 이미 상실되어 있었지만, 교회내에서는 여전히 유지되고 있었다. 예를 들어 어떤 사교가 사망하면 수도대사교는 곧 사교보좌 중 한 사람에게 공석교구의 임시종무를 처리토록 위임하고 일정기간내에 다음 번 선거를 행하도록 그 준비를 명령하였다. 선거권이 주어지는 사람을 먼저 후보자의 적격성을 판단함에 있어 최적임자로 인정되는 하급 성직자들이 첫번째이고, 다음은 지위와 재산 등으로 보아 당해 도시의 최유력자인 원로원 의원과 귀족 전원, 끝으로 신도 전원이었다. 이리하여 선거 당일에는 교구내 멀고먼 벽지에서까지 무리지어 모여드는 신도집단이 때로는 무시무시한 큰소리로 부르짖는 소동을 일으켜 이성의 말소리와 법의 기율을 지워버리는 일도 드물지 않았다(술피키우스 세베루스〈Severus, Sulpicius〉의 『성 마르티누스 전』 7절. 마르티누스〈Martinus〉는 4세기 투르의 사교였다. 이런 종류의 소동은 그후에 거듭 금지령이 내려지고 있다). 이런 소동도 때로는 우연이라고나 할까, 어쨌든 경쟁후보자 중에서 가장 적임자, 즉 가장 장로격의 사제(presbyter)나 고덕의 성 수도승(holy monk), 때로는 특히 독신경건(篤信敬虔)으로 이름 높은 평신도가 선출되는 경우가 없는 것도 아니었다. 그러나 대개의 경우 사교직을 노리는 것은, 특히 부유한 대도시일 경우 그의 영적권위보다도 역시 세속적인 명예쪽이 목적인 것이 통례였다. 이리하여 일찍이 그리스와 로마의 공화정시대에 선거의 자유를 더럽혔던 사리사욕・이기적 감정・배신 기만적인 제책략・비밀매수 나아가서는 공공연한 유혈 폭력의 사용 등 그런 부정행위가 여기서도 사도의 후계자 선출을 가끔 좌우하는 일이 있었다. 가문의 좋음을 자랑하는 자, 호화판 연회로 유권자를 유인하는 사람이 있는가 하면, 이보다 좀더 악질적인 사례로서는 만일 이번의 모독적인 염원이 달성되어 사제로 선출됐을 그때는 교회로부터의 횡령물을 패거리에서 나누어 가지자고 제의하는 후보자까지 있었다(갈리아 지역에서 이런 종류의 부패상을 상세히 보고한 시도니우스 아폴리나리스〈Apollinaris, Sidonius〉의 서한이 있다고 한다. 그런데 갈리아 지역에서의 이것은 그나마 괜찮은 편이고 동방교회에서는 이보다도 더 부패되어 있었다고 한다). 시민법과 교회법도 이 중대하고 엄숙한 행사로부터 일반시민을 극력 배제시키려고 노력하였다. 사실 고래의 규율을 정한 교회법규에서는 연령・지위 등 여러 가지로 자격요건을 둠으로써 어느 정도는 선거인들의 방자함과 변덕

성에 제한을 가하고 있었다. 신도에 의한 선거의 신성성을 확보하기 위하여 속주내의 사교들은 사교직에 공석이 생긴 그 교회에 모여서 자기들의 권한을 행사하여 이런 선거에 감히 개입함으로써 일반신도의 사사로운 감정을 억제시키거나, 그들의 잘못을 바로잡아 주도록 노력도 하였다. 즉 이 사교들은 만일 후보자가 부적절하다면 당선되어도 그의 서품을 거부할 수도 있었고, 때로는 서로 대항하는 당파간의 감정이 격렬하게 대립할 때는 사교들이 만든 공평한 조정안을 수락케 하는 일도 있었다. 성직자나 일반신도도 때와 경우에 따라, 때로는 이것에 승복하기도 하고 때로는 저항한 케이스도 있었지만, 결국은 그런 일들이 선례가 되어 언젠지도 모르게 확고한 종규가 속주내의 관행이라는 형태로 정착하게 되었다(다만, 법 또는 동의에 의하여 모종의 타협이 이루어지는 일은 있었다. 그것은 사교들이나 일반신도가 상대방이 지명하는 후보자 3명 중에서 그중 한사람을 선출한다는 그런 경우이다). 그렇지만 종교정책의 근본원리는 어떠한 사교라 해도 전체 교회원의 동의없이 이것을 정통교회에 강요하는 것은 불가능하다는 것이 로마제국내 어디에서도 승인되어 있는 사실이었다. 사회치안의 파수꾼이며, 로마 및 콘스탄티노플 두 수도의 제1시민인 황제들은 수좌대사교(primate)를 선출함에 있어 어느 정도 자기 희망을 유효하게 표명할 수 있었는지는 모르지만, 설사 그런 절대전제군주들이라 해도 교회선거의 자유는 어디까지나 존중하였다. 국무 및 군무의 요직에는 모든 사람을 자기 뜻대로 임명하거나 면직시키는 황제였지만 1,800명의 종신사교직에 대해서만은 신도들의 자유선거에 의한 서품을 승인하고 있었다. 이런 사교들이 명예로운 이 지위로부터 면직이 없는 대신 또 제멋대로 사임할 수도 없다는 것은 일단 공평원칙에 비추어 볼 때, 당연한 일이 틀림없지만, 한편 현명한 공회의측은 비록 성공하지는 못했지만 어떻게 해서든지 사교의 임지거주를 의무화하여 그의 전임(轉任)을 저지시키고자 노력하였다. 기율의 이완은 동방교회에 비하여 서방교회쪽이 그래도 나은 편이었지만, 요컨대 이런 종류의 규제를 필요로 했던 사정사의(私情私意)의 움직임은 결국 그런 규제를 효과없는 것으로 끝마치게 했을 뿐이었다. 사교끼리 서로 맹렬하게 논란을 벌이는 일도 있었는 바, 그것도 결국은 그들에게 공통된 죄, 상호적인 무사려를 노정시킬 뿐이었다.

(2) 영적생식(靈的生殖)이라고도 말할 수 있는 특권이 허용된 것은 사교뿐이었다. 그리고 이 이례적인 특권은 그들에게 미덕과 의무, 최종적으로는 절대적 책무로 부과된 바, 대처금지라는 고행에 대한 어느 정도의 대상(代償)이었는지

모른다. 신관이라고 불리운 특수집단을 형성했던 고대종교는 모두가 신들에 대한 종신봉사자로서 일종의 성종족(聖種族) 내지 성가족을 만들어 내고 있었다(기원전 1세기경. 시칠리아 태생의 역사가 디오도로스〈Diodoros/Diodorus〉는 이집트·칼데아〈Chaldea〉·인도의, 그리고 암미아누스-마르켈리누스는 메디아·페르시아의 신관직 세습제에 관한 기록을 남기고 있다). 원래 이런 제도는 교세의 정복확대를 위해서라기 보다도 현상유지를 고려하여 정해진 것인 만큼, 신관의 아이들은 무위무능한 채 이른바 책상다리하고 가만히 앉아서 신성한 유산을 계승해 왔던 것이다. 그리고 가장 중요한 신앙열은 가정생활을 돌보는 것과 쾌락, 그리고 애정애착에 번민하게 됨으로써 냉각되어 갈 뿐이었다. 한편 기독교계의 성역은 신으로부터의 약속이나 교회재산을 바라는 온갖 야심적인 지망자에게 말하자면 전면적으로 공개된 형태였다. 사제직은 군인이나 행정관들의 그것과 마찬가지로 그의 자질과 능력에 따라 성직을 지망하는 사람, 또는 사교의 혜안이 교회의 영광과 이익을 높이는 데서 최적임자라고 본 인간이라면 누구든지 이것을 정력적으로 수행할 수 있었다. 따라서 사교들은 싫다는 사람에게는 강제력으로 대했고, 곤궁한 사람에게는 생활보호를 줌으로써 성직에 끌어들일 수 있었다(다만 이런 폐풍은 이윽고 현명한 법적조치에 의하여 억제되기에 이르렀지만). 더욱이 일단 성직 서품의 의례를 치루고 나면, 시민사회의 가장 값비싼 특권의 일부까지가 영구적으로 주어지는 것이다. 가톨릭 교회의 성직자들은(아마도 그 수는 군단 병력수 이상이었을 것이다) 황제들의 은명(恩命)으로 공사의 역무를 비롯하여 모든 자치단체의 역직, 나아가서는 동포시민들에게는 견디기 어려운 중압이던 일체의 세금과 기부금까지 모두가 면제되었다. 다만 성직의 수행만으로 국가에 대한 의무를 모두 수행한 것으로 되는 것이었다(이런 면제 규정들은 『테오도시우스 법전』 제16권에 수록되어 있다. 여기에는 여러가지 엄격한 조건도 있어서 반드시 본문 그대로는 아니었던 모양이지만 너무도 복잡하므로 상세내용은 생략한다). 또한 모든 사제는 자기 손으로 서품한 성직자에게는 종신복종이라는 절대불변의 권한을 장악하고 있었다. 즉, 각 감독교회의 성직자들은 관하 전교구를 통솔하는, 말하자면 하나의 항구적 사회를 형성한 셈이었다. 그중에서도 특히 콘스탄티노플 대성당과 카르타고 대성당같은 곳은 교회직분을 가진 사람 500명씩을 포용하는 일대 특수사회를 형성하고 있었다(전자에서는 유스티니아누스〈Justinianus Ⅰ. 동로마 황제, 재위 527-565〉 황제시대, 정확히는 525명이라는 숫자가 있다. 후자에도 500명 또는 그 이상이라는 사료도 있다). 더욱이 의례의 미신화라고나 할까 어쨌든 유태교 신전이나 이교 신전에서 행하던 그런 화려한 의전 등이 도입되기에 이르자 성직자들의 품계나 그의 총수도 언제부터인지도 모르게 증가되어 갔다. 사제(presbyter)·부제(deaconus)·차부제(sub-deacon)·사승(조수, acolyte)·불마사(祓魔師, exorcist)·독사(讀師, reader)·성가수(聖歌手」singer) 및 문지기(door keeper) 등등과 같은 새 직분까지 점차 늘어나면서 각자 그 지위에 따른 예배의 장려함과 조화를 높이는 데 크게 공헌하였다. 성직명과 그 특권은 점차 많은 신도단체에까지 확대되어 결국은 교황권을 지탱하는 헌신적인 세력으로 되었다. 알렉산드리아시에서 있었던 이야기지만 무려 600명의 파라볼라니(parabolani, 환자위문단·사체매장인단)*들이 환자 위문이라는 명목아래 깡패짓을 하고 돌아다녔다는 이야기도 있거니와, 또 1,000명이나 되는 무덤파는 인부들이 수도 콘스탄티노플에서 사체 매장 작업에 종사했다는 이야기도 있다. 그런가 하면 또 나일강 연안지방에서 일어난 흑의의 수도승 대군이 전기독교 세계에 차고 넘쳐서 지표면을 온통 어둡게 한 사실도 있다.

(3) 밀라노 칙령(313년)은 교회의 평화와 함께 그의 수입원도 안정시켰다(칙령 본문에는 「그들의 단체, 환언하면 개개인이 아니라 교회 자체의 합법적 재산에 속하는」 토지라는 문구가 있다). 신도들은 디오클레티아누스 황제의 박해령으로 빼앗겼던 토지와 가옥을 반환받았을 뿐만 아니라, 종전에는 관리들의 묵인으로 얼마간 보유가 허용되었던 전재산에 대한 완전한 소유권도 가지게 되었다. 기독교가 황제의 종교, 그리고 제국의 국교로 되자마자 전국의 성직자들은 당연히 상당한 녹봉을 요구할 수 있게 되었다. 사실 신도들로서도 매년 일정한 교회세만 납부하면 종전에 이교가 그 신자들에게 부과하던 가혹한 헌금할당에서 모면할 수 있게 된 것이다. 다만 교회도 그의 번영과 함께 경비의 필요성이 계속 증대될 따름이었으므로 성직자단이 여전히 신도들의 자발적인 헌금을 받음으로써 치부하는 방법을 강구한 점에서는 종전과 다름이 없었다. 밀라노 칙령이 내려진 지 8년 후에 있은 일이지만, 콘스탄티누스 황제는 전체 국민에게 사후의 재산을

---

* 파라볼라니(parabolani)의 본래 뜻은 환자위문단 및 사체매장인단이다. 갈리에누스 황제(Gallienus, 재위 253-268) 시대에 알렉산드리아에서 흑사병이 크게 창궐했을 때, 환자위문을 하거나 또는 죽은 사람을 매장하는 일을 맡았던 일종의 사회봉사단이었다. 그러나 일이 워낙 위험하여 사람들이 기피하는 작업인 만큼 이에 종사하는 사람들이 점차 타락하여 나쁜 짓을 하거나 행패를 부리게 되었다. 5세기에 이르러 키릴루스 대사교시대에는 황제의 명령으로 이에 법적규제가 가해졌지만 효과는 거의 없었다고 한다. 『테오도시우스 법전』 제15권 2장 참조.

임의로 교회에 유증하는 것을 허락하였다(『테오도시우스 법전』 제16권 2장 4조. 321년). 그런 연유로 생전에는 사치와 호화생활의 욕심으로 억제되었던 신도들의 기진 행위도, 그의 죽음과 함께 도도히 교회로 흘러들게 되었다. 부유한 신도들은 황제 자신의 수범을 보고 한층 더 고무되었다. 세습재산 따위가 없어도 십분 부유한 절대주의하의 군주라면 선근(善根)의 의도같은 것이 없더라도 자선 정도는 얼마든지 할 수 있었던 것이다. 콘스탄티누스 황제 또한 지극히 간단하게 믿었던 것은, 근면한 국민의 희생하에 이런 유민타민(遊民惰民, 성직자들을 가리키는 것)들을 부양하고, 또 성자들인 만치 국가의 부를 그들에게 산재시켜 놓으면 그만큼 신의 은총이 충분히 보상될 것으로 생각한 것이다. 예를 들어 막센티우스 참제의 수급(首級)을 아프리카로 운반하던 사자는 아마 카르타고 사교인 케킬리아누스(Caecilianus)에게 보내는 친서를 위탁받았던 모양인데, 그에 의하면 속주 재무관들은 3,000폴리스(folles, 영국화폐로 1만 8천 파운드. 3세기경부터 유통한 청동 또는 은이 함유된 청동소액화폐. 이것의 가치는 시대에 따라 일정치가 않았던 모양이다)를 케킬리아누스에게 지출할 뿐만 아니라 아프리카・누미디아(Numidia)・마우리타니아(Mauritania) 등의 교회를 돕기 위해 만일 추가요구가 있으면, 거기에도 응하라는 내용을 그들에게 지시한 명령서를 전달했다고 말하고 있다(에우세비오스, 『교회사』 제10권 6절에는 이 친서가 그대로 실려 있다. 마찬가지로 『콘스탄티누스 황제전』 제4권 28절에도 실려있다). 콘스탄티누스 황제의 활수성은 그의 신앙과 악덕행위가 가중됨에 따라 한층 더 심해졌다. 교회가 행하는 자선용 기금을 조달하기 위하여 그는 매년 일정량의 곡류거출을 각 도시에 명령하였다. 수도원 생활을 하고 있는 남녀 수행자들은 황제로부터 특별한 보살핌을 받게 되었다. 안티오크・알렉산드리아・예루살렘・콘스탄티노플 등등의 교회당은 이미 쇠퇴기에 접어들어 심히 낡았음에도 불구하고, 이것들을 여전히 고대의 완벽한 영조물과 맞먹도록 개수하려는 야심 많은 제왕의 허영심에서 오는 신앙심을 유감없이 나타내 보였다(에우세비오스, 『교회사』 제10권 2-4절. 같은 사람의 『콘스탄티누스 황제전』 제4권, 46, 59절). 이들 교회당의 양식은 매우 단순한 장방형인데, 곳에 따라서는 돔형을 이루어 높이 솟은 형태의 것이 있었고, 또 십자가형에 날개를 편 형태의 것도 있었다. 건축재료에는 주로 레바논 삼목이 사용되었고, 지붕은 대부분을 금빛의 놋쇠 기와로 덮었다. 벽・원추・바닥면에는 형형색색의 대리석이 사용되었다. 제단은 금은・비단・보석류 등 고가의 장식물이 풍부히 사용되었다. 이처럼 장려(壯麗)한 건조물이 영대교회령의 대지 위에 듬직하게 올라서 있었다. 콘스탄티누스 황제의 치세기(재위 306-337)에서 유스티니아누스 황제(Justinianus I. 재위 527-565)에 이르는 2세기 동안에 무려 1,800이라는 교회가 황제들과 국민의 빈번한 영대기진으로 거대한 부를 쌓게 되었다. 부유한 교구와 빈곤한 교구와의 대략 중간에 위치한 교회 사교직의 연간 수입은 영국화폐로 대략 600파운드였다고 생각할 수 있다. 그런데 그의 부유도는 그들의 소관하에 있는 도시의 격식과 부의 향상에 따라 부지불식간에 점차 높아갔다. 불완전하지만 신빙성 있는 한 지조장부(地租帳簿)는 당시 로마시의 3대성당(Basilicae)이던 성 베드로(St Peter)·성 바울(St. Paul)·성 요한 라테란(St. John Lateran)의 제교회가 이탈리아·아프리카 및 동방 여러 속주에 소유하고 있던 가옥·작업장·농장 등의 상황을 밝히고 있다(이탈리아의 가톨릭 교회사가인 바로니우스〈Baronius, Caesar Cesare Baronio, 1538-1607〉의 대저『교회연대기〈Annales ecclesiastici a christo nato ad anum〉』〈제28권 1588-1607〉 324년 항에 이것이 나온다). 이 기록에 의하면 기름·아마포·종이·향료 등등의 별도 수익 외에 현금만도 금화로 2만 2천 매(영국화폐로 1만 2천 파운드)의 연간수익을 올렸음을 알 수 있다. 콘스탄티누스 황제시대, 또는 유스티니아누스 황제시대에 이르면, 사교들은 이미 그의 교구내 성직자와 백성들로부터 절대적인 신뢰를 받지 못했는데, 사실 그런 신뢰받을 가치에 해당되지도 않았다. 각 교구에 집중되는 수입은 4등분 되었는 바, 그중 한 몫은 사교 자신이, 또 한 몫은 하급성직자들에게, 다른 한 몫은 빈민구제비로, 마지막 남은 몫은 일반 예배용 경비로 배분되었다. 이 신성한 공탁물의 이와 같은 오용(誤用)은 사실 반복하여 엄격하게 지탄되었다(이 4등분 처리가 마치 법으로 정해진 것처럼 행해진 것은 5세기 후반기부터인 것 같다고 기번은 말한다. 당시의 사교들인 심플리키우스〈Simplicius〉와 겔라시우스〈Gelasius〉가 이것을 지적한 교서가 남아 있다고 한다). 하기야 당시의 교회 세습재산은 이때까지만 해도 국가로부터 과세할당에 복종하고 있었다. 생각컨대 로마·알렉산드리아·텟살로니카 등의 성직단은 어쩌면 그것의 일부면제를 요구하여 성공하고 있었을는지 모르지만, 그래도 전면적인 면세를 얻어내고자 리미니(Rimini) 공회의에서의 시도(360년의 일)는 시기상조라는 감도 있었기 때문인지 콘스탄티누스 대제의 아들인 콘스탄티우스 2세 황제의 저항에 부딪혀 헛되이 실패로 끝나고 말았다.

(4) 말하자면 폐허화된 시민법과 만민법을 기반으로 그런 것들 위에 독자적인 법정을 설치한 서방 가톨릭교회의 성직자단은 시대와 우연과, 그리고 그들 자신의 노력에 의한 성과로서 독립사법권을 확립하게 되었는데, 이것은 콘스탄

티누스 황제로부터의 은혜로 겸허하게 받아들여졌다. 그러나 역대 기독교 황제의 넓고 큰 도량은 다시 눈에 보이는 모종의 법적 특권도 그들에게 부여한 바, 이에 의하여 이들의 성직자적 성격은 확실히 위신이 더 높아지게 되었다. ① 전제적인 치하에 있으면서도 사교들만은 다만 그들 동료들에 의한 재판밖에 받지 않는다는 대단한 특권을 부여받았고, 또 그것을 주장할 수 있게 되었다. 마땅히 사죄(死罪)에 해당하는 중대한 사범으로 기소되었을 경우조차, 유죄냐 무죄냐를 결정하는 재판관은 그의 동료들만으로 구성된 사교회의로 한정되었다. 이런 법정인 이상, 사사로운 원한이나 신앙상의 대립이 법정을 선동하지 않는 한 성직자들에게는 항상 유리했고, 또 매우 불공정했다는 것은 당연하다. 그런데 콘스탄티누스 황제는 이와 같은 밀실적(密室的)인 면죄처분쪽이 사회적 추문으로 되기 보다는 차라리 폐해가 적다 하여 만족했다. 저 니케아 공회의 때의 황제 자신의 공식 발언은, 만일 사교의 간음현장을 황제 자신이 적발하는 일이 있다 해도, 황제는 차라리 그 파계사교에게 자기 자신의 망토를 벗어 던져줌으로써 추악한 현장을 가리워 줄 생각이라고까지 말한 바 있다. ② 사교단의 내부 재판권은 성직자들에게는 특권인 동시에 일종의 자기규제이기도 했다. 즉, 그들에 관한 민사사건은 모두가 체면을 깎임이 없이 세속적인 재판관에 의한 심리에서 벗어나게 됨으로써 그들의 금전적인 파렴치한 죄까지도 일반재판이나 그의 형벌이라는 불명예에 노출되는 것이 배제되었다. 게다가 기강이 준엄하다고는 평가하기 어려운 사교들의 처단인 이상 기껏해야 저 청소년들이 양친이나 교사들로부터 받는 교정벌(矯正罰) 이상으로는 결코 되지 않았다. 다만, 아무리 사교라 해도 그 어떤 중대한 범죄, 예컨대 명예가 높고 유리하기도 한 성직위(聖職位)로부터의 폄출(貶黜)이라는 것만으로는 부족한 그런 죄를 범했을 경우는, 아무리 성직자의 이런 면제특권이 있다 해도 모두 무시되고, 역시 국가의 관헌이 표면에 나서서 재단의 검을 휘두르는 일도 있었다. ③ 사교들에 의한 중재재판권도 명확히 입법화되어 있었다. 종래에는 당사자간의 합의를 기다려서 비로소 유효한 것으로 되어 있던 교회법규의 집행을 금후는 지체 없이, 또 소청같은 것이 없더라도 곧 집행하라는 훈령이 내려졌다. 행정관들 자신은 물론이거니와 전체 제국의 개종이 있은 이후인 만치 이제 기독교도의 공포 불안은 점차 제거되었을 터인데도, 신도들은 아직 그 능력과 공정성을 높이 평가하고 있던 사교들에 의한 재판을 요청하여 소송을 제기하는 것이었다. 사실 장로급 사교인 아우구스티누스(Augustinus/Austin, Aurelius, 354-430,

고대기독교의 교부·성총박사·391년부터 히포의 사교가 된 그의 이 한탄은 『고백』 제6권 10장에 나온다)같은 사람도 금은·토지·가축 등을 둘러싼 소청과 소유권 문제에 판결을 내리는 불쾌한 세속적 업무에 쫓긴 나머지 가장 중요한 영적활동이 자주 방해받는다는, 불만일지는 모르지만 일종의 만족감조차 기술하고 있다. ④ 고래로 소위 성역에 대하여 인정되었던 특권이 그대로 기독교회에도 적용되기에 이르렀다. 이에 더하여 테오도시우스 2세 황제(Theodosius II. 401-450, 재위 408-450. 동로마황제. 『테오도시우스 법전』의 편수자)의 관인대도(寬仁大度)한 신앙심에 의하여 그것은 교회소유지 전역에까지 확대되었다(『테오도시우스 법전』 제9권 45장 4조). 도망자는 물론 범죄인까지도 신과 그 성직자들의 재정과 그의 자비에 매달리는 것이 허용되었다. 전제지배에 의한 성급한 폭압도 완만한 교회의 개입으로 저지되고, 고귀한 시민들의 생명·재산 또한 사교의 조정으로 보호를 받게 되었다.

(5) 사교는 그의 교구내 신도들에 대한 부단한 도덕 감시자이기도 했다. 종전에도 있던 고행속죄의 종규(宗規)가 그대로 교회재판법으로 법제화되어 공사간의 고해의무, 입증규칙, 범죄등급, 형벌방법 등등이 모두 엄밀하게 규정되었다. 만일 사교가 일반 민중의 가벼운 죄를 벌하면서도 한편 행정장관의 뚜렷한 악덕이나 파괴적 범죄를 꺼려서 벌주지 않는다면, 이 영적 문책도 결국은 실시 불가능이었다. 그런데 행정장관의 행동을 규탄하려면 싫어도 민정에 대하여 제약을 가하지 않고서는 불가능했다. 특히 대상이 신성한 황제의 신변 문제라면 신앙심과 충성상의 고려, 또 황공한 마음도 있고 해서 사교들의 그 열렬한 신앙이나 노여움도 여기에 대해서만은 손가락 하나 까닥할 수 없는 형편이었지만, 다만 자의(용포)의 존엄성을 띠지 않는 신하 신분의 폭군적 고관들에 대해서는 그들도 용감하고 대담하게 그를 규탄하고 심지어 파문까지 선고했다. 예컨대 성 아타나시우스(Athanasius, Magnus, 296?-373. 328년에 알렉산드리아 시 사교가 되었는데, 아리우스(Arius, 250?-336. 그리스 신학자)파와의 논쟁에서는 가장 전투적이었다. 교회박사·성인)는 이집트의 한 행정장관을 파문시킨 일이 있는데, 그가 행한 화수(火水)의 업고(業苦)를 부과한 성무정지(聖務停止)의 조치는(화수 운운하는 것은 지옥의 업고를 의미하는 성구. 로마 교황의 권위를 강조하는 말), 이윽고 카포도키아(Cappodocia)의 각 교회에서도 엄하게 행하게 되었다. 이것은 테오도시우스 2세 황제시대의 일이지만 영웅인 헤라클레스(Herakles/Hercules)의 후예를 자칭하는 독학능변가인 시네시우스(Synesius, 312-413)*가 고대 키레네(Cyrene)폐허 가까운 프

톨레마이스시(Ptolemais市, 오늘날의 리비아국내에 있었다)의 사교직에 취임한 일이 있었다. 철학자이기도 한 이 사교는 처음에 취임할 때는 주저하는 빛을 보였지만 일단 소임을 맡고나자 그 직책을 실로 훌륭하게 수행하였다. 즉, 리비아의 괴물로 불리우면서 돈으로 산 직권을 남용하여 가렴주구와 고문하는 새 방법을 고안하였고, 신성모독죄에 더하여 직권남용죄까지 겹친 안드로니쿠스(Andronicus) 장관을 멋지게 처벌해 보인 것이다. 처음에는 오만불손한 이 고관을 온건하게 신앙상의 계고로써 마음을 바꾸도록 시도해 보았으나 그것의 효과가 없음을 알게 되자, 드디어 최후수단으로 교권에 의한 파문을 선고한 것이다. 즉, 시네시우스는 안드로니쿠스 본인뿐만 아니라 일가권속과 그 일당 및 노비들에게까지 모두를 천지가 공존공생을 허용하지 않는, 말하자면 따돌림처분을 내렸던 것이다(『시네시우스 서한』 제57, 58에 상세하다). 잔인성에서는 팔라리스(Phalaris. 기원 전 6세기경의 그리스의 정치가, 시칠리아의 참주. 정적들을 암소형태의 형구로 삶아 죽인 것으로 유명하다. 고대의 전형적 폭군 중 하나)와 센나케립(Sennacherib. 기원전 7-8세기, 앗시리아의 폭군. 잔인하기 이를 데 없는 수단으로 내란을 진압한 것으로 유명하다) 이상이고, 그가 행한 해독에서는 전쟁・돌림병・메뚜기떼 이상으로 알려진, 이들 개준의 정이 전혀 없던 죄인 일당도 이제 파문으로 기독교도의 이름도 특권도 모두 박탈되었고, 모든 성사(聖事, sacrament)에의 참가와 천국에의 희망도 일체를 잃는 결과가 되었다. 또한 시네시우스는 성직자・관리, 나아가서는 전주민에 대해서도 그리스도의 적들과의 교제는 일체 끊을 것, 그 가정과 식탁으로부터 그들을 몰아낼 뿐만 아니라 시민생활에서의 모든 접촉, 즉 생전에는 일체의 공직을, 사후에도 통상적인 매장을 거부하도록 엄명을 내렸다. 프톨레마이스 교회 자체는 교세가 미미했었지만 그는 이 선고를 세계 속의 자매교회에 전하였다. 그리고 이 훈령을 거부하는 이단외도의 무리는 모두 안드로니쿠스와 그 일당의 죄상 및 형벌의 연루자로 안주하겠다고 하였다. 이런 교권에 의한 위협은 교묘하게 비잔티움 궁정에도 보고되었다. 공포에 떨게 된 안드로니쿠스는 드디어 교회의 자비를 간청하였다. 자칭 헤라클레스의 후예인 시네시우스 사교는 땅바닥에 꿇어

---

* 시네시우(Synesius)는 원래 키레네(Cyrene) 태생의 이교도로서 신플라톤주의의 신봉자이며, 삶을 즐기는 일종의 향락주의자였다. 그러던 그가 기독교도였던 아내의 감화로 개종하여 410년에는 프톨레마이스 교회의 사교로까지 승진한 것이다. 처음에 사교직을 고사한 것은 사실이다. 그리고 사교가 된 다음에도 대처생활을 계속하면서 가정생활을 즐겼을 뿐만 아니라 기독교 교의의 미신적 요소는 어디까지나 부정한 것도 좀 색다른 성격의 소유자로 평가되었다.

엎드린 이 폭군적인 장관에게 천천히 일어날 것을 명령하고 크게 만족감을 맛보았다고 한다(『시네시우스 서한』 제47. 72. 89). 이와 같은 원칙과 실례가 금세 로마교황들에게 승리의 길을 열어 주었는 바, 미구에는 국왕들의 목덜미까지 발로 짓밟게 되는 것이다.

(6) 원래 민주정치는 모두가 거칠고 엉성한 웅변이나 작위적(作爲的)인 변설로 선동되는 것이 보통이다. 시류적인 충동이라고도 할 수 있는 발언이 잇따라 쏟아져 나오면, 제아무리 냉정한 사람도, 또 아무리 견고한 이성도 급기야 흥분하여 움직이게 된다. 청중의 한 사람 한 사람이 스스로 자기감정에 취해 버리기도 하거니와 주위에 있는 대중의 그것에 의하여 움직여지는 경우도 있다. 따라서 일단 시민적인 자유가 교살되어 버린 뒤는 아테네의 선동정치가들이나 로마의 호민관들도 일제히 침묵당하고 말았던 것이다. 한편, 기독교 신앙이라고 하면 설교가 중요한 역할을 수행할 참인데, 그런 관습도 초대교회에는 아직 없었다. 황제들의 걱정도 민중 상대의 웅변이라는 소음을 들음으로써 생기는 일은 없었다. 그것이 시작되는 것은 제국내의 설교단(說敎壇)이 그때까지 이교의 웅변가들이 알지 못했던 굉변박사(宏辯博辭)의 기능을 가진 성직자 무리에 의하여 점령되면서 부터이다. 고급문관(Tribunus. 이 무렵에는 이것이 이미 각종 문민고관들의 호칭으로 되어 있었다)이 호소하는 논의나 수사(修辭)도 곧 교묘하고도 단호한 논적들에 의한, 그것도 대등한 무기에 의하여 논박당하는 형편이었다. 다만 진리와 이성과의 주장이 때로는 서로 대립하는 감정의 충돌로부터 뜻하지 않았던 우연의 지지를 얻는 일도 있을 정도였다. 이에 반하여 사교 내지는 그의 신중한 배려에 의하여 설교의 권능을 위임받은 사제(presbyter)들은 아무런 간섭이나 반박도 받음이 없이 양처럼 순한 대중을 상대로 마음먹은 대로의 장광설을 늘어 놓을 수 있었다. 더욱이 이런 대중은 사전에 엄숙한 예배의례에 의하여 이미 완전히 압도당하여 마음의 준비는 충분히 되어 있었다. 어쨌든 가톨릭교회가 요구하는 신종(信從)은 절대적이라 해도 좋았으므로, 로마와 알렉산드리아의 수좌대사교에 의한 조율(調律)만 잘 행해지면 이탈리아 또는 이집트의 몇 백이라는 많은 설교단으로부터 일제히 똑같은 해화음(諧和音)이 연주되게끔 짜여져 있었다. 이러한 제도의 목표는 확실히 찬탄할 만하지만, 다만 그 성과는 반드시 상승적이라고는 말할 수 없었다. 설교자들은 신자들에게 사회적 의무의 이행을 줄곧 권고하였다. 그러나 그들은 수도원적 미덕의 완전실천도 극단적으로 강조했기 때문에 이것은 개인에게는 고통이요, 일반인에게도

무용의 설교라고 말하지 않을 수 없었다. 그들은 줄곧 자선행위를 강요했는데 이것은 성직자들이 가난한 사람들을 위한다는 구실하에 어떻게 해서든지 신도들의 재산을 자기들 관리하에 두는 것을 인정받고자 한 내심의 소망을 노출시키는 것으로 끝났다. 그들은 신의 속성과 율법을 몹시 고차원적인 표현으로 설교했지만, 이것 또한 자세히 알고 보면 번쇄한 형이상학적 사변, 실없는 의례, 허구적인 기적담 등등 공허한 협잡물로 오염되어 있다는 것을 신도들은 알았다. 결국 그들이 광신에 가까운 열정으로 설교한 것은 어디까지나 교회 밖에 있는 적을 미워하며, 성직자에게 신종하는 것이 신앙적 공덕을 쌓는 일임을 강조하려는 그 한 가지에 귀결되었다. 일단 이단설이나 분파론으로 교계의 평화가 교란되면 이 성스러운 웅변가들은 금세 불협화음을 내는 것은 물론이거니와 심지어 선동하는 나팔까지 불어대었다. 이리하여 신도 대중의 머리가 신비스러운 현묘한 의의로 혼란되고, 맹렬한 비난과 악매(惡罵)로 오로지 감정만이 부추켜지면, 이렇게 선동당한 그들은 스스로 순교자가 되든가 아니면 교적(教敵)을 순교자로 몰아넣든가 하는, 비장한 각오로 안티오크 교회나 알렉산드리아 교회로부터 일제히 시내로 떨쳐 나가는 것이었다. 서방 사교들이 행한 맹렬한 규탄설교에서 볼 수 있는 취미성과 조사(措辭)의 타락에는 사실 눈에 거슬리는 것이 있지만, 그래도 그레고리우스(Gregorius)와 크리소스톰(Chrysostom)에 이르면 역시 저 아티카(Attica)의 웅변이나, 아시아적 웅변의 훌륭한 선례와 비교해도 조금도 손색이 없었다.

(7) 기독교 교단의 대표자들은 매년 봄과 가을에 총회를 가지는 것이 관례였다. 그리고 이런 사교회의의 주된 의제는 통상 전로마제국 120개 속주내 교회들에서 교회기강과 교회입법정신을 철저화시키는 문제였다. 대사교, 다시 말하여 수좌사교는 속주내의 부사교들을 환문하여 그들의 행동을 바로 잡아주는 동시에 그들의 제권리를 옹호하고, 그의 신앙을 선명(宣明)하며, 나아가 사교단에 결원이 생겼을 경우 그 공석을 메꾸기 위하여 성직자와 일반신도들에 의하여 선출된 후보자들의 자격을 심사하는 등 그런 제권한이 종규(宗規)에 의하여 부여되어 있었다. 때문에 로마・알렉산드리아・안티오크・카르타고의 수좌대사교들과, 후에는 콘스탄티노플의 그 사람도 가담하지만 그들에게는 한층 더 큰 사법권한이 부여되어 있어서 가끔 관하의 사교들을 모아 놓고 대집회를 가지곤 했다. 그러나 특히 중요하고 또 임시적인 대공회의의 소집은 황제만이 가지는 특권이었다. 만일 이와 같은 결정적인 조치를 필요로 하는 비상사태가

발생했을 경우, 황제는 언제든지 곧 각 속주의 사교든가 또는 그의 대리인들에게 긴급소집령을 내렸는데, 여기에는 역마의 이용과 그 여비를 풍부하게 지출하라는 것도 모두 명령형식으로 행해졌다. 이른 시기, 즉 콘스탄티누스 황제가 아직 기독교에로 개종했다기 보다는 보호자에 지나지 않았던 무렵의 일이지만, 그때 황제는 아프리카 교회에서 일어난 논쟁을 아를(Arles)공회의 부의한 일이 있었다(314년의 일). 그때 요크(York)·트레브(Treves)·밀라노 및 카르타고의 사교들은 말하자면 교우로서 이에 참가하여 주로 라틴(서방)교회의 공동이익을 위하여 각각 자기 나라 말로 토론을 전개하였다. 그로부터 11년 후의 일이지만, 여기에는 좀더 많은 참가자들을 모아서 저 유명한 대공회의를 비튜니아의 니케아(Nicea)시에서 열었다(325년의 일). 3위일체 문제를 놓고 이집트에서 일어났던 미묘한 논쟁에 대하여 그의 최종적인 재정을 내리기 위해서였다. 관용적인 황제의 초청에 응하여 모여든 참석자는 사교만도 318명이고 모든 교파에 속하는 성직자까지 합하면 무려 2,048명에 이르렀다고 한다. 그리스 교회에서는 모두 사교 자신이 참석했지만, 라틴교회측의 동의(同意)는 로마시 사교파견 사절단에 의하여 전달되었다. 공회의는 약 2개월 간이나 계속되었고 황제 자신도 가끔 친림하였다. 경호병들을 문 밖에 남겨두고 회의의 승인을 얻어 회의장 중앙에 놓인 낮은 의자에 앉는 것이었다. 인내성 있게 토의에 귀를 기울였고 발언은 매우 겸억(謙抑)하는 태도였다. 때로는 토론을 좌우하는 그런 발언도 했는데, 그것도 결코 겸억적인 태도를 잃지 않은 것이었다. 그는 자기가 이 자리에 참석한 것이 현세의 신들, 즉 성직자로 선정된 사도의 후계자들에 대한 심판자로서가 아니라 어디까지나 그의 종으로 참석한 것임을 선언한 것이다(에우세비오스,『콘스탄티누스 황제전』제3권 6~21절). 공회의라 해도 필경은 모두가 신하들로 구성되는 비무장의 무력(無力)집단이다. 이들에게 절대 전제군주가 이처럼 깊이 경의를 표명한 선례를 찾아 본다면, 일찍이 아우구스투스 황제정책을 본받은 역대 황제가 원로원에 대하여 표명한 경의와 존경 정도일 것이다. 만일 약 반 세기에 걸친 당시의 세상 인심의 성쇠를 체계적으로 관찰한 철학자라면 아마도 맨 먼저 상기하는 것이 로마시 원로원에서 취한 저 타키투스(Tacitus, Claudius, 재위 275~276) 황제의 태도와 이 니케아 공회의에서의 콘스탄티누스 황제의 모습일는지 모른다. 카피톨리누스 언덕에 있는 원로원의 장로들도, 또 지금 이 공회의에 참석하고 있는 장로들도, 모두가 창건자들의 미덕으로 보면 퍽 공손한 자세이다. 그러나 적어도 이 공회의에서의 사교들은 좀더 깊이 여론의 동향을 체득하고 있는 만큼 자기들의 위엄에 자부심을 가지고 있었을 뿐만 아니라 때로는 황제의 희망에 대해서조차 용기있는 반대론을 진술하는 일도 있었다. 이런 공회의를 해치던 갖가지의 약점·감정·무지도 그후의 시간과 미신의 진전이 모두 그 기억을 지워버리고, 이제 가톨릭세계의 전역이 이들 대공회의가 내린 오류 없는 결정에 대하여 남김없이 예종하게 되었다.

제21장 이단에 대한 박해-도나티우스파의 분리-아리우스파 논쟁-아타나시우스-콘스탄티누스 황제와 그 아들 황제들 치하에서의 교회와 제국의 혼란-이교에의 관용

〈312-365〉

　기독교 성직자의 심정에 대하여 관용으로 임했고, 자기들의 권익을 신장시켜 준 군주에 대한 성직자들의 감사와 칭찬은 이윽고 그 유명(遺名)을 성화(聖化)시키기까지 하였다. 콘스탄티누스 황제는 그들에게 일신상의 안전과 부와 영예를 주었음은 물론 나아가서는 보복의 기회까지 주었다. 이렇게 되면 이미 정통신앙에 대한 지지는 민정장관들에게도 최대 및 지성(至聖)의 책무로 생각하게 하였다. 종교적 관용의 대헌장이라고 볼 수 있는 313년의 밀라노 칙령은 로마세계의 모든 개인에게 각자의 신앙을 선택하고 이것을 공개표명하는 특권을 확약한 것이었다. 그러나 이처럼 귀중하고 값비싼 특권도 머지않아 깨어지게 되었다. 황제는 진리의 인식과 함께 박해의 이념까지도 겸하여 체득한 것으로 보였는 바, 일단 가톨릭교회로부터 굳이 분리되어 나간 이단적인 여러 교파는 기독교의 승리로 말미암아 이번에는 탄압과 박해를 받는 입장으로 전락되었다. 섣불리 황제의 의향에 반하여 반론을 시도한다든지 또 그의 명령에 항거하는 이단자들은 완미하고 패씸한 범죄인인 즉, 이런 무뢰한에게는 시기를 놓치지 말고 상당한 엄벌에 처하는 일이야말로 이런 불행한 무리를 오히려 영겁의 멸망이라는 위험으로부터 구제하는 인자한 행위인 양 아주 간단하게 믿었던 것이다. 따라서 분리되어 떨어져 나간 제교파의 선교자와 교사들에게는 그처럼 아낌없이 정통파 성직자들에게 부여했던 보장(報奬)이나 면제특권에서 모조리 제외시키라는 조치를 재빨리 취하였다. 이와 같은 황제의 역정이라는 암운에도 불구하고 이단분파는 여전히 남아 있다고 보았던지 미구에 동방정토에 성공하자 황제는 곧 이런 것의 전면적인 근절을 지시하는 칙령을 내렸다 (에우세비오스,『콘스탄티누스 황제전』제3권 63-66절). 그 칙령의 앞부분에는 먼저 격한 어조의 규탄하는 말이 쓰여 있고, 이어서 일체의 이단파 집회를 엄금하며, 아울러 그의 공유재산을 모조리 국가가 몰수하여 가톨릭교회에 기증하라는 엄명을 내렸다. 이 엄명의 직접대상이 된 것은 안티오크 사모사타(Samosata)의 파울루스(Paulus, 3세기의 동방신학자. 기독교의 본질은 신이 아니라 로고스〈Logos〉의 감화로 발달하여 신과 일치하게 됐다는 유자설〈獅子說, Adoptianismus〉을 설했다), 예언의 계속성을 열렬히 주장한 프류기아(Phrygia)의 몬타누스파(Montanist, Montanus는 170년 경에 사망한 프류기아인. 157년 경부터 프류기아의 페푸자〈Pepuza〉시에 지상천국이 출현한다고 예언하면서「천년지복설」을 선전했다), 회개의 현세적 효과를 엄히 부정한 노바티아누스파(Novatians, Novatianus는 3세기의 가톨릭교 성직자·사제. 교황 코르넬리우스〈Cornelius, 재위 251-253〉가 이교도 세례에 너무 관대한 데 반대하여 그것의 무효를 주장했고, 251년에는 스스로 교황을 참칭했다), 그리고 아시아와 이집트의 그노시스(Gnostic)계 여러 교파를 규합하고 있던 마르키온(Marcion, 2세기의 이교적 종교가)파와 발렌티니아누스(Valentinianus)파 등등이고, 또한 그 당시 페르시아로부터 새로 동방신학을 수입하여 이것을 기독교 신학과 교묘히 절충하여 교의를 발전시킨 마니교파(Manichaeans)에까지 이르렀던 것 같다. 그 이름과 함께 타기할 이들 이단적인 제교파의 절멸, 적어도 그것들의 발전만이라도 억제하려던 이 황제의 의도는 맹렬하고도 유효하게 집행되었다. 그의 형벌규정 중 어떤 조항은 일찍이 디오클레티아누스 황제가 발포했던 탄압칙령 그대로의 복사이기도 했는데, 이처럼 개신(改信)을 강요하던 강경수단으로 그 전에는 자신들이 똑같은 박해에 고생하면서 줄곧 인간으로서의 제권리를 주장하던 바로 그런 사교들에 의하여, 이번에는 이런 조항이 오히려 열렬한 칭찬을 받았다. 하기야 이런 콘스탄티누스 황제의 마음이 이때까지만 해도 반드시 편집적 광신으로 타락했던 것이 아니라는 것은 다음에 드는 2가지 작은 사례로서도 알 수 있다. 즉, 황제는 마니교도와 그와 동류의 이단자들을 단죄함에 앞서, 그 교의의 성격에 대하여 엄밀한 심문을 행하도록 하였다. 더욱이 황제는 그의 종교문제 고문들의 공평성에 대해서도 전폭적으로 신뢰할 수 없었던지, 이 미묘한 심문을 한 민정장관에게 맡겼던 것이다. 사실 이 인물의 학식과 관용성에 대한 황제의 평가는 매우 옳았지만, 다만 그가 금전문제에서 매우 허약한 인간이었다는 것만은 아무래도 알지 못했던 것으로 보인다(암미아누스-마르켈리누스,「역사」제15권 13장 1-2절. 이 장관의 이름은 무소니아누스〈Musonianus〉, 아리우스〈Arius〉파의 기독교도로서 능력은 있었지만 금전에는 아주 치사하고 더러웠다). 그때문이었던지 노바티아누스파의 정통신앙과 모범으로 삼아야 할 그의 도덕성에 대해서까지 너무 서둘러서 죄준데 대해서는 황제 자신도 머지않아 깊이 후회한 것 같다. 원래 노바티아누스파가 가톨릭 교회에서 떨어져 나간 이유는 영혼의 구원에서 아마도 본질적이라고는 말할 수 없는 두세 가지의 계율문제를 둘러싸고 견해 대립이 생긴 것에 지나지 않았다. 여기서 황제는 곧장 특별칙령을 내려 그들을 일반 벌칙령에서 제외시켰을 뿐만 아니라 콘스탄티노플시에 교회를 세우는 것까지도 허가하였다. 또한 그 교파의 성자들이 보여준 여러가지의 기적도 이를 존중하였고, 사실 니케아 공회의에는 이 교파의 사교인 아케시우스(Acesius)도 초청하였고, 또 그와의 대화에서는 친근감을 가지고 농담까지 섞어가면서 이 교파의 교의가 편협함을 야유한 사실이 있다. 그런데 이 교파는 친히 황제의 입에서 나온 이 야유를 오히려 감사와 칭찬으로 받아들였던 것 같다.

참제인 막센티우스의 죽음으로 광대한 아프리카 지역까지가 콘스탄티누스 황제의 무력하에 굴복한 지 얼마 안되었을 때의 일이지만, 당시 그의 앞에 연이어 제기된 신앙상의 불만과 상호비난의 갖가지 문제들은 아직 신발의에 지나지 않았던 이 기독교 황제에게 있어 정말 해결하기 힘든 어려운 문제들뿐이었다. 동은 키레네(Cyrene)변경으로부터, 서는 헤르쿨레스의 기둥(오늘날의 지브로울터)에 이르기까지 이 광대한 국토의 모든 속주를 혼란에 빠뜨리고 있던 종교적 분쟁에 대하여, 황제도 비로소 그것을 알고 놀랐다. 분쟁의 원인은 서열이나 재정면에서 서방교계 제2위라는 카르타고 교회에서, 명랑하지 못한 선거에 있었다(311년의 일). 즉, 아프리카에서는 케킬리아누스(Caecilianus)와 마요리누스(Majorinus)의 양자가 수좌 대사교 자리를 다투는 경쟁자들이었는데, 때마침 후자의 죽음이 뛰어난 재능과 높은 덕망으로 그의 교파에서는 기둥격인 도나투스(Donatus. 4세기에 활약한 카르타고의 사교. 엄격한 교의를 지키고 죄있는 세례수여자에 의한 성사는 무효이며, 자파 성직자의 재세례를 주장)에게 곧 개운(開運)의 길을 열어 주었다.* 선임순으로 말하면 당연히 케킬리아누스가 우위를 주장할 수 있었으므로 사실 그렇게 했지만, 그것이 위법이라고나 할까, 적어도 너무나 서두른 나머지 누미디아(Numidia)속주의 사교들이 도착하는 것을 기다림이 없이 서품식을 올렸기 때문에 그의 우위성이 무효라고 주장되었다. 즉, 70명이나 되는 누미디아 사교들의 권위는 케킬리아누스를 규탄하고 그 대신 독사(讀師)인 마요리누스라는 사람을 수좌대사교로 취임시켰다. 그러나 여기서도 마침 누미디아 사교단의 일부에 대한 인격적 결함 문제가 적발되었고, 다시 여자까지가 얽혀서 꾸며진 책모, 신성모독의 뒷거래 등등 성가신 여러 문제가 폭로되어 그들의 권위 또한 실추되었다. 요컨대 서로 항쟁하는 양파 사교들이 상호 주장한 쟁점은 앞서 디오클레티아누스 황제의 기독교 박해 당시, 그들은 성서까지도 서슴없이 관리들 손에 넘겨 준 저주할 죄를 범했다고 하면서 이것은 명백히 타락행위, 적어도 체면 잃는 행위라 하여 서로가 서로를 비난했는데, 이의 맹렬성과 집요성은 어느 쪽이나 결코 뒤지지 않았다. 이 명랑치 못한 서품이라든가, 서로 발설한 비난공격의 기록을 보면 바로 얼마전에 있었던 디오클레티아누스 황제의 박해가 아프리카내 기독교도의 행위를 바로잡게 하기는 커녕 그들의 광신성을 오히려 쓸데없이 더 심각화시켰을 뿐이라는 것이 대체로 공평한 결론이었다. 이렇게 분열을 심화시킨 아프리카 교회에는 이미 자체적으로 공정한 재정을 내릴 능력이 없어졌다. 결국 이 논쟁은 황제 임명의 법정에서 5회에 걸친 엄숙한 심의가 이루어졌는데, 최초의 상고로부터 최후의 판결까지 실로 3년 이상의 긴 세월을 요하였다. 여기서 아프리카 도장관대행(道長官代行, vicarius praefectorum praetorio) 및 총독(proconsul)의 손으로 이루어진 엄중한 심문 결과도, 또 카르타고시에 파견된 사교 2명의 보고는 물론 로마 및 아를(Arles) 공회의에서의 의결도, 나아가서는 황제 자신이 그의 황실고문회의(consistorium)에서 내린

* 이른 바 도나티스트(Donatist) 문제와 관련하여 311-316년 경에 일어난 아프리카 기독교회 내부분쟁에 대하여 독자의 이해에 필요할 정도로 간단히 보충주석을 달고자 한다. 아프리카의 사교들 사이에는 얼마 전부터 타협적인 온건파와 광신적인 강경파가 생겨났다. 직접적인 기원은 디오클레티아누스 황제에 의한 기독교 대박해 당시이다. 그때 성서와 성기류(聖器類)를 황제측에 인도함으로써 교회의 온존을 도모한 것이 온건파이고, 이에 대하여 순교도 겁내지 않고 저항한 것이 광신적인 강경파였다. 그런데 311년, 아프리카의 수좌대사교였던 온건파의 멘스리우스가 사망한 것이다. 이리하여 곧장 그의 후임선거가 이루어졌는데, 당연히 온건파는 카르타고의 사교인 케킬리아누스를 후보로 내세우고, 더욱이 강경파의 누미디아 사교단 70명이 현장에 도착하기 전에 수좌대사교로 선출해 버린 것이다. 여기서 강경파는 이것을 불법이라 주장(다른 이유도 있지만 생략한다)하면서 대항적으로 독사(reader)인 마요리누스라는 인물을 대립사교로 선출하였다. 그러나 마요리누스는 머지않아 죽었기 때문에 그 대신으로 수좌대사교로 추대된 것이 바가이의 거물급 사교인 도나투스였다 (313년의 일). (도나티즘〈Donatism〉이라는 명칭은 그에게서 유래된다). 분쟁은 드디어 국가적 문제로까지 발전하였다. 종교정책에 대해서도 매우 현실주의자였던 콘스탄티누스 대제는 당연히 온건파를 지지하여 세 차례나 케킬리아누스의 대사교 서품을 정당한 것으로 인정했는데, 강경파는 이것을 불만으로 하여 연달아 가톨릭 교회에서 분리되어 나갔다. 이런 분리행동의 배후인물이 도나투스였는데, 이 도나투스파도 결국은 내부적 재분열을 거듭하더니 끝내 아프리카에서의 기독교 자체의 괴멸을 촉진하고야 말았다.

최고재정도 모두 케킬리아누스측의 승리로 돌아갔다. 이로써 케킬리아누스야 말로 전아프리카에서 진정합법의 수좌대사교임이 종교계와 속계 쌍방의 만장일치의 지지로 승인된 것이다. 이리하여 교회의 영예와 재산이 모두 그의 감독하에 있는 사교들에게 주어지고, 한편 도나투스파 지도자들의 조치에 대해서는 그 사이에 얼마간의 곤란이 없었던 것도 아니지만, 황제는 다만 추방형을 부과하는 것으로 만족하였다. 문제의 심의가 매우 신중하게 이루어진 만큼 이 재정은 정확했던 것으로 생각된다. 한편, 이러한 재정은 총애하는 측근인 호시우스(Hosius/Osius 358 사망. 스페인 코르도바의 사교. 콘스탄티누스 황제의 종교 문제 고문으로서 교의논쟁에서 커다란 발언권을 가지고 있었다)의 교묘한 사기술로 오도된 황제의 경신성의 결과였다고 말한 도나투스파의 불만에도 모름지기 근거없다고는 단언할 수 없었다. 사실 허위와 부패의 영향이 무고한 인간을 벌 주었거나 또는 유죄인의 형량을 무겁게 한 일은 얼마든지 있었기 때문이다. 이런 불공정한 조치는 이로서 집요한 논쟁에 설령 일시적인 결말을 내게 하는 효과는 있을지라도 결국은 전제 체제하에 자주 보게 되는 과도기적 악의 하나로서 후세 사람들로부터는 완전히 망각세계로 돌려버리게 된다.

이 사건은 겉보기에 너무도 사말사이므로 도저히 사서 등에 기술할만한 가치도 없는 에피소드일는지 모르지만, 기실 이번 일이야말로 그 후 300년 이상에 걸쳐 아프리카내 각 속주를 계속 고민케 한 매우 중대한 교회분열을 일으키게 하였다. 결국 이런 분열소동이 종식되었을 때는, 가장 중요한 기독교 자체가 함께 멸망하고 없어졌다. 자유를 요구하는 불굴의 광신적인 정열이 도나투스파 신도들을 선동하여 그들의 이른 바 참칭자인 케킬리아누스 일파에의 복종을 끝까지 거부시켰다. 즉, 그들에 의한 선거를 승인하지 않으며, 그의 교법적(敎法的) 권력까지도 부정했던 것이다. 그들은 종교계와 세속계 양면에 걸친 연대로부터 일체 배제되면서도 오히려 케킬리아누스 일파와 그를 가짜 대사교 자리에 올려 놓은 배교자(traditor)들에게 동조했다는 이유로 적대파 신도들까지 겁없이 모두 파문해 버렸다. 그들은 만만한 자신과 열광에 가까운 태도로 이렇게 주장했다. 12사도의 법통은 이미 끊어지고, 유럽 및 아시아의 사교들은 한사람 남김없이 죄와 분파의식으로 해독되고 있다. 이제 가톨릭교회의 제특권은 아프리카 신도들의, 그것도 선발된 극소수자만의 것으로 되었고, 신앙과 계율과의 순수성을 그대로 계승하고 있는 것은 오로지 우리들뿐이라고. 그들의 이런 엄격주의를 지탱케 한 것은 당연하지만 비정적인 실천이었다. 멀리 동방 속주로부터의 새로운 개종자가 있었다면 그들은 다시 엄격한 재세례나 재서품의 성사를 행하게 하였다. 같은 세례라 해도 이단파나 분리파들의 손에서 받은 것은 그 효력을 인정하지 않았다. 도나투스파 교단에의 가입을 인정받기 전에는 사교건 처녀건, 심지어 더러운 것을 아직 모르는 유아까지도 공중 앞에서 참회고행이라는 굴욕을 겪어야만 하였다. 만일 그때까지 적인 가톨릭교회가 사용하던 교회당이 어떻게 해서 그들의 소유라도 되었을 경우에는 마치 우상이 놓여져서 더럽혀진 신전이라도 깨끗이 청소하듯 결벽에 가까울 정도의 정성으로 철저히 청소 및 소독하였다. 바닥에 깐 돌을 씻고, 벽을 깎아내며, 제단(대개는 목조였다)을 불태웠고, 헌금접시는 새로 녹여서 만들었으며, 성체(聖體, eucharistia)의 육과 혈(즉, 성체배령용 빵과 포도주)은 개에게 던져주는 등, 하여튼 적측 교파라고만 하면 영구히 증오심과 적의를 가지도록 온갖 모욕을 가하였다. 이처럼 이 두 파는 모든 아프리카 도시에서 섞여 살면서도 서로가 불구대천의 증오심을 품고 절연(截然)하게 대립하고 있었다. 그러면서도 언어·습속이 같고 열성과 학습도 하나이거니와 신앙·예배형식까지도 똑같았다. 이리하여 도나투스파는 영속(靈俗)양면에서 제국 권력으로부터 비록 추방되기는 했지만 여전히 아프리카 여러 속주, 그 중에서도 누미디아 속주에서는 신도수에서 우세를 유지하였으며, 그들의 수좌 대사교에 의한 관할권을 인정하는 사교만도 400명을 헤아렸다. 한편, 불요불굴의 그 당파성은 때로는 자기 자신의 내장(內臟)을 먹이로 하는 경우도 있었다. 즉, 그들의 분파교회는 내부항쟁으로 재분열을 일으켰던 것이다. 이리하여 도나투스파 사교의 4분의 1이 막시미아누스파(Maximianists, 재분파의 하나. 같은 이름의 부제가 이의 지도자였다)가 내거는 독립기치 밑으로 달려갔다. 이 분파의 지도자들이 개척한 고왕독주(孤往獨走)의 외길(393년 경의 일)은 그 후에도 세포분열을 일으켜 사회대세로부터 전적으로 일탈해 가기만 하였다. 예컨대 로가투스파(Rogatians, 재분파의 온화파 중 하나. 카르탠나의 사교 로가투스(Rogatus)가 지도자였다)처럼 거의 있는지 없는지조차 모를 정도의 조그마한 분파까지 나타났다. 그런데 로가투스 자신도 자기 파가 보잘것없이 작다는 것을 인정하면서도 다음과 같이 큰소리쳤다고 한다. 즉, 이 세상을 심판하기 위하여 만일 그리스도가 재림하시면 아마도 그는 참된 신앙의 유지를 이 케사리아지방 마우리타니아(Caesarean Mauritania, 오늘날 알제리의 지중해 연안지역. 알제시에서 약간 서쪽에 위치하며 지금은 셸세르라고 불리우는 작은 거리. 일찍이 로마의 해군기지였다)의 이름도 알려지지 않은, 겨우 두세 개의 한 촌에서만 발견하실 것이 틀림없을 것이라고. 도나투스파의 분리는 아프리카만의 문제였지만, 한편 3위일체 논쟁을 둘러싼 악영향은 훨씬 더 광범하여 연이어 기독교계에 침투해서 들어갔다(이하에 상세히 나오는 이른 바 아리우스파 논쟁을 말하는 것). 도나투스파 문제는 신앙의 자유의 남용에서 생긴, 차라리 우발적 논쟁에 지나지 않았지만, 이 3위일체 논쟁은 철학의 오용에서 일어난 고차원적이며 신비불가해한 논쟁이었다. 콘스탄티누스 황제의 치세기로부터 클로비스 1세(Clovis Ⅰ. Chlowig, 465-511. 메로빙거〈Merowinger〉조의 프랑크왕, 재위 481-511)와 테오도릭(Theodoric/Theodoricus, 456?-526. 이탈리아내 동고트족의 왕. 재위 474-526) 시대에 이르기까지, 로마인이나 만족들도 다같이 그의 현세적 관심은 전적으로 아리우스(Arius)파 교설을 둘러싼 신학적 논쟁으로 영일이 없었다. 따라서 이제 사가에게는 먼저 지성소의 장막을 공손히 걷어 올려서 오래된 것은 플라톤 학파로부터 제국쇠망기에 이르기까지의 이성과 신앙, 오류와 정념과의 진전과정을 더듬는 일도 허용될 것으로 생각된다.

그 자신의 사색에 의해서였던지 또는 이집트 신들과의 전통식견에서 배운 것인지는 고하간하고, 철학자 플라톤(Platon/Plato, BC 427-347)의 천재적 정신은 신의 신비로운 성격에 관해서도 감히 탐구의 메스를 넣었던 것이다. 그러나 우주의 제 1 원인이라고나 할까, 말하자면 필연자존(必然自存)의 실체에 대하여 그가 그의 고원한 사색을 추진시켰을 때, 어떻게 해서 이 단순유일의 실체가 지견세계(知見世界)의 원형이라고도 말할 수 있는 무한에 가까운 개별 및 명확한 이념(idea)의 여러 가지를 연이어 허용할 수 있었을까, 바꾸어 말하면 순수하게 영적인 「존재」가 어떻게 해서 이 완전한 원형을 만들어 내어, 마치 조각가의 손과도 같은 기교성으로 이처럼 독립적이고도 조잡하게 만든 혼돈세계를 창조할 수 있었는지, 이 유명한 아테네의 현인으로서도 끝내 이해하지 못했다. 허약한 인간의 지력을 끊임없이 괴롭힘이 틀림없는 이런 난문제로부터의, 말하자면 자기해탈을 추구하려는 헛된 희망이 아마도 플라톤으로 하여금 신성(神性)을 3중의 변태, 즉 제 1 원인과 이성(logos), 그리고 우주의 혼 내지 정신이라는 형태에서 신성을 생각케 했는지도 모른다. 더욱이 그의 특색이던 시인적 상상력은 가끔 이런 형이상적 추상개념에 입김을 불어 넣어 훌륭하게 그것들을 구상화시켰던 것이다. 즉, 플라톤 학설에 의하면, 원초 내지 근원의 3원리가 3체의 신으로 구상화되었고, 더욱이 그것들이 서로 미묘하고도 신비로운 생성관계로 통합되어 있다고 했다. 특히 이 로고스(이성)는 「영원의 아버지이신 신의 아들」, 또는 세계의 「창조자이며 지배자」라는 보다 이해하기 쉬운 성격으로 생각되기에 이르렀다. 이런 사고방식이 신비의 교설로서 아카데미아 학원의 뜰에서 조심스럽게 이야기됐던 모양이다. 다만, 이 교설도 보다 근세의 플라톤파 학자들에 의하면 이럭저럭 30년 간에 걸친 꾸준한 연구가 이루어짐으로써 비로소 완전한 이해에 도달했다고 한다.

마케도니아인들의 무력(알렉산더 대왕에 의한 정복의 결과)은 미구에 그리스어와 그 학문을 널리 아시아·이집트땅에까지 전파시켰다. 플라톤의 신학이론 또한 아무런 거리낌 없이, 오히려 약간의 진보개정까지 첨가하여 저 유명한 알렉산드리아시의 학원에서도 가르치게끔 되었다(BC 300년 경). 당시 이 새 수도에는 프톨레마이오스 왕가의 비호로 많은 유태인이 환영받으면서 정주하고 있었다. 이들 히브리인의 대부분은 법관계 업무에 관계한다든가 또는 상업이라는 돈벌이 일에 종사하였으며, 다만 학문에 좀더 관심이 있던 소수인원만이 주로 종교나 철학상의 사색에 그의 생애를 바쳤다. 이러한 그들이 이 플라톤의 신학이론을 열심히 연구하였고, 또 충심으로 이것을 신봉하였다. 물론 이것은 종래의 그들의 사상적 빈곤성을 그대로 고백하는 그런 것이므로, 그의 민족적 자부심에서 보면 아마도 심한 굴욕이었음이 틀림없지만, 원래가 그런 민족인 만큼, 최근에 이집트인 학자들로부터 막 훔쳐 낸 그 황금과 보석류(학문적 업적을 말하는 것)를 뻔뻔스럽게도 마치 자기들의 조상전래의 성스러운 유산이나 되는 것처럼 강조한 것이다. 그리스도가 태어나기 약 1세기 전의 이야기지만, 알렉산드리아시에 살고 있던 유태인들이 한 편의 철학논문을 써 냈다. 명백히 플라톤학파의 문체와 사상을 모방한 것인데도 어찌된 셈인지 그것이 영감의 경전인 『솔로몬의 지혜(The Wisdom of Solomon)』*의 귀중한 진정유문(眞正遺文)이라는 승인을 일제히 받았던 것이다. 이것도 대부분이 아우구스투스 황제시대에 엮어진 것이지만, 철학자인 필론(Philon/Philo, BC 30?-AD 45?. 그리스의 유태인 철학자)의 저작이라고 하지만 마찬가지로 모세의 신앙과 그리스 철학의 교묘한 접목이었다. 우주의 영(靈)으로서 유형적인 실체를 인정한다는 것은 히브리인의

---

* 『솔로몬의 지혜』는 이른 바 「지혜문학」에 속하는 구약전서의 한 책이다. 가톨릭 교회에서는 정전(正典)으로 하고 있으나, 개신교파에서는 경외전(經外典)으로 하고 있다. 솔로몬이 저술했다는 말은 물론 거짓이다. 본문에도 있듯이 BC 100년 경, 알렉산드리아시에 정착한 망명 유태인이 만든 것으로 알려져 있다. 유태인의 사상과 그리스의 철학을 결부시키는 것이 목적이었던 것 같다. 그리스어로 쓰여지고 히브리어 원전이 존재하지 않다고 해서 개신교측에서는 경외전으로 규정한 것이다.

신앙심에 상처를 주는 것이지만 그들은 모세와 조상족장(祖上族長)들의 신인 여호와(Jehovah)에 대하여 로고스(LOGOS)의 성질을 교묘하게 끼워 맞춘 것이다. 그리고「우주인(宇宙因)」의 성격과 속성은 명백히 양립이 불가능하다고 보이는 일상적인 비근한 역할을 수행케 하려면 가시적이라기 보다도 인간의 모습까지 한「신의 아들(the Son of God)」이라는 발상을 도입한 것이다.

여기에는 플라톤의 웅변과 솔로몬의 이름, 알렉산드리아 학파의 권위, 게다가 유태인·그리스인의 한결같은 동의까지 있으나 그래도 이 신비스러운 교의의 진실성 확립에는 불충분하였다. 즉, 합리적 정신을 기쁘게 할 수는 있어도 만족시키기까지에는 이르지 못했다. 인간신앙심에의 정당지배쯤 되면, 그것은 신으로부터 영감받은 예언자나 사도만이 비로소 할 수 있는 일이고, 만일「로고스(말씀)」라는 명사와 그것의 신적 제속성이 최후의, 더욱이 가장 철학적인 복음서 저자(사도 요한을 가리키는 것. 이 앞뒤는『요한복음』1장 1절인「태초에 말씀이 계시니라. 이 말씀이 하나님과 함께 계셨으니 이 말씀은 곧 하나님이시니라」라는 유명한 1절에 대한 언급이다)의 성스러운 붓에 의하여 확증되어 있지 않았다면, 아마도 플라톤의 이 신학설(神學說)도 영원히 아카데미아 학파, 스토아 학파 그리고 아리스토텔레스 학파 등등의 철학적 환상과 혼동되는 것으로 끝나는 따름이었을 것이다. 그런데 네르바 황제시대(Nerva. 재위 96-98)에 완성된 것으로 알려진 기독교의「계시」론(물론『요한계시록』을 말하는 것. 단, 집필했을 때는 차라리 도니티아누스(Donitianus. 재위 81-96) 황제에 의한 박해시대로 소급시키는 것이 정설인 것 같다)은 놀랄 만한 성사(聖事)를 사람들에게 밝혔다. 즉, 원초부터 신과 함께 있었고, 만물을 창조하며, 역으로 이 만물은 그 때문에야말로 창조되었다고 하는 신자체에도 있던「로고스」가 나사레인 예수라는 인격으로 되어 처녀의 몸에서 태어나 십자가 위에서 죽을 것을 명백히 한 까닭이다. 이리하여 고대의 이름 높은 교회관계자들은 신이 그리스도의 번영을 불후영겁의 기반 위에 정착시키는 큰 의도 외에, 당시 초대교회의 평화를 교란시키고 있던 2개의 이단설을 논파해 버리려는 특수 의도까지 이 복음서 필자인 사도 요한에게 위탁한 것이라고 말할 수 있다.

① 에비온파(Ebionites)의 신앙, 그리고 아마 나사레파(Nazarenes)의 그것도 마찬가지지만, 모두가 매우 조잡하고도 불완전하였다. 그들은 예수를 지목하여 초자연적 영력(靈力)을 가진 최대의 예언자로 존숭하고 있었지만, 동시에 또한 약속된 구세주에 의한 영원의 영적 왕국에 관한 히브리민족 예언에 대한 기대를 모두 인간 예수와 미래의 통치에 걸고 있었다. 그들 중에서도 처녀 몸에서

의 탄생까지는 인정하는 사람도 있었던 모양이지만, 문제가 일단 『요한복음』에 명기된 「로고스」, 또는 「신의 아들」의 전생, 나아가서는 그의 완전신성과 같은 문제에 이르면 그들은 완강하게 부정하였다. 이 에비온파도——이것의 오류에 대해서는 순교자 유스티누스(Justinus, Martyrus, 161사망, 기독교 호교가·성인)가 뜻밖이라고 생각될 정도의 온건성을 가지고 일단 언급하고 있지만(유스티누스, 『트리폰과의 대화』)——약 50년 후에는 이미 기독교계에서도 거의 문제가 되지 않을 정도로 약체화되기에 이르렀다. ②「도케트파(Docetes, 假現派)」의 별명으로 알려진 그노시스파(Gnostics)의 하나는 바로 이와 정반대되는 극단으로 일탈해갔다 (「가현」이란 이 이단파의 주장이 대략 공통적으로 인간 예수와 그리스도의 가현, 따라서 수난도 사실이 아니고, 십자가 위에서 죽은 것은 그리스도의 모습을 한 구레네의 시몽〈Simon, 사도 베드로의 원이름-Simon Peter〉에 불과했다고 주장하였다. 그런 의미에서 그리스어의 δοκειν 〈dokein, 그렇게 보인다는 뜻〉으로부터 가현파〈docetism〉라는 별명이 주어졌다). 즉, 그리스도의 신성을 주장하면서도 사실은 인간을 주로 강조한 것이다. 플라톤학파에게서 배워 「로고스」라는 그윽한 관념에 익숙되어 있던 만큼, 신으로부터의 「에온(Aeon, 放射)」이 가시적인 인간모습과 외형을 취할는지도 모른다는 것까지는 곧 이해했지만, 다만 물질이라는 불완전 실체가 그대로 천상적 존재의 순수성과 양립할 수 있다고는 도저히 생각하지 못한다고 헛된 주장을 되풀이하였다. 칼바리(Calvary) 산상의 그리스도의 피가 아직 마르기도 전에 벌써 이 「가현」파 신도들은 터무니없는 독신적인 가설을 만들어 낸 것이다. 즉, 그리스도는 처녀의 몸에서 태어난 아들인 것이 아니라 완전한 성인으로서 요르단강 강변에 강림한 사람인데, 다만 그런 것에 의하여 적이나 제자들까지도 속아 넘어간 데 불과하다. 따라서 빌라도(Pilate/Pilatos, 유태총독) 휘하의 관원들은 말하자면 허깨비같은 환영에 대하여 소용없는 화풀이를 했을 뿐이라는 이야기이고, 십자가 위에서 숨을 거두고 3일 후에, 죽은 사람들 속에서 되살아났다고 하는 것도 다만 그렇게 보였던데 지나지 않는 것이라고 하였다.

플라톤주의 신학의 근본원리에 대하여 사도 요한(Johannes/John)이 이미 성스러운 승인을 주고 있었다는 사실은 이윽고 제2, 제3세기에 새로 기독교도로 입신(入信)한 신학자들로 하여금 주로 이 아테네 현인의 저작물들을 연구하고 또 예찬케 하였다. 왜냐하면 플라톤이야말로 이처럼 기독교의 계시를 그의 탄생 350년 전에 이미 선취했다는 놀라운 창견(創見)의 하나를 제시한 인물이기 때문이다. 그런 까닭에 플라톤의 이름은 각각 정통파에 의해서는 진리의, 반대로 이단파에 의해서는 잘못된 견해의 공통적인 받침점으로 이용 또는 악용되었다. 더욱이 교묘하기 이를 데 없는 허다한 주석자들의 권위와 변증론자들의 학식이, 본래의 플라톤 견해하고는 훨씬 멀리 일탈된 결론까지도 이것을 정당화시키기 위하여 이용하였고, 영감을 받은 신학자들이 신중하게 침묵을 지키고 있던 문제에까지 이것을 보완하기 위하여 원용하기에 이르렀다. 예를 들어 3위일체(trinitas/trinity)론이라는 신비스러운 교설을 들고 나온 3신격의 본질·생성, 나아가서는 차별이냐 동격이냐 하는 것 같은 심원미묘한 문제까지가 알렉산드리아시 철학자들과 기독교 신학자들 사이에서 대단한 논쟁으로 되었다(원래 Triad 또는 Trinity라는 관념은 철학 논의에서 나온 것이지만 그것을 기독교 신학에 도입한 것은 2세기 후반의 안티오크 사교인 테오필루스(Theophilus)가 최초라고 한다). 호기심이 왕성하다는 것은 좋은 일이지만, 그들은 심연(深淵)과도 비교되는 이 신비의 밑바닥까지 탐지하려고 하였다. 그리고 학자들과 그 제자들의 잘난 체하는 자부심은 단순히 말의 지식만으로 만족하였지만, 적어도 기독교 신학자들 중에서도 특히 명민하기로 이름이 높았던 위대한 아타나시우스(Athanasius, Magnus, 296?-373. 알렉산드리아 사교·교회 박사·성인·정통신앙의 아버지·교회의 기둥)는 매우 솔직하게 다음과 같이 고백하고 있다. 즉, 「로고스」라는 이 관념의 신성(神性)문제는 아무리 오성(悟性)을 죄다 동원하여 생각해 보아도, 그 노력은 모두가 헛된 수고로 돌아갈 뿐이었고, 생각하면 생각할수록 모르게 되며, 또 글로 쓰면 쓸수록 그것에 대한 사유(思惟)가 점점 더 표현하기 어려워졌을 따름이었다라고(아타나시우스,『저작집』제1권, p.808). 사실 우리로서도 이 문제를 규명하고자 노력하면 할수록 이르는 곳마다에서 그 대상의 거대성과, 또 한편으로는 인간오성의 한계와의 사이에 엄존하는 무한대라고도 할 수 있는 거리를 통감하고, 또 그것을 인정하지 않을 수 없는 것이다. 우리 인간의 경험적인 식견에서 오는 모든 지각과 너무도 강하게 밀착된 이념, 예컨대 시간·공간 그리고 물(物)과 같은 이념을 다만 추상관념화할 따름이라면, 어쩌면 그것은 할 수 있을는지 모른다. 그러나 일단 무한의 실체, 영적 생성과 같은 문제를 생각한다든가 또는 네거티브(負)관념으로부터 포지티브(正)의 귀결을 도출하는 시도에 이르면, 곧 암흑과 곤혹 그리고 불가피적 모순에 빠져 버리고 만다. 이 모든 곤란은 문제의 본질 자체에서 생기는 곤란인 만치 철학 및 신학문제의 입론자들에게는 한결같이 넘기 힘든 무거운 짐으로 되어 어깨를 짓누른다. 다만 가톨릭교회의 교리와 플라톤학파의 견해를 엄격히 구별하는 본질적이고도 특수한 두 가지

사정 정도라면 지적할 수도 있다.

(1) 고도의 교양교육을 받고 호기심과 탐구열로 넘친 이른 바 엘리트 철학자 그룹이라면, 이런 심원한 형이상학적 제문제도 아테네시의 학원이나 알렉산드리아시의 도서관같은 곳에서 묵묵히 사색하고 냉정하게 토론하는 일도 가능했을 것이다. 그러나 플라톤학파 사람들도 자기 자신의 오성조차 납득시키지 못했으니*더구나 그 정념을 부추킴이 없던 숭고하고 심원한 사변(思辨)을 세상의 한가한 사람이나 바쁜 사람은 물론이거니와 상당히 호학적인 인사들까지 매우 무관심하게 보아 넘긴 것도 당연하였다(키케로까지 그런 사람 중의 하나였다. 그는 티메우스〈Timaeus/Timaios, BC 356?-260?〉의 작품을 라틴어로 번역했으나 이 신비설만은 이해하지 못했다고 고백하고 있다). 이「로고스」문제가 일단 기독교도들의 신앙・희망・예배를 둘러싼 성스러운 문제로 등장하게 된 다음부터는 이 신비스러운 교의가 곧 로마제국 전체 속주의 신도대중에게 있어 날로 중대한 문제로 되어 갔다. 연령・성별・직업 등으로 보아 도저히 판단력 따위를 기대할 수 없고 또 추상적인 사유에는 도대체가 익숙치 못한 대중까지 신성의 성격구조 등과 같은 문제까지 생각해 보게 된 것이다. 테르툴리아누스(Tertullianus, 160?-222. 카르타고 태생. 교회 저술가)의 흰소리를 빌린다면, 그리스인 중 가장 현명한 사람들까지 곤혹케 한 제난문에 대하여 기독교도라면 일개 직인(職人)까지도 아주 간단하게 대답할 수 있었을 것이라고 하였다(테르툴리아누스, 『호교론』 46절). 문제 자체가 인간의 지성을 훨씬 초월하는 것인 만큼 최고지성과 최저지성과의 격차라 해도 그것은 거의 극미(極微)할 것이고, 그의 완미성과 독단적 과신성의 정도야말로 오히려 어리석음을 측정하는 척도일지도 모른다. 이와 같은 사변이 한가한 사람들의 심심풀이가 아니라, 말하자면 현세에서의 최고로 진지한 문제, 그리고 내세를 위한 가장 중요한 준비로 생각되기에 이르렀다. 그것에 대한 신앙이야말로 신학의 의무요, 반대로 의심을 품는다는 것은 불신불경이며, 또 그것을 그르친다는 것은 단순히 위험할 뿐만 아니라 치명적이기도 할는지 모른다는 식으로 생각되어, 각자 내심의 사색에서도, 또 사람들 사이에서의 담론에서도

---

* 신플라톤주의(neo-Platonism, 사실상의 대표자는 플로티노스〈Plotinos, 204-269〉이다) 철학과 기독교 신학과의 결합과 관련하여 그들이 말하는 신의 3위상이라는 사고방식의 기원은 플라톤 신학에 있다고 주장했는데, 그 근거는 플라톤 만년의 저작인 대화편, 즉 그의 소위 우주생성철학을 풀이한 『티마이오스〈Timaios〉』에 있었다.

일상적인 화제로 되어 버렸다. 냉정하고 객관적인 철학이 신앙이라는 격렬한 정신에 의하여 단번에 불을 내뿜은 것이다. 그리고 일상용어에서 나오는 은유(隱喩)조차 그대로 감각과 경험이 가져 오는 잘못된 견해를 의미하는 것으로 생각되었다. 그리스신화가 가르치는 바 메부수수하고 불순한 우주생성설을 극도로 싫어한 기독교도들은(락탄티우스, 「신성교리」 제 4 권 8장) 오히려 만인에게 비근한 부자관계(父子關係)로부터의 유추라는 형태에서 이 문제를 논하고자 하였다. 즉, 「아들」된 사람의 성격은 그 존재 자체의 자주자발적 창조자인 아버지에게 영원히 종속관계에 있음을 의미하는 것으로 생각된 것이다(초기 기독교 신학자들의 대부분은 「아들」은 「아버지」의 의지에 의하여 존재가 주어진다고 하였다). 그렇다고는 하지만, 가장 영적이며 추상적으로 해석하는 경우에도 생성행위에 관한 한 그것은 반드시 공통속성을 전하는 것으로 생각해야 하므로, 그들로서도 영원하고 전능한 「아버지」의 「아들」된 사람의 능력과 명수(命數)에까지 한계를 그으려고 하는 생각은 물론 가지지 않았다. 예수가 죽은 지 80년후경의 일이지만 비튜니아의 신도들은 총독인 소 플리니우스(Plinius, C.S., 61?-114 이전)의 법정에서 그리스도를 신이라고 불러 기도드렸다는 내용을 명확히 말하고 있다(소 플리니우스, 「서한집」 제10권 96). 즉, 신으로서의 그리스도의 영광은 그의 제자를 자칭하는 각 교파에 의하여 모든 나라와 모든 시대를 통하여 끊임없이 전해진 것이다. 이리하여 그리스도에 대하여 사랑에 가득찬 그들의 숭경(崇敬)과 피조물에 대한 독신적 예배(瀆神的 禮拜, 우상신에 대한 예배를 말하는 것)에의 공포감은, 만일 이대로 간다면 아마도 머지않아 「로고스」의 절대 및 평등의 신성이라는 주장으로까지 이끌어 갔을지 모르지만, 그렇게 하면 그리스도 및 우주의 위대한 「아버지」라는 이념의 단일성과 그의 지고우위성을 깨는 것이 되지 않을까 하는 걱정에서였는지, 이들 3위를 단번에 하늘이라는 옥좌로까지 끌어 올리려는데 대해서는 부지불식간에 억제심리가 작용한 것이다. 이리하여 양자의 서로 상반되는 동향이 당시의 신도들 마음속에 주고 있던 미망과 동요성을 우리는 사도시대가 일단 끝난 다음 이윽고 아리우스파 논쟁이 일어날 때까지의 과도기간 중에 활약한 신학자들의 저작물들에서 보게 된다(사도시대란 신교도들이 특히 강조하는 시대구분으로서 예수의 사후 그의 직제자들과 바울의 선교시대를 말한다. 따라서 교회 전승에 의하면, 대략 베드로와 바울이 순교했을 무렵인 64년?까지로 볼 수 있다). 사실 그들의 대도(代禱, suffrage. 죽은 사람이나 산 사람을 위하여 죄를 사해 주도록 대신해서 비는 것)문제만 해도, 이것은 정통파나 이단파가 전적으로 대등한 확신을 가지고 주장한 것이고, 만일 그들이 다행스럽게도 정통적인 신앙의 진리를 파악하고 있었다 해도 적어도 그 이념의 표현 자체는 아무리 엄격한 비판가들이라 해도 공평하게 인정하는 점이다.

(2) 그리스도 교도와 플라톤파 학도를 구별하는 첫째 기준은 각 개인의 신앙이라는 문제이고, 둘째 기준은 교회가 가진 권위라는 문제였다. 철학도들은 지적 자유라는 권리를 주장하였다. 예컨대 스승의 사상을 존경한다고 해도 그것은 어디까지나 걸출한 이성에 대하여 바치는 자유로운 자발적 경의라는 것이었다. 이에 반하여 기독교도들은 계율 엄한 다수자의 집단을 형성할 뿐만 아니라 그들의 법규와 교계의 직분을 가진 사람들이 가진 율법적 관리권이 신도들의 마음까지 엄하게 지배하였다. 제멋대로 놀아나던 마음의 작용은 신조와 고해로 점차 제한이 가해졌고(신조라고 해도 초기의 것은 상당히 느슨했고, 또 획일적이 아니었다. 엄격하게 되고 정통신앙의 테스트로 사용되기에 이른 것은 니케아〈Nicaea〉신경〈信經〉이후다), 개인적 판단의 자유는 교구회의(synodus/synod)의 공적 견해에 복종하지 않을 수 없게 되었다. 신학자의 권위는 교회내에서의 지위 여하로 정해지게 되었으며, 또 사도들의 직계 후계자로 간주되는 사람들은 정통신앙에서 일탈된 신도들에게 교회로서의 견책을 부과할 수 있었다. 그러나 이제 종교 논쟁시대가 시작되자, 모든 강압이 역으로 정신이 가진 반발력에 새로운 에너지를 주는 결과로 되었다. 그리고 영적 반역자의 열광이나 완강성이라는 저항 동기에는 가끔 야심 내지 욕심이라는 감추어진 요소들이 첨가되는 일도 드물지 않았다. 형이상학적 논의가 기실 정치적 항쟁의 명분구실로까지 되었다. 플라톤학파의 미묘 번쇄한 철학이론이 그대로 각 분파의 표장(標章)으로 이용되면서, 논쟁이 치열성을 더해감에 따라, 서로 교리의 간격은 오히려 확대 증폭될 뿐이었다. 프락세아스(Praxeas, 2세기 후반기의 종교가. 소아시아 출신. 신은 단일하다는 모나르키아주의〈Monarchianism〉를 주장)와 사벨리우스(Sabellius, 3세기 초의 신학자. 리비아 태생. 아버지, 그리스도 및 성령은 실재하는 것이 아니라 양식적인 것〈Modalism, 三位樣式說〉으로서 이것들은 1위격인 신의 세계에 대한 관계에 입각한 데 불과하다고 하면서 3위일체론을 전면적으로 부정)의 괴이한 이단교의가 「아버지」와 「아들」의 혼동을 일으키게끔 힘쓴 한에서는* 정통교회로서 두 신격의 동일평등보다도 오히려 그것의 차이구별을 보다 엄하고 진지하게 강조한 것도 당연하다고 말하게 된다. 그러나 이 논쟁도 겨우 수습되어 이미 사벨리우스파의 발전 따위가 로마·아프리카·이집트 등의 어느 교회에 대해서도 위협의 씨앗이 되지 않게 되자, 신학적 견해의 조류는 조용하기는

하지만 아주 정반대되는 극단을 향하여 착착 흐르기 시작하였다. 가장 정통적인 신학자들까지가 종전에 이단의 여러 종파가 입에 담았다 하여 공격을 가했던 바로 그와 똑같은 용어와 똑같은 정의를 그대로 사용하기 시작한 것이다. 즉, 신앙관용령이 나오고 기독교계의 평화와 안일이 되돌아 오자(313년의 일. 이른바 밀라노 칙령으로), 다시금 3위일체에 관한 논쟁이 고래로 플라톤 철학의 본거지로서의 학도(學都)이며, 부유한 상업도시로서 복작거리는 알렉산드리아시에서 먼저 시작되었다. 이 종교논쟁의 불길은 곧 학계로부터 성직자 세계로, 다시 일반 시민·속주·동방세계로 번져 나갔다. 「로고스」의 영원성이라는 심원하기 이를 데 없는 논의가 성직자회의에서나 일반 설교 속에서 맹렬하게 논의의 대상이 되었다. 그리하여 머지않아 저 아리우스의 이단적인 견해가 그 자신의 열렬한 주장도 있었거니와 또한 이에 못지 않은 논적들에 의한 맹렬한 반격도 있어서 문제는 인차 표면화되었다. 이 대사교인 아리우스(Arius, 250? - 336. 리비아 태생의 그리스 철학자)의 학식과 그의 청정무구한 금욕생활에 대해서는 그를 줄곧 미워하던 논적들조차 명확히 인정하고 있다. 일찍이 있었던 사교 선거때만 해도 그는 아마도 고결한 심정에서였겠지만 이와 같은 고위성직에의 요구권을 명백히 고사하여 받으려 하지 않았던 것이다. 여기서 결국 이 논쟁의 재정(裁定)역할을 담당한 것이 다른 사람도 많았을 터인데 하필이면 알렉산드로스(Alexandros, 313-328년 간 알렉산드리아시의 대사교) 대사교였는데, 이 중대 문제의 토론이 바로 그의 앞에서 행해진 것이다(319년 경으로 알려진 일). 처음에는 알렉산드로스도 주저하는 기색을 보인 것 같지만, 마지막에는 끝내 자기 자신의 판결을 절대적인 신앙개조(信仰個條)로서 선고하였다. 그리고 이 사교의 권위

---

* 프락세아스(Praxeas)와 사벨리우스(Sabellius)는 다 같이 모나르키아니즘(Monarchianism, 단일신격론)이라는 이름으로 총칭되는 이단파의 지도자들이다. 경력은 거의 알려지지 않았지만, 2세기 말에서 3세기 초에 걸쳐 활동한 성직자·신학자들이다. 3위일체론에서 보면 확실히 최우익의 이단으로서, 예컨대 신격은 3위가 아니라 단일(單一)이라고 하면서 「성자」, 「성신」도 그것의 실재성을 부정한 것이다. 따라서 십자가에 못박혀 죽은 예수는 신의 「아들」이 아니고 「아버지」인 신 그 자체이고, 「성부인 신은 십자가 위에서 죽었다」고까지 설교했기 때문에 당연하지만 이단의 낙인이 찍혔다. 「성자」인 그리스도도 요컨대 「성부」인 신의 한 양태(一樣態, modus)에 지나지 않는다고 설했으므로 한결같이 양태론파(Modalism)라고도 불리운다. 그러나 이와 같은 교설은 호교론자인 테르툴리아누스(Tertullianus, 160? -222)의 반론에 의하여 주로 간접적으로만 알려진 데 불과하다. 유럽에서는 비교적 일찌감치 쇠퇴했지만 오리엔트에서는 4세기경까지 신봉자군이 남아있었다고 한다.

에 대하여 끝까지 저항한 용감한 아리우스 사교는 성스러운 교우와의 교제도 완전히 배제당하고 말았다. 한편 그렇게도 자부심 높은 아리우스의 행동은 같은 파 내 다수의 신도들로부터 일제히 지지와 칭찬을 받았다. 그를 직접 지지한 사람 중에는 이집트의 사교 2명, 사제 7명, 부제 12명(그리고 거의 거짓말처럼 생각될지 모르지만) 700명의 처녀신도까지 헤아릴 수 있었다. 또한 아시아 지역 내 사교의 대다수도 그의 교설을 지지하거나 호의를 표명했으며, 고위성직자들 중에서도 최고의 석학으로 알려진 케사리아의 사교 에우세비오스(Eusebios, Caesarea의 263?-339. 교회사의 조상), 그리고 성자라는 소문과 함께 정치가로서의 명성도 높았던 니코메디아의 사교 에우세비오스(Eusebios, Nicomedia의, 341? 사망)까지가 명백히 그들의 조치를 배후조종하고 있었다. 이리하여 이 신학논쟁에는 황제도 일반 백성도 모두가 관심을 가지지 않을 수 없었다. 그로부터 6년 후에 있는 최종적인 판정은 니케아 공회의의 권위에 위임되었다(325년 일).

기독교의 신앙성사가 공개 논의의 위험에 노출되었을 때, 3위일체라는 신격의 본질에 관한 사람들의 이해는 만전이라고는 말할 수 없다 하더라도, 대략 세 가지 계열로 나누어서 생각할 수 있을 것이다. 이들 3자가 모두 순수절대의 의미에서는 이단사설로 선고되어 있었다. ① 아리우스와 그 제자들이 신봉한 첫째 가설에 의하면, 「로고스」란 「아버지」인 신의 의지에 의하여 무에서 창조된 자연발생적인 종속산물로 생각하였다. 그리고 만물의 창조자인 「아들」되는 신은 모든 세계에 앞서서 출생했으며, 제아무리 긴 천문학적 시간도 그의 존생시간에 비하면 참말로 한순간밖에 안된다는 것이다. 그렇지만 이런 존속도 결코 무궁한 것이 아니라 성스러운 「로고스」의 생성에 앞선 어떤 시간의 존재가 있었다. 우리의 전능한 「아버지」는 그분의 독자인 「아들」에게 자신의 풍부한 정령(精靈)을 마음껏 주입시켜 그의 영광의 광휘를 깊이 새겨 놓으셨다. 이리하여 「아들」인 예수는 눈에 보이지 않는 완전존재의 가시상(可視像)인 바, 그이는 빛나는 대천사들의 옥좌를 멀리 무변제(無邊際)의 발 아래로 내려다 보는 형태이긴 하지만, 그 광휘는 일종의 반사광으로서 예를 들어 케사르나 아우구스투스 칭호를 가진 로마 황제의 남자들처럼 오로지 「아버지」 그리고 「주님」인 신의 의지에 따라 충실하게 이 세계를 다스리는데 지나지 않았다. ② 둘째 가설에 의하면, 「로고스」란 종교와 철학이 최고신의 속성으로 생각하는 불립언어(不立言語), 선천내재(先天內在)의 완전성의 일체를 구유한 것이라고 했다. 신의 본질을 이루는 것은 명확히 세 가지의 무한한 심령, 또는 실체라고나 할까, 똑같이 대등하고 똑같이 영원한 3자의 존재라고 볼 수 있다. 따라서 이 가설은 이것들 중 어느 하나가 존재하지 않았다거나, 또는 3자가 다함께 그 존재를 잃게 되어도 곤란하다는, 명백히 모순을 내포하는 것이었다 (이 대목은 기번이 성 아우구스티누스의 『신의 나라』 제10권 23절을 염두에 두고 쓴 것 같다. 거기에는 이렇게 쓰여 있다. 「철학자들은 자유로운 발언도 할 수 있지만, (중략) 우리가 신에 대하여 이야기할 때는 그렇게 할 수가 없다. 두 분의 신, 세 분의 신이 계시다고 따위로는 말할 수 없는 것과 마찬가지로, 두 개의 원리, 세 개의 원리가 있다는 따위로는 도저히 말할 수 없다」). 여기서 이들 각자가 독립된 3신격의 확립인 양 주장하는 것으로 보이는 교설의 지지자들은 세계의 설계(設計) 및 질서로 보아 매우 현저한 「제1원인」의 단일성을 유지하려면, 상기 3신격에 의한 지배의 항구적인 협조, 그리고 그들 의지의 완전일치를 강조하는 수밖에 없었다. 아주 미미하지만 그런 단일성과 비슷한 것은 인간 사회, 심지어 동물 사회에서조차 발견할 수 있었다. 만일 그들의 조화를 흐트리는 원인이 있다면, 그것은 그들의 능력이 불완전하거나 불균등했을 경우에만 일어나는 현상이고, 무한한 예지와 선의를 가진 전능자에 의하여 인도된다면 반드시 동일한 목적달성을 위해서는 동일수단을 선택할 것이라는 것이다. ③ 자기존재의 연역적 필연성에 의하여 가장 완전한 형태로 모든 신적 속성을 구비하고, 시간적으로는 영원하며, 공간적으로는 무한하고, 게다가 각각 상호간에 또 전우주에 대하여 밀접하고도 본질적으로 서로 현재(顯在)하고 있는 3위의 신격은 그 앞에 서서 놀라는 사람들의 마음에는 싫어도 유일절대의 일체로서 비쳐지지 않으면 안될 것이었다. 설사 은총의 섭리, 자연의 섭리에 의하여 마치 다른 것처럼 보이는 형태를 취해서 나타나거나 별개의 양상으로 생각하게끔 하는 일이 있다 해도 말이다. 따라서 이 가설을 내세운다면 진실은 오로지 실체의 그 3위가 다만 그것들을 생각하는 지성속만의 존재지만, 명목(名目)과 추상한정(抽象限定)이라는 점에서 그것은 3개 상으로 분화된 데 불과하다. 바꾸어 말하면 「로고스」란 이미 위격(位格, persona/person)이 아니라 단순한 속성에 불과하다. 그리고 원초 이래 신과 함께 있었고, 그에 의하여(by whom)가 아니라 보다도 그것으로(by which) 만물이 창조된 영원의 이성에 대하여, 「아들」이라는 수식어가 만일 적용될 수 있다 해도 그것은 다만 비유적 의미에서일 뿐이다. 이렇게 생각하면 「로고스」의 육화(肉化)도 요컨대 신지(神智)의 단순한 하나의 영감에 지나지 않는 것인 바, 그것은 다만 인간 예수의 혼을 충만시키고 그 행동을 이끌어 갔을 따름인 것이 된다. 이리하여 신학교설은 완전히 한바퀴 돈 다음, 정말 놀랍게도 최초에 에비온파가 출발했던 바로 그 지점에 또다시 사벨라우스파의 교설이 귀착하게 된다. 이렇게 됨으로써 우리들의 예배를 촉구하는 신비 불가해의 교설은 완전히 우리들의 탐구로부터 일탈하게 된다.

만일 니케아 공회의에 참집한 사교들이 일체의 편견을 버리고, 다만 양심의 지령에만 입각해서 행동하는 것이 허용되었더라면 아마 아리우스와 그의 동조자들이 달콤한 전망을 가지는 것은 도저히 불가능했을 것이다. 그들은 당시의 가톨릭 세계에서 가장 유력했던 두 개의 교설에 대하여 정면으로 대항하는 그런 가설을 주장하고 있었는데, 이에 대하여 다수의 찬성표를 얻는다는 것은 거의 생각할 수 없었기 때문이다. 여기서 그들은 현명하게도 저자세로 나갔다. 어쨌든 시민적·종교적 견해 대립의 폭풍우가 몰아치는 와중에서, 이와같은 억제와 절도있는 미덕을 약자측에서 취한다면 이해가 가지만, 형세가 그렇지 않을 뿐만 아니라 누구의 칭찬을 받는 일도 거의 없는데도 굳이 이렇게 나갔다는 것은 퍽 드문 현상이다. 그런데도 그들은 감히 이런 일을 해낸 것이다. 즉, 기독교적 사랑과 절도의 실천을 역설하는 한편, 논쟁 그 자체의 불가해성을 강조하였다. 또한 성경에서 찾아볼 수 없는 용어와 정의를 들고 나오는 일에 극력 반대하였고, 그들 자신의 원리의 완전무결성은 어디까지나 주장하지만, 한편 대폭적으로 양보도 하여 적측도 만족시킬 만한 제안도 시도한 것이다. 그러나 승자측은 시의심이 많아서 이런 제안을 모두 고압적인 태도로 거부했을 뿐만 아니라 오히려 타협의 여지도 허용하지 않는 그런 대립 차이점만을 강조하는 것이었다. 즉, 그런 것을 거부함으로써 당연히 아리우스파를 이단의 죄에 빠뜨리는 기회만을 줄곧 노렸던 것이다. 때마침 이때 한 통의 서한이 회의장에서 낭독되었는데, 그것은 금세 떠들며 욕하는 난장판 속에서 찢겨져 버려졌다. 이 서한이란 아리우스파의 옹호자인 니코메디아의 사교 에우세비오스가 자기 견해를 솔직하게 개진한 것이었다. 그에 의하면 플라톤주의자들에게는 벌써부터 익숙된 말이지만, 문제의「호모오우숀(Homoousion)」, 즉 3위동질설(Consubstantialitas)이 그대로 용인된다면, 그것은 그들이 신봉하는 신학교설의 원리 하고는 완전히 용납되지 않는다는 취지의 견해를 개진한 것이었다. 회의의 대세를 지배하고 있던 사교들은 곧장 이것을 절호의 찬스로 삼았다. 사교 암브로시우스(Ambrosius)의 훌륭한 표현에 의하면, 그들은 이단분자를 자신이 빼든 시퍼런 칼을 역으로 이용하여 가증스러운 괴물의 머리를 단칼에 베어 버렸다는 것이다. 「아버지」와 「아들」이 동질이라 함은 이미 니케아 공회의에서 확정을 본 교의로서, 말하자면 기독교 신앙의 기본 개조로서 유태・라틴・동방 나아가서는 프로테스탄트 제교회의 동의까지 얻어 한결같이 받아들여진 교의이다. 만일 이처럼 같은 말이 이단자들에게 낙인을 찍고, 가톨릭교도들의 통합에까지도 쓸모가 없다면 이것을 정통신경(正統信經)에 도입한 다수파에게도 역시 불만족이었음이 틀림없다. 왜냐하면 이 다수파도 기실 2개의 분파, 즉 하나는 3신설(三神說. Tritheismus)을 취하는 일파와, 다른 하나는 사벨리우스파(Sabellians)의 입장을 취하는 일파와의 견해 대립으로 생긴 2개 분파로 나누어져 있었다. 이런 두 극단의 대립 견해는 잘못되면 자연종교나 또는 계시종교 중 어느 하나의 기반을 근본으로부터 전복시킬는지도 모를 위험이 있었으므로, 여기서 양파는 서로 타협하여 그 주의강령의 엄격성에 일부 손질해서, 만일 적측이 그런 점을 강조해 온다면 설사 그것이 정론이라 해도 마음에 들지 않는 결과가 될는지도 모를 주장을 이번만은 어떻게 해서든지 부결시켜 버리자는 데 의견일치를 보았다. 즉, 공통적인 대의의 이익을 고려하여 여기서는 우선 숫자상의 결속을 굳히되, 상이점은 당분간 서로 감추고 들어내지 않는다는 것이다. 이리하여 그들 상호간의 반발증오심은 관용이라는 호도적인 배려로 일단 완화되었고, 이 논쟁 또한 매우 신비로운 「호모오우손」이라는 말의 사용으로 (이 해석은 쌍방이 각자의 교의에 따라서 자유로이 한다는 것이다) 일시적인 휴전형태에 들어갔다. 원래 이 유명한 말은 이미 50년 전에 있었던 안티오크 공회의에서 사용금지키로 되어 있었지만, 그래도 3위일체 명목론에 남몰래 미련을 품어오던 사벨리우스파 신학자들에게는 여전히 그리운 말이었다. 한편 아리우스파 논쟁 시대에 크게 각광받던 성도들, 예를 들어 니케아 신경(信經)을 지지하여 훌륭하게 승리케 한 사교 아타나시우스(Athanasius), 나찌안젠(Nazianzen)의 석학 사교인 그레고리우스와 기타 교회의 기둥으로 지목되던 사교들은 아무래도 이 「수브스탄티아(substantia/substance, 本質)」라는 표현을 마치 「나투라(natura/nature, 本性)」와 동의어처럼 해석하였던 모양이다. 이런 의미의 예증으로서 세 사람이 공통된 통일종류에 속하는 한 그것들은 서로가 동질체, 즉 호모오우손(Homoousion)이라는 식의 설명 방법까지 채택하였다. 물론 이런 순수명확한 동격성의 주장에도 한쪽에서는 각 신격을 불가분적으로 맺는 내면적 관계와 영적 침투 정도라는 문제도 있고, 또 한편에서는 「아버지」신의 우위성(그것은 「아들」인 예수의 독립성과 양립되는 한에서는 승인되어 있었다)으로 말미암아 어느 정도의 유연성은 있었다. 즉, 이런 한계의 범위내라면, 정통(正統, orthodoxy)교리라는 이 구체(球體)도 거의 눈에 보이지 않을 정도의 진동은 무사무난으로 허용되어 있었다. 만일 이 성역을 좌우 어느 쪽을 불문코 조금이라도 바깥쪽으로 발을 내디디면 이단과 악마의 무리가 복병형태로 숨어 있다가 사도(邪道)로 벗어난 불행한 여행자를 곧 습격하여 먹이로 한 것이다. 그러나 신학교의에 원인된 증오는 논쟁 자체의 중대성보다도 오히려 그 투지의 격렬성 여하에 크게 좌우되는 만큼「아들」인 예수의 신격을 부정해 버린 이단자들보다도, 오히려 그것을 격하시킨 데 지나지 않는 사람들쪽에 처단이 좀더 엄격하였다. 예를 들어 사교 아타나시우스의 생애는 아리우스파의 불경광신(不敬狂信)을 적으로 하는, 말하자면 타협 없는 투쟁에 죄다 바쳐졌다고 해도 과언이 아닌데, 그러한 아타나시우스도 기실 안큐라(Ancyra, 지금의 터키 수도인 앙카라)의 사교 마르켈루스가 신봉한 사벨리우스파 신앙에 대해서는 20년 이상이나 오히려 줄곧 변호했을 뿐만 아니라 마지막에는 끝내 그 자신도 그 교파에서 떠나지 않을 수 없게 되었을 그때조차도(파문을 말하는 것), 그의 존경하는 벗 마르켈루스의 경미한 죄에 해당하는 오류에 대하여는 여전히 쓴 웃음으로 언급했을 뿐이었다.

아리우스파가 부득이 항복하게 된 전교회 공회의(니케아 공회의를 말하는 것)의 권위는 정통파가 내거는 기치에「호모오우숀(Homoousion)」이라는 현묘한 의미를 가진 글자를 써 넣게 하였다. 그리고 이 한 마디는 암투라고나 할까, 표면에 나타나지 않는 논쟁거리를 남기면서 어쨌든 형식상으로는 신앙의 통일, 적어도 용어상의 통일을 가져오는 데 크게 도움이 되었다. 그리고 이 승리에 의하여 당연하지만 가톨릭(Catholic, 公信徒)이라는 자격을 얻은 3위동질론자(Consubstantialist)들은 그들이 신봉하는 신조의 간명성·강고성에게 커다란 자부심을 품게 된 한편, 확고한 신앙기준조차 없이 연이어 나타나는 적진의 분파에 대해서는 처음부터 이것을 멸시했다. 확실히 아리우스파 지도자들은 진지성에서인지, 노회성에서인지, 법령이나 민중에 대한 두려움에서인지 아니면 그리스도에의 존숭과 아타나시우스에 대한 증오심 때문이었는지는 모르나, 어쨌든 신학적 분파 내의 평의(評議)를 혼란시키는 이들 신인(神人)양면을 둘러싼 여러 가지 이유가 원인이 되어 아리우스파 자체내에 불화와 무절조정신을 끌어들이는 결과로 되어, 불과 몇 년 사이에 무려 18개나 되는 작은 분파를 족출(簇出)시킴으로써 무시당한 교회위신에 대한 보복을 기도하였다. 물론 독신(瀆神)의 교부인 힐라리우스(Hilarius, 310?-967. 프랑스의 대표적인 공교파 교부·성인·교회박사.「서방의 아타나시우스」라고까지 불리웠다. 보와티에〈Poitiers〉의 사교. 당시의 로마황제인 콘스탄티우스 2세가 아리우스파 지지자였기 때문에 356년, 아를루의 대사교 사투르니누스〈Saturninus〉에 추방되어 4년 간 소아시아에 유배되었고 귀국 후, 361년 파리 전국 교회회의에서 사투르니누스가 파면되면서 사교직에 복귀. 이하의 본문은 그의 추방중에 있었던 일과 관련된다) 등은 그 자신이 놓인 입장의 곤란성을 고려해서인지, 동방성직자들의 잘못된 견해를 과대하여 말하기보다도 오히려 이것을 관대하게 다루고 싶었던 모양이다. 예컨대 그 자신의 유배지였던 소아시아의 10개 속주를 통하여 참된 신을 내내 믿고 있는 사교의 수가 거의 열손가락으로 셀 수 있을 정도로 적었다고까지 말하고 있다(힐라리우스,「공회의론」63절). 그가 받았던 탄압, 또 그 자신이 현실적인 목격자이며, 그의 희생자이기도 한 혼란을 경험했기 때문인지, 한 시기이긴 하지만, 혼의 노여움을 억제하였다. 예로 아래에 소개하는 그의 서한처럼 확실히 이 포와티에의 사교도 경솔하다고나 할까, 마치 단순한 일개 기독교 철학자나 되는 듯한 발언을 하고 있다.「정말 한탄스런 일이요, 동시에 위험하기도 한 사태입니다. 여기서는 마치 사람 각자에게 견해가 있듯이, 신봉하는 신경(신조를 적은 경문)까지가 각인각양이고, 또 사람들 각자의 성향이 다르듯이 교의까지가 실로 여러 가지입니다. 따라서 독신(瀆信)의 원인 문제만 해도 그것은 인간이 범하는 과오와 마찬가지로 다종다양하여 실로 여러 가지라는 것입니다. 그것도 각자가 제멋대로 신경을 만들고 각인이 제마음대로 설명을 붙이기 때문입니다. 3위동질설(Homoousion) 한 가지만 해도, 그것은 공회의때마다 배격하는가 하면 또 채택하는데, 다만 그때마다 교묘하게 일단 설명만은 또 붙이고 있군요, 이런 불행한 시대 속에서『아버지(聖父)』와『아들(聖子)』이 전면적으로 동질이냐 아니면 부분적으로만 그런가 하는 문제가 이제 논쟁의 씨앗으로 되어 있습니다. 해마다, 아니 달마다라고 해도 무방할 만치, 우리들은 새 신경을 만들어 내고, 눈에 보이지 않는 현묘한 의의를 이것저것 나열합니다. 우리는 자기가 한 일을 후회하고, 회개하는 사람들을 변호하는가 하면, 이와 반대로 이처럼 변호했던 사람들을 곧 저주하는 그런 실정입니다. 즉, 우리 자신속에 있는 다른 사람의 교리를 규탄하든 그렇지 않으면 오히려 타인의 그것 속에 있는 우리 자신의 교리를 규탄하는, 환언하면 서로가 서로를 찢어발기면서 결국은 우리들 자신이 서로의 파멸원인으로 되어 있는 상태입니다」(보통「콘스탄티우스 황제에의 반론」으로 알려져 있는 탄핵장. 고양이 눈빛처럼 수시로 바뀐 공교파 대 아리우스파의 승패를 기술한 것으로서 유명한 것).

  18개나 되는 많은 분파의 신조를 일일이 검토함으로써 이 이상으로 신학논의로 지정거린다는 것은 독자들도 아마 바라지 않을 것이고, 또 검토한다 해도 도저히 견딜 수 있는 일이 아니다. 더욱이 이런 신경 작성자들은 모두가 자파의 조상인 아리우스의 꺼림직한 이름을 한결같이 부정하고 있다. 무엇인가 이형식물(異形植物)의 모양을 그리든가 그것의 성장과정을 추정한다는 것은 확실히 재미가 있을 것이다. 그러나 꽃도 없는 잎, 열매도 달리지 않는 가지에 관한 것을 길다랗게 늘어 놓았다 해도 여기에는 아무리 근면한 학자도 곧 끈기를 잃고 호기심의 흥미까지 잃어 버리게 될 것이다. 다만, 이 아리우스주의의 논쟁에서 점차 발생해 온 다음의 문제만은 역시 한마디 언급해 둘 필요가 있을 것 같다. 왜냐하면 이 한 가지 일이야 말로, 이윽고 니케아 공회의에서 「호모오우숀」론에 대하여 일치해서 반대라는 이유만으로 통일행동으로 나온 세 분파 각개의 특징을 밝혀주기 때문이다. ① 만일 「아들」과 「아버지」가 유질(類質)이냐라고 질문받으면, 아리우스파의 교의나 또는 철학적 원리를 신봉하는 이단들이라 해도, 그 대답은 아마 단호하게 부정적임이 틀림없을 것이다. 즉, 그것은 조물주와 그의 피조물과의 사이에(그것이 아무리 탁월한 피조물이라 해도) 무한의 차이가 있다는 사고방식을 확립하는 그런 것이기 때문이다. 이런 결론을 명확히 주장한 것은 사교인 아에티우스(Aetius, 4세기 기독교 궤변철학자. 경력·학설은 본문에 나오는 바와 같다. 요컨대 아리우스파 최우익의 주도자. 아리우스주의에서조차 일탈이 우심했으므로 그의 분파는 통상 아노모이오스파로 불리웠다)였다. 때문에 그는 독실한 교적(敎敵)신도들로부터 무신론자(Atheist, 본이름을 비꼬아서 만든 것)라는 별명까지 받았다. 쓸데없이 야심만 크고 엉덩이를 가만히 붙이지 못하는 사람이던 그는 거의 인생의 모든 직업을 경험하고 있었다. 노예(노예라는 말이 적합치 않은 표현이라면 머슴), 뒤이어 행상땜장이·금세공사·의사·교사·신학자 등등과 그리고 마지막에는 새 분파의 사교로 들어앉은 것이다. 이 분파의 교의는 머지않아서 유능한 제자인 에우노미우스(Eunomius, 아에티우스보다 얼마간 젊었지만, 그의 오른팔로서 강력한 협력자였다. 큐지코스의 사교였지만 마지막에는 추방된 후 죽었다)를 얻어서 크게 전파되었다. 성서 본문과 아리스토텔레스 논리학에서 배운 바, 결점 찾기식의 3단 논법을 무기로 논쟁가로서의 아에티우스의 이름은 무적의 이론가로 명성이 높았다. 생각컨대 그를 침묵시키거나 설파할 수 있는 인간은 한 사람도 없었다. 이처럼 재능이 뛰어난 사람인 만큼 초기에는 아리우스파의 사교들도 그에게

호의를 가졌으나 결국은 위험한 맹우라 하여 그를 버렸을 뿐만 아니라 박해까지 가하지 않을 수 없었다. 왜냐하면 정밀확실한 그의 논법은 역으로 그들 자신의 교의를 일반신도 사이에 오해케 할 염려가 있었고, 그 중에서도 특히 열심이고 경건한 신도들을 화나게 했기 때문이다. ② 조물주가 전능이라는 주장은「아버지」와「아들」이 유질(類質)이라는 과제에 대하여 언뜻 보기에는 매우 그럴듯한 해결방안을 제시한 것처럼 보였다. 지고신이 무한한 그의 완전성을 다른 사람에게 전함으로써 자신과 근사한 존재를 창조할 수 있을지 모른다는 생각은 이성으로부터도 부정할 수 없을 것이고, 신앙 또한 이것을 겸허하게 받아들일 수 있을 것이라고 하는 것이 그의 주장이었다. 이렇게 주장한 이들 아리우스파는 에우세비오스(니코메디아 사교인 에우세비오스)의 교구지도 방침을 계승함으로써 동방교회의 주요 사교좌를 차지하고 있던 지도자군의 재능과 권위에 의하여 강력한 지지를 받고 있었다. 아마도 그 중에는 얼마간의 의태(擬態)도 있었겠지만, 그들은 아에티우스의 불신불경은 혐오했지만,「아들」이 다른 일체의 피조물과는 별개로서 오직「아버지」만을 닮은 것이라 함은 전면적 또는 성서에 따라서 믿는다는 취지를 공공연히 표명한 것이다. 그러나 동시에「아들」이「아버지」와 동질적 또는 유질적 존재임을 부정하는가 하면 때로는 그의 반대견해를 대담하게 주장하기도 하고, 또 어떤 때는 본질(substance)이라는 용어 사용에 대해서도 이의를 제기하곤 하였다. 그것은 그들이「신」의 본질에 관하여 적절하다고나 할까, 여하튼 독자적인 견해를 가지고 있었음을 의미하는 것으로 생각된다. ③ 이런 유질설(類質說)을 주장한 아리우스계 분파는 적어도 아시아 내 제속주에 관한한 최대다수파를 차지하고 있었다. 사실 양파의 사교들이 셀레우키아(Seleucia) 공회의*(359년에 있었다)에 모였을 때는 아마도 그들의 주장이 105 대 43의 다수를 차지하여 승리하였을는지도 모른다. 그런데 이 신비스런 유질성을 표현하기 위하여 선택한 그리스어가 기실 가톨릭교회의 기치였던 그것과 너무도 닮았던 것이다. 때문에 후세에 불신의 무리들은 흔히 Ho-

---

* 할주에서 쓴 것처럼 359년의 일이다. 아리우스파 논쟁을 해결지을 목적으로 콘스탄티우스 2세 황제가 소집한 공회의였다. 덧붙여 말한다면 이 셀레우키아시는 소아시아 반도의 동남쪽 귀퉁이, 대략 키프로스섬 대안에 해당하는 이사우케아지방의 수도이다. 같은 359년에 황제는 이탈리아의 리미니(Rimini)에도 공회의를 소집하고 있다. 목적은 똑같았다. 다만 동방의 셀레우키아 공회의에서는 본문에도 있듯이 아리우스파가 우세했지만 서방 리미니의 그것에서는 반대로 가톨릭 공교파가 절대다수였다. 상세한 내용은 생략하지만 이 두 공회의를 가지고서도 결국 논쟁의 **최종적 해결**은 보지 못했다.

moousios파와 Homoiousios파라는 불과 한 복모음(複母音)의 차이만으로 양파가 서로를 맹렬하게 비난했던 일을 비웃었던 것이다. 사실 발음과 글자도 아주 비슷한 2개의 용어가 뜻하지 않게도 정반대의 관념을 나타내는 예는 왕왕있는 일인 만큼, 이 반(半)아리우스파(이 명칭은 결코 적절하지가 않지만)의 교의와 가톨릭의 그것과의 사이에, 만일 그 어떤 뚜렷한 구별이라도 있는 듯한 관점이 있다면, 그런 견해야말로 오히려 어리석은 이야기일 것이다. 사실 프류기아에 유배된 동안에, 현명하게도 이 양파의 합동을 의도한 포와티에의 사교 힐라리우스같은 사람은, 만일 경건하고 충신(忠信)한 해석을 가지고 말한다면 Homoiousios라는 용어 자체도 결국은 동질설로 귀결될 것이라고 하면서 전적으로 이것을 입증하기에 힘썼던 것이다. 물론 이러한 그도 이 용어에 다소간의 애매성, 의문점이 있음을 솔직히 인정하고 있다. 그렇기 때문인지는 모르나 이 반(半)아리우스파는 애매성이야말로 신학논쟁에 알맞는 성격인 양, 교회입구까지 접근하면서도 가장 타협없는 격렬성으로 이것을 공격했던 것이다.

　주로 그리스어와 그리스적인 습속을 보급시키고 있던 이집트와 아시아의 각 속주는 아리우스파 논쟁의 독소를 가장 많이 받고 있었다. 플라톤 철학연구의 보급, 쓸데없이 논쟁을 즐기는 성벽, 임시변통이 자유로운 특유한 어법의 과잉 사용 등은 동방성직자와 그 신도들에게 서방교회에 비하여 무진장하다고 말할 수 있을 정도의 차별적 어휘를 풍부하게 하였다. 심지어 격렬한 논쟁에 열중한 나머지, 이들은 철학이 권장하는 회의심과 또 신앙이 명령하는 신종(信從)의 미덕까지 간단히 잊어버리게 되었다. 이에 반하여 서방세계 주민들은 집요한 탐색성이 훨씬 얕고, 눈에 보이지 않는 대상 등에 의하여 강하게 감동되는 심정이 없었고, 그의 지성 또한 논쟁이라는 습성에 호소하는 일이 적었다. 갈리아 교회의 행복한 무지성은 이만큼 심했던 바, 사실 힐라리우스 사교 자신도 제1차 니케아 공회의가 있은 지 30년 이상이 지났지만, 아직도 이른 바 니케아 신경에 관해서는 전혀 무관심한 상태였다(힐라리우스, 「공회의론」 91절). 즉 라틴세계는 번역이라는 애매하고 의문의 중개를 통해서만 신학적 지식의 빛을 받고 있었는데, 국어인 라틴어 어휘의 빈한성과 고루성으로는 그리스어의 용어, 특히 플라톤 철학의 전문술어에 대한 올바른 동의어를 발견하는 점에서 반드시 충분하다고는 말할 수 없었다(사실 플라톤 철학의 용어를 옮김에 있어 그 얼마나 라틴어의 어휘가 빈곤했는가를 한탄한 서한〈63〉이 세네카에게도 있다). 이 그리스어 술어는 성서와 교회에 의하여 기독교 신앙상의 여러가지 성사를 표현함에 있어 가장 적절한 용어로 이미 성별(聖別)되어 있었다. 그런데도 이와 같은 언어적 결함에서 오는 막대한 오류와 혼란이 라틴신학에 도입될 가능성이 많았다. 그러나 다행스럽게도 서방교구의 사교들은 그 신앙의 원천을 전적으로 정통파 가톨릭 교회에 의존하고 있었기 때문에 처음부터 다소곳이 받아 들였던 교의를 일관하여 유지하였으므로 현실적으로 아리우스파 교의의 병균이 변방가까이까지 접근해 왔을 때도, 로마교황의 가부장적인 감독하에 시기를 놓치지 않고 예방제인 호모오우숀(Homoousion)의 투약을 끊임없이 받고 있었다. 그리고 그들의 사상 감정은 참석자 수에서도 니케아 공회의 때를 상회하는 획기적인 리미니 공회의(여기에는 이탈리아·아프리카·스페인·갈리아·브리타니아·일리리쿰 등의 사교 400명 이상이 참가하였다)에서 명백히 표명되었다(359년의 일). 토의 초기부터 아리우스파를 지지한 성직자(이들도 이미 고인이 된 아리우스의 유명만은 일단 저주하는 것처럼 말하였지만)는 기껏해서 80명 정도로 보였으나, 이것은 다만 숫자상으로만 이렇게 열세로 보였을 뿐, 기실 그들은 교묘한 절충수완, 풍부한 경험, 엄정한 규율과 같은 장점으로 능히 이런 열세를 보완해 나갔다. 이들 소수파를 지도한 것은 일리리쿰 사교인 발렌스(Valens)와 우르사키우스(Ursacius, 당시 유럽교계에서 아리우스파 투사였다는 것 이외에는 알려진 것이 없다) 두 사람이었는데 그들은 궁정 및 공회의에서의 책동에 자기들의 생애를 걸었을 뿐만 아니라 동방의 종교전쟁에서도 사교 에우세비오스의 정기 밑에서 충분하게 훈련을 쌓아왔던 것이다. 사실 그들의 논리와 절충 모습은 여러 번 단순하고 정직한 라틴교회 사교들을 곤혹과 혼란으로 이끌었고 끝내는 완전히 속아넘기는 결과로 되었다. 즉, 공공연한 폭력의 사용보다도 차라리 기만과 집요성으로 신앙의 방위 성채를 적의 손에서 강탈해 버린 것이다. 「호모오우숀」이라는 말 대신에 얼마간 이단적인 냄새가 나는 표현까지 삽입된 궤변적인 신경(信經)이었음에도 불구하고 멍청하고도 부주의하게 전원이 모두 서명함으로써 여기서 비로소 리미니 공회의는 산회하게 되었다. 성(聖)히에로늬무스(Hieronymus, Sophronius Eusebius, 340〈-50〉-419〈20〉. 기독교 교부·교회박사·성인. 안티오크 사교, 로마교황 비서, 베드레헴 수도원의 지도자. 불가타〈Vulgata〉성서를 라틴어로 완역한 저명한 신학자. 아래의 1절은 너무도 유명하여 자주 인용된다)의 표현을 빌린다면, 전세계가 일순간에 아리우스파에 귀의하고 있다는 것을 깨닫고 깜짝 놀란 것은 바로 이때였다.* 그러나 라틴계 각 속주의 사교들은 각자의 담당교구로 돌아가자마자 자기들의 잘못을 깨닫고 자신의 어리석음을 후회하였다. 그리하여 굴욕에 가득한 이 항복협정과도 같은 것은 즉각적으로 헌 신발처럼 버려지고, 흔들리기는 했지만, 타도되는 것만은 모면했던 호모오우손의 정기는 또다시 종전에 배가하여 굳건히 유럽 전교회에 높다랗게 꽂히었다.

콘스탄티누스 대제와 그 아들 황제들의 치하에서 기독교계의 평화를 교란한 신학논쟁의 기원과 진전, 그리고 당연한 변혁에 대해서는 대략 상술한 바와 같지만, 이들 제황제의 의도는 단지 신하들의 생명·재산뿐만 아니라 신앙에 관해서까지도 그의 전제적 권력을 미치고자 했기 때문에, 그들 군주에 의한 지지 여하가 때로는 교회내의 밸런스를 크게 좌우하였고, 「천제(天帝)」의 대권이 역으로 지상군주의 각내(閣內)에서 결정되고 변경되며 또 수정되는 경우가 있었다.

동방 여러 속주에 만연되고 있던 불행한 불협화정신이 콘스탄티누스 황제의 승리를 서방교회들에서는 저지시킨 셈이지만, 그러나 일정한 시기에 이르기까지 황제는 이런 논쟁대상을 오히려 정관(靜觀)하고 무관심한 태도로 쳐다보고만 있었다. 신학자들간의 논쟁을 가라앉히는 일의 곤란성에 대해 아직 경험이 없던 탓인지는 모르지만, 황제도 한번은 논쟁중의 두 파, 즉 한쪽은 알렉산드로스 사교(알렉산드리아의 사교, 니케아 공회의에서는 아타나시우스와 함께 정통파편에서 아리우스파를 공격하는 선봉장이었다)에게, 그리고 다른 한쪽은 아리우스 사교에게 조정하는 서한까지 각각 보낸 일이 있었다. 그러나 이 서한이라는 것이 아무리 보아도 일개 무인정치가의 아마추어적 인식으로 쓰여졌다는 감이 짙고, 그 누군가 종교고문관의 자문으로 된 것이라곤 도저히 생각할 수 없었다. 황제는 이 서한에서 전체 논쟁의 기원이 교회법의 어떤 불가해한 점을 둘러싼 자세하고 미묘한 문제에 유래되는 것으로서 그것을 어리석게도 사교(알렉산드로스)가 물어 보았고, 이에 대해 사제(아리우스)가 매우 조심성없이 해답을 준 데 기인되었다. 동일신, 동일신앙, 동일예배법을 가진 기독교도가 이와 같은 사소한 의견차이로 분열의 위기에 처해 있다는 것을 심히 슬프게 생각하는 동시에 설사 의견차이가 있더라도 서로가 냉정하게 이 문제를 토론하되 우정을 깨는 일 없이 각자의 자유를 서로 주장했던 그리스 철학자들의 선례를 들었고 또 이것을 발

---

* 히에로니무스의 『루키페르를 논박한다』의 한 줄이다. 원문은 「전세계가 한숨을 지으면서 아리우스를 우러러 받들고 있다(Ingemuit totus orbis, et Arianum se esse miratus est).」 루키페르(Lucifer)는 히에로니무스보다 얼마간 나이가 많은 것으로 생각되는 카랴리의 사교다. 아리우스파에 대한 맹렬한 탄핵논자였으나 극단으로 달린 나머지 루키페르파(Luciferani)라고 불리운 한 분파를 또 만들게 되었다고 한다.

전시킨 알렉산드리아시의 성직자들에게서 모범을 찾도록 권고하고 있었다(이 서한의 전문은 에우세비오스의 『콘스탄티누스 황제전』 제2권 64-72절에 나와 있다. 알렉산드로스와 아리우스 두 사람에게 보낸 것으로서 그 내용은 대략 본문과 같지만, 교회내의 분쟁 때문에 동방정벌에도 차마 출정하지 못하고 있다고까지 기술한 결어〈結語〉 등이 과연 무인정치가의 손으로 쓰여진 서투른 서한이라고 평가되고 있는 것이다). 만일 민심의 흐름이 그처럼 격렬한 흥분상태가 아니고 또 황제 자신이 분파적 광신(分派的 狂信)의 와중에서도 마음의 평정성을 잘만 유지했더라면 어쩌면 황제의 이 냉담·무관심성이야말로 논쟁을 종식시키는 가장 효과있는 태도였었는지도 모른다. 그러나 황제측근의 종무(宗務)고관들은 이 공평하고 중립적인 황제의 심기를 곧 전복시켜 오히려 신개종자(콘스탄티누스 대제를 가리키는 것) 특유의 신앙열을 부추키는 책모로 나갔던 것이다. 즉, 때마침 황제 조각상에 가해진 모욕이 심히 그를 화나게 했을 뿐만 아니라 허상(虛像)과 실상(實像)을 뒤섞어서 날로 증대되는 영향력을 알고 새삼스럽게 불안에 떨게 되었다. 여기서 곧 300명의 사교들을 같은 궁전안에 소집했는데, 그때 이래 황제는 평화와 관용에 대한 희망을 일체 버렸다. 황제 자신이 이 회의장에 나타났다는 것은 이 논쟁의 중대성을 한층 더 높였다. 즉, 황제의 관심이 이 논쟁을 한층 더 꽃피우게 하였고, 게다가 시종일관 인내성 있게 의연한 자세로 친림했다는 것이 더욱더 토론자들의 용기를 북돋아 주었다. 콘스탄티누스 황제의 웅변과 총명성에 대해서는 고래로 일관해서 칭찬되고 있는 바와 같다. 그렇기는 하지만 결국은 로마군의 일개 장수에 불과하고, 문제가 신앙에 관한 한 아직도 의문점을 많이 가지고 있었으며, 그의 사려 또한 연학(硏學) 내지 영감으로 계발된 단계에까지는 아직 이르지 못하고 있었다. 그런 황제가 익숙하지도 못한 서투른 그리스어로 형이상학상의 문제들, 나아가서는 신앙개조에 관하여 논한다는 것은 공평하게 말하여 무리였다. 그러나 여기서 저 니케아 공회의의 의장이었다고 보여지는 총신인 오시우스(Osius)의 의향이 황제를 움직여서 정통파 지지에로 심사를 굳히게 한 것으로 생각된다. 이에 더하여 때마침 이단파의 옹호자였던 니코메디아의 사교 에우세비오스가 앞서는 남몰래 참제인 막센티우스를 원조했을 것이라는 소문까지 나돌자 종적(宗敵)에 대한 황제의 심증(心證)을 한층 악화시켰던 것 같다. 이리하여 니케아 신경(Nicea 信經)은 콘스탄티누스 황제에 의하여 재가되고, 공회의에서 나타난 바 신려(神慮)에 저항하는 자는 누구를 막론하고 곧 유형에 처해질 각오를 하라는 엄격한 황제의 선언은 가냘픈 반대의 기침소리까지 단번에 침묵시키고 말았다. 사실 반대하던 사교 수도 17명에서 단번에 2명으로 줄어 들었다. 케사리아의 사교 에우세비오스같은 사람은 불만이면서도 지극히 애매한 태도로 Homoousion설에 동의를 표명하였다(상세한 내용은 생략하지만, 이른 바 「교회사의 아버지」인 에우세비오스도 이 논쟁에서는 태도가 상당히 애매모호했던 것 같다. Homoousion설의 신경에 서명한 것을 열심히 변명한 그의 서한도 있다고 한다). 한편 니코메디아의 에우세비오스 사교도 얼마간 동요하는 태도를 취했지만, 결국은 굴욕적인 유형을 3개월 정도 지연시킴에 불과하였다. 아리우스 본당자는 더 말할 나위도 없이 불신의 도배라 하여 멀리 일리리쿰의 한 속주로 추방되는 동시에, 그 자신과 그 제자들은 법에 의하여 포르피리우스파(Porphyrians)*라는 혐오스러운 낙인이 찍혔다. 그의 저작물은 모두 불태워졌고 그것들을 남몰래 소장하고 있던 사람들은 발견되는 대로 중대한 종교사범으로 규탄받았다. 이제 황제까지가 완전히 논쟁열기에 감염되어, 그 이후 그가 내린 많은 칙령에 보이는 분노와 냉소에 가득찬 문체는 명백히 그가 그리스도의 적들에게 느끼고 있던 증오심을 국민들에게도 그대로 주입시키려는 의도가 담겨 있는 것들뿐이었다.

황제의 이러한 태도는 경고라기보다도 차라리 일시적인 감정에 치우친 조치였던 것처럼 보였는 바, 사실 니케아 공회의 후 불과 3년도 지나지 않았을 때, 황제는 벌써 이단인 아리우스파에 대하여 자비라고나 할까, 관용의 징조까지 보이기 시작하였다(하기야 여기에는 황제가 가장 사랑하는 누이동생〈아마도 리키니우스 황제에게 출가하여 과부가 된 콘스탄티아인 것 같다〉이 남몰래 보호의 손길을 뻗친 일도 있었지만). 이리하여 추방됐던 사람들은 소환되고, 에우세비오스(니코메디아의 에우세비오스를 가리키는 것)도 점차 황제의 신임을 회복하여 일단은 굴욕적인 파면을 받고 있던 사교직에도 다시금 복귀하게 되었다. 아리우스 장본인도 다시 모든 궁정사람들의

---

* 포르피리우스(Porphyrius/Porphyrios)는 232(33)-305?년 간 생존한 그리스인 신플라톤주의 철학의 대표격 학자다. 로마에서 스승인 플로티노스(Plōtinos/Plotinus, 205-269?)에 사사하여 신봉자가 되었고, 또 그의 저작을 출판하는 동시에, 그 신플라톤파 사상을 보급시켰다. 그러나 『기독교도 논박(Kata christianon)』(전15권)을 비롯하여 그의 저작에는 반기독교적 문헌이 많아서 동로마 제국의 테오도시우스 2세황제(Theodosius II, 재위 408-414)명령으로 이것들이 분서의 재난을 받기 시작하더니, 5세기 중엽까지는 거의 불태워지고 말았다. 특히 예수의 책형(磔刑)을 가지고 실패의 생애로 평가하였고 「아들」의 신성(神性)을 전면적으로 부정한 것이 문제화되었다. 따라서 아리우스를 포르피리우스의 무리로 규정한 것은 명백히 그에 대한 악명이다. 다만 그의 『아리스토텔레스 범주론 입문』은 중세기의 표준적인 논리학 교과서로 되어 있었다.

존경을 받게된 바, 그것은 죄없이 탄압받았던 인물에게 당연히 바치는 그런 경의였다. 게다가 그의 신조도 예루살렘공회의에서 승인되었는데, 콘스탄티누스 황제로서는 어떻게 해서든지 자기가 범한 잘못을 보상해 주려는 일념에서 인지, 콘스탄티노플 대성당에의 성체배령에 필히 그도 참석시키도록 절대명령까지 내렸다. 그러나 아리우스파 승리의 날로 정해진 바로 같은 날 뜻하지 않게도 아리우스 자신은 그의 일생을 끝마친 것이다(아리우스〈Arius, 250 ? -336. 그리스의 신학자. 리비아인. 여기서 아리우스 학설은 한마디로 요약하면, 그는 안티오크의 신학자 루키아노스〈Loukianos. 312년 사망. 신학자·성인·안티오크 성서해석학교를 설립 운영〉에 사사하고, 스승의 학설을 계승하여 예수 그리스도의 인성을 중시해서 그리스도는 신에 의하여 만들어진 사람이므로 신적으로도 영원하지 않다고 주장한 것이다. 여기서 그는 3위일체설을 주장한 알렉산드리아의 사교 알렉산드로스와 논쟁하게 되었다. 콘스탄티누스 황제에 의하여 소집된 325년의 니케아 공회의에서 아리우스는 일단 이단으로 규정되어 일루리아 지방에 추방되었으나 그것이 해제됐다는 사실은 본문과 같다). 다만 기괴하다고 할 그의 임종상황에 대해서는 모종의 의혹, 즉 어쩌면 가톨릭 교회의 성자들이 가장 두려워할 만한 교적(敎敵)으로부터 그 교회를 구출하기 위하여 혹시 단순한 기도 이상의 그 무엇인가 유효한 수단을 쓴 것이 아닌가 하는 의심을 품게 하지 않는 것도 아니었다(용변중 갑자기 장의 파열을 일으켜 죽었다는 것인데, 이에 대하여 동지들은 독살이라고 했고, 가톨릭측은 기적적 신벌이라고 주장하였다). 그것은 어쨌든간에 가톨릭 교회의 3대 지도자들, 즉 알렉산드리아의 아타나시우스(Athanasius), 안티오크의 에우스타티우스(Eustathius, 아리우스파를 극력 반대한 탓으로 330년 안티오크에서 열린 교회 회의에서 사벨리우스〈Sabellius〉설의 주장자로 배척되어 트라키아에 유배되어 있던 중 359년경 동지에서 사망) 그리고 콘스탄티노플의 파울루스(Paulus)는 몇 번씩이나 개최된 공회의 결과, 죄명은 비록 각각 다르지만 어쨌든 연이어 파면 판결을 받고 머지않아 멀리 떨어진 속주로 유배되는 신세가 되었다. 이런 조치를 취한 것은 다름아닌 바로 첫번째 기독교 황제가 된 콘스탄티누스 대제인데, 더욱이 그는 임종의 병상에서 아리우스파의 사교이며 가장 총애하던 성직자 중 한 사람인 니코메디아의 에우세비오스로부터 세례를 받고 있는 것이다. 황제의 교회 정책은 어떤 면으로 보더라도 경솔했고, 그의 약점이었다는 비난을 면하지 못할 것으로 생각된다. 사실 신학논쟁의 전략문제 등에서 당연히 익숙치 못한 군주가 만일 저자세로 나오면서 그럴듯한 이단파의 교설 따위를 설명받으면 어차피 그 내용을 완전히 이해할 수 있는 것이 아닌 만치 그는 기만당할 가능성이 충분히 있었던 것이다. 어쨌든 황제는 한편으로는 아리우스를 비호하고 아타나시우스를 박해하면서도 다른 한편에서는 여전히 니케아 공회의를 기독교 신앙의 방채(防砦)이며, 또 황제 치세하의 커다란 자랑으로 자부했던 것이다(대체 만년인 대략 328-337년 간의 일. 아리우스파를 보호하면서도 Homoousios설을 채용한 니케아 신경을 자랑으로 한 것은 명백히 모순이며 그의 무지성과 약점을 노출시킨 것이라고 한다).

콘스탄티누스 대제의 자식들은 소년 시절부터 당연히 세례지원자(catechumenus)로 간주되었음이 틀림없다. 그러나 그들 또한 세례시기가 늦어진 것은 부황과 마찬가지였다. 따라서 그들도 부황과 마찬가지로 아직 정규의 입신성사(入信聖事, myster)를 받지 않은 신분이지만 성사에 관한 판단만은 감히 내려야 하는 그런 처지에 놓여 있었다. 그런 까닭에 3위일체 논쟁의 운명은 동방 여러 속주의 통치권을 계승했고, 뒤이어 제국 전체의 영유권을 획득한 콘스탄티우스 2세황제의 생각 하나만으로 거의 결정되는 처지에 놓였다. 게다가 선제의 유언서라는 것을 남몰래 입수하고 있다는 아리우스파 사제 또는 사교(니코메디아의 사교 에우세비오스를 뜻하는 것인지?)는 국무상의 판단 등 측근 총신들의 의견 하나로 동요하는 새 황제 신변에서 다대한 발언권을 갖게 된 것을 기화로 이런 행운을 교묘히 활용하였다. 즉, 환관 무리와 노예들이 아리우스파의 이 영적인 독약을 온 궁정안에 뿌려 놓았는데 이것의 무서운 감염은 다시 여관(女官)무리로부터 친위병들에로, 또 황후를 통하여 아무 것도 모르는 그녀의 남편인 황제에게까지 그대로 번져나간 것이다. 그리고 사교 에우세비오스 일파에게 시종일관하여 표시했던 콘스탄티우스 2세황제의 편애는 다시 같은 파 지도자들의 교묘한 조종으로 언젠지도 모르게 한층 더 강화시키는 결과까지 가져왔다. 특히 황제가 참제인 마그넨티우스와의 전쟁에서 승리했다는 것은 아리우스파를 옹호하기 위해서라면 병력의 사용도 불사한다는 의지와 실력을 굳히게 하였다. 양쪽 군대가 무르사(Mursa)결전장에 집결하여 서로의 운명이 바로 이 한판 싸움의 승패에 걸려 있었을 때의 일이지만, 콘스탄티우스 2세황제는 무르사시 성벽 밑에 순교자들을 받들어 모신 교회당 안에서 불안한 몇 시간을 보내고 있었다. 이런 환경에서 동교구의 아리우스파 사교인 동시에 황제의 영적(靈的) 위안자인 발렌스(Valens)는, 앞으로도 계속해서 황제의 호의를 확보하려면 어떻게 할 것인가, 만일 황제가 패주라도 하게 된다면 어떻게 안전을 도모해야 할 것인가에 대하여 대책을 세우고자 한시각이라도 빨리 정보를 입수하기 위하여 거의 만전에 가까운 조치를 강구하고 있었다. 즉, 심복의 비밀전령을 여러 명 준비해

놓고 시시각각으로 변화하는 전투상황을 화살을 당기듯이 연이어 자기 앞으로 급히 보고케 하였다. 그 사이에 정신들은 공포심에 떨고 있는 주군을 둘러싸고 하는 일 없이 부들부들 떨고만 있었는데, 바로 이때 발렌스가 재빨리 마그넨티우스의 갈리아 군단의 패배를 명확하게 보고했을 뿐만 아니라 이 빛나는 전승은 천사로부터 이미 그에게 계시했었다고까지 냉정한 태도로 진술했던 것이다. 감사하는 마음으로 가득차게 된 황제는 이 승리를 오로지 무르사시 사교의 대도(代禱)에 의한 공로로 단정하고, 그의 신앙이야말로 신의 기적적인 가납에 의한 것이라고 말하였다. 이리하여 아리우스파는 황제의 이번 승리를 전적으로 자파의 승리로 확신하고 황제의 이 영광을 부황인 콘스탄티누스 대제의 그것을 능가하는 것이라고까지 추켜 세웠다. 예루살렘의 사교 키릴(Cyril, 351-386?. 그 자신은 어느 편인가 하면 가톨릭파였지만 이번의 승리를 함께 기뻐한 것이다)에 이르러서는 빛 나는 무지개에 둘러 싸인 천상의 십자가라는 기적담 한 편을 곧 엮어냈는데, 그것에 의하면, 성령강림제(Pentecost, 5순절) 당일의 대략 제3시 경이지만 그 십자가상은 감람산 꼭대기 하늘 높이에서 온누리에 빛을 발산함으로써 경건한 순례자와 성도 시민들에게 깊은 감명을 주었다는 것이다. 또한 아리우스파의 한 교회사가(아리우스파의 입장에서 쓴 『교회사』의 저자 필로스토르기우스〈Philostorgius〉를 가리키는 것. 동 『교회사』 제3권 26절)의 붓을 빌리면, 이 유성은 점차 거대해져 멀리 판노니아(Pannonia)벌판에 있던 양쪽 병사들의 눈에도 뚜렷이 보였고, 특히 우상숭배자로 묘사되어 있는 참제 마그넨티우스 등은 이 기독교적인 상서로운 징조를 올려다 보자, 그후 곧 패주하였다고까지 단언하고 있다.

원래 정치분쟁이나 종교분쟁이란, 그런 일의 진전을 공평하고 중립적인 입장에서 생각할 수 있는, 차라리 제3자에 의한 현명한 판단이야말로 우리 사가에게는 언제나 더 중요한 것이다. 그런 의미에서 콘스탄티우스 황제군에 근무하였고 황제의 성격에 대해서도 끊임없이 관찰하고 있던 사가 암미아누스-마르켈리누스가 묘사한 1절은 어설피 신학자들에 의한 장광설의 비난 공격보다도 아마 훨씬 귀중할 것이다. 그러나 이 온건중립적인 사가조차 이렇게 말하고 있다.「그리스도교 그 자체는 매우 단순하고도 명쾌할 터이다. 그런데도 황제는 맹목적인 미신으로 이것을 혼란에 빠뜨린 것이다. 황제된 권위로 이것의 수습을 도모하기는 커녕, 쓸데없이 매우 복잡미묘한 교리론을 선동함으로써 더욱더 논쟁을 키워나갔고 또 전파시켰을 뿐만 아니라 오히려 이에 기름까지 부어서 더 치열하게 만들었다. 연이어 각지에서 개최된 그들의 이른 바 공회의장을 향하여 공용역마(公用驛馬)를 몰아 서둘러 바삐 길가는 사교들의 무리로 국도는 정체상태가 극심할 정도였다. 어쨌든 황제는 전교파로 하여금 자기자신의 특수견해에 동조시키려고 했으니, 그들 사교군의 빈번한 왕복으로 역참제도는 거의 마비상태와 다름이 없었다」(암미아누스-마르켈리누스,『역사』제21권 16장 18절). 이제 콘스탄티우스 황제 치하의 대교회정책을 한 가지만 더 깊이 파고 들어가서 알아 보면, 아마도 이 주목할 만한 1절에 대하여 충분한 주석을 제공받을 수 있을 것으로 생각된다. 그것은 또한 근거 있는 아타나시우스의 패념을 충분히 정당화시켜 줄 것으로도 생각된다. 즉, 만일 이런 식으로 성직자들이 참된 신앙을 찾아서 제국안을 우왕좌왕하고 헤매고 돌아다니는 한 쓸데없이 비신도세계의 조소와 경멸만을 살 따름이라는 것이다(아타나시우스,『저작집』제1권). 한편, 콘스탄티우스 황제 자신은 내란의 공포로부터 해방되자마자 동계숙영지를 아를르(Arles)·밀라노·시르미움(Sirmium)·콘스탄티노플 등지로 옮기면서 그 한가한 시간을 다 바쳐 재미에서였는지 또는 정려(精勵)한다는 생각에서였는지는 알 수 없으나 이 논쟁에 대한 대책에 몰두하였다. 신학자의 이성에 강요하기 위하여 위정자로서의 칼──차라리 폭군으로서의 칼을 뽑아 든 것이다. 원래 황제는 니케아 공회의의 정통파적 신경(信經)에 반대였는데, 이번에도 그의 무능성 및 무식성과 마찬가지로 그의 뻔뻔스러움 또한 이에 뒤지지 않는다는 것을 곧 폭로하고 말았다. 자만심만 강할 뿐 저능아에 가까운 황제의 사려를 지배하고 있던 환관·여관·사교들의 암약이 호모오우손설에 대하여 씻을 수 없는 혐오감을 그의 마음속에 불어 넣고 있었다. 다만 겁장이 적 양심의 소유자인 황제인 만큼, 아에티우스(Aetius, 아리우스파 최우익을 형성. 교적들이 그를 가리켜 무신론자(Atheist)라고 했다 함은 이미 설명했지만, 이것은 지나친 표현일 것이다)의 독신성(瀆神性)에도 마음속으로는 두려워하고 있었다. 더욱이 이 무신론자의 죄목은 저 비운의 부황제 갈루스의 특별한 보살핌을 받았던 것 같다는 혐의로 더욱 큰 것으로 여겨졌다. 또한 안티오크시에서 대량적으로 숙청된 황실 고위관리들의 죽음까지가 위험한 이 궤변철학자의 건의의 결과로 간주된 것이다. 이성에 의한 억제가 없고, 그렇다고 해서 굳은 신앙심도 가지지 않은 콘스탄티우스 황제의 마음은 서로 대립하는 좌우 두 극단을 겁낸 나머지 마치 어둡고 공허한 심연(深淵)의 양쪽 기슭에서 줏대 없이 맹목적으로 혼들리고 있는 모습이었다. 이처럼 변덕이 팥죽 끓듯하는 황제는 오늘은 아리우스파와 반(半)아리우스파의 견해를 지지하는가 하면 다음날은 벌써 그들을 단죄하는 것이었다. 그런가 하면 각 지도자들도 오늘은 추방됐는가 하면 다음날은 곧 소환되는 실정이었다. 만일 어떤 국가적인 공식행사나 축제시기가 다가오기라도 하면, 항상 동요하는 그의 신조를 정리완성시키기 위하여 며칠씩이나, 그리고 매일 밤 늦게까지 용어를 고르고, 또 그 한마디 한마디를 신중하게 검토하는데 부심하였다. 본 문제에 관한 황제의 노심초사는 언제나 그의 수면까지 방해했을 뿐만 아니라 그 사이에 꾸는 지리멸렬의 꿈을 마치 하늘로부터의 그 어떤 계시인 양 그대로 받아 들이는 것이었다. 또한 그의 심정을 만족시키기 위해서라고는 하지만 자기의 교파적인 주장조차 잊어버린 듯한 성직자들이 제각기 황제에게 바치는 다분히 아첨적인「사교 중의 사교」라는 최고의 칭호를 오히려 기쁜 마음으로 받아들이는 것이었다. 그래도 어떻게 해서든지 교리의 통일만은 확립하고 싶었던지, 갈리아·이탈리아·일리리쿰 그리고 아시아 등으로 여러 번 공회의를 소집했는데, 그때마다 그 공회의들은 우선 황제 자신의 경솔성, 다음으로 아리우스파의 내부분열, 나아가서는 가톨릭파의 저항으로 좌절되고 말았다. 결국 황제는 최후의 결정적인 노력으로서 칙령에 의한 총공회의를 소집하기로 결심했지만, 이것 역시 니코메디아시에서 돌발한 대지진과 다른 적당한 공회의장을 발견하지 못한 것, 그리고 그 어떤 내밀적인 정책상의 이유라도 있었던지 이 총공회의의 소집이 갑자기 변경되었다. 즉, 동방의 사교들은 이사우리아(Isauria)의 셀레우키아(Seleucia)시에 모이라는 명령을 받았고 한편 서방의 사교들은 아드리아해 연안에 있는 리미니(Rimini)에 모여서 각각 토의하도록 되었다. 또한 각 속주에서 각각 2-3명의 대표를 내도록 되었던 방침도 변경되어 새삼스럽게 모든 사교가 직접 참석하라는 명령으로 바뀌었다. 동방공회의는 이럭저럭 4일 간에 걸친 공허한 격론을 벌린 끝에 산회했지만, 말할 나위도 없이 이렇다 할 결론은 무엇 한가지도 나오지 않았다. 한편 서방공회의쪽은 무려 6개월 이상이나 계속되었다. 왜냐하면 만장일치의 견해가 나올 때까지 산회해서는 안된다는 훈령을 민정총독인 타우루스(Taurus)가 받고 있었기 때문이었다. 즉, 타우루스 총독의 분투노력의 지주로 되었던 것은, 가장 강경파 사교 15명에 대해서는 추방처분도 가능하다는 그 권한과, 만일 이 곤란한 임무에 성공한다면 집정관 신분에로의 영진이 이루어진다는 이른 바 공약이었다고 생각해도 좋을 것이다. 그의 간청과 위협, 황제의 권위, 발렌스와 우르사키우스(Ursacius)의 궤변, 추위와 굶주림에서 오는 고통, 희망 없는 유배죄의 외로운 나날이라는 예상이 마지못해 리미니 공회의에서의 사교들을 동의케 하였다(360년의 일). 이리하여 동서양 공회의의 대표자들은 다함께 콘스탄티노플 황궁에로 문안드리려 입궐했다. 동질(Homoousios)이라는 표현은 일체 지양하고, 다만「신의 아들」의 동질성(consubstantiality)만을 주장하는 이른 바 흠정판적(欽定版的) 신앙고백에 전로마세계가 복종하게 되었다 하여 황제는 대만족이었다. 그러나 아리우스파 교설의 승리가 있기까지는 이에 앞서 가톨릭파 사교들의 전면적인 배제가 있어야만 하였다. 그들에게는 위협도, 매수도 전혀 먹혀들지 않았기 때문이다. 이리하여 콘스탄티우스 황제의 치세는 결국 저 대(大)아타나시우스에 대한 부당하고도 효과 없는 박해라는 일대 오점을 남기는 결과를 가져왔다.

실천행동의 생활이건, 또 사색생활이건간에 한 인간의 정신력이 시종 불굴이며, 하나의 목적달성을 위하여 집중시켰을 때, 과연 그것이 어디까지 실효를 거둘 수 있으며, 또 장애라면 어디까지 그것을 극복할 수 있는가를 실제 눈으로 볼 수 있는 기회란 거의 없다고 해도 과언이 아니다. 그런데 대 아타나시우스(Athanasius, Magnus, 296?-373)라는 불멸의 이름은 도대체가 가톨릭교회「3위일체」의 교의와 떼놓고는 절대로 생각할 수 없다. 즉, 이 교의의 옹호를 위하여 이 사람이야말로 전생애의 모든 순간과 온갖 능력을 죄다 바쳤다고 해도 과언이 아니다. 알렉산드리아시의 사교 알렉산드로스 밑에서 교육을 받고, 아리우스주의의 이단교의가 겨우 일어났을 무렵부터 그는 이에 대하여 끊임없이 격렬한 반격을 가했었다. 그리고 알렉산드로스 노사교 밑에서 중요한 비서직을 맡고 있었는데, 니케아 공회의에 모였던 교부들은 이 젊은 부제의 놀랄 만한 학덕(學德)과 그 능력을 알고 경이와 존경의 눈으로 보게 되었다. 국가사회의 위기가 박두했을 때 등에, 늙은 고관대작들의 둔감한 주장이 젊은 세대의 그것으로 자주 대체되는 사례가 결코 드물지 않지만, 이번 경우도 부제인 아타나시우스는 니케아로부터 돌아온 이래, 5개월도 채 지나지 않았는데도 벌써 이집트 속주의 수좌 대사교직에 취임하였다. 그 이후 46년 간 이상에 걸쳐 이 현직(顯職)에서 일했을 뿐만 아니라 그의 이처럼 긴 교회행정의 족적은 시종 일관 아리우스파 세력과의 반골적인 대결로 점철되었다고 할 수 있다. 그는 무려 다섯 번이나 수좌대사교직에서 추방되어(제 1 회는 335년 콘스탄티누스 황제에 의하여 갈리아의 트레브〈Treves〉로, 제 2 회는 340년 콘스탄티우스 황제에 의하여 로마시로, 제 3 회는 355년 같은 황제에 의하여 이집트의 사막으로, 제 4 회는 362년 배교자 율리아누스 황제에 의하여, 그리고 제 5 회는 365년 발렌스 황제에 의하여 각각 추방되거나 피난하였다), 실로 통산 20년

간을 추방 또는 망명자의 신세로 보냈는데, 그 사이에 제국의 거의 모든 속주가 그의 공적과 더불어 호모오우시오스(Homoousios, 同質)설의 주장으로 잇달아 받은 온갖 고통을 직접 목격했던 것이다. 생각컨대 그런 일들은 그에게 있어 유일한 기쁨이요 책무이며 자기생애의 영광이라고까지 생각했던 것이다. 이런 박해의 폭풍우 속에서도 그는 실로 인내심 강하게 노력하면서 허명(虛名)을 끝까지 경계했을 뿐, 한 몸의 안전 따위는 조금도 개의치 않았다. 정신적인 활동에서는 얼마간 광신적인 요소도 있었지만, 그의 성격과 재능의 탁월성은 설사 그에게 대제국의 통치를 맡겼다 해도 아마 불초자식들인 콘스탄티누스 대제의 후계 황제들(콘스탄티누스 2세, 콘스탄티우스 2세, 그리고 콘스탄스의 3형제를 가르키는 것) 보다야 훨씬 적격자였음이 틀림없다. 학식의 깊이와 넓이에서는 케사리아의 에우세비오스(「교회사의 아버지」로 불리우는 에우세비오스)에는 멀리 미치지 못하고, 그의 메부수수한 웅변은 예컨대 그레고리우스(Gregorius Nazianzus, 329?-389. 동방교회 교회박사・성인)와 바실리우스(Basilius, 330?-379? 기독교 교부・성인. 이 두 사람은 모두 갑파도키아의 신학자로서 아타나시우스와 같은 시대의 인물들이다. 두 사람은 아테네에서 수학할 때부터 교우였고, 생애를 통하여 병칭〈並稱〉되는 것이 통례이다. 모두 교양이 높은 문인 타입이고, 교회내에서의 영달을 피하였다)의 세련미에는 도저히 비견되지 못했지만, 그러나 일단 자기의 견해와 행동에 관한 변명의 필요성이 있을 때는 이 이집트 수좌대사교의 기세는 과연 필설(筆舌)공히 명쾌 웅장하고도 훌륭한 설득력을 과시하였다. 가톨릭 교회에서는 고래로 가장 엄정한 기독교 신학자의 한 사람으로 항상 추앙되어 온 인물이며, 동시에 사교직과는 별로 어울리지 않는 두 가지의 세속적인 학문, 즉 법학과 점복학에도 매우 조예가 깊었던 것으로 일컬어진다 (법학자로서는 교회사가인 술피키우스 세베루스〈Severus, Sulpicius〉, 그리고 예언능력에서는 교회사가 소조메누스〈Sozomenus〉가 뛰어났었다고 기번은 주석을 달고 있다. 아타나시우스가 예언능력에 뛰어났다는 데 대해서는 사가 암미아누스-마르켈리누스도 「역사」제15권 7장에서 기술하고 있다). 여러 번 미래를 예측하여 멋지게 적중시킨 일이 있었던 모양이다. 공평 냉정한 이성적인 판단자의 입장에서 보면, 이 능력은 그의 다년 간의 경험과 판단력의 결과에서 오는 것이라고 하겠다. 그러나 자기편 사람들은 이것이 선천적인 영감에서 오는 것이라고 주장했고, 한편 적측에서는 곧 악마의 마법에 의한 것이라고 헐뜯었다.

그의 경우, 밑으로는 수도승으로부터 위로는 황제에 이르기까지 모든 계층 사람들의 편견적인 심정과 끊임없이 접촉하고 있었으므로 인간성에 관한 지식이야말로 그에게는 첫번째이자 가장 중요한 학문이었다. 끊임없이 전변하는 세상사에 대해서도 시종일관 확고한 견해를 갖고 있던 그인 만큼, 곧 지나가 버리는 결정적인 순간일 때도, 그는 일반사람들보다 항상 한 발자국 앞서 그것을 헤아려서 활용할 수 있었다. 또한 이 알렉산드리아시의 대사교(아타나시우스를 가르키는 것)는 어디까지면 대담한 명령으로 성공할 수 있으며, 어디에서는 교묘하고도 완곡한 설득법이 필요한가, 어디까지가 힘에 의한 투쟁의 한계이고, 또 언제 어느 때가 박해를 모면하기 위해 일시적으로 투쟁하는 것을 걷어들이는 좋은 기회인가 하는 그런 미묘한 호흡까지 실로 적확(的確)하게 판단할 수 있었다. 따라서 이단반항의 무리에게 방금 교회의 뇌화(雷火)와도 같은 불호령을 내렸는가 생각하면, 금세 일전하여 자파 속에서는 과연 현명한 지도자답게 유연 관용적인 태도로 나오는 것이었다. 그의 대사교직 서임에 대해서는 위법적이고도 너무 성급했었다는 비난이 일부에서는 있었지만, 결국은 그의 진퇴의 올바름이 자연스럽게 성직자들과 일반 신도들의 마음을 납득시켰다. 알렉산드리아시의 신도들은 이처럼 굉변대도(宏辯大度)의 대사교를 지키기 위해서라면 감히 무기를 들고 일어나는 일도 불사하겠다고 하였다. 즉, 역경에 설 때마다 그는 반드시 교구내 성직자단의 충실한 신도들로부터의 지지, 적어도 위로를 받고 있었으며, 또 이집트 속주내 100명이나 되는 사교들은 시종 변함없는 정열을 가지고 그의 주장을 내내 지지하였다. 첫째는 자부심으로, 또 한 가지는 정책적 배려도 있어서 그는 특히 몇 사람만의 수행원들만 데리고 나일강 하구에서 시작하여 이디오피아 변경지역에 이르기까지 여러 번 자기 교구인 전속주를 순석(巡錫)하고 돌아다녔다. 그리고 어떠한 비천한 사람들과도 흉금을 터놓고 이야기하였고, 특히 사막의 성자와 은자들에게는 자세를 낮추어서 경의를 표하곤 하였다. 그의 정신적 탁월성이 특히 잘 표현된 곳은 교육과 습속이 공통적인 교회내 집회에서 뿐만이 아니다. 예컨대 왕후들의 궁전에 들어가 문안드릴 때도 의연한 그의 자세에는 변함이 없었지만, 배알 후에도 너그러운 태도로 대했다. 순경과 역경, 그리고 운명의 전변이 여러 번 있었지만 끝까지 아방의 신뢰와 적방의 존경을 잃는 일이 없었다.

콘스탄티누스 대제는 거듭 아리우스를 원래대로 가톨릭 교회에 복귀시키고자 자기의 의향을 지시하고 있었지만(처음에는 니코메디아의 에우세비오스를 통하여, 후에는 황제 자신의 친서를 가지고 위협적으로 강요했다고 한다), 젊은 날의 아타나시우스는 어디까지나 이에 저항하였다. 불굴의 이 결심에는 어지간한 황제도 어느 정도 경의를 표하여 아마도 용서하고 싶은 생각도 있었던 것 같다. 심지어 그를 지목하여 최대의 강적으로 간주하고 있던 아리우스파조차도 표면상으로는 적개심을 감추고 은근히 먼 곳에서 간접적으로 공격을 획책하는 수밖에 없었던 모양이다. 즉, 여러 가지의 의심스럽다는 소문과 나쁜 평판을 퍼뜨렸을 뿐만 아니라 그를 참람포만(僭濫暴慢)의 전제주의자라고 불렀고, 다시 니케아 공회의에서 체결된 멜레티우스(Meletius)파와의 화해협정을 파기한 장본인이라고 하면서 부당하게 그를 공격하였다(멜레티우스파란 같은 이름의 니코폴리스 사교에 통솔되던 일파다. 이집트에서 교회로부터의 이탈문제를 일으켜 니케아 공회의에서도 문제가 되었지만, 결국은 화해하는 협정에 서명했던 것이다). 하기야 아타나시우스 자신은 처음에서 끝까지 공공연하게 이 굴욕적인 화의를 부인해 왔다. 때문에 콘스탄티누스 대제 자신도 차차 그를 의심하기 시작하여 꺼림직한 이단분파(여기서는 멜레티우스파를 가리키는 것)에 대하여 압박까지 가했다는 것은 그런 대로 괜찮다 해도, 그간 교권과 법권의 남용은 없었던가, 또 마레오티스(Maraeotis)촌에 있는 교회(고대 알렉산드리아시 남쪽 시계선을 이루는 호수가 바로 마레오티스호이다. 따라서 그 주변의 부락을 의미할 것이다. 단, 정확한 위치는 알려지지 않았다)에서 성배(聖杯, 예수가 최후의 만찬에서 쓴 술잔) 파괴라는 독신적 행위를 감행했다느니, 같은 파의 사교 6명에게 매질한 후 다시 투옥했고, 특히 또 한 사람의 사교인 아르세니우스(Arsenius, 멜레티우스파의 사교)를 잔인하게도 아타나시우스 자신이 직접 살해――살해한 것은 아니고, 적어도 그의 한팔을 절단했다는 등등의 중상모략적인 비방을 머지않아서 그대로 믿게 되었다(332년의 일. 이것들은 모두가 아리우스파가 퍼뜨린 흑색선전으로서 상세한 것은 아타나시우스 자신의 논박과 소조메누스(Sozomenus)의 교회사에 나오는 이야기다. 상세내용은 생략한다). 문제는 그의 명예와 생명에 관한 사건인 만큼 대제는 이에 대한 재단을 안티오크시에 있는 감찰관인 자기 동생 달마티우스(Dalmatius)에게 위임하였다. 이리하여 케사리아 공회의와 티르(Tyre) 공회의가 연이어 소집되었는데, 동방의 사교들은 새로 준공된 예루살렘시의「부활교회」헌당식에 참가하러 떠나기 전에 먼저 이 아타나시우스 문제를 판가름하라는 훈령을 받았다. 물론 아나타시우스는 자기의 무죄를 믿고 있었겠지만, 다만 이런 황당무개한 것을 고발한 집요하기 이를 데 없는 적의를 생각하면, 아마도 이런 적의가 재판의 진행과정을 지배하고 또 판결로까지 끌고 갈 것임을 충분히 느꼈다. 여기서 그는 적대자들에 의한 재판 따위를 현명하게도 거부하고 케사리아 공회의에의 환문을 전적으로 무시하였다(334년의 일). 이와 같이 교묘하게 지연책을 취해 왔지만, 결국 그는 대제로부터의 절대명령이라고 하기에 하는 수 없이 이에 복종하였다. 만일 티르 공회의에까지 출석하는 것을 거부한다면 불복종죄로 처벌하겠다고 위협했기 때문이다(335년의 일). 여기서 이집트 속주내의 사교 50명을 이끌고 알렉산드리아항을 출항했지만, 이에 앞서 그는 빈틈없이 멜레티우스파와 굳게 손을 잡는 조치를 취하고 있었다. 그리고 그에 의하여 희생되었다고만 전해지던 아르세니우스 장본인을 남몰래 포섭하여 자기편 사람으로 만들어 일행 속에 숨겨서 데리고 갔다. 티르 공회의의 주관자는 케사리아의 사교 에우세비오스였다. 그는 그의 학식과 경험에 어울리지 않게도 너무 격정에 흐른 나머지 회의를 매우 졸렬하게 운영하였다. 다수파를 차지한 그의 일당은 쓸데없이 살인범·전횡자 등등 더러운 욕설만 되풀이할 뿐이었다. 그러자 이것을 아타나시우스가 교묘하게도 인내성을 가장하여 가만히 듣고만 있는 것을 마치 그가 이것을 전부 시인한 것으로 오인했는지 그들의 그런 욕설은 더욱 격렬성을 더해 갔다. 즉, 아타나시우스로서는 아무런 상처도 없는 살아 있는 아르세니우스를 언제 이 회의장에 등장시킬 것인가에 대하여 그 결정적 순간이 오기를 기다리고 있었던 것이다. 다른 모든 소인(訴因)에 대해서는 그 성격상 이 소인만큼 명백하고도 충분한 반증을 내놓을 수 없었지만, 다만 그가 성배파괴라는 독신행위를 저질렀다는 문제의 마을에는 교회도, 제단도 따라서 또 성배 따위가 전혀 존재하지 않는다는 것만은 훌륭하게 입증할 수 있었다. 그러나 처음부터 은근히 아타나시우스의 단죄선고를 결의하고 있던 아리우스파는 끝까지 합법적인 재판형식을 의장(擬裝)하고 자기들의 부정부당한 행위를 속이려고 했다. 즉, 공회의는 곧 대의원 6명으로 구성된 소위원회를 임명하고 증거수집을 명령하였다. 여기에는 물론 이집트의 사교들이 한결같이 들고 일어나서 맹렬히 반대했는데도, 아니나다를까 이 소위원회는 또다시 폭거와 위서(僞誓)의 추태장면을 연출하였다. 즉, 알렉산드리아시의 대의원들이 귀국한 다음, 회의의 다수파는 아타나시우스에 대하여 파면, 그리고 추방이라는 최종적인 판결을 내렸던 것이다 (이 문제에 관한 경위는 아타나시우스 자신의 변명과 서한에 상세히 나와 있다. 하여튼 이 위원회가 어릿광대에 불과했었다는 것은 오늘날에는 정설로 되어 있다). 악의와 보복심에 넘치며 가열한 언사를 온통 동원하여 작성된 판결문이 그대로 황제와 가톨릭 교회에 보내졌지만, 한편 사교들은 곧 여느 때처럼 온화경건한 모습으로 되돌아가 아무 일도 없었던 것처럼 성지순례에 어울리는 기특한 얼굴표정으로 예루살렘시의 그리스도 성묘(聖墓)를 향하여 발걸음을 재촉하는 것이었다(이 티르 공회의의 경과는 아타나시우스의 이름은 비록 나오지 않지만 에우세비오스의 『콘스탄티누스 황제전』 41-47절에 상세하다. 이로써도 황제가 진심으로 교회의 융화통일을 바랐음을 알 수 있다).

이런 사교들에 의한 종교재판의 부당성에 대하여 아타나시우스 자신은 승복하기는 커녕 출두조차 하지 않았다. 진리의 목소리가 과연 황제의 귀에까지 도달할는지 어떤지에 대하여 그는 대담하게도 모종의 위험하기 이를 데 없는 한 가지 계획을 시도해 보기로 결심한 것이다. 티르 공회의의 최종판결이 내리기 직전이었지만, 강의하고 대담한 이 수좌대사교는 때마침 수도 콘스탄티노플시에로 출항하려는 배 위에 뛰어 올랐다. 물론 공식알현 요청이 거부되거나, 황제가 피할 것은 뻔한 일이므로, 그는 수도에 도착한 사실을 엄비에 붙이고 남몰래 근교에 있는 별궁에서 귀환하는 황제를 도중에서 기다리고 있었다. 그러자 어느날 황제가 말을 타고 콘스탄티노플의 큰 길을 지나가는 것을 보자 불쑥 튀어나가 황제의 노여움을 무릅쓰고 직소(直訴)한 것이다. 뜻하지 않았던 직소인의 출현에 황제도 놀란 나머지 격노하여 곧 경호병들에게 명하여 뻔뻔스러운 이 청원자를 물리치라고 하였다. 그러나 본능적인 무의식적 외경(畏敬)이라고나 할까, 황제의 노여움은 자기도 모르게 상대방의 기세에 눌려서 누그러졌다. 오로지 재판의 공정성을 호소하면서 양심이 눈뜨기를 촉구하는 이 대사교의 용기있는 웅변에는 어지간히 오만하던 황제의 마음도 저절로 위압감을 느끼지 않을 수 없었다. 요컨대 황제는 아타나시우스의 이의신립에 대하여 공평하게, 그보다도 오히려 기분좋게 귀를 기울였을 뿐만 아니라, 일부러 티르 공회의의 대의원들을 불러서 정당하게 재판을 다시 하라고 명령하였다. 이리하여 에우세비오스 일파(니코메디아 사교인 에우세비오스를 가리키는 것)의 책모는 거의 좌절될 뻔 했지만, 그들 또한 빈틈없는 사람들이어서 새삼 교묘하기 이를 데 없는 술책을 부려, 말하자면 다짜고짜로 가공적인 용의사건을 조작하여 단번에 대사교의 죄상을 확대시켜 보였다. 즉, 신수도 콘스탄티노플의 식량 루트라고도 할 수 있는 알렉산드리아시의 곡물수송 선단의 저지방해 공작을 기도하였다는 새로운 「죄상」을 들고 나온 것이다. 과연 그런 민중지도자만 없애면 이집트 속주의 평화가 확보될 것이라 함은 황제도 납득했지만, 그렇다고 대타자로서의 대사교 임명에는 반대였다. 이리하여 오랜 주저 끝에 겨우 황제가 내린 재정은 굴욕의 유형이라는 것만은 피하여, 말하자면 의심에 입각한 사회추방(ostracism)형식을 취했다. 이리하여 아타나시우스는 갈리아 속주의 변경이긴 하지만 트레브(Treves)궁정에 기분좋게 영입되어 약 2년 4개월 동안을 거기서 지

내게 되었다(336-338년간. 제1회 추방). 이윽고 대제의 사망(337년의 일)은 국면을 일변시켰다. 그리고 젊은 새 황제 콘스탄티누스 2세의 대사령으로 또다시 고국인 이집트에 돌아갈 수 있었다. 새 황제는 이 덕망있는 대사교의 무고성과 공적에 대하여 진심으로 높이 평가하는 말을 내렸다.

그러나 이 콘스탄티누스 2세황제의 사망(340년의 일)으로 그는 또다시 박해를 받게 되었다. 의지박약한 동방황제인 콘스탄티우스 2세는 머지않아 은근히 에우세비오스파의 동조자가 되어 헌당식이라는 그럴듯한 구실로 에우세비오스파 사교 90명을 안티오크시에 집합시켜서 어딘가 아리우스주의적 냄새가 물씬 풍기는 애매한 신경과, 오늘날까지도 여전히 그리스 정교회의 종규로 살아있는 25개조 교회법규를 만들어 내게 하였다. 즉, 얼른 보기에는 공평을 가장했지만, 기실 사교가 공회의에 의하여 한 번 성직정지 처분을 받았을 경우는 똑같은 공회의에 의한 사면재정이 나오지 않는 한, 두번 다시 사교직에 돌아가는 것을 허용하지 않는다는 종규(宗規)를 확정시킨 것이다. 이 종규는 곧 아타나시우스에 적용된 바, 결국 이번의 안티오크시 공회의는 그의 파면을 공표하기 위한 것이라기보다도 그것을 확인하기 위한 회의가 되고 말았다. 그의 후임에는 그레고리우스(Gregorius)라는 떠돌이 인물을 앉혔을 뿐만 아니라 이집트 주장관인 필라그리우스(Philagrius)에게는 문무의 전권을 동원하여 새로 부임한 이 대사교를 지지하라는 훈령까지 내렸다. 이리하여 아타나시우스는 아시아 속주 고위성직자들의 모의결과로 부득이하게 알렉산드리아시에서 퇴거하여 3년 간을 유형죄수인 동시에 또 바티칸에의 소청인으로 지내는 도리밖에 없었다(두번째 유형. 오늘날에는 340-346년의 약 6년 간의 유배라는 것이 정설로 되어 있다). 여기서 그는 먼저 라틴어를 완전히 익혀서 곧 서방 성직자들과도 자유로이 토론할 수 있게 되었다. 절도를 잃지 않았으나 아부에 가까운 그의 변설은, 그렇게도 오만한 교황 율리우스 1세(Julius Ⅰ)의 심정까지 움직여서 그의 소청을 로마 교황청의 특권에 관한 문제로 생각케 하였다. 그리하여 아타나시우스의 무죄는 이탈리아 사교 15명으로 구성된 공회의에서 전원일치로 선언되었다. 그로부터 3년 후에는 밀라노시에 있는 콘스탄스 황제 궁정에로 부름을 받았다. 황제 자신의 생활은 날마다 방탕무치(放蕩無恥)의 그것이었지만, 다만 정통파 신앙에 대해서만은 여전히 열렬한 지지를 표명하고 있었다. 배후에서는 돈으로 움직인 공작이 있었을 것이지만, 어쨌든 이로써 진리와 정의에 관한 주장이 통하여 각료들은 황제를 종용하여 가톨릭 교회를 대표하는 공회의를 소집케 하였다. 그 결과로 서방 사교 94명과 동방 사교 76명이 사르디카(Sardica, 오늘날의 불가리아 수도 소피아)에서 서로 만나게 되었다(346년의 일). 이 곳은 동서 양제국의 경계에 가까웠지만, 어쨌든 비호자인 콘스탄스 황제의 영내였다. 그러나 공회의에서의 토의는 금세 치열한 악매(惡罵)의 응수로 되어, 아시아측 사교들은 심지어 신변의 안전까지 위태롭게 되자, 한 때 트라키아의 필립포폴리스(Philippopolis) 시로 퇴거했을 정도였다. 서로 대항하는 양파 사교들이 각각 상대교적을 향하여 영적위협(靈的威脅)의 뇌화(雷火)를 주거니 받거니 했을 뿐만 아니라 쌍방 모두가 상대방이야말로 참된 신의 원수라고 부르짖으면서 각각 자기들의 신앙을 과시하였다. 결국 쌍방의 결의가 각각 속주에서 발표되었고 뒤이어 추인되었지만, 사세가 이런 만치 서방에서는 성도(聖徒)로 추앙된 아타나시우스도, 동방에서는 극악한 죄인으로서 증오의 대상으로 되었다. 결국 이 사르디카 공회의야말로 미구에 기독교가 그리스 정교(Greek churches)와 로마 정교(Latin churches)의 두 갈래로 분열되는 최초의 징후로 보아서 무방하다. 생각컨대 처음에는 아주 우발적이던 신앙상의 이견(異見)과 또 항구적인 언어의 차이가 머지않아 서로 분립하게 된 것이다.

　서방에의 제2회 추방중이었지만 아타나시우스는 카푸아(Capua)·로디(Lodi)·밀라노(Milano)·베로나(Verona)·파두아(Padua)·아퀼레이아(Aquileia) 및 트레브(Treves) 등지에서 여러 번 콘스탄스 황제에의 알현이 허용되고 있었다. 이와 같은 회담에서는 대개 교구담당 사교가 중개하는 노고를 아끼지 않았고, 또 행궁 안 깊숙한 곳에 있는 황제의 숙소 장막 앞에는 의전장관이 시립하고 있었다. 수좌대사교의 태도가 항상 절도를 유지하고 온건했다는 것은, 이들 유력한 두 증인의 증언으로도 알 수 있고, 또 사실 그 역시 이 두 사람의 증언에 강한 기대를 걸고 있었을 것이다. 그런 데서는 물론 자기가 황제의 신하인 동시에 사교라는 신분에 어울리는 은근공겸(慇懃恭謙)한 태도로 시종일관 발언에 신중을 기했다. 다만 서방황제와의 이와 같은 직접회담들에서 그가 콘스탄티우스 황제의 과오(아리우스파를 지지하는 것)를 깊이 슬퍼했고, 특히 황제측근의 환관무리나 아리우스파 사교들의 비위를 극구 규탄했으며, 아울러 가톨릭교회의 어려운 처지와 위험성을 통탄하였다. 그러면서 지금이야말로 부황인 대제의 독신(篤信)과 영광에 뒤지지 않는 신앙의 실질을 발휘하도록 황제를 격려하였다. 이때 황제는 단호하게 대답하였다. 정통파 신앙을 옹호하기 위해서는 전유럽의 병력과 재력을 총투입하는 것도 굳이 사양하지 않겠다고. 뿐만 아니라 곧 형인 콘스탄티우스 황제에게 몹시 고자세의 친서 한 통을 보내어, 만일 즉각적으로 아타나시우스의 복직문제에 응하면 좋지만, 그렇지 않으면 곧 육해의 병력을 이끌고 진발하여 자기 손으로 그를 알렉산드리아시의 수좌대사교의 자리에 앉혀 보이겠다고까지 단언하였다. 다행스럽게도 이 무서운 종교적 내전은 재빨리 콘스탄티우스 황제가 양보하여 나옴으로써 회피되었고, 동방황제인 그쪽에서 오히려 손을 내밀어 자기가 박해한 신하와의 화해를 요청한 것이다. 그러나 아타나시우스도 과연 난 사람인지라 고자세를 유지하여 그렇게 간단하게는 움직이지 않았다. 그는 황제로부터 친서가 3통씩이나 연이어 도착할 때까지 기다렸다. 이런 친서에는 그에 대한 황제의 비호와 보살핌, 그리고 경의를 표하는 말들이 가장 강력한 보증으로 나열되어 있었다. 또다시 사교좌에의 복귀를 요청하는 동시에 자기의 성의를 입증하기 위하여 주요각료들의 연서까지 첨부하는 비굴한 태도로 나오고 있었다. 더욱이 이런 황제의 의향은 이집트 속주에 보낸 지급통달의 엄명으로 한층 더 공공연한 것으로 되었다. 즉, 아타나시우스파 사교들을 모두 소환하여 그 특권을 회복시키면서 무죄임을 천하에 공표하는 동시에 에우세비오스 일파의 득세시대에 그들에게 부과했던 갖가지의 불법처단 사건들을 모두 재판기록에서 삭제하라고까지 명령한 것이다. 이리하여 공정성과 세심성이라는 점에서 전혀 비난의 여지가 없을 정도로 완벽한 보증을 받은 다음에야 비로소 아타나시우스는 유유히 트라키아·아시아·시리아 등의 각 속주를 거쳐 귀국길에 올랐다(346년의 일). 귀국 도중 연도에 있는 동방교회 사교들의 아첨하는 모습이란 정말 구역질 날 정도로 비굴한 것이었다. 그렇지만, 그는 이들의 심사를 내심 경멸하기는 했지만, 그런 아첨으로 기만당한 일은 전혀 없었다. 안티오크시에서는 콘스탄티우스 황제에게 알현하여 황제의 포옹과 또 그의 서언(誓言)을 조용히, 그리고 의연한 태도로 받아 들였다. 그러나 알렉산드리아시에 하다못해 한 군데 정도라도 아리우스파 교회를 허용하라는 황제의 제안에는 교묘히 회답을 회피하였다. 즉, 그렇다면 교환조건으로서 다른 모든 도시에도 똑같이 자파의 교회건설을 허용할 만한 관용성을 보여달라는 요구를 제기한 것이다. 이것은 독립국의 군주가 입에 담아도 전혀 우습지 않는 온건한 대답이었다. 드디어 알렉산드리아에 도착했는데, 그의 입성시의 광경은 흡사 개선장군의 행렬과도 같았다. 박해를 받아 오랫동안 여기에 없었던 일이 한층 더 시민들의 경모의 정을 깊게 했던 것이다. 그의 신앙지도는 매우 엄격했지만, 그 권위는 한층 더 확립되었고, 또 그의 명성은 이디오피아로부터 멀리 브리타니아까지 전기독교 세계에 울려 퍼졌다.
　적어도 신하된 신분으로서 설사 부득이한 의태(擬態)였다고는 하지만 어쨌든 군주를 이만치 굴욕의 코너로 몰아붙인 이상, 그와 같은 관대한 용서가 그렇게 오래 계속될 리는 만무하였다. 머지않아 콘스탄스 황제의 비극적인 최후는 당연히 아타나시우스에게는 강력하고도 관대한 비호자를 잃는 것이 되었다 (그는 350년에 마그넨티우스에게 살해된 것이다). 그리고 참제 마그넨티우스와 유일하게 생존하는 형인 콘스탄티우스 2세황제와의 사이에 벌어진 3년 이상의 내전이 제국을 고통에 빠뜨리게 하였지만, 그 사이에 알렉산드리아의 가톨릭교회는 오히려 한숨 돌리는 형태가 되었다. 생각컨대 귀추에 갈피를 잡지 못하던 중요한 속주들의 태도를 결정하는 문제는, 개인적인 권위만으로도 능히 좌우할 수 있었을 대사교(아타나시우스를 말하는 것)였지만, 항쟁중의 양파가 다함께 그와의 우호관계 유지를 전심전력 요청했기 때문이다. 사실 그는 참제인 마그넨티우스의 사절들도 접견하고 있었는데, 이 때문에 후일에 이르러 양자간에는 비밀 서신연락이 있었다는 이유로 아타나시우스 자신이 규탄을 받았을 정도였다. 한편 콘스탄티우스 황제 역시 그를 자기의 친애하는 교부, 존경하여 마지않는 대사교라는 말로 부르면서 그들 공통의 적들로부터 흘러나오는 나쁜 평판이 많지만, 황제 자신으로서는 어디까지나 망제(亡弟)인 콘스탄스 황제의 제위를 합쳐서 승계한 만치 아타나시우스에 대한 그의 유지도 반드시 이어받겠다는 취지를 거듭 보증하고 있었다. 아타나시우스로서는 감은(感恩)과 인정(人情) 상으로라도 당연히 콘스탄스 황제의 요절을 슬퍼하고, 마그넨티우스의 죄를 미워해야 하겠지만, 다른 한편으로 냉정하게 생각하면, 콘스탄티우스 황제의 불안이 바로 그에게는 유일한 안전보장이라는 사실을 잘 알고 있었다. 따라서 정통파의 승리를 바라는 그의 기도도, 이런 점에서는 어느 정도 적당한 손어림이 있었는지 알 수 없는 일이다. 이미 아타나시우스의 실각 몰락은 단순히 경신(輕信)의 황제위신을 빌려서 준동하는 소수의 광신적인 사교나 분격한 사교들의 책동 따위로 이루어지는 저차원의 것이 아니었다. 이번에는 황제 자신이 명확하게 결의를 굳힌 것이다. 즉, 오랫동안 참고 참아 오던 수모라는 사사로운 원한을 지금이야말로 풀기로 한 것이다. 황제는 대(對)마그넨티우스전에서 승리한 그해 겨울을 아를(Arles)시에서 보냈는데, 그 사이에 그는 패사한 갈리아의 참제 이상으로 가증스러운 적대인인 아타나시우스에 대한 타도 계획에 전심갈력했던 것이다.

설령 황제의 변덕이라곤 하지만, 만일 국가 유일의 덕망 높은 시민인 그에게 처형명령을 내리면 어떻게 될까. 아마도 공공연한 폭력이나 또는 그럴듯한 가면을 쓴 비법적인 손이 아무런 주저도 없이 이 가혹한 명령을 실행에 옮길 것이다. 그러므로 이처럼 인기가 절대적으로 높은 이 대사교를 황제가 단죄 처벌함에 있어 세심한 배려와 주저 그리고 곤란성까지 느끼지 않을 수 없었다는 사실은, 바로 교회가 가진 제특권이 이미 제국을 통치함에 있어 모종의 질서감과 자유를 회복시키고 있었음을, 비록 원치는 않았다 하더라도 이미 세상에 보여준 것이 된다. 사실 저 티르 공회의에서 선언되었고, 동방 사교의 대다수에 의한 서명까지 받아 놓았던 추방판결은 그후에도 공식적으로는 철회되지 않고 있었다. 따라서 동료사교들에 의하여 재판을 받아 그의 직무에서 물러나 있던 아타나시우스로서는 그후의 그의 행동이 모두가 불법, 심지어 범죄적이라고까지 생각되는 것이었다. 그럼에도 불구하고 그러한 그가 서방교회의 마음을 붙잡고 강력하고도 유효한 지지를 여전히 계속 받고 있는 사실을 생각하면, 황제로서도 서방 사교들의 동의를 얻을 때까지 공회의에 의한 판결의 실행을 연기하지 않을 수 없었다. 그런 이유로 해서 교회간의 절충만으로 다시 2년이라는 세월이 흘렀다. 한쪽은 황제요, 다른 한쪽은 그의 신하의 한 사람에 불과한 인물과의 계쟁문제가 처음에는 먼저 아를 공회의에서, 뒤이어서는 다시 밀라노 대공회의(여기에는 300명 이상의 사교들이 참석했다고 한다)에서 엄숙한 토의를 거쳐야만 하였다. 그 사이에도 아리우스파의 궤변적인 논법과 환관들에 의한 교묘한 책동, 나아가서는 제위의 위엄까지 내동댕이치고 오로지 사원(私怨)만을 풀려는 황제의 집념, 그리고 성직자들의 마음을 움직이기 위한 감정까지 노골적으로 나타낸 황제의 간청으로, 사교들의 공정한 태도도 점차 흐려져 갔다. 즉, 입헌적인 자유에서 면하기 어려운 매수(買收)라는 수단이 훌륭하게 성공한 것이다. 한 표의 대가로서 영예직·은상·면세특권 등 구미가 당기는 그런 종류의 좋은 먹이가 연달아 제공되어 그것이 일부 참석자들에게는 그대로 먹혀들었다. (실로 장한 이야기이지만, 이 대공회의에서 단호하게 가톨릭교회 방위에 앞장선 사람은 그때의 상황을 상세하게 『콘스탄티우스 황제에의 반론』으로 쓴 포와티에〈Poitiers〉의 사교 힐라리우스〈Hillarius/Hilary, 310?-367. 성인·교회박사·「서방의 아타나시우스」〉였다 그는 사투르니누스〈Saturninus, 아를의 대사교〉가 갈리아에 아리우스설을 도입하려는 데 반대한 탓으로 한때 추방됐었으나, 360년에 되돌아와 파리 전국교회회의에서 사투르니누스를 파면시켰다). 또한 공회의 참석자들은 알렉산드리아시 대사교의 단죄야말로 가톨릭교회의 평화와 통일을 회복하는 유일한 길이라고 교묘하게 설득당했던 것이다. 물론 아타나시우스측에도 그 지도자 또는 그의 주장에 편든 사람이 전혀 없었던 것은 결코 아니다. 그들은 오히려 회의장에서의 토의와, 또 황제와의 개별적인 면담에서도 매우 용감하게(모두가 깨끗한 고결의 인물들이었던 만큼 신변의 위험을 가져 올 염려는 우선 없었기 때문이다), 신앙과 정의에 대한 영원한 의무를 주장하였다. 그들은 설사 황제의 은총을 기대하게 되거나 역정을 살 염려가 있다 해도 경애하는 교우이며 사교에 대하여 궐석재판으로 단죄하는 행위 따위는 단연코 동조할 수 없다고 언명하였다. 확실히 티르 공회의의 판결이 있었는지는 모르겠으나 그런 것은 위법적인 낡은 증서일 뿐, 그것이 채택된 후에 이미 몇 번씩이나 칙령도 내려졌고, 현실적으로 아타나시우스 본인이 알렉산드리아시 대사교로 복직하고 있다는 사실, 그리고 그에 대하여는 가장 시끄럽게 반대하여 떠들던 사람들조차 침묵을 지키든가 또는 자기주장을 철회하고 있는 점 등으로 보더라도, 이것은 사실상 오랜 옛날에 이미 폐기된 것이나 마찬가지가 아닌가 하고, 명백한 근거까지 들어서 그들은 주장하였다. 게다가 아타나시우스의 무죄는 전 이집트 사교들에 의하여 전원일치의 형태에서 입증되었을 뿐만 아니라 로마 및 사르디카 공회의들에서도 공평한 서방교회의 재단으로 이미 확인이 끝난 것임을 논증한 것이다. 이처럼 오랜 기간에 걸친 그의 사교좌와 명성에 더하여 대제의 신임까지 받은 것으로 보였던 아타나시우스가 이제 또다시 까닭없고 터무니없는 규탄에 대하여 논박할 수고를 요구당하는 그런 비운을 그들은 마음 속으로부터 슬퍼하였다. 그들의 언사는 일단 이치와 도리를 다했으며, 행동 또한 매우 훌륭하였다. 불과 한 사람의 사제를 두고 전제국이 일제히 그에게 주목하였다는 이 길고도 집요한 논쟁을 통관컨대, 각 분파의 사교들은 설사 진실과 공정성을 일시 희생시키더라도 어쨌든 이 니케아 신경에 충실하려는 불요불굴의 투사(아타나시우스를 가리키는 것)를 끝까지 지켜내느냐, 아니면 이참에 파문시키느냐 하는 당면한 초미의 목적에만 관심이 있었던 것으로 보인다. 아리우스파로서는 여전히 자기들의 참된 지향과 의도를 애매모호한 말로 감추어 두는 편이 득책이라고 생각했던 모양이지만, 한편 정통파 사교들은 국민의 지지와 대공회의에서의 결정을 무기로 기회있을 때마다, 특히 밀라노 공회의의 경우가 그것이지만, 만일 아타나시우스의 행동을 규탄하려 한다면 차라리 그의 앞에서 아리우스파 자신이야말로 자기돌의 이단용의를 불식하는 것이 선결요건일 것이라고 강력하게 이점을 주장했던 것이다.

그러나 이와 같은 올바른 도리의 발언(만일 그것이 아타나시우스측에 있었다해도 마찬가지지만)도 쓸데없이 당파적 발언, 때로는 이해타산에서 오는 그것까지 합쳐서 다수파의 노호로 말미암아 완전히 부정되었다. 그리고 아를 및 밀라노 공회의가 겨우 산회됐을 때, 알렉산드리아시 대사교인 아타나시우스는 동방교회뿐만 아니라 서방교회까지 포함한 재단(裁斷)에 의하여 엄숙히 단죄되고 또 파면되는 결말을 가져왔다(제3회의 추방, 355년의 일). 이 판결에는 반대파 사교들도 서명을 강요당하였고 또 수상쩍은 적대파 지도자들과 성체배령(聖體拜領, communion) 성사를 함께 하도록 요구당했다. 이리하여 이 협정공문서는 곧 특사의 손으로 결석한 사교들에게도 송달되었는데, 이때 어디까지나 사견을 관철시켜 이 아를 및 밀라노의 공회의에 의한 국가적 신의(神意)의 지혜에 복종하지 않겠다는 사교들은 콘스탄티우스 황제의 명령으로 즉각 추방되었다. 이런 조치에 대해서는 다만 가톨릭 교회의 결정을 시행한 데 지나지 않았다는 것이 황제의 핑계였다. 그리고 이들 명예로운 추방형을 받은 고위 성직자들 중에서도 특히 지도자로 지목할 수 있는 사람에는 예컨대 로마의 리베리우스(Liberius), 코르도바(Cordova)의 오시우스(Osius), 트레베(Treves)의 파울리누스(Paulinus), 밀라노의 디오니시우스(Dionysius), 베르켈레(Vercellae)의 에우세비우스(Eusebius), 칼랴리(Cagliari)의 루키페르(Lucifer) 그리고 포와티에의 힐라리우스 등등과 같은 교부들이었다. 그리고 제국의 수도 로마시를 자기 교구로 하던 리베리우스의 권위, 또한 콘스탄티누스 대제의 총신이며 니케아 신경의 아버지로 추앙되던 노 오시우스의 개인적 공적과 그의 오랜 경험 등이 스스로 그들을 서방교회의 지주가 되게 하였는 바, 굴욕이나 저항에도 사교들의 다수는 아마도 이들의 거취를 본받은 것으로 생각된다. 물론 콘스탄티우스 황제로서도 몇 번이고 거듭하여 유혹과 위협수단으로 이런 사교들을 포섭코자 노력했으나 당장에는 그런 것들도 전혀 효과가 없었다. 코르도바의 사교인 노 오시우스의 경우를 말한다면, 그는 기꺼이 황제의 박해를 받겠다고 선언하였다. 60년 전의 일이지만 황제의 의리상의 외조부격인 막시미아누스 황제시대(재위 286-305 및 306-308년 간)에도 이미 수난을 경험한 바 있는 만큼(막시미아누스는 디오클레티아누스와의 공치황제였다. 콘스탄티우스 황제의 생모인 테오도라〈Theodora〉가 디오클레티아누스의 딸이었으므로 두 사람이 의형제와도 같은 공치황제라는 기준에서 외조부라고 불렀을 뿐이다), 이번에도 기꺼이 받겠다는 것이었다. 로마시의 리베리우스 사교에 이르러서는, 바로 황제의 면전에서 아타나시우스의 무죄와 또 자기 자신의 자유권을 끝까지 주장하였다. 결국 트라키아 속주의 베레아(Beraea)에로의 유형이 결정됐을 때도, 여비로 지급된 거금을 그는 그대로 되돌려 보냈는데, 이때 그는 황제와 그의 환관무리야말로 병사들과 자기편 사교들에게 지불할 돈으로서 이런 것이 필요할 것이라고 앙연하게 큰소리침으로써 완전히 밀라노 궁정을 모욕하였다. 그러나 이 두 사람의 결심도 결국은 유배와 감금의 고난으로 말미암아 굴복을 강요당하는 결과로 끝나고 말았다. 사실 리베리우스의 로마귀환에는 일부 범죄적이라고도 볼 수 있는 타협의 형적이 있었는 바, 후일에 이르러 그 자신이 자기가 저지른 죄를 명백히 회개하고 있다(리베리우스의 추방은 교회사 관계의 사료뿐만 아니라 암미아누스-마르켈리누스까지 그의 『역사』제15권에서 언급하고 있다). 오시우스의 경우도 심한 노쇠현상 끝에 설득과 폭력으로 마지못하여 굴욕적인 문서에 서명할 것을 강요당하였다. 이미 100세라는 노령의 몸이 무서운 압력하에 기력과 체력이 모두 쇠잔했고, 심신의 기능도 아마 잃어버렸음이 틀림없었다. 이 승리에 우쭐해진 아리우스파는 다시 일부 가톨릭 교회의 사교들을 사주하여, 다년 간에 걸쳐 기독교를 위하여 헌신해 온 이 불행한 노사교에 대하여 그의 인물상, 심지어 그의 유명(遺名)까지도 비정적이라고 할 수 있는 곡필을 농하게 묘사시켰던 것이다(이 단원을 원저자 기번은 17세기의 교회사가 티유몽〈Tillemont, Sébastien Le Nain de, 1637-98〉의 대저 『초기 6세기 간의 교회사〈Histoire des empereurs et des autres princes qui ont règné pendant les six premiers siècles de l'Eglise〉』〈16권, 1691-1738〉에서 인용한 것 같다).

리베리우스와 오시우스의 전향은 오히려 그후에도 부동의 지조를 관철시켜 아타나시우스의 신앙진리를 고수한 사교들의 의연성을 한층 더 빛나는 것으로 만든 결과가 되었다. 온갖 교활성을 다한 적측의 마수는, 이들이 서로가 서로를 위로하고 또 조언하면서 유배생활을 견디어 오던 그런 편의마저 그들로부터 완전히 탈취하였다. 즉, 두드러진 유형자들은 훨씬 멀리 떨어진 속주, 그중에서도 이 대제국에서 가장 황량한 지역을 특히 선정하여 다시 유배된 것이다(구체적으로 말하면, 아라비아 사막, 이집트의 테바이〈Thebais〉사막, 소아시아의 타우루스〈Taurus〉산 주변, 프류기아〈Phrygia〉의 황야 등지였다). 그러나 머지않아 이들이 알게 된 것은, 리비아 사막이나 캅파도키아(Cappadocia)의 어떠한 황무지라 해도, 이제 서슴없이 아리우스파 사교들이 그의 신학적 적개심을 마음대로 떠벌이고 있는 모든 도시보다도 그곳은 훨씬 쾌적한 땅이라는 사실이었다. 그들의 위안은 자신들의 정당성과 독립심에 대한 확신이며, 또 동지신도들로부터 보내지는 칭찬과 직접적인 내방 또는 풍부한 헌금, 나아가서는 니케아 신경에 반대한 적측내부에도 분열징조가 생겼다는 사실을 알고 경험에 비추어서 만족하는 그것이었다. 극단적으로 성미가 까다롭고 또 변덕장이이기도 한 콘스탄티우스 황제인 만큼 그가 생각하는 기독교 신앙기준에서 조금이라도 일탈한다면 곧 격노하여, 「신의 아들(The Son of God)」(예수 그리스도)과 관련된 동질론(Homoousios/consubstantiality)의 변호자이건, 유질론(Homoiousios/similar substance)의 주장자이건, 또는 상사성(likeness)을 거부하는 자이건간에, 여기에는 일체 차별을 두지 않고 모두를 맹렬히 박해하였다. 가령 이렇게 각각 서로 대립되는 견해로 모두가 파면되어 유배형을 받은 세 사교가 우연히 동일한 유배지에서 서로 만나게 되었다고 하자. 아마도 그 결과는 각자의 기질의 차이에 따라 각각 논적의 맹목적인 광신을 불쌍히 여기거나 아니면 비웃을 따름일 것이다. 왜냐하면 모름지기 그들의 현재의 수난이 머지않아 미래의 행복으로 보상되리라는 따위의 희망을 가지지 못할 것이기 때문이다.

　서방의 정통파 사교들이 받은 굴욕과 추방은 요컨대 모두가 아타나시우스 말살을 위한 준비공작에 지나지 않았다. 어떻게 해서든지 그를 알렉산드리아 시에서 추방하고, 그의 덕망의 원천인 윤택한 사교수당금을 끊어 버리고자 이런 책략을 은밀하게 계획하는데 궁정은 실로 1년 4개월이라는 세월을 보낸 것이다. 그러나 이 이집트 수좌 대사교가 일단 서방교회로부터도 죄인으로 버림받음으로써 이미 외부로부터의 지원도 없어졌다고 보자 콘스탄티우스 황제는 곧 훈령받은 2명의 비서관을 그에게 보내어 구두명령으로 유형을 선고하는 동시에 그의 집행을 전달케 하였다. 선고 그 자체의 합법성에 대해서는 이미 전교회에 의한 승인이 있었던 만큼 어째서 황제가 문서명령 형식의 전달을 회피했는지에 대하여 생각할 수 있는 유일한 이유는, 역시 사태의 결과에 관하여 아직도 한 가지 문제에 자신이 없었다는 것, 즉 만일 국민이 교부의 무고함을 믿고 무력을 동원해서까지 그를 옹호하기 위하여 궐기할 결의를 관철시키려는 그런 사태라도 일어난다면 그것은 제국 제2의 대도시이며 전제국에서도 가장 풍옥(豊沃)한 속주를 위기에 빠뜨릴 우려도 없지 않다는 그런 배려가 작용한 것이라고 밖에는 생각되지 않았다. 그러나 이러한 극도의 쾌념은 한편 아타나시우스에게는 아주 안성맞춤의 구실을 준 것이다. 즉, 구두명령은 과연 진실인지 어떤지 죄송하지만 의심스럽다. 왜냐하면 불편부당(不偏不黨)하고 인자하신 황제의 성덕으로 보더라도, 또 종래에 여러 번 옥음을 내리신 언명으로 말하더라도 이것을 황제 자신의 의지에 따른 것으로 해석한다는 것은 도저히 불가능하다는 취지로 항고할 수 있었기 때문이다. 수좌 대사교에 대하여 이집트 속주 당국이 가진 행정권에는 그를 그의 자리로부터 물러나도록 설득하거나 강요할 수 있는 기능이 없었다. 여기서 그들은 알렉산드리아시의 민중지도자들과 모종의 협정을 맺고, 황제의 참된 의도가 명백히 확인될 때까지 일체의 박해적인 조치는 일시 보류한다는 약속을 하였다. 그러나 사실은 이런 위장된 타협안을 진실로 받아들였던 가톨릭 교회의 신도들은 치명적이라고 할 방심에 나떨어지고 말았다. 왜냐하면 그 사이에 비밀명령을 받았던 상(上)이집트와 리비아 주둔 각 군단이, 가끔 폭동을 일으켰을 뿐만 아니라 지금은 광신적인 격정으로 들끓고 있는 알렉산드리아시를 향하여 그의 공략, 공략이라기보다도 차라리 불의로 기습공격할 것을 목적으로 강행군을 하고 있었기 때문이다. 지중해와 마레오티스(Mareotis)호 사이에 끼어 있는 알렉산드리아시의 위치는 원래 군의 접근과 상륙이 극히 용이한 곳이다. 이리하여 시민들이 시의 성문을 닫을 시간적 여유나 또 방위지점에 의거할 짬도 없이——요컨대 유효한 방어책은 무엇 한 가지도 취하지 못한 사이에 적은 이미 도심지까지 돌입하고 있었다. 협정이 서명된 지 겨우 23일 후의 깊은 밤중의 일이었다. 이집트 속주의 감군(監軍, duke)인 시리아누스(Syrianus)는 5천의 완전무장한 부대를 이끌고 불의에 성 테오나스(St. Theonas)교회를 포위한 것이다. 때마침 교회당안에서는 아타나시우스 대사교 이하 성직자 및 신도들이 한창 심야기도를 드리는 중이었다. 성당의 출입문은 과감한 공격으로 곧 부서졌고, 이와 동시에 아주 무참한 유혈 참극의 광경이 벌어졌다. 덕택으로 다음날에는 피해자의 사체와 무기류의 파편이 움직일 수 없는 증거물로서 가톨릭 교도들의 손에 장악됨으로써, 결국 시리아누스의 폭거는 난입하는 데는 성공했을지 모르지만 완전한 제압이라고는 도저히 말할 수 없는 실패로 돌아갔다. 시내의 다른 교회들도 모두가 똑같은 능욕을 당하였는데 이후 적어도 4개월 동안, 알렉산드리아시는 아리우스파 성직자의 선동으로 무법부대의 행패와 폭행에 내맡겨졌다. 다수의 신도가 살해되었는데, 만일 이들의 죽음이 도발에 의한 것이 아니고, 또 그에 대한 복수가 이루어지지 않았더라면, 아마도 훌륭하게 순교자의 명단에 올랐을는지 모른다. 사교와 사제들은 잔인하기 이를 데 없는 수모를 받았고, 성처녀들은 발가벗겨진 후에 매를 맞은 후 다시 폭행까지 당했다. 부유한 시민들의 저택은 약탈당하였다. 요컨대 종교적 열정이라는 가면 아래 기실 음욕·탐욕·방화 그리고 사원(私怨)의 만족이 백주 공개적으로, 아니 칭찬까지 받으면서 행해진 것이다. 한편 알렉산드리아시의 이교도들도 여전히 다수가 잔류하여 일종의 불평당을 형성하고 있었는데, 이쪽은 상대가 일찍부터 공포와 외경(畏敬)의 대상이던 사교 아타나시우스인 만큼, 아주 간단하게 그를 저버리는데 동의하였다. 그 무엇인가 특별한 은전이라도 약속받았던 탓인지, 아니면 전면적인 반역죄에 연좌되는 것을 겁내서였던지, 아타나시우스의 후임자로 이미 결정되어 있던 악명 높은 사교인 캅파도키아의 게오르기오스(Georgios/George. 4세기의 아리우스파 사교로서 본문의 기술과 같이 357년 아타나시우스를 대신하여 알렉산드리아시 사교로 임명된 것은 대체로 확실하지만, 그 이상의 것은 거의 알려지지 않았다. 361년에 폭도들의 손에 의하여 살해되었다고 한다)에 대하여 곧 지지의향을 표명한 것이다. 이리하여 이 참칭 사교는 우선 아리우스파 공회의로부터의 성별식(聖別式, consecration)을 거친 다음, 지금까지 이 중대계획 수행을 위해 이집트 속주의 독군(督軍)으로 임명되어 있던 세바스티아누스(Sevastianus) 병력에 호위되어 겨우 수좌대사교의 자리에 오를 수 있었다. 그러나 이 무서운 찬탈자는 권력의 획득으로부터 그것의 행사에 이르기까지 교회의 법이나 정의의 법, 그리고 인도의 규정 따위는 일체 무시하고, 종전에도 이 속주 수도에서 전개되었던 폭력과 부패의 똑같은 광경을 이번에는 이집트 속주 90개 이상에 이르는 여러 도시에서 그대로 재현시킨 것이다. 그런데 이런 성공에 힘을 얻은 콘스탄티우스 황제는 여러 각료들이 취한 이번 행동을 가납했을 뿐만 아니라 다시 감격에 넘친 칙서까지 발표하여, 웅변이라는 마력으로 맹목적인 신도무리를 기만해 오던 민중선동자(아타나시우스를 가리키는 것)로부터 알렉산드리아시가 해방된 것을 진심으로 축하하며 아울러 새로 뽑힌 대사교 게오르기오스의 고덕과 독신성을 수다스럽게 칭찬하였다. 심지어 시의 보호자 또는 은인으로서는 아마도 게오르기오스가 이 도시의 건설자인 알렉산더 대왕 이상가는 인물일 것이라고까지 황제는 추켜세웠다. 그러면서 황제는 간사했던 아타나시우스 일당으로서 치안을 교란시킨 도배들에 대해서는 어디까지나 불과 검으로 대처할 것인 바, 이 결의에는 조금도 변함이 없다. 지금까지는 그가 아직 심판의 손길에서 도피하여 숨어 있지만, 자기 자신의 죄과에 대해서는 이미 고백하였고, 몇 번인가 사형에 해당하는 수치스러운 운명을 지닌 자가 얼마동안 그 죄를 모면하고 있는 데 불과하다는 취지를 천하에 엄숙히 선고하였다.

사실 아타나시우스는 당시 틀림없이 구사일생으로 살아 있었다. 이 비범하고 위대한 인물의 그 놀랄 만한 모험에 대해서는 역시 한마디 이야기할 만한 의미가 있다. 이 성 테오나스 교회가 시리아누스군의 포위를 받은 날 밤이지만, 아타나시우스는 대사교좌에 앉아서 조용히, 그러나 불굴의 위의(威儀)를 갖춘 그대로 죽음의 접근을 기다리고 있었다. 그리고 드디어 노호와 비명으로 말미암아 기도회가 엉망이 되었을 때도, 그는 벌벌 떨고 있는 회중을 필사적으로 격려하고, 저 다비데왕(Dawid / David, 기원 전 10세기의 이스라엘 2대왕, 재위 BC 1010-971)의 『시편』(『구약전서』「시편」제136편) 중 하나, 즉 불신의 무리, 오만한 이집트 폭군에 대하여 승리케 해 주신 이스라엘의 신을 찬양한 노래를 부름으로써 그들 자신의 신앙확신을 증명해 보이도록 독려한 것이다. 그러자 드디어 출입문이 깨지면서 화살이 빗발치듯 회중의 머리 위로 쏟아져 내렸다. 칼을 뽑아든 병사들이 지성소 안에까지 난입하자 회당 안에서는 제단 주위에서 불타고 있는 촛불빛에 비치어 싸늘하고 살기찬 무구의 반사광이 번쩍거렸다. 그래도 아타나시우스는 신변경호의 수도승과 사제들이 권하는 퇴거 요청을 끝까지 물리치고 회중 마지막 한 사람의 안전한 탈출이 끝날 때까지 여전히 사교좌에서 떠나지 않고 침착하게 앉아 있었다. 결국은 밤의 어둠과 혼란이 그의 탈출을 도왔던 것이다. 한때는 흥분한 군중의 물결에 압도되어 땅 위에 넘어져 짓밟힘으로써 의식도 행동력도 모두 잃어버린 순간도 있었지만, 역시 그의 불요불굴의 용기로 곧 기력을 회복하자, 교묘히 도피하여 병사들의 탐색에서 빠져나갔다. 병사들로서는 그의 수급이야말로 황제에 대한 최대의 선물이라 하여, 사전에 아리우스파 영수들로부터 부디 그것을 입수하도록 훈련받고 있었던 것이다. 그러나 그것은 어찌됐던간에 이때 이래 이집트 수좌대사교의 모습은 홀연히 적의 눈앞에서 사라졌다. 그리고 그후 6년 이상이나 어디로 사라졌는지 소식이 묘연했던 것이다. 불구대천의 원수 콘스탄티우스 황제의 전제적 권력은 이리하여 전로마세계를 지배하게 되었다. 그래도 아직 노여움을 다 풀지 못한 황제는 전이디오피아의 기독교 왕후들에게 긴급칙서를 보내어, 아타나시우스를 찾아 내면 필히 어떠한 변방의 지역에서라도 축출하라고 요청하였다. 독군(督軍)·총독·군단사령관 이하 문자 그대로 전군이 총동원되어 겨우 한 사람의 망명자, 단 한 사람의 사교를 추적하기 위하여 떨쳐 나섰고, 문무관이 하나같이 이런 칙령을 받들고 극도의 긴장상태에 놓여 있었다. 생사를 가릴것없이 어쨌든 아나타시우스의 신병을 끌어만 오면, 그 사람에게는 막대한 은상을 주겠다고 약속하는 반면에 만일 이 국적에게 보호의 손길을 뻗히는 그런 괴씸한 무리는 극형에 처한다고 예고하고 있었다(이 대목은 기번이 4세기의 수도승이며 교회사가인 오레게네스〈Oregenes〉가 조술자(祖述者)로 알려진 루피네스〈Rufines〉의 저서에서 그대로 전재한 것으로 보인다). 그러나 이 무렵에 테바이 사막지대에는 거칠기는 하지만 신앙심이 강한 광신도의 일단이 정착하고 있었는데, 그들은 지상황제의 법보다는 수도원장의 명령에 훨씬 더 충실하게 복종했다. 사실 안토니우스〈Antonius, Eremitus, 251?-356? 이집트의 은수사(隱修士). 나일강 동쪽 연안 산중에 살면서 많은 제자를 위하여 은수사원을 개설하고 협동적인 관상생활(觀想生活)을 시작한 바, 이 제도가 아타나시우스의 수도원 규칙과 다음에 나오는 파코미우스〈Pachomius〉수도원제에 큰 영향을 주었다. 아타나시우스의 지지자이고, 가축 및 돼지 사육자의 수호성인으로 추앙되는 유명한「성안토니의 유혹」이라는 전설의 주인공이다)와 파코미우스〈Pachomius, 292?-346. 320년경 나일강 상류 수단과 청나일강 및 덴데라지류의 합류점 가까운 타벤니시〈Tabennisi〉에 협동적인 수도원을 창설한 바, 이것이 신도 공동생활로서의 수도원의 최초 형태이다. 후에 똑같은 수도원 10개 이상을 만들고 신도수가 천 명에 이르렀다고 한다. 아타나시우스 지지자)의 수많은 제자들은 이 망명 수좌대사교를 자기들의 교부로 맞아 들였고, 엄격한 자기네 교단의 규칙에 자진하여 복종하는 그의 인내력과 겸양성에 충심으로 감탄하는 동시에, 그의 입에서 나오는 한마디 한마디야말로 신의 계시에 의한 지혜의 발로로 보고 그의 설교집을 집성하였다. 한편 아타나시우스는 그들의 기도·단식·철야근행과 진리 및 무구성(無垢性)을 지키기 위하여 바치는 신앙의 열의, 그리고 이를 위해서라면 위난도 감히 불사한다는 그 용기에 비한다면 자기의 인내성 따위는 거의 아무 것도 아닌 것으로 생각하게 되었다. 이집트 수도원은 모두가 산정 부근이든가 그렇지 않으면 나일강 속의 섬과 같은 사람이 거의 살지 않는 그런 황량한 곳에 세워져 있었다. 타벤니시섬에서 울려오는 성스러운 뿔피리나 나팔소리를 신호로 수도원장들은 삽시간에 수천이라는 수도사들을 모았다고 하는데, 그들은 거의 인근부락의 농민이었기 때문인지 모두가 강건불굴의 투사들뿐이었다. 예를 들어 어두컴컴한 그들의 수도원이 군대의 침입을 받았다고 하자, 물론 그들에게 저항한다는 것은 불가능하다. 다만 그들은 자기들의 목을 흉한 칼날 앞에 말없이 조용히 내민다. 또한 일단 지킨다고 결의한 이상에는, 설사 어떠한 고문을 받는다 해도 자기들에게 비밀을 말하게 한다는 것은 절대 불가능하다는 이집트인의 국민성을 훌륭하게 관철시켜 보이는 것이었다. 이와 같은 그들의 헌신적인 봉사로 신변의 안전이 지켜지고 있는 알렉산드리아시 대사교는 훈련이 엄격한 똑같은 수도승 복장을 한 신도군중에 파묻혀 한때 완전히 소식을 끊고 있었다. 즉, 위험이 박두하면 그들은 재빨리 대사교의 신병을 은신처에서 은신처로 비밀리에 옮겼고, 나중에는 끝내 미신에서 오는 상상의 악령과 영악한 괴물이 산다는 어두운 도깨비집으로 간주하고 있던 가공할 오지의 사막으로까지 숨겨서 모셔갔다. 이리하여 그의 자복(雌伏)은 결국 콘스탄티우스 황제가 죽을 때까지 계속되었다. 그간의 대부분을 이 대사교는 이들 수도승들 속에서 생활했는데, 한편 이들은 시종일관 충실한 호위와 비서 그리고 사자(使者)의 역할을 수행하면서 대사교에게 봉사하였다. 동시에 가톨릭교회 동지들과의 친밀한 연계도 중요한 일이었으므로, 조금이라도 수색의 손길이 느슨해지면 재빨리 사막을 나와 알렉산드리아시에 모습을 나타내었는데, 이런 때의 신변안전문제는 동지들과 신도들의 배려를 믿고 전적으로 그들에게 일임하였다. 그 사이에 경험한 갖가지 모험은 아마도 스릴 만점의 전기(傳奇) 이야기로도 될 수 있는 것이었다. 예컨대 한번은 빈물탱크 속에 숨겨져 있는 것을 한 여자 노예의 배신과 밀고로 하마터면 잡힐 뻔했다가 겨우 생명을 건져 탈출한 일도 있었다. 그런가 하면 또한 한층 더 이상한 은신처, 그것은 20세라는 묘령에다 절세의 미모로 온 시에서도 소문난 처녀집에 잠복한 일이 있었다는 이야기다. 후년에 이르러 그녀가 이야기한 바에 의하면, 어느 날 깊은 밤중에 그녀는 몹시 단정치 못한 옷차림을 한 아타나시우스의 갑작스런 방문을 받고 심히 놀랐다. 그는 집안에 들어서자마자 이집 지붕 밑에서 보호의 손길을 뻗혀 받도록 하늘의 계시를 받고 왔으니 좀 숨겨 달라고 다짜고짜로 간청했다는 것이다. 독실한 신자인 그녀는 안쪽에 비밀로 만든 방으로 곧 그를 맞아들인 다음 동신(同信)의 벗으로 그를 위로하고 또 하녀와도 같은 충성을 다바쳐 그의 안전을 지켜 나갔다. 위험이 사라졌을 때까지 그녀는 끊임없이 책과 음식물을 들여놓았을 뿐만 아니라 그의 발을 씻어주었고, 편지를 전달하는 연락임무까지 맡아서 수행하였다. 한쪽은 더럽혀지지 않는 정결이 요구되는 깨끗한 성자와, 다른 한쪽은 그녀의 매력이 아마도 가장 위험한 정념을 유발할 아름다운 처녀라는, 말하자면 남녀 단 둘의 생활이 타인으로부터 조금도 색안경으로 보임이 없이 실로 교묘하게 은닉되었던 것이다. 6년 간에 걸친 박해와 추방기간 중에 그는 여러 번 이 미녀의 집을 찾았다. 또한 그후에 그가 리미니 공회의와 셀레우키아(Seleucia) 공회의를 직접 자기 눈으로 보았다고 정식 언명한 것으로 보아, 사실 이런 공회의들에 남몰래 참석했다고 믿는 수밖에 없다. 자기편 동지들과 친밀하게 말을 나누고, 반대로 적측의 분열을 재빨리 이용하는 기화인만큼, 만일 빈틈없는 정치가라면 설사 어떠한 위험을 내포한 대담한 행동이라 해도 감히 한판승부쯤 걸어보는 것이 당연하다. 더욱이 알렉산드리아시는 상업과 항해를 통하여 지중해안에 있는 모든 항구와 연결된 곳이다. 이리하여 이 불굴의 수좌대사교는 사람들의 발자국이 끊긴 사막오지의 도피장소로부터 아리우스파의 비호자인 콘스탄티우스 황제에 대하여 끊임없는 공격을 가했던 것이다. 그리고 시기적절한 그의 각종 논책(論策)은 널리 돌려서 경쟁적으로 읽혀짐으로써 정통가톨릭파의 단결과 고무에 크게 공헌하였다. 황제에게 직접 보낸 공적인 변명 서류들을 읽어 보면, 때로는 황제의 온건정책을 찬양한 것으로 보이는 것이 있는가 하면, 한편 내밀하게 회람시킨 맹렬하기 이를 데 없는 탄핵문서에서는, 요컨대 황제는 암우간악(暗愚奸惡)한 군주, 일가일족을 학살한 살인마, 국가에게는 폭군, 교회에게는 교적(敎敵. Antichrist)이라고 불러 악매(惡罵)하는 말을 모두 동원하고 있다(수도승들에게 보낸 아타나시우스의 서한). 갈루스 부황제의 실정(失政)을 벌주었고, 베트로니오(Vetronio)의 머리위에서 왕관을 빼앗았던 실바누스(Sylvanus)의 반란마저 진압했으며, 나아가서는 마그넨티우스 참제의 군대도 일격으로 격파함으로써 연이은 승리로 득의의 절정에 오르게 되자, 오만해진 콘스탄티우스 황제*도 여기에 이르러 비로소 자기 힘으로는 치유도 보복도 할 수 없는 마음의 상처를, 저 보이지 않는 신으로부터 받고 있었다. 이리하여 콘스탄티누스 대제의 마지막 한 사람의 자식인 콘스탄티우스 황제는, 문제가 신앙에 이르면 제아무리 강력하고 흉포한 행정권력이라 해도 능히 이것에 대항할 수 있는 영적 권위가 또 존재하다는 사실을 새삼스럽게 체험으로 알아차린 최초의 기독교 황제가 되었다.

---

* 이 몇 줄의 기술은 모두가 본 Ⅲ권 제18-19장에 나와 있는 사실인데, 이것을 간단히 요약하면, 콘스탄티누스 대제가 죽은 뒤, 그의 셋째 아들인 콘스탄티우스 2세 황제가 또다시 전로마제국의 독재자가 되기까지의 경위를 말한 것이다. 「일가일족을 학살 한 살인마」란, 아버지인 대제가 죽은 뒤 불과 반 년 이내에 숙부·4촌형제 등 적어도 수 명의 혈족을 하룻밤 사이에 암살한 것을 말한다. 「갈루스 부황제의 실정」 운운은 같은 4촌동생이며, 한때는 동방 부황제로 임명했던 4촌도 처형한 것을 가리킨다. 베트로니오, 마그넨티우스는 다같이 서방의 군인출신이다. 350년경을 전후하여 전자는 판노니아에서, 후자는 갈리아에서 각각 황제를 참칭했지만 머지않아 연이어 콘스탄티우스 황제의 모략 내지 무력으로 타도된 바 있다. 덧붙여 말한다면, 실바누스도 콘스탄티우스 황제군의 장수(將帥)였지만 베트로니오가 실각한 후 한때 군에 추대되어 황제를 칭한 바 있었다. 다만 그는 28일의 천하를 장악한 후 주살되었다.

아타나시우스 이하 많은 사교들이 자기가 신봉하는 교의의 진리를 위하여, 아니 적어도 그의 양심의 지조를 지켰다는 이유로 박해를 받았다는 사실은, 정통파 기독교도들로부터는 당연한 일이지만, 맹신적으로 아리우스파에 추종하고 헌신하던 신도들로부터도 일제히 분노와 불만의 씨앗으로 여겨졌다. 신앙에 충실한 사교가 추방된 다음, 그의 공석을 메꾸기 위하여 이곳 교회와는 아무런 인연도 없는 인물이 갑자기 임명되어 부임해 왔다. 신도들은 이것을 매우 슬퍼하였다. 이 처사는 우선 교회선거의 무시이며, 게다가 정체를 알 수 없거니와, 신조(信條)도 의심스러운 사이비 중놈에게 복종하지 않을 수 없게 되었을 뿐만 아니라, 돈만 아는 그의 탐욕성을 신도들은 소리높여 제소한 것이다. 이때 만일 카톨릭 교도로서 자기가 신참 사교의 이단죄에 가담하거나 방조하는 사람이 아님을 증명하고자 한다면, 그는 공개적으로 이의를 표명하여 나서든가, 그렇지 않으면 그 사교 밑에서의 성체배수 성사에서 이탈하는 도리밖에 없었다. 여기서 전자의 방법을 생각해 낸 것이 안티오크시였는데, 거기서는 이것이 대단한 효과를 나타내어 곧 전체 기독교계에 확산되었다. 원래 3위일체의 영광을 찬양하는 독솔로기아(doxologia/doxoloyy, 聖歌)란 실로 미묘한 표현 하나로서도 매우 함축성 있는 중대한 뜻의 차이를 나타낼 수 있음을 알았다. 예컨대 정통파의 신경(信經)이냐, 이단파의 신경이냐 하는 것은 불과 이 접접속사(離接接續詞)의 한마디나 또는 연계(連繫)접속사의 한마디 차이로 명확히 이것을 밝힐 수 있는 것이다. 여기서 폴라비아누스(Folavianus) 및 디오도루스(Diodorus)라고 부르는, 다같이 니케아 신경의 충실한 신봉자이며 행동적인 평신도이기도 한 이 두 사람의 제창으로, 예배중에 이른바 교독문(交讀文) 및 시편송독(詩篇誦讀)이라는 것을 도입하였다. 그리고 그들의 지도하에 많은 수의 수도승이 근교 사막지대로부터 모여 들어 훌륭하게 훈련된 많은 성가대가 안티오크시 대성당에 상주하면서 「아버지와 아들과 성령님께 영광이 있으라 (the Glory to the Father, AND the Son, AND the Holy Ghost)」라는 송영찬가 (頌榮讚歌)를 자랑스럽게 노래불렀다.* 이리하여 카톨릭 교회 신도들은 그 교

---

* 이런 송영찬가에는 이단의 그것으로서 미묘한 세 가지 형식이 있었는데, 기번은 그것을 영어로 번역하여 다음과 같이 주기란에 소개하고 있다. ① "To the Father *by* the Son, *and* in the Holy Ghost." ② "To the Father *and* the Son *in* the Holy Ghost." ③ "To the Father *in* the Son *and* the Holy Ghost." 그러니 본문에 소개한 바 "To the Father, AND the Son, AND the Holy Ghost."는 확실히 3위동질설(Homooustion)에 합치된 송영 형식임이 틀림없다고 하였다.

의의 순수성을 과시하면서, 이로써 존자인 노 에우스타티우스(Eustathius/Eustathios, 359년 사망, 안티오크 사교·성인·아리우스파 공회의에서 배척되어 트라키아에 유배된 후 동지에서 사망)의 자리를 빼앗은 아리우스파 수좌사교에게 능욕을 가했다. 이러한 송영가를 생각해 낸 가톨릭 신도들 중에서도 특히 양심적인 신앙심에 불타던 일부 사람들은 한 발자국 더 나아가 별개의 독립적인 예배집회까지 가지게 되었다. 그들의 집회는 머지않아 추방된 사교 에우스타티우스가 사망하고 새 사교가 선출되어 성별식이 있을 때까지 모두가 사제들의 손으로 운영되었다(이처럼 극단적으로 양심적이던 집단도 끝내는 독립적인 작은 분파가 되어 약 80년 간 존속하다가 소멸된 것 같다). 궁정세력에 변동이 있을 때마다 당연히 사교를 참칭하는 자들도 늘어난 바, 특히 콘스탄티우스 황제 치세중에는 1개 시에 2명, 3명, 때로는 4명의 사교가 그 자리를 다툰 사례까지 드물지 않았다. 그런 자의 모두가 자기를 따르는 신도군에게 영적 교권을 행사함으로써, 서로 교대로 교회의 세속적인 소유권을 잃거나 또는 회복하는 일이 있었다. 이러한 기독교내의 악습이 제국 통치에까지 새로운 폭정과 반항의 소인을 조성시키기도 하였다. 교회내의 격렬한 분파간의 항쟁은 시민사회의 유대까지를 분단시켰다. 즉, 역대황제의 운명과 흥망 등을 냉정한 눈으로 바라보고 있던 이름없는 시민들까지가 이제 한 민간 성직자의 안위와 관련하여 자기들의 생명·재산까지가 좌우된다고 걱정하게 되었고, 또 사실 그런 일이 일어난 것이다. 두 수도인 로마와 콘스탄티노플시의 실례에서만도 콘스탄티누스 대제 아들들의 치하에서의 제국의 상태와 인심의 귀추를 충분히 알아 볼 수 있었다.

(1) 로마 교황은 그가 그의 지위와 교의를 지켜나가는 한, 그것은 대국민에 의한 열렬한 지지에 의하여 보호 유지되므로 이단과 군주에 의한 어떠한 간청이나 위협, 그리고 헌금도 냉정하게 일축할 수 있었다. 예를 들어 환관들이 황제의 이름으로 남몰래 사교 리베리우스(Liberius)의 유배형을 선고했을 때(리베리우스는 로마교황〈352-366년 간 재위〉이다. 콘스탄티우스 황제로부터 아타나시우스를 단죄하라는 명령이 있었지만 이것을 거부한 탓으로 355년, 교황자리에서 추방한다는 명령이 내린 바 있다)도, 이것은 소요유발의 우려성이 매우 크다는 괘념때문에 선고집행만은 극도의 신중성을 요구하였다. 즉 총독은 먼저 수도 로마를 사방에서 포위한 다음, 중상모략과 또 공개적인 실력행사로 곧 사교의 신병을 구속해야 한다는 명령을 받고 있었다. 명령은 그대로 집행되었다. 이 사실을 알게 된 로마시민들의 놀라움이 폭동으로 발전할 겨를도 없이 사교는 급히 시민들의 손이 미치지 못하는

지점으로 옮겨졌다. 그러나 이 유배가 트라키야 지방임이 알려지자, 곧 신도 대집회가 개최되어 전로마시의 성직자들은 어디까지나 자기들의 사교 리베리우스를 버리지 않고 지지하며, 환관들의 압력하에 세속적인 궁정내에서 불법적으로 선출하여 성별된 찬탈자로서의 사교 펠릭스(Felix) 따위를 단호히 거부한다는 것을 공개적으로 맹세하였다. 그리고 신앙에 입각한 이 결의는 2년 가까이나 시일이 지난 뒤에도 요지부동이어서, 현실적으로 콘스탄티우스 황제가 로마시를 방문했을 때는 곧 시민들로부터 집요한 청원공세를 받아야만 했다(356년의 일). 즉, 설사 상대가 집권자라 해도 대등한 동배(同輩)의 한 무리와 마찬가지로 접촉한다는 옛부터 로마인이 자랑해 온 자유권의 마지막 모습을 발휘해 보인 것이다. 일부 원로원 의원과 상층부 시민 대부분의 처녀(妻女)들은 일찍부터 리베리우스를 위하여 조정역을 맡고 나선 이래 줄곧 그녀들의 남편이나 아버지에게 그의 석방과 복직을 청원토록 요구했었는데, 사세가 이 지경에 이르자 그녀들도 적극적으로 이 역할을 사고 나설 것을 생각하였다. 생각컨대 그녀들의 손으로 행하는 편이 위험도 적거니와 효과도 클 것으로 생각한 까닭이다. 이런 여성대표들에게는 황제도 정중한 태도로 응접하였다(357년 5월의 일). 복장과 장신구류의 호화성으로 보아도 그녀들의 부유성과 사회적 지위의 높음을 일견하여 알 수 있었다. 경애하는 사교를 위해서라면 이 세상 끝까지도 따라가겠다는 그녀들의 부동의 결의에는 황제도 경탄하여, 리베리우스와 펠릭스의 두 사교가 각각 자파의 집회를 평화리에 관할한다는 안에 동의하였다. 그러나 당시는 관용이라는 것이 실천은 고사하고, 생각하는 것만으로도 심한 반발을 사던 시대였던 만큼, 일단 황제의 이런 회답이 대경기장(circus)에서 낭독되자, 매우 합리적인 조정안임에도 불구하고 곧 경멸과 조소로 일축되고 말았다. 말하자면 경마의 결승 순간을 기다리면서 긴장해 있던 관중의 격렬한 흥분이 이제 아주 딴판 목표에 향해진 것이다. 「한 분의 신, 한 사람의 그리스도, 한 사람의 사교를!」이라고 계속 부르짖는 수천 명의 시민의 외침으로 대경기장은 술렁거렸다. 여기서 리베리우스 문제에 대한 로마시민의 열기는 드디어 말로만 끝나지 않았다. 황제가 떠나간 후 얼마 안되어 돌발한 위험하기 이를 데 없는 유혈소동은 드디어 황제의 심경을 움직여 유배중의 사교의 사죄를 받아들임과 동시에 또다시 수도의 통일교권에 복위시키기로 결심케 하였다. 얼마간 소용없는 저항을 시도했지만, 결국은 대항마인 사교가 황제 자신의 승인을 받았고 또 적대 세력인 가톨릭 교회파의 실력으로 말미암아 아리우스파 사교는 로마시로부터 추방되었다(358년 8월 2일). 그리고 펠릭스 사교의 여당이던 성직자와 신도들은 혹은 가두에서, 혹은 공공장소에서 욕장, 심지어 교회 안에서조차 잔인하게 살해되었다. 이리하여 수도 로마의 얼굴은 겨우 기독교 사교 한 사람의 귀환으로 또다시 저 마리우스(Marius)에 의한 대학살, 나아가서는 술라(Sulla)에 의한 대량추방이라는 참담한 광경을 재현시켜 보인 것이다(이것은 공화정 말기에 일어난 유명한 정치항쟁이다. 마리우스〈Marius, Gaius, BC 157-186. 로마 장군, 집정관이며 빈민파 대표, 여러 전쟁에서 공을 세웠다. 로마에서 BC 88-87년 간에 술라파를 학살〉와 술라〈Sulla. Lucius Cornelius. BC 138-78. 로마 장군 정치가, 귀족출신으로 족벌파의 대표, 처음에 마리우스의 부하로서 유그루타 전쟁에서 공을 세웠으나 후에 그에게서 떠났으며 특히 폰토스왕인 미티리다테스 6세〈Mithridates Ⅵ. BC 132?-63〉토벌 지휘권을 놓고 두 사람이 다투었으나 원로원을 배경으로 승리하여 동방 정복길에 올랐다. 귀국 후 마리우스 여당을 격파하고 이후 독재관이 되었다〉의 전쟁을 말한다. BC 87년, 마리우스가 유명한 술라파 대학살을 강행했고, 술라는 이에 대한 보복으로 BC 83년에 빈민파에 대하여 대대적인 숙청을 강행하여 독재제도를 확립하였다).

(2) 플라비우스가(Flavian family) 역대 황제 통치하에서 기독교도 수는 확실히 급증하였다. 그럼에도 불구하고 로마시와 알렉산드리아시 그리고 기타의 대도시에는 아직도 여전히 강력한 이교도의 교단이 남아 있었다. 그들은 기독교의 융성을 부러워하는 한편으로 또 기독교 교회내의 신학논쟁을 연극으로 각색하여 상연함으로써 이들을 비웃었다. 과연 콘스탄티노플시만은 기독교 신앙 속에 태어나고 또 그런 교육을 받은 이점이 있었던 탓인지, 이 동방수도만은 우상예배로 더럽혀지는 일이 끝내 없었으며, 또 당시의 기독교도들을 다른 일반사람들과 명확히 구별하고 있던 사상·도덕·감정 따위를 전체시민이 한결같이 마음껏 호흡하고 있었다. 그런데 알렉산드로스 대사교가 죽은 뒤(312년부터 알렉산드리아시 대사교직에 있었고 328년에 사망)전체 기독교계의 수좌 자리를 놓고 다툰 것은 정통파의 파울루스(Paulus)와 아리우스파의 마케도니우스(Macedonius) 두 사람이다. 신앙과 능력면에서는 두 사람 모두가 바라는 그 현직(顯職)에 충분히 어울리는 인물들이었다. 그러나 마케도니우스의 경우, 가령 그의 도의적 자격이라는 점에서는 문제가 없었다 하더라도, 선거라도 치루게 되면 선임자라는 우위성과 정통파 교의의 신봉자로서 파울루스쪽이 유리하였다. 다만 파울루스는 니케아 신경에 대한 부동의 충성심(그렇기 때문에야말로 미구에 성도력〈聖徒曆〉과 순교자력〈殉敎者曆〉에도 그 이름이 오르게 되었지만)이라는 점에서 아리우스파로부터 격렬한 분노를 사고 있었다. 사실 14년 간 5회나 사교좌에서 추방되었고, 또 그때

마다 똑같은 지위로 복귀했는데, 그것은 황제의 허가에 의했다기보다도 어느 쪽인가 하면 매번 국민대중의 폭력적 요청에 의한 압력의 결과였다. 결국 마케도니우스의 실권(實權)이 확립을 본 것은 경쟁자인 파울루스가 겨우 피살된 뒤였다. 비운의 파울루스는 후술하는 것처럼 납치되어 쇠사슬에 묶이어 메소포타미아 사막에서 황량하기 이를 데 없는 타우루스(Taurus)산속 벽지로 호송되어 좁고도 캄캄한 지하감옥에 감금된 후 6일 간이나 음식물의 차입도 없이 심한 고통을 받은 뒤 끝내 콘스탄티우스 황제의 각료 중 한 사람인 필리푸스(Philipus)의 명령으로 목매달아 살해되었다(파울루스가 순교한 곳은 캅파도키아-킬리키아〈Cilicia〉-소아르메니아〈Lesser Armenia〉의 각 국경이 접하고 있는 다우루스 산맥 속의 쿠쿠수스〈Cucusus〉라는 작은 거리이다. 이 모살에 관한 것은 아타나시우스 이하 정통파가 강조하는 것이지만, 일설에는 병사했다는 말도 있고 또 병사설을 지지하는 사가들도 있어서 불명확하다). 새 수도를 더럽힌 최초의 유혈은 방금 말한 바 파울루스를 납치 살해하는 종교항쟁 과정에서였다. 격렬하고도 완강하기 이를 데 없던 민중봉기에서 쌍방간에는 모두 적지 않은 수의 사상자를 냈다. 그런데 맨 처음에 파울루스 사교에 대한 추방 선언의 강제집행을 명령받은 것은 기병대 사령관 헤르모게네스(Hermogenes)라는 사람이었는데, 이것의 집행이 결국 그 자신이 생명을 잃는 행위로 되었다. 즉, 가톨릭 교도들은 파울루스 옹호를 외치면서 일어나 맨 먼저 헤르모게네스의 관저를 불태워 버리는 동시에 적어도 제국 최고급 군사령관의 한 사람인 그를 끌어내어 수도의 온 거리를 거꾸로 매달고 끌고 다닌 끝에 죽게 하였고 숨진 다음에도 화가 풀릴 때까지 그 사체에 갖은 능욕을 가했던 것이다(350년 말의 일. 이 이야기는 암미아누스-마르켈리누스『역사』제14권 10장에도 간단히 언급되어 있다). 헤르모게비스의 이런 비운은 총독 필립푸스에게도 얼마간의 교훈을 주었다. 즉, 앞으로 또다시 이와 같은 일이 일어났을 경우에는 퍽 신중히 행동해야 하겠다는 교훈이었다. 여기서 그는 새삼스럽게 파울루스에게 매우 정중한 언사로써 부디 제우크십푸스(Zeuxippus)욕장에서 나와 주기를 요청하였다. 그런데 이 욕장에는 궁전과 바다로 통하는 비밀 연락통로가 있었는데, 이때 정원 계단 밑에는 마침 한 척의 배가 계류되어 있었다. 그리고 머지않아 이 배는 순풍에 돛을 달고 떠나가 버렸다. 즉, 사전에 주도면밀하게 계획된 독성(瀆聖)의 함정에 시민은 누구 한 사람도 눈치채지 못하는 사이에 파울루스 사교는 이렇게 납치되어 그대로 텟살로니카(Thessalonica)를 향하여 출항한 것이다. 머지않아 시민들은 황궁의 성문이 활짝 열리고 찬탈자인 새 대사교 마케도니우스가 총독과 나란히 전차 위에 높이 올라 앉았고, 주위는 칼을 빼어 든 수많은 친위병들이 호위하고 있는 모습을 오직 놀라움과 분노의 눈으로 쳐다 보는 수밖에 없었다. 다시 정신을 차린 사람들은 이 대열이 대성당을 향하여 전진하자 아리우스파나 가톨릭파 할 것 없이 이 중요 거점만을 반드시 점거하고자 필사적인 기세로 그곳으로 쇄도하였다. 그리하여 이곳에서의 양파간의 충돌사고로 쌍방간에는 무려 3,150명이라는 생명이 목숨을 잃었다. 결국 정규군의 지원을 받은 마케도니우스가 일단은 결정적인 승리를 얻었지만, 그러나 그의 재임기간은 처음에서 끝까지 소요나 폭동으로 골치를 썩혀야만 하였고, 또 문제의 논쟁주제하고는 전혀 관계가 없는 제문제까지가 흔히 시민간에 분열의 불길을 부추기는 결과로 되었다. 예컨대 콘스탄티누스 대제의 유해를 넣어 둔 예배당이 몹시 황폐화되었기 때문에 사교들은 우선 이것을 성 아카키우스(St. Acacius) 교회로 옮겼던 것인데, 현명하다고나 할까, 경건한 일이라고까지 생각된 이 조치마저 3위동질교의(Homoousios)를 신봉하는 측에서는 이것을 사악모독행위라고 비난했다. 양파가 또다시 무기를 들고 일어나 싸우게 되자 성역이 그대로 전쟁터로 화하고 말았다. 이에 대하여 한 교회사가는 이것이 결코 단순한 수사학적 서술이 아니라 뚜렷한 사실이라고 전제하고 쓰기를, 교회당 앞의 우물은 유혈로 넘쳐 흘렀고, 앞쪽 현관으로부터 인접한 가운데 뜰까지는 피바다를 이루었다고 하였다. 이런 소동을 모두 교의문답에 입각한 것으로 본 이 사가와 똑같은 의견의 사람들은, 물론 인간성에 관하여 거의 완전한 무지를 나타내는 것인지는 모르나, 그렇기로서니 다음의 한가지만은 이것을 인정하지 않을 수 없을 것이다. 즉, 이것이 만일 다른 문제라면 이와 같은 폭거가 있은 후, 아마도 수도 콘스탄티노플의 기독교도들도 깊이 자책감에 빠져 어찌할 바를 모를 것으로 생각되지만, 이번 경우에는 그런 기색이 전혀 없었다. 왜냐하면 본래 성실한 신앙심에서 나온 광열을 잘못 이끌어 간 그 동기와 본질은 격정에 입각한 무검속(無檢束)에 지나지 않았던 행동에 교묘한 가면을 씌운 미명(주. 아리우스파나 가톨릭파 모두에게 논쟁의 과열에서 온 각자의 주장을 훌륭한 명분으로 내세운 것을 가리킨다)이 회한(悔恨)의 정을 완전히 금압(禁壓)해 버렸기 때문이다(파울루스 사교의 순교사건은 소크라테스〈Sokrates, 별명Scholastikos, 380?-450?. 그리스 초대교회사가〉와 소조메노스〈Sozomenos, Salamanes Hermeias. 776이후-447? 그리스 초대교회사가〉들의 『교회사』, 전자에서는 그 제2권, 후자에서는 그 제3-4권에 상세하다).

가혹하고 박정하기 이를 데 없는 콘스탄티우스 황제의 전단적 성향은 반드시 저항이나 범죄에 의한 촉발을 기다리지 않았다. 군주의 권위와 신앙에 항거하여 발생한 수도의 소요와 또 성직자 일파의 반역적 행동이라는 것만으로도 그의 노여움은 당연히 폭발한 것이다. 사형·유형·재산몰수 등등 모두가 당연한 처벌이었지만, 다만 그것이 편파적으로 가해진 것이다. 실제로 헤르게네스를 살해한 죄로 기소되어 콘스탄티노플시 성문에서 참수된 2명의 성직자──한 사람은 독사(讀師)이고 다른 한 사람은 차부제(次副祭)지만──의 순교사를 지금도 그리스인들은 깊은 존숭의 염으로 기억하고 있다. 가톨릭파을 탄압하는 콘스탄티우스 황제의 칙령 중 하나──너무도 참혹한 내용인 때문인지 『테오도시우스 법전(Codex Theodosianus)』에서도 빼고 있지만──에 의하면, 아리우스파 사교, 그중에서도 특히 마케도니우스로부터의 성체 배수를 거부한 자는 성직자로서의 면책특권, 나아가서는 기독교도로서의 일체권리를 박탈한다는 것이었다. 교회재산의 소유권을 강제적으로 포기당한 것은 물론, 수도성내에서 집회를 가지는 일조차 엄금되었다. 그리고 부당하기 이를 데 없는 이 법의 집행을 트라키아와 소아시아 각 속주에서도 시행케 한 것은 전적으로 마케도니우스의 광신이었다. 행정관이나 군인의 모두가 그의 명령에 복종하도록 훈령되어 있었는데, 사실 3위유질설(Homoiousion)을 신봉하던 이 반(半)아리우스파 사교의 잔학행위의 갖가지 범죄는 실로 콘스탄티우스 황제로부터의 위임권한을 훨씬 넘는 행위로서, 사실 그의 치세에 커다란 오점을 남긴 것이 되었다. 마케도니우스의 대사교 소명을 인정하지 않고, 그의 교설을 혐기함으로써 희생된 신도들에게는 교회의 제성사가 강압적으로 집행되었다. 예를 들어 부녀자들에게 세례를 주기 위해서라면 그녀들을 친구나 부모의 손에서 강제적으로 빼앗아 어거지로 강행하였다. 또한 성체배수라고 하면 신도들의 입을 나무로 만든 고문구로써 억지로 벌리게 하고 그 순간 성찬용 빵을 목구멍 깊숙히 쑤셔 넣는 행위였다. 그리고 나약한 처녀들의 유방에는 빨갛게 구운 달걀껍질을 붙이거나, 두툼한 송판 두장을 기름틀처럼 해서 역시 유방을 쥐어짰다는 심한 이야기까지 있다(소크라테스, 『교회사』 제2권 38절, 소조메노스, 『교회사』 제4권 2절 등). 수도 콘스탄티노플과 그 주변지구에 많았던 노바티아누스파(3세기 중엽부터 로마시를 중심으로 서방교회에서 일어난 이단파. 교의적으로는 3위동질설(Homoousion)을 신봉하는 가톨릭파에는 틀림없었지만 도량이 좁은 엄격주의를 취했기 때문에 오히려 파문당하였고, 노바티아누스〈Novatianus, 3세기의 가톨릭 성직자·사제. 교황 코르넬리우스〈Cornelius〉를 반대하여 스스로 교황을 자칭하여 이교도 세례의 무효를 주장〉 자신도 순교사했다. 교파로서는 5세기경까지 이럭저럭 명맥을 이어갔다)따위는 너무도 3위동질설을 고수했기 때문에 가톨릭파로 동일시되어 이것 또한 똑같은 박해를 받았다. 광대한 파플라고니아(Paphlagonia)지방(모두가 상술한 소크라테스와 소조메노스의 『교회사』에 나오는 지명으로서 소아시아·흑해남안에 면한 속주. 지금의 터키 수도 앙카라의 북방일대가 그곳이다)의 모든 주민이 거의 노바티아누스파 신도들로 구성되어 있다는 말을 듣자 마케도니우스는 곧 그들에게도 개종하기를 강요했는데, 응하지 않을 때는 전원을 섬멸하기로 결심하였다. 이리하여 성직자의 파견만으로는 효과가 없다고 보았는지, 4천 명이라는 반도진압의 정규군을 파송하여 만티니움(Mantinium, 호노리아스 속주의 일부지만 정확한 위치 불상, 호노리아스는 디오클레티아누스 황제 이후에 새로 만들어진 속주로서 흑해 남안이며, 앞서 나온 파플라고니아 속주의 서쪽에 인접해 있다)전역도 그의 영적 지배하에 두고자 하였다. 그러나 절망적인 용기와 신앙의 광열(狂熱)로 불타던 노바티아누스파 농민 신도들은 죽기를 각오로 침공군에 저항하였다. 파플라고니아 주민의 전사자도 물론 많았지만, 로마군 또한 무기란 겨우 큰 낫과 손도끼만의 농민 게릴라부대에 의하여 통렬한 패배를 맛보고 굴욕적인 패주로 겨우 죽음을 모면한 극히 소수인 원을 제외하고 실로 4천을 헤아리는 로마병 사체가 헛되이 전쟁터에 유기되는 결과로 끝났다. 콘스탄티우스의 후계 황제인 율리아누스는 쓸데없이 자기의 감정과, 환관무리의 감정에 놀아난 군주의 통치하에 전제국, 특히 동방지역이 신학논쟁으로 그 얼마나 커다란 재액을 받았는가에 대하여 그 몇 가지의 실례를 간결하고도 생동감 넘치는 문장으로 다음과 같이 묘사하고 있다. 「수많은 사람들이 투옥·박해·유형에 처해졌다. 이단이라고 낙인찍힌 수천 수만의 사람들이, 그중에서도 특히 키지쿠스(Cyzicus)와 사모사타(Samosata) 등지에서는 전원이 학살되었다. 또한 파플라고니아·비튜니아·갈라티아(Galatia), 기타 수많은 속주들에서 그랬고, 많은 거리와 마을이 문자 그대로 완전히 파괴되어 황폐화된 곳도 드물지 않았다(율리아누스, 『보스티라 시민에게 보낸 편지』).

아리우스 논쟁의 불길이 제국의 심장부를 불태우고 있는 사이에, 아프리카 각 속주도 역시 그 지방의 독자적인 교적에 의하여 교란되고 있었다. 교적이란 곧 키르쿰켈리오네스파(Circumcelliones 派)*라는 이름으로 불리우는 만족 광신자 집단인데, 결과적으로 이것이 도나투스(Donatus, 4세기초에 활동한 카르타고의 사교. 죄지은 세례수 여자에 의한 세례는 무효이니 자기파 성직자의 재세례를 받아야 한다고 주장하였다. 아우구스티누스〈Augustinus, Aurelius, 354-430〉와의 논쟁에서 411년 이단으로 규정되었다)의 악명 높은 주세력을 이루고 있었다. 앞서 콘스탄티누스 대제가 발포한 제신교령이 그후 엄격히 여행하게 되었다는 것은 당연한 이야기지만, 이것이 이들의 저항 정신과 불만을 조장시키고 있었다. 그의 아들인 콘스탄스 황제는 어떻게 해서든지 전교회의 통일을 회복코자 노력했지만, 그것은 오히려 맨 처음부터 분열 요인이던 상호증오심을 한층 더 부추겼을 뿐이었고, 또 황제가 파견한 특사들인 파울루스와 마케도니우스 두 사람도, 이들이 채용한 강제책과 매수책이 오히려 분파주의자들에게 사도들의 유훈과 자칭 후계자들의 언동이 그 얼마나 다른가를 실감시켰을 뿐으로 끝났던 것이다. 당시 누미디아(Numidia)와 마우리타니아(Mauritania) 등의 마을에 살던 농민군중은 무서울 정도로 광포하였으므로 로마법의 권위를 가지고도 완전히 순치(馴致)시키지 못했거니와 기독교에의 개종도 매우 불충분했다. 다만 이들은 도나투스파 교부들을 지지하는 점에서 맹목적이라고 할 만치 대단한 정열을 불태우고 있었다. 그들의 사교군(司教群) 추방, 교회 파괴, 그리고 비밀집회 방해 등에 이르기까지 그들도 분노를 참으면서 용케 견뎌냈지만, 대부분의 경우, 호위병을 배경으로 수행된 법관들의 실력폭압에 대해서는 꼭 같은 폭력으로 격퇴시킨 일도 드물지 않았다. 이러한 충돌 과정에서 흘린 민중의 신망 높았던 성직자들의 성스러운 피는 이들 조폭한 신도들로 하여금 단번에 복수의 집념을 불태우게 하였다. 이리하여 박해의 앞잡이들은 이와 같은 여러 번의 무분별한 잔인행위 때문에 자업자득의 죽음을 당한 일도 있었고, 또 우발적인 소요죄가 반대로 그 범인들을 절망적인 반란으로까지 몰아가게 한 일도 있었다. 고향 마을들에서 쫓겨난 도나투스파 농민들은 공포의 폭력집단으로 되어 게툴리아 사막(Gaetulia 沙漠. 당시의 누미디아, 오늘날의 알제리의 아틀라스 산맥 동쪽 끝에 남쪽 산기슭 지대에 전개된 사막. 준마 사육기술이 뛰어난 유목민이 살고 있었다) 주변에 집결하였다. 그리고 종래의 근로생활을 내동댕이치고 약탈을 일삼는 타민(惰民)의 무리로 일변하였다. 게다가 이런 행위가 모두 신앙의 이름으로 성별(聖別)되어 종파내의 교직자들도 거의 비난의 목소리를 높이지 않았다. 그보다도 키르쿰켈리오네스파 지도자들은 오히려 성도군(聖徒軍)대장으로 불리웠고, 이 성도군은 창검과 같은 무기류가 빈약했기 때문에

---

* 키르쿰켈리오네스파는 원래 4세기경 아프리카 누미디아 지방에 있던 농민 군중이다. 가렴주구에 견디다 못하여 도망쳐 유민화하면서 도나두스파의 이단신도들과 행동을 함께 함으로써 결국 도나두스파 교의를 위해 싸운 형태로 되었다는 것이 오늘날의 대체적인 정설이다. 그리고 그들의 전투에서는 함성인 「영광이여, 신에게 있으라!」는 것으로 이들은 더 유명해졌다.

주된 무기로서 그들 자신이「이스라엘인(Israelite)」이라고 부르던 커다란 곤봉을 가졌었다.「영광이여, 신에게 있으라!(Laudes Deo!/〈영〉Praise be to God!)」를 절규하는 그들의 함성은 무방비 비무장의 아프리카 제속주를 진감시켰다. 그들의 약탈행위도 처음에는 그야말로 살아가기 위해서는 부득이하다는 구실로 미화되었지만, 머지않아 그것들은 단순히 생존을 위하여 요구되는 한도를 넘어서 억제할 수 없는 방종 탐욕에로 타락되어 갔다. 약탈한 부락들을 다시 불살라 버림으로써 일망무제의 황야에 방종전란의 지배권을 확립하고 있었다. 농사일도, 공정한 행정도 일체 폐지해 버렸는데, 이들 신도들의 자화자찬에 의하면, 이것이야말로 원시사회의 평등성을 회복하고 문명사회의 폐풍을 모두 없애버린 것이라고 하였다. 그러니 노예와 빚진 사람들에게는 틀림없이 안전한 피난장소의 제공이었는 바, 이것이 곧 그들로 하여금 무리지어 성기(聖旗) 밑으로 운집케 한 것이다. 외부로부터의 공격이 없는 한, 대개 약탈만으로 만족하고 있었으나 조금이라도 반격이 가해지거나 하면, 곧 광포한 살인자무리로 일변하곤 하였다. 조심성 없이 이런 가톨릭적인 신앙의 지지를 표명한 성직자들도 있었는데, 그들은 곧 이들 광신도의 포로가 되어 매우 정묘하고도 야만스럽기 이를 데 없는 고문을 받았다. 그런데 이 키르쿰켈리오네스파라는 집단은 무방비의 교적에 대해서는 별로 선제공격을 가하지 않는 것이 특색이지만, 그 적이 속주 군대라면, 곧 도전하여 때로는 그것을 격파하는 일도 있었다. 예컨대 바가이(Bagai. 누미디아〈알제리〉의 고대 도시. 도나투스가 카르타고 대사교로 되기 전에 한때 여기서 사교로 있은 일이 있었다. 단, 정확한 위치는 불상)에서의 전투는 결국 용전 끝에 패배하긴 했지만, 제국 기병대의 진격을 야전에서 당당하게 맞아 싸웠던 것이다. 무장한 채 포로가 된 도나투스파 신도들은 그대로 사막의 야수라도 대하는 것과 똑같은 처우를 받고, 또 야수처럼 도살되었다. 그러나 이 포로들은 창과 도끼 심지어 맹렬한 불길 앞에서도 비명은 커녕 단 한마디의 중얼대는 소리도 없이 묵묵히 죽어갔다. 그런 만치 로마군에 대한 보복수단도 급속히 잔학도를 더하여 반란의 공포가 날로 증대해 갔으므로, 이미 쌍방간에 관용이라는 문제는 절망적인 것으로 되었다. 이 키르쿰켈리오네스파에서 보는 것과 똑같은 사례를 우리는 실로 금세기(18세기) 초두에 카미사르파(Camisard 派. 프랑스의 광신적인 개신교도의 일파. 루이 14세 시대에 준엄한 탄압을 받았기 때문에 1702년에는 드디어 폭동으로 봉기한 바, 프랑스정부는 이것을 진압하는데 수 년이나 걸렸다)에 대한 박해가 이루어졌을 때, 그들의 항거에서 찾아 볼 수 있다. 이때 카미사르파가 보여 준 대담한 저항, 범죄적인 행위 그리고 광신성은 키르쿰켈리오네스파가 보여 준 투쟁정황을 현대판으로 재현시켰던 것이다. 군사적 성과에서 이들 랑구독주(Languedoc州. 상기 카미사르파의 근거지. 세벤스 산지가 게릴라전의 주요 무대였다)의 광신도들은 상기 누미디아의 광신도당을 능가했을는지 모르지만, 단호한 결의와 집요성의 발휘로 어디까지나 독립적인 사투를 계속한 점에서는 후자쪽이 훨씬 위였다.

　상술한 것과 같은 무질서한 혼란은 대체로 종교적 탄압이 낳은 당연한 귀결이라고 할 수 있다. 다만 도나투스파의 이 흉포성은 일종의 광열(狂熱)로 선동된 것이었다. 만일 이것이 진정코 이상하리만큼 격렬성으로 그들 사이에 침투되어 있었다면 그것은 확실히 다른 어느 나라, 어느 시대에도 유례를 보지 못하는 것임이 틀림없다. 이 광신도의 대부분은 끊임없이 생명의 공포심에 들떠 있었고, 이리하여 줄곧 순교자가 되는 것을 바라고 있었다. 따라서 만일 그들의 행동이 참된 신앙의 영광과 또 영원한 행복에 대한 희망을 위하여 헌신하는 것으로 성별(聖別)된다면 언제 누구의 손에 의하여 어떤 방법으로 죽음을 당한다 해도 그런 것은 거의 문제가 되지 않았다. 때로는 일부러 이교도들의 제사에 난입하여 그것을 혼란에 빠뜨리게 하거나, 때로는 그들의 신전을 고의로 더럽혀 보이기도 하였다. 즉, 독신충실(篤信忠實)한 우상숭배자들을 골라서 도발함으로써 이처럼 모욕당한 자기들의 신들에 대한 보복심을 짐짓 격발 및 선동하려는 것이 이들의 책략이었다. 또한 때로는 법정에까지 난입하여 벌벌 떨고 있는 재판장을 촉구하여 즉각 자기자신들에 대한 처형을 강청하기도 했다. 그런가 하면, 가끔 여행자들을 큰길에서 멈추게 하고는, 부디 여기서 자기 목을 베 주도록 요구하는 것이었다. 만일 승락한다면 사례할 것을 약속하지만 이 기묘하기 이를 데 없는 청을 거절하기라도 하면, 반대로 그 자리에서 죽여 버리겠다고 위협하기도 했다. 이런 짓과 기타 온갖 방법과 희망도 없음을 알게 되면, 이번에는 자진하여 자결할 날을 예고하였다. 그리고 예고한 그날이 돌아오면 그들은 교우동지들이 지켜보는 가운데 높은 벼랑 위에서 깨끗이 뛰어 내려 자살하는 것이었다. 이렇게 수많은 순교자살자를 낸 것으로 유명하게 된 벼랑이 이르는 곳마다에서 하나의 명소로 되었다. 이러한 자기적(自棄的)인 광신자들의 행동에 대해서는 한편으로는 신에의 순교자라고 칭찬하는 사람이 있는가 하면, 이와는 반대로 악마(Satan)에의 희생물이라 하여 혐오한 사람도 있었다. 결국 공평한 사상가의 입장에서 말하면, 요컨대 이의 기원은 바로 유태민족의 국민성과 그 사상에 유래되는 완고한 불관용성의 영향과 최대의 남용이라고 결론지을 수 있을 것이다.
교회의 평화를 교란하고, 그 승리에 오점을 찍게 한 이런 내부분열 실정은 이상의 간단한 서술만으로도 충분히 한 이교도 사가(암미아누스-마르켈리누스를 가리킨 것)의 평가를 뒷바침하는 것이 충분할 것이고, 또 한 노사교의 한탄을 정당화하는 것이 될 것이다. 즉, 기독교도 상호간의 증오심과 적개심은 인간에 대한 맹수의 흉포성조차 능가한다고 그 이교도 사가는 말했다(그의「역사」제22권 5장). 그리고 나찌안젠(Nazianzen)의 사교 그레고리우스는 다음과 같이 비통하기 이를 데 없는 한탄의 말을 내뱉았다. 내홍(內訌)불화로 신의 왕국은 혼돈, 어두운 밤의 폭풍우, 아니 지옥 그 모습으로까지 변해 버렸다(그레고리우스,「연설」제1). 다만 당시의 과격하고도 편견에 가득찬 교회사가들만이 선(善)은 모두가 자파에 있고, 반대로 죄는 모두를 적대 교파의 책임으로 돌려, 말하자면 천사와 악마와의 싸움인 양 묘사하고 있을 뿐이다. 좀더 냉정한 이성에서 보면, 이렇게 단순 소박하게, 마치 괴물처럼 보이는 악마상과 천사상의 대비는 도대체가 이야기가 되지 않는다. 가톨릭파와 이단파가 서로의 명목을 주고 받는 것은 자기네 마음대로지만, 요컨대 선악의 책임은 각파가 의좋게라기보다도 적어도 전혀 차별을 두지 않고 똑같이 돌아간다고 말함이 옳을 것이다. 사실 그들은 모두가 동일한 종교를 믿고 동일한 사회에서 교육을 받았으며, 현세, 나아가서는 내세에 대하여 품는 희망과 불안도 모두가 같은 정도일 터이다. 무지무심에서 범하는 과오, 마음속으로부터의 신앙, 그리고 훌륭한 실천이 있었거니와 배덕 행위도 있었을 터이다. 그런 것은 항쟁 쌍방에서 모두 찾아볼 수 있는 일일 것이다. 그들의 격정을 몰아세운 원인도 대개 비슷비슷하다. 궁정과 국민의 지지라는 배경을 기화로 자기들의 권한을 남용한 것도 쌍방이 의좋게 같은 죄목으로 비난받아야 마땅하다. 아타나시우스파건 아리우스파건간에 그의 형이상학적 견해가 그들의 도덕성을 바꾸게 했다고는 도저히 생각되지 않는다. 오히려 쌍방이 다함께 그들을 행동으로 몰아세운 것은 저 복음서에 있는 바 단순하고도 소박하기 그지없는 교훈에서 도출한 비관용정신에 있었던 것이라고 밖에는 생각되지 않는다.
다음은 한 근대사가의 글이지만, 그는 자기 저서의 머릿말에「정치사 및 철학사」라는 내용의 형용사를, 당연한 말이지만, 확신을 가지고 첨가하였고(기번은 주석에서 이 책 이름을 "Histoire Politique et Philosophique des Establissemens des Européens dans les deux Indes"라고 밝혔으나 저자 이름은 말하지 않고 있다). 또한 로마제국 쇠망의 제원인을 나열하는 대목에서 그 원인의 하나로 콘스탄티누스 대제가 제정한 한 법령을 예거하는 것을 잊고 있는 몽테스키외의, 현명하다고는 하나, 겁장이 노릇을 한 데 대해 이 저자는 심히 책하고 있다. 그런데 콘스탄티누스 대제의 한 법령이란, 말할 나위도 없이 그가 이교예배의 집행을 절대 금지함으로써 대다수 국민이 제사(祭司)도 신전도 또 기타 일체의 공적 종교를 박탈당한 것을 말한다. 여기서 전적으로 인권을 주장하는 이 철학적 역사가의 열정은 경솔하게도 매우 애매한 성직자들의 증언을 잘 이해하지도 못하고 그대로 받아들인 것이다. 그들 성직자의 입장에서는, 상대방이 워낙 경애하는 영웅 콘스탄티누스 대제인 만큼, 그가 무조건적으로 이교도에 대하여 총박해 정책을 쓴 것을 아주 간단하게 황제의 공적으로 본 것이다. 사실, 이 법은 로마제국 법전집에서도 찬연히 빛날 훌륭한 법인데도, 이제 새삼스레 이런 상상과 가공적인 생각으로 이 법에 대해 왈가왈부하기보다는 차라리 콘스탄티누스 대제가 이미 자기의 개종사실을 숨길 필요도 없어지고 또 제위(帝位)에 대한 경쟁자들의 도전을 겁낼 필요도 없어졌던 시기가 되어서, 고대 이교 신봉자들에게 직접 보낸 친서 원본을 보는 쪽이 좀더 안전하지 않을까 생각한다. 그것에 의하면, 그는 틀림없이 제국 전체 신민에게 가능하다면 군주의 개종사례를 본받도록 강한 어조로 권고도 했고 또 요청도 하고 있는 것이다. 동시에, 그래도 아직 광명에 눈 뜨기를 거부한다면 그점은 자유로이 이교 신전을 참배하고 가공의 신들에게 예배드리는 일도 허용된다는 내용을 명확히 선언하고 있다. 일체의 의교적 제식이 금지되었다는 떠도는 소문은 황제 자신의 행동과도 명확히 모순되는 바, 사실 황제는 매우 현명하게도 그의 관용주의의 기본원칙으로서 관습·선입견·미신의 견고하고도 강력함을 명백히 인정하고 있었다.* 워낙 노회하기 이를 데 없는 황제인지라 대제는 그의 서약을 깨뜨림이 없이, 또 이교도들이 불안감을 갖게 함이 없이 서서히, 게다가 조심스럽게 노후화한 다신교라는 낡은 건축물의 기초를 무너뜨려 나갔던 것이다. 물론 그도 때로는 엄

---

* 에우세비오스의 『콘스탄티누스 황제전』 제2권 56, 60절. 본 대제전의 제2권 48-72절에는 황제가 전체 속주에 보낸 장문의 친서에 대한 그리스어 번역문이 있는데, 이것은 물론 시종일관 기독교의 우월성을 역설한 것이지만, 확실히 상기한 56 및 60절에서는 믿지 않는 자에게 강제해서는 안된다든가 이교도인 이웃 사람과의 평화까지도 해쳐서는 안된다는 등의 내용이 기술되어 있다. 그리고 황제가 그의 만년에 「성도집회」에서 행한 설교에서도 이교도들에게 공회나 예배하는 일은 일단 인정한다는 취지를 말하고 있다.

격하게 탄압정책을 쓴 적도 있었다. 그리고 그런 탄압은 확실히 내심 기독교에서의 신앙을 불붙게 했지만, 표면상으로는 적어도 정의라든가 국가이익이라는 미명으로 분식되었다. 목적은 처음부터 전통적인 옛 종교의 기반을 무너뜨리는데 있었던 것이 명백하지만, 다만 표면상으로는 어디까지나 그것의 폐해광정(弊害匡正)인 것처럼 보이려고 했다. 역대황제 중에서도 가장 현명했던 황제들의 고지(故智)를 본받아 그 역시 점복술(占卜術)이라는 경건하지 못하고 마법적인 요술에는 매우 준렬한 형벌로서 임했다. 왜냐하면 이런 주법(呪法)은 현상에 불만을 품는 도배에 대하여 자칫하면 허망된 야망과 때로는 범죄적인 행동까지 유발할 우려가 있었던 까닭이다. 당시 일반에게는 이미 사기술과 허위로 비난되고 있던 신탁(神託) 따위에는 전적으로 모멸감에 가득찬 묵살로서 응수하였다. 또한 나일강 연안지역의 저 유미(柔媚)스러운 제사 무리도 모두 일소해 버렸다. 페니키아지방의 몇몇 신전에 대해서는 폐쇄 또는 파괴명령을 내렸는데 이것은 황제로서 감찰관(censor)의 의무를 집행한 데 지나지 않았다. 왜냐하면 이런 신전들에서는 백주에 공공연히 베누스(Venus)여신에 봉사한다는 구실하에 온갖 종류의 매음행위가 이루어졌기 때문이다(에우세비오스, 「콘스탄티누스 황제전」 제3권 54-58절, 동 제4권 23, 25절). 이리하여 신수도 콘스탄티노플시의 건설은 상당한 정도로 그리스와 아시아의 부유한 많은 신전의 희생으로 강행되었고 또 그런 곳으로부터의 약탈품으로 도시를 장식했다. 동시에 신전재산도 몰수하고 여러 신들과 영웅들의 조각상류도 용서 없이 반출하였다. 이런 것들을 존숭의 대상이라기보다도 단순히 호기심의 대상으로밖에 볼 줄 모르는 그런 사람들 속으로 옮긴 것이다. 금과 은은 모두 통화로 다시 주조되었다. 이리하여 관리들·사교들·환관들은 동시에 각자의 신앙열·욕심·유한(遺恨)의 집념을 충분히 만족시키는 행운을 잡았던 것인데, 다만 이와 같은 약탈행위도 전로마세계라는 대국적 견지에서 보면 아주 일부분에 불과하였고, 성기(聖器)의 모독 약탈이라는 행위만이라면 다른 여러 속주에서는 이미 훨씬 오래전부터 습관화되어 있던 것인데, 이런 것의 동기는 모두가 황제나 총독의 횡포압제에 입각한 것이었다. 다만 그들의 경우는 황제와는 달리 기성종교의 타도라는 의도는 처음부터 추호도 없었다(에우세비오스, 「콘스탄티우스 황제전」 제3권 54절).

콘스탄티누스 황제의 아들들도 부황의 유지를 한층 더 열심히 계승했던 것인데 다만 신중성만은 심히 결여되어 있었다. 약탈과 권력 남용의 구실은 계속 증가될 뿐이고(암미아누스-마르켈리누스,『역사』제22권 4장에는 환관들이 신전 약탈자 무리의 주범이었다고 쓰여 있다), 기독교도들이 저지르는 불법행위에는 온갖 사면조치가 강구되었다. 의문점은 모두 이교도측에 불리하도록 해석이 내려졌고, 이교신전의 파괴나 훼손은 콘스탄스 및 콘스탄티우스 두 황제 치하에서 최대선정의 하나로 찬양되었다. 예를 들어 콘스탄티우스 황제 이름으로 발포된 간결한 법령이 하나 있는데, 이것을 보면 이미 장래에는 이교도에 대하여 어떠한 금지령도 불필요하지 않을까 하고 생각할 만치 철저한 것이다. 즉,「모든 지방과 모든 도시에서 이교신전은 즉각 폐쇄하고, 어떤 사람도 이에 위배되는 일이 없도록 엄중하게 감시를 붙일 것, 이것이 짐의 의지다. 마찬가지로 모든 신민은 일체 희생의 제물을 바치는 행사를 삼가할 것, 이것 또한 짐의 의사다. 이런 종류의 행위를 범하는 자에게는 누구를 막론하고 단호하게 보복의 칼을 맛보여야 한다. 또한 처형 후는 전재산을 몰수하여 공공용으로 한다. 이런 범인에 대한 처벌을 잊어버린 자는 속주 총독이라 할지라도 곧 마찬가지의 형벌을 부과하기로 한다」(『테오도시우스 법전』제16권 10장 4조)는 것이다. 다만 이 공포의 칙령도 기실 기초만 했을 뿐 실제로는 공포되지 않았거나, 공포는 되었지만 실시에까지는 이르지 않았는지, 이런 점에서는 의문의 여지가 많다. 제사실이 보여주는 증거와 오늘도 남아 있는 놋쇠제와 대리석으로 만든 기념물류를 보면, 실상은 법령과는 반대로 대제의 아들들 치하에서도 이교 예배는 당당하게 공개적으로 행해졌던 것으로 보아야 할 것이다. 서방에서나 동방 영토에서도, 또 도시나 지방에서도 막대한 수의 이교신전이 현실적으로 존숭을 받고 있거나 적어도 파괴는 면하고 있었음을 알 수 있다. 사실 믿음이 독실한 이교도 대중은 공식적으로 당국의 허가를 얻든가 적어도 묵인형식으로 성대한 공회의식이니 축제, 나아가서는 제례 행렬까지 즐겼던 것이다. 위에서 말한 바 엄혹하기 이를 데 없는 칙령이 발포된 것으로 추정되는 해로부터 약 4년 후의 일이지만, 실제로 콘스탄티우스 황제는 로마시에 있는 신전을 참배하고 있다. 그리고 이때의 경건한 황제의 모습은 후대 군주들의 모범이 될 만하다 하여 이교도 웅변가로부터 칭찬을 받고 있다. 즉, 심마쿠스(Symmachus, Quintus Aurelius, 340?-402?. 로마의 정치가·웅변가·총독·장관·집정관 등 역임)는「황제는 성무녀들의 특권을 범하려는 따위의 행동은 전혀 하지 않았다. 또한 로마 귀족들에게는 신관직으로서의 위신을 인정하였고, 국가적 제의(祭儀)와 공희(供犧)비용을 대기 위하여 관례였던 보조금도 교부하였다. 황제 자신의 신앙은 다르지만, 그렇다고 해서 고래로 전해져 내려 온 성예배까지 제국에서 박탈하려고는 결코 하지 않았다」라고 쓰고 있다(심마쿠스, 『서한』). 원로원 또한 엄격히 포고까지 발포하여 역대 황제의 신격성(神格性)을 성별(聖別)하는 점에서는 변함이 없다고 선언하였다. 사실 콘스탄티누스 대제 자신도 죽은 뒤에 신들의 반열에 올려져 있었다. 생전에는 그들을 버리고 모욕까지 가했던 바로 그 신들의 반열에 말이다. 누마왕(Numa, Pompolius. 로마 제2대 왕. 재위 BC 715-673)에 의하여 정해지고, 아우구스투스 황제(Augustus, 재위 BC 27-AD 14) 또한 대신관직의 칭호와 표장 그리고 특권을 규정했던 것인데, 그때 이래 이런 것들은 콘스탄티누스 대제(Constantinus I, 재위 324-337)를 거쳐 그후에도 7대에 걸친 기독교도 황제들까지 그 모두가 아무런 주저도 없이 이 전통을 받아 들이고 있었다. 이로써 그들은 현재 신봉을 표명하고 있는 종교보다도 오히려 버렸다던 종교에 훨씬 더 강대한 절대권위를 부여하고 있었던 것이다.

　기독교내의 분열은 이교주의의 몰락을 한때 지연시켰다. 생각컨대 황제나 사제 할 것 없이 모두가 내부 반항과 위험에 좀더 직접적으로 위협당하고 있었기 때문에, 불신의 이교도에 대한 성전(聖戰)쪽은 자연적으로 등한시하는 형태가 되었다. 문제가 우상교를 박멸하는 데 있었다면 비관용이라는 기정원칙으로 모든 것을 정당화시킬 수 있었을는지도 모른다. 그러나 가장 중요한 황궁내부에 서로 항쟁하는 2개 교파가 존재하여 교대로 권세를 장악하는 상태에서는 양파가 제아무리 퇴세에 몰려있다 해도, 강력한 상대측으로 하여금 인심을 이반시키거나, 그들의 분노를 사는 일에는 매우 신중하였다. 권위와 동향(動向), 이해(利害)와 도리 등등과 같은 동기의 모두가 기독교측에 유리하게 작용했지만, 그래도 그들의 승리가 널리 전세계적이라고 느끼기까지에는 아직 2-3세대, 즉 100년 가까운 세월이 소요되었다. 건국 이래 너무도 오랫동안, 그리고 극히 최근까지도 제국의 국교로 정해졌던 종교니만치 사변적인 교리 따위보다도 좀더 강하게 고래의 습속과 관습에 애착심이 끌리는 서민대중으로부터는 여전히 깊은 존숭을 받고 있었다. 국가적 영예나 군의 영예 등은 콘스탄티누스 대제 시대나 콘스탄티우스 2세황제 시대에도 차별없이 모든 신하에게 주어졌고, 또 지식·부·무용의 대부분은 차라리 다신교 수호를 위하여 바쳐졌다고도 말할 수 있었다. 같은 신앙이라 해도 원로원 의원의 그것과 농민의 신앙, 또는 시인의 신앙과 철학자의 그것은 그것이 유래하는 연원으로 보면 각각 다르지만, 그러면서도 모두가 신들의 신전에 함께 모이게 되면 한결같이 똑같은 경건성을 보이면서 예배하였다. 그들의 이와 같은 신앙심은 불과 얼마 전까지만 해도 터무니없이 박해받는 운명에 놓여졌던 한 종교가 이제 때를 만난 듯, 승리감에 넘쳐 있는 것을 보고 부지불식중에 격렬한 도발심을 일으키지 않을 수 없었던 것이다. 더욱이 이제 갈리아 지역을 만족의 무력으로부터 해방시켰고, 미구에는 아마 제위계승도 정해진 것으로 보이는 젊은 영웅(율리아누스 부황제를 가리키는 말)이 남몰래 조상전래의 이교 신봉자임을 알았을 때 그들의 희망은 당연한 이야기지만 강한 확신을 가지고 되살아났다.

제22장 율리아누스, 갈리아 군단에 추대되어 황제를 선언 — 그의 진격과 성공 — 콘스탄티우스 황제의 사망 — 율리아누스 황제의 민정

⟨360-363⟩

　로마국민이 환관무리와 사교무리에 의한 수치스러운 압정하에 신음하고 있는 사이에, 율리아누스 부황제를 찬양하는 목소리가 콘스탄티우스 황제의 황궁만을 제외하고, 나머지 제국 전강토를 통하여 뭉게뭉게 피어올랐다. 게르만 만족 등은 이 청년 부황제의 무력의 무서움을 뼈저리게 경험하고 있는 만큼 그에 대한 공포심은 여전히 계속되었다. 병사들은 모두가 그의 승리의 동료이며, 또 감사에 넘친 속주민들도 그의 통치에 의한 은혜를 만끽하고 있었다. 한편 그의 기용에 반대하던 콘스탄티우스 황제의 총신들은 당연한 이야기지만 오히려 그의 미덕을 기뻐하지 않고, 이 국민의 벗을 궁정에 대한 적이라고 생각하였다. 율리아누스의 명성이 아직 확립되지 않았을 무렵까지만 해도, 풍자와 조소섞인 언사의 사용을 특기로 하는 이 궁정의 어릿광대들은 그들의 장끼를 구사하여 어느 정도 이 젊은 부황제를 헐뜯은 데서 가끔 효과를 올리고 있었다. 그들은 율리아누스의 솔직한 소박성을 명백히 일종의 뽐내려는 데서 오는 것이라고 왜곡시켰다. 예컨대 털이 수부렁한 야만인이라든가, 자의(紫衣)를 걸친 두메산골의 촌뜨기 따위가 이 철인 부황제의 복장 내지 인품에게 씌워졌던 심한 형용구였다. 그리고 겸허성에 넘친 보고서를 보내면 보낼수록 요컨대 그것들은 아카데미아 숲에서 군사기술을 배운 다변요설(多辯饒舌)의 그리스인, 드디어는 사변(思辨)만의 무인이 작성한 번잡하고도 공허한 작문에 불과하다는 낙인을 찍는 것이었다(암미아누스-마르켈리누스, 『역사』 제17권 11장 1절). 악의에 찬 이런 어리석은 비평도 마지막에는 드디어 승리의 환성에 의하여 지워지고 말았다. 이제 그들도 이 프랑크족과 알레만니족의 정복자를 감히 비웃음의 대상으로 묘사할 수는 없게 되었다. 결국 콘스탄티우스 황제 자신이 비열하게도 이 대행 부황제의 머리 위에서 명예로운 공로의 일부를 빼앗으려고 생각하였다. 예컨대 고대의 관례에 따라 이번에도 월계수로 장식한 서장을 각 속주에 보냈는데, 이런 서장에는 실제 공로자인 율리아누스의 이름은 단 한번 밖에 내놓지 않고 다음과 같이 쓰고 있다.「이런 전승을 가져온 것은 오로지 콘스탄티우스 황제의 뛰어난 전략전술에 의한다. 황제는 최전방에 서서 용감성을 발휘하였고 그의 작전지휘야말로 이번 승리를 확실하게 하였다. 포로로 잡힌 만족의 왕들은 전쟁터에서 황제의 면전에 꿇어 앉혀졌다」고. 그런데 그때 장본인인 정제(正帝. 콘스탄티우스를 말한다)는 전쟁터에서 약 40일이나 행군해야 할 먼 후방지역에 떨어져 있었던 것이다(357년 8월에 있은 아르겐트라툼〈스트라스부르〉전투를 말한다. 암미아누스-마르켈리누스, 『역사』제16권 12장 70절). 아무리 경신(輕信)의 민중이라지만 이렇게 터무니없이 사람을 기만하기란 불가능한 법이고, 황제 자신의 긍지 또한 도저히 충족됨이 없었다. 연이은 율리아누스의 승리와 더불어 로마인의 칭찬과 인기가 점차 그에게 집중되기 시작한 것을 슬그머니 알게 되자, 황제의 불만은 점차 권모술수에 뛰어난 간신배들의 참소에 귀를 기울이게 되었다. 음험한 이 계획을 그들은 마치 그럴 듯한 진실성과 공명성이라는 가면으로 겉포장을 하였다. 율리아누스의 장점을 헐뜯는 것이 아니라 일단은 그에 대한 인망, 뛰어난 재간, 커다란 공적 등등을 충분히 인정했을 뿐만 아니라 실정 이상으로 과장까지 해서 진술하였다. 다만 실정이 이렇다 하더라도, 만에 하나라도 지조를 모르는 군대의 마음이 그들의 의무 의식보다도 오히려 편애로 내달리거나 또는 전승군의 장수된 인물이 그의 복수심과 독립권력에의 야망으로 치닫게 되면서 혹시라도 본래의 충성심을 저버리는 일이 있으면 부황제의 이런 장점들은 언제 어떻게 위험한 모반죄로 일변할는지 모른다는 것도 은근히 암시하는 것을 잊지 않았다. 이런 이유로 해서 측근들의 눈으로 볼때 콘스탄티우스 황제 개인의 공포는 차라리 국가의 안전을 우려하는 뜻에서 당연한 걱정으로 해석된다는 것이다. 한편 황제 자신으로서도 비할 데 없는 부황제의 장점과 특징에는 남 몰래 질투심과 반감을 품고 있었던 만치, 좀더 그럴듯한 심려(深慮)라는 표현을 사용함으로써 자기 자신의 마음을 기만하고 있었다.

갈리아 지방이 표면적으로 평온한 데 반하여, 동방 제속주에서의 초미의 위기가 각료들이 꾸미는 교묘한 책모에 있어 참말로 수긍되기 쉬운 구실을 제공하는 결과로 되었다. 즉, 그들은 율리아누스로부터 그 병력을 빼앗아 그의 신변과 위신을 지켜주는 충실한 군대를 소환하여, 지금까지 라인강 강변지대에서 가장 완강한 게르만 제만족을 제압해 온 노련한 정예부대를 멀고 먼 동방전선, 즉 페르시아 왕 사포르와의 싸움에 돌리려는 결심을 굳힌 것이다. 때마침 율리아누스는 파리를 동계 숙영지로 선정하고, 그간 부지런하게 권한을 행사하여 (그의 경우는 항상 선정을 베푸는 일이었지만) 민정의 충실화에만 힘써 왔는데 그런 만치 황급히 호민관과 공증인이 달려온 것을 맞이하여 새삼스럽게 놀랐다 (기번의 원문을 명백히 2명이 내방한 것으로 되어 있으나, 암미아누스-마르켈리누스에 의하면〈『역사』 제20권 4장 2절〉 데켄티우스 1명으로 되어 있고 둘이란 겸직의 형태로 되어 있다고 하였다). 더욱이 그들은 황제의 엄명이라고 하면서, 금후의 명령 집행에는 자기들이 직접 담당하되 그에게는 일체 반대를 허용하지 않겠다고 언명하였다. 즉, 황제의 의향은 다음과 같은 것이었다. 켈트족(Celt族)·페툴란트족(Petulant 族)·헤룰리족(Heruli族)·바타비족(Batavi族) 등으로 구성되는 4개 군단(이들은 모두 율리아누스의 손으로 충분한 훈련을 받고 용맹성을 떨쳤던 군단들이다)을 율리아누스의 휘하에서 빼낼 뿐만 아니라(정확히 말하면 이들은 보조군단이었다고 한다. 상세한 것은 상게 『역사』 제20권 4장 2절 참조) 다시 나머지 각 부대들로부터도 말하자면 갈리아 군대의 정화라고 할 수 있는 300명씩의 정병을 선발해서 이들을 분견부대로 편성하여 곧 진발시킴으로써 페르시아 변경에서 전쟁이 일어나기 전에 전선에 도착하도록 강행군을 명령하고 있었다. 이 명령이 가져다 주는 치명적인 결과를 예견하고 율리아누스는 심히 슬퍼하였다. 스스로 지원하여 군무에 복무하고 있는 이들 보조군단의 대부분 병사들은 알프스 이남에는 절대로 출전하지 않는다는 내용의 계약을 그들과의 사이에서 교환하고 있었다. 그리고 이 조건을 지키는 일에 로마제국의 신의와 율리아누스 자신의 명예가 걸려있었다. 따라서 그런 배신적인 강압 명령은, 불기 독립정신이 강한 게르만 전사단의 신의를 잃을 뿐만 아니라 그의 분노까지 살는지 모르는 일이었다. 생각컨대 성실성이야말로 최고의 미덕이며 또 자유야말로 최대의 보배로 생각하는 그들이었기 때문이다. 로마시민이라는 신분과 그 특권도 향수하고 있는 정규군단의 병사들이라면, 국가전체의 방위 임무를 자각하고 군대에서 복무하고 있겠지만, 용병들로 구성된 이들 보조군단의 병사일 경우는 공화국이니 로마니 해봤댔자 그런 케케묵은 말에는 도무지 마이동풍이었던 것이다. 출생이나 오랜 세월의 관습으로부터, 다만 갈리아의 풍토와 습속에만 애착심을 가지고 있는 그들로서는 한결같이 율리아누스라는 사람을 사랑하고 또 숭경(崇敬)하고 있을 뿐, 황제라는 말 따위를 들어도 다만 경멸감, 아마도 증오감마저 품을 따름이고, 게다가 먼 거리에 이르는 곤란한 행군과 페르시아군의 화살, 그리고 찌는 듯이 더운 아시아의 사막 등 그들에게는 공포의 대상밖에 되지 않았다. 그들 스스로의 손으로 해방시킨 국토, 오직 그곳만이 그들의 조국이었다. 만일 이것을 용기없는 일이라고 비난한다면, 그들 자신의 가족과 동포를 지키는 일이야말로 직접적이고 성스러운 의무임을 강조하여 반론을 펼 것이다. 갈리아인들의 근심은 오로지 자기들도 초미 불가피한 위기에 직면하고 있다는 인식에서 생겨나는 그것뿐이었다. 만일 그들의 속주로부터 병력이 뽑혀나가기라도 하면, 자기들의 불안을 근거로 체결된 협정을 당장 파기해 버릴 것은 뻔한 일이었다. 아무리 율리아누스 개인의 용기와 재능이 뛰어났다지만, 지휘할 군대없이 명목상만의 장수로 전락된 뒤에도, 국가의 재액 책임만은 모두 그에게 돌아갈 것이며, 필경은 헛된 저항 끝에 만족군의 포로가 되든가, 아니면 범죄인으로서 콘스탄티우스 황제의 궁정으로 끌려가 심문을 받든가, 이 둘 중 한 가지 신세로 될 것이 뻔하였다. 만일 이번 명령에 따르게 되면, 그것은 아마도 그 자신의, 나아가서는 그가 사랑하는 갈리아인 자체의 파멸을 보증까지 서 주면서 복종하는 것이 될 것이고, 그렇다고 해서 그것을 준열하게 거절하면 그것은 이미 반역행위이며 선전포고와도 같은 것이었다. 게다가 성질이 깐진 황제의 시의심과 노회하기 비할 바 없는 그의 고압적인 명령을 생각하니, 이미 공평한 변명, 솔직한 해명의 여지 따위는 티끌만큼도 없었다. 부황제라는 종속적인 지위로부터 생각하면 주저나 숙고는 도저히 허용되지 않았다. 고독하면 고독할수록 그의 당혹감은 점점 더해갔다. 이미 그의 충실한 맹우인 살루스트(Sallust)의 조언을 구하는 것도 불가능했다. 빈틈없는 환관들의 책모가 재빨리 그를 그의 직책으로부터 추방했기 때문이다. 그렇다고 해서 각료 일동의 결의라는 형식으로 항의할 길도 끊기고 말았다. 각료들로서는 뻔히 알고 있으면서 갈리아인의 붕괴를 시인하는 것 같은 그런 일을 저지르는 것을 아마도 깊이 우려하고 또 수치라고 생각하여 부황제의 의도를 거역할 것이기 때문이다. 더욱이 공교롭게도 기병대 사령관 루피키누스 (Lupicinus, 큰소리 잘치는 버릇이 있었지만, 용맹성에서는 유명했던 모양이다. 전게 『역사』 제20권 1장 1-2절)는 스코트(Scot)족과 픽트(Pict)족의 침입을 격퇴하기 위하여 브리타니아에 급파되어 부재중이고, 한편 민정촉독 플로렌티우스(Florentius)는 비엔느 (Vienne. 현재의 프랑스 리용시 바로 남쪽에 있는 비엔느로서 당시 갈리아 나르보넨시스에 있는 로느강 연안의 옛도시)에서 공납금 사정사업을 주관하고 있었다. 플로렌티우스라는 사람은 노회하고도 부패된 악질 정치가로서 이와 같은 위기국면에서는 일부러 자기 책임을 회피하여, 율리아누스의 재삼차에 걸친 귀환요청에도 불구하고 교묘히 회피하고 돌아오지 않았다. 중대방침을 결정하게 될 부황제 주재 각료회의에는 민정총독의 출석이 불가결하다고까지 율리아누스가 일러서 사자를 파견했음에도 불구하고 오지 않았던 것이다. 그러는 사이에도 율리아누스는 칙사들로부터 거만할 정도로 성화같은 독촉을 받고 있었다. 사태가 여기에 이르러 아직도 각료의 귀환을 기다린다는 따위로 결정을 미룬 데 대해서는 당연히 그 지연시킨 책임을 율리아누스 자신이 져야 할 것이며, 명령의 집행은 그들 자신이 해도 좋다고까지 고압적으로 나오는 것이었다. 저항은 불가능하고, 그렇다고 해서 황제의 명령을 수락할 생각도 없는 율리아누스로서는 드디어 부황제 자리를 내놓은 문제를 진지하게 고려했다. 즉, 이대로라면 자의(용포)의 지위를 지킨다는 것이 도저히 불가능하며, 그렇다고 해서 퇴위하여 그것으로 자기의 생명이 안전하게 되는가 하면 이것 또한 섣불리 발설할 수 없는 노릇이었다.

고민 끝에 결국 율리아누스는 복종이야말로 신하로서의 최고의 미덕이며, 국가의 안녕문제를 판단할 수 있는 최고권력자는 오직 집권자인 황제뿐이라는 사실을 승인하는 외에 다른 도리가 없었다. 콘스탄티누스 황제의 명령실행에 필요한 지령을 그는 연달아 발표하였다. 먼저 군의 일부가 알프스를 향하여 진격하기 시작하였고 다시 몇몇 수비대에서 선발된 각 분견부대도 각각 집결지를 향하여 전진을 개시하였다. 무서워서 벌벌 떨고 있는 속주의 주민집단 사이를 그들은 겨우 통과해 갔다. 이들 속주민들은 말없이 묵묵히 군사들을 보냈지만 얼굴에는 절망감을 역력히 나타냈는가 하면 개중에는 비통한 울부짖음으로 동정을 불러 일으키려고 했고, 또 병사들의 처자식들은 갓난애기를 팔에 안고 비통·애상·분노의 말을 갈마들며 외치기도 하고, 자기네들을 버리고 가는 남편을 원망하였다. 비통하기 이를 데 없는 이 광경은 부황제 율리아누스의 가슴을 찔렀다. 그는 여기서 막대한 수의 역마차를 동원하여 병사들의 처자들과 가족들을 수송하는 것을 허용하였다. 그로서는 본의 아니게 부과하지 않을 수 없었던 고난에 대하여 하다못해 그것을 조금이라도 경감해 주기를 노력한 것이다. 이와 같은 지극히 현명한 조치에 의하여 그 자신의 인기는 더욱 더 올라갔지만, 동시에 원격한 벽지로 유배당하는 것과 같은 신세가 된 병사들에게는 불만감이 한층 더 높아졌을 뿐이다. 이러한 무장집단의 비탄은 미구에 분노로 변하였다. 방자한 원성이 막사로부터 막사로 끊임없이 전달되면서 그 내용도 날마다 대담성을 더하여, 이제야말로 그들의 심정은 어떠한 대담한 반항도 감히 해내리만치 격정적임을 보여주었다. 바로 이런 때에 실로 격렬한 격문이 명백히 대장들의 묵인하에 비밀리에 배포되고 있었다. 거기에는 먼저 부황제가 받은 굴욕, 갈리아군에 대한 강압, 그리고 동방의 폭군 콘스탄티우스 황제의 나약한 악덕 등등이 생동하게 묘사되어 있었다. 이와 같은 위험하기 이를 데 없는 기세의 진전을 보고 맨 먼저 놀래고 또 겁먹게 된 것은 황제가 파견한 칙사들이었다. 그들은 곧장 부황제를 협박하여 군의 진발을 촉구하였다. 그러나 이때 솔직하고도 현명한 부황제의 충고까지도 병사들은 딱 잘라서 거부하였다. 그의 충고란 진발시에는 파리시만은 꼭 피하여 다른 길로 가라는 것이었다. 만일 파리를 거쳐 간다면 부황제와 출정군과의 작별회견이 있을 터인데, 그렇게 되면 이것이 그 얼마나 위험한 유혹으로 될지 모르기 때문이라는 내용을 은근히 전했던 것이다.

군대 도착이 보고 되자 부황제는 즉시 마중나가 시 성문 앞 광장에 마련된 단상에 올랐다. 그리고 장교와 사병들에 대하여 각각 계급과 군공에 따른 배려를 돌린 다음, 드디어 만장한 전군을 상대로 특히 준비한 일장 연설을 행하였다. 먼저 그들이 세운 군공의 가지가지를 찬양하여 감사의 찬사를 보낸 다음에, 이어서 강력하고 도량이 넓은 콘스탄티우스 황제의 직접 지휘하에 군복무에 전력하게 된 이번 영예를 기꺼이 받아들이라고 격려하였다. 황제로부터의 명령인 이상, 무조건적으로 기꺼이 복종해야 한다는 취지로 유시한 것이다. 병사들 쪽에서도 장소를 가리지 않고 함부로 부르짖기라도 해서 군사령관의 심기를 어지럽히거나 또 마음에도 없는 비열한 환호로써 참된 기분을 배출시키는 그런 일을 삼가했던 탓이지, 거기서는 끝까지 조용히 침묵을 지켰으며, 이윽고 짧은 휴식이 있은 다음 각각 막사로 돌아갔다. 다만 주요직책에 있는 장교들만은 그뒤에 연회에 초대되었는데, 그 자리에서 부황제는 여러 번 있은 승리적 전투의 전우들인 그들에게 각각 응분의 논공행상을 하고 싶었었지만 이제는 그것도 불가능하게 된 사정을 친애감 넘치는 말로 연설하였다. 이리하여 그들은 슬픔과 곤혹감을 안고 연회장을 뒤로 했지만 이제부터는 사랑하는 최고사령관으로부터도, 또 자기의 조국으로부터도 떠나가야 하는 자기의 박한 운명을 한탄하였다. 그리고 어떻게 하면 이 이별을 저지시킬 수 있을까. 이것의 유일한 방도라는 것도 대담한 논의의 대상이 되었는데, 결국 그것이 승인된 것이다. 이리하여 광범한 대중적인 불만은 어느 사이에 순전히 봉기모의로 성숙되어 갔다. 더욱이 무리하다고 볼 수 없는 이런 불만 이유에 박차를 가한 것이 격정이었는데, 이 격정에 또 불을 붙인 것이 술이었다. 드디어 진발하는 전날밤이었다. 장병들은 상하가 격의없이 어울리는 축연의 술에 만취되어 있었다. 시각은 깊은 밤중이었다. 사납고 거칠어진 병사들은 손에 손에 칼과 큰 술잔 그리고 횃불을 높이 쳐들고 성 밑으로 쇄도하였다. 먼저 궁전을 포위하자 장래의 위험 따위는 벌써 잊어버리고 「사불급설(駟不及舌)」(일단 내뱉은 말은 4필 말로 끌게 하고 빠른 마차로 따라잡으려 해도 불가능하다. 말조심하라는 숙어)의 운명적인 한마디——「정제 율리아누스 만세! (Julian Augustus!)」를 외치고 만 것이다. 불안한 생각에 잠을 이루지 못하고 뒤치락 재치락하고 있던 율리아누스는 갑자기 일어난 이 소동으로 벌떡 일어났다. 우선은 궁문들을 굳게 닫아 그들의 침입을 막음으로써 힘이 미치는 한 심야의 이 소요로부터 자기 몸과 위신을 지켜낼 수 있었다. 그러나 이윽고 날이 밝아 아침이 되자, 저항을 받음으로써 오히려 기세가 더 격화됐다고나 할까, 병사들은 드디어 궁전 안으로 몰려들어 폭력이라고까지는 말할 수 없지만, 그들이 받드는 부황제를 억지로 포로로 하여 빼든 칼로 담장을 이루어 그를 호위하면서, 파리의 거리를 누비며 돌아다녔다. 그리고 마지막에는 그를 단상에 오르게 한 다음, 또다시 그의 정제선언을 연호(連呼)하였다. 정제(콘스탄티우스를 가리키는 것)에의 충성과 또 신중성이라는 점으로부터도 여기서는 역시 조반(造反)에는 끝까지 저항했으나 다만 폭력을 앞에 두고, 하는 수 없이 지조를 굽히는 것이 부득이했다는 변명의 구실만은 준비해 놓는 것이 현명하다고 율리아누스는 생각하였다. 여기서 그는 병사들과 또 개개인에게까지 구구절절 호소해 보았고 때로는 용서를 빌기도 했는가 하면 또 화를 내어보이기도 하였다. 하다못해 연전연승한 여러분의 그 불멸의 무명(武名)만은 제발 더럽히지 않도록 해 달라고 애원하는가 하면, 다음에는 대담하기 이를 데 없는 공약까지 내놓았다. 즉, 만일 이제 당장 황제에 대한 충성심을 되찾는다면, 과인은 맹세코 콘스탄티우스 정제로부터 무죄은사뿐만 아니라 제군의 불만을 격발시킨 명령까지 철회시키도록 힘쓰겠다는 것이었다. 그러나 자기들이 저지른 죄상을 이미 자각하고 있던 병사들은, 새삼스럽게 콘스탄티우스 황제의 자비에 의지하기보다는 차라리 율리아누스 부황제의 감사에 모든 운명을 거는 길을 선택한 것이다. 그들의 열광은 언젠지도 모르게 초려(焦慮)로 바뀌고, 초려는 다시 분노로 일변하고 있었다. 그래도 율리아누스 부황제의 뜻은 움직이지 않고, 아침 3시까지는 그들의 간청과 비난과 심지어 위협에 대해서조차 끝까지 저항해 나갔다. 드디어 마지막으로 굴복한 것은 만일 생명이 그렇게도 아깝다면 정제(正帝)에 오르는 것을 수락하는 길밖에 없다는 수삼 차에 걸친 협박이 있었기 때문이었다. 그는 곧장 전군의 면전에서 방패에 태워졌고 만장의 환호를 받았다. 애초부터 제관(帝冠) 따위는 없었으므로 급한대로 누군가가 바친 군복용 칼라(collar)가 왕관으로 대용되었다. 그리고 이 즉위식은 얼마간의 임시 상여금을 내린다는 공약으로 끝났다. 그리고 새 황제는 본심인지 또는 겉치레인지 거기까지는 알 수 없으나, 어쨌든 깊이 슬퍼하는 표정을 보이면서 궁전안 깊숙한 곳의 사실에 틀어박히고 말았다(이 봉기에 의한 정제로의 등극 상황을 후일 율리아누스 자신을 비롯하여 리바니오스〈Libanios/Libanius, 314-393? 그리스의 수사가〉· 암미아누스-마르켈리누스· 조시무스 등등의 모든 고사료가 일치하게 전하고 있는 것으로 보아 퍽 유명했던 모양이다).

이때의 율리아누스의 슬픔이란 역시 그가 정말 모반할 뜻이 없었다는 데서 나온 것으로 밖에는 생각되지 않는다. 한편 군주들의 참된 동기나 그의 공적인 성명(聲明)을 항상 의심의 눈으로 보는 사람들의 관점에서 보면 율리아누스의 그것도 의심스럽게 보일 것이 틀림없다(이 장면을 지켜보고 있던 에우트로피우스〈Eutropius, 4세기 로마의 역사가〉는 얼마간 진의를 의심하고 있으며, 나찌안주스의 그레고리우스〈Gregorius, Nazianzus, 329?-389. 동방교회 교회박사·성인. 율리아누스와도 알고 있는 동시에 교적이었다〉는「참월〈僭越〉· 광기· 불경」등등 최상급의 용어로 비난하고 있다). 원래 감수성이 매우 예민한 율리아누스라는 인물은 희망과 위구, 감사와 보복, 의무감과 야심, 명성에 대한 사랑과 비난에의 두려움과 같은 서로 모순되는 여러 가지 감정에 매우 동요되기 쉬운 사람이었다. 그렇다고 해서 이제 우리가 그런 감정의 하나하나의 작용 정도를 정확히 측정한다는 것은 도저히 불가능하다. 마찬가지로 그런 행동원칙이 율리아누스 자신의 인생항로를 끊임없이 주도하고 또 몰아세운 것이 사실이라 해도, 그것은 당연히 외부관찰 따위가 허용되지 않는 것이다. 군대가 품고 있던 불만의 원인은 명백히 적들에 대한 율리아누스의 적의(適意) 바로 그것이었고, 군대의 봉기는 이해관계와 감정에서 나온 당연한 결과였다. 만일 율리아누스가 그의 마음속 깊숙히 간직하고 있던 반항 의도를 마치 우연한 동기라는 형태로 교묘하게 감추려고 했다면, 그것은 차라리 필요가 없는 데도 의도적으로 고등술책을 썼을 뿐이고, 또 아마도 실패했을 것이라고 밖에는 말할 것이 없다. 틀림없이 그는 유피테르(Jupiter)· 헬리오스(Helios, 태양신)· 마르스(Mars, 로마의 군신)· 미네르바(Minerva, 工匠의 여신) 기타 여러 신들 앞에서 엄숙히 선언하였다. 즉, 정제로 추거되기 전날의 한밤중까지도 군대의 계획 따위는 전혀 알지 못했다고. 영웅의 명예를 의심하고, 철학자의 성실성에 불신감을 품는 것은 어쩌면 그 심사가 비열하게 보일는지 모르나, 확실히 그에게는 콘스탄티우스 황제야말로 신들의 적이고 그 자신을 신들의 총아로 자부하는 미신에 가까운 확신이 있었는데, 이것이 그로 하여금 머지않아 반드시 고래로 인류의 전통종교인 이교재흥의 날을 약속할 그의 좋은 치세도래를 염원하고 또 회구하며, 더 나아가서는 그런 시기를 빠르게 하려는 책략이 어쩌면 율리아누스에게 있었는지도 모른다. 봉기음모의 보고를 받았을 때, 그는 겨우 가볍게 한잠 자고 있었다. 그리고 눈을 뜨자 친근한 벗들에게 이렇게 이야기했다고 한다. 꿈속에서 그는 제국의 수호영혼이 출입문 밖에 서서 자꾸만 방으로 들어갈 것을 강요할 뿐만 아니라 자기에게 그렇게도 용기와 야심이 없는가 하면서 강하게 몰아세우더라고 하였다. 깜짝 놀라고 또 당혹하여 유피테르 신에게 빌었더니 신께서는 곧 뚜렷한 서조(瑞兆)를 나타내 보이면서「너는 적당히 신의 뜻과 군의 의사를 존중할지어다」라는 탁선이 있었다고도 하였다. 일반적인 이성칙(理性則)으로 말하면, 이것은 도저히 믿어지지 않는 언동이며 우리네 입장에서도 당연히 의심하고 싶어지는 이야기인 동시에 또한 우리들의 더이상의 탐색을 저지시키는 것이기도 하다. 아무리 고결한 정신이라고는 하지만, 일단 경신성에 호소하는 교묘한 광신심리(狂信心理)가 여기에 개입하게 되면, 부지불식간에 미덕과 성실성이라는 최대의 윤리원칙까지 침식되는 일이 왕왕 있기 때문이다.

한편으로는 자기편의 열광을 제지하고 다른 한편으로는 적들의 신변도 보호하는 동시에, 자기 자신의 생명과 제위(帝位)에 대하여 기도되는 비밀음모를 분쇄하거나 웃어서 넘겨버리는 일이 새로 정제로 등극한 율리아누스 통지초두에 처리해야 할 급한 업무였다. 물론 율리아누스가 새로 얻은 정제의 지위를 끝까지 지켜나가겠다는 굳은 결의에는 변함이 없었지만, 다만 어떻게 해서든지 제국을 내전의 재화로부터만은 꼭 벗어나게 하고 싶었다. 즉, 우세한 콘스탄티우스 황제군과의 결전을 회피하고 또 그 자신도 배신적 망은자라는 비난만은 받고 싶지 않다는 것이 그의 생각이었다. 정제의 군장을 차린 율리아누스는 병사들이 집결한 마르스 들판에 그 모습을 나타냈다. 여기서는 군의 총아요, 통수자이며 그리고 벗이기도 한 새 황제를 위하여, 병사들이 바치려는 충성심이 새삼스럽게 불길로 타올랐다. 황제는 먼저 그들에 의한 갖가지 전승을 새삼 칭찬하고 지금의 비운을 슬퍼하면서도, 그렇기 때문에야말로 그들의 굳은 결의를 칭찬하였고 또 장래에 대한 희망을 고무하는 동시에, 성급한 행동을 엄히 삼가도록 타일렀다. 그는 만일 동방황제인 콘스탄티우스가 공정한 협정체결에 응하는 사태라도 된다면, 자기들도 토벌이라는 야망을 버리고 다만 갈리아 제 속주의 안전확보만으로 만족하겠다는 군의 서약을 엄숙히 성립시킨 다음 비로소 집회의 해산을 명령하였다. 이상과 같은 준비를 갖춘 다음, 새삼스럽게 그는 자기 자신의 이름과 군의 이름으로 차라리 온건하다고나 할까 도리에 맞는 한통의 서신을 써서, 이것을 관방장관인 펜타디우스(Pentadius)와 시종장인 에우테리우스(Euterius)에게 부탁하였다. 즉, 이 두 사람을 사절로 임명하여 콘스탄티우스 황제에게 그 편지를 전하는 동시에 그의 회답을 받아오되 아울러 그의 의향도 탐지케 한 것이다. 이 서장에는 겸허하게도 아직 부황제라는 칭호를 그대로 쓰고 있었다. 그러나 그 문제로 보면, 언사야말로 겸손하고 정중했지만, 어느 쪽인가 하면 퍽 고압적인 어조였고, 자기의 정제(Augutus)지위를 확인할 것을 강력히 요구하고 있었다. 그가 받은 선립(選立)수속의 위법성을 인정하였지만, 내키지 않는 그를 촉구하였고, 끝내 동의하게끔 결단을 내리게 한 군의 분노와 폭거에 대해서는 어느 정도 자기의 정당성까지 변호하고 있었다. 형님(정확히는 4촌형)인 콘스탄티우스 황제의 우위성을 일단 인정하고, 그를 위하여 스페인산 준마를 선물로 보내겠다는 것, 만족출신 장정을 뽑아서 평성한 정병부대를 반드시 보내어 그의 군사력을 보충시켜 주겠다는 것, 충실하고 현명한 인물의 민정총독을 그가 골라서 보내준다면 기꺼이 받아들이겠다는 내용까지 공약하고 있었다. 다만, 기타의 문무관에 대한 임면권과 알프스 이서 지역 제속주의 군통수권·재정권은 통치권과 함께 어디까지나 자기 손에 장악하고 싶다고 명확히 밝혔다. 또한 콘스탄티우스 황제에게 충고하기를, 황제는 마땅히 정의와 공정성에 입각하여, 군주간의 불화를 먹이로 기생하는 욕심많은 간신배들의 책모 따위에 절대로 놀아나지 않도록 할 것이며, 가능하다면, 공명정대한 화약을 맺고 싶다는 자기의 제안에 응해주기를 바랐다. 이렇게 하는 것이야말로 국가를 위하여, 또 콘스탄티우스 대제의 일가를 위하여 도움이 된다는 취지를 강력히 직간하였다. 이번 절충에서의 율리아누스 새 황제의 요구는 이미 보유하고 있는 권한을 확인하라는 다만 그것뿐이었다. 사실 율리아누스는 지금까지도 이미 수년 간에 걸쳐 갈리아·스페인·브리타니아 각속주에 대하여 행사해 온 부황제로서의 대행권한을 이제 새삼스럽게 독립된 정제라는 이름아래 국민들로부터 여전히 신종(信從)을 받고 있었으며, 단 한 방울의 유혈참극도 없이 성취한 이번의 혁명을 군과 민중은 다같이 충심으로 환영하고 있었다. 민정총독이던 플로렌티우스는 이미 망명한 몸이 되었고, 기병대 사령관인 루피키누스도 포로가 되었다. 새 정부에 불만이던 사람들은 모두 무장해제되어 엄중한 감시하에 있었고, 공석이 된 여러 고위관직은 당연히 궁정내의 음모와 군의 소요를 몹시 싫어하는 새 황제의 손으로 각자의 재능에 따라 적당히 메꾸어졌다(율리아누스, 「아테네시의 평의회 및 시민들에게 보낸 편지」, 암미아누스-마르켈리누스, 「역사」 제20권 5장 8-9절, 리바니오스, 「추도연설」 49-50 절 등).

물론 이 평화교섭의 이면에서는 강력한 전쟁 준비도 병행하여 추진되었는데 이것 또한 지지를 받았다. 즉, 정작 위급한 사태라도 발생하면 곧 출동할 수 있는 군대를 율리아누스는 장악하게 되었는데, 시국이 불온한 점도 있고 해서 이런 병력은 급속히 증모증강되고 있었다. 때마침 마그넨티우스 도당이 행했던 바 잔인하기 이를 데 없던 탄압정치가 갈리아 전역에 막대한 수의 부랑자 무리와 도적단을 범람시키고 있었는데 이런 유민들은 이제 신뢰할 가치가 있다고 본 새 황제를 만남으로써, 그의 명령으로 내려진 대사령을 기꺼이 받아들여 귀순하였고, 그들 중의 일부 장정들은 엄격한 군율의 구속에도 자진하여 군대에서 복무하게 되었다. 다만 한 가지 남겨진 원한이 있다면, 그것은 콘스탄티우스 황제 개인과 그의 통치에 대한 씻을 수 없는 한계점까지 이른 증오심뿐이었다(리바니오스, 「추도연설」 50절). 새해 (360년)가 되어 전쟁터로의 출동이 가능해지자 율리아누스 황제는 곧 군을 이끌고 행동으로 옮겼다. 먼저 클레베(Cleves)근교를 선정하여 라인강을 가교로 도하(라인강 하류, 지금은 서독의 북서부, 네덜란드와의 국경에 가까운 거리다. 국경을 넘으면 곧 네덜란드의 아룬헴시가 된다)하자, 곧 프랑크의 한 부족인 앗투아리족(Attuarii族)에 대한 토벌전을 개시하였다. 제국 분열에 편승하여 지금이야말로 이 변경지대에서 천하에 거리낄 아무 것도 없이 약탈할 수 있을 것으로 그들은 가볍게 생각하여 좋아하고 있던 것이다. 이 토벌전에서의 영광과 곤란성은 오로지 진격의 난항에 있었다. 종래에는 어느 황제도 침공불가능이라고 보아왔던 이 지방을 이제 율리아누스 새 황제가 침공에 성공하자마자 그는 금세 정복을 끝내고 말았다. 그리고 이들 만족과 재빨리 화의를 맺은 다음, 이번에는 클레베로쿠터 바젤(Baesl)까지 라인강 연안의 각 방채를 정성들여 점검하고 돌아다녔을 뿐만 아니라 아울러 앞서 알레만니족에게서 탈환한 구영토도 정성껏 순시하였다. 그들의 맹위로 거의 황폐화되었던 브잔송(Besanson, 옛이름은 베송티오〈Vesontio〉, 쥬라산맥 북쪽 도강에 연해 있던 옛거리. 율리아누스, 「서한」 제38)을 거쳐, 이윽고 닥쳐올 동계

숙영지로서 비엔느(Vienne)에 사령부를 설치하였다. 이리하여 갈리아의 방위는 또다시 수많은 새 방채를 첨가함으로써 현저하게 강화되었다. 지금까지 몇 번인가의 토벌전에 성공한 일도 있어서, 이만하면 게르만 만족들도 율리아누스 황제의 이름만 들어도 무서워서 떨었고, 설사 그가 현지에 없다 해도 감히 침범해 올 염려가 없을 것으로 생각되었다. 그가 높이 평가하고 또 걱정하고 있던 알레만니족의 왕은 요컨대 바도마이르(Vadomair) 단 한 사람 뿐이었다(바도마이르의 사적은 암미아누스-마르켈리누스의 『역사』 제21권, 제29권에 상세하다. 틀림없이 로마군에 귀속되어 용명을 떨친 일도 있었다). 노회하기 이를 데 없는 이 만족의 왕은 한편으로 협정의 신의를 지키는 것처럼 보이면서 다른 면에서는 착실하게 병력을 증강시켰으니, 그 언제 불의에 위험한 싸움을 걸어와 제국을 위협할는지 모를 그런 인물이었다. 여기서 이 알레만니족 왕에 대한 율리아누스의 대책은 오히려 상대방의 술책을 역이용하여 그를 불의 습격해서 포로로 잡을 계획을 세웠다. 사실 바도마이르는 로마에서 친구가 왔으니 소개하겠다는 구실하에 지방장관들로부터 연회에 초대받자 멍청하게도 이에 응하고 말았다. 그 덕택으로 향연이 한창 무르익어갈 때 체포되어 그대로 포로로서 이스파니아(스페인) 오지로 압송되었다. 만족들이 깜짝 놀라서 제정신으로 돌아왔을 때, 율리아누스는 이미 군대를 이끌고 라인강 연안에 이르고 있었다. 그리하여 재차 라인강을 도하하자 이미 4회에 걸친 토벌행위로 단단히 주고 있던 외포감(畏怖感)을 새삼스럽게 또 주었다(암미아누스-마르켈리누스, 『역사』 제20권 10장, 제21권 3-4장, 조시무스, 『신로마사』 제3권 10절).

율리아누스 사절들은 위임된 중대사명을 적극적으로 달성토록 하라는 특별훈령을 받고 있었다. 그런데 이탈리아와 뒤이어 일리리쿰을 통과함에 있어 명백히 속주장관들의 공작으로 생각되는 바, 고의적인 지연책으로 전진이 저지되고 있었다. 게다가 콘스탄티노플에서 캅파도키아의 케사리아까지의 행정에서도 부득이 퍽 한가로운 여행을 하여야만 했다. 결국은 콘스탄티우스 황제와 회견하게 되었는데, 이때 황제는 이미 부하 장교들로부터의 급보가 있었던지, 율리아누스와 그의 갈리아군의 행동에 대해 명백히 불쾌감을 나타내고 있었다. 친서를 낭독했지만 물론 두말없이 일축되었다. 공포심에 떨고 있던 사절들은 격노와 모욕적인 말을 들으면서 쫓겨나와야만 하였다. 황제의 표정과 동작 그리고 격한 말씨는 명백히 그의 마음이 흩어져 있음을 보여 주었다. 만일 헬레나(Helena)라도 살아 있었다면 여기에는 친오라버니와 남편이라는 육친관계도

제22장 360-363년

있고 하니, 어쩌면 그녀가 중간에서 이 양자를 화해시키는 길이 아직 남아 있어서 트일지 모르는 일이었지만(헬레나는 콘스탄티우스 황제의 막내누이동생이다. 355년 11월, 율리아누스의 보황제 임명 직전에 그와 재혼하게 되었는데 물론 이것은 정략 결혼의 전형이었다). 그것 또한 최근의 헬레나 사망이라는 사실에 의하여 완전히 사라졌다. 몇 번인가의 유산 끝에 마지막에는 헬레나 자신이 죽음을 불러들인 것이다. 또한 작고한 황후 에우세비아(Eusebia)는 그녀의 임종 순간까지 율리아누스에게 시종 따뜻한, 차라리 질투에 가까우리만치 따뜻한 애정을 보내고 있었다. 그랬던 만치 만일 그녀라도 살아 있었다면 그 따뜻한 동경심이 어쩌면 남편 황제인 콘스탄티우스의 노여움을 무마시켰을는지 모르지만, 그녀 또한 이미 세상을 뜬 뒤인지라, 상배한 뒤의 황제는 만사를 자기 감정 내키는대로 처리했고, 또 환관들의 술책에 완전히 꼭두각시 노릇을 하고 있었다. 이제 다시 외적침입의 공포가 눈앞에 불어닥치자 그도 개인적인 원수의 처벌문제 따위에 매달릴 수만은 없게 되었다. 따라서 이 문제는 당분간 연기시키기로 하고, 황제는 그대로 페르시아 국경쪽으로의 진격을 계속하는 동시에, 한편 율리아누스와 그의 반란군에 대해서는 만일 황제의 자비를 원한다면 당연히 그들이 받아들여야 할 제조건을 지시하는 것만으로 충분하다고 생각하였다. 그런데 그 조건들이란 아래와 같은 것이었다. 즉, 반란군으로부터 받은 아우구스투스(Augustus, 正帝)라는 참칭과 지위를 명확히 버리고 또다시 종래대로 한정 종속적인 지위로 되돌아갈 것, 정무·군무의 실천은 모두 정제의 궁정으로부터 임명받은 사람들에게 위임할 것, 일신의 안전에 대해서는 갈리아내 아리우스파 사교이며, 콘스탄티우스 황제의 총신 중 한 사람이기도 하던 에픽테투스(Epictetus)로부터 발급되는 특사통지를 믿고 안심해도 좋다는 것이었다. 파리와 안티오고 사이라면 무려 3천 마일이나 떨어진 먼 거리로서, 이런 거리간의 협정 교섭이고 보니 금세 7개월이라는 시간이 하는 일없이 지나갔다. 그리하여 율리아누스의 모처럼의 공순했던 제안도 쓸데없이 거만하고 완미한 황제를 화나게 하는 것만으로 끝났음을 알게 되자, 율리아누스는 이렇게 된 이상에는 벌써 생명과 운명을 내전에 거는 방법밖에 없음을 그 자리에서 결심하게 되었다. 그는 군대와 민중을 모아놓고 그 앞에서 황제로부터 파견된 사자인 재무관 레오나스(Leonas)에게 알현하는 기회를 주었다. 열심히 듣고 있는 대중을 앞에 놓고 오만하기 이를 데 없는 콘스탄티우스 황제의 친서가 낭독되었다. 그리고 율리아누스는 차라리 아부한다고 생각되리만치 겸손한 태도로 이에 대답을 주었다. 즉, 만일 자기의 정제옹립을 생각해냈다고 보여지는 사람들의 동의만 얻게 된다면 아우구스투스 칭호 따위는 이제 당장이라도 반납하겠다고 하였다. 그러나 이와 같은 무기력한 제안을 금세 노호하는 군중의 목소리 속에 묻혀버렸다. 「아우구스투스여, 군과 백성 그리고 또 당신 자신의 힘으로 구출된 국가의 권위에서 앞으로도 통치를 계속 하시오」라고 외치는 함성이 회장 안 도처에서 일제히 터져 나왔다. 이것을 본 황제의 사자 레오나스는 새파랗게 질려서 온몸을 부들부들 떨었다. 이어서 칙서의 나머지 조항도 낭독되었는데, 거기에는 격심하게 율리아누스의 배은망덕 행위를 책하는 문구가 나열되어 있었다. 보랏빛옷의 영예까지 준 것은 누구인가, 또 그처럼 가엾게 여겨서 교육시킨 것은 누구였던가, 의지할 곳 없는 고아로 남겨졌을 때 그 생명을 잇대어 준 것은 누구라고 생각하는가, 그 모두가 과인인 콘스탄티우스가 아니었던가 하는 것이었다. 「뭣이, 고아라고!」 갑자기 율리아누스가 외쳤다. 그리고 그뒤는 그도 또한 치솟는 격정을 억제할 수 없었는지 행동의 정당성을 주장하였다. 「우리 일족을 섬멸한 암살자 장본인이 감히 나를 가리켜 고아라고 말하는가? 다년 간, 어떻게 해서든지 잊고자 애써 온 갖가지 피해에 이제 그것에 대한 보복을 재촉하는 것은 다름 아닌 바로 황제 그 사람이로다!」 결국 이로써 집회는 끝나고, 레오나스는 군중의 분노 속에서 겨우 일신의 호위를 받으며 콘스탄티우스 황제에게로 되돌려 보내졌다. 이때 율리아누스의 답서도 가져갔는데, 여기에는 어쨌든 20년 동안이나 억제하고 억제해 오던 거짓 은인(隱忍)에 의하여 증폭된 황제에 대한 경멸과 증오심 그리고 노여운 생각이 매우 격한 어조로 엮어져 있었다. 이제 화해의 여지없는 선전포고라고도 할 이런 답서를 발송하고 난 뒤 불과 몇 주일이 지나지 않아서 주현제(主顯祭, Epiphang/Epiphania, 크리스마스 후 12일째되는 날로 1월 6일)를 경축하고 난 율리아누스는 이제 공개적으로 일신의 안전을 불멸의 신들의 손에 위임한다는 취지의 선언을 내놓았다. 이리하여 그는 콘스탄티우스 황제와의 우호관계뿐 아니라 기독교도 버린다는 것까지 천하에 공표한 것이다*.

이제 율리아누스에게 요구되는 것은 즉각적이고도 확고한 결심이었다. 그는 도중에서 압수한 적측 문서에 의하여 콘스탄티우스 황제가 국가의 이익보다도 자기 일신의 그것을 우선시켜, 방법도 많을 터인데 하필이면 이이제이(以夷制夷)식으로 또다시 만족들을 사주하여 서방 속주의 침공을 기도케 한다는 것을 알았다. 그것에 의하면 2개의 병참 창고――하나는 콘스탄스호 반(Constance 湖畔, 오늘날의 브렌시 호.스위스와 서독간의 국경에 걸쳐 있는 큰 호수)에, 또 하나는 알프스 코티안(Cottian Alps, 남프랑스와 이탈리아 북부의 경계선을 이루는 알프스 산맥의 일부) 산록에 설치되어 있는 그것들이 아무래도 적 2개군의 진격로이며 공격 목표임을 가리키고 있는 것 같았다. 이 병참창고들의 규모는 각각 밀(밀이라기 보다도 차라리 밀가루)60만 쿠오터(1 quarter=¼ ton=8 bushels)씩을 보관하고 있었는데, 이 사실은 그에 대한 포위를 기도하는 적 병력의 강대성을 보여주려는 위협을 증명하는 것이었다. 그러나 그 황제군도 지금은 훨씬 먼 아시아 각지에 있었고, 당면한 다뉴브강의 방위력은 매우 박약했다. 만일 이제 율리아누스가 급습하여 일리리쿰의 주요 속주들만 장악해 놓으면 그곳 상무의 주민들도 곧 궐기하여 그의 휘하로 달려올는지 모르고, 또 풍부한 금은광은 그대로 내전의 군용자원으로 큰 한몫을 하리라는 것도 마땅히 생각되는 일이었다. 그는 병사들을 모아놓고 대담하기 이를 데 없는 다음과 같은 작전계획을 제시하였다. 먼저 병사들이 통솔장수인 자기와 그리고 그들 자신에 대하여 확고한 신뢰감을 가지도록 격려하는 동시에, 적에게는 위협적이고 아측 시민들에게는 어디까지나 겸허해야 하며, 각자의 상관에게는 절대신종(絶對信從)한다는 그들에 대한 일반 국민의 신망을 배신하는 일이 없도록 특히 당부하였다. 열의에 넘치는 이 연설은 일제환호로써 환영의 호응을 받았다. 앞서 콘스탄티우스 황제의 명령으로 고국인 갈리아를 뒤로 출정하도록 요청받았을 때는 심지어 무기를 잡고 항명까지 했던 바로 그 같은 군대가, 이번에는 기꺼이 율리아누스의 정기 아래 유럽은 말할 것도 없거니와 아시아의 끝까지라도 따라갈 것을 맹세한 것이다. 굳은 충성의 서약이 이루어졌다. 병사들은 방패를 두드려 울리면서 빼어 든 칼끝을 자신의 목에 대고, 갈리아의 구세주, 게르만 만족의 정복자로 추앙하는 대원수에게 무서운 저주의 말까지 섞어가면서 충심으로의 헌신을 서로 맹세하였다. 엄숙한

   ＊ 초대교회에서의 성탄절은 처음에 12월 25일이 아니었다. 성탄이 겨울의 어느 날 밤이라는 것은 성서로써 알려졌으나 월일의 기재가 없다. 여기서 특히 이집트·소아시아 등(아마도 갈리아도 그런 것 같지만)의 교회에서는 1월 6일의 에피파니아(주현제 또는 공현제, 원래 동방의 세 박사가 베들레헴의 그리스도가 태어난 곳을 찾아간 날을 축하하는 날이 주현제라는 것이다)를 성탄절로 축하하였다. 율리아누스도 당시는 아직 기독교 신자로서 미사에 참가했던 모양이다. 12월 25일을 성탄절로 축하하는 습관으로 바뀐 것은 서방의 라틴교회에서 시작되어 4세기 이후에는 이날로 정착되었다고 한다. 그리고 12월 25일은 대략 동지점에 해당하므로 태양신의 부활소생을 경축하는 의미에서의 축제인 브루말리아(Brumalia)가 이교도간의 습속으로 되어 있었다. 그것과 때를 맞추어서 크리스마스도 12월 25일이라는 습관이 성립되었는지 모른다.

이 맹세는 의무의식의 표명이라기보다도 차라리 친애감에서 나온 그것으로 보였지만, 다만 그중의 한 사람만이 이에 반대한 것이다. 콘스탄티우스 황제에 의해 임명된 민정 총독 네브리디우스(Nebridius)가 그 사람이다. 이 성실한 고관도 분노에 들끓는 무장대병단의 한가운데 있어서는 문자그대로 고립무원이었다. 그럼에도 불구하고 끝까지 콘스탄티우스 황제의 권한을 주장했기 때문에 하마터면 병사들의 분노 앞에 영예로운 희생, 그러나 쓸데없는 제물이 될 뻔하였다. 한칼에 한쪽 손이 잘려나간 뒤에도 그는 여전히 분노를 사고 있을 뿐인 새 황제의 무릎을 안고 설득하였다. 율리아누스도 용포자락으로 내내 그를 감싸 줌으로써 휘하 장병들의 분노로부터 그를 비호해 주었는데, 비록 미운 적이지만 훌륭한 그의 용기와 충성심, 아마도 그것에 대한 경의였겠지만 무사히 그의 관저까지 데려다 주게 하였다. 그리고 그의 후임에는 살루스티우스(Sallustius)를 임명하였다. 이제 견디기 어려운 무거운 세금으로부터 해방되기에 이른 갈리아의 각 속주는 새 황제의 스승이며 벗인 살루스티우스의 공정관대한 선정을 충심으로 구가하게 되었다. 생각컨대 그는 일찍이 그의 제자인 율리아누스에게 전수했던 선정의 결실을 그 자신이 그대로 실천에 옮길 기회를 부여받은 것이다.

    율리아누스 황제의 미래는 그의 병력 수보다도 차라리 기동력의 신속성 여하에 달려 있었다. 대담무쌍한 작전수행에서 그는 사려가 미치는 한 모든 신중성을 잊지 않았다. 그리고 사려단계를 지난 후의 행동단계에서는 일체를 용기와 천운에 맡기는 것이 상례였다. 먼저 전군을 바젤 부근에 집결시키자 그는 이것을 3개군으로 나누었다(암미아누스—마르켈리누스에 의하면 이것은 알렉산더 대왕 등의 전략에서 배운 것이라고 하였다. 『역사』 제21권 8장). 먼저 1만 명으로 편성된 제1군을 기병대 사령관 네비타(Nevitta)가 통솔하여, 레티아(Rhaetia)와 노리쿰(Noricum) 중앙부를 돌파하면서 진격하라고 명령하였다. 이와 대략 같은 병력의 다른 1개군씩은 각각 요비우스(Jovius)와 요비누스(Jovinus)가 통솔하되 알프스, 이어서 이탈리아 북부 경계선 가까운 국도를 따라 사행진격(斜行進擊)하도록 준비를 갖추게 하였다. 각군 장수들에게 주어진 훈령은 매우 정확한 강행군의 실시였다. 즉, 강고한 밀집대형으로 진격할 것과 지형상황에 따라 언제 어떤 때에도 즉각 전투대형을 취할 수 있도록 그것을 염두에 두고 행군할 것, 적의 야습에 대해서는 끊임없이 강력한 전초부대와 불침(不寢)경비대를 배치하여 엄중하게 대비할 것, 도착은 모두 불의에 행함으로써 적의 저항을 피할 것이며, 한편 출발도 이와 마찬가지로 의표를 찔러 급히 떠남으로써 적의 탐지를 허용하지 말 것, 아군의 병력 및 율리아누스의 무용담에 대해서는 될 수 있는 한 과장 선전할 것이다. 전군의 최종 집결지는 시르미움(Sirmium, 일리리쿰 속주의 수도)시 성 밑으로 한다는 등등이다. 나머지 문제는 율리아누스 자신의 행동인데 그는 좀더 곤란한, 아니 이상하다고까지 말할 수 있는 역할을 선택하고 있었다. 즉 정한기예(精悍氣銳)의 지원병 3천 명을 특별히 차출하여 과연 총사령관답게 결사적인 적후방 침투를 결심한 것이다. 그는 이 충실한 정예부대 맨 선두에 서서 대담무쌍하게도 다뉴브강 원류지인 마르키아누스(Marcianus) 대삼림(오늘날의 슈바르츠바르트, Black Forest라고도 한다)을 뚫고 오지 깊숙히 들어간 것이다. 사실 그 후 수십 일 간 그의 운명에 대한 정보는 전혀 없었다. 그러나 이 은밀한 행동과 강행군, 그리고 이들의 사기는 모든 장해요소를 극복하였다. 산악을 넘고 소택지를 지나면서 다리가 있으면 그곳으로 통과하되 없으면 헤엄쳐 도하하였고, 그곳이 로마제국령이든, 만족의 땅이든 가릴 것 없이, 오로지 일직선으로 전진해갔다. 최종적으로는 라티스본(Ratisbon)과 비엔나(Vienna)의 중간이며, 사전에 다뉴브강 하항선(下航船) 선착장으로 예정해 놓았던 지점에 갑자기 모습을 나타낸 것이다. 그리고 여기서도 교묘한 책략으로 때마침 정박중이던 경범선단(輕帆船團, light brigantines)을 노획하여, 미각 따위에는 둔감 무관심한 대식 폭식가들인 갈리아 병단의 식욕을 충분히 만족시키고도 남을 정도의 양식 물자를 선적하고 나자, 곧 다뉴브강을 내려가기 시작했다. 노젓는 사람들은 불면불휴로 힘껏 노를 저었다. 때마침 순풍이 며칠이나 불어오는 행운도 있어서 불과 11일 사이에 700마일 이상의 뱃길을 달려가게 되었다(조시무스, 「신로마사」 제3권 10절). 이리하여 그들은 시르미움시에서 불과 19마일밖에 떨어지지 않은 보노니아(Bononia)에 상륙하는 데 성공하였다. 그런데 이때 적측은 그가 라인강 안을 출발했다는 확실한 정보조차 입수하지 못하고 있었던 것이다. 길고 긴 이 급하강(急下航) 뱃길을 달리는 동안, 율리아누스의 생각은 오로지 이번 작전의 궁극적 목표에만 집중되어 있었다. 부근에 있는 시읍들 가운데는 이 참에 남들보다 한 발자국 빨리 군문에 이르러 항복함으로써 그 공을 인정받고자 서두른 곳이 있어서, 그는 이들 시읍의 대표단을 흠쾌히 맞이하였다. 한편 강 연안에 설치된 적의 주둔초소군에 대해서는 시기를 분별하지 않고 쓸데없는 용기 따위를 과시해 보이려는 유혹은 일체 억제하면서 그 전면을 통과하여 전진하였다. 다뉴브강 양안주민들은 환영차 운집했으며, 보무당당한 이 군용을 보자 이번 전쟁의 중요성을 예견했다고나 할까, 서방의 대병단을 이끌고 사람의 소위라고는 좀처럼 생각할 수 없는 초스피드로 진격하는 청년영걸에 관한 소문은 금세 인근 일대에 널리 퍼져 나갔다. 콘스탄티우스 황제군의 기병대 사령관으로서 일리리쿰 군단을 지휘하고 있던 루킬리아누스(Lucilianus)는 계속해서 들어오는 보고내용의 진위성조차 판단하지 못하여 우왕좌왕할 뿐이었다. 인순완만(因循緩慢)한 조치이긴 하지만 그는 일단 전군의 집결을 도모하였다. 그래도 다갈라이푸스(Dagalaiphus)가 지휘하는 보병대의 기습을 받자 곧 패배하고 말았다. 사실 율리아누스는 보노니아(Bononia) 상륙과 동시에 이 유능한 장교에게 경보병의 한 부대를 주면서 강행급습을 명령했던 것이다. 포로로 붙잡힌 루킬리아누스 장군은 생사도 모르는 채 우선 말잔등에 붙들어 매인 채 율리아누스 면전에 끌려나왔다. 그러나 그는 패전장군을 친절하게 붙들어 일으키자, 거의 망연자실 상태라고 할 수 있는 그의 놀라움과 공포심을 불식시키는 데 먼저 힘써야만 하였다. 그런데 이 리킬리아누스라는 사람은 겨우 정신을 차리고 기력을 회복했는가 했더니 갑자기 어처구니 없는 실언을 하고 말았다. 즉, 불과 얼마 안되는 이런 적은 병력을 이끌고 적진 심장부에 폭진한다는 것은 경거망동도 유분수라고, 충고할 상대도 많을 터인데 하필이면 승리자를 향하여 감히 간언을 드린 것이다. 모멸하는 미소를 띠우고 율리아누스는 이렇게 대답하였다.

「그대의 간언은 지극히 겁장이인 그대의 주군 콘스탄티우스 황제를 위하여 남겨 두는 것이 좋겠네. 과인은 이제 자네에게 자의(紫衣)에 입맞춤을 허용했지만, 그것은 자네를 조언자로 맞아들인 것이 아니라, 다만 탄원자로서 허가한 데 지나지 않았다네.」 승리만이 자기의 기도를 정당화시키는 것이요, 또 그 승리를 가져오게 하는 것은 용단뿐이라고 확신하는 그는 그대로 곧장 3천의 병력을 이끌고 일리리쿰 속주의 주도(州都)이며 최강 및 최대의 도시 시르미움 공략을 목표로 진격을 계속하였다. 그런데 이 도시의 먼 근교에 도달하자, 어찌된 일인지는 모르나 그를 맞이한 것은 군 및 시민이 일제히 올리는 환호성이었다. 머리를 꽃으로 장식하고 손에는 등불을 켜든 그들은 이미 새 군주로 승인한 율리아누스 황제를 그대로 별궁으로 인도하였다. 2일 간을 전시민을 위한 축제일로 선포하고, 대경기장에서는 성대하게 경기를 개최하였다. 그러나 제3일째 되는 날의 이른 아침에는 벌써 헤무스산(Mt. Haemus)의 험로를 이루는 숫키(Succi) 고개(옛이름은 아우구스티에 숫코룸〈Augustiae Succorum〉이다. 지금은 불가리아 수도 소피아에서 얼마간 서쪽에 위치한 곳)를 점령하기 위하여 군대를 진격시키고 있었다. 이 고개는 수도 콘스탄티노플과 시르미움시와의 대략 중간지점에 위치하며, 트라키아와 다키아 두 속주의 분수령을 이루고 있었다. 트라키아측은 험난한 내리막 길의 급한 경사를 이룬 고개지만, 반대편의 다키아쪽은 단순하고 완만한 경사가 이어져 있었다. 그리고 이 중요지점의 방위임부는 기병대사령관 겸 제1군 지휘관인 용장 네비타에게 맡겨졌는데 그 역시 다른 이탈리아 병단의 여러 장수들과 마찬가지로 새 황제가 구상하고 있던 진격과 그리고 연계라는 작전계획을 훌륭하게 완수한 것이다(암미아누스-마르켈리누스, 『역사』제21권 8-10장과 기타).

공포심이 이유인지 또는 민심동향이 그렇게 시켰는지는 모르지만 어쨌든 새 황제 율리아누스에 대한 찬양의 목소리는 직접적인 무위(武威)에 의한 효과 이상으로 광범하고도 높았다. 이탈리아 및 일리리쿰 두 속주는 각각 타우루스(Taurus)와 플로렌티우스(Florentius)가 행정 책임자였는데 이들은 총독이라는 직책 이외에도 비록 허명(虛名)이긴 했지만 집정관의 명예 직함까지 가지고 있었다. 그럼에도 불구하고 이 고관들은 재빨리 아시아의 궁정으로 철수해 버렸다. 때문에 이런 점에서는 반드시 신중하다고 말하지 못할 율리아누스인 만큼, 연차 법령집 속에서는 두 사람의 이름을 들어 시종일관「도망자(Fugitive)」라는 형용사를 써서 그들의 행동을 규탄하고 있다. 이와 같이 최고사정관에게까지 버림받은 각 속주는 무인적(武人的)자질에 더하여 철학자의 그것까지 겸비한 신황제의 권위를 공공연히 승인하였는가 하면, 다뉴브강 연안에 설치된 각군영과 그리스의 제도시들에서도 일제히 찬탄으로 신황제를 받아들였다. 여기서 그는 시르미움, 뒤이어 나이수스(Naissus)의 궁정——좀더 정확하게 대본영이지만——으로부터 주된 제국의 여러 도시에 대하여 자기 행동에 관한 장문의 설명문을 보냈을 뿐만 아니라 콘스탄티우스 황제의 비밀문서까지 공표하였다. 대결의 입장에 섰던 두 사람 중에서 과연 만족들을 끌어들이려고 기도한 인물이 누구이며, 역으로 이것을 격퇴한 사람은 누구인가 하는 판단을 전국민에게 맡긴 것이다(율리아누스, 『아테네시의 평의회 및 시민에게 보내는 편지』. 알레만니족의 왕인 바도마리우스(Vadomarius)에게 보낸 콘스탄티우스의 밀서를 도중에서 압수한 것으로 되어 있고, 리바니오스도 이것을 시인하고 있지만, 암미아누스-마르켈리누스는 이와 반대로 바도마리우스가 콘스탄티우스황제에게보내는 밀서를 입수했다고 하였다. 『역사』제21권 3-4장). 콘스탄티우스 황제가 자기에게 배은망덕의 행위라고 비난한 데 대해서는 율리아누스 황제도 깊이

상심하고 있었다. 그런만치 무력뿐만 아니라 언론을 통해서도 어떻게 해서든지 자기 행위의 명분이 정당함을 강조하고, 전술뿐만 아니라 문서 전쟁에서도 자기의 우위성을 나타내고 싶었다. 사실 아테네시의 평의회와 그곳 시민들에게 보낸 그의 친서는 열정을 담아 구술하여 작성한 기품 높은 것으로 생각된다. 마치 그 옛날 아리스티데스(Aristides/Aristeidés, BC 520 이후-468?. 아테네의 정치가. 청렴하기로 유명. 대페르시아 전쟁에서 해군 또는 육군을 지휘하여 승리. 데로스동맹을 성립시켰다. 아테네 융흥기의 지도자)시대의 아레오파구스(Areopangus. 여기에 법정이 있었는데, 그것은 대법원과 같은 의의를 가진 법원이었다) 언덕 위에 있는 최고법정에라도 제소하듯, 공경겸허한 언사로 쓰되 당시 이미 퇴폐의 길을 걷고 있던 아테네 시민에게 자기의 행동과 동기에 대한 재단을 요청한 것이다(조시무스에 의하면 율리아누스는 아테네 외에 코린토스와 스파르타 등의 시민에게도 이와 똑같은 친서를 보낸 모양이지만, 그것은 오늘날에는 전해지지 않고 있다). 한편 로마시 원로원에는 그때까지는 아직 정제인준의 권한이 남겨져 있었는데, 그쪽에의 정제비준에 관한 청원은, 이미 쇠멸직전의 공화체제라곤 하지만, 형식상으로나마 흠쾌히 받아들여진 것 같다. 지체없이 수도장관인 테르툴루스(Tertullus)명령으로 원로원 회의가 소집되어 율리아누스로부터의 친서가 낭독되었다. 그의 경우는 이미 이탈리아 통치자임이 명백했으므로 그의 요구는 한 사람의 반대도 없이 승인되었다. 회의에서는 콘스탄티누스 대제에 의한 제개혁을 은연중에 비난하거나, 또 콘스탄티우스 황제의 악덕을 맹렬히 규탄한 발언들이 있었는데, 이런 반응은 반드시 좋은 것만으로는 볼 수 없는 것이었다. 사실 원로원은 마치 율리아누스가 눈앞에 있기나 하듯이 일제히 이렇게 외쳤다고 한다. 「우리는 절실히 바라고 있소이다. 귀하는 행운의 창출자라고도 말할 수 있는 은인에의 존경을 잊지 말 것을」(암미아누스-마르켈리누스, 『역사』제21권 10장). 노회하기 이를 데 없는 이 발언은 전쟁에서의 승패 여하로 어떻게라도 설명될 수 있는 표현이다. 즉, 찬탈자 율리아누스의 망은행위에 대한 용기있는 문책으로 받아들일 수 있는가 하면, 이와 반대로 이와 같이 국가를 위하여 생각 끝에 일으킨 이번의 행동은 당연히 콘스탄티우스 황제의 모든 실패를 보상하는 것이라는 아부적인 고백으로서도 도움이 되는 말인 것이다.

율리아누스군의 진격이 질풍같이 빠르다는 정보는 적인 콘스탄티우스 황제에게도 재빨리 전달되었다. 때마침 그는 사포르왕의 자진 철퇴라는 기적이 일어나 페르시아 전쟁에서는 한숨 돌리고 있던 참이다. 깊은 고뇌를 경멸이라는 가면 밑에 감춘 채, 곧 유럽쪽으로 말머리를 돌려 율리아누스 토벌전을 벌일 결심임을 선언하였다. 다만, 이 원정에 대한 그의 태도는 참말로 너무도 안이한 관점——마치 사냥꾼이 그의 사냥감이나 잡으려는 듯한 경쾌한 어조와 또 그런 태도를 취하는 것이었다(상세내용은 상게 『역사』 제21권 7장 1절 참조). 그리고 시리아의 히에라폴리스(Hierapolis)시에 설치했던 대본영에 돌아왔을 당시, 이 문제에 대해서는 군에게 연설한 바 있었는데, 그때 부황제(율리아누스를 가리키는 것)의 경거망동적인 범죄에 대해서는 오히려 가볍게 언급하고 주로는 군에 대하여 안심감을 부여하도록 노력한 것이었다. 즉, 만일 갈리아 반군과 전쟁터에서 맞닥뜨린다 해도, 그자들은 우리군의 위압과 또 돌격의 함성을 도저히 견뎌낼 리가 만무하다고 방언하였다(이 연설은 상게 『역사』 제21권 7장 10-14절에 대략 전문의 기재가 있다). 콘스탄티우스의 이 연설은 크게 군의 환호를 받았는데, 히에라폴리스시 참사회 의장인 테오도투스(Theodotus)같은 사람은 아첨의 눈물을 흘리면서 반드시 주륙(誅戮)하여 반도의 수급을 우리 시에 효수하여 구경거리로 장식하고 싶다고 제의하였다. 여기서 곧 선발 정예부대가 편성되고, 역마차를 동원하여 전방으로 급파되었다. 가능하다면 요충지인 숫키고개를 확보해 두고 싶었기 때문이었다. 그리고 사포르왕과의 전쟁을 위하여 준비했던 징모집병력과 마필, 무기와 군량도 모두 이번 내전에 돌리기로 하였다. 지금까지 수많은 내전에서 거양되어 온 콘스탄티우스 황제 승리의 실적이 그들 일당에게는 매우 낙관적인 확신을 가지게 한것이다. 아프리카의 각 속주는 황제 명령으로 비서실장인 가우덴티우스(Gaudentius)가 이미 확보하고 있어서 로마에의 물자보급로는 완전히 차단되고 있었다(가우덴티우스의 관직명은 정확히는 notarius〈notarg, 공증인〉지만 그 상세한 내용은 복잡하므로 편의상 비서실장으로 번역한 것이다. 그는 강경한 반율리아누스파이며, 따라서 로마와 갈리아로 향하는 아프리카 재속주로부터의 물자보급을 엄격히 통제하였고 동시에 콘스탄티우스 황제를 위해서는 정보원으로도 활약한 것 같다. 후에 처형되었다). 게다가 뜻하지 않았던 또 한 가지 사태로 말미암아 율리아누스의 고통스러운 형편은 한층 더 심각화되어, 잘못하면 치명적인 위태로운 결과로 끝날지도 모르는 일이었다. 그것은 앞서 율리아누스는 시르미움시를 지키던 5개군단과 궁사대 1개대대의 귀순을 받아들였는데, 이 부대들은 일찍부터 특히 콘스탄티우스 황제의 특별한 은고를 받고 있던 만큼, 그 충성도에 대해서는 율리아누스도 일말의 의심을 품고 있던 터에, 사태가 내전으로 발전할 기미가 보이자 갈리아 변경의 방위력이 매우 약화되었다는 구실하에 그들은 가장 중요한 전쟁국면에서 멀리 떨어져 있게하는 것이 상책이라고 새 황제는 생각한 것이다. 이리하여 그들은 마지못하여 멀리 이탈리아 국경에로 이동하라는 명령을 따르게 되었다. 그러나 그 도정이 멀다는 것, 그리고 게르만 만족의 용맹성을 생각하게 되자, 때마침 한 사령관의 선동도 있고 해서 행군 도중에 있는 아퀼레이아(Aquileia)시에서 갑자기 이동을 정지하고 난공불락의 이곳 성루에 또다시 콘스탄티우스 황제의 깃발을 올리기로 결심한 것이다. 그러나 이런 데도 소홀함이 없는 세밀한 율리아누스인 만큼 이런 배반행위가 전국에 미칠 영향을 고려하여 즉각 진압책을 강구할 필요성을 느꼈다. 우선 요비누스가 명령을 받자 한 부대를 이끌고 이탈리아로 되돌아 갔다. 이리하여 아퀼레이아시에 대한 공략전은 집요하고도 치열하기 이를 데 없었지만, 이미 군기의 명예 따위를 벗어버린 듯한 배반병단은 실로 교묘하고도 완강하게 성시를 사수할 뿐만 아니라 이탈리아 전역을 향하여 자기들의 충성용무의 모범을 따르도록 권유하는 손까지 뻗치고 있었다. 만일 율리아누스가 동방의 우세한 병단과의 싸움에서 패배하는 일이라도 일어나면, 그들은 곧장 그의 퇴로를 위협하려고 기도하였다.

그러나 율리아누스는 인간적인 심정으로 서로가 서로를 멸망시키느냐, 멸망당하느냐 하는 냉혹한 선택을 깊이 슬퍼하여 어떻게든 이것만은 극력 회피하려고 했다. 더욱이 다행했던 일은, 때마침 시기적절하게 콘스탄티우스 황제가 갑자기 죽게 됨으로써 로마제국은 내전의 참화로부터 구제되었다. 경위는 이러하다. 겨울철이 다가옴에 따라 콘스탄티우스 황제로서도 이대로 안티오크시에서의 체류가 허용되지 않게 되었다. 게다가 측근의 총신들도 반도(율리아누스를 가리키는 것)에 대한 보복을 서두르는 황제의 집념에 제동을 걸 만한 용기도 없었던지, 황제에게 출전을 보류토록 건의도 못하던 참에 황제는 아마 정신적 오뇌로부터 일어났겠지만, 처음에는 조그마한 미열이 여행의 피로와 함께 점차 악화징조를 보였다. 하는 수 없이 타르수스(Tarsus)시에서 12마일 정도 떨어진 모프수크레네(Mopsucrene)라는 조그마한 거리에서 정양하기로 했지만, 매우 짧은 기간동안의 병상생활을 한 뒤에 재위 24년이며, 45세라는 젊음으로 생애를 마쳤다(죽은 날을 암미아누스-마르켈리누스는 10월 5일이라고 말하였지만, 11월 3일이라는 이설도 있다. 원저자 기번은 후자의 설을 택하고 있다). 자부심과 소심, 미신과 잔인성이라는 그의 참된 성격은, 이미 말한 바 민정 및 교회정책의 자취로 보아도 명백할 것이다. 장기간에 걸쳐 권력을 계속 농단해 온 데서, 동시에 사람들의 눈에는 상당한 인물로 비쳤을는지 모르지만 후세인의 눈으로 보면, 주목할 가치가 있다고 보여지는 것은 다만 개인적인 자질 뿐이고, 콘스탄티누스 대제의 자식들 중 마지막까지 남은 인물로서는 다만 아버지의 결점만을 물려받았을 뿐, 그 걸출한 능력면은 전혀 이어받지 않았다는 이 한마디 말로 집약시켜도 하는 수가 없을 것이다. 마지막으로 숨을 거두기 직전에, 그는 율리아누스를 후계자로 지명했다는 설도 있다. 임신한 채 먼저 돌아간 젊고 상냥하던 황후 에우세비아의 운명을 생각했을 때, 어쩌면 그녀의 배려가 이처럼 임종의 순간을 맞이하여 그의 격렬한 증오와 복수의 집념을 잘 제지시킨 것이라고 생각되지 않는 것도 아니다. 에우세비우스(교회사가인 에우세비우스와는 별개 인물. 이 사람은 환관출신 시종장으로서 한때 권세를 휘둘렀다)와 그의 음험한 일당은 별도로 정제를 옹립함으로써 환관정치의 연장을 도모코자 얼마간의 시도를 해보았으나 결국 이런 음모도 내분에 입각한 내전화를 극도로 겁낸 군부에 의하여 모두 배제되고, 곧 5명의 고급장군들이 율리아누스 밑으로 급파되어 제국의 검은 통틀어 그를 위하여 사용된다는 내용을 제의하였다. 때문에 트라키아 속주에 대하여 3단공격을 준비중이던 신황제의 계획도 이 행운의 사건으로 중지되고, 동포의 피를 흘림이 없이, 또 제국의 신수도이기도 한 콘스탄티노플을 방문하기를 절실히 희망하고 있었던 만큼, 그는 곧 나이수스시를 출발하여 헤무스(Haemus) 산령을 넘어 트라키아의 신도시를 지나 곧장 전진하였다. 이윽고 신도시까지는 16마일이라는 헤라클레아시에 도착하자, 금세 콘스탄티노플의 전시민이 구름처럼 모여들어서 환영하는 것이었다. 이리하여 그는 군대·시민·원로원에 의한 총환호 속에 경사스러운 개선 입성을 마쳤다(361년 12월 11일의 일). 수많은 군중이 그를 둘러싸고 밀치락 달치락하면서 앞다투어 열광적으로 경의를 표하였다. 이들은 어쩌면 얼마간 실망했을는지도 모른다. 왜냐하면 여기서 본 것은 어느 편인가 하면 비교적 키가 크지 않은 편에 간소하고도 값싼 옷을 걸친, 아직 백면의 젊은이였기 때문이다. 미숙해 보이기조차하는 이 청년황제가 과연 저 게르만의 여러 만족을 토벌하고, 이제 대서양 연안에서 보스포러스 해협에 이르기까지, 혁혁한 전과를 올리면서 전유럽을 석권해 온 영웅일까 하는 것이었다(이 입성광경은 암미아누스-마르켈리누스, 『역사』 제22권 1-2장과 리바니오스의 『추도연설』 56절 등에 나오는데, 이 두 사람의 관점이 얼마간 다른 것이 흥미롭다). 그로부터 며칠 뒤의 일이지만, 선제의 유해가 항구로부터 양륙되었을 때 진정인지 또는 표면상의 의례인지는 차치하고, 어쨌든 새로운 정제(正帝)가 보여 준 인간적인 태도에 대하여 시민들은 새삼스럽게 찬탄의 환성을 올렸다. 즉, 제관(帝冠)도 쓰지 않고 상복을 입은 그대로 도보로 영안소로 마련된 성사도교회까지 시종 장례행렬에 호종한 것이다. 물론 이와 같은 경의표명도 서로가 같은 황제가문에 속하는 고귀한 신분의 출신이라는 관계를 고려한, 말하자면 이기적인 작별로 해석하는 것도 가능할 지 모른다. 그렇기로서니 이때 흘린 그의 눈물은 지금까지 죽은 황제로부터 받아온 갖은 수모와 학대를 모두 잊고 오로지 그의 은의만을 기억하고 있음을 새삼스럽게 세계에 나타내 보인 것과 마찬가지였다. 한편 아퀼레이아 시의 농성군도 콘스탄티우스 황제의 죽음을 확인하자, 성문을 활짝 열고 군문에 투항하였다. 이때 주모자들은 전범자로 처형되었지만 나머지는 율리아누스의 현명한 배려인지, 아니면 인자한 마음에서인지, 아주 간단하게 사면하여 목숨을 건지게 해주는 것으로 끝났다. 이리하여 나이 겨우 32세에 그는 완전히 전 로마제국의 통치권을 장악한 것이다(율리아누스의 생년월일에 대해서도 이설이 있다. 생일날은 대체로 12월 6일로 되어 있지만 태어난 해에는 331년과 332년설이 있다. 원저자 기번은 전설을 취하고 있다.)

활동하느냐 은퇴할 것이냐, 이 양자의 장점비교에 대해서는 철학이 그에게 충분하고도 남으리만치 가르칠 터이지만, 워낙 출생문벌이 높다는 것이 또 지금까지 경험해 온 인생의 전변을 생각하니 여기에는 이미 선택의 자유 따위는 있을 수가 없었다. 그 자신으로서는 아마도 아카데미아의 숲이나 아테네 시민들과의 교제를 마음속으로부터 선택하고 싶었겠지만 운명은 그것을 허락하지 않았다. 처음에는 고 콘스탄티우스 황제의 의사에 의하여, 그뒤에는 그의 부당했던 처우로부터 하는 수 없이 그 한 목숨과 명성을 정제(正帝)의 위험에 노출시켰었는데, 지금은 수천만 국민의 행복을 위하여, 세계와 또 후대에 대하여 책임을 지지 않을 수 없는 입장에 놓여진 것이다. 그는 그의 스승인 플라톤의 말, 즉 가축무리의 관리는 평소에 고급 생물의 손에 위임해야 하는 것과 마찬가지로, 제국민의 지도는 신들 내지 제령(諸靈)의 초인적 능력만이 적합하며 또 이것이 필요하다고 설파한 그 말을 일종의 두려운 마음으로 상기하였다(율리아누스, 『테미스티오스에게 보낸 서한』, 테미스티오스〈Themistios/Themistius〉는 4세기 그리스의 철학자・수사학자・웅변가로서 콘스탄티우스 2세・율리아누스 및 테오도시우스 1세 등 제 황제의 총애를 받았다. 플라톤・아리스토텔레스 등의 연구자로 유명. 콘스탄티노플에 학원을 차리고 제자들을 양성하였다). 이 원리에서 보면, 적어도 통치를 담당하려는 사람은 바야흐로 신과 같은 완전성을 지향해야 한다는 것이 그가 도달한 당연한 결론이다. 그 자신이 우선 그의 영혼으로부터 모든 인간적 및 지상적인 요소들을 정화하고, 욕심을 억제하며, 지력을 연마하고, 감정을 누르며, 그리고 아리스토텔레스의 유명한 비유를 빌린다면, 언제나 심정(心情)에 대하여 독재자가 될 것이 틀림없는 수성(獸性)을 극복해 내지 않으면 안되는 것이다. 콘스탄티우스 황제의 사망으로 이제 절대적으로 된 율리아누스의 제위(帝位)는 동시에 이성의 좌(座), 덕성의 좌 그리고 다분히 헛된 허영의 좌이기도 했다. 이런 높디 높은 자리에 수반되는 일체의 영예를 그는 멸시하며, 쾌락을 부정하고 오로지 그의 책무만을 끊임없는 정려로서 실천하는 일에만 노력하였다. 다만 문제가 있었다면 신료(臣僚)들인데, 만일 이 철학자적 황제가 자기 자신에게 부과하고 있는 엄격한 규칙에 그들까지를 시간과 행동의 모든 면에서 복종시켜야 한다면 당연한 이야기로서 그를 도와 제관(帝冠)의 무거움을 조금이라도 가볍게 하고자 협력에 응하는 사람은 거의 없었다는 점이다. 여러 번 그와 함께 지독한 소찬의 식사를 같이 한 친구의 한 사람(안티오크의 이교적인 그리스 출신 수사학자 리바니오스〈Libanios/Libanius, 314-393?〉. 그의 『추도연설』 84-85절 참조. 그는 당시 가장 고명한 학자로서 기독교도측과 이교도측 쌍방의 많은 제자가 있었다. 율리아누스보다는 근 20년이나 연장자지만 사우〈師友〉로서 많은 서신내왕을 하였다. 율리아누스 관계의 연설문도 몇 편 남겼다)은 다음과 같이 쓰고 있다. 그 검소한 식사(대개는 채식이었다)는 오히려 그의 심신을 자유롭게 하여, 저술가・제사장・행정관・장군 그리고 황제로서 여러 가지의 중요 직무를 처리하는데 있어 시종일관 매우 적극적으로 행동케 했을 것이다. 하루에도 여러 명의 사절들을 접견할 뿐만 아니라 장군・민정관・사적인 벗들, 나아가서는 영내 여러 도시에 보내는 실로 많은 편지를 쓰거나 또 구술도 했다. 게다가 올라 온 청원서류에는 모두 귀를 기울여 그 내용을 신중히 검토하는 동시에 그에 대한 답변을 비서관들의 속기하는 손이 따라가지 못할 정도의 속도로 각각 지시했던 것이다. 생각하는 것은 매우 유연하였고 게다가 주의력은 놀랄 만큼 정확하였는 바, 손으로는 문장을 초하고, 귀로는 진언을 청취하며, 입으로는 명령을 구술하는 그런 신기성을 발휘하였다. 동시에 세가지 일을 생각하고, 게다가 한 순간의 주저도 없이 해당한 결단을 내렸지만, 조금만큼의 과오도 범하지 않았다. 각료들이 휴식을 취하는 사이에 그 자신은 산적되는 여러가지 정무를 계속해서 처리하고, 급하게 점심식사를 마치면 곧 서재로 들어앉게 되는데, 여기는 밤이 되어서야 처결하기로 정해진 국무가 황제의 임어를 기다리면서 그의 연구활동을 중단할 것을 요구할 때까지 줄곧 들어 박히게 되는 곳이었다. 저녁식사는 점심식사보다도 더 간소하였다. 때문에 소화가 안되는 독기로 말미암아 안면을 방해받는 일 따위는 전혀 없었다. 또 매우 짧은 기간의 결혼생활——그것도 사랑에서라기 보다도 차라리 정략적인 것이었지만——을 제외하고 결벽한 성격의 그는 끝내 단 한번도 다른 여자와 침대를 같이한 일이 없었다(그의 금욕생활을 마메르티누스(Mamertinus)의 『송사』, 암미아누스-마르켈리누스의 『역사』 제25권 4장, 리바니오스의 『추도연설』 88절 등의 모두가 이것을 뒷받침하고 있다. 특히 리바니오스같은 사람은 결혼 전에도 또 황후가 죽은 뒤에도 절대로 뭇여인을 범하지 않았다고 강조하고 있다). 아침이 되면 충분히 휴식을 취한 비서관들에 의하여 이른 아침에 깨워진다. 그들은 전날밤 충분히 수면을 취했던 것이다. 때문에 시신(侍臣)들은 교대로 시종드는 수밖에 없었다. 한편 불사조와도 같은 이 군주는 단순히 업무를 바꿈으로써 잠시 기분을 전환시키는 이외에는 어떠한 피로나 휴식도 자신에게 허용하지 않았다. 선제(先帝)들은 백부(콘스탄티누스 대제)건 형(갈루스 부황제)이건, 또 사촌형(콘스탄티우스 2세 황제)이건 간에, 백성들의 취미기호에 영합한다는 그럴 듯한 구실하에, 대경기장(circus)의 경기 따위에 마치 소년들처럼 홍겨워 했었다. 통상 하루에 24라운드로 정해진 경주가 모두 끝날 때까지 거의 종일토록 하는 일 없이 관람하고 지내든가, 그보다도 그 자신이 화려한 구경거리의 일부로 되는 것이 고작이었다. 평소에 이런 소갈머리 없는 오락에는 명백히 혐오감을 느꼈고 또 그것을 공공연하게 발설하던 율리아누스 황제지만, 다만 엄숙한 축제일만은 그래도 대경기장에 그 모습을 나타내었다. 그러나 기껏해서 5-6회까지의 경주를 무관심한 표정으로 내려다보고는 철학자로서 견딜 수 없는 심정이라고나 할까 어쨌든 일찌감치 퇴장해 버리는 것이었다. 그로서는 국가를 위해서나, 또 마음의 수양을 위해서도 도움이 되지 않는 시간이란, 단 일각이라 해도 무의미하다고 생각하였다(수에토니우스, 『황제전』의 「신으로 여겼던 아우구스투스 전」 45장에 의하면, 율리우스 케사르는 경기를 관람하는 사이에 서류를 읽고 있었으므로 로마시민의 분노를 샀기 때문에, 아우구스투스 황제는 경기장에서의 볼 만한 것을 크게 즐겼다고 한다). 시간에 대한 이와 같은 탐욕은 짧은 그의 치세기간을 몹시 길었던 것으로 느끼게 한다. 일일이 일시까지는 정확히 결정할 수 없다 하더라도 콘스탄티우스 황제의 사망으로부터 후계황제인 율리아누스가 페르시아 전쟁을 치루기 위하여 출발할 때까지의 치세기간이 불과 1년 4개월밖에 되지 않았다는 것은 도저히 믿어지지가 않는다(콘스탄티우스 황제의 사망이 361년 11월 3일이고, 율리아누스 황제의 페르시아 전쟁 출전이 363년 3월 5일이라는 것이 오늘날에는 대략 정설로 되어있다. 그렇다면 대략 그 기간이 1년 반이라는 계산이 나온다). 율리아누스 황제의 사적은 사가의 붓에 의해서만 남아 있지만, 그 방대한 저작 중 오늘날까지 현존하는 것만으로도 이 황제의 뛰어난 천분과 놀랄 만한 정려성을 전하는 일대 기념비라고 말할 수 있다. 『미소포곤(Misopogon)』, 『황제향연(Sumpsion 또는 Caesares)』, 연설집 및 기독교를 논박한 노작류*는 불과 두해 겨울──첫째 겨울은 수도 콘스탄티노플에서, 둘째 겨울은 안티오크시에서──의 긴 겨울밤마다 쓰여진 것이다.

율리아누스 황제 치세에서 최초이자 가장 긴급한 과제 중 하나는 궁정개혁이었다(이 궁정개혁에 대해서는 암미아누스-마르켈리누스의 『역사』 제22권 4장, 리바니오스, 『추도연설』 62절, 조나라스, 『세계사요』 제2권 13절 등등 거의 모든 문헌에서 나온다). 신수도의 황궁에 들어간지 얼마 안됐을 때의 일이지만, 그는 조발하기 위하여 이발사를 부른 적이 있었다. 그런데 아주 훌륭하게 차려입은 관리가 한 사람 나타났다. 「과인이 부른 것은 이발사요. 징세리가 아니네.」 일부러 그는 놀란 표정으로 말하였다. 그리고 그 사나이에게 수입이 어느 정도냐고 물어보았다. 상대방은 대답하기를, 고액의 정기급여외에 이것도 고액의 임시 직무수당까지를 합하면, 매일 20명의 하인과 또 20두의 말을 사육해 나갈 수 있을 정도라는 것이다(이 에피소드는 암미아누스-마르켈리누스의 『역사』 제22권 4장 9절에 나온다). 그렇다면 1,000명의 이발사, 1,000명의 급사 그리고 1,000명의 요리사가 각각 각 부처에 호사스럽게 배치되어 있었고, 환관에 이르러서는 그 수가 여름철의 나방이나 모기만큼이나 많았다니 그 비용만도 엄청났다는 이야기가 된다(리바니오스, 『추도연설』 130절에서 거의 그대로 인용한 것). 재능이나 덕성을 모두 신료들의 우수성에 전적으로 내맡기고 콘스탄티우스 황제로서는 다만 복장·식탁·건조물·노부(鹵簿)등의 호화성을 가지고 자기의 위용을 과시해 보이려는 것이 능사였다. 콘

---

* 『미소포곤』과 『황제 향연』은 모두 풍자적인 산문이다. 361-362년의 작품. 미소포곤이란 「구레나룻을 싫어하는 사람」이라는 뜻이다. 362년경에 신제 율리아누스를 맞이한 시리아의 안티오크 시민들은 그의 이교(다신교)부흥정책에 대하여 냉담성을 넘어 반감까지 표명하자, 황제쪽에서도, 부유하기는 하지만 경조부박한 이곳 시민들을 경멸하여 그의 자조적인 역설을 이 한편의 산문으로 표현한 것이다. 「구레나룻(鬚)」란 그 자신의 염면(髥面)을 가리킨 것. 『황제 향연』은 이것도 어떤 축제일의 향연을 배경으로 설정하고, 그 자리에서 역대 황제들을 모아놓은 형태에서 품평회를 가진 것이다. 명백히 루키아노스식 풍자를 의도한 것으로 생각되지만, 작품으로서는 도저히 루키아노스 수준에 미치지 못한다. 기독교를 논란했다는 것은 유명한 장문의 논문인 「갈리라야인 논박설」(그는 그리스도 교도들을 항상 갈리라야인이라고 불렀다)을 말한다.

스탄티누스 대제와 그 자식들이 세운 장려하기 이를 데 없는 여러 궁전들은 남김없이 다채로운 색깔의 대리석이나 듬직하고 무거워 보이는 황금판으로 장식되어 있었다. 식탁에는 산해진미가 미각을 충족시킨다기 보다도 차라리 방자성을 만족시킬 목적으로 조리된 것인데, 거기에는 먼 나라들에서 가져온 새, 먼 대양 저쪽에서 잡는 진귀한 물고기, 계절이 지난 지 오래 된 과일, 겨울의 장미꽃, 삼복더위 때의 얼음이라는 것이 식탁 위에 차려지곤 했다(마메르티누스, 『송사』 11절). 황궁내 사용인에게 지불하는 경비는 전군단을 유지하는 비용을 훨씬 상회하는 것이었다. 더욱이 황제 자신의 신변을 직접 돌보거나, 단순히 황제의 위용을 세우기 위해서만 고용된 사람들까지 합한다 해도, 그 수는 기실 고가로 먹히는 이 대군(大群)의 극히 적은 일부에 지나지 않았다. 아무래도 정체를 알 수 없는, 사실 명칭만의 직무를 함부로 창설하고 또 그것들을 매관(賣官)에 내놓음으로써 황제 스스로가 오명을 남겼을 뿐만 아니라 백성들은 심한 손해를 보았던 것이다. 쓰레기같은 인간들이 아무런 활동도 해 보일 필요도 없이 오로지 국가비용으로 양육되는 특권을 살 수 있었던 것이다. 터무니없이 큰 이 거대한 세대가 물쓰 듯이 쓰는 낭비, 봉급과 수당류의 증대(그것은 곧 국가의 합법적인 채무로 되었다), 또한 그들의 적의를 겁내는 시민이나, 이와는 반대로 그들의 보살핌을 요청하는 무리들로부터 강제적으로 요구하는 뇌물류 등등의 돈은 연속적으로 거만한 하인배들을 벼락부자로 만들게 하였다. 이런 무리들인만큼 그자들은 개구리 올챙이 때의 과거나 또는 장래의 일 따위는 일체 생각하지 않고 낭비하는 일에만 마음을 쓴다. 그러므로 강욕탐람(強欲貪婪)하는 한편으로 터무니 없는 과소비생활로 나날을 보내는 것이었다. 비단으로 지은 긴도포에는 금실로 수를 놓았고, 식탁에는 산해진미가 산으로 쌓였다. 사저로 짓는 저택이 옛날이라면 집정관의 장원에 맞먹을 만치 광대한 것이었다. 아무리 명문출신 시민이라 해도 일단 환관과 대로상에서 만나면 하마하여 공손하게 경의를 표하는 외에 다른 도리가 없었다. 황궁에서의 이런 사치는 율리아누스의 경멸과 분노를 샀다. 왜냐하면 그 자신은 대개 직접 땅바닥에서 잠자고, 부득이한 자연의 요구에 대해서조차 마지 못하여 그것에 응하여 야전침대에서 잠자는 형편이었다. 요컨대 그의 자부는 황제된 자리의 위용을 다루는 일이 아니라, 오히려 이것을 멸시하고 싶은 점에 있었던 것이다.

그런 까닭에 실태 이상으로 눈에 띄는 악폐를 철저히 폐지함으로써 어떻게 해서든지 국민의 곤궁을 구제하고 원성을 무마시키고자 서둘렀다. 그들 국민들도 만일 그들의 근로성과가 올바르게 국가비용으로 쓰인다는 것을 알게 되면 세금의 무거운 짐도 좀더 기꺼이 참아주는 법이다. 그런데 이 선정의 실시와 관련하여 그가 비난받은 것은 요컨대 너무도 공을 서두른 나머지 동정심없는 가혹한 조치를 취했다는 점이다. 단 한 장의 칙령으로 그는 신수도의 황궁을 황량한 사막으로 만들었고, 또 황제일가에 봉사해 온 충실한 비복들에 대해서도 그의 연령·근무상태, 나아가서는 빈곤정도 등에 의한 당연한 예외, 적어도 온정에 입각한 예외조차 두지 않고 노예로부터 종자(從者)에 이르기까지 무조건적으로 전원에 대하여 추방해 버린 것이다(이와는 반대로 환관들에게는 한 개 거리〈凶〉를 떼주었다는 비난도 있다. 단, 율리아누스를 역성드는 리바니오스는 이것을 오히려 콘스탄티우스 황제의 소행으로 말하고 있으니 진상은 알 수가 없다). 그러나 이것이 바로 율리아누스 황제의 성격인 것이다. 「참된 미덕은 양극단의 악의 중간에 있다」고 말한 저 아리스토텔레스의 기본적인 교훈을 그는 거의 잊고 있었다. 콘스탄티누스 대제가 입은 것조차 우습꽝스럽게 보았던 화려하고 우미한 아시아식 복장, 예컨대 머리털을 커얼(curl)하는 것이나 얼굴에 분칠하는 것, 목걸이와 팔찌 등은 이제 이 철인 황제에 의하여 완전히 폐기되었다. 그러나 이런 경우에 그는 허식뿐만 아니라 일반적인 복장까지도 특히 거부하는 것처럼 보였는데, 그것은 깨끗하다는 세상의 관습까지도 무시하는 것을 마치 자랑으로 하는 듯한 인상을 주는 것이었다. 세상사람들을 앞에 놓고 일종의 풍자적인 연기였는지는 모르지만 일부러 길게 기른 손톱, 잉크로 더럽혀진 새까만 손을 즐거운 듯이, 그보다도 자랑인 듯이 과시하는 것이었다. 그의 육신 또한 전신이 한 곳도 빈 곳이 없다시피 일면에 털이 나 있었지만, 면도칼을 대어 그것을 밀어내는 곳은 머리뿐이고, 그리스 철학자들의 효빈(效顰)은 아니지만, 이(虱)가 득실거리는 털보구레나룻(이 이가 득실 운운하는 기사는 『미소보곤』〈P.338-339〉 모두부분에 나오는 자조적인 자화상의 일절인데 기번은 이것을 아무렇지도 않은 듯 18세기적 억제로 populous〈인구조밀한〉라고 이탤릭체로 번역하여 옮겨놓고 있다)을 마치 애무하여 마지않는 듯, 아주 만족한 얼굴 표정으로 자랑하곤 하였다. 만일 그가 조금이라도 이성(理性)의 교훈이 가르치는 것에 따랐더라면, 적어도 로마제국 최고통치자 된 사람이 한쪽으로는 다레이오스 왕(Dareios/Darius王. 페르시아 제국 아카이메네스 왕조의 왕, BC 522-486), 다른 쪽에서는 시노페(Sinope)의 디오게네스(Diogenes〈나무통 속의 디오게네스〉, BC 323 사망, 해학과 기지가 풍부했던 그리스 철학자)의 기분을 내는 악취미 등을 애초부터 경멸했을 것이다(이것은 콘스탄티누스 대제 이래의 동양적인 허식 풍조도, 또 새삼스럽게 더럽게 꾸미는 풍습도 율리아누스는 다함께 경멸했을 터인데, 그런 이성의 가르침을 그는 따르지 않았다는 뜻이다).

만일 율리아누스 황제의 국정개혁이 단지 선제시대의 악습을 고치는 것만으로 그치고, 그 범죄적 행위까지 처벌하지 않는 것이었다면, 아마, 이것도 화룡점정(畵龍點睛)을 빼놓는 형태로 끝났음이 틀림없다. 그는 한 친한 벗에게 보낸 사신(私信) 속에서 이렇게 쓰고 있다. 「이제 우리는 탐욕하여 만족할 줄 모르는 괴물 히드라(Hydra, 九頭蛇, Heracles가 죽인 괴물)의 독아로부터 기적적으로 구출되었소이다. 물론 이런 형용사를 4촌형인 콘스탄티우스에게 견줄 생각은 없어요. 이미 그는 이 세상에 없으니까요. 요컨대 그의 머리 위에 얹힌 흙의 무게가 가볍기를! 그러나 이런 주군측에 붙어 있던 간녕잔인(奸佞殘忍)한 총신배들에 이르러서는 어지간히 아첨근성이 없는 한, 도저히 선천적으로 온량한 인물이라고는 칭찬받지 못한 황제를 줄곧 기만하고 또 초조하게 만드는데 노력해 왔었지요. 하기야 그런 무리들이라 해도 나는 이제 탄압할 생각은 없어요. 그 자들은 이미 기소되었으니까요. 앞으로는 그들이 공정엄정한 재판을 받는 것을 기대할 따름이외다.」 사실 이 심리를 진행시키기 위하여 그는 문무의 최고관급에 속하는 재판관 6명을 지명하였고, 사사로운 감정으로 적을 단죄했다는 비난을 듣지 않기 위해서였던지, 일부러 이 특별법정을 보스포러스 해협 피안인 아시아쪽 칼케돈(Chalcedon)시에 개설했으며, 상강권은 인정하지 않고 곧 최종적인 판결을 내리도록 절대권능을 재판관들에게 부여하였다. 재판장에는 동방의 장로급 총독인 동명이인의 살루스투스(Sallustus, 앞서 나온 율리아누스의 스승이자 벗인 갈리아의 민정총독이 된 살루스투스와는 같은 이름이지만, 이 사람은 동방의 민정총독이었다)가 임명되었다. 생각컨대 이 사람이라면 그의 높은 덕망에 대해서는 그리스의 궤변가들이나 또 기독교 사교들도 한결같이 복종할 것이 틀림없었기 때문이다. 그리고 배석 재판관에는 선임집정관의 한 사람이며 재능면에서는 얼마간 의문시되지만 자화자찬으로는 어쨌든 어엿한 실적을 나타내고 있던 고명한 웅변가 마메르티누스(Mamertinus)가 임명되었다. 그러나 이 두 재판관의 현명한 비둘기파적 주장도 네비타(Nevitta)・아길로(Agilo)・요비누스(Jovinus)・아르베티오(Arbetio)와 같은 초강경파적인 4명의 무인파 판사들 앞에서는 무력한 것이나 다름이 없었다. 장군인 아르베티오같은 사람은 대중이 보기에는 판사석에 앉는 것보다도 오히려 피고석에 앉아도 이상하지 않을 정도의 소위 때묻은 사람이었을 터인데, 다만 심리상 모든 피고의 혐의사실에 관한 비밀의 열쇠를 쥐고 있는 인물은 아마도 그 사람일 것으로 생각되었기 때문에 굳이 임명된 것이 아닌가 하고 추측하였다. 더욱이 법정 주위는 분노로 불타고 있는 요비우스(Jovius)와 헤르쿨리우스(Herculius)의 두 친위군단(레오클레티아누스와 막시미아누스 두 황제에 의하여 창설된 친위군단)의 무장한 장병들에 의하여 빽빽히 경비되어 있었으므로, 재판관들의 마음도 어떤 때는 법의 공정이라는 발상과, 또 어느 때는 파벌적 항의의 외침으로 자연히 교차되는 감정으로 흔들리곤 하였다(이 법정장면에 대해서는 암미아누스-마르켈리누스의 『역사』 제22권 3장, 리바니오스, 『추도연설』 74절 등에 자세히 기술되어 있다).

먼저 오랜 세월에 걸쳐 콘스탄티우스 황제의 군총(君寵)을 등에 업고 갖은 행패를 부려 온 환관출신 시종장 에우세비우스(Eusebius)는 몹시 굴욕적인 처형을 받음으로써, 그의 권세하에 천시해야 할 교만·독직·잔인행위 등에 대한 마땅한 보상을 받았다. 다음은 파울루스(Paulus)와 아포데미우스(Apodemius)의 양인인데, 이들도 당연히 처형(파울루스 따위는 산 채 화형에 처해졌다)되었지만, 다만 이런 법비(法匪)들의 손에 의하여 팔아 넘겨지고 또 살해된 수백 명이라는 로마인들의 과부와 고아들은 이런 조치로서도 아직 불충분하다는 한을 남겼다. 그러나 재무장관 우르술루스(Ursulus)의 비명(非命)에 관해서만은 참말로 「정의」의 여신도 (사가 암미아누스-마르켈리누스의 비통한 표현을 그대로 차용한다면) 그를 위하여 울음을 터뜨린 듯 했고, 그 자신의 피도 명백히 이 율리아누스의 망은사태를 규탄하고 있었다(상게 『역사』 제22권 3장 7절을 그대로 인용). 왜냐하면 일찍이 율리아누스가 곤란한 환경에 놓여 있었을 때, 공정무사한 각료로서 불굴의 넓은 도량을 발휘하여 재빨리 황제를 구해준 것은 다른 사람 아닌 바로 그였기 때문이다. 다만 그가 부주의하게 내뱉은 한마디의 실언이 병사들의 분노를 샀고 또 이것이 처형의 원인이요 구실로 된 것이다. 그러나 여기에는 황제 자신의 후회도 첨가되었고, 또 세상 사람들의 비난도 있고 해서, 황제도 깊이 상심했던지 유족에게 몰수재산을 반환해 주는 형태에서 얼마간 위사(慰謝)하였다. 마지막은 타우루스(Taurus)와 플로렌티우스(Florentius) 양인인데, 총독 겸 집정관이라는 영예직을 받은 바로 그 해도 채 지나가기 전에 이들은 벌써 이 엄혹한 칼케돈 법정에 대하여 자비를 청원하지 않을 수 없는 딱한 처지에 몰렸던 것이다. 그래도 타우루스는 이탈리아의 베르켈레(Vercellae)에의 유배형만으로 끝났지만, 후자에게는 곧 사형이 선고되었다. 타우루스의 죄상은 만일 현명한 군주라면 오히려 은상으로서 표창했음이 당연했을지 모른다. 왜냐하면 충직한 이 고관은 이미「반도」율리아누스의 진격에 저항함이 불가능하다고 보자, 그의 은고자이며 정통군주이기도 하던 콘스탄티우스 황제의 궁정에 일신의 보호를 요청했던 데 지나지 않았던 까닭이다. 한편 플로렌티우스의 경우는 그 죄상으로 보아 재판관들의 준엄성은 차라리 당연한 일이라고 충분히 이해가 가는 것이었다. 그리고 그의 도망은 뜻밖에도 황제의 도량의 광대성을 보여주는 절호의 기회로 되었다. 즉, 욕심에 눈이 어두워진 한 밀정의 암약을 황제는 훌륭하게 눌러서 불행한 이 도망자가 황제의 역린을 피하여 지금 어디에 숨어있다는 그 장소를 이 밀정으로부터 듣는 것을 거부한 것이다. 칼케돈 법정이 해체된 지 몇 달이 지난 후에도 아프리카 총독대리인 서기관 가우덴티우스(Gaudentius)와 이집트 독군 아르테미우스(Artemius) 두 사람이 안티오크시에서 처형되었다. 아르테미우스는 그의 광대한 관할 속주에서 잔인하고 부패한 폭군으로 행세했고, 가우덴티우스 역시 오랜 기간에 걸쳐 무고한 백성, 선량한 시민, 심지어 율리아누스에 대해서까지 여러 가지로 비방과 중상모략을 다했던 것이다. 그런데 이번의 재판과 단죄조치가 매우 졸렬했기 때문에 세상사람들의 눈에는 이 악당들이 마치 선제 콘스탄티우스에게 시종 충성을 바쳤기 때문에 수난의 죽음을 당한 것 같은 영광을 받는 결과로 되었다. 다른 정신들은 모두 대사령으로 보호되었고, 피압박자를 보호하기 위해서라느니 심지어 의지할 곳없는 약자를 다시 억압하기 위하여 착복했던 뇌물은 그대로 벌받음이 없이 보유하는 것이 허용되었다. 건전한 정책이라는 견지에서 보면, 이 조치는 어쩌면 시인할 값어치가 있을는지 모르지만, 다만 그 방법이 너무도 졸렬하여 오히려 제위(帝位)의 존엄성을 실추시키는 것으로 되었다. 율리아누스 황제는 대중, 그중에서도 특히 이집트인들로부터의 집요한 청원, 즉 일찍이 그들이 멍청하게도, 또 불법수단으로 제공당한 헌납금의 반환을 이 참에 꼭 실천에 옮겨 달라는 소란스러운 요구로 말미암아 심히 고민하게 되었다. 이대로 간다면 번잡한 소송이 끝없이 제기될 것으로 황제는 보았다. 여기서 칼케돈시에 오기만 하면 황제 자신이 접견하여 그의 청원을 들은 다음 반드시 스스로 재결을 내리겠다고 공약(황제의 공약이라고 하면 그것은 당연히 항상 신성해야만 했다)해 버린 것이다. 그런데 이들이 도착하여 막상 상륙해 보니, 바로 그 순간 황제는 절대명령을 내렸다. 즉, 사공들에게 엄명을 내려 단 한 사람이라도 이집트인을 수도 콘스탄티노플에 운송해서는 안된다는 것이었다. 이리하여 배신당한 소청자들은 그대로·아시아측 해안에서 완전히 금족당하였는데, 그러는 사이에 그들의 끈기도 노자돈도 다 떨어져 결국은 분노의 불만을 터뜨리면서 고국으로 되돌아가는 수밖에 없었다(암미아누스-마르켈리누스, 『역사』 제22권 6장 등).

콘스탄티우스 황제가 운영하던 무수한 밀정꾼·간첩단·밀고자 무리——겨우 한 사람의 안면을 확보하기 위하여 수백만 사람들의 그것을 방해하는 조직이 바로 이것들이었는데, 이것들은 이 도량 넓은 그의 후계황제 명령으로 즉각 해체되었다. 원래 율리아누스라는 사람은 좀처럼 사람을 의심하지 않고, 처벌하는 데서도 실로 관대하였다. 도대체가 반역음모 따위도 경시·멸시하고 있었는데, 이유는 그 자신과 그의 판단력·자부심 그리고 용기에 자신이 있었기 때문이다. 자기재능의 우월성을 자각하고 있던 만큼 그에게 전쟁터에서 결전을 도전하거나 그의 생명을 노리며, 나아가서는 그를 대신코자 용상을 노리는 사람이 신하들 중에서 나오리라고는 전혀 생각조차 하지 않았다. 불만에서 일어나는 성급한 폭발사건에 대하여 그는 철학자로서 충분히 용서할 수 있었고, 마찬가지로 경솔하기 이를 데 없는 음모자들이 꾸민 바, 도대체가 자기능력도, 또 분수도 모르는 자들의 야심적인 기도를 영웅 율리아누스는 전적으로 경멸했던 것이다. 안큐라(Ancyra)시의 한 시민이 자가용으로 자의(紫衣) 한 벌을 지어서 보관한 일이 있었다. 선제인 콘스탄티우스의 치세라면, 농담으로라도 이런 무분별한 행위는 아마도 극형에 해당하는 중대한 국사범으로 간주되었을 것이다. 바로 그 시민에게 사사로운 원한을 품고 있던 어떤 사람이 덥적거리면서 이런 일을 율리아누스 황제에게 밀고했을 때, 황제도 일단 그 인물의 지위와 성격을 조사한 다음 아무런 야심이 없음을 확인하자, 보랏빛 덧신을 한 켤레 더 선물로 주면서 황제의 성장(盛裝)은 이래야만 한층 더 완벽해질 것이라고 하면서, 하필이면 이런 일을 밀고한 바로 그 사람을 사자로 해서 전달케 하였던 것이다. 또한 이런 이야기도 있다. 친위대원 10명이 먼 곳에서 위험천만한 음모를 모의하였다. 안티오크시 근교의 연병장에서 황제를 암살하자는 것이었다. 마침 술에 만취하여 방언하는 과정에서 이런 비밀계획이 발설되어, 그들은 쇠사슬에 묶여서 황제앞에 끌려 나왔다. 그러나 황제는 그들의 계획이 사악하고 어리석음을 간곡하게 설명해 준 다음에, 그들이 이미 고문사(拷問死)를 각오한 데 반하여, 다만 그 중 주모자 2명만을 유형시키는 것으로 사건을 마무리지었다. 그가 평소의 시정방침으로 삼고 있던 인자한 조치에서 벗어난 것으로 보여지는 것은, 한 경솔한 청년에게 과한 사형집행만이 유일한 예외였다. 이 청년은 어리석게도 그 가냘픈 여자와도 같은 손으로 황제의 대권을 빼

앗아 보려고 한 것이다. 그런데 이 청년이란 기병대 사령관 마르켈루스(Marcellus)
——일찍이 제1차 갈리아 전쟁 당시 부황제와 조국을 배신했던 바로 그 마르
켈루스의 아들이었다. 말하자면 부자 2대에 걸친 죄과로서, 이제 부자를 다함
께 처형하는 것도 쉬운 일이었고, 또 그렇게 했다 하여 사사로운 감정의 원한
을 풀기 위한 처형으로는 아무도 생각하지 않았을 터인데도, 그는 이 청년의
아버지인 마르켈루스의 불행을 생각했을 때 노엽던 마음도 저절로 풀리는 것
이었다. 여기서 황제로서의 관대성을 보여, 이미 정의의 재판으로 부과했던
상처의 아픔을 오히려 낫게 해 주고자 힘썼던 것이다(이러한 율리아누스는 황제 암
살음모와 이런 사건들에 대한 그의 인자한 관용성에 대해서는 암미아누스-마르켈리누스, 『역사』제22
권 9장 10절과 리바니오스, 『추도연설』 99절 등에 상세히 나와 있다).

　율리아누스 황제도 자유정체의 장점을 모르는 것은 절대로 아니었다. 오랜
기간에 걸친 학문연구로 그 역시 옛 현인과 영웅들의 정신을 충분히 알고 있
었다. 더욱이 그의 생애와 운명은 말하자면 시종 폭군의 변덕에 의하여 농락
당해 왔었다. 그러므로 황제 자신이 등극했을 때도, 그의 결점조차 비난할 용
기를 가지지 못한 노예적 인간에게 어떻게 자기의 미덕을 찬양할 자격이 있겠
는가 하는 생각으로부터, 때로는 심히 자존심이 상하는 일도 있었다. 따라서
디오클레티아누스 황제와 콘스탄티누스 대제, 나아가서는 80년 간에 걸쳐 제국
전영토에 오리엔트적인 전제체제를 도입 침투시킴으로써 비굴인종(卑屈忍從)
의 나쁜 습성이 만연된 것을 그는 마음속으로부터 혐오하였다. 그는 여러 번
자기 머리 위에서 값진 제관(帝冠) 등 무거운 짐을 일체 폐지할 것을 생각했
지만, 차마 거기까지는 미신에 의한 이유도 있고 해서 실행에 옮기지는 못했
었다(리바니오스, 『추도연설』 95절). 그러나 「주(主, Dominus/Lord)」라고 부르는
칭호만은 단호히 거부해 왔다(로마 황제에 대하여 공공연히 Dominus라는 칭호가 통용된 것은
제8대 황제인 도미티아누스〈Domitianus, Titus Flarius, 재위 81-96〉 이후인 것 같다. 사실 초대 황
제인 아우구스투스 등은 시민들이 「주여」하고 불렀을 때, 노골적으로 혐오감을 나타냈다고 수에토니
우스〈Suetonius, Tranquilus Gaius. 69-140? 로마의 기사 신분의 문인〉의 『황제전〈De Vita caesa-
rum〉』에 쓰여 있다). 로마인들에게는 너무도 귀에 익은 친밀한 감까지 주는 칭호
였던 만큼, 원래 이것의 비하굴욕적인 기원은 이미 까마득히 잊혀졌던 것이다.
한편 콘술(집정관 Consul)이라는 직권——직권이라기보다도 그 명칭을 그도 비할
바없이 아끼고 사랑하였다. 공화정 시대의 유제(遺制)라면, 털어 놓고 모든
것에 경의를 표하는 그였기 때문이다. 그리하여 일찍이 현명한 아우구스투스

황제가 취한 것과 똑같은 태도를 율리아누스 또한 특히 즐겁게 취했던 것이다. 정월 초하룻날의 일이지만(363년 원단), 새벽이 훤히 밝아왔을 때, 새로 선출된 집정관들인 마메르티누스(Mamertinus)와 네비타(Nevitta)의 두 사람이 황제에게 경하의 인사차 입궐하였다. 두 사람이 도착했다는 보고를 받자, 그는 곧 옥좌에서 뛰어 내려와 급히 마중나가 황송해 하는 그들에게 일부러 과장된 것으로 보여질 정도의 은근 정중함을 다해서 맞이하였다. 이것을 본 시민들은 이것을 옛날 그대로의 모습을 보여준 것이라고 찬탄한 사람들도 있었는가 하면, 이와는 반대로 자의(용포)의 존엄성을 실추시킨 행위라고 남몰래 비난한 사람들도 있었다(암미아누스-마르켈리누스, 『역사』 제22권 7장 1절). 그렇지만 율리아누스 황제의 행동은 전국민으로부터 한결같은 지지를 받았다. 대경기장에서 경기 도중에 그는 부주의에서 저지른 경솔성 때문이었는지, 아니면 고의적으로 그렇게 한 것인지는 모르지만, 어쨌든 집정관들 앞에서 하필이면 노예해방 의식을 거행해 보인 것이다. 이것은 해당분야를 관장하는 다른 행정관이 마땅히 집행해야 하는 권한을 침범한 행위라는 주의를 받았다. 여기서 자기의 잘못을 시인한 그는 즉각 자신을 단죄하여 황금 10파운드의 벌금을 스스로 부과하였다. 즉 공중의 면전이라는 이런 기회를 이용하여 황제도 역시 모든 동포시민과 마찬가지로 국법, 뿐만 아니라 단순히 그 형식에 대해서까지도 복종해야 한다는 것을 공개적으로 세상에 수범(垂範)한 것이다. 또한 그는 이 통치의 근본 방침과 그의 출생지에 대한 애착심에서인지(신수도에서 출생한 그는 최초의 로마 정제였다) 신수도 콘스탄티노플의 원로원에도 당시 아직 로마 원로원이 계속 보유하고 있던 바와 똑같은 명예·특권 및 권위를 부여하기로 하였다. (조시무스, 『신로마사』 제1권 3절). 국가적 추기(樞機)의 절반은 이미 동방에의 이전이 끝남으로써 지금까지도 일종의 법적의제(法的擬制)가 이곳에서도 실시되고 있었는데, 이제 그것이 점차 확립을 보게 된 것이다. 사실 율리아누스 황제 이후의 전제군주들은 모두가 이 원로원 의원이라는 칭호를 받음으로써 로마의 위명(威名)을 대표하는 어엿한 기관의 일원으로 자기 자신을 인정하게 되었다. 황제의 관심은 더 나아가 수도 콘스탄티노플로부터 멀리 떨어진 각 속주의 도시 참사회에까지 미치게 되었다. 그는 또한 자칫하면 다수의 놀고 먹는 시민을 조국에의 봉사로부터 멀어지게 했던 종래의 부당하고도 유해로운 면특권(免特權)을 재삼 내린 칙령으로 일체 폐지시키고 말았다. 이리하여 공공적인 의무는 한결같이 전시민에게 평등하게 부과함으로써 쇠망의 길에 들어섰던 제국 내 모든 도시에 활력과 면목――그리고 리바니오스의 찬사를 빌리면(『추도연설』 71절. 이외에 암미아누스-마르켈리누스의 『역사』 제22권 9장 등에도 똑같은 기사가 있다) 혼(魂) 그 자체를 회복시킨 것이다. 일찍이 빛나는 고대 그리스의 일을 생각할 때마다 율리아누스의 마음은 그리운 공감의 정으로 들끓었다. 여러 신들, 영웅들, 게다가 그들의 정신적 기념물과 제미덕의 실례를 지금의 이 후세에까지 남겨 준 여러 신들과 영웅들보다 뛰어난 사람들을 생각할 때, 일종의 황홀한 환희까지 느끼는 것이었다. 여기서 그는 에피루스(Epirus)와 펠로폰네소스(Peloponnesos) 등 여러 도시가 빠져 있는 궁핍상태를 구제해 주는 동시에 그 미관도 복원해 주었다(특히 에피루스시의 부흥이 유명하다. 아우구스투스 황제가 창건한 이 도시에서는 올림픽 경기를 닮은 아크티움 경기〈Actiac games〉를 역시 4년마다 한 번씩 개최하고 있었다). 아테네시는 그를 은인으로 추앙하고, 아르고스(Argos)시도 마찬가지로 구제자로 간주하였다. 또한 코린토스(Corinthos)시도 일찍부터 로마인의 식민지였다는 명예를 지니고 그의 황폐로부터 재기하게 되자(코린토스는 기원 전 2세기 중엽에 로마군의 정복을 받자 황폐화되었으나, 약 100년 후인 BC 44년에 율리우스 케사르에 의하여 재차 로마의 식민지로 재흥된 바 있다), 이 지역의 명물 경기, 즉 곰사냥·표범사냥 등을 축제의 한 행사로 원형투기장에서 개최하는 것을 관례로 하게 되었는데, 자부심 강한 그들은 이때 인근 제국에까지 호소하여 공납금을 내도록 강요하곤 했다. 하기야 엘리스(Elis)시, 델피(Delphi)시, 아르고스시 등은 먼 옛 조상때부터 각각 올림피아 경기, 퓨티아 경기(Pythian games), 네메아 경기(Nemean games)를 내내 개최하는 이른 바 신성한 임무를 계승하고 있었으므로, 코린토스시의 이러한 공납금 강요에는 당연한 일로 면제해 줄 것을 요구하였다. 코린토스측에서도 엘리스시와 델피시의 면제특권을 존중했지만, 다만 아르고스시의 빈곤상황은 오히려 불손한 압박이라는 감정을 유발하여, 시 대표자들의 나약한 탄원이 있었지만, 이것은 속주 장관의 명령으로 곧 침묵당하고 말았다. 장관으로서는 자기가 살고 있는 주 수도의 이익 밖에 염두에 없었던 모양이다. 속주장관의 이런 선고가 있은 지 7년 뒤의 일이지만, 율리아누스 황제는 이 문제를 상급법정에 상소하는 것을 허용하였다(율리아누스의 서한『아르고스 시민을 위하여』. 단, 근년에 이르러 이 서한의 진위성을 의문시하는 설도 있다). 그리고 한때는 아가멤논(Agamemnōn. 그리스 신화에 나오는 미케나이왕. 트로이 전쟁에서의 그리스 원정군의 총수)왕의 수도였고(사실 아가멤논왕의 지배는 미케나이시였지만, 아르고스시와는 불과 6마일의 근거리에 있었기 때문에 그리스 시인들조차 때로는 동일시하곤 하였다). 그후에도 마케도니아를 위하여 여러 명의 정복왕 등을 낸 아르고시를 위하여 그 자신이 크게 웅변을 토함으로써 아마 승리케 했던 것으로 기억된다.

제국의 판도가 워낙 광대한 점도 있고, 당연한 이야기지만 문무관들의 정무가 매우 바빴기 때문에 황제의 제능력도 거의 이에 매달려서 분주하게 발휘되어야 하였지만, 그래도 그는 가끔 웅변가 및 재판관이라는 두 가지 역할을 훌륭하게 해냈다(웅변가였다는데 대해서는 리바니오스가 『추도연설』 75-76절에서 격찬하고 있다. 단, 재판관으로서의 그에 대한 것은 생략하지만, 어쨌든 포폄〈褒貶〉이 극심했다고 한다). 근세 유럽의 군주들에서는 거의 찾아 볼 수 없는 그런 곡예였다. 초기의 로마 황제들은 모두 설득을 위하여 변론술 연마에 노력했었지만, 그후의 황제들은 무변자(武辯者)적 무지와 아시아적 교만으로부터 이런 것은 깡그리 잊어버렸던 것이다. 내심으로는 항상 걱정의 대상이던 병사들 앞에서야말로 장광설을 토하는 일도 있었지만, 전적으로 무시하던 원로원 의원들에 대해서는 오만하게 묵살해버리는 태도로 나왔던 것이다. 그런 까닭에 콘스탄티우스 황제는 극력 원로원의 소집을 회피했던 데 반하여, 율리아누스 황제는 공화주의자로서의 신조와 수사학자로서의 재능을 보여주는 가장 적절한 장소가 바로 이 원로원이라고 생각하고 있었다. 마치 웅변도장이나 되는 것처럼 그는 여기서 때로는 칭찬을, 때로는 비난을, 그리고 어떤 때는 권고하는 등 여러 가지 변론을 교대로 실천해 보였다. 그의 친구인 리바니오스가 전하는 바에 의하면, 호메로스(호머)에 관한 그의 연구는 그로 하여금 저 메넬라오스(Menelaos/Menelaus, 트로이전쟁의 그리스측 총사령관인 아가멤논의 동생이며 헬레네의 남편)의 단순 간결한 문체와, 또 네스토르(Nestor. 퓨로스의 왕. 트로이 전쟁 당시 그리스군 장수의 한 사람)의 풍부한 문체를 그대로 모방케 하였다. 따라서 그의 말은 저 오딧세우스(Odysseus/Ulysses 호메로스〈호머〉의 대서사시『오딧세이』의 주인공)의 웅장 비창했던 웅변처럼, 또 마치 겨울철의 눈송이처럼 그의 입에서 쏟아져 나왔다고 하였다. 재판관의 직능이란 원래 군주의 그것과는 양립될 수 없는 경우가 가끔 있는 법이지만, 이것도 율리아누스 황제는 단순히 의무라기보다도 오히려 일종의 오락으로서 그 역할을 수행하였다. 민정총독들의 공정한 판단력에 대해서는 거의 전폭적인 신뢰를 두었지만, 그래도 때로는 그들과 나란히 재판관석에 앉는 일도 있었다. 예리한 그의 통찰력은 사실의 진상을 은폐하고, 법의 기본정신을 왜곡하려는 변호인단의 궤변을 재빨리 간파하고 그것을 논파함으로써 일종의 기쁨까지 느끼는 모양이었다. 다만, 때로는 황제라는 지위의 위엄성도 잊고 부주의한, 또는 장소에 어울리지 않는 심문을 행할 뿐만 아니라 뜻하지 않게 큰 소리를 내거나 흥분된 몸짓까지 섞음으로써, 그 진지성은 가상타 하겠지만 재판관·변호인·소송의뢰인 등을 상대로 집요한 반대심문에서의 자기주장을 고집하는 것은 과히 칭찬할 것이 못되었다. 그러나 이와 같은 자신의 천성을 잘 알고 있던 만큼 친구와 각료들의 자기에 대한 비판을 크게 장려했고, 어떤 때는 오히려 자진해서 그것을 요구하는 일도 있었다. 사실 그 누군가가 그의 감정폭발을 감히 타이르기라도 하면, 군주인 그는 항상 그것을 부끄럽게 여기고 감사의 말까지 하는 것을 제3자도 흔히 목격할 기회가 있었다. 그가 내리는 판결은 언제나 거의 정의의 원칙에 입각하고, 동정이라든가 공정이라는 그럴듯한 명목으로 자칫하면 군주의 재판을 왜곡시킬 우려가 있는 이 두 가지 유혹에는 언제나 의연한 태도로 저항하였다. 원고나 피고 쌍방의 신분이나 사정을 고려함이 없이 어디까지나 소송자체의 시비를 재판한 것이다. 구제해주고 싶은 가난한 사람도, 부자인 귀족의 정당한 요구때문에 굳이 단죄한 일도 있었다. 재판관과 입법자를 그는 엄격히 구별하였다(정제로 있은 지 1년 4개월 간에 입법자로서 그가 개정한 새법은 불과 54건에 지나지 않았다고 한다). 필요하다면 로마법의 재정도 십분 고려하고 있었지만, 다만 사법관으로서는 집행의 의무만 있고 신하로서 복종의 의무를 지는 현행법이 존재하는 한, 그는 어디까지나 그것의 공정엄밀한 해석에 따라서 판결을 내렸던 것이다.

군주라고는 하지만, 만일 일단 자의를 벗기우고 발가숭이로 세상에 내동댕이쳐지면, 곧 사회 최저변으로 전락하여 아마 두 번 다시 비천한 처지에서 기어오르는 일이 없는 것이 일반적 현상이다. 그러나 율리아누스가 갖춘 개인적 자질은 어느 정도 그의 운명하고는 독립적이었다. 어떤 인생항로를 택하고 있었다 해도 아마 불굴의 그 용기, 놀라운 지능, 그리고 맹렬한 노력으로 반드시 그 분야에서 최고의 영예를 차지했을 것이고, 적어도 그런 값어치를 지닌 인물이었다. 만일 한 시민으로 태어났더라도 우선은 각료급과 장군급으로까지 자기힘으로 승진해 있었을 것이 틀림없다. 만일 변덕스러운 권력자의 질시(嫉視)가 그의 기대를 실의로 끝나게 하고, 그 자신도 영달에로의 길 따위를 현명하게 포기하였더라면, 그리고 그 재능을 만일 고독한 학구생활에 죄다 바쳤더라면, 아마도 제왕 따위는 멀리 미치지 못할 만큼의 현세적인 행복, 불후의 명성을 획득하는 것도 가능했음이 틀림없다. 만일 그의 인간상을 자세히——심지어 악의(惡意)까지 가미하여 검토하기라도 한다면, 전인격(全人格)으로서의 풍격(風格)과 완전성이라는 점에서는 틀림없이 그 무엇인가 결여된 것이 있는 것으로 보인다. 자질면에서는 대(大)케사르만큼의 강의성, 고매성이 없었고, 또 아우구스투스 황제만큼의 훌륭한 심려(深慮)도 없었다. 또 남성다움과 용기라는 점에서는 트라야누스 황제쪽이 좀더 확고하여 천성적이었고, 철학자로서는 마르쿠스-아우렐리우스 황제쪽이 율리아누스보다 좀더 소박 단순성으로 일관되어 있었다. 그렇다고는 하지만, 율리아누스 황제도 역경에는 의연한 마음가짐으로 이겨냈고, 순경에는 적절히 억제하는 방법을 알고 있었다. 알렉산데르-세베루스 황제가 죽은 지 120년 만에 로마인은 또다시 그 책무와 열락(悅樂)을 하나로 하며, 국민의 곤궁상을 구제하고, 그 정신부흥에 노력하며, 끊임없이 권위와 실적, 행복과 미덕의 연동에 노력해 온 황제를 본 것이다. 정치적 당파, 심지어 종교적인 적대당파까지도 전시와 평시에 보여 준 그의 탁월한 재능은 싫어도 이것을 인정하지 않을 수 없었다. 기독교도로부터 배교자라고 불리운 율리아누스도 결국은 애국자이며, 그 사람이야말로 세계 제국에 꼭 어울리는 군주였음을 싫겠지만 인정하지 않을 수 없었던 것이다(예컨대 동시대의 기독교 시인인 프루덴티우스〈Prudentius, Aurelius Clemens, 348-410?. 스페인생 로마시인〉까지가 「신에의 배신자이긴 하지만 세계에 대한 배반자는 아니었다」고 기술하고 있다).

재위 황제표(제Ⅲ권분)

(이름에 이어진 숫자는 생존연대, 괄호 안은 재위연산)

콘스탄티누스 1세(대제) Constantinus Ⅰ. Gaius Flavius Valerius, 274－337(306－337). 제Ⅱ권은 324년, 그가 전로마 제국을 재통일하여 독재 황제가 된 데서 끝났다. 본권은 그가 행한 제국체제의 재편성, 제개혁사업의 착수로 시작된다. 그가 행한 개혁은 어떤 의미에서는 디오클레티아누스 황제가 의도한 사업의 계승 그리고 완성이라고도 말할 수 있지만, 가장 두드러진 차이점은 문무관의 직제를 엄히 구별한 점이다. 다만, 신교정책에 관해서는 어디까지나 그리스도교 공인이라는 밀라노 칙령선을 관철하여 제국의 통일과 신교의 통일을 일치시킨 것이 그의 궁극의도였던 것 같다. 그 상징이 325년의 이른 바 니케아 공회의였다. 동시에 이 무렵에는 기독교계에서도 이미 정통과 이단과의 항쟁이 매우 치열해지기 시작한 시기였고, 그중에서도 특히 아리우스파 논쟁이 중대한 정치 문제로까지 부상하기 시작하였다. 그러나 위대한 현실주의자였던 대제는 그 어느 한쪽에도 별로 치우침이 없이 전적으로 현실적 견지에 입각함으로써 파국에 이르는 것을 방지해 왔다. 황제 자신의 기독교 신앙에 대해서는 아직도 의문점이 많아서 단언하기 어렵지만, 그가 죽기 직전에 세례를 받은 사실만은 명백한 바, 하여간 최초의 기독교 로마황제로서 생애를 마감하였다. 30년 간의 장기 독재정권을 유지한 것은 초대황제인 아우구스투스 이래, 그가 최초였다. 시정 전반에 대해서는 크게 재정을 투입하여 의의있는 개혁사업도 수없이 수행했지만, 그렇게 한 만치 또 재정도 고갈시켜, 만년에는 혹세(酷稅)의 신설 등과 같은 실정(失政)도 적지 않았으며, 관료정치의 비대화와 더불어 그의 통치의 커다란 실점으로도 되었다. 단일 독재황제에 의한 통치의 장래에 대해서는 그 자신이 이미 기대를 가질 수 없었던지, 사전에 그의 세 아들을 부황제로 임명하였고, 자기가 죽은 뒤는 또다시 분치제국(分治帝國)에의 준비를 갖추고 있던 것으로 생각된다. 끝

324

    으로 그 자신의 사생활에서도 그는 유능한 장남 크리스푸스의 살해, 황후 파우스타의 사실상의 처형 등 몇 가지의 오점을 남겼다.

콘스탄티누스 2세 Constantinus II, Flavius Claudius, 317-340(337-340). 콘스탄티누스 대제의 2남. 태어난 바로 그 해에 부황제로 임명되어 부황의 사망과 더불어 정제로 등극하여 브리타니아·갈리아·스페인이 그의 영유지로 주어졌다. 340년 말, 동생인 콘스탄스 황제의 소유령을 빼앗고자 북부 이탈리아에 침공했으나 패배하여 죽었다.

콘스탄티우스 2세 Constantius II, Flavius Julius, 317-361(337-361). 콘스탄티누스 대제의 3남. 그도 역시 부황의 죽음과 동시에 예정대로 신수도 콘스탄티노플을 포함한 동방령 부황제로부터 정제로 등극했으나 20여 년 간에 걸친 치세는, 차라리 정정 불안의 연속이었다고 할 수 있다. 351년에 동생인 콘스탄스 정제를 패사(敗死)케 한 참제 마그넨티우스를 격파하고 일단 통일제국의 정제 지위를 확보했으나, 동방에서는 페르시아 왕 사포르의 침공과, 서방에서는 게르만인의 갈리아 침범으로 끊임없이 복배(腹背)로부터의 위협에 시달리는 실태였다. 성격이 지극히 음습(陰濕)하고, 게다가 시의심이 깊어서 책모하기를 즐겼기 때문에, 허다한 오점을 생애에 남겼다. 그 첫번째 오점은, 정제로 즉위한 직후 4촌형제 이하 혈족들을 대량 학살시킨 혐의, 둘째로 이런 비극에서 겨우 모면되었던 4촌동생 갈루스를 그후 갑자기 부황제로 기용하여 동방의 대리통치를 맡겼는가 했더니, 비록 갈루스 자신의 부덕한 난행이 있었다고는 하지만, 곧 그를 체포하여 모살했고(354년), 셋째로 갈루스의 이복동생인 율리아누스를 부황제로 기용하여 갈리아에 대한 게르만 제만족의 침구를 제압시켰지만, 이 청년 부황제가 빛나는 전공을 세운 후, 360년에 파리에서 군대에 의하여 정제로 추대되자 그를 폐위시키려고 한 것 등등이다. 율리아누스가 건곤일척의 대결을 위해 곧장 신수도 콘스탄티노플을 향하여 원정길에 올랐을 때 동방에서 페르시아군과 싸우던 콘스탄티우스가 급거 회군하여 율리아누스를 토벌차 진군했으나, 도중에 소아시아에서 병사하였다. 부황의 교육을 받은 기독교도였지만, 신교문제에서도 쓸데없이 특정 종파에 특권을 부여함으로써 혼란을 확대시켰다. 그의 궁정에 동양풍의 허식을 즐겨 도입함으로써 사치풍조를 조성하였고, 특히 최대의 오점은 환관정치에 질질 끌려다니면서 농락당한 일이었다. 한마디로 요약하면 암우한 군주였다고 볼 수 있다.

콘스탄스 Constans, Flavius Julius, 323-350(337-350). 콘스탄티누스 대제의 4남(5남이라고도 한다). 마찬가지로 부황의 사망과 함께 정제로 등극하여 이탈리아·일리리쿰·아프리카 등이 그의 통치령으로 주어졌지만, 340년에 큰형인 콘스탄티누스 2세 황제의 침공을 격퇴하면서 패사시켰다는 것은 상술한 바와 같다. 이후 전서방영토를 통치하는 정제가 되었으나 350년에 게르만족 출신 장군인 마그넨티우스의 반항군을 토벌하려고 출진했으나 패배하여 살해되었다.

율리아누스 Julianus, Flavius Claudius, 332-363(361-363). 콘스탄티누스 대제의 조카. 상술한 바 337년, 4촌형 콘스탄티우스 2세황제에 의한 혈족숙청에서는 이복형 갈루스와 함께 갓난아기였던 탓으로 겨우 생명을 건졌으나 그뒤는 장기간에 걸쳐 사실상의 연금생활을 하지 않을 수 없었다. 그간 그는 고대 그리스의 고전과 이교에 몹시 친숙해졌고, 동양의 신비종교에도 흥미를 가지게 되었다. 355년, 갑자기 부황제로 등용되어 갈리아에서 게르만족 군대의 토벌에 종사하여 5년 동안에 눈부신 전과를 올렸고 치안을 회복했으나, 이를 시기한 정제 콘스탄티우스 2세와의 사이에 불화가 생기게 되었다. 즉, 콘스탄티우스 황제는 동방 페르시아에 대비하기 위하여 갈리아 주둔군의 과반수를 전용코자 했으나, 군대가 이에 불응 거부하면서 360년 파리에서 율리아누스를 정제로 추대하였다. 신수도 콘스탄티노플을 향하여 진군중, 콘스탄티우스가 급사함으로써 국민 환호리에 신수도에 무혈입성하여 다시 즉위하였다. 안티오크에 가서 363년 그곳을 떠나 페르시아 토벌에 나섰으나, 티그리스 피안에 있을 때 배후로부터 급습을 받아 중상을 입은 후 그날밤 사망하였다. 그는 소위 배교자 율리아누스 황제라는 말을 들을 정도로 이교재흥의 한 시기를 기록에 남겼다. 그는 철학자·문인·황제이기도 하여 8편의 연설집, 2편의 풍자문, 80통의 서한문과 기독교 비난의 단편을 오늘날까지 남겼다. 그에 의한 제개혁·페르시아 원정·그의 죽음 등에 대해서는 제Ⅳ권에 이어진다.

찾아보기

[ㄱ]

가우덴티우스(Gaudentius) ········ 303, 314
가테족 ··· 89
가톨릭교회라는 조직체 ················· 197
갈라(Galla) ··································· 123
갈루스(Gallus, 본성명은 Constantius,
Flavius Claudius)
················ 77, 97, 123, 124, 130, 324
『갈리라야인 논박설』(율리아누스 황제의)
··· 309
갈리아군 최고사령관 ······················ 157
갈리아(민정)총독 ········ 38, 166, 286, 298
갈리아지방의 세금부담 ·············· 65~68
감군(監軍) ·························· 42, 46, 47, 52
감찰관 ····························· 77, 247, 278
강제사문(quaestio) ·························· 60
강화조약(페르시아-아르메니아간) ······ 101
개선식 ·· 70
개선식(콘스탄티누스 황제의) ············ 15
검투사 ······································ 35, 117
게룡(Geryon) ·································· 66
게르만인 ··········· 51, 90, 152, 193, 294
게베릭(Geberic) ······························ 92
게오르기오스(Georgios/George) ······· 260
경기병대 ······································· 116
계급제도 ··· 31
계약서(납작돌, 증거판 넣은 궤짝) ······ 196
고관계급(Spectabiles/Respectables)
················· 32, 33, 41, 42, 54, 55, 107
고급무관 ··· 52
고대종교의 성종족(성가족) ············· 200
고트인 ···················· 51, 88, 90, 93, 193

고해사교 ······································· 196
공증인 ··································· 285, 303
공치제(共治帝) ················ 111, 126, 135
공화정 ····················· 31, 35, 36, 57, 316
공희(供犧) ······························ 278, 279
관방장관 ···················· 54, 55, 59, 292
교구와 사교 ·································· 197
교구회의 ······································· 224
교회당의 양식 ······························· 202
교회법 ·· 198
『교회사』(소조메노스의) ············ 270, 271
『교회사』(소크라테스, 별명 Scholastikos의)
··· 270, 271
『교회사』(에우세비오스의) ······ 79, 113, 172
교회선거 ···························· 198~199, 265
교회의 독립사법권 ···················· 203~205
교회의 재정 ································ 201~203
국교(國敎) ··········· 100, 170, 175, 195, 201
국부(國父) ····································· 75
군대추대에 의한 율리아누스의 황제 등위
··· 288~290, 296
국민투표 ································· 33, 55
군관구 ··· 46
군기(軍紀) ···························· 47, 48, 49, 50
군단 사령관 ····························· 128, 159
군단편제 ································· 49, 50
군법회의 ······································ 111
군 사령장관 ····························· 46, 52
군 사령관(속주의) ························ 46, 47
군사 쿠데타 ································ 107, 108
군 율 ····································· 111, 160, 293
궁사대(弓射隊) ························· 102, 116, 159

궁정군(宮廷軍)과 변경군(邊境軍)
.... 48, 49, 52
귀족(Patrician) ············ 35, 36, 37, 40, 45,
            50, 66, 77, 100, 279
그라티아누스(Gratianus, F.A.) ············ 34
그룸바테스(Grumbates) ············ 146, 147
그레고리우스(Gregorius, Nazianzen의)
      ············ 132, 208, 229, 245, 276, 290
그레고리우스(Gregorius, 알레산드리아
대사교) ······································ 250
『그리스 견문기』(파우나시아스의) ········ 88
근위대 ··· 37
근위대 장관 ································ 46, 59
근위도독 ···································· 37, 38
기병대사령관 ······················ 46, 269, 286
기사신분 ······························ 40, 41, 190
기 적 ···························· 180, 183, 186

[ㄴ]
나르세스(Narses) ······················ 144, 145
나사레파(Nazarenes) ······················· 219
내 전 ············ 48, 74, 78, 98, 110, 113,
            126, 133, 291, 303, 304
네브리디우스(Nebridius) ··················· 298
네비타(Nevitta) ·········· 298, 301, 312, 317
네포티아누스(Nepotianus) ·················· 117
네포티아누스의 반란 ················ 117~118
노궁대(弩弓隊) ································ 91
노바티아누스(Novatianus, 교황참칭자)
         ································ 212, 271
노바티아누스파 ························ 271, 272
노병(老兵)에의 특전 ·························· 51
노빌리시무스 칭호(Nobilissimus稱號) ··· 86
노 예 ·············· 31, 34, 50, 54, 60, 67,
            83, 93, 117, 124, 240
누마왕(Numa Pompilius) ············ 195, 280
니시비스 시 ···························· 99, 103
니케아 공회의 ············ 191, 204, 209, 226,
            228, 230, 232
니케아 신경 ···················· 229, 234, 237,
            255, 257, 265
니코메디아 ············ 16, 19, 80, 94, 171, 192

[ㄷ]
다뉴브강 ·· 16
다리우스 왕(Darius/Dareios Ⅰ 王)
         ································ 18, 311
다신교 ··· 190
다키아족 ·· 90
달마티우스(Dalmatius)
         ······················ 77, 84, 95, 96, 247
대경기장(Hippodrome) ················ 26, 30
대관구 ···································· 41, 124
대광장(Forum) ························· 26, 35
대광장(트라야누스 황제가 건설) ······ 139
대욕장(디오클레티아누스 황제가 건설)
         ···································· 139
대욕장(제우크십푸스) ······················· 27
대욕장(카라칼라 황제가 건설) ········· 139
대장(代將) ····························· 106, 109
대행관(vicarius) ······················· 41, 43
데모스테네스(Demosthenēs) ········ 25, 113
데켄티우스(Decentius) ····················· 119
델피디우스(Delphidius) ····················· 165
델피 신전 ·· 26
도나투스(Donatus) ············ 213, 214, 215
도나투스(Donatus)파 ········ 272, 273, 275
도독(都督) ································ 95, 96
도미티아누스(Domitianus, T.F.)
         ···························· 126, 127, 316
도시 참사회(원) ······················ 63, 317
도케트파(Docetes, 假現派) ············· 220
독군(督軍) ············ 42, 46, 47, 52, 54, 57
동방군 총사령관 ····························· 150
동방(민정)총독 ··················· 38, 44, 126
둔전병(屯田兵) ······························ 150
디오게네스(Diogenēs, 나무통 속의 디오게네
스) ································ 91, 92, 311
디오니시우스(Dionysius) ·················· 256
디오클레티아누스(Diocletianus, G.A.V.)
         ···················· 15, 30, 33, 37, 48,
            76, 214, 316, 323

[ㄹ]
라바룸(大軍旗, Labarum/Laborum) ··· 181

찾아보기 329

라인강 ················ 162, 163, 164, 294
라인강변 전초기지의 요새화 ··············· 164
라인강의 자유항행권 ······················ 164
락탄티우스(Lactantius)
················ 78, 169, 175, 177, 188
레안드로스(Leandros) ······················ 20
레오나스(Leonas) ················ 295, 296
로가투스(Rogatus) ························· 216
로고스(Logos) ················ 217, 219, 221,
225, 226~227
로마교황 ·· 266
로마시 ························ 15, 16, 80, 138
로마 왕정 ···································· 35, 57
로마원로원 ········ 16, 70, 97, 138, 302, 317
로마 정교와 그리스 정교로의 기독교의
분열 ··· 251
『로마건국사』(리비우스의) ············ 22, 36
『로마사』(디오-카시우스의)
······························ 36, 39, 53, 121
『로마사』(몸젠의) ····························· 55
『로마사략』(에우트로비우스의) ··········· 101
『로마제국 성쇠원인의 고찰』(몽테스키외
의) ·· 27
로마 7구(七丘) ································ 139
루쿨루스(Lucullus, L.L.) ················· 103
루키페르(Lucifer) ··························· 256
루킬리아누스(Lucilianus) ·········· 103, 300
루테티아(파리/Lutetia Parisiorum)
·· 168, 169
루피키누스(Lupicinus) ··············· 286, 293
뤼십포스(Lvsippos) ·························· 25
뤼쿠스강 ·· 19
리미간테스족 ······················ 140, 142, 143
리미니 공회의 ···················· 203, 233, 235
리미간테스(사르마티아족의 노예집단)
·· 93
리베리우스(Liberius) ········ 256, 257, 266
리비니오스(Libinios/Libinius) ············ 132
리용 시 ·· 119
리키니우스(Licinius, V.L.)
·································· 15, 74, 173, 181
리키니우스(Licinius, 리키니우스의 아들)

·· 78, 81
릭토르(Lictor, 警吏) ························· 34

[ㅁ]
마그넨티우스(Magnentius)
················ 106, 108, 113, 116, 119
마기(Magi)승 ······················· 98, 194
마니교도 ··· 212
마레오티스촌 교회의 파괴설 ······ 247, 248
마르모라(프로폰티스)해 ······················ 19
마르사벌판의 결전 ······················ 240~241
마르스신 ································ 171, 290
마르스 연병장(파리의) ······················ 168
마르켈루스(Marcellus) ········· 156, 157, 316
마르켈리누스(Marcellinus) ··· 107, 109, 120
마르쿠스-아우렐리우스(Marcus Aurelius,
A.) ··· 321
마르키온(Marcion) ························· 212
마리우스(Marius, G.) ························· 35
마리우스(Marius)에 의한 대학살 ········· 268
마메르티누스(Mamertinus) ········· 312, 317
마요리아누스(Majorianus, J.) ············· 65
마케도니우스(Macedonius)
················ 268, 269, 270, 271, 272, 273
마켈룸 성(케사레아의) ······················ 123
막센티우스(Maxentius) ······················ 74
막시미아누스(Maximianus) ··············· 216
만족(蠻族) ············· 16, 24, 106, 117, 144
맛사게테족(스카타이인의 한부족) ······ 104
매춘부에 대한 과세 ······················ 68, 69
메넬라오스(Menelaos/Menelaus) ········· 319
메소포타미아 ·································· 150
메흐멧 2세(Mehmet II) ····················· 18
멜레티우스(Meletius)파 ············ 247, 248
멧살라(Messalla, M.V.C.) ················· 39
모나르키아니즘(단일 신격론, Monarchia-
nism) ···································· 224, 225
모노그램(monogram, 조합글자)
·· 181, 182, 183
모략공작 ··· 131
몬타누스(Montanus, 프류기아의) ······· 212
몬티우스(Montius) ·················· 126, 127

330

무르사(에세크) 회전 ·············· 115~117
Murcus(엄지손가락을 잘라낸 사나이)
·· 51
무소니아누스(Musonianus) ········ 144, 212
문무고관록(Notitia) ·············· 31, 32, 50
미네르바 신(Minerva神) ············ 134, 290
미네르비나(Minervina) ················ 77, 81
『미소포곤』(율리아누스 황제의)
······························· 167, 168, 309
미 신 ······················ 98, 175, 196, 316
민정장관 ························· 37, 38, 211
민정총독(근위도독) ··· 37, 38, 39, 41, 43,
         56, 62, 128, 144, 292, 319
밀고자 ······················ 80, 125, 137, 315
밀라노 공회의 ····························· 254
밀라노 궁전 ········ 129, 131, 134, 156, 157
밀라노 시 ·································· 155
밀라노 칙령(기독교를 공인한)
··················· 172, 174, 177, 201, 211
밀비우스다리의 전투 ······················ 182
밀 정 ································· 59, 314

[ㅂ]
바도마이르(Vadomair) ····················· 294
바르바티오(Barbatio) ········ 130, 157, 158
바실리나(Basilina) ························ 123
바실리우스(Basilius) ····················· 245
바타위족(게르만족의 한 부족) ············ 153
『박물지』(플리니우스의) ················ 90, 140
『박해자들의 죽음』(락탄티우스의)
··· 173, 182
반달족 ·· 90
반 란 ··········· 46, 88, 109, 111, 117, 119
반(半)아리우스파 ····················· 234, 271
발렌스(Valens, 일리리쿰의 사교)
······································ 235, 240
발렌티니아누스(Valentinianus) ·········· 212
배교자 ······································ 321
법전집과 법령집 ··························· 42
『법학제요』(유스티니아누스 황제의) ······ 44
베류투스 법학교 ···························· 44
베르길리우스(vergilius/Virgil) ·········· 189

베르테족 ···································· 148
베리(Bury, J. B) ············ 24, 50, 53, 68,
                         84, 99, 101, 127
베스파시아누스(Vespasianus, T. F.) ······ 36
베트라니오(Vetranio) ··· 108, 109, 111, 112
병기고와 조병창 ···························· 55
병역면장(兵役免狀) ························ 51
병참창고 ······························ 296~297
보류스테네스(드네프르)강 ················ 22
보병대사령관 ································ 46
보스포러스 해협 ······················· 18, 21
보조부대(군단) ······ 52, 118, 161, 164, 285
볼가강 ······································ 88
볼 모 ······································ 92
부장군(副將軍) ······························ 42
부황제 ············ 78, 79, 84, 124, 127, 134
불가테(Vulgate)성서 ······················ 78
브루투스(Brutus, L. J.) ·············· 34, 40
비스툴라강 ·································· 88
비잔티움시 ························ 16, 18, 23
비튜니아 ·······························20, 22
빈덱스(Vindex) ························ 34, 35

[ㅅ]
사교(司敎) ···················· 60, 118, 197, 199
사교의 영생생식 특권 ····················· 199
4년기 기부금 ·························· 68, 69
사도시대 ·································· 223
사르디카 공회의 ·························· 251
사르디카 시 ································ 111
사르마티아족 ··· 88~90, 92, 133, 140, 143
사베르네 요새 ······························ 157
사벨리우스(Sabellius) ········ 224, 225, 229
사비니아누스(Sabinianus) ········· 150, 151
사산왕가(Sassan王家) ················ 98, 144
사세관(司稅官, 속주의) ···················· 57
사유재산 ······························· 57, 65
사유재산 관리장관(황제의) ················ 57
사정관(司政官) ···············127, 165, 177
사제(司祭) ································· 60
사포르2세(Sapor/Sapur II) ······ 16, 98~99,
         101, 104, 144, 146, 149, 284, 302

찾아보기 *331*

사회추방(ostracism) ······················· 249
살루스투스(Sallustus, 동방민정총독)
   ·· 312
살루스티우스(Sallustius, S.)
   ························· 154, 155, 166, 298
살리족 ·· 161
3위일체(trinitas)론 ················ 217, 221,
                       225, 239, 240, 244
상(Sens) 시 ··································· 156
상여금 ···················· 50, 108, 165, 290
상장군(上將軍) ································ 46
성직자의 품계와 사교의 특권
   ······································ 199~201, 204
성 테오나스 교회에서의 학살사건
   ··· 259, 261
세게스테족 ······································· 148
『세계사개관』(케드레누스의) ·············· 25
『세계사요』(조나라스의)
   ···························· 105, 108, 111, 118
세네카(Seneca, L.A.) ······················· 43
세라글리오 궁전 ······························· 23
세라피스(Serapis) ···························· 18
세 례 ··························· 190, 191, 239
세바스티아누스(Sevastianus) ·········· 260
세베루스(Severus, 갈리아기병대사령관)
   ·· 157
세베루스(Septimius Severus, L.) ········ 37
세습재산 ······················· 28, 124, 202
센 강 ······································· 167, 168
센나케립(Sennacherib) ···················· 206
셀레우키아 공회의 ·························· 233
속 주 ······················ 42, 106, 141, 208
속주의 장관(속주총독·집정관대리·현령
   ·통감) ····························· 42, 44, 47
『솔로몬의 지혜』 ···························· 218
수도대사교 ······································· 198
수도장관 ······················ 39, 40, 41, 43, 302
수르마르(Surmar) ···························· 163
수좌대사교(로마·알렉산드리아·안티오
   크·카르타고·콘스탄티노플)
   ······· 207, 208, 213, 214, 244, 249, 259
수페르부스(Superbus, L.T.) ············· 35

수페르인딕티오(superindictio) ············ 62
숙영독군(시종무관) ······························ 54
순교자 ··· 208
술라(Sulla)에 의한 대숙청 ············· 268
숫키고개(헤무스 산의) ············· 300, 303
스쿠딜로(Scudilo) ···························· 128
스키타이인 ·· 51
스트라스부르의 결전(회전) ············· 159
시네시우스(Synesius) ·············· 205, 206
시르미움 시 ··············· 114, 144, 299, 300
시리아누스(Syrianus) ·············· 259, 261
시민적 자유권 ·································· 33
시불라(Sibylla, 무녀) ···················· 188
시종장(praepositus, 속칭 궁내대신)
   ····················· 53, 54, 56, 123, 130, 292
『신로마사』(조시무스의) ············ 26, 38,
             69, 75, 80, 82, 86, 108, 111,
             113, 119, 169, 179, 190, 191, 317
『신성교리』(락틴티우스의) ········· 169, 175
신앙의 자유 ································ 173, 192
『신의 나라』(아우구스티누스의) ············ 67
신탁(神託) ······································ 278
신플라톤주의 ··································· 222
실바누스(Sylvanus) ·························· 114
실바누스(Sylvanus)의 반란 ········ 136~137
실바누스(Sylvanus)의 죽음 ········ 136~137
심마쿠스(Symmachus, Q.A.) ········· 279
15년기 포고집(indicitiones) ········ 62, 63
십자가(십자표장) ··········· 180, 181, 182, 185
싱가라 시 ··· 101

[ㅇ]

아가멤논(Agamemnōn) ············ 21, 318
아길로(Agilo) ·································· 312
아나스타시아(Anastasia) ···················· 77
아라릭(Araric, 고트족의 왕) ········ 90, 92
아랍인 ··· 101
아레오파구스(Areopagus)언덕 ·········· 302
아르고 호(Argo號) ····························· 17
아르베티오(Arbetio) ························ 312
아르세니우스(Arsenius)사교 살해설
   ··· 247, 248

아르탁사타(Artaxata) ·················· 100
아르테미우스(Artemius) ··············· 314
아를 공회의 ······························· 209
아리스티데스(Aristides) ··············· 302
아리우스(Arius) ················· 225, 227,
228, 236, 238, 279
아리우스파(Arius派) ········· 217, 226, 230,
238, 240, 244, 247, 255
아뮤코스(Amykos/Amykus) ············· 17
아미다(아마드)성 공방전 ············ 147~150
아블라비우스(Ablavius) ············· 95, 96
아스팅기족 ······························· 90
아에티우스(Aëtius, 별명 Atheist)
 ····························· 232, 233, 242
아우구스투스(Augustus, G.J.C.O.)
 ················· 29, 36, 75, 76, 280, 321
아우구스티누스(Augustinus/Austin, A.)
 ·· 204
아이아스(Ajax/Aias) ····················· 21
아퀴리온 궁전(니코메디아교외의) ········· 94
아크티움 경기(에피루스시의) ············ 318
아킬레우스(Achilleus/Achilles) ·········· 21
아타나시우스(Athanasius, M.)
 ············ 194, 205, 221, 229, 230, 239,
244~250, 251, 253, 260~264
아테네(Athene/Ionia) ·············· 131, 132
『아테네시의 평의회 및 시민에게 보내는
편지』(율리아누스 황제의) ········ 159, 161,
162, 164, 293, 301
아포테미우스(Apodemius) ·············· 313
아폴론신 ·························· 171, 172
아폴론 신상 ······························ 26
아프리카 도장관 대행 ··················· 214
안드로니쿠스(Andronicus) ·············· 206
안락사(자살) ···························· 43
안식일(일요일) ························· 170
안토니누스(Antoninus) ··········· 145, 146
안토니우스 황제방벽 ····················· 38
안토니우스(Antonius, E.) ·············· 262
안티오크 공회의 ························ 250
안티오쿠스(Antiochus)
 ····················· 100, 124, 127, 168

알레만니족 ········· 152, 157, 159, 160, 283
알렉산데르-세베루스(Alexander Severus)
 ····································· 44, 321
알렉산드로스(Alexandros) ··· 225, 227, 236
암브로시우스(Ambrosius) ·············· 228
앗시리아 평야 ·························· 146
앗투아리족 ···························· 293
야지게족(사르마티아족의 하나) ·········· 89
에두이(Aedui 또는 Haedui)족 ······· 67
에밀리아 가도 ·························· 138
에비온파(Ebionites) ····················· 219
에우노미우스(Eunomius) ··············· 232
에우세비아(Eusebia) ············· 131, 133,
134, 136, 137, 157, 295, 305
에우세비오스(Eusebios/Eusebius, Nicome-
dia의) ··············· 96, 226, 233, 238, 240
에우세비오스(Eusebios/Eusebius, Caesarea
의) ························· 81, 169, 184,
188, 226, 238, 245, 248
에우세비우스(Eusebius, Vercellae사교)
 ·· 256
에우세비우스(Eusebius, 환관출신 시종장)
 ························· 123, 130, 305, 313
에우스타티우스(Eustathius/Eustathios)
 ··································· 239, 266
에우테리우스(Euterius) ················· 292
에우트로피아(Eutropia) ············ 77, 117
『에포도스 시집』(호라티우스의) ········ 121
에픽테투스(Epictetus) ·················· 295
엘라가발루스(Elagabalus, 통칭 Heliogaba-
lus) ····································· 76
여관(女官) ···························· 240
여자노예 ······························ 57
『역사』(아가티아스의) ················· 98
『역사』(암미아누스-마르켈리누스의)
 ················· 45, 48, 49, 53, 61, 65, 75,
86, 88, 101, 105, 120, 122,
126, 130, 135, 138, 144, 154,
158, 242, 276, 294, 302, 305, 316
『역사』(폴류비오스의) ················· 17
『역사』(헤로도토스의) ········· 20, 26, 122
역참제도 ························· 55, 59, 242

『연대기』(에우세비오스의) ·················· 78
『연대기』(타키투스의) ·············· 18, 31,
                                36, 39, 55, 60
『연설』(그레고리우스, 나찌안젠의) ······ 276
『연설』(리바니오스의) ·········· 103, 119, 158
『연설』(율리아누스 황제의) ··········· 30, 75,
                    56, 99, 103, 109, 111, 117
『영웅전』(플루타르코스의) ·········· 103, 183
예루살렘 공회의 ······························· 239
예루살렘의「부활교회」····················· 247
오딧세우스(Odysseus/Ulysses) ············ 319
오벨리스크(方尖塔) ··················· 139, 140
오비디우스(Ovidius Naso, P.) ············· 89
오스만 터키 ······································· 22
오시우스(Osius/Hosius)
                 ················ 215, 237, 256, 257
오탄 시 ································· 107, 155
올림푸스산 ·· 19
옵타투스(Optatus) ························ 77, 96
왕관금(王冠金) ·································· 70
왕(King)이라는 칭호 ························· 86
요비누스(Jovinus) ··········· 298, 304, 312
요비우스(Jovius) ···························· 298
요비우스부대·헤르쿨리우스부대
                             ················ 107, 312
요크(에브라쿰) ····················· 74, 169
우르사키우스(Ursacius) ····················· 235
우르술루스(Ursulus) ························· 313
우르시키누스(Ursicinus) ······ 137, 150, 151
우주의「제일원인」···················· 217, 227
웅변술 ································· 56, 154
원로원 ················· 33, 35, 135, 209, 319
원형투기장(티투스황제가 건립) ·········· 139
유스티누스(Justinus, M.) ·················· 220
『유스티아누스 법전』(『로마법대전』)
                       ················ 39, 40, 43, 67
유프라테스강 ······························ 99
유피테르신 ····················· 171, 190, 290
유피테르(쥬피터)신전 ······················ 70
율리아누스(Jullianus) ··· 77, 97, 131, 135,
        153, 161, 283, 285, 291, 307~321, 326
율리아누스의 만족토벌
                             ················ 155~156, 158~163
율리아누스 황제의 궁정개혁
                             ················ 309~312, 316~317
율리안 알프스 ······················ 105, 117
율리우스 콘스탄티우스(Constantius, Julius)
                             ················ 77, 96, 123
이교도 ······························ 170, 187, 195
이사우리아족 ···································· 133
25개조 교회법규(그리스정교회 종규)
                             ················ 250
이탈리아(민정)총독 ·········· 38, 243, 301
인두세 ···················· 64, 65, 66, 67, 68
인딕티오(indictio) ···························· 62
일리리쿰(민정)총독 ············· 38, 301
『일리아드』(호메로스/호머) ················ 21
1부다처주의 ··································· 100

[ㅈ]

자유권 ··· 43.
자유선거 ····································· 56
자의(紫衣) ············ 16, 74, 76, 86, 109,
                    135, 188, 192, 283, 315, 317
장복술(腸卜術) ································ 170
재무관 ································· 55, 56, 295
재무장관(聖賜與督軍) ·········· 56, 57, 62,
                           107, 126, 128, 313
재산권 ··· 43
정규군(군단) ································· 118
정교일치(政敎 致) ························· 197
정무와 군무의 분리 ···················· 46, 47
정제(正帝) ············ 79, 87, 97, 107,
                           127, 289, 292, 295
정제비(正帝妃) ····························· 109
제권신수설(帝權神授說) ···················· 177
제사(祭司) ····································· 58
『제4목가』(베르길리우스의) ·············· 189
제왕학(帝王學) ··························· 86, 87
조시무스(Zosimus/Zosimos) ········ 169, 191
조폐창 ··· 171
종규(宗規) ··· 189, 190, 199, 205, 208, 250
준사도(準使徒) ····························· 192
중신회의 ····························· 110, 114

지방장관의 권한 ················· 45
지사(속주의) ················ 39, 41
찌짜이스(Zizais) ················· 143
지조(地祖) ················· 64, 69
『지지』(스트라본의) ················· 58
집정관 ············· 33, 34, 35, 37,
52, 55, 59, 138, 316
집정관의 서임식 ················ 34~35
징세리 ················· 68, 309

[ㅊ]

참사회(자치단체의) ················· 167
참제(僭帝) ········ 109, 111, 113, 126, 137
책형법(磔刑法)의 폐지 ················· 180
초대교회 ············· 190, 191, 197, 207
초대기독교도 ············· 175, 176, 182
총독(속주의) ····· 41, 43, 55, 63, 165, 173
최고관계급(Illustres) ········ 32, 33, 44, 46,
53, 60, 107, 126, 312
최고대신관 ················· 196
『추도연설』(리바니오스의)
······ 293, 305, 307, 308, 313, 316, 318
친위대 ········· 58, 119, 127, 135, 138, 240
친위대 독군 ················· 58

[ㅋ]

카눌레이우스(Canuleius) ················· 36
카드모스(Cadmos) ················· 78
『카르미나』(시도니우스-아폴리나리스의)
················· 66
카리굴라(Caligula) ················· 52, 53
카마비족 ················· 161
카피톨리누스 신전 ················· 139
카피톨리누스 언덕 ············· 190, 209
칼케돈 ················· 18
캅파도키아의 황실용지 ················· 58
케르소네수스 시 ················· 91, 92
케사르(Caesar, J.) ············· 36, 162, 321
『케사르 열전』(빅토르의) ········· 106, 123
케사리아 공회의 ················· 247
케킬리아누스(Caecilianus) ··· 213, 214, 215
코마나 신전 ················· 58

코모두스(Commodus) ················· 46
코스로에스(Chosroes) ················· 100
콘스탄스(Constans, F.J.)
················· 77, 106, 251, 326
콘스탄티노플(Constantinople/Constantinopolis) ············· 17, 24, 27, 94, 193, 305
콘스탄티노플 경역(境域) ················· 17
콘스탄티노플로의 천도이유 ······ 16, 22~23
콘스탄티노플시민에 대한 시여정책 ······ 28
콘스탄티노플 원로원 ············· 29, 317
콘스탄티노플의 전략적가치 ····· 16, 17, 21
콘스탄티노플의 7구(七丘) ············· 21, 23
콘스탄티노플 : 제2의 로마/신로마/
「동방의 여왕」/「콜로니아(Colonia)」(미칭)
················· 15, 29, 30
콘스탄티노플 항(금각만/Golden Horn)
················· 18, 19
콘스탄티노플 헌도식(獻都式) ················· 30
콘스탄티누스 대제(Constantinus I)
········ 15, 21, 29, 42, 47, 73, 75, 76,
86, 169, 173, 182, 191, 209, 316, 323
콘스탄티누스대제 사후의 제국 3분통치
················· 97, 105, 121
콘스탄티누스 대제 사후의 황족살사건
(콘스탄티우스 2세의 음모) ······ 95~97, 99
콘스탄티누스 2세(Constantinus II)
··· 52, 77, 95, 105, 106, 109, 130, 324
콘스탄티누스 황제의 신체제(관제)
················· 30~45
콘스탄티누스 황제의 신체제(군사)
················· 46~53
콘스탄티누스 황제의 신체제(사찰제도)
················· 59~61
콘스탄티누스 황제의 신체제(재정관리 및
세제) ············· 55~58, 62~71
콘스탄티누스 황제의 신체제(황실・정부관
리) ················· 53~55
콘스탄티누스 황제의 신체제(후계자교육
・배치) ············· 84, 86~87
콘스탄티누스 황제의 통치기구 ······ 54, 87
『콘스탄티누스 황제전』(에우세비오스의)
················· 53, 75, 81, 86, 93, 95,

찾아보기 *335*

169, 178, 181, 186, 209, 278
콘스탄티아(Constantia) ········ 77, 81, 96,
　　　　109, 110, 124, 125, 128, 130
콘스탄티우스 2세(Constantius II, F. J.)
　········· 77, 86, 95, 97, 121, 124,
　　　　130, 133, 135, 252, 253, 325
콘스탄티우스-클로루스(Constantius
Chlorus, F. V.) ······························· 130
『콘스탄티우스 황제에의 반론』
(힐라리우스의) ····························· 231
쾌디족 ····························· 93, 140, 141
큐아네아 암초 ································· 18
크노도마르 왕(Chnodomar/코노도마리우스)
　··· 158, 160
크류소폴리스(스쿠타리, 속칭 우스쿠달라)
　·· 18
크리소스톰(Chrysostom) ··············· 208
크리스푸스(Crispus) ········ 77, 78, 79, 80,
　　　　　　　　81, 82, 130, 169, 191
크세르크세스 왕(Xerxes I) ········ 20, 26
크테시폰 ·· 145
클라우디우스(claudius, N. G. T.) ········ 36
클라우디우스-고티쿠스(Claudius
Gothicus) ······································ 76
클레마티우스(Clematius) ············· 125
키르쿰켈리오네스파 ·········· 272, 273, 274
키릴(Cyril, 예루살렘 사교) ············· 241
키오니테스족 ··························· 146, 148
키케로(Cicero, M. T.) ······ 31, 32, 35, 138

[ㅌ]

타나이스(돈)강 ···················· 16, 22, 88
타르퀴니우스(Tarquinius) 왕가 ·········· 34
타우루스(Taurus) ············ 301, 313~314
타이팔레족 ····································· 141
타키투스(Tacitus, C.) ···················· 209
탐사포르(Tamsapor) ····················· 144
태수(太守) ············· 37, 98, 100, 144, 146
태양신 ··· 171
태양신전(헬리오폴리스의) ·············· 140
테르툴루스(Tertullus) ···················· 302
테르툴리아누스(Tertullianus) ··········· 222

테베(Thebes)유적지 ······················· 139
『테오도시우스 법전』············ 22, 25, 31,
　　　　　32, 33, 41, 44, 49, 51, 57,
　　　　　61, 63, 64, 67, 69, 71, 80,
　　　　　81, 195, 200, 205, 271, 279
테오도시우스 2세(Theodosius II) ··· 24, 27
테오도투스(Theodotus) ················· 303
테오필루스(Theophilus, 안티오크의)
　··································· 126, 194, 195, 221
트라야누스(Trajanus, M. U. C.) ··· 76, 321
트라키아 ·································· 20, 22
트라키아-보스포러스 ····················· 17
트레브(아우구스타 트레베로룸) ········· 119
트로이(트로이 전쟁) ················· 20, 21
트리보니아누스(Tribonianus) ············· 43
특별법정(율리아누스 황제가 설치한)
　·· 312~314
특별자유기부 ································· 70
티그리스강 ····························· 101, 146
티르(Tyre)공회의 ····················· 248, 254
티리다테스(Tiridates)왕 ············ 99, 100
티무르(帖木兒, Tamerlan) ·············· 150
티베리스강 ······························ 75, 140

[ㅍ]

파리(루테티아) ························· 167, 168
파문(破門) ································· 179, 205
파발꾼 ··· 59
파성추(破城槌) ························· 149, 151
파스케스(fasces, 桿束) ····················· 34
파우스타(Fausta) ········· 77, 81, 82, 83, 84
파울루스(Paulus) ················· 212, 239,
　　　　　　　　　　268, 269, 273, 313
파울리누스(Paulinus) ····················· 256
파코미우스(Pachomius) ················· 262
파코미우스 수도원제도 ················· 262
판테온신전(萬神殿) ······················· 139
팔라리스(Phalaris) ························ 206
팔라티네 병단 ······························· 146
팔라티니병단(황궁부대) ················ 140
페르시아 전쟁 ··· 101~104, 109, 144~151
페리클레스(Perikles) ····················· 113

페이디아스(Pheidias) ·················· 25, 26
페트로니우스(Petronius, G.) ·············· 43
펜타디우스(Pentadius) ················· 292
펠로폰네소스 시 ····················· 318
펠롭스(Pelops) ······················ 78
펠릭스(Felix) ················· 267, 268
평민(Plebeian) ··············· 35, 36, 45
평화신전 ························· 139
포 보 ················ 15, 103, 150, 160, 294
포르피리우스(Porphyrius/Porphyrios)
·································· 238
포르피리우스파(아리우스파) ············· 238
포세이돈(Poseidon) ··················· 17
폰투스 ··························· 28
폴라(Pola, 지금의 Pula) ················· 80
폴뤼데우케스(Polydeukes) ················ 17
폼페이우스 극장 ····················· 139
표장류(標章類) ··············· 32, 42, 46,
                         118, 130, 171, 180
표토르1세(Czar Pyotr Ⅰ) ················ 81
프락세아스(Praxeas) ·············· 224, 225
프랑크족 ················· 52, 152, 160, 283
프로콘네수스 섬 ················· 20, 25
프로폰티스(마르모라)해 ·········· 17, 18, 22
프루멘티우스(Frumentius) ·············· 194
플라미니아 가도 ····················· 138
플라비우스가(Flavius家) ············ 77, 78,
                         97, 157, 181, 186, 268
플라톤(Platon) ············· 218, 219, 220
플로렌티우스(Florentius) ········· 166, 286,
                         293, 301, 313~314
플리니우스(Plinius, C. S.) ··········· 31, 223
피네우스 왕(Phineus 王) ················ 17
필라그리우스(Philagrius) ··············· 250
필립스(Philips) ····················· 114
필립푸스(Philipus) ··················· 269

[ㅎ]
하드리아노플 ······················ 129
하드리아노플 병원 ··················· 75
하르피(Harpy) ······················ 17

한니발리아누스(Hannibalianus, 또는
Constantinus) ············ 77, 84, 95, 96
해방노예 ······················ 45, 60
행정관 ·························· 129
헤라클레스(Herakles) ·············· 66, 171
헤라클레아 시 ····················· 109
헤르모게네스(Hermogenes) ············· 269
헥토르(Hector/Hektor) ················· 21
헬레나(Helena) ············ 83, 134, 137, 294
헬레스폰트(다다넬스)해협 ······· 19, 20, 21
헬리오스신(태양신) ·················· 290
현관(顯官)계급(Clarissimi) ·············· 33
『호교론』(테르툴리아누스의) ············ 176
호구조사 ························· 63
호르타이레(Hortaire) ················· 163
호메로스(호머)(Homeros/Homer)
·························· 25, 135, 319
호모오우숀(Homoousion, 3위동질설)
··················· 228, 229, 230, 231,
                 235, 236, 242, 265, 272
호모이오우숀(Homoiousion, 3위유질설)
································· 271
호모이오우시오스파(Homoiousions派, 二位
類質派) ··············· 234, 245, 258, 270
호민관 ························ 36, 285
환 관 ············· 53, 58, 121, 122, 130,
                 131, 132, 134, 138, 150, 240,
                 251, 254, 266, 279, 283, 295, 309
환관정치 ······ 121~123, 150, 151, 305, 325
『황제송사』(나자리우스의) ············· 185
『황제전』(수에토니우스의) ········· 56, 121
『황제향연』(율리아누스황제의)
························ 75, 76, 309
흉갑기병대(胸甲騎兵隊) ······ 116, 138, 159
희드라(Hydra) ······················ 66
희랍정교 ························· 82
히에라폴리스시 참사회 ··············· 303
히에로늬무스(St. Hieronymus, S.E.)
································· 235
힐라리우스(Hilarius) ··· 231, 234, 254, 256

율리아누스 부황제 갈리아 정벌 약도

콘스탄티노플 약도
(5세기 초두)

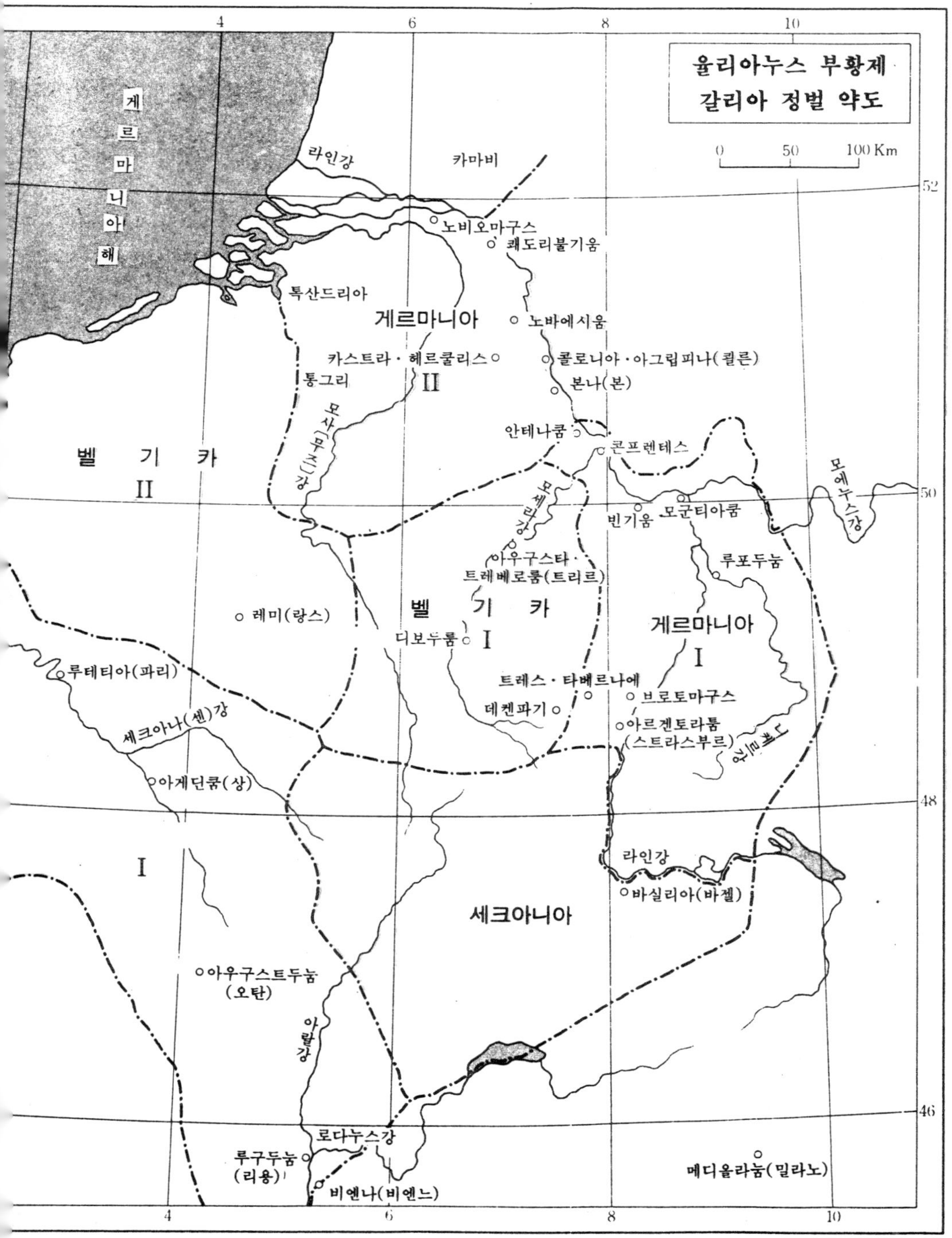

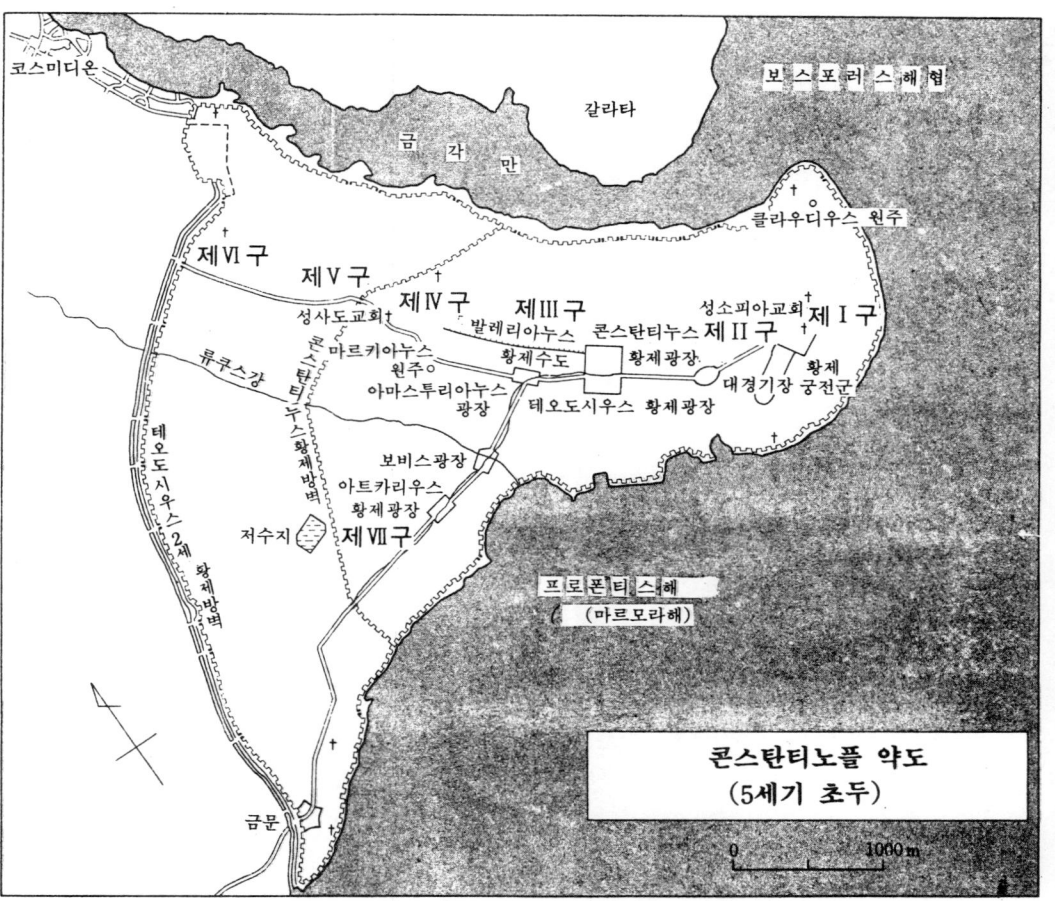

로마제국쇠망사 III   정가 13,000원

발행일	2012년 8월 1일 3쇄 인쇄
저 자	Edward Gibbon
역 자	김 영 진
발행인	김 구 연
발행처	^{도서}_{출판} 대광서림

서울특별시 광진구 구의동 242-133
TEL   02) 455-7818(代)
FAX   02) 452-8690
등 록   1972.11.30 25100-1972-2호
ISBN   978-89-384-5124-8   03920
       978-89-384-5104-0 (전11권)

로마제국쇠망사

* 제 I 권   제1~10장   96-278년

서기 2세기에 최대판도와 최강군사력을 자랑하고, 에드워드 기번이 인류가 가장 행복하던 시대라고 평가한 5현제의 통치가 있은 후, 이 대제국에 중대한 쇠망징후가 나타난다. 철인 황제 마르쿠스-아우렐리우스의 불초자식인 포악한 황제 코모두스가 수치스러운 죽음을 당한 이후, 어리석거나 난폭한 군인출신의 황제가 현명한 황제를 몰아내고 등장하나, 무능해진 원로원은 근위대의 횡포에도 속수무책이다. 연이어 일어난 반란이 30인 참제시대를 불렀으며, 호전적인 야만족이 동서로부터 연이어 침입하였다. 끝내는 발레리아누스 황제가 페르시아왕 샤푸르 1세의 포로가 된다 — 로마제국은 위기의 세기를 맞은 것이다.

제 2 권   제11~16장   268-324년

제국은 붕괴직전의 위기를 맞았으나, 명통치자 디오클레티아누스 황제가 강력한 전제국가를 수립하여 가까스로 제국을 구한다. 그러나 황제의 퇴위후, 후계황제들간의 다툼으로 다시 혼란에 빠진다. 이러한 로마를 콘스탄티누스 대제는 경쟁자들을 몰아내고 재통합한다. 제15·16장은 초기 기독교도의 신앙과 생활의 박해과정을 서술한 것인데 이 부분은 초판 출간 당시부터 논의를 불러일으켰다.

제 3 권   제17~22장   324-363년

로마제국을 통합하여 30년간에 이르는 독재정권을 유지하면서 신수도의 건설, 체제의 재편과 일대 개혁을 단행한 최초의 기독교 황제 콘스탄티누스 대제도 치세 후반에는 유능한 맏아들과 황후 파우스타를 살해했을 뿐만 아니라 가혹한 세제의 신설 등으로 실정을 거듭한다. 제국을 분할 통치한 후계황제들인 세자식들은 암둔·용렬하였고, 콘스탄티누스 2세의 시샘은 드디어 혈족을 크게 숙청하기에 이른다. 겨우 죽음을 모면한 배교황제 율리아누스는 부황제로 임명된 후 갈리아에서 게르만족 토벌전에서 빛나는 전과를 거두고 드디어 군대에 의해 정제를 칭하게 되고, 환호속에 신 수도에 무혈 입성한다.

제 4 권   제23~27장   363-395년

6만 5천의 대군을 통솔하고 페르시아 원정에 나선 율리아누스 황제는 싸움터에서 후퇴도중 전사한다. 후계황제 요비아누스는 페르시아와 굴욕적인 평화조약을 댓고 철퇴도중 급서하면서 로마제국은 동서로 분립한다. 375년에 훈족의 서방이동에 압박받게된 서고트족이 로마제국안으로 침입하면서 민족대이동이 시작된다. 영명한 군주 테오도시우스 황제는 용기와 지략으로써 고트족 지도자와 명예로운 화해를 성립시켰고, 다시 두번에 걸친 참제 토벌전에서 승리하여 로마제국에 밝은 빛을 가져다 주었지만 국민들이 애석해하는 가운데 병사한다.

제 5 권   제28~34장   378-450년

테오도시우스 대제 사망 후 그의 장·차남이 각각 동서 양제국의 통치자 지위에 오르자 로마제국은 영구히 분단된다. 다같이 무능하고 무기력한 두 황제를 두고 이 시기에 양대제국의 궁정을 움직인 것은 충신·간신배와 황후 및 황제의 자매 등 여성들이었다. 알라리쿠스에 통솔된 고트족은 동로마제국의 여러도시를 유린한 다음 이탈리아 본토에 침입하고, 410년에는 수도 로마를 점령하고 약탈한다. 갈리아·스페인·아프리카도 이민족의 도량에 굴복하는 한편 훈족의 왕 앗틸라가 이끄는 만족의 침구가 시작된다.

제 6 권   제35~39장   433-526년

테오도시우스 황제의 사망(395년)으로 동서로마의 분리가 확정된 후 불과 80여년만에 서로마제국의 멸망(476년)을 맞이한다. 여기서 저자는 먼저 발렌티니아누스 3세의 죽음으로부터 20년사이에 연이어 9명의 황제가 모습을 감추면서 멸망에로 치닫은 서로마제국의 황제들과, 동로마제국의 황제를 고찰하는 형식으로 본권을 엮었다. 이런 제국임종시대를 움직인 참된 주역은 로마제국의 정통 황제들이 아니라 만족의 왕들이고, 다음은 리키메르·오레스테스·오도아케르 등 서로마제국내 황제 메이커들이며, 끝으로는 이 황제메이커들의 의향에 따라 서로마제국 제위에 황제를 즉위시킨 것은 동로마제국의 황제임을 보여주고 있다.